产业扶贫故事（上）

CHANYE FUPIN GUSHI（SHANG）

100个产业脱贫典型

中国农业出版社

北京

图书在版编目（CIP）数据

产业扶贫故事. 上，100个产业脱贫典型 / 农业农村部扶贫开发工作领导小组办公室编. —北京：中国农业出版社，2020.10
ISBN 978-7-109-27339-9

Ⅰ.①产⋯　Ⅱ.①农⋯　Ⅲ.①扶贫—案例—中国
Ⅳ.①F126

中国版本图书馆CIP数据核字（2020）第178352号

中国农业出版社出版

地址：北京市朝阳区麦子店街18号楼
邮编：100125
责任编辑：潘洪洋　姚　红　姚　佳　边　疆
　　　　　王佳欣　孙鸣凤　赵　刚
版式设计：王　晨　　责任校对：刘丽香
印刷：北京通州皇家印刷厂
版次：2020年10月第1版
印次：2020年10月北京第1次印刷
发行：新华书店北京发行所
开本：700mm×1000mm　1/16
总印张：43.75
总字数：663千字
总定价：198.00元（上下册）

　　打赢脱贫攻坚战是全面建成小康社会的标志性工程。党的十八大以来，在以习近平同志为核心的党中央坚强领导下，脱贫攻坚取得了举世瞩目的伟大成就，谱写了人类反贫困历史的崭新篇章。发展产业是实现稳定脱贫的根本之策，产业扶贫作为脱贫攻坚"五个一批"的首要任务，为打赢脱贫攻坚战提供了有力支撑。2015 年以来，全国共实施产业扶贫项目 100 多万个，建设各类产业扶贫基地 30 多万个，每个贫困县都形成了特色鲜明、带贫面广的主导产业，构建了"县县有主导产业、村村有致富项目、人人有脱贫门路"的产业扶贫格局。产业扶贫已经成为脱贫攻坚"五个一批"中覆盖面最广、带动人口最多、减贫效果最好、可持续性最强的扶贫举措。

　　在推进产业扶贫过程中，各地涌现出了一批自强不息、顽强拼搏、通过自身努力实现脱贫的自我发展典型，也涌现出了一批勇于担当、乐于奉献、联贫带贫效果显著的产业帮扶典型。湖南花垣县十八洞村的猕猴桃、山西云州区坊城新村的小黄花、陕西柞水县金米村的小木耳等等，都已成为当地脱贫致富的主导产业。这些产业发展壮大的背后，是各级党委政府的担当尽职，是贫困地区干部群众的不懈奋斗，是社会帮扶力量的无私奉献。正是在他们的努力下，龙头企业引来了、农民合作社组建了、科技专家带着技术进来了、产品销路通畅了……一个个产业扶贫故事娓娓道来，一幕幕攻坚克难场景徐徐展现，一张张幸福笑脸灿烂绽放，汇聚成全社会齐心协力打赢脱贫攻坚战的生动画卷。

　　习近平总书记指出，脱贫摘帽不是终点，而是新生活、新奋斗的起点。

100 个产业脱贫典型

全面建成小康社会后，我国将进入全面实施乡村振兴战略、加快推进农业农村现代化的新阶段。产业发展是乡村振兴的重要基础，培育壮大产业是脱贫攻坚与乡村振兴最直接、最有效的衔接点。我们相信，这些产业扶贫故事必将激励和鼓舞广大干部群众不懈努力，推进扶贫产业持续发展、提档升级，为巩固脱贫攻坚成果、实现乡村全面振兴贡献更大力量。

农业农村部扶贫开发工作领导小组办公室

2020 年 10 月

目 录

100个产业脱贫典型

CONTENTS

目 录

目　录

目 录

100个产业脱贫典型

100个产业脱贫典型之

贫困村脱贫故事

产业扶贫故事（上）

CHANYE FUPIN GUSHI（SHANG）

产业扶贫故事（上）

CHANYE FUPIN GUSHI（SHANG）

牢记总书记嘱托　打造强村富民产业

——河北省保定市阜平县骆驼湾村产业脱贫纪实

骆驼湾村，位于阜平县龙泉关镇南部约 4 千米处，距阜平县城 38 千米，全村共 277 户、576 人。2012 年 12 月底，习近平总书记到骆驼湾村访贫问苦。在各级党委政府的坚强领导下，骆驼湾村群众鼓足干劲，谨记总书记"宜农则农、宜开发生态旅游则搞生态旅游"的嘱托，蹚出一条以乡村生态旅游为主线，食用菌、林果、休闲渔业等富民产业共同发展的脱贫之路，于 2017 年底实现整村脱贫。

"骆驼湾最大的变化，就是依靠集体经济，发展起多种产业，让全村人靠着绿水青山走上了致富路。"驻村工作队第一书记刘华格说，几年来，骆驼湾村民牢记习近平总书记嘱托，在脱贫致富路上苦干实干，村庄发生了天翻地覆的变化，村民们住进了新房，流转了土地，发展起生态旅游、食用菌、林果业等扶贫产业，有了土地流转金和打工薪金，全村人均可支配收入由 2012 年底的 950 元增长到 2019 年底的 11 239 元。

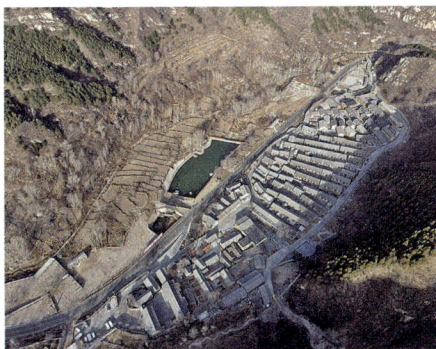

发展生态旅游

骆驼湾村，属暖温带半湿润地区，气候为北温带大陆性季风气候，四季分明。平均海拔 1 000 米以上，森林覆盖率达 64.7%，夏日有冰瀑可观，年均气温为 9.6℃，夏秋季节平均气温远低于周边都市，堪称避暑胜地。

骆驼湾村依托美丽乡村和生态环境基础，围绕绿色旅游和红色旅游两大主题，成立了阜平县顾家台骆驼湾旅游发展有限责任公司，对农户房屋进行租赁，价格为 100 元／（米²·年），共计 70 户，总面积 6 274 米²，统一装修并交由北京寒舍集团公司运营。在打造高端民宿的同时，配套建设接待中心、小吃美食街（共含鸽子坊、阜平味道、西安味道、山西面坊等 6 个档口、42 个品种小吃）、回家吃饭（共有油条、豆浆、豆腐脑、莜面饸饹等 10 余种阜平本地特色美食）、中华美食小吃、茶室、年画馆、豆腐坊、面食坊、土特产售卖等商业业态。通过发展乡村旅游，激发了村民脱贫的内生动力，增加了村集体收入，带动了相关产业发展，村民获得房屋租金、旅游业打工工资、土地流转金等多项收入。从业人员中包括建档立卡贫困户 49 人，每人每年增加就业收入 2 万元。

目前，骆驼湾乡村旅游融入了避暑度假、休闲采摘、农耕文化体验、生态休闲、党课教育、脱贫攻坚成果展示等项目，针对家庭出行、公司团建、党政机关和社会团体参观考察提供不同的线路和产品，让人们在与大自然互动、与家人交流、与朋友小聚时，感受到乡村的安宁和美好。骆驼湾周边景区众多，如五台山、天生桥国家地质公园天生桥瀑布群、城南庄晋察冀边区革命纪念馆、花山村毛主席旧居等，未来将利用区位优势，打造连接附近景区的旅游路线。

发展食用菌产业

骆驼湾村在荒滩上建成香菇大棚 75 栋，带动本村及周边群众包棚和务工 147 人，平均每棚年利润 3 万元左右，务工每人每年增收 1 万元。邀请河北省现代农业产业技术体系食用菌创新团队专家定期指导，菌棒通过提纯复壮，产量提高，且更加适应当地气候，平均比往年每棒多出 0.1 千克菇，多收入 1 元左右，产业效益进一步提高。下一步，骆驼湾将建设高端温室大棚，增加参观和采摘项目，让游客有更好的游玩体验。

发展高效林果

发展苹果、樱桃等高效林果 350 亩*，带动本村常年务工 18 人，每人每年增收 1 万元；带动季节性务工 80 余人，每人每天 100 元。经过近几年的发展，目前高山苹果已进入高产期，挂果率达到 80%，所产的苹果品相好、口味甘甜，供不应求。下一步，骆驼湾将围绕游客"后备箱"经济，对苹果等产品进行包装升级，使其成为游客能带走的馈赠佳品。

发展休闲渔业

充分利用村内优质水源，发展冷水鱼养殖。在驻村工作队的努力下，由河北省农业农村厅渔业处扶持的河北省休闲渔业扶持项目在村内落地。与河北省淡水鱼创新团队对接，协调 2 万元的虹鳟、金鳟鱼供游客观赏。目前已组织过两届垂钓比赛，散客垂钓日渐增多。下一步，骆驼湾将进一步营造和宣传渔业文化，逐步丰富休闲垂钓、亲子体验等活动。

骆驼湾村党支部书记顾瑞利说："现在党的政策越来越好，我们要继续增加集体和农民收入，推进美丽乡村建设，实现乡村振兴，更好的日子还在后头呢！"

作为保定市乡村振兴示范区，骆驼湾村人始终不忘总书记嘱托，继续发扬老区人民勤劳肯干的精神，凝心聚力，砥砺前行。通过不懈努力，乡村旅游强势开局，食用菌、高效林果、休闲渔业等产业蓬勃发展，未来的骆驼湾，在全面完成脱贫攻坚任务、成功实现小康的基础上，乡村振兴的道路也必将越走越宽广。

---

* 亩为非法定计量单位，1 亩 = 1/15 公顷。——编者注

产业扶贫助坝上村庄"蝶变"

——河北省张家口市张北县德胜村产业脱贫纪实

位于河北省坝上地区的张北县小二台镇德胜村曾是一个贫困村，2013年底，全村共有建档立卡贫困户212户、445人，贫困发生率为37.8%。近年来，德胜村将扶贫产业发展作为治本之策，因地制宜探索精准脱贫的有效途径，形成了以马铃薯种薯种植、光伏发电、民宿旅游为主导的产业发展模式，确保"家家有脱贫门路、户户有脱贫产业"，有效激发困难群众脱贫的内生动力，实现由"输血式"扶贫向"造血式"扶贫的转变。目前，德胜村建档立卡贫困户已全部达到脱贫条件，村集体经济收入突破百万元，曾经的"土村庄"成为远近闻名的全国"一村一品"示范村。

龙头企业带动马铃薯种薯产业

2017年，在政府扶持下，德胜村建成了规模达300亩的德胜马铃薯微型薯育种园区，项目总投资约1 524万元，新建单个占地0.6亩的育种大棚280个，并完成园区内砂石路、配套灌溉及水电设施和停车场等建设。大棚及相关配套设施属村集体所有，村委会委托合作社统一管理，村民承包自主经营，所得租金用于租赁土地以及对无能力经营大棚的贫困户进行补偿。

大农种业有限公司承包了德胜村马铃薯微型薯育种园区的80个育种大棚，引进培养了10多个马铃薯品种，再将收益好的品种推荐给村民，引导村民种植品质优良的马铃薯，向村民提供无偿技术服务和培训，让群众生产出优质种薯，帮助农民销售种薯，解决了老百姓种植的后顾之忧。在大农种业公司的帮扶下，村民们走上了可持续发展的产业路，三年来，每个大棚年均收入 2 万元左右。

马铃薯育种产业带富了德胜村。村民徐海成激动地说："过去供孩子念书，有过把孩子培养好后自己就不再打拼的想法。习总书记来到我家后，给我算了脱贫账，这三年，我像变了一个人一样，从懒着干变成撸起袖子加油干，从粗放种植到科技种植，我也成了马铃薯'土专家'，我家大棚由开始的 15 个发展到 28 个，种上了马铃薯微型薯和原原种，又种了 40 亩商品薯，越干越有劲。保守来说每年收入 5 万多元不成问题。这不，这幢楼就是我家，我从过去 3 万多元的破土房里搬进了 50 多万元的小洋楼里，过上了'楼上楼下、宽带电话'的新生活。"

光草互补发展生态旅游

项目推行"光伏 + 农业 + 贫困户"的扶贫模式，总投资 450 万元，争取河北省工业和信息化厅资金 20 万元、整合扶贫资金 70 万元建设村委会院内 100 千瓦电站；亿源新能源公司投资 360 万元建设 400 千瓦电站，捐赠给德胜村。年发电量 75 万度，2017 年光伏收入 62 万元，2018 年收入 72 万元。光伏收益用于对未脱贫户兜底和边缘户巩固及设立孝善基金。其中未脱贫户每户每年可增收 3 000 元，边缘户每户每年增收 1 000 元。

光草互补生态建设项目占地 2 600 亩，总投资 4.35 亿元，由亿源新能源开发有限公司投资建设，是以 50 兆瓦集中式光伏扶贫电站与光伏板下种草种药为特色的农光互补项目。该项目根据坝上气候特点，采用小型农机具耕作的方式，种植黄芪、黄芩、防风、柴胡等耐旱中药材 620 亩，种植苜蓿 1 800 亩，实现了光伏发电与生态种植的有机结合。该项目可实现经济、生态、社会效益"三丰收"：一是经济效益。村民通过流转土地，每年每亩稳定增收 500 元；村民通过清扫光伏板、种植药材及苜蓿等就近打工，人均年

收入增加 2 000 元；光伏电站收益可惠及建档立卡贫困户 2 000 户，每户每年收益 3 000 元。二是生态效益。在光伏板下种植药材和经济作物，不仅提高了土地利用效率，还有利于植物茂盛生长，同时避免了水分过分蒸发，对涵养水源起到了积极作用。三是社会效益。该项目将与采摘农业、休闲度假一起，助力德胜新村成为融"田园、乐园、家园"为一体的新型田园综合体。

改善人居环境　建设美丽乡村

按照总书记"一手抓产业培育、一手抓基础设施条件改善"的指示，德胜村拆除了徐家村、马鞍架两个旧自然村，民居改造采取企业代建、政府补贴土地出让金的办法进行集中建设，并在徐家村前统一规划建设风格独特、舒适宜居的德胜新村。目前共建成民居 96 套并分配到户，德胜印象村史馆、文化广场、村委会、幸福互助院和幼儿园均已建成。结合新建民宿，打造集休闲度假、生态观光于一体的民俗旅游示范村。德胜村的老百姓从破烂的土坯房搬进了 150 米² 的小二楼，从只能看天吃饭，到有产业、有钱挣，德胜村的乡亲们都说："这几年的日子是一天比一天好了！"

56 岁的孙桂英，2019 年 7 月搬进了德胜村的新居，她瞄准北京游客休闲度假的需求，在全村头一个干起了民宿，并在美团上推出系列活动，三个多月的时间就赚了两万多元钱。她家的民宿成了全村可复制、可推广的样本。从无到有，从有到多，2019 年全村已发展了多样化的民宿 20 多家，成为北京游客到坝上自驾游的首选地，这只是德胜村"蝶变"的一个小小缩影。

贫困村脱贫故事

如今，德胜村党员群众脱贫致富干劲十足，村里推广马铃薯种植，兴办民宿旅游，建设光伏发电项目，2019 年人均纯收入达 1.37 万元，比 2016 年翻了一番。通过实施精准扶贫，共脱贫 211 户、442 人。贫困发生率从 2013 年的 37.8% 降至目前的 0.17%。同时，整合搬迁附近两个自然村，统一规划建设德胜新村，高水平配套建设基础设施。

德胜村的"蝶变"，是张北县决战决胜脱贫攻坚的缩影。张北地处北京周边，是河北省贫困人口最为集中的县区之一，属国家扶贫开发重点县。近年来，张北牢记习近平总书记考察时的嘱托，全县干部群众立足责任、政策、工作三落实，靶向目标、精准施策，合力攻坚、狠抓落实，高质量完成脱贫攻坚目标任务。据统计，2019 年全县脱贫 3 552 户、6 270 人，贫困发生率降至 0.57%，100 个贫困村脱贫出列。

"三零模式"助力群众稳定脱贫奔小康

——河北省平泉市碾子沟村产业脱贫纪实

碾子沟村位于平泉市东北部，距平泉城区 9 千米、卧龙镇政府 3 千米。2014 年被确定为国家扶贫开发重点村。全村共有 810 户、2 421 人，其中建档立卡贫困户 82 户、139 人。在全国脱贫攻坚的号角声中，碾子沟村在各级党委政府的正确领导下，坚决贯彻习近平总书记关于"发展产业是实现脱贫的根本之策，把培育产业作为推动脱贫攻坚的根本出路"的重要指示精神，坚持将产业扶贫作为脱贫攻坚的重要途径，依托食用菌特色主导产业开拓出了一条致富之路，上下齐心，攻坚克难，于 2017 年底实现脱贫出列。

看着一排排蘑菇长势良好，碾子沟村村民徐海峰的脸上露出了欣慰的笑容。"徐海峰一家 5 口，父母多病，养家糊口仅仅依靠几亩薄田和日常打零工，生活过得很是艰难。在全市'三零模式'的推广引领下，彻底打消了徐海峰'致富没门路、投入没本钱、经营怕风险'等种种顾虑，他走上了脱贫致富的道路。"碾子沟村书记迟树坤说。经过多年的努力发展，碾子沟村以食用菌产业为基础，通过"三零模式"实现了生产零成本、经营零风险、就业零距离，贫困户人均收入由 2015 年的 3 800 元增长到 2019 年的 8 560 元，真正实现了稳定脱贫。

变给钱给物为政策扶持，让贫困群众"零成本"生产

针对贫困户生产缺资金问题，碾子沟村采取财政补、园区赊、银行借、地入股的办法，让贫困户不花一分钱发展扶贫产业。财政补，即市财政扶持每户产业发展资金 1.2 万元，引导贫困户 11 户直接生产经营或入股经营；

贫困村脱贫故事

市财政根据园区带动贫困户数量，给予农业园区 10 万～30 万元基础设施补贴，激励园区带贫扶贫。园区赊，即园区按每户 2 万菌棒的标准，先行将大棚及菌棒等设施设备低价赊给贫困户生产和使用，园区与贫困户签订收购协议，待贫困户获得稳定收益后收回欠款，剩下的资金全部归贫困户。银行借，即 42 户贫困户通过市政府搭建的"政银企户保"金融扶贫平台，以无抵押、无担保形式借到 5 万元的银行贴息贷款，贴息全部由政府扶贫部门承担。地入股，即村里 18 户贫困户以"农村土地承包经营权"入股合作社，合作社集中用于发展产业，让贫困户土地流转收租金、入股合作分股金、认领认种得现金、入园务工挣薪金。通过以上四个渠道，没有劳动能力的贫困户可"零投资"园区每年分红 6% 以上，收入 1 000 元左右；有劳动能力的贫困户可"零成本"参与园区生产经营，年增收 4 万元以上，使 42 户贫困户、68 人实现稳定脱贫。

变间接扶贫为直接带贫，让贫困群众"零风险"经营

针对贫困户生产没技术、产品没销路、经营怕风险等难题，碾子沟村改变以往大户带贫困户的模式，严把选好产业、选优企业、过程防控、风险保障四道关口，通过园区式管理、管家式服务、嵌入式带动，实现了千家万户小生产和千变万化大市场的有效对接，把经营风险降到了最低。在产业选择上，将食用菌作为碾子沟村产业扶贫的主导产业。碾子沟村作为全市最早种植食用菌的村子，至今已有 40 多年的食用菌栽植经验，产业基础牢靠。在企业选择上，严格筛选有意愿、有能力带动贫困户发展的企业，而且必须经营状况良好、内部管理规范、社会责任感强。目前，落户碾子沟村的大型食用菌企业有中润生物科技有限公司、燕塞生物科技有

限公司等 4 家企业，有省级以上龙头企业建设的大型食用菌园区 2 处，占地规模 800 余亩，经营效果都很好。在过程防控上，产前生产、产中技术和产后销售等高风险环节工作，全部由企业（园区）承担，贫困户只负责浇水、摘蘑菇、分拣等简单的低风险环节的工作。在风险保障上，园区与贫困户签订协议，因不可抗力造成贫困户无收入或收入严重受损，由园区负责赔付损失，并支付务工工资；同时政府成立担保中心，引入保险机构，对发生经营风险的扶贫龙头企业，担保中心、金融机构、保险公司按照 1：1：8 的比例共同承担损失。

变离家不便为就近务工，让贫困群众"零距离"就业

针对贫困户家有老人、病人，离家不便难就业的问题，碾子沟村把就业岗位搬到贫困户身边。基地建到村头，依托本村的食用菌企业和园区，充分发挥企业园区社会效能，积极倡导企业园区"低姿态、低门槛、低成本"广带贫，使贫困户在"家门口"就业，全村贫困户实现食用菌产业全覆盖。培训办到地头，结合食用菌生产不同阶段，组织技术人员定期进村入户开展免费实用技术培训，每年举办培训班 10 多期，使贫困群众在家门口就能得到技术指导。就业落到人头，园区优先吸纳贫困家庭劳动力务工，有 45 名有劳动能力贫困人口在本村企业园区就业，有 50 余名食用菌"土专家""菌秀才"走出碾子沟作技术指导。

平泉市创造的"零成本投入、零风险经营、零距离就业"的产业扶贫"三零模式"，让想致富却没有资金、想干事又怕承担风险、想做工又无法外出的贫困百姓轻松脱贫致富。几年来，平泉市的菌、菜、果、畜产业基地已覆盖全市 19 个乡镇 200 多个行政村，累计建设"三零模式"扶贫产业园区 120 个，面积 1 万多亩，累计带动 8 000 多个贫困家庭和 1.8 万名贫困群众实现稳定脱贫，实现户均年增收 4 万元以上，切切实实让贫困群众获得了持续稳定的收入。2018 年 9 月 28 日，平泉市以零漏评、零错退，群众认可度（97.71%）居全省之首的优异成绩，正式退出贫困县序列。由此，2017 年 3 月，平泉市创造的产业扶贫"三零模式"，入选农业部"全国十大产业扶贫模式"，同时在平泉召开了"全国产业扶贫现场会"。该模式得到了中共中央政治局常委、全国政协主席汪洋同志的肯定性批示并要求在全国推广。平泉市的"三零模式"经验做法先后被《人民日报》《光明日报》《农民日报》、中央电视台等 20 多家新闻媒体报道，平泉市领导分别在中央党校、农业农村部、国务院扶贫办举办的多次会议和培训班上做经验介绍。

"双带四起来" 圆了乡亲致富梦

——河北省保定市涞水县南峪村产业脱贫纪实

地处涞水县野三坡景区东部的南峪村，山多地少，耕作条件极差，全村耕地仅 395 亩，山场 2 万亩。在脱贫攻坚过程中，南峪村依托野三坡景区，大力发展乡村旅游民宿产业，通过景区带村、能人带户，把群众组织起来、把产业培育起来、把利益联结起来、把文化和内生动力弘扬起来，开创了 "双带四起来" 旅游扶贫模式，带领贫困户走向了一条持续稳定增收的富裕之路。同时，以南峪村模式为样板，涞水县充分挖掘当地独特的旅游资源和区位优势，打造了全域旅游产业扶贫模式案例，为全县 2018 年提前实现脱贫摘帽提供了产业支撑，该案例也作为中央政治局第 39 次集体学习参阅典型和全国精准扶贫典型案例在全国得到推广。

"我村地处深山区，人均耕地面积不足半亩，村民收入主要依靠到京津打工及到景区农家乐、旅馆务工，村内平时只剩下老人、孩子。今天我们自己成立旅游股份制合作社，建设精品民宿，以前是连想都不敢想。" 南峪村党支部书记段春亭说，"2015 年我村在县政府的大力支持下，争取到中国扶贫基金会三星分享村庄项目，同时被确定为省级 33 个旅游扶贫试点村之一，确立了依托旅游产业，带动全村村民脱贫致富的理念。"

在选定旅游作为全村脱贫主导产业后，南峪村在中国扶贫基金会的帮助下，重点探索通过怎样的模式将贫困户组织起来，最终决定成立南峪村

贫困村脱贫故事

旅游扶贫农宅股份制合作社，特别是结合村情实际，创新性地采取合作社"四联"运行模式。一是联群众：全民入股、贫困户赠股模式。采取全民参股的模式，每人只需缴纳1元入社费，便可成为合作社社员，入社后享有理事会和监事会选举与被选举的权利，参与合作社各项活动，且贫困户享受占股翻倍优待，享受年终合作社分红。二是联主体：合作社资金整合模式。以合作社为依托，整合中国扶贫基金会资金1 000万元、河北省美丽乡村试点资金1 000万元（南峪村是省级美丽乡村试点村，共投入美丽乡村建设资金4 500万元，其中1 000万元用于民宿建设）、财政专项扶贫资金120万元及县到村行业部门资金等各类资金，并引进工商资本，统一使用，发挥最大效用。三是联经营："三级联动、五户联助"管理模式。"三级联动"，第一级：合作社骨干，由理事会6人、监事会4人、村"两委"班子4人组成，提出合作社发展建设意见，落实扶贫政策，实施扶贫项目；第二级：合作社代表，全村按五户一组各选举出一名代表，共选出43名合作社代表，主要负责群众工作，听取群众意见，参与合作社管理监督工作并提出合理化意见建议；第三级：合作社五户联助小组农户，负责做家庭成员的思想工作及处理问题。"五户联助"，每五户为一个联助小组，把全村入社的社员分成43个联助小组，每个党员骨干联助小组带动两户贫困户，每个代表联助小组带动1户贫困户，形成村内联动互助。四是联收益："三七分成、二五保底"分红模式。"三七分成"即合作社承包运营商（北京恒观远方网络科技有限公司）与合作社签订运营商分得30%利润、合作社分得70%利润的协议，但运营商要确保每个旅游农家院年收入不低于10万元，若低于10万元，运营商每家农家院补足10万元，确保经营户和合作社的"二五"保底收入，也就是民宿管家工资收入占7份里的 2 份，合作社收入占 7 份里的 5 份。

据了解，2016 年南峪村建成 2 套高端民宿，当时接待能力虽然有限，但运营仅仅两个月，营业收入就达到了 11 万元，入住率高达 50%，年底为农户每人分红 100 元，贫困户每人分红 200 元。2017 年又建成民宿小院 6 套，8 套民宿小院于 6 月 1 日全部投入使用，2017 年年底，营业额达到了 174 万元，合作社纯收入就达到 46 万元，贫困人口人均分红 1 000 元。2018 年，8 套民宿全年运营，年底营业额 262 万元，全村实现分红，一般村民每人 700 元，贫困人口每人 1 400 元。2019 年民宿营业额 365 万元，合作社纯利润 110 万元，带动村集体增收 8 万元，普通群众人均增收 1 000 元，贫困群众人均增收 2 000 元。

村党支部书记段春亭说，单一的民宿产业不是长远之计，村里谋划利用现有的耕地、林地、荒地等资源进行农产品的种植、养殖及深加工，并引入人道救援训练基地、民俗文化节等业态项目，将村庄打造成吃、住、娱、游、购多方位一体的旅游目的地，从而将自然资源等转化为"资产"，提高附加值，产生更高的收益，实现大家一起奔小康的良好局面。

"粮画小镇"建设　助推脱贫攻坚

——河北省邯郸市馆陶县寿东村产业脱贫纪实

　　漫步街头，小溪流水潺潺，树木绿意盎然；青瓦白墙的农家院，造型各异的粮食画，饱含沧桑与乡愁的石碾、石磨、老井，一幅幅田园画卷生动地展现在人们眼前。夜渐深，村街灯火阑珊，踱进一座檐下挂满红灯笼的咖啡木屋，倚窗而坐，闲品咖啡，可以体会到在城市喧嚣中难有的惬意……难以想象，这个村庄以前曾是冀南地区典型的省级贫困村，不免让人思考究竟是什么样的魔力使这个既没有产业基础又没有资源优势的贫困村脱胎换骨，蝶变为中国十大最美乡村、国家 AAAA 级旅游景区的呢？

先富后美　产业兴镇

　　"尊重民意、留住乡愁、做强产业、改造提升"是馆陶建设美丽乡村（特色小镇）的指导思想。这其中，做强产业是至关重要的一环。

　　寿东村在小镇建设中提出"先富后美，不富不美，富而美"的理念，把产业做成文化产业、附加值高的产业、产业链长的产业，给产业插上文化的翅膀、美丽的翅膀。特色产业在哪，小镇就在哪儿。在馆陶，每个小镇都有一个清晰的成长性产业。一个小镇拥有社区的数量，取决于产业的支撑和辐射能力。像寿东村这样一个资源匮乏、多年没有脱贫的省级贫困村，因为产业的有力支撑而发生了蝶变。

2014 年，在馆陶县委、县政府的"撮合"下，寿东村与张海增的粮画企业走到一起，"粮画小镇"应运而生。寿东村以每亩 3 万元的价格，提供 15 亩土地给张海增，建设生产基地，包括粮画生产线、粮画开发中心、产品展示大厅、职工休闲娱乐活动区、餐厅和职工宿舍等。

粮画企业的入驻给寿东村带来了希望，粮画加工业也逐渐成为带动村民增收致富的特色产业。村里为此制定了鼓励扶持政策，凡是本村从事粮画加工的人员，不仅免费进行培训，还免费提供一套桌椅、一套器皿。寿东村的村民开始有了工作，有了收入。目前，寿东村粮画加工户已达到 67 户，每户年增收 1.5 万元，辐射带动周边 10 多个村庄、300 户群众从事粮画制作工作。

一次"无中生有"的决策，让寿东村和粮画企业达到了双赢。馆陶海增粮艺有限公司在全国各地设立了销售网点，产品远销海外，知名度的提升吸引了越来越多的城市游客来到粮画小镇参观游览，使粮画制作销售、餐饮服务等相关产业日益兴旺，真正实现了一、二、三产业的融合互通。

创新制度　传递信仰

美丽乡村建设效果的检验指标是什么？这个问题对于处在方兴未艾的特色小镇浪潮中的主体而言，自是群言群殊。经济效益的稳步提升自是不在话下，自然生态环境的变好亦是小镇建设的应有之义，然而粮画小镇给出的答案还是让人耳目一新。

"当地村民的笑脸就是最好的检验指标。"在美丽乡村建设中，人是最美丽的景观。参观粮画小镇时，不论是咖啡店的店主还是道路上驻足的行人，都和工作人员熟络地打着招呼。而在六年前，小镇上却是另外一种景象，村民们的脸上写满了怀疑和不解。这和今天大伙儿发自内心地笑着打招呼是一个巨大的反差。"村民变了，比村庄面貌变了有意义得多。"

粮画小镇建设之路上的一个难得之处，就是在美丽乡村"改造提升"过程中，不仅包括对物的改造，还包括对人的改造。通过提升人的精神素质，

贫困村脱贫故事

把美丽乡村的"美丽"落在塑造"最美村民"上，村里组织成立了乡贤会、学生会、外联办、商会等社区社会组织，还有中国第一个乡村气息最浓、最接地气的乡村电视台。把基层政权的触角延伸到村民小组，也是粮画小镇建设中的创新。同时聘请乡村电工、乡村医生等小镇特殊岗位人员作为"美丽导师"，协同配合基层治理。小镇还设有"小镇客厅"，包括便民服务中心、办公中心等，可以在这里体验大数据中心与智慧乡村平台。

"让村民有信仰，小镇才能走远。"在馆陶，理想、信仰教育成为美丽乡村"精神美"建设的重要内容。在粮画小镇上，一座"情景式党校"吸引了众多游客驻足。在小镇党校后面，是一座等比例复制的梁家河知青旧居。50多年前，15岁的习近平来到梁家河大队，开始了他艰苦却受益终生的插队岁月——住窑洞、睡土炕，忍耐跳蚤叮咬，与村民同吃同住，打坝挑粪、修公路、建沼气，并在这里加入中国共产党，担任大队党支部书记。小镇党校运用唱歌曲、宣誓言、说愿景等方式，让村民与游客在这里接受精神洗礼，坚定跟党走的信仰。特色小镇建设中对"精神美"的价值追求被提到了较高的位置，老百姓内生动力最大限度地得到激发，干劲更足了，一批青年纷纷返乡创业，蒜薹扶贫微工厂、箱包厂、红酒庄园、粮画农庄、佳和国际学校等十几个项目落地生根。

保留乡愁　供给特色

过去搞新农村就是大拆大建，而寿东村则是在村民原有的生活生产方式上改造提升，做到尊重民意、留住乡愁。这样做的效果是，残垣断壁和老房子成为文化记忆，废弃坑塘成为下沉式休闲场所，老磨盘、碾子成为独有的乡村景观，村庄成为充满地域特色与浓浓乡愁的美丽小镇。特色就是最好的旅游要素。由此，吸引了越来越多的游客前来休闲度假。

100 个产业脱贫典型

发展乡村旅游业是贫困户脱贫致富的有效途径。"贫困户 + 公益岗位"。粮画小镇共设有保洁员、停车场管理员等 40 余个公益性岗位，全部安排给贫困户，仅工资一项，贫困户每年每人可增收近 1.2 万元。"贫困户 + 旅游商品"。街道、游乐场及景点附近统一建设了手工小挂件、粮画、小食品、特色农产品等 31 处销售摊点，优先提供给有经营能力的贫困户使用。"贫困户 + 农家乐"。一种是贫困户自建型，贫困户将自家宅基简单装修投入使用，如村民陈张凯，曾经是个需要津贴补助的贫困户，在外打零工的他，辛辛苦苦一年，到头来的收入也不过几千元，日子穷得叮当响。发展乡村旅游后，做得一手地道可口农家菜的他开始经营"蒸蒸铁骨"农家乐，如今年收入突破了 30 万元。另一种是租赁型，贫困户将闲置宅基地租赁给其他商户，如张沛东，将闲置老宅基租赁给外来商户开设农家乐餐厅，每年租赁费 2 000 元。"贫困户 + 生态农业"。贫困户将土地流转出去，建设生态农业产业园，不打农药不施肥，用酵素浇地，生态农产品销往北京等大城市。乡村旅游常态化和品牌化效应基本形成，并逐渐成为拉动经济增长、带动群众增收的主导型产业。小镇人气有了，商气旺了，粮画及相关衍生品畅销国内外，旅游产业成为该区域农民增收的新亮点。

粮画小镇从一个省级贫困村蝶变为中国十大最美乡村，探索出了一条正确的、有价值的路，即坚持产业是美丽乡村的"生命"，让产业成为美丽乡村的"造血工程"，积极发展特色产业打造美丽乡村升级版和脱贫攻坚的新样板。从美丽乡村到特色小镇，从脱贫攻坚到乡村振兴，邯郸东部平原县一个默默无闻的小村庄被点亮，继而蔓延到整个晋冀鲁豫区域，改变了众多贫困村庄的命运。这正是馆陶特有的发展路径，造就了省级贫困县蜕变为美丽乡村的典范，走出了一条欠发达地区建设特色小镇的新路。

"科技小院"写活扶贫"大文章"

——河北省张家口市沽源县东辛营村产业脱贫纪实

初夏时节,各色鲜花点缀着苍茫的坝上草原,路边农田里一排排架豆秆像整齐列队的士兵朝车后奔驰而去。

在沽源县西辛营乡东辛营村,有一座深受农民欢迎的"科技小院"。说到这个成功的科技小院,还真多亏了驻沽源产业扶贫帮扶小组。

扶智培训富头脑

沽源是国家扶贫开发工作重点县,为帮助群众脱贫致富,国家部委及河北省直部门下派了多名干部驻村帮扶,又从驻村干部中抽出部分骨干组成驻沽源产业扶贫帮扶小组,由农业农村部挂职干部、县委常委副县长张天佑任组长。

帮扶队来了,如何帮?怎么帮?从哪儿入手?

扶贫先扶智,立足基础补短板。在了解到当地农民缺乏农业实用技术培训的情况后,张天佑发挥背靠农业农村部的人才优势,先后联系 4 位西蓝花、马铃薯、架豆、土壤营养学等领域的国内顶级专家到沽源指导,并协助县里建立了由国家、省、市、县 88 位专家组成的农业科技顾问团,采取"大专家"和"田秀才"相结合的培训方式,仅 2017 年就对全县 120 个贫困村的农户轮训 2 遍,举办培训班 520 期,累计参训人员达 23 000 人次。

为了给县里留下一支不走的农业科技培训专家队伍,2017 年 8 月,产业扶贫帮扶小组在沽源县架豆种植核心区的西辛营乡东辛营村建立起全县首家"科技小院",由中国农业大学与云天化集团派专人长期驻守。

"我家豆角去年让病害给毁了，今年该怎么预防呀？""我家豆角长不直，不好卖是怎么回事？"一个个实实在在的问题，在"科技小院"都能得到解答。

村民说这些专家除了在小院内讲座，还经常走到田间、育苗棚、合作社当场指导。三年来，举办农民培训 60 余场，培训、指导农户 934 人次。驻点村——东辛营村贫困户设施架豆产量平均提高了 10%～20%，病害发生率下降 30% 左右，平均减少经济损失 700 元/亩。

"科技小院"以零费用、零距离、零时差、零门槛的"四零"模式，为农民提供伴随式技术服务，农民随时可以学习新技术成果，为扶贫先扶智提供了"沽源样本"。

科学配方富口袋

东辛营村是远近闻名的架豆之乡，架豆种植历史已达 20 多年，种植面积达 1.5 万亩。但由于常年粗放管理，地力逐年下降，长出的豆角要么弯弯曲曲、要么有斑点，优质商品豆角产量日趋下降，架豆产业陷入发展瓶颈。

科技小院建立之初，为了破解这一瓶颈，让贫困户科学施用肥料，小院师生在 2017 年国庆期间，对东辛营村 193 块耕地土壤进行样品采集，并利用课余时间在学校实验室对土壤养分含量进行了测定。根据测土结果得出的养分数据，制定合理的施肥方案。

贫困户田青说："2018 年我种有设施架豆 3 亩，按照科学配方施肥，结合小院给出的栽培管理意见科学管理。8 月初，其他农户的架豆出现大规模暴发病害的情况，而我在科技小院师生建议下，提前打药防治，较其他农户直接减少损失 30%。当年我的设施架豆产量每亩是 1 867 千克，较 2017 年每亩增产 513 千克，增收 3 000 元左右。"

东辛营村党支部书记、架豆协会会长李雪峰说："2018 年收架豆那阵子，我每天接电话到手机电池没电。有要货的，有要种子的，还有很多村的农民要求加入协会的。我真服了这些专家，眼界就是宽、点子就是硬。组织化、品牌化、技术支撑，就这三招，解决了我们多年来种架豆难增收的大问题！"

2018年，在当地政府和科技小院师生的帮助下，当地农户设施架豆平均投入成本减少了35%，而收入却增加了47%，达到了1万元/亩的收入水平，贫困户收入水平得到了有效提高。东辛营村建档立卡贫困户由之前的50户、107人，减少到了2户、4人，成功摘掉了贫困村的"帽子"。

科学引进新品种

"科技小院"依靠架豆产业的技术专家团队，引进测土配方、控苗控旺、病害预防等技术，在提高架豆产量和品质的同时大胆引进新品种。沽源架豆从单一品种发展到现在的6大品种，沽源也被评为中国架豆之乡，不少农民靠种架豆为生，这里生产的架豆品质好，错季上市，在市场上是供不应求。

打赢脱贫攻坚战，科技保障是关键。

东辛营村驻村第一书记王金山说："'科技小院'在培强架豆产业的同时，还不断引进新品种。2019年指导种植甜瓜、'红玫瑰'马铃薯、藜麦190余亩，其中设施甜瓜收益较为可观，较设施架豆纯收益增长约1000元/亩。藜麦种植几乎不用浇水灌溉，亩效益是当地传统旱田作物莜麦和胡麻的3倍多，起到了既调茬又增收的作用。这为农民增产增收、脱贫致富大大提供了可能。"

"'科技小院'不仅补上了基层科技力量严重不足、手段滞后的短板，改善了周边乡村的生产方式，也促进了贫困群众精神面貌的改变。对沽源县脱贫攻坚工作做出了巨大的贡献。"沽源县农牧局局长武雅军肯定地说。

九九桃王十里飘香　红火集体致富农户

——山西省临汾市浮山县东张乡尧头村产业脱贫记

踏着春日的阳光，走进浮山县东张乡尧头村，柏油路干净平坦，两旁冬青郁郁葱葱，桃花盛开生机勃勃。正在果园为村民讲解桃树栽培技术的驻村工作队队长吉东发说起眼下的变化就滔滔不绝："春日里站在地头看尧头，满眼都是粉嫩嫩的桃花，心里喜滋滋的；秋日里，树枝上九九桃王十里飘香，远近客商都来'抢货'，那阵势看得人畅快、舒坦。"

浮山县东张乡尧头村有136户、394人，其中建档立卡贫困户45户、159人。全村850亩耕地，人均2亩多，农业立地条件较差，过去主要种植玉米、小麦等粮食作物。4年前，尧头人不提"进步"；3年前，尧头人想要"变化"；现在，"桃园硕果"铺就了发展路，尧头人一见面就说发展。乡村振兴的曙光，正悄然洒上这片蓄力待发的沃土。

过去，"庄稼活，不用学，人家咋做咱咋做"。现在，科技在农业生产中的增收作用越来越明显，同样的产业、不同的管理方式，会产生不一样的收入。

60岁的杨云是建档立卡贫困户，一辈子守着16亩地，人虽勤快，但靠天吃饭的那点儿收入也仅够吃穿。杨云想改变。2014年，她瞅着村里祁永军家种了20亩桃树，也跟着种了4亩。树栽上了，管树容不得一点马虎。杨云、祁永军开始跑村东

贫困村脱贫故事

学西听"种树经"。大家伙儿虽勤快，但碎片化的管理方法在实际操作中收效甚微。

直到 2016 年 3 月，尧头村来了"智囊团"，村里的蜕变也悄然开始了。大刀阔斧改面貌、因地制宜引项目、广开渠道促增收……这驻村工作队连环动作，让村民倍感震惊，再加上队长吉东发是市果桑站原站长、高级农艺师，有了果树"行家"的带领，让村民看到产业向上向好的希望。工作队采用"请进来、走出去"的方式，让村民得到专业系统的培训，种植桃树的信心和决心更足了。

祁永军实在、爱学习，对当年跟着工作队到尧都区李家庄村，曲沃县新城、八顷等地观摩学习记忆犹新："亲眼看人家的产业、亲耳听人家的变化、亲自算人家的收入，再对比自己的产业和收入，真是增长了见识。"他第一个站出来，成立了浮山县尧盛桃果种植专业合作社，采用"市场＋合作社＋农户（贫困户）"的带动模式，带领果农"抱团"闯市场。目前，合作社带贫效应日益凸显，不仅发展本村社员 51 户，而且带动周边村水果、中药材产业发展。

"贫困户之所以贫穷，根本原因是缺乏增收项目，尧头村'桃王九九'产业就是要让贫困户户户有项目、人人有分红。"吉东发同志按照自己的想法大胆去实践，推动建设"资产变股权、资金变股金、农民变股东、收益有分红"的资产收益扶贫机制，千方百计为全体村民谋利益，为集体经济谋发展。

这几年尧头村在工作队的帮助下，推动产业融合发展，种植"桃王九九"450 余亩，其中村集体流转土地 210 亩。仅"桃王九九"一个产业就实现全村全覆盖，桃树成为"摇钱树"。

吉东发算了一笔账，桃树挂果后亩产至少可达 1 500 千克，亩产值可达 6 000 元。每亩纯利润保守估计有 3 000 元，村集体留 10% 的风险金用于防灾或扩大再生产，去掉 500 元土地流转费，剩下 2 200 元，集体和全村农户四六分成。

一方面，村里以合作社为中心，全力以赴规模化发展；另一方面，贫困户积蓄能量，鼓足干劲力争上游。"咱基础差，就要活到老、学到老。"杨云兴奋地指着桃园说。自家的果园发展到 8 亩，从修剪到施肥，每个环节她都烂熟于心。2019 年，她与丈夫负责村集体的桃树修剪，那工作的认真劲儿，全村人有目共睹。

"以前，咱就知道种麦子、种棒子，工作队给咱带来新产业，也不用外出打工了。"贫困户尹治良被眼前的桃花映红了脸。"市里的植保、肥料专家给我们讲解怎么治虫、怎么施肥，教怎么管理。"尹治良有 3.5 亩桃园，挂果第一年就收获鲜桃 4 750 千克，每千克售价 4.4 元，总收入达 2.1 万元。现在，他把桃园当成了"宝贝疙瘩"，天天往地里跑。

站在高处放眼一望，田野里桃花盛开，尧头村带动东张乡桃树大发展。2019 年 9 月中国农民丰收节时，东张乡举办了首届桃王会，为期数天的活动，让周边农民群众充分感受到丰收的喜悦，也鼓舞着农民发展桃产业的信心和决心。2020 年，全乡新增"桃王九九"园区 1 800 亩，通过 2～3 年时间，全乡桃树栽植面积将达到 5 000 余亩。

"去年（2019 年）我们的'桃王九九'批发价格最高是 5 元 1 千克，最低也是 4 元 1 千克，一亩地毛收入在一万元以上。今年我们早点来管理，给它施肥、除草、修剪，希望今年还能卖上好价钱。"谈起 2019 年的收成，杨云兴很是开心。

产业要兴旺，"人"是操盘手，"地"是催化剂。目前，尧头村已建成"双百亩""桃王九九"集体经济示范园，并套种了大豆、中药材，产业多样，村民的钱袋子鼓起来了。东家种辣椒、西家种谷子、南北两家搞养殖……如今，尧头村人靠奋斗和实干向幸福生活迈出了坚实的步伐。

建成有机生态农庄　发展乡村旅游产业

——山西省大同市灵丘县下车河村产业脱贫纪实

在脱贫攻坚工作中，以"有机农业＋生态旅游＋村庄改造"为发展模式的下车河村，成功走出了一条"升级版"的产业脱贫路子，有效实现了从贫困村到产业强村的华丽蜕变。

从 2014 年到 2019 年，由大同市人民政府和中国农业大学等高校联合主办的"车河国际有机农业论坛"在下车河村连续举办六届，每年都有来自多个国家和地区的近百名学者莅临参会，规模和影响逐年扩大，《人民日报》《光明日报》等权威媒体多次进行专题报道。2016 年 9 月，"山西省转型综改经验交流现场会"在下车河村召开。2017 年，社区所在的红石塄乡被评为"中国有机农业发展示范乡"。2018 年春节，中央电视台《东西南北贺新春》栏目在此录制专场。2018 年"车河村级有机农业扶贫模式"作为全国三个典型案例之一，登上"2018 中国扶贫国际论坛"，入选"中外减贫案例库及在线分享平台"。2019 年 7 月，"全省攻坚深度贫困推进乡村振兴现场会"

在灵丘召开，下车河村是其中四个观摩点之一。

灵丘县下车河村位于红石塄乡，包括上车河、下车河两个行政村，在册人口75户、173人，其中建档立卡贫困户22户、52人，面积27千米^2，耕地1 213亩。

2013年，村民经济来源主要是农业种植和外出务工，农业生产"靠天吃饭"，农作物种类主要为玉米、谷黍、豆类等，农民年人均纯收入2 300元。

2015年，下车河村农民人均纯收入达到1.5万元，实现了当年脱贫，彻底告别了以前"光秃秃的山上，破烂的房，穷苦的人儿走外乡"的窘况。

2019年人均纯收入达到1.85万元，比改造前提高7倍。通过实施农村产权制度改革，车河有机农业社区探索了"村社一体、村企合作、共同富裕"的城乡融合发展新途径，走出了"资源全流转、村民全入社、三资全入股、收益全保障"的壮大集体经济新路子，实现了"资源变资产、资产变股金、村民变股东"，为灵丘全面实施乡村振兴战略，建设"产业兴旺、生态宜居、乡风文明、治理有效、生活富裕"的美丽乡村探索出了前行路径。

立足资源优势，科学绘制蓝图。灵丘县立足自然生态资源优势，把有机农业作为经济转型的战略支柱产业来抓，以下车河村有机农业综合开发项目为试点，启动有机农业园区建设。通过农村产权制度改革，积极探索工商资本进入农村建设的新路径，变资源优势为经济优势，全员持股，人人有份，推进农民股民化、农村景区化、农业产业化，努力实现就地城镇化，短短几年实现了精彩蜕变。

下车河村山好、水好、空气好，气候环境适宜，自然生态资源优势明显，发展有机农业具有得天独厚的条件。2013年，聘请中国规划研究院景观所和易兰国际设计事务所编制了《车河有机农业社区建设规划》，确定了如下发展原则：合理利用资源，保护好现有的生态环境，减少生产、生活对生态环境的破坏；建立生态补偿机制，通过信息化生态平衡补偿体系对项目的建设经营过程进行持续跟踪考核；坚持"健康、生态、平等、关爱"的有机农业原则；建立人与自然和谐相处、"山常绿，水常清"的良好生态，即"生态第一、四化同步"。

　　加快农村改革，引入工商资本。借助得天独厚的旅游生态资源，采取"有机农业＋生态旅游＋村庄改造"模式，上车河、下车河两个行政村的 78 户、182 个村民联合起来成立了"灵丘县道自然有机农业专业合作社"，与全县最大的重点龙头工业企业金地公司合作，注册成立了灵丘县车河有机农业综合开发有限公司，实施有机种养、生态旅游等农业转型发展项目，经营盈余村民分红占 30%，公司占 70%。通过实施车河有机农业综合开发项目，在确保农民不离地、不失地、不失业、不失居、保增收的前提下进行村企合作，将第三产业成功植入乡村，有效带动第一产业的发展，使农民收入从单一的第一产业，发展到一、二、三产业联动，优势互补。基本思路是政府主导、企业牵头、带动农民、协同发展，共同打造生态环境优美、产业环境优越、生活环境优良的车河社区，推动有机农业向多元化、综合化方向发展，走出了一条灵丘有机农业可持续发展的路子。

　　推动土地流转，实现多重收益。上车河、下车河两村的村民将承包的 1 213 亩土地经营权流转给"灵丘县道自然有机农业专业合作社"，合作社再将土地承包经营权转让给灵丘县车河有机农业综合开发有限公司，按照合同约定，开发公司前三年每亩地每年支付社员土地流转金 500 元。土地流转完成后，村民可获得四项收入。土地流转收益：每亩每年 500 元；旅游服务收益：按照总体开发规划，全村住户的房屋全部集中拆除，由灵丘县车河有机农业综合开发有限公司为每户集中兴建一套二层小楼，上层作为民俗客栈使用，下层居住，旅游休闲服务内容中关系农民直接收入的项目主要有住宿和餐饮消费两部分；劳务工资性收益：依据劳动工种，每人日工资 70～120 元；公司盈余分红收益：根据合同约定，按期分红。

改善人居环境，建构新型社区。车河有机社区建设在实现农民增收的同时，同步推进农村人居环境的改善。目前，共建成两层结构 130 米² 的新型农居 88 套，包括 2020 年建成的二期安置房 28 套，作为吸引年轻村民回乡创业的安置用房；建成建筑面积 4 000 米² 的红石塄乡敬老院；新建 1 500 米² 有机观光餐厅；建民俗博物馆（建筑面积 700 米²、院落 3 000 米²）1 座、700 米² 展示中心 1 座与 1 500 米² 的接待中心；建污水和垃圾处理厂各一座；铺设天然气管道 13 千米；新建和整修田间道路 13 千米，新架桥 10 座；建成"清水鱼庄"项目；总投资额 1 000 万元建设的"梦幽谷""冰雪缘"等文旅项目投入运营，景区项目有帐篷营地、空中飞人、丛林探险、户外攀岩、露天影院等，2019 年纯收入 25 万元以上。下车河村由过去的"院荒芜""房破烂"变成今天的"山水绿""村整齐"，成为山水特色村。

摘掉"穷帽子"，过上好日了。通过几年的建设发展，下车河村彻底摘掉了贫穷落后的帽子。目前，1 213 亩耕地全部流转完成，新造土地 200 亩，改造土地 500 亩，发展杂粮、蔬菜等有机种植 700 亩，养殖乳肉兼用型有机牛 500 头、有机羊 10 000 只、有机鸡 30 000 只，鸡蛋已取得有机认证。"沟里的乌鸡，山上的羊，滩里的有机蔬菜响当当。"村民全部搬进了企业为村里建造的两层结构 130 米² 新型农居，一层自己居住，二层经营使用。每到节假日，全国各地游客便慕名而来，品尝有机乌鸡蛋、大青背山羊肉、有机蔬菜，呼吸山里纯净空气，享受世外桃源般的生活，村民不出家门就挣上了住宿、餐饮钱。

如今，下车河村已经成为集农业旅游观光、有机种养基地、特色餐饮、住宿、民俗文化、传统教育为一体的宜居、宜业、宜游的特色名村。

用"两山"理念引领乡村振兴大发展

——山西省忻州市偏关县老牛湾村产业脱贫纪实

老牛湾村位于山西省忻州市偏关县万家寨镇，屹立于晋陕蒙三省相交之处，北隔长城与内蒙古清水河县接壤，西濒黄河与内蒙古准格尔旗隔河相望，被称为"鸡鸣三市之地"，是"黄河入晋第一村"。域内山奇水秀、民风淳朴。

近年来，老牛湾村秉承"望得见山、看得见水、记得住乡愁"思路，努力唱响"红旗飘起来、支部强起来、喇叭响起来、创业火起来、腰包鼓起来、百姓乐起来"六面党建"旗帜"，通过"一帮两带三提升"的"六艺"帮扶举措，瞄准乡村旅游，努力实现赶超，不断引领全村百姓走上一条新时代乡村振兴之路。

农民富不富　关键看支部

狠抓班子建设，让红旗飘起来。坚持以党建为统领，强化班子建设，充分发挥党支部引领作用。村党支部每周坚持集中学习，每次学习不少于两个小时，不断提升班子成员的政策理论水平和业务能力。严格支部组织生活会制度，通过开展批评与自我批评，在班子内部形成团结奋进氛围，不断增强班子发展合力。压实分工责任。将村内各项工作任务分解落实到支部成员，做到了分工明确、责任清晰，整个班子团结协调，红色战斗力燃遍全村。

建强党员队伍，让支部强起来。注重党员队伍建设，在梯队建设上下工夫，持续保持战斗力。通过严格组织发展，确保了党员质量。组织党员干部开展结对帮扶、访贫问苦、奉献爱心活动，不断转变工作作风。脱贫攻坚工作开展以来，在太原理工大学帮扶下，为群众办实事好事 69 件。通过承诺践诺，坚持亮身份，兑现服务承诺。对支部党员实行挂牌"亮证上岗"，便于群众联系、监督，通过树立先锋形象，使党支部乡村治理能力、群众服务水平逐步提升。

壮大集体经济　发挥"领头雁"作用

发展集体经济，让喇叭响起来。2018 年，通过荒地、征地等补偿，村集体经济破零；之后，通过注册农民专业合作社（吸收 7 户贫困户）等方式，努力壮大集体经济；在万家寨镇党委政府支持带领下，村基础设施逐步提升；2019 年底，在偏关县委、县政府大力支持下，在万家寨镇党委政府积极奔走下，彻底解决了老牛湾村近十年来遗留的 100 余万元村集体工程建设债务问题。

2020 年，偏关县委、县政府通过壮大村集体经济渠道，为老牛湾村争取发展资金 100 万元。这些有力举措解除了村集体经济发展的后顾之忧，为全村上下撸起袖子加油干提供了强大底气，吹响了乡村振兴的号角。

聚焦"最后一公里"　引领乡村振兴大发展

"一帮两带三提升"，让创业火起来、腰包鼓起来、百姓乐起来。"一帮"：利用"老牛湾党员干部群"微信平台，为全村群众提供日常生活帮助。即：群内的年轻党员，每次出村都要通知群里，哪家有什么生活用品需要捎带，哪家有什么事情需要代办，尽量为村民尽快解决，极大方便了村民生活，群众满意度逐步提升。"两带"：一是利用"农家乐"带。全村 33 家农家乐，涉及 55 户，超过全村户数的 60%。其中党员农家乐有 8 家，在经营理念、服务设施、管理水平等方面带动其他 20 余家农家乐，每年每家农家

贫困村脱贫故事

乐至少增收 3 万元以上。二是利用"老牛湾水上娱乐有限责任公司"带。公司成立以来，4 名党员共带动村内 20 户致富。其中贫困户 3 户、12 人，均已顺利脱贫，近年来脱贫成果得到大幅提升。"三提升"：一是党建水平提升。全方位提升老牛湾村党支部党建水平，充分发挥村党支部战斗堡垒作用和党员干部先锋模范作用。二是村容村貌提升。进一步实施全村美化绿化，修缮村路户道，增加路灯数量，建立标准公共厕所，建立购物点、观景台等公共服务设施，为全村旅游发展提供优良环境。三是服务水平提升。通过学习强国、微信群等有效学习平台，"走出去、引进来"，组织村民考察学习，旅游开阔视野，提高个人素质，提升服务水平。

近年来，全村党建水平全面提升，村党支部被评为"2019 年度忻州市标杆村党组织"。涌现出"偏关县脱贫攻坚农村致富带头人"郭文生等村民典型。基础设施不断健全，新建停车场 3 000 米^2，文化舞台 800 米^2，农家乐标志标牌 33 处，街巷立面整治 300 米，扶持发展农家乐 33 家。同时对接山西高新普惠旅游文化有限公司新建水冲厕所 1 处，游客休憩凉亭 2 处，发展购物超市 1 处，采摘园地基完工 2 处。此外，建立农耕体验园 1 处，升级改造民宿 3 处，修缮古庙宇 7 座，打造黄河民俗文化馆 1 处。倚地利之势，开发出快艇、游艇、垂钓等休闲旅游项目，带动村民参与导游服务、餐饮住宿、特产销售等 160 余人，全村日接待能力 2 000 余人。2019 年接待游客达 30 余万人次，旅游收入近 500 万元，村民人均纯收入近 2 万元。

目前，老牛湾村已成为国内乃至国外游客入晋旅游热门选择。村集体荣获山西省精神文明建设指导委员会"2010—2011 年度文明和谐村"称号，被山西旅游局、山西广播电台、山西农业厅和山西日报社评选为 2014 年"山西最美旅游村"。

被总书记点赞的"小黄花"

——山西省大同市云州区坊城新村产业脱贫纪实

    2020 年 5 月 11 日,习近平总书记视察了坊城新村,对新村产业扶贫、巩固脱贫成果都给予了充分肯定。他指出,易地搬迁不仅是为了解决住得好的问题,更是为了群众能致富。要加强易地搬迁后续扶持,因地制宜发展乡村产业,精心选择产业项目,确保成功率和可持续发展。

    通过易地搬迁、产业扶贫,坊城新村的农民住进了美丽宜居的新农村,过上了幸福安康的美好生活。坊城新村能有如此翻天覆地的变化,缘于这个村的党支部、村委会能因地制宜落实党和政府的扶贫政策,创造性地找到了一条产业发展的脱贫致富好门路。

找寻致富门路　瞄准黄花产业

    大同市云州区坊城新村是一个由云州区西坪镇的大坊城村、西嘴村组成的易地搬迁村,全村现有 210 户、439 人,有建档立卡贫困户 40 户、90 人,坊城新村 2016 年开始兴建,2018 年村民开始入住,现已退出贫困村序列。

    选择什么样的产业才能让村里尽快富裕起来,这是村"两委"干部思考最多的问题。他们经过认真分析研究,认为村子之所以穷,一是因为没有稳定增收的主导产业，村民以单一传统的种粮业为主要收入来源，价格不稳，收益偏低，增产而不增收。二是因为一家一户零散种植的格局，组织化程度低，即使村民有调产的想法，也形不成气候，形不成产业。三是受土地特别是水浇地面积小的制约，调产空间不足。四是要调产，群众有顾虑、有担忧，不调吧增收慢，调了吧又怕同种粮一样会受市场价格波动影响，效益难以提高。而且粮食卖不出去还能存放，种上其他经济作物，季节性强，对气候条件要求高，一旦遇到灾害性天气，或者市场变化大，不仅仅是收入低的问题，甚至会出现连成本也难以收回的局面。种种顾虑导致多年来种粮收入低的局面一直难以打破，贫困村的面貌难以摆脱。

面对上述难题和村民脱贫致富的迫切愿望，村"两委"认真学习习近平总书记关于脱贫攻坚的指示精神和视察山西的重要讲话，还学习了省、市、区三级脱贫攻坚相关的政策，在不断深入学习中，寻找答案，破解难题，逐渐明确了脱贫攻坚的主攻方向，认识到脱贫攻坚不仅是一项历史责任，还是一项造福当代、荫及子孙的大事，更是他们任职期间的光荣使命。要如期实现脱贫目标必须理顺各种关系，以坚定不移、攻坚克难的意志，解决好一个个难题，为脱贫蹚出一条道路。

集中解决难题　促进产业发展

云州区种植黄花有 600 多年的历史，当地的自然条件适宜种植黄花，加上大同黄花角长肉厚，品质好，入药、食用皆可，种植黄花亩收入可达 8 000 元，相当于种植玉米收入的 10 倍。这样高的效益，为啥本村人不愿意种？村民们有几个担忧：一是黄花菜是多年生作物，增收见效慢，头年种、二年管、三年才见效、四年进入盛产期，虽然收入高，但脱贫够不着。二是种黄花还存在五怕，一怕旱，二怕虫，三怕前三年没收成，四怕雨涝晒不干，五怕缺乏劳力采摘难。这些问题不解决，直接影响村民调产进度和脱贫攻坚的步伐。村里为发展黄花产业，将自身难以解决的问题及时向上级汇报，得到了上级的支持帮助。村"两委"集中解决以下几个问题，促进了黄花产业的健康发展。

100 个产业脱贫典型

一是从种植上入手，提高村级组织化程度。为了解决村民调产中前三年没收成的难题，村里及时成立了世诚专业种植合作社，采取"合作社＋贫困户"的形式，流转土地 1 000 亩。按照区里的政策标准，贫困户种植黄花可享受每亩每年 500 元的补贴，同时贫困户还可到合作社参加黄花田间管理打工挣钱，这项政策的落实解决了贫困户调产前三年没收入的担忧。2016 年村里共种植黄花 540 亩，户均种植 2 亩黄花。

二是从改善水利设施入手，为发展扶贫产业创造条件。村"两委"积极争取改善水利设施项目，为贫困户流转的土地新打机井 4 眼，铺设地下管道 8 000 米，修复配套机井 1 眼，全村新增水浇地 600 亩，大部分种植了黄花，实施了节水喷灌，也解决了旱天没有淋头雨，黄花减产的问题。

三是实行病虫统一防治，组织黄花种植户投保，为发展产业扶贫提供了可靠的保障。村干部积极联系云州区农业农村局、云州区黄花产业发展办公室、云州区保险公司等单位，对全村的黄花统一实行了病虫防治。种植户如发现黄花病虫情况，可联系统防部门，及时给予组织扑灭。全村 44 户贫困户的黄花全部通过合作社参与了自然灾害险和目标价格险，种植户每亩出 50 元或 200 元（财政分别补贴 250 元和 200 元），最高分别可获得 5 000 元、7 000 元的赔付。消除了种植户的后顾之忧。

四是服务黄花产品的外销，为产业扶贫提供了效益保障。随着盛产期黄花产量的增加，村干部积极参与鲜黄花促销保效益活动。每到采摘季节（6 月下旬起的 40 多天），干部们每天最重要的任务就是联系本地加工企业，深入地头，现摘现称现结算。村民采摘下的鲜黄花，及时进入地头冷藏库，避免了阴雨天烂掉没收入，高温天开花降品质、价格上不去的风险。鲜黄花的集中出售解决了过去采摘怕高温，蒸后怕遇雨，晾晒怕阴天的难题。

搬迁稳得住　日子有奔头

2019 年，全村黄花进入盛产期，亩收入达到了 8 000 元，光靠种黄花一项，全村 44 户贫困户 90 口人全部摘掉了贫困帽子，实现了三年脱贫的目标。此外，流转出的 370 亩土地还建起了 4 个大棚，种植了苹果、葡萄等经济林，贫困户从土地流转中增加收入达 50 万元。

在坊城新村东，已经破土兴建的绿色农业产业园占地 600 亩，投资达 8 000 万元，投产后可接纳当地 150 名农村劳力，参与黄花、小杂粮加工，开办农家乐，预计年产值可达 6 000 万元。小黄花经过系列深加工以后，身价将成倍增长，全村农户的收入也将会迈上新台阶。

此外，近年来云州区委、区政府把一区一业一品牌作为全区脱贫攻坚的主要抓手，以咬定青山不放松的精神，集中解决了一村一户解决不了、解决不好的加工销售难题，为坊城新村黄花产业的发展提供了很好的环境，保障了黄花产业的健康发展。现在的坊城新村脱贫有了主导产业，致富开辟了宽广的门路。200 户村民住进了单门独院、70 多米^{2}的亮堂堂的新房，一应俱全的现代家具，上下水卫生间，入室天然气，家门前整洁、卫生、规范的街巷……村民们的生活环境，彻底改变了。

为了认真落实好习近平总书记重要指示精神，目前，坊城新村党支部、村委会带领广大群众撸起袖子加油干，不断提高黄花产业、林果产业的经济效益，积极支持和参与绿色产业园兴建工作，努力打造坊城新村的美好未来。

"输血"与"造血"并举
全力打好脱贫攻坚战

——内蒙古自治区巴彦淖尔市乌拉特中旗温更镇产业脱贫记

温更镇地处巴彦淖尔市乌拉特中旗西南,距离海流图镇30千米,是典型的牧业苏木,当地群众主要依靠传统养殖业为生。辖区内的宝格图、固日班赛很、巴音满都呼等嘎查地处偏远,草场沙化、基础设施薄弱,部分牧民因无草场、无土地、就业渠道较少,经济收入微薄。在精准扶贫路上,温更镇政府坚持因地因时制宜,分类分户施策,"输血"与"造血"并举,开发扶贫与保障扶贫两轮驱动,构建了专项扶贫、行业扶贫、社会扶贫"三位一体"模式。

温更镇辖区内一部分牧民的住房位置偏僻、年久失修,存在很大的安全隐患。为了解决这些问题,2017年在乌拉特中旗旗委、政府的正确领导和上级部门的大力支持下,温更镇争取易地搬迁项目资金462万元,建设砖木结构住房41套、1 765米^2,同时配建相关附属房屋及基础设施。

2018年8月30日,迎着早晨的第一缕曙光,温更镇的分房仪式在众人的瞩目中隆重举行。也就是从这一时刻起,温更镇41户、89名搬迁人口,一同告别条件较差的旧宅,喜气洋洋地搬进了他们期盼已久的新房。搬迁前查干朝鲁一家居住在一个破旧的土坯房里,墙壁又黑又脏还裂了缝,泥巴不断地往

贫困村脱贫故事

下掉，地面凹凸不平，窗户严重变形，两扇门也腐朽风化得不成样子了。搬迁后，查干朝鲁高兴地和嘎查第一书记陈双说："我做梦也想不到啊，这辈子竟然能住上这么好的砖瓦房，是党和政府让我过上了现在的好生活，感谢党的好政策，感谢各位帮扶干部和陈书记！"

搬迁只是手段，脱贫才是目的。温更镇有效推进了易地搬迁后续工作，达到了"搬得出、稳得住、能致富"的预期目标，真正实现了搬迁户稳定就业、自主发展产业、社会兜底三个方面要求。

"后续产业扶持"让搬迁贫困户的心稳了下来——扎牢新根才能斩断穷根。安置房建成入住仅仅是搬迁工作的第一步，如何做好搬后稳定脱贫和有序融入是今后工作的重点和难点。2019年3月，温更镇成立了由搬迁户王海东任法人的乌拉特中旗温腾农牧专业合作社，整合利用各类扶贫资金247.23万元，通过"党支部＋公司＋合作社＋贫困户"的模式，由嘎查党支部委托温腾农牧专业合作社牵头与内蒙古创园生态修复有限公司合作，利用320亩集体饲料地发展马铃薯种植产业300亩、经济林20亩，平整土地，配套储水池、水房、节水管道等相关设施及6台农业机械。由于各项措施有力，2019年秋季马铃薯喜获丰收，每亩产量高达2 000千克，每千克销售价1元，实现产值59.4万元，搬迁贫困户每人获得了1 500元的收益，嘎查集体经济增加3万元。

"集体流动畜群"让有劳动能力的贫困户腰包鼓了起来。温更镇以精准帮扶、精准管理为举措，全面提升脱贫户发展生产能力和抵御风险能力，增加脱贫户收入，壮大嘎查集体经济。2019年，温更镇争取扶贫项目资金205万元，在全镇3个嘎查购置种畜1 670只，试行"流动畜群"项目，为29户有经营能力的少畜贫困户和一个合作社提供"流动畜群"，并和他们签订养殖发展协议书，3年后将基础母羊还给集体，而繁育的羔羊归自己。嘎查在收回基础母羊后继续"流动"给其他贫困户饲养增收。

"流动畜群"要流动到哪位贫困户家中，需要嘎查召开牧民大会投票表决，并经过嘎查、苏木的一系列审核确定。羊群流动到贫困户家中后，嘎查党支部派专人指导帮助养

殖，让他们从中受益。

　　一轮暖阳在早春的乌拉特草原缓缓升起。温更镇阿拉腾呼少嘎查牧民图格苏毕力格抱了一捆牧草，健步走进羊圈添加草料。100 多只羊儿欢实地跑过来吃草。"这些羊都是天上掉下来的，我可珍惜了，就靠着它们脱贫了。"图格苏毕力格说。

　　图格苏毕力格嘴里说的"天上掉下来的羊"就是指温更镇实施的"流动畜群"项目。图格苏毕力格是该镇阿拉腾呼少嘎查的贫困户。他和哥哥毕力格早年流转了草场，到处打工，生活一直很拮据。2016 年，温更镇把他们两家确定为建档立卡贫困户，为兄弟俩每户补贴了 9 000 元，共购买了 100 只基础母畜，兄弟俩租下 3 400 亩草场用于发展生产。更令兄弟俩高兴的事出现在 2019 年。当年，温更镇对贫困户实施"流动畜群"政策，图格苏毕力格承包了嘎查"流动畜群"的 50 只基础母山羊，每年每只羊承包费 20 元，承包期三年。承包到期后，他们向嘎查返还 55 只两岁能繁母羊，其他的羔羊和绒毛收入都归自己所有。

　　经过努力，如今兄弟俩的羊群已壮大到 180 多只，紧紧巴巴的生活宽松了许多。这两天，"流动畜群"的山羊都到了产羔季节，兄弟俩把所有的生产母羊都早早地圈起来集中管理，一边接羔保育，一边为母羊补饲，提高羊羔的保羔率。"我们兄弟俩以前什么也没有，靠扶贫政策发展起来一群羊。到今年（2020 年）年底，我们的羊群就能达到 240 多只了。等到出栏时，卖上 60 多只，加上绒毛收入得有 4 万元。"羊群越来越庞大，图格苏毕力格甭提有多高兴了。

　　"畜群优先流动到有劳动能力的贫困户手中，既能激发他们的内生动力，又能帮助他们稳定增收，同时也能壮大集体经济。三年到期后，1 670 只羊预计为集体经济累计增加 41 万多元的收入。"温更镇镇长乌云达来介绍说。

　　"光伏扶贫 + 社会扶贫"让无劳动能力的贫困户收入多了起来。为保障贫困户稳定增收，在相关部门的积极配合下，针对无劳动能力的贫困户，温更镇大力推行"易地扶贫搬迁 + 光伏扶贫"模式，帮助搬迁户人均增收 781 元；积极开展"企地联合"，联系境内的海明矿业、温更塔拉旅游接待中心，为 2 人提供就业岗位；同时将 20 名有就业意愿和劳动能力的搬迁人口聘用

贫困村脱贫故事

为嘎查的保洁员，年人均增收 6 000 元；为不断丰富搬迁群众的业余生活，在易地搬迁安置区新建社区 1 处、超市 2 处，并配建广场，安装活动器械。

随着脱贫攻坚工作的开展，贫困群众的人居环境也发生了变化，生产生活条件得到明显的改善，增收渠道得到了拓宽，贫困群众得到了实实在在的优惠，生活水平得到了很大提高。蒙格其其格老奶奶是嘎查里众所周知的一名低保户。为了让她生活得更好一些，温更镇的扶贫干部可谓是用尽了心，不仅在金钱和物质上给予了老人许多的帮助，同时在生活上给予了无限的关怀，帮助老人做一些家务，关心老人的生活近况。为了让老人改变贫困的生活现状，扶贫干部根据她的情况，多次往返宝格图嘎查、温更镇政府，与上级进行沟通协调，争取到临时救助款 1 000 元。对她进行思想教育和开导，激发她通过自身努力改变贫困的生活现状，通过制定和实施脱贫计划，使她逐步走出了贫困。

"牧园综合体"让辖区牧民的生活富了起来。发展产业是实现脱贫的根本之策，关键是形成稳固的扶贫产业链，这需要放眼长远、提前谋划，坚持市场思维。乌拉特中旗旗委高度站位，结合乡村振兴战略，充分发挥基层党组织的组织优势和政治优势，整合优化基层党建资源，以温更镇希日朝鲁嘎查党支部为中心，辐射带动周边哈日朝鲁嘎查党支部、同和太种畜场三个分场党支部和新忽热苏木毛力其格嘎查党支部、希热嘎查党支部及辖区各类专业合作社党组织共同组建"牧园综合体"非建制联合党委，通过党组织主导实施、党员示范带动，引领创建 103 万亩集生活宜居功能区、生产生态功能区、旅游景观功能区、蒙元传统文化体验展示区、休闲度假功能区为一体的高标准牧园综合体，为新时代牧业发展、牧民增收开辟了新途径。

在牧园综合体的建设和运行中，进一步完善各功能区的配套设施，提升一、二、三产业融合程度，创新产业联合体机制，创建乡村振兴样板区、美好生活共享区、生态文明示范、对蒙开放先行区、绿色产业聚集区。培育了更多的可持续、可循环的生态产业，综合体内贫困户 84 户、166 人全部脱贫，实现牧区美、牧业强、牧民富，功能齐全、业态丰富、生态文明的牧园综合体成为牧民安居乐业的美好家园。

以黄牛产业为主导　产业扶贫结硕果

——内蒙古自治区通辽市科尔沁左翼后旗巴嘎塔拉苏木
召根苏莫嘎查产业脱贫记

"过来啦？海全在后院喂牛呢！"一位 67 岁的老母亲兴高采烈地出门迎接驻村工作队。看到这么热情的老母亲，驻村工作队队长特力根白乙脑海中不禁浮现出 6 年前这个家庭的情景。

这是一户召根苏莫嘎查建档立卡贫困户。2014 年，海全家被识别为建档立卡贫困户，父亲瘫痪在床 7 年，巨额医疗费使这一家子负债累累，妻子承受不住压力，决然选择离婚，这样的家庭把海全压得实在透不过气来，当驻村工作队入户调查时，对生活完全失去信心的海全低着头说："这日子，过一天算一天吧！"

2014 年父亲过世后，海全的外债达 18 万元，三间房子和 26 亩地成了他和母亲仅有的资产。面对这一情景，驻村工作队和镇、村"两委"帮海全量身定制脱贫计划，决定将黄牛养殖作为他家脱贫的突破口，拿着 5 万元的贴息贷款，大家帮海全买来 5 头怀孕的基础母牛。随着基础母牛不断繁殖，海全看好价格出售，随后再买进，2017 年海全实现了脱贫。脱贫不脱政策，驻村工作队持续关注的同时，依然让他享受扶贫政策，确保不返贫。如今，靠着养殖，海全家的债务已清零，看看后院牛舍，海全家已有 16 头黄牛。海全高兴地握着驻村干部的手说："我们不仅

驻村工作队在海全家

贫困村脱贫故事

是脱了贫，最重要的是，树立了对未来生活的信心，是政府和扶贫干部挽救了我的家庭。"

这只是召根苏莫嘎查（以下简称"召根嘎查"）37 户贫困户脱贫的一个缩影。召根嘎查位于科左后旗巴嘎塔拉苏木西部，由召根、西巴、乌拉特努日玛三个小组组成，总土地面积 84 591 亩。现有户籍人口 206 户、741 人。建档立卡贫困户 37 户、101 人，现已全部脱贫。

召根苏莫的"苏莫"汉语翻译是"庙"，这是一片神圣的土地，你可以感受到这里的人最纯洁最原始的信仰，他们相信这里能养育他们，保佑他们，所以这里的人们不会离开这片土地，而发展农牧业成了他们脱贫致富的唯一出路。

"不能安排外出务工就业，也不能让他们一直靠政策生活。"刚开始，驻村工作队绞尽脑汁都想不到如何开展帮扶。但很快他们就探索出发挥农牧结合优势，大力发展畜牧业产业的路子。

近年来，召根嘎查通过积极贯彻落实产业扶贫相关政策，安排专项扶贫资金，给 37 户贫困户购买基础母牛 79 头、羊 28 只、猪 144 头，实现无畜户全部变成有畜户。并根据每个贫困户自身实际条件和能力，制定针对性措施进行精准帮扶，全覆盖推进。对能贷能养的 27 户贫困户协调落实扶贫贴息贷款 135 万元，推动产业发展；对能贷不能养的 3 户贫困户贷款 12 万元，入股科尔沁牛业分红，每户每年分红 9 600 元；对 3 户无劳动能力和重大残疾贫困户，落实托管养牛分红项目，每户每年分红 1 800 元。有了牲畜，还要补齐基础设施建设，为 28 户贫困户每户建设棚舍 60 米^2，为 35 户贫困户每户建设窖池 43 米^3 或 50 米^3，为 35 户贫困户每户落实 1 台饲草切割机等。

在召根嘎查，有一群人的职业很特殊，他们的工作有点像明星身边的"经纪人"，只不过他们服务的"明星"是一头头憨态可掬的科尔沁黄牛，他们被称为"活牛超市经纪人"。

40 岁的白永胜就是第一批"经纪人"之一，他从 2003 年起进入牛经纪人行业，从养 20 多头小牛犊起步，干着育肥 3 个月后转售的小成本买卖。在看牛这个行业中，他没有一次走眼过，已成为牛行的"金字招牌"。那么，"活牛超市"的交易平台在哪里？你们怎么也想不到竟然是"快手"，在永胜的"快手"号里，2019年一年就卖出3 000头牛，每头比市场价平均多卖3 000元，仅一年纯利润就有900万元。为带动一方百姓致富，永胜2019年申请成立家庭牧场，雇用管理员8人，都是当地农牧民，其中贫困户3人，月工资3 000元，同时还无偿给贫困户传授养牛技术和经验，成为家喻户晓的致富带头人。

"我在永胜家庭牧场已经打工2年多了，每月工资3 000元，一年下来就是3.6万元，再加上我家现有的8头黄牛，2018年彻底脱贫了。"召根嘎查贫困户胡套吐格边干活边说道。胡套吐格妻子有着多年的精神疾病，无法劳动，再加上唯一的儿子在外地常年不回家，家里只能靠他一个人支撑。2017年以来，通过驻村干部的积极协调，利用专项扶贫资金为他们家新建棚舍60米^2，窖池43米^3，为黄牛产业后续发展奠定了坚实的基础。曾经是贫困户的胡套吐格，现在院里有牛了，手里有钱了，妻子的精神面貌也好了，这个家庭正在奔向小康的路上，这无疑离不开党和政府的精准扶贫政策。

永胜家庭牧场

召根嘎查除了大力发展黄牛主导产业，还想尽办法帮助贫困户发展其他产业，扩宽增收渠道。通过积极落实浅埋滴灌项目，为27户贫困户免费提供滴灌带838亩，为11户贫困户每户打井1眼。组织全嘎查贫困户统一种植青贮新品种京科516、蒙玉688等，大大提高了青贮饲料质量和产量。并创新发展庭院经济，以自种自食形式和发展订单农业的模式，带动37户贫困户发展庭院经济40亩，实现贫困户户均增收1 500元。

2019年末，召根嘎查实施高效养殖，种草养畜，舍饲禁牧，黄牛存栏达到6 900头，人均养殖9头，出栏2 200头，人均养牛收入达6 000元以上，农牧民人均纯收入达9 600元。全嘎查贫困户对奔向小康社会信心十足。

火车跑得快　全靠车头带

——内蒙古自治区兴安盟扎赉特旗好力保镇五家子村产业脱贫纪实

习近平总书记指出"发展产业是实现脱贫的根本之策"。扎赉特旗好力保镇五家子村在旗乡两级政府的引领下，始终把产业扶贫作为脱贫攻坚的治本之策和固本之基，探索"党支部＋合作社＋贫困户"产业脱贫模式，创建了扶贫车间，建立稳定的利益联结机制，村党支部带领贫困户将"扶贫车间"打造成了"脱贫工厂"。

短板制约产业发展，脱贫攻坚任重道远

五家子村总面积 18 千米^2，耕地面积 17 575 亩，总人口 717 户、2 021 人，其中，建档立卡贫困人口 42 户、92 人。村里延续的是典型的传统农业发展模式，主要种植玉米、大豆，农户自耕自销是主要经营方式，存在种植结构单一、集约化程度不高、产业链条较短、产品附加值偏低的问题，制约了五家子村长远发展和贫困户脱贫致富。

支部引领创新模式，合作发展规模初现

常言道："村看村、户看户，农村发展看支部。"五家子村党支部充分发挥党组织引领作用，结合五家子村党员创业致富带头人、产业大户等牵头成立安保农牧专业合作社（入社社员 80 名），构建"党支部＋合作社＋产业"的发展模式，合作社成立当年就流转土地 2 700 亩，实施了"旱改水"项目，通过旱田改水田和合作社集约经营，实现了入社成员人均增收 3 000 元。"党

支部＋合作社＋贫困户"扶贫模式应运而生，2019 年，村党支部开展"四进家门、五措递进、六个一遍"活动，做村民思想工作，帮助村民转变观念，解决了合作社土地流转等工作中存在的困难，共流转土地 3 700 亩，发展旱作水稻 700 亩、玉米浅埋滴灌 1 800 亩、大豆浅埋滴灌 1 200 亩，推动了五家子村土地集约化进程，实现了村农业产业结构调整。

科学谋划延伸链条，融合发展促脱贫

合作社成立了，如何延伸农产品产业链条、增加产品附加值，这个现实问题摆在了面前。为了做好产业发展功课，让老百姓享受更多产业链收益，实现稳定增收，村"两委"和驻村工作队积极探索产业发展新途径，组织人员外出取经，结合区位优势，按照"党支部牵头、合作社实施、贫困户参与"的思路，引进加工设备，创建了五家子村"扶贫车间"，对合作社和周边村屯种植的大豆和水稻等农产品进行深加工，加工的豆油、精品稻米等通过电商平台进行销售，延伸了产业链条，有效增加了农产品附加值。仅 2019 年 1 年扶贫车间收益就达到 10 万元。

"通过扶贫车间对农产品进行深加工，大豆每亩收益可增加约 400 元，水稻每亩收益可增加约 2 000 元，带动了 100 多户农民增收。"五家子村驻村第一书记潘徽说。

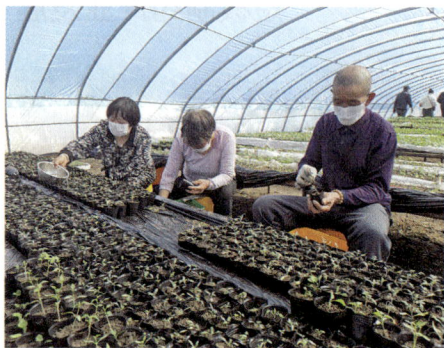

扶贫要"志智双扶"，要与贫困户建立利益联结关系，让贫困户在参与合作社、扶贫车间经营、管理、劳动中提升致富能力，增加就业收入，是五家子村产业扶贫的最终目的。五家子村发挥"党支部＋"的作用，借助镇"乡土人才孵化中心"，为合作社、扶贫车间培养本土实用人才 5 名，合作社、扶贫车间提供农产品种植、大豆压榨、水稻加工、产品包装等岗位，吸纳本村劳动力就业 30 人，其中贫困户 20 人通过就业增收，仅务工一项就可

以实现人均增收 1 500 元以上，实现了从"输血"到"造血"的转变。

"自从扶贫车间开工后，我在农闲时就到这里打工，每天都有近 50 元的收入，家里日常开销都够了。"五家子村建档立卡贫困户邸桂英说。

齐心聚力脱贫致富，协同发展共谋振兴

2020 年，五家子村在村党支部的带领下，在发展原有大豆、水稻种植和"扶贫车间"的基础上，新建 10 栋大棚，开发绿色蔬菜、水果、菌类采摘等特色项目，生产的农副产品进入"爱心超市"供本村村民和旅客选购，谋划农旅结合促增收，实现了扶贫车间全年有产品，贫困群众四季有活干的良好产业发展模式，努力打造勤劳就能致富的新气象。火车跑得快，全靠车头带，在村党支部带领和全体村民共同努力下，五家子村从一个远近闻名的穷村、弱村，变成了富村、强村，提前实现了户脱贫、村退出的目标。2019 年底，实现村集体经济收入 10 万元以上，农民人均纯收入达到 2 万元，村党支部被评为内蒙古自治区先进基层党组织。

潮平两岸阔，风正一帆悬。展望未来，五家子村将在党组织的带领下，巩固产业脱贫成果，共谋乡村振兴之路，努力打造农业生产、农产品加工、休闲旅游、绿色蔬菜种植等致富产业，把五家子村建成有特色、有产业、有内涵的美丽乡村。

引入现代农业项目
增强脱贫"造血"功能

——吉林省白城市洮北区青山镇黎明村产业脱贫记

    吉林省白城市洮北区青山镇黎明村为省级贫困村，全村共有 405 户、1 204 人，建档立卡贫困户 71 户、130 人。2016 年以前，黎明村贫困发生率 10.8%，村集体收入仅有 1.35 万元。脱贫攻坚战打响以来，黎明村紧紧抓住国家实施产业扶贫政策机遇，依托本地棚膜经济发展优势，整合国家扶贫资金、省级包保帮扶单位帮扶资金，建立青山镇现代农业示范园区，大力发展现代农业产业项目，成功探索了"龙头企业＋村集体＋现代农业示范园区＋贫困户"的产业扶贫模式，提升了贫困村的脱贫"造血"功能，为贫困村实现脱贫、防止返贫、走上致富路打下了坚实基础。

组织动员，建立机制

    发展产业是实现脱贫的根本之策。黎明村立足村情实际，按照脱贫攻坚工作部署，充分利用国家扶贫产业项目帮扶资金和包保帮扶单位吉林省投资集团包保帮扶资金，共计 1 765 万元，通过充分调研，最终确定建设占地面积 31 公顷的青山镇现代农业示范园区。园区建设项目确立后，黎明村"两

贫困村脱贫故事

委"成员和驻村工作队立即组织开展土地流转工作。31公顷的土地涉及两个社50户村民，但刚开始群众意见不统一，村党支部书记崔志武就带领扶贫干部挨家挨户进行动员，宣传党的脱贫政策，动之以情，晓之以理，终于赶在开工前把31公顷土地全部流转完成，保障了产业项目的正常开工建设。随着扶贫产业项目开工上马，村委会便着手和建档立卡贫困户签订扶贫分红协议，把全村71户贫困户全部纳入产业扶贫项目兜底分红之中，并依据建档立卡贫困户贫困程度，每年给予不同额度的兜底分红，保障了贫困户未来每年的家庭人均最低收入在脱贫标准以上。项目建设完成后，青山镇政府组织有意向投资承包经营的企业到园区参观考察，由于园区建设标准较高，地理位置较好，周边劳动力资源丰富，省内外很多农业企业都对园区有承包经营意向，并在参观结束后向青山镇政府递交了投资意向书。青山镇政府结合园区基本情况、未来发展愿景、扶贫带动意愿等多方面考量，最终选择了通榆县天意集团有限公司作为园区承包单位，负责园区的生产经营。

稳定经营，带动增收

示范园区主要以生产高端有机蔬菜和反季节水果为主，产品销往长春、吉林、松原、大连及白城等城市的连锁商超。2019年，园区与长春欧亚集团签订了长期供货协议，为园区长期稳定发展打下了坚实的基础。经过3年的发展，园区生产经营稳定，销售渠道越拓越宽，不仅有批发、零售、私人定制等销售模式，还通过扶贫网络渠道、扶贫定点采购等方式扩展销售量。园区全部土壤进行了生物菌肥养护，且生产的产品获得了有机产品认证。2019年末，园区已经累计为贫困户分红13.15万元，每个贫困户年增加收入500元；同时为村集体增加收入131.7万元。

利益联结，长效致富

示范园区主要通过兜底分红、建档立卡贫困户就地就近就业、协助建档立卡贫困户发展相关产业等方式帮扶带动贫困户脱贫。园区每年为村集体贡献最低 69 万元的村集体收入，其中 4.15 万元用于贫困户的兜底分红，保障贫困户收益，并将在脱贫后持续兜底贫困户，以防止贫困户返贫。剩余村集体收入用于完善基础设施、开发特色景观、打造"美丽休闲乡村"，黎明村基础设施建设水平和村容村貌明显提升，吸引了城市居民到黎明村观光旅游，带动了贫困劳动力在园区务工，月人均工资达到 2 000 元以上。发展产业园区，起到了"引水造血"作用，不仅彻底扭转了黎明村集体入不敷出的窘境，还增强了广大干部群众脱贫致富的信心和决心。黎明村从老弱幼留守村，变成了人丁兴旺的庭院美、脱贫美、家风美、孝顺美的"四美"村，实现了"志智双扶"目标。

产业兴旺，业态延伸

园区的建成不仅促进了黎明村特色产业发展，而且带来了新的发展契机。一方面，园区发展取得成功，激发了广大村民的致富积极性，一些农户开始借助园区带动发展农家乐、家庭旅馆等新业态。建档立卡贫困户李文静的儿子就是一个典型。园区正常运营后，他贷款把家里的土房推倒重建成砖瓦房，打造成农家饭庄，为前来园区参观、休闲采摘的游客提供特色餐饮服务。另一方面，园区的兴旺创造了很多就业岗位，广大农户足不出村就可以找到合适的工作。目前，已吸纳 13 户常年外出务工农民进入园区工作，园区还优先安排贫困户进区务工，让他们赚得一份稳定收入。

2018 年底，黎明村通过省市验收，摘下戴了几十年的贫困村"帽子"，当年全村建档立卡贫困户全部脱贫。黎明村先后获得吉林省省级美丽乡村、中国美丽休闲乡村、全国乡村治理示范村等荣誉称号，包括贫困户在内的广大村民的幸福感和获得感正稳步提升，农村美、农业强、农民富的美丽画卷正在黎明村徐徐展开。

双轮驱动驶入脱贫致富快速路

——吉林省延边朝鲜族自治州汪清县罗子沟镇上河村产业脱贫纪实

  汪清县罗子沟镇上河村是深度贫困村，现有耕地 1 095 公顷。2015 年识别建档立卡贫困户 318 户、729 人，贫困发生率为 43.81%。实施脱贫攻坚以来，上河村班子始终坚持精准脱贫基本方略，从谋划长效产业发展入手，在精准施策上出实招，在精准推进上下实功，在精准落地上见实效，帮助贫困户脱贫致富。经过四年的艰苦努力，上河村于 2019 年底退出贫困村序列，贫困发生率降至 0.24%。

开展土地托管　助推农业产业发展

  上河村耕地面积较大，劳动力短缺，仍然沿袭一家一户的传统耕作方式，土地产出率、劳动生产率、资源利用率不高，成为制约脱贫致富的主要瓶颈。针对自身发展的薄弱点，村班子扬长避短，经过大量的深入调研和实地考察，在征求广大村民同意的基础上，确立了"开展土地托管、走规模化集约化经营"的道路。在镇党委、政府的大力扶持下，上河村与汪清县鸿跃农作物专业种植农场达成协议，成立了"上河农机专业合作社"，整合各类补助资金投资 420 万元，购置农机设备，建设机具库；争取捐赠资金 222 万元，成立了"汪清县金豆丰农作物种植专业合作社"，以每股 100 元为标准，有 298 户村民自愿持股入社，搭建起从种到收的农业生产经营体系。2019 年，上河村农户在不流转土地经营权的情况下，将农业生产中的耕、种、防、收等全部作业环节委托给合作社，为农户开展全程的农业生产经营性服

务。农民依然保持了家庭经营的主体地位，农业生产的各项惠农补贴依然归农民所有，合作社从托管经营服务中收取代耕、代种、代管、代收等服务费用，不需要农民支付土地流转费，使不再从事农业生产的建档立卡贫困户通过股份分红实现稳定增收，每年每人可增收 900 元。耕地托管有效解决了老弱病残等小农户干不了、干不好、干了不划算的问题，进一步提高了贫困户的土地收入，解除了他们生产生活的后顾之忧。同时，将贫困户彻底从土地中解放出来，通过入社务工、木耳摆栽基地打工、外出就业等方式实现了家庭二次增收。同时，以上河农机合作社为依托，筹建上河村农业产业园区，引导农民带地入股，土地托管面积扩大至 500 公顷，新建日产 200 吨的粮食烘干设施和液态肥加肥站，进一步延伸了产业链条，优化了产业经营模式，为脱贫攻坚与乡村振兴有效衔接打下了坚实基础。

发展木耳产业　促进农民持续增收

为了保证富余劳动力能够就地就近转移就业，上河村充分利用当地冷凉气候和天然泉水丰富的自然优势，依托汪清县主导特色黑木耳产业，整合多方资金投资 153 万元，建设上河黑木耳农场项目，成立了"上河村黑木耳种植专业合作社"。村党支部书记刘焕忠和村主任王彦忠带头种植 7 万袋木耳，在村干部的引领带动下，调动了贫困户发展积极性，基地进驻菌农 18 户，

贫困村脱贫故事

摆栽木耳 120 万袋。2019 年 6 月，吉林省委书记来到上河黑木耳农场，详细了解农场建设情况，对黑木耳农场带贫联贫、推动产业转型升级给予高度评价。目前，黑木耳农场年销售额突破 400 万元，为全村 200 余人提供务工岗位，为包括贫困户在内的村民增加务工收入 60 余万元。

脱贫有期限，攻坚无止境。目前，上河村党支部正带领全体村民，以"主导产业做精、重点项目做细、村容村貌做美、基础设施做实"为目标，着力解决"两不愁三保障"突出问题，持续巩固脱贫攻坚成果，带领村民共奔小康路。

装满"菜篮子" 鼓起"钱袋子"

——黑龙江省桦南县双合村产业脱贫记

  隆冬时节的双合村一片火热繁忙的景象，排列整齐的一座座越冬韭菜大棚，里面满是翠绿的韭菜，村民们充满热情地进行着割韭菜、打捆、装箱等工作，一辆辆生鲜货车满载着新鲜的韭菜送往周边市县。

  三年前，双合村还是名副其实的贫困村，耕地面积少，土地利用率低，当时村里的青壮年劳动力几乎全部进城务工，村内人心涣散，产业发展无门路。2017年驻村工作队入驻后，挑起了双合村脱贫致富的重担。面对诸多困难，工作队没有退缩，积极寻找脱贫致富的良方，在不断努力下，双合村发展捷报频传、成绩斐然，走出了一条产业强村的致富路。

  中共十九大报告提出要"实施乡村振兴战略"，其中把产业兴旺摆在首要位置。双合村工作队更是认识到，要想带领群众脱贫致富，必须要靠发展产业来实现。但是通过走访发现，大部分村民积极性不高，顾虑重重，认为发展产业没什么希望。"村里人思想比较保守，没有你们年轻人敢想敢干，作为村民的领头雁，我们必须要敢于尝试。"支部书记周长清对工作队队员们说道。村民们的顾虑激起了工作队不服输的劲头，村书记的支持更是坚定了工作队发展产业脱贫致富的信念。2017年，村"两委"班子、工作队先后6次远赴牡丹江市双庙子村考察学习棚室越冬韭菜项目，以他山之石攻己之玉，谋求产业发展、寻求脱贫致富良方，并找到县农业技术推广中心专家对本村土壤情况、水利条件、市场需求等可行性因素进行研判，充分发挥双合村距离县城较近、交通发达、销售便利的区位优势，紧盯城市"菜篮子"，谋划发展越冬韭菜大棚项目。

贫困村脱贫故事

　　功夫不负有心人，在工作队和村"两委"班子的带领下，双合村建成了28栋越冬韭菜大棚，采取"党支部＋合作社＋基地＋贫困户"的运营方式，由党支部牵头成立桦南县富河韭菜专业种植合作社，党支部书记周长清任理事长，引领双合村贫困户加入合作社，按照"党支部引领合作社走、合作社跟着产业走、贫困户跟着合作社走"的思路，助推越冬棚室韭菜特色产业规模化、规范化发展，推动扶贫工作从"输血"向"造血"转变。村内党员干部与贫困户结对子，采取"1＋1""1＋2"帮扶模式，激发贫困户内生动力，引导25名贫困户签订协议，参与到韭菜大棚生产经营当中。2019年，大棚年产韭菜11.2万千克，实现纯收益33万元，村集体增收5万元，带动30余名村民到越冬韭菜基地务工，人均增收2万多元，推动双合村脱贫致富走上了快车道。

　　2016年脱贫的村民张晓红，如今致富的劲头更足了。"我们村为了帮助大家伙儿脱贫，修建了韭菜大棚，我们在大棚里打工，平时割割韭菜，除除草，干点零活，每个月能挣2 000元钱，不用跑到县里去打工了，照顾老人也方便了很多。"

　　"老百姓的'钱袋子'鼓了起来，这是对我最大的认可，也是我最大的希望。"看到日益富裕的村民，双合村工作队队长张秋阳充满了信心。为了助推越冬棚室韭菜特色产业规模化、规范化发展，发挥产业集群优势，双合村工作队、党支部多方协调，扩大规模建设越冬韭菜二期项目，新建越冬韭

菜大棚 90 栋，加工整理车间 300 米^2，开拓发展韭菜深加工项目，生产"富河牌"有机韭菜花，打造佳木斯地区韭菜专业村。未来，双合村将以韭菜大棚为核心，建成融合光伏发电、黏玉米种植的多功能、现代化产业园区，助推全镇特色产业快速发展。

一分耕耘，一分收获。双合村党支部和驻村工作队以实际行动，诠释了共产党员"全心全意为人民服务"的宗旨，践行了习近平总书记"守底线、走新路、奔小康"的重要指示，探索寻找到适合双合村的发展方向，如今，双合村正逐步摆脱昨日的贫困，焕发出新的生机和活力。在这片充满希望的沃土上，双合村党支部和驻村工作队同全村父老乡亲群策群力，聚力建设幸福家园，共同打造美丽乡村。

聚力特色产业　筑牢脱贫成果

——黑龙江省林甸县四季青镇新民村产业脱贫纪实

新民村属于林甸县深度贫困村之一，有建档立卡贫困户82户、165人，其中因病因残致贫占比高达93%。新民村有7个自然屯，耕地面积1.94万亩，草原1.54万亩，林地0.18万亩。精准扶贫实施以来，在各级党委政府的坚强领导和社会各界的关心支持下，新民村"两委"、驻村工作队、帮扶包干单位及责任人共同努力，充分挖掘当地自然资源优势，大力发展特色种养、庭院经济、手工编织，实现精准脱贫目标，村容村貌、村民生活发生翻天覆地的变化，成为全市脱贫攻坚示范村、文明村。黑龙江省长、中国国际贸易促进委员会会长调研新民村并给予充分肯定。

新民村的发展路子有以下四条。

一是发展"一屯一品"特色种植。新民村结合村屯实际，引导鼓励村民利用优势资源，推广和发展精品特色农业。划分全村产业发展区块，一屯、二屯、三屯重点发展杂粮杂豆种植，组建杂粮杂豆合作社，工作队协调出资注册"笨榨豆油"等4个品牌商标，开通电子商务销售平台，打造品牌专营店。年产45万千克，年增收近700万元；四屯、五屯、六屯、七屯重点发展中草药种植，组建中草药种植合作社，吸引投资70万元，重点发展菟丝子、黄芪、防风、柴胡等中草药，两年来累计增收35万余元。

二是发展"一黑一白"特色养殖。新民村坚持"生态、品牌、优质、安全"的绿色发展理念，以胶原驴、狮白鹅养殖为抓手，通过企业、合作社带动，开展技术培训，拓宽市场销售渠道等方式，着力推进特色养殖业发展。引进大庆新民农村发展股份有限公司出资50万元，整合县项目库资金50万元，利用闲置旧校舍，建设现代化肉驴养殖场，一期圈舍面积800米^2，养殖肉驴 150 头。抓住与黑龙江八一农垦大学科技扶贫对接契机，在全县率先引进狮白鹅项目，采取"公司 + 合作社 + 农户"发展模式，累计养殖 3 万只鹅，实现产值 360 万元，收益 120 万元，使贫困弱劳动力基本生活有保障。2020 年继续筹划与村内养殖户共同建设"大白鹅、小笨鸡"孵化车间，延伸鹅养殖项目。

三是发展"一筐一结"特色手工编织。为使贫困妇女有一技之长，通过自身努力增加收入，不断提振信心，新民村根据扶贫实际需求，先后举办手工编织培训班 3 次，累计培训学员 74 人次。组建巾帼巧娘编织合作社，建设扶贫车间，将编织筐和杂粮杂豆有机结合，与相关企业签订展销协议和包销订单，利用空闲时间，每个编织人员每年通过手工编织能获得 2 000 ～ 3 000 元收入。2020 年新冠疫情期间，组织村民学编"中国结"，增加贫困户收入，激发脱贫内在动力。

贫困村脱贫故事

四是发展"一果一菜"特色庭院经济。新民村发挥气候资源优势，引进寒地大樱桃项目，努力拓宽贫困群众致富渠道。2018 年以来，共栽种、补植 2.8 万株樱桃，免费发放给以贫困户为主的 320 户村民庭院种植，并签订回购协议。预计 2020 年总收入可达 120 万元。深入推进庭院经济，规划一屯为小菜园示范屯，全村扶持 5 个"智慧小园"项目，充分利用庭院土地创收。

扶贫产业选对头，小康生活有奔头。新民村"两委"和驻村工作队积极帮助贫困群众探索增收路径，采取"公司＋基地＋专业合作社＋农户"的产业发展模式，内引外联特色项目，积极调整产业结构，将新民村发展成了以种植业、养殖业、手工编织、庭院经济为特色产业的示范点。2019 年，新民村整村脱贫出列，累计脱贫 74 户、147 人，贫困发生率降至 0.82%。所有退出户人均年收入 13 311 元，最低年收入 5 126 元。全村年集体经济收入 35.8 万元，同比实现翻番。

在这几年的实践中，新民村探索出一条脱贫成果可巩固、产业项目可延续、经验做法可复制的发展路子。一是坚持以农为本。坚持抓紧、抓牢种植业这一根本，整合村内资源，探索发展高水平农业项目，因地制宜引入中草药和高产作物，打造本村特色品牌农产品。二是坚持种养结合。大力激发村民养殖热情，充分发挥老年人、弱劳动力作用，帮助选育优质养殖品种，提高经济效益。三是坚持立体发展。利用网络、合作企业、庭院土地等资源要素，帮助在家妇女从事手工编织，引入庭院经济作物，加强公司、农户联系，订单提高收益，充分发挥闲置的空间、时间和人力资源，发展持续稳定的增收致富项目。

"路"正一帆悬

——安徽省灵璧县娄庄镇姚山村产业脱贫记

"只要路走对了，就不怕遥远。"近年来，在习近平总书记关于扶贫工作的重要论述指引下，安徽省宿州市灵璧县娄庄镇姚山村坚持特色产业发展促农民增收，咬住目标、紧盯不放，2017年成功实现整村出列，2019年底实现全村户户脱贫。"脏乱差"多年的贫困村蝶变为声名远播十里八乡的"富裕村"、全县观摩的"样板村"、领跑全县的全省"美丽乡村"。

找准"穷根"谋思路

姚山村是皖北地区的一个偏远贫困村，全村有耕地15 612亩，村民1 162户、5 166人，其中贫困户171户、644人，贫困群众大多缺资金、缺技术、缺门路、更缺脱贫致富的信心和勇气。

找准"穷根"才能"对症下药"，可如何让贫困户获得收益，实现脱贫目标呢？

"一季麦子一季玉米的传统耕种模式，已不能满足全村广大群众的脱贫需求，必须要向土地要效益，将发展特色产业作为精准扶贫的'突破口'。"2017年5月，姚山村第一书记、扶贫工作队长戴安君到任伊始，就一次次地入户走访，寻求产业发展之路。经过多次到周边地市考察取经，他最终瞄准了中药材特色种植产业。

种什么？怎么种？卖给谁？村民心中的疑问逐步得到解决。村扶贫干部们和亳州某药企多次恳谈、考察，最终达成定点合作，从提供种苗、种植技术再到订单回购，药企为当地村民提供"保姆式"全程驻村种销服务，有效降低农民种植风险。

"转变多年固有的生产理念，并非易事。为此，我带头种植白术、丹参等药材220亩，收益可观。"时任姚山村总支委员、现村党总支书记兼村委会主任的陈其圣带头"吃螃蟹"，当年他率先在自己的家庭农场改种中草药，为身边村民树立榜样。

2016年12月，灵璧县政府出台有关特色种植奖补政策，更是给村民吃下了一颗"定心丸"。村第一书记戴安君还自掏腰包，出资5万元作为村农业产业发展启动资金。

2017年11月，"姚山村千亩中药材产业扶贫基地"项目正式签约，贫困户陈其坤等32人积极响应，成立3家合作社，按照"公司+农户（贫困户）+合作社+基地"的现代农业产业发展模式，当年种植白芷、白术等中药材894亩，建起了全县最大规模的连片中药材种植基地。

创新机制迎"新路"

论"身价"，中药材高出小麦等传统农作物数倍，但其对生长环境要求较高。为此，村扶贫干部们还争取水利部门支持，兴修水利设施，在基地内修桥8座、开挖疏浚沟渠6条，有效保障了中药材基地的灌溉和防涝。看到了脱贫致富的希望，村民们的脸上每天洋溢着开心的笑容。

姚山村"中药材产业扶贫基地"自2017年建立以来，已逐步实现"一地生四金"的联贫带贫机制：

土地流转生租金——种植合作社流转贫困户土地，为100余名群众带来每年每亩800元的土地租金。

基地务工挣薪金——吸纳80余名群众在基地内务工，其中长期务工贫困户40名，每年人均务工收入5 000元。

入股分红分股金——引导20户贫困群众使用自筹资金和财政资金入股80万元共建基地，在获得务工和种植收益的同时，每户每年保底分红3 000元左右，村集体入股各类自有资金60万元，每年带来村集体收入6万元。

100 个产业脱贫典型

产业发展得现金——3 家中药材合作社常年带动 30 余户村民和贫困户，通过在基地内种植白术、白芷等中药材，实现年亩均增收 2 000 元以上；仅 2019 年就带动全村 123 户贫困户发展中药材、西瓜、花生等特色种植 1 000 亩以上，根据品种每亩给予 400～1 000 元特色种植补贴，同时通过有针对性的专业技术培训、合作社订单收购等"政策补丁"，让贫困户想种、敢种、会种，当年实现户均增收 3 000 元以上，受益参与人群占全村贫困户的 70% 以上。

产业兴旺通"大路"

"思路一变天地宽"。正是这一发展观念和思路的转变，为姚山村的脱贫攻坚带来了意想不到的收获，更激发了全村贫困群众脱贫致富的信心和勇气。

为推广中药材绿色种植模式，姚山村利用资源优势，把三个食用菌种植户培育成 3 家食用菌专业种植合作社，带动就业 100 余人，吸纳 20 户村民种植食用菌 21 亩，年产松茸、平菇等食用菌 50 余吨，产品取得"三品一标"认证，出口日、韩、俄等国。同时，种植食用菌产生的菌渣废料又成了中药材种植最好的有机肥，实现循环发展。

目前，全村特色产业发展已实现中药材、食用菌种植"一村双品"，全村 95% 以上的贫困家庭已掌握至少一种特色种养业技术，30% 以上农户加入各类专业合作社，大部分群众正逐步实现自己的产业"脱贫梦""致富梦"；村扶贫工厂已带动 82 名贫困群众实现"居家就业梦"，人均年工资收入 1 万元以上，全村近半数贫困户家庭受益；建成村级光伏电站 5 座、710 千瓦，年创收益近 30 万元……

截至 2019 年底，姚山村先后有 63 人被评为"脱贫示范户""姚山好人"等，3 名贫困户还被评为"宿州好人"和"安徽省向上向善好青年"。全村贫困群众人均纯收入从三年前的不足 2 000 元稳步跃升到 8 000 元以上，村集体经济也从三年前的"零"变为稳定实现 6 项收入 50 万元，步入全市"第一方阵"，并被宿州市、灵璧县委组织部列为全镇唯一中央和省重点扶持壮大村集体经济"培强扶优"村。

满园金叶富乡邻

——安徽省岳西县包家乡石佛村产业脱贫记

盛夏时节，大别山中草木葱茏，清凉宜人。

安徽省岳西县包家乡石佛村，背靠大别山主峰白马尖，平均海拔800多米。深山、古寺、神茶，让这个藏在大山褶皱里的小村落闻名遐迩。

2012年以来，石佛村"两委"深入学习贯彻习近平总书记关于扶贫开发的重要论述和"两山"理念，紧紧抓住茶产业这个牛鼻子，带领全村群众建茶园、制名茶、拓销路、创有机，成功蹚出了一条茶产业脱贫致富的路子。2016年，石佛村实现整村脱贫。

行走在石佛，田间地头，房前屋后，一片片茶园绿意盎然。茶满园，金满村，满园金叶富乡邻。

茶叶兴村，接力栽下摇钱树

巍巍青山百里长，白云生处是家乡。石佛村平均海拔800多米，境内山高林茂、生态优良，得天独厚的自然环境，使其成为高品质岳西翠兰的核心产区。石佛人自古懂茶、种茶、爱茶、敬茶。传说中的大别山区三棵半神茶，就有半棵在石佛村内。

但在20世纪80年代前后，这里山深壤僻，所产的炒青和黄大茶价格低廉，销售无门。制茶填不饱肚子，当地人只得忍痛割爱，毁茶园种杂粮。"'萝卜山芋当口粮，养女莫嫁石佛郎'。当时我们这里的贫穷远近闻名，家家户户住的是茅草房，过的是肩挑背驮、缺衣少食的苦日子。"说起往日的辛酸，石佛村 58 岁的制茶人冯立彬唏嘘不已。

1985 年，岳西翠兰跻身新中国新创十一大名茶行列，这让石佛人又看到了发展茶叶的机会。以冯立彬为代表的一部分人开始了精细制茶的艰辛求索之路。"一直以来，石佛人都没丢过茶叶，但始终都是把制茶当做副业来搞，因此，茶产业一直没有成为石佛村脱贫致富的支柱产业。"石佛村党支部书记王军如是说。

春绿江淮，惠风和畅。2012 年，精准扶贫的春风吹进了小山村。石佛村"两委"结合当地实际，将茶产业确定为脱贫主导产业，开启了一场长达 8 年的产业接力赛。改老建新，改造原有 2 000 亩低产茶园，新建 1 300 亩高标准无性系茶园；龙头引领，引进石佛寺生态农业有限公司，成立合作社，贫困户以茶园和资金入股，村"两委"注入 40 万元扶贫资金，实行"村委会＋公司＋合作社＋农户"经营管理模式，引导带动贫困户发展茶产业。

建园伊始，阻力重重。王军和村"两委"班子成员分片包组，逐户上门动员。"同样的一亩田，种传统作物收入不到 1 000 元，改种茶叶收入不低于 3 000 元，孰轻孰重？我们就跟群众掰手指头算账，让大家认识到发展茶叶的光明前景。"王军介绍说，当时永建组 20 户群众有近 100 亩连片大田。一开始大家思想不通，村"两委"成员连续几晚到组开会，成功做通群众思想工作。时至今日，这 100 亩高标准茶园，年茶叶收入 30 多万元。正畈组的冯树林和妻子在外打工，村里请工垫资帮他将 3 亩田地改建成高标准茶园，现在每年收入 1 万多元。冯树林感激不已，逢人就说村里帮忙种下了"摇钱树"。

名茶富村，户户有绿色银行

雨后天晴，云蒸霞蔚。石佛村沙坪组一处茶园里，冯树琴正在察看新栽插茶苗的长势。2020 年春季，她家又扩建高标准茶园 5 亩。"茶苗是政府免

贫困村脱贫故事

费提供的，长势非常好，再过三年就能采摘了。"冯树琴介绍说。

冯树琴是石佛村建档立卡贫困户。前几年，她家遭遇不幸，丈夫意外摔伤不治，父母年事已高，女儿又在读大学。正当她一筹莫展之时，乡村干部上门服务，帮她申请享受低保和教育、医疗扶贫政策，帮助改造10亩低产茶园，手把手培训茶园管理技术。靠着党的扶贫政策和10亩茶园，冯树琴一家熬过了"寒冬"，顺利脱贫摘帽。"这10亩茶园年收入近5万元，它就是我家的'绿色银行'，让我们家的日子越过越好。"冯树琴的脸上溢满了笑容。

茶叶变金叶，品牌是关键。在王军眼里，石佛人一直在艰辛求索创制名优茶：20世纪80年代，市县农业部门在石佛布点创制名茶，石佛村及冯立彬一班人积极参与制作，经过不懈努力，1985年岳西翠兰被评为新中国新创十一大名茶。30多年来，冯立彬初心不改，长期坚持手工制茶，制作的岳西翠兰色泽翠绿、香高持久，价格最高的500克卖到2万元，多次荣膺全国性大奖，他本人也成为岳西翠兰手工制作省级非物质文化遗产传承人。石佛寺生态农业有限公司总经理储春生流转茶园组200亩茶园后，十余年来斥资千万打造有机品牌和绿色高端茶叶。他的茶园不施化肥、农药，每年采购1万千克饼肥赠予周边贫困茶农。"石佛茶产业做大做强，凝聚着众多的心血和汗水。冯立彬不计成本痴心制茶，被叫做'冯孬子'；储春生投资千万推广有机品牌，人称'有机傻子'。正是他们一帮人的探索和推广，石佛茶叶名头日响，供不应求，茶农们受益匪浅。"王军如是说。

龙头带动，石佛村茶事日盛。截至目前，全村已建有高标准茶园3 300多亩，人均茶园2.5亩。在村茶叶协会引领下，全村11家茶厂充分发挥扶贫车间作用，内连基地，外接市场，统一采摘标准，统一加工制作。每年仅茶季，就能安排50多户贫困人口就业，人均增收5 000元至2万元。

春风吹得车轮滚，茶香引来远方客。每年茶季，慕名进山的茶客络绎不绝，石佛人足不出村，收获满满。茶产业浸润，石佛脱胎换骨。2014年以来，全村共有156户、511人顺利脱贫。2016年，石佛实现整村脱贫。今天的石佛村，家家户户住楼房通水泥路，富起来的乡亲们开起小轿车，有的还到县城买房置业，日子越过越红火。

茶旅融合，绿水青山小康梦

如岱青山下，云遮雾绕间，一块块茶园宛若绿色长缎，铺满整个山坡。几座粉墙黛瓦的民居，点缀其间，形成一道亮丽的风景线。这里是石佛村海拔最高、面积最大、品相最好的一处茶园——石佛茶园。2016 年，石佛茶园被农业部评为"全国三十座最美茶园"。

绿水青山就是金山银山。山好、水好、茶好的石佛，变身"网红"打卡地，吸引外地游客纷至沓来。石佛村"两委"顺势而为，积极拓展茶旅融合，变茶园为公园、农房为客房、劳动为运动，引导游客前来观光休闲、手工制茶、体验农事，让当地群众再拓增收渠道。

2019 年，石佛村建成农家乐 32 家，全年接待游客 2.5 万人次，实现综合收入 500 万元。家在石佛村茶园组的建档立卡贫困户周平，利用自家楼房办起"友缘"农家乐，为游客提供住宿、餐饮服务，兼卖各种农特产品，年增收 7 万多元。

脱贫摘帽后，石佛乡村振兴路如何走？村"两委"班子已谋定而动。兼任村茶叶协会会长的王军介绍，石佛茶产业要提质增效，走有机之路。从 2019 年开始，协会就启动了以 300 亩精品茶园为龙头，分三年完成全部 3 300 亩茶园有机认证的工作。协会制定章程，明确全村茶园不施化肥、农药，不打除草剂，鼓励茶农购买除草机、施饼肥。"前期我们对 88 户购买除草机的茶农给予每台 400 元的补助，对施用饼肥的茶农每亩补助 200 元。我们在茶园安装了监控系统，对违反规定的农户予以通报，村内茶厂将拒收其采摘的茶叶。"王军介绍说。

为加强品牌保护，石佛村还在进村路口设置了劝返点，对外来茶叶一律劝返，同时鼓励村民自我约束、相互监督，共同保护石佛茶叶品牌。"我家原有茶园 30 亩，2020 年又新建 8 亩茶园。村里带着我们搞有机、护品牌，我们对发展茶叶奔小康很有信心！"石佛村茶叶大户陈帮贵信心满满地说。

"四接四力"加快脱贫致富步伐

——看江西省银河镇紫溪村"党建+产业扶贫"如何"+"出双赢

紫溪村地处芦溪县银河镇中部，村里过去以散户种植水稻、油茶，养猪、养鱼为主，没有规模产业基地，村民致富门路不多，人居环境差，村发展动力不足，是"十三五"省级贫困村。村下辖33个村民小组，1 213户、5 274人，现有党员135名，全村建档立卡贫困户87户、219人，2016年接受了江西省第三方评估，整村成功脱贫摘帽退出贫困村序列，获得江西省"党建+精准扶贫"先进单位称号。自被认定为贫困村以来，在上级各部门的关心指导以及驻村工作组的帮扶下，银河镇紫溪村党总支深入践行"党建+"理念，因地制宜，找准"党建+产业扶贫"的结合点，通过实施"四接四力"工程，用三年时间建成"一园两场多基地"近4 700多亩的产业群，打造出了具有特色的紫溪扶贫旅游田园综合体，将党的建设力度穿透到精准扶贫工作中，引领全村及周边村群众走产业脱贫、增收致富的道路。

实施组织对接，提升扶贫引力

为更好发挥基层党组织在产业扶贫中的核心领导和战斗堡垒作用，在萍乡市委驻村工作组指导下，紫溪村打破传统的支部设置思路，将党支部升格为党总支，按"3+2"模式下设三个片区和两个功能党支部，林农基地党支部书记由村党总支书记兼任，并成立由第一书记担任组长的精准扶贫工作领导

100 个产业脱贫典型

小组，建立精准扶贫责任制，通过深入走访了解村情，因地制宜规划产业布局，帮扶联系工作，发展特色产业，整合技术、信息、人才、土地资源等各类优势资源，成立了脐橙、蔬菜、猕猴桃等五个党小组，根据党员优势与特长开展活动，集中流转土地到村委会以及种植大户达 4 500 多亩，引导群众发展特色种养业、乡村旅游业，使基层党组织焕发新活力。

目前，村党总支产业扶持 63 户，政策衔接 430 户，技能培训 130 户，其中贫困户 87 户全覆盖，利用所学技能在外务工人员达 120 余人。

实施人才对接，提升扶贫合力

坚持"扶贫先扶智和志"，针对群众缺技术的问题，积极邀请省农业专家 12 批、57 人次，市县农业专家 26 批、102 人次来村调研指导，为本村产业发展规划、人才技术培训提供了有力支撑。

组织村干部和种养大户先后 32 次到湖南浏阳，赣州安远，宜春奉新，萍乡莲花、上栗等地实地参观学习经验，组织参加省市种养技术培训班以及在村内举办的培训班达 43 批、552 人次，37 名贫困户因此获得就业机会。

建立紫溪村"创富平台微信群"，引领本村致富能手回归创业，群众以土地、劳动力、技术等入股，成立了三家林农公司和五个农业专业合作社。

协调上饶市规划设计院、铅山县旅游发展委员会等机构的领导及专家义务制作新农村建设和乡村旅游整体规划。通过培训指导、学习交流、基地示范和结对帮扶等多种形式，不断提高广大党员、精准扶贫对象的致富技能。

目前已有 26 名党员致富能手与贫困户结成对子，组织党员开展送技术、送种苗、帮除草等志愿帮扶活动 17 次。

实施项目对接，提高扶贫动力

村党总支将党建项目与扶贫项目对接，结合村里实际认真制定产业扶贫

贫困村脱贫故事

发展规划，坚持争取上级扶持和自力更生相结合，通过搭建"党支部＋公司＋党员示范户＋农户"平台，鼓励有条件的贫困户与龙头企业签订协议，发展家庭餐饮、住宿等产业，进而整体促进大众增收、产业协调发展，推动党建工作和精准扶贫的深度融合。先后争取产业扶贫专项资金74.8万元，并撬动社会资金5 000万元，流转土地4 700亩，打造了以"一园两场多基地"，即智慧农业产业园、紫峰茶场、大庆家庭农场，蔬菜、脐橙、油茶、猕猴桃基地为主的产业发展群，注册了紫溪村"紫溪泽群"农产品商标，受益农户580余户，带动贫困户参与种植、就业、土地流转、利润分红87户。2019年村党总支在上级部门的关心下，成功招商引入山东寿光汇联智通农业科技有限公司、萍乡市花卉知名企业福义实业，两家企业第一期投资达1亿元，为正在建设的紫溪扶贫旅游田园综合体注入了强大的动力，将每年带动周边近5万游客到紫溪。

实施活动对接，提升扶贫潜力

村党总支以开展系列活动为抓手，有效激发广大村民脱贫致富内生动力。与上饶市机关事务局签订相关合作协议，从2017年1月18日开始正式为上饶市行政中心食堂提供放心的有机蔬菜。与萍水相逢餐饮有限公司等企业合作签下农产品订单，提升品牌价值的同时，稳定了村民的收入。

举办首届"绿行杯"厨艺比赛，挖掘出做得一手乡土风味好菜的"土大厨"10名，宣传了紫溪农产品。举办银河首届蔬菜文化旅游节，活动以"漫步菜花地·沐浴田野风"为主题，围绕"乐在银河、玩在银河、购在银河、吃在银河、秀在银河"五个系列展开，奉上了一场蔬菜文化盛宴，吸引了数千名居民和游客云集于紫溪村。

通过各种活动的开展和宣传推广，不仅提高了精准扶贫基地的知名度，还促进了企业的发展。挖掘出一批具有专业技能的党员和贫困户，也发挥了贫困户自主能动性，帮助其结合自身特色发展产业，提高就业创业的能力，做到活动见实效、精准扶贫见成效。

精准"把脉"铲穷根

——江西省赣州市兴国县崇贤乡霞光村产业脱贫纪实

　　霞光村位于崇贤乡中部，距离兴国县城 28 千米、乡政府 1 千米，为兴国县"十三五"规划重点贫困村之一。全村总人口 768 户、3 560 人，共有建档立卡贫困户 132 户、534 人，2014 年脱贫 24 户、113 人，2015 年脱贫 6 户、26 人，2016 年脱贫 27 户、108 人，2017 年脱贫 66 户、260 人，2018 年脱贫 4 户、11 人，2019 年脱贫 4 户、15 人，2020 年预脱贫 1 户、1 人。霞光村于 2017 年整村脱贫。由于每家每户贫困原因各有不同，不精准"把脉"找准"病根"，就达不到精准扶贫要求，也难以巩固扶贫成果。

　　霞光村通过不断总结，积极摸索，结合当地村情民意、自然风情、农业产业、历史古迹等，经多方交流、反复论证，创造性地提出"今有山水景、醉美新霞光"生态旅游新村的发展理念，并制定出了《兴国县崇贤乡霞光村村庄整治规划》，有效探寻出了霞光村未来发展的新路。

　　霞光村在赣州市农业农村局驻村工作队的协助下，第一时间制定了霞光村脱贫攻坚工作方案，细化了一对一的扶贫措施，改"大水漫灌"为"小水滴灌"，选"药方"一户一策，严格按照"一村一扶贫工作队、一户一帮扶责任人、一户一帮扶档案""单位到村、干部到户、责任到人、措施到位"

贫困村脱贫故事

的要求，对识别出来的贫困人口，深入分析贫困原因，结合贫困户自己的意愿和市场需要，找准脱贫致富的路径，制定"一户一策"工作目标、阶段性计划和帮扶措施；紧紧围绕贫困户"两不愁三保障"目标，严格落实各项指标到位，建立精准扶贫对象管理档案，实现户有卡、村有册、乡有档，建立贫困对象退出机制，实行贫困人口动态管理，确保帮扶具有针对性和实效性。

山村要脱贫，产业发展是关键。经过反复探讨，村里大胆采取"倒逼"贫困户参与产业发展的方式，形成产业利益联结共同体，从而实现脱贫致富。科学性地提出"党建＋合作社＋贫困户""养殖场＋贫困户"等利益联结模式推动精准扶贫，帮助贫困户增加收入，顺利脱贫。

通过多利益联结模式，有效促进了全村贫困户参与，形成了产业利益共同体，取得了明显成效，村集体经济由 2016 年的不足 5 万元，壮大到 2019 年底的 13 万余元。

脐橙产业带动脱贫。通过"基地＋农户"的运作模式，依托全村现有 2 500 亩脐橙基地，安排 20 余户贫困户入园务工，每人每月增收 1 200 元，年收入达 7 200 元／人。如霞光组王学彬的母亲李美英，系驻村第一书记黄明同志的帮扶贫困户，通过他引导，介绍李美英到兴霞果业基地务工，年可增加收入 7 500 元。

肉兔产业带动脱贫。通过"党建＋合作社＋贫困户"的模式，以池坑组王正福肉兔养殖场为示范基地，兴办了兴亮养殖专业合作社，引导带动 30 余户贫困户通过资金入股、务工、领养等模式参与到产业发展中来，每户实现年增收 3 000 元左右。如前山组贫困户谢七莲，通过兴亮养殖专业合作社技术带动养兔，饲养母兔 50 只，目前存栏 300 只肉兔，年收益达 8 000 余元，稳步实现产业创收脱贫。

蔬菜产业带动脱贫。2019 年，驻村工作队带领霞光村干部通过多方引资引技术，吸引了有发展能力、有技术力量的经营主体前来投资发展蔬菜产业，以霞光村石角段大棚蔬菜种植区域为示范基地，通过"党建＋基地＋贫困户"的利益联结模式，引导基地带动了潘叶丰、康竹连等 10 余户贫困户，通过吸纳务工、土地流转、返租倒包等模式实现利益联结，通过有效联结，贫困户年均可增收 3 500 元左右。

扶贫车间实现就业零距离。2018 年 5 月，引进村贤创办了幸福霞光就业扶贫车间，车间负责人陈发坤为霞光村人，其投入资金 50 万元创办服装加工车间，提供就业岗位 20 个，带动贫困户就业 10 余人，实现贫困就业人员稳定收入 1 100 元／月。

五个一批成效突显。2019 年度，通过"产业＋就业＋保障"实现贫困人口全覆盖，发展生产 92 户、347 人，就业帮扶 96 户、154 人，教育帮扶 74 户、115 人，政策保障兜底 46 户、110 人。

村民腰包鼓　集体奔小康

——江西省于都县梓山镇潭头村产业脱贫记

　　江西省于都县梓山镇潭头村是远近闻名的红军村，也是于都县"十三五"贫困村，共有贫困户108户。"梓山潭头，吃苦两头；晴三天，挑拦肩头；雨三天，水进灶头"曾经是村里贫困的写照。村里青壮年劳动力大多外出务工讨生活，土地撂荒，脱贫任务十分艰巨。时至今日，潭头村村道干净整洁，高矮不一的白色小楼错落有致，绿树成荫、亭台水榭，极具江南韵味。村里还建起了农家书屋、阅览室、生活污水处理设施、压缩式垃圾中转站，每个村小组都有保洁员，对公共厕所进行常态化保洁，村容村貌焕然一新。

做实扶贫基地　实现脱贫增收

　　梓山镇土壤硒含量高，水资源丰富，过去村里一直以自给自足的传统小农经济为主。为了发展产业，近年来，梓山镇通过流转土地和山林，打造了万亩富硒蔬菜产业基地、万亩油茶产业林和千亩脐橙产业带。

　　2017年，潭头村以万亩富硒蔬菜基地为龙头，组建了蔬菜专业合作社，通过土地流转、务工、"龙头企业＋合作社＋基地＋农户（贫困户）"等模式，带动贫困户参与产业发展，实现增收致富。385户农户实现土地流转，户均增收1 300多元；124户农户通过合作社参与蔬菜种植，每亩每年平均收入

1.3 万元；带动本村 200 余名村民在基地务工，人均年增收近万元。

张忠华曾是潭头村建档立卡贫困户，在广州制衣厂打工 20 余年，每月除去房租水电费用，几乎没有存款。4 年前，驻村帮扶干部找到他说："乡村旅游很有发展前景，可以尝试瓜果种植，让游客来瓜果蔬菜基地体验农事采摘。"

起初，张忠华有些顾虑："种不好，万一亏本了怎么办？"驻村干部帮他申请了 5 万元贴息贷款作为启动资金，2017 年张忠华承包了 3 个智能大棚，种起草莓和香瓜，第一年纯利润就有 8 万元。

"去外面打工一个月挣 3 000 多元，还天天加班，日子哪有现在舒服。"如今，村里和张忠华一样充满干事创业热情的贫困户不在少数。"腰包鼓了，每天都有干劲。"张忠华说。

随着一大批项目落地生根，潭头村贫困发生率由 2014 年初的 16% 降为 0.45%，2017 年潭头村整村脱贫摘帽，村民生活发生了翻天覆地的变化，村劳动力实现了家门口就业，村集体经济收入实现了从无到有。2019 年以来，通过发展光伏产业、富硒蔬菜，加上集体土地租赁收入、公益林收益及旅游公司分红收入，潭头村村集体经济总收入达 19 万余元。

绿水青山变成金山银山

潭头村有一处古色古香的刘氏祠堂，这里常常热闹非凡、座无虚席，来自各地的游客们在这里用餐，体验大家族吃团圆饭的温馨时刻。

贫困村脱贫故事

自 2019 年 5 月 20 日习近平总书记来到梓山潭头村视察后，村子的人气越来越旺，游客络绎不绝。2019 年 7 月，潭头村成立旅游开发有限公司，全村 6 个村民小组、162 户村民加入，每户出股金 2 000 元，共同发展"富硒宴"特色农家乐和红色研学旅游项目。潭头村旅游开发有限公司所赚取的利润按 2：3：5 的比例分配为村集体收入、继续发展资金、村民分红。潭头村借着"红色研学"东风，大力发展旅游产业，真正做到了大家一起富起来，绿水青山变成金山银山。

餐馆、超市和民宿接连冒了出来。2017 年，孙观发贷款 8 万元，将自家二层空置的四间房铺上瓷砖，安上空调和热水器，风风火火地办起了民宿。2019 年暑假，潭头村日游客量达上千人次，孙观发家的民宿几乎天天爆满。

民宿还未装修完，孙观发兄弟 4 人又合伙在村里经营起"饮水思源"餐馆和超市。孙观发自家种的绿色蔬菜和养殖的土鸡、土鸭摆上桌，颇受游客们喜爱。2019 年，孙观发一家的收入达到近 13 万元。

潭头村成了生态宜居新农村

如今潭头村的村容村貌可以算得上村里的另一道风景。前来游玩的刘先生说："这个村落太干净整洁了，路边无杂物，池塘里没有漂浮物，与印象里的农村大不一样，村民素质也特别高，很热情友善。"

"为了整治村人居环境，村里建起了公共厕所；做到常态化保洁，每个村小组都有保洁员；建立垃圾收集点，实行垃圾分类；开展'五净一规范'活动，要求村民院内净、卧室净、厨房净、厕所净。"潭头村党支部书记刘连云说道。

曾经的潭头村有着"梓山潭头，吃苦两头；晴三天，挑拦肩头；雨三天，水进灶头"的说法，村容村貌差，基础设施差。如今，潭头村沐浴着政策东风，修路、造房、环境整治，通过系列关怀，已发生了翻天覆地的变化，变成一个环境优美、治理有序、生态宜居的新农村。

蘑菇基地撑起脱贫致富伞

——河南省清丰县马庄桥镇赵家村产业脱贫记

河南省清丰县马庄桥镇赵家村辖三个自然村，六个村民小组，全村 1 520 人、420 户。其中，贫困户 88 户、330 人，耕地 1 920 亩。曾经的赵家村是深度贫困村，离城镇也不算太近。村民们大多靠天吃饭，种上几亩地，每年都有收成。可就是这样一个再寻常不过的贫困村，却用短短几年的时间让人刮目相看。让我们一起走进这个"蘑菇村"，听听他们的传奇"菇事"。

走进河南省清丰县马庄桥镇赵家村食用菌种植基地的大棚内，便能闻到一股淡淡的蘑菇清香。一袋袋菌棒在培育大棚里放得整整齐齐，鲜嫩的蘑菇紧紧簇拥，长势喜人。赵家村有一个食用菌基地，600 多座大棚种植面积达到 1 100 多亩，年产值达到 4 000 万元。赵家村人选了香菇和黑皮鸡枞菌做特色，还把基地建设成全国最大的黑皮鸡枞菌生产基地。这里的党委、政府大力实施"党建＋扶贫＋食用菌"工程，为群众找到了一条脱贫致富路。一个个小蘑菇不仅撑起了脱贫伞，更发展成了一项产业，让赵家村成为远近闻名的"蘑菇村"。

担着响亮的名头，赵家村人的眼光也不自觉放得更长远了。比如种植，怎么让蘑菇长得再好看些、再好吃些？怎么能让贫困户、种植户种得更舒心

贫困村脱贫故事

些？又比如销售，怎么把蘑菇卖到全国、卖到网上？

接蘑菇进村，赵家村党支部书记赵玉甫是最有发言权的。2017 年 4 月，他在县里参加了发展蘑菇产业的动员会，会议一结束，他就直奔村里。路上，他的脑海中只有一个念头——不干就亏了！

政策落实下来，作为马庄桥镇唯一一个以农业发展为主的贫困村，建基地的任务自然而然地落在了赵家村肩上。为了蹚路过河，镇里决定先在赵家村建设袖珍菇的实验大棚。赵玉甫跟村"两委"通了气：首要的任务有两个，一是说服村民流转土地，二是说服贫困户种植蘑菇。

前期共有 27 户贫困户同意种植秀珍菇。2017 年 5 月，贫困户开始进棚干活，赵家村食用菌基地党支部也应运而生，党员们变身"一帮一""一帮N"的"大棚保姆"。

赵家村的食用菌基地里，大棚成批扎根，村民们大步走着——2017 年年底，靠着蘑菇脱贫 66 户、260 人，赵家村摘了贫困帽；2018 年 2 月，专注服务于赵家村食用菌产业的濮阳润泽农业有限公司来了，给村民们添了一颗"统一回收、统一管理"的"定心丸"；2019 年年底，赵家村靠蘑菇撑开的产业奖补、企业带贫"保护伞"越发牢靠，全村最后的贫困户 6 户、14 人也摘了贫困帽。

赵家村有个观景台，站在那时不时就能看到，这边多了两个总面积 500 米^2 的烘干房，那边多了一个总有运输车往来的电商工厂；这边多了两个总面积 2 000 米^2 的冷库，那边多了一个机器轰鸣不停的菌包厂……

最醒目的还属电商工厂和菌包厂。两座建筑都是崭新的绿皮顶、黑墙头，好似坐镇在基地北部的"双子星"。

"双子星"的光环也是自己挣来的：2019 年"双十二"当天，电商渠道订单突破 18 000 个，菌包厂奔着年产 600 万个菌包的目标高歌猛进。有趣的是，它们都蕴藏着外乡人在赵家村的"菇事"。

由 1 个网店增加到 60 个网店，每天个位数的订单增加到上万个；过去拿一个空闲大棚随便应付的打包房，也有了 3 000 米^2 的专业车间作替代；辐射的区域也从赵家村扩展至全县，高堡乡的毛木耳、柳格镇的竹荪也是网店里的热销品。

100个产业脱贫典型

2020年3月15日，清丰县誉丰菌业有限公司的菌包厂正式建成投产。这第一次让赵家村人在家门口感受到了现代化工厂的气势。入口就是三条生产线，玉米芯、木屑、油渣等废弃物填进去，每天能"吐"出两万个没装菌种的菌包。往里走，能看到灭菌柜、预冷室、强冷室、待接种房、接种房，经过严格的工序，真正的菌包就"出生"了。还有10个恒温培养房，每个房间能为15万个菌包提供三个月的"闭关期"。这期间，菌种在菌包内弥漫生长，才能进大棚出蘑菇。作为村集体经济，誉丰菌业的构成很清晰：赵家村拿出厂房、地皮，算是投资400万元，每年都有分红、租金进账。

虽处在快速变化中，赵家村却有一套法则共计四条，从脱贫前到脱贫后从未变过，那就是能够应用到所有大棚的四种模式。赵家村人给编了个顺口溜：出钱又出力，出力不出钱，出钱不出力，出小力挣小钱。

除了活跃在大棚的"四条法则"，蘑菇还以赵家村为舞台，花式演绎着各人各样的精彩。

"年龄大了，坐着享福死得快。种上蘑菇吧，吃饭也甜，一斤还挣二角钱。"73岁的种植户赵良宽这样说。看着如雨后春笋般建起的大棚，退休的他心痒痒，主动承包了三个。每天跟老伴手挽手进棚干活，我采菇来你削菇，好不惬意自在。连家里的俩孩子也被他说动，承包了大棚。

削菇的人往往比打包的人年长些，这也是赵家村蘑菇产业发展越来越好的一个佐证。若只有蘑菇种植，岗位也只有那么多，顾得了这个顾不了那

贫困村脱贫故事

个；蘑菇产业发展越来越全面，用工才会自然而然地分流。手脚麻利的人可以去打包，也可以去菌包厂的生产线；老人们不用在家闲着掐草辫儿，而有了削菇这份做得来的正式工作。

在镜头前，男人把手边新鲜的黑皮鸡枞菌烫进火锅。"对我们清丰人来说，这些蘑菇蕴含着深刻的意义。清丰在全县建了12 000多座蘑菇大棚，在田间地头帮助全县2万多人脱贫致富……"

这段"走心"的话语，出自直播为乡亲带货的清丰县县长。除了县长带货，新装修的直播间也彰显着赵家村人迈出营销新"秀"的又一步。

与此同时，赵家村也迎来越来越多的到访。致富带头人、村党支部书记，总能在赵家村交流到脱贫的好方法；搞种植的、做电商的，总能在赵家村寻得灵感；非洲的、韩国的农业官员也来过赵家村，带来异域故事，带走赵家"菇事"。

如果有一天，你来赵家村探访"菇事"，请一定要从竖立着"清丰县党建＋扶贫＋食用菌工程"标示的路口经过，请一定要在写有"赵家食用菌基地"的牌子下抬头仰望。

赵家村将食用菌这把"致富伞"越撑越大，"乘凉"的村民越聚越多，村民们的钱包越来越鼓。蘑菇产业带动了农民增收。全村的父老乡亲对未来都充满了希望，他们坚信一定能够早日实现乡村振兴之梦。

小村焕发新活力　精准扶贫我先行

——湖北省房县门古寺镇项家河村产业脱贫记

　　路通了、有赚钱的产业了、家家盖上敞亮的新屋了……说起村里近年来的变化，房县门古寺镇项家河村的村民们笑得合不拢嘴。"我去年（2019 年）种了 20 多亩烟叶，毛收入 13 万元，净挣 7 万多元。今年种了 50 多亩，收入又增加了不少。"村民车奎尤开心地说道。

　　在推进精准扶贫工作中，项家河村充分发挥山场资源优势，大力发展种植、养殖业，探索形成了"支部引领、党员大户带头、合作社带动、融合发展"的产业扶贫模式，初步实现了"村有产业、户有项目、人有事做"的目标。2019 年，项家河村已脱贫 245 户、671 人，实现了整村脱贫摘帽。

支部引领，科学谋划主导产业

　　项家河村由多个小村合并而成，合并之初，农户主要种植粮油作物，收入低、增收慢，村集体经济薄弱，党组织软弱涣散，贫困发生率较高。门古寺党委政府迅速从建设支部班子入手，配强了以方必春为村党支部书记的村"两委"。新组建的村"两委""察民情、聚民意"，立足该村辽阔山场和优良的生态资源，科学谋划了"烟、畜、菌、果"四大特色主导产业，通过持续

贫困村脱贫故事

建设发展，截至 2019 年，全村已种植烟叶 2 152 亩，养殖山羊 5 000 只，秦巴黄牛 1 000 多头，白羽乌鸡、芦花鸡等 10 万只，生猪 3 100 多头，发展以核桃为主的经果林 3 000 多亩。

党员大户带头，示范建设产业基地

建设发展新的产业，广大农户思想上有包袱，行动上不积极。如何将田地盘活？村书记方必春带头将自家 5 亩多水田旱地全部种上烟叶，同时动员 3 名村干部和党员种植烟叶 350 亩，当年烟叶收购时，亩均 2 300 元的纯收入让村民"眼红"了，第二年就有 20 多户村民跟着种。目前，全村 46 名党员中，19 名党员都是产业发展示范户，培育产业大户 57 户，其中种烟 60 亩以上大户 15 户、养鸡 500 只以上大户 6 户、养羊 200 只以上大户 5 户、养牛 15 头以上大户 8 户。

合作社带动，联结农户稳定增收

项家河村紧紧围绕主导产业，将专业合作社作为推进精准扶贫工作的突破口，积极鼓励、支持、引导产业大户和致富带头人牵头兴办合作社，并给予相应的政策和资金扶持，先后成立了春旭烟叶、春红畜禽、欣顺禽畜、春润山羊、秦巴黄牛养殖和椴木花菇等 6 个专业合作社，合作社根据产业类别和生产经营方式的不同，探索出了畜禽养殖"四包"，即包技术、包种苗、包管理、包销售服务；烟叶种植"六统"，即统一协调土地流转、统一提供种苗、统一物资供应、统一技术培训、统一专业化服务、统一标准收购；食用菌种植"园区＋"，即"园区＋合作社""园区＋金融服务站""园区＋互助

社""园区＋保险服务站"的利益联结机制。累计吸纳全村 400 多户群众入社抱团发展。彻底解决了贫困户缺项目、缺资金、缺技术、缺劳力、缺胆识的种种难题，让贫困户在产业发展中获得"真金白银"。

产业融合，实现多方共同发展

在积极发展特色主导产业的同时，项家河村还积极推进美丽乡村建设，打造山歌民俗村，促进一、二、三产业融合发展。通过积极招商引资，成立房县腾旭有机肥生产有限公司，充分利用畜禽养殖粪便和作物秸秆，建成项家河有机肥厂和生物颗粒厂，年产有机肥 3 000 多吨、生物颗粒 5 000 多吨，产值达 1 000 万元，年增加集体经济收入 30 万元，带动 60 余人就业，500 多户农户不同程度增收。建设豆油精、黄酒、白酒等 10 个扶贫小作坊，对农产品进行加工包装，增加附加值。成立了房县望佛山生态特色农业种养专业合作社联社，联社下设 10 个规模种养生态农业示范基地、狮子岩农副产品展销中心、武汉中医药大学扶贫农副产品配送点，建成仓储中心 2 个、冷链中心 2 个，展销物流中心、食品快检中心、B 级定点屠宰场各 1 个，配备视频监控系统、客服中心，形成完整的产品追溯体系。注册了"望佛山"品牌，加大与电商企业合作力度，先后与湖北中医药大学联合举办"情系深山远亲、助力精准扶贫"义购活动，与神峰山庄、京东房县馆签订了供销协议，开发制作"望佛山生态农副产品"公众号，开通"网红"直播平台，实现线上线下销售农副产品，2019 年全村实现收入 3 600 多万元，人均纯收入达到 12 000 元，村集体经济收入达 40 万元。

绿叶红花无限情　云雾深山茗茶香

——湖北省神农架林区红坪镇红花村产业脱贫记

神农架林区红坪镇红花村是区级重点贫困村，距镇政府 55 千米，是一个深藏在崇山峻岭中的小村庄，全村总面积 36 千米^2，耕地面积 2 004 亩，退耕还林 1 218.7 亩，山林面积 25 065.9 亩，全村有 3 个村民小组，农户 137 户，人口 471 人，2012 年以前村民主要靠种植玉米、土豆、高山杂粮等获得一些微薄的经济收入。

为提高村民收入，带动全村共同致富，村里计划发展茶叶产业。在林区农业部门的指导和协助下，村里对当地的土壤进行了酸碱度检测分析，结果符合茶叶种植生产条件，2012 年 9 月，由当时的老书记李先春同志带头组织社员成立了雾春高山茶叶专业合作社。红花村区域面积广阔，土壤条件适中，早晚温差大，加之林区旅游业的快速发展，特别是红坪镇在全区开始打造休闲度假区，为村里茶叶产业发展和产品品牌宣传搭建了平台，伴随着人民生活水平的不断提高和对茶产品认识的不断加深，茶叶消费需求越来越大，消费者对茶叶品质的要求也越来越高，红花村天然的气候、土壤和区位优势为茶叶产业发展提供了广阔的市场空间。

2014 年，全区掀起"精准扶贫"的浪潮，村委会与合作社积极响应政府号召，顺应群众期盼，勇于承担社会责任，争做林区"精准扶贫"的实践者和排头兵，通过合作社的发展带动和号召全村贫困户共同发展产业，脱贫致富。理事会成员们在一起共同确定了今后几年的发展目标，并且分摊了工作任务，每位理事会成员安排对接几户精准扶贫对象，鼓励他们加入合作社，指导他们茶叶种植生产技术，合作社统一收购、加工和包装销售，以产业发展促进脱贫，带动贫困户增收致富。这样一来，不仅扩大了合作社的茶园种植面积，并且通过完善厂房、补充生产加工设施等在全区建成集种植、加工、包装、销售为一体的茶叶产业发展专业村。通过合作社持续的宣传和发动，村中种植茶叶的贫困户陆陆续续加入了合作社，一些原来没有发展茶叶产业的贫困户也逐渐被合作社的发展前景吸引，开始主动对接合作社发展茶叶种植。

在社员越来越多的情况下，合作社的管理出现了一些问题，为了使合作社积极发挥出理想效果，解决多年以来在发展和管理中发现的问题，以新任村书记王龙同志为代表的合作社主要负责同志多方学习，主动寻求解决方案。经过大家的研究分析，决定在村一、二组建成 500 亩核心示范园，开展示范带动，辐射全村规范发展茶叶种植，同时扩展新建基地 200 亩；在三组，对老基地进行升级改造，补植补苗，增施有机肥，改良土壤，抚育幼苗，确保原建基地见成效；整合资源，统一生产标准，推行标准化生产和品牌认证，实行产品追溯制度，打造"神农架有机茶叶"品牌；加大市场推广力度，加强宣传包装，建立健全定点代销体系，建立市场与合作社"两条腿走路"的快捷营销渠道；依托湖北省农业科学院、林区农业农村局开展茶叶种植管理、加工技术攻关和科技培训，加强名优茶系列产品研制、生产加工、储藏和推广，延伸产业链；争取政策支持，加大资金投入，扩大生产规模，提升生产加工能力；强化投入品监管，严格控制化肥、农药，保障品质等。一系列手段逐步纠正了发现的问题，茶叶品质进一步提高，产业发展也一步步进入正轨，贫困户和其他社员们的收入也在逐年增加。

经过大家的共同努力，合作社 2012—2017 年累计投入资金 800 余万元，现有工商注册社员 85 户、182 人，涵盖全村 72 户茶农，全村 59 户精准扶贫对象中有 42 户加入合作社发展茶叶种植。现有加工厂房 800 米²，办公房 160 米²，加工机械设备 19 台（套），总投资 300 余万元。合作社每年向社员

贫困村脱贫故事

发放有机肥 100 吨，收购茶叶鲜叶 8 000 千克，安排和推荐就业岗位 26 人，年支付务工工资和鲜叶款共 26 万元，可年产干茶 4 000 千克，带动了社员增收，全村的精准扶贫对象于 2018 年全部如期脱贫。现合作社共建立茶叶基地 2 250 亩，其中可采摘面积 1 500 亩。合作社被林区农业农村局、工商局分别授予"规范化建设二星级"合作社和"守合同重信用农民专业合作社"称号；2017 年又被林区政府评选为"区级示范社"。

自 2018 年全村脱贫后，合作社针对今后的发展又拟定了新的目标：由合作社对全村茶园进行流转，对现有的 2 250 亩基地开展统一规范化管理，统一标准，统一加工、销售，在五年内建成年亩产达到 5 000 元的高效标准茶园 2 250 亩，实现年产值 1 125 万元。随着红花村茶叶产业的不断发展，合作社进一步巩固脱贫成果，因户施策，采取产业增收、务工增收、基地流转增收、技术培训增收等多项措施，保障产业持续稳固，农户不断增收，向乡村振兴不断迈进！

精准扶贫结出"幸福果"

——湖南省湘西土家族苗族自治州花垣县 双龙镇十八洞村产业脱贫记

十八洞村位于湖南湘西花垣县，是武陵山区腹地一个苗族聚居村，因村里有 18 个天然溶洞而得名。这里虽然山奇水秀，景色宜人，但因为交通闭塞，处于集中连片特困地区，群众生活水平长期徘徊在贫困线以下。2013年，全村有 225 户、939 人，人均可支配收入仅 1 668 元，贫困发生率高达57%。2016 年，十八洞村在全县范围率先退出贫困行列。2019 年人均可支配收入达 14 668 元，贫困发生率为 0，村集体经济收入首次突破百万元，达126.4 万元。

2013 年 11 月 3 日，中共中央总书记习近平来到这里考察调研，首次提出"精准扶贫"的重要理念，使这里成为我国脱贫攻坚历程中具有"地标"性意义的地方。多年来，十八洞村在上级党委和政府领导下锐意进取、积极探索，走出了一条可复制、可推广的精准扶贫之路。

苗歌唱变迁

苗族是一个能歌善舞的民族，优美动人的苗歌把苗寨人的生产劳作景象、生活习俗、喜怒哀乐描绘得惟妙惟肖。在过去贫困的日子里，十八洞村传唱的更多是生活的艰辛和无奈："苗家住在高山坡，坡上芭茅石头多。不通公路水和电，手捧金碗莫奈何。"现如今，脱贫攻坚使苗乡发生了翻天覆地的变化，十八洞村的苗歌又唱出了生活的甜美和喜悦："吃住不用愁，衣着有讲究；增收门路广，票子进衣兜；天天像赶集，往返人如流；单身婆媳妇，日子乐悠悠。"

踏着苗歌美妙的旋律，我们真切感受到这个小山村今昔两重天的巨变。

从村口以参天大树为造型的迎宾拱门出发，通村道路已变成水泥道。走进村子，房前屋后都铺着平整干净的青石板，风格一致的苗族民居修葺一新，黄泥竹篾散发着自然的芳香。屋里都经过了改水、改厨、改浴、改厕，厨房清洁，厕所干净，家家喝上了放心水，户户用上了安全电。村里有了邮局、银行，还建起农家书屋和诗社。村民们感慨："看看现在条件这么好，真不敢想象以前那种道路坑洼泥泞、屋子破旧矮小、厕所透风漏雨、猪仔就睡在床铺下的日子。"

坐下来拉家常，热情好客的苗寨人算开了账：土地流转，每年有流转金；水厂开工，上班的每月拿工资；乡村旅游势头很好，农家乐生意火爆……每家每户都有多条增收渠道，口袋里票子明显多起来。2016 年，全村人均可支配收入达到 8 313 元，实现了整村脱贫；2019 年，人均收入增加到 14 668 元，是 2013 年的近 9 倍。收入增多了，生活条件自然改善。从前苗歌里唱："三沟两岔穷旮旯，红薯玉米苞谷粑。要想吃餐大米饭，除非生病有娃娃。"现在则是火塘上长年挂着腊肉，新鲜时令水果家家有。男男女女衣着一新，许多人平常都打扮得如同节日一般。

这几年村民感觉最大的变化，是村里旅游经济发展起来了，每天游人如织，人气越来越旺，目前日均接待 2 000 人以上。被习近平总书记亲切地称为"大姐"的石拔专老人家是村里有名的"网红打卡地"，每天去的人最多。开民宿的村民杨秀富遗憾地说，只可惜自家房间太少，人一多就住不下。

过去，因为村里太穷，小伙子在外面谈朋友都不愿把姑娘往回带，生怕吓跑了人家。正如苗歌里唱的："有女莫嫁梨子寨，一年四季吃野菜，山高沟深路难走，嫁去后悔一辈子。"2013 年，村里 35 岁到 55 岁的单身汉就有39 名。如今，已有 30 人脱贫又"脱单"，媳妇全是外村人，不少人家还抱上了娃娃。

十八洞村的日子好起来了，知名度也越来越高。近年来，该村先后获得"全国先进基层党组织""全国少数民族特色村寨""全国乡村旅游示范村""全国文明村"等荣誉称号。电影《十八洞村》在全国热映后，这个小山村更是声名远播。村民们讲，过去出门不好意思说自己是十八洞村人，现在都以十八洞村为荣，一说十八洞村就感觉腰板很硬、底气很足、精神很好。

写好精准篇

作为"精准扶贫"重要理念的首倡之地，十八洞村按照习近平总书记的重要指示精神，让"精准"二字在这里落地生根。

精准识别扶贫对象。十八洞村认识到，精准扶贫首先就要把真贫识别出来，解决好"扶持谁"的问题。为防止出现"穷人落榜，富人上榜"，村里建立规范化、程序化的识别机制，明确"九不评"标准，严格实行"户主申请、群众评议、三级会审、公告公示、乡镇审核、县级审批、入户登记"的"七步法"，确保规则公平、程序规范。为避免闭门搞识别产生"优亲厚友"的嫌疑，村里将评定贫困户的权力交给群众，实行全程民主评议、民主监督。由此识别出的 136 户、533 人，经公示大家都没有意见。村民们说，虽然大家对贫困的看法和感觉不一样，但是标准明确了、程序规范了，自己也心服口服。

精准发展特色产业。十八洞村的干部群众清晰地记得，习近平总书记在院坝里同大家座谈时，希望大家"把种什么、养什么、从哪里增收想明白"。村里人均耕地只有 0.83 亩，并且地块零碎分散，无法规模利用，他们就转

贫困村脱贫故事

变思路搞"飞地经济"，在县农业科技园异地流转土地1 000亩，村民以产业帮扶资金和自筹资金入股，集中种植优质猕猴桃，2019年获得收益118万元，预计未来会稳步增长。十八洞的山泉水甘洌洁净，富含矿物元素，他们就利用资源入股，与企业合作建成十八洞山泉水厂，村集体每年可获得保底分红50万元。十八洞村自然风光秀丽、山林资源丰富、苗族文化保存完好，但这些资源长期开发利用不足，他们就围绕发展乡村旅游这条主线，按照农旅一体化的思路整合资源，着力打造"旅游＋"产业体系：成立农旅农民专业合作社，根据乡村旅游需要流转村民土地，统一规划开发；成立旅游开发公司，打包开发全村旅游资源、管理旅游产业；大力发展苗绣、黄桃、油茶、蜂蜜等民族工艺和绿色环保产业，为乡村旅游增色。"抱团"发展带来了规模效应，2019年5月十八洞旅游公司正式营运，全年共接待游客42万人次，实现旅游收入340余万元，同时带动了民宿、农家乐的发展。他们还因户施策，通过组织外出学习、开展技术培训、进行市场对接等方式，使家家户户根据自身实际找到了致富门路：厨艺好的，开饭店；有多余房子的，办民宿；会说普通话的姑娘小伙儿，当起了导游；老年人就是在家门口摆山货摊，也有一些收入。

精准激发内生动力。过去，一些贫困户抱有"等、靠、要"思想，对通过自己奋斗过上好日子不敢信、不敢想，更不敢干。驻村工作队和村干部深刻认识到，扶贫先扶志，治贫先治根，必须把村民的精气神真正提起来。他们通过换届，把讲政治、有文化、能力强、群众信任的能人选出来，建强村"两委"，发挥班子引领作用。十八洞村是合并村，为避免村合心不合，他们就举办篮球赛、文艺晚会，组织苗歌会、赶秋节、过苗年、鹊桥会等文体活动，把村民的心往一块拢、情往一处聚。他们注重发挥典型带动作用，开办道德讲堂，评选表彰"最美脱贫攻坚群众典型"，激发群众争当先进的热情。他们创新推行"群众思想道德星级化管理"，对每个村民当年的行为表现进行量化评比，并以户为单位确定星级、张榜公示。村民说："星级化管理这招真绝，当典型还是拖后腿都贴到了家门口，谁想排后面啊！"如今，十八洞村人个个精神焕发，人人信心满满，不仅致富决心大、干事劲头足，而且对村里的事务也更热心了。几年来，对于村里各种公共建设，村民累计自愿投工投劳 3 000 余个工日。曾经在会场吵着要钱要物的龙先兰，现在成了村里的养蜂大户，带动本村 12 户人家养蜂致富。

深山盼梦圆

"雨露阳光，润我家乡，饮水思源，自立自强。"这是十八洞村新修订村规民约的开篇语。十八洞村的脱贫实践充分说明，只要有志气、有信心、有干劲，就没有迈不过去的坎、爬不上去的坡。

如今，脱贫后的十八洞村民，对我们党、对习近平总书记充满了朴实真挚的感恩，对未来致富奔小康的前景充满了美好憧憬和强烈期盼。总书记亲切看望过的 75 岁村民龙德成，她如今最大的愿望就是入党。她说："今天的好日子都是党给的，看到有人来我家堂屋入党宣誓，我感觉这支队伍特别光荣。"已经开了两家农家乐的村民杨超文，目标更远大："我以后要开农家乐连锁加盟店，不管开到哪里，味道必须是'十八洞'的。"苗族汉子施六金则想把自家房屋让出一部分来，给苗族制作手工银饰的匠人使用。他说："这个房子位置好，我想提供一个平台，让大家把苗族文化传承下去。"

驻村工作队队长石登高告诉我们，脱贫只是致富奔小康的第一步，十八洞村在各方面还有不小的差距，接下来一定要牢记习近平总书记的嘱托，不忘初心，继续前进，撸起袖子加油干，做好乡村振兴大文章，瞄准建设"中国最美乡村"的愿景，全力打造精准扶贫精准脱贫的"升级版"，组织全村干部群众向着全面小康阔步前进。

党建引领 村企合一 农旅融合

——湖南省通道县牙屯堡镇文坡村脱贫故事

　　湖南省通道县牙屯堡镇文坡村总面积 33 159 亩，总人口 3 196 人，其中建档立卡贫困户 167 户、692 人。该村坚持以党建统揽发展，试点"村企合一"发展模式，走出一条党建引领、改革推动、产业支撑的脱贫攻坚新路子。2018 年底，该村顺利实现整村脱贫，农民人均纯收入从 2016 年的 2 600 元，提高到 2019 年的 5 500 元，村级集体经济收入从 2016 年的空白，提高到 2019 年的 11 万元。文坡村侗锦基地被评为国家级星创天地、湖南省巾帼脱贫示范基地；文坡村被评为湖南省民主法制示范村，湖南省民族团结进步示范村；村党委书记粟田梅被评为全国三八红旗手。

党建引领，党群联动，聚脱贫攻坚合力

　　一是组织领航向。按照党支部"五化"建设要求，建立基层党委，由粟田梅担任党委书记，依托村集体企业通道锦绣文坡旅游发展有限公司设立公司党支部，使党组织成为推动富民产业发展的坚强领导核心。截至 2020 年，文坡村党委下设 3 个党支部，实现了对村企内 8 个专业合作社及公司的全覆盖，带动 167 户贫困户加入各类经济组织。二是党员做示范。

文坡村电子产品加工车间

把致富能人培养成党员、把党员培养成致富能手，全村致富能人中有 7 人被发展为党员，5 名党员被培养成致富能手。如党员粟约刚负责丹参基地，副主任李神环负责甘薯基地。通过基层党员创业、大户带头与贫困群众结成"致富共同体"，加快了贫困户脱贫步伐。三是群众广参与。打赢脱贫攻坚战，必须充分调动群众的积极性、主动性，在此基础上，通过设立"红黑榜"、开展"最美文坡人"的评选表彰活动，树典型、立标杆，在全村形成"比学赶超"的良好氛围。

村企合一，抱团发展，走共同富裕道路

以"村企合一"为载体推动"三变"改革，奋力实现抱团发展、共同富裕。一是要素集约化经营。文坡村通过村集体公司，实行村企融合，集约使用财政扶持资金，撬动社会资本、用好集体山坡荒地，流转农民承包经营土地，推动资源变资产、资金变股金、农民变股东"三变"的形成。目前已流转耕地 3 000 余亩，山地 2 600 亩。二是村企一体化管理。文坡村村级公司管理人员主要由村干部组成，实行村企一体化管理，实现村级事务与村公司发展的同频共振，凝聚了群众对村集体的向心力。三是利益共享化联结。推行"六股"利益联结模式。通过"六股"（人头股，按村现有人口，公司拿出 20% 的利润进行人头分红；扶贫股，按政策给贫困户分配红利后，公司拿出 10% 的利润对贫困户进行分红；管理股，管理者，公司拿出 10% 的利润分红；土地股，出让土地经营权的农户，除了租金，公司再拿出 20% 的利润进行分红；公益股，公司拿出 10% 的利润作为公益基金，用于村里各项公益事业；发展股，公司年利润的 30% 作为发展基金

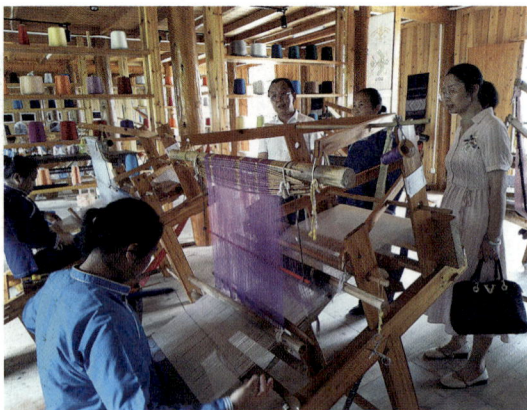

文坡村侗锦基地

进行再发展），文坡村形成村集体、普通农户、贫困户共享发展成果的局面，促进了村集体与村民"联产联业""联股联心"。

文化推动，农旅融合，用美丽战胜贫困

一是着力打造侗锦文化展示区。以国家非物质文化遗产项目侗锦织造传承人粟田梅为带头人，秉承"创造性传承、创新性发展"的理念，建成了集生产、销售、展示、培训为一体的中国侗锦传承基地。在侗锦基地的示范带动下，文坡村 2019 年实现侗锦产值 420 万元，全村参与侗锦织造的 200 多名妇女平均每年实现 1.8 万余元的织锦收入，侗锦文化成了文坡村在全省乃至全国的一张靓丽名片。二是着力打造产业发展示范片。坚持做好文旅、农旅等融合文章，拓展绿色生态发展道路。确立以侗锦织造、生态种植养殖、旅游为主导产业，发展黄桃、灰天鹅、油茶、优质稻、稻田养鱼等特色农业，围绕农业产业链促增收的模式。当前，文坡村通过村公司自主经营、与企业合作经营、由企业承包经营、引导群众自主发展等模式，建成油茶基地 4 000 余亩、丹参基地 80 亩、黄桃基地 150 亩、甘薯基地 130 亩、优质水稻基地 200 亩，建成年出栏 3 000 羽的灰天鹅养殖基地 1 个，新建农家乐 1 家。这些基地的建成，带动 430 余名群众实现家门口就业，实现务工收入 240 万元。同时，推行农超对接、校农合作和对口帮扶，推动优质农产品进学校、进超市、进对口帮扶城市，实现"侗货出山"。2019 年，湖南工艺美术职业学院购买 1.25 万千克的优质大米，2019 年生产的优质大米 5 万千克现已销售一空。侗锦、黄桃等多个特色产品在网上销售，仅黄桃一项就实现网上销售额 2 万余元。

下足精细"绣花功夫" 做好脱贫致富文章

——湖南省新田县石骶源村产业脱贫纪实

　　新田县石骶源村位于新田县城南部，为 2017 年脱贫出列村。全村总面积 5.9 千米²，山林 5 064 亩、水田 683 亩、旱土 320 亩，辖 10 个自然村、14 个村民小组，共 499 户、1 660 人，建档立卡贫困人口 163 户、529 人。近年来，石骶源村立足本地自然资源和产业基础，按照"四带四推"大产业大扶贫思路，通过"合作社 + 村集体 + 贫困户"的帮扶模式，大力发展特色产业，实现了脱贫攻坚与产业发展双赢。2019 年末，石骶源村人均纯收入达到 7 500 元，比 2016 年末增加 4 500 元，村集体收入突破 6 万元。

立足"山水 + 田地 + 禽畜" 发展特色产业

　　按照"一村一品"发展引导体系，在产业发展上充分尊重群众意愿，结合本村发展实际，选择有群众基础、有发展潜力、有比较优势的特色产业重点培育扶持。

一是培育特色种植。根据地形特点，引导村民合理开发土地资源，因地制宜积极调整产业，推动当地传统种植业向特色种植业转变，全村发展烤烟、水稻、蔬菜、大豆、花生等传统种植业900余亩，发展特色种植业木耳、香芋南瓜、板栗南瓜60余亩，药材青蒿200余亩，带领村民增收脱贫。二是发展传统养殖。按照"适度发展大畜、突出发展家禽、扶持发展特色养殖"的思路，扶持贫困户扩大猪、牛和渔业等养殖规模。鼓励适度规模户和家庭农场等新型经营主体新建肉猪专业合作社，实现抱团闯市场，开展产销对接服务，保证农户销售渠道畅通，能够稳定获利。三是加大旅游开发力度。依托"一线天""石洞出白米""奈何桥"等奇景和传说故事，探索开发白米寨旅游产业。在白米寨区域按规划分片植树，形成了桂花林、枫叶林、红叶石楠林、白木林、樟树林等观光林区，打造旅游经济。

围绕"项目＋土地＋培训" 壮大产业规模

为破解村级脱贫产业发展"后劲不足"难题，石甑源村着力在基础设施建设、土地流转、技能培训上下工夫，壮大产业发展规模。一是完善产业发展基础。2016年以来，累计投入资金1 300万元，实施一批水、电、路、信、网基础设施项目，实现全村公路、安全饮水、水利建设、电网、光纤全覆盖，为全村产业发展奠定了坚实基础。二是保障产业发展用地。盘活土地资源，流转土地115亩，通过统一规划布局后转租给合作社，用于发展特色种植和养殖。2020年全村计划再流转100余亩田土，保障产业持续发展的需要。三是提升产业发展技能。用活部门政策，先后推荐8名致富带头人到江西、长沙、永州、道

县等地进行技术培训，帮助贫困户提升发展技能。利用本村党员干部现代远程教育网络培训资源，以先进实用农业技术和务工职业技能培训为主要内容，对本村具备产业发展能力的贫困户进行轮训。

探索"合作社＋村集体＋贫困户" 做好致富文章

积极拓宽贫困户尤其是缺劳力、缺技能等自主创收能力受限的贫困人口持续稳定的增收渠道，调动新型农业经营主体和贫困户广泛参与的积极性，实现村集体、贫困户、新型农业经营主体共赢。一是探索"公司＋合作社＋村集体＋农户"模式。依托湖南远鸿现代农业科技有限公司，成立新田县顺源合作社，种植香菇菌包 13 万个，产出 6 万余千克，收益 57 万元；依托温氏集团，由返乡农民工彭石根建成年出栏 2 000 头现代化猪场，为贫困户提供 30 余个就业岗位。二是探索"合作社＋村集体＋贫困户"模式。建成年出栏 800 头的现代化香猪养殖场，每年按时上交猪场租金和固定分红，保障村集体和贫困户有经济收入。目前，村集体和贫困户各分红 1.6 万元。村内脱贫致富先进典型罗明善流转土地 50 余亩种植烤烟、水稻和瓜果，养殖肉牛，2019 年纯收入达到 16 万元，直接带动 8 名贫困户就业增收。三是探索直接奖扶到户模式。制定产业直接奖扶细则，按水田作物、旱土作物、竹木的种植面积以及养殖数量对贫困户发展产业实行奖扶，而且逐年提高奖扶标准。2020 年，投入产业扶贫直接奖扶资金 8.3 万元。

旱藕产业助力脱贫

——广西壮族自治区南宁市马山县琴让村脱贫故事

地处大石山区的马山县加方乡琴让村，自2015年精准扶贫实施以来，在各级党委政府及社会的帮扶下，乡村面貌焕然一新，产业多样化发展，实现了一次华丽的蜕变。

"靠山吃山" 选准产业

2015年，驻村工作队刚进村的时候，就被这片大山惊呆了。村里四周都是石山，放眼望去，基本不会有超过100米^{2}的平地。而石山地区的地质情况特殊，储水能力很差，村民生活用水紧张，到处都能看到从山上引水下山的小竹管，就是这样一根根的小竹管，勉强为村民们提供日常生活用水。这样的穷苦日子过惯了，村民们也都习以为常，并不觉得有什么不妥，驻村工作队入户精准识别了解情况时，有些穷人家，孩子连衣服都没得穿，蜷缩在床角，盖着破被子两眼巴巴地望着。琴让村民的穷困，主要是因为村里没有产业，没有经济带动增收。因此，发展产业势在必行。人均耕地少、旱地多的琴让村，农户基本都种植土玉米，产量低，收入低。根据这一实际，驻村工作队员决定动员农户发展种植与深加工相结合的旱藕加工产业。通过

驻村工作队入户开展思想动员工作，并在村里经济能人的带动下，大家开始种起了新品种"南藕一号"旱藕，旱藕生命力强，无须复杂的技术管理，产量高，可以有效地增加农户收入。

"主体带动" 壮大产业

农作物产品种出来，但是如果销不出去，还是无法带动脱贫。因此建立一个能够收购旱藕并能加工制作旱藕粉的企业来保障农产品收购加工销售显得尤为重要。在上级党委政府的支持下，一座占地面积达 1 560 米^2 的旱藕粉加工厂建立起来了，还成立了马山县加方乡山琴种养专业合作社。琴让村充分发挥党建引领作用，党支部书记曾克松同志主动作为，敢为人先，挑起重担，作为山琴合作社的法人代表，通过合作社发动村民种植旱藕，增加收入。2016 年至今，在合作社的辐射带动下，加方乡旱藕种植面积从 100 多亩发展到 1 000 亩，产业发展初具规模。现在，不仅琴让村的村民们发展起了旱藕种植，同时，还带动了全乡三个深度贫困村也发展旱藕种植产业，全乡因合作社的旱藕产业直接受益农户 195 户（其中贫困户 124 户，贫困户覆盖率超 60%），产业引领作用凸显。

"订单农业" 保障收益

目前，合作社拥有手工旱藕粉加工厂一个，通过严格标准化生产，获得了生产许可证，生产出来的旱藕粉是纯天然无添加的绿色食品。合作社主要采取"种植＋回购＋深加工＋销售"的全产业链模式，通过入户动员发动农户种植旱藕，并由合作社提供种植技术指导及培训，同时，通过订单农业的形式，与农户签订保价收购协议，农户每种植 1 亩"南藕一号"新品种旱藕，可产鲜藕 2 000 多千克，按每千克 1 元收购计算，农户每亩可收入 2 000 多元，相较于传统种植土玉米来说，收入增加了一倍多，较大程度提高了农户的种植收入。

贫困村脱贫故事

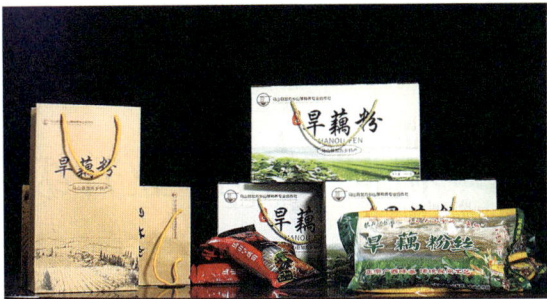

"脱贫摘帽" 喜笑颜开

　　山琴合作社生产的旱藕粉，也得到了各方的关注与支持。2017 年 5 月、11 月，山琴合作社旱藕粉分别参加了广西壮族自治区工信委在南宁国际会展中心举办的农产品展销及"党旗领航，电商扶贫"马山站展销；2018 年 12 月，山琴合作社旱藕粉代表马山县到湖南参加"金芒果地理标志国际博览会"展销会，产品得到了消费者的认可，并获准进入人民大会堂宴会，成为国宴食品，品牌效应显现。琴让村旱藕产业扶贫典型案例被写进了自治区扶贫办编著的《大石山区产业发展实例》和《南宁市各市 2018 年产业扶贫工作亮点清单》中。在产业的带动发展下，琴让村的产业盘活起来，产业发展欣欣向荣，村民干劲足、信心强，脱贫攻坚成效显著。截至 2019 年底，琴让村共实现 122 户、454 人成功脱贫，贫困发生率从 30.13% 降至 0.58%。通过产业规模化发展，2019 年，村集体经济收入达 12.26 万元，远远超过自治区规定的目标，脱贫攻坚效果显著。习近平总书记说过："中华民族伟大复兴，绝不是轻轻松松、敲锣打鼓就能实现的。全党必须准备付出更为艰巨、更为艰苦的努力。"而琴让村正在这样奋斗着、拼搏着并收获着，期待着更加美好的未来。

"协作联创"机制引领产业升级

——广西壮族自治区贺州市富川瑶族自治县古城镇高路村脱贫故事

"方池一亩百花艳，多姿绰约各自开。""雾雨沐尘墨丹青，四乡八邻醉游人。"每逢清晨或傍晚，高路村本村的村民和周边的群众就会来到荷花池周边散步；每到假日，这里的游客更是络绎不绝，村口笔直的双向车道硬是被游客的车挤成了入村"单行道"。

近年来，广西壮族自治区贺州市富川瑶族自治县古城镇高路村充分利用粤桂扶贫协作契机，创新"协作联创"机制共同发展特色产业，通过完善基础设施建设了（富川—四会）粤桂扶贫产业示范基地，引进龙头企业融合发展一、二、三产业。2019 年，全村贫困发生率下降到 0.21%，获评贺州市脱贫攻坚先进集体。

优化产业结构，村集体经济跨越发展

习近平总书记明确地指出，发展集体经济是实现共同富裕的重要保证，是振兴贫困地区农业发展的必由之路，是促进农村商品经济发展的推动力。

在发展集体经济方面，高路村有自己的"新招"。首先，盘活土地。通过开展土地平整工作，以土地确权确股不确地方式，以土地股份模式成立专业合作社，流转土地 1 350 亩，牵手贺州市正丰现代农业股份有限公司，进行农作物基地化种植，形成了富硒有机稻基地、优质莲藕种植基地。在此基础上，通过两种模式，双管齐下升级产业。

升级走农旅产业融合发展之路，先后投资 400 万元（其中粤桂扶贫协作帮扶资金 200 万元）建成村级集体经济发展项目——高路村农产品展示中

贫困村脱贫故事

心，联手贺州市必拓教育科技有限公司、贺州市正丰公司，打造集电商、教育培训和休闲娱乐于一体的拓展训练基地，大力发展"农业＋旅游"扶贫。

实施产能升级，建成超过 400 米² 的粤桂扶贫车间、超过 2 000 米² 的正丰公司农产品冷冻库，完善了支撑产业发展的农产品初加工服务设施，并实现本村村民就近就业。2019 年 4 月扶贫车间已经开工生产。扶贫车间项目的实施不仅为村集体经济增加了 5 万元租金收入，还带动了 100 多人就业，其中贫困户占了近一半。

众人划桨，形成合力，方可开得大船。"协作联创"模式是一把解开困境的好钥匙，它既打破了区域界线带来的空间阻隔，让土地、资源和资金自由流动，集约利用，发挥最大的效应，抱团攻坚扶贫，有效降低了村集体和贫困户所承担的风险，更实现了村集体经济增长和贫困户脱贫的"双赢"。2019 年高路村集体经济超 20 万元，农民人均增收超 1 万元。

通过高路村"协作联创"产业先行示范，不断辐射带动古城镇产业发展，杨村、山田扶贫车间先后投产，提供就业岗位 200 多个；茶源真人枪战娱乐项目即将运营，大岭村物业经济商业楼准备动工，村集体经济收入将翻一番。

创新协作机制，激发贫困户内生动力

"看到越来越多的游客到我们村游玩，我和妻子萌生了创业的念头。我俩参加了烹饪培训，通过小额贷款开了一家酸辣粉店，现在年收入超过 10 万元，让我们一家在奔小康的路上越走越好，这多亏了国家有这么好的扶贫政策呀！"高路村典型贫困户杨志东乐呵呵地说。杨志东是高路村通过开展感恩教育，激发内生动力实现脱贫致富的一个缩影。

习近平总书记指出，"所有的人都要有感恩的心""扶贫先扶志""扶贫必扶智"。高路村不满足于简单地开展"送温暖"和"救济式"扶贫方式，

100个产业脱贫典型

通过以"党组织延伸工程""民事联解工作法""党员圩日制度"和"责任田实名制"为内容的"四个一"模式，讲好扶贫故事和"战疫"故事，开展系列感恩教育，培育和激发贫困群众发展的内生动力，让贫困农户不再简单扮演扶贫项目被动接收者的角色，而是成为项目的参与者，显著激发和增强了贫困农户的发展意识以及组织化程度。在高路村，有20户像杨志东一样的贫困户通过自主创业或发展第三产业实现了脱贫致富。

拓宽增收渠道，精准脱贫到户到人

"听说家门口有个电子厂，我毫不犹豫地辞掉了广东的工作回到了家乡，虽然工资没有广东的多，但是可以照顾小孩，一家人都开心。"在粤桂扶贫车间上班的贫困户邓晓敏微笑着对笔者说。

高路村通过种植基地和扶贫车间项目的实施，吸纳本村富余劳动力务工，为本村的农户实现了不出远门在家也能务工的心愿，同时，农户因出租土地而从传统耕作中解放出来，有了更多的外出务工和经商的时间和精力，增收渠道多样化。贫困户每年不仅可获得约800元/亩的土地租金红利，还通过参与基地的务工增加了收入。2019年，全村就地务工农民工资性收入超150万元，全村每年外出务工和经商收入超过1 000万元。

"农业＋旅游"的乡村经济新业态更是让农户有了新的创业就业渠道，2020年5—7月，村里荷花盛开期，周末前来观光的游客络绎不绝，村里不少人做起了餐饮、饰品等生意，一天收入最高可达到1 000元。高路村土地租金分红、务工和经商增收让贫困户走上了通往实现脱贫摘帽过上美好生活的"红地毯"，受益贫困户达212户、1 016人，贫困户受益率98.5%。

贫困村三个"变身"联创产业

——广西壮族自治区贵港市港南区脱贫故事

"目前，基地种鸽存栏 2.2 万对，已出栏乳鸽 5.82 万羽、种鸽 8 380 对，收入 185 万元，给贫困户分红 45.4 万元。"2020 年 6 月 8 日，正在贵港市港南区新塘镇联创种养专业合作社白鸽养殖基地忙活的基地负责人梁敬旺高兴地说。在基地里，工人正在装笼、搬运、装车，上门收购的老板正忙着清点数目。

港南区新塘镇有白鸽养殖的传统，但由于养殖点分散，技术较落后，养殖成本高，导致白鸽产业规模不大、效益不高。脱贫攻坚战打响以来，"80 后"梁敬旺当选为港南区新塘镇湖表村党支部书记，年轻又有种养经验的他，非常看好白鸽产业的前景。"近年食用乳鸽开始兴起，因其营养丰富，广东一些大城市已经出现供不应求的情况，这个行业前景非常好。"梁敬旺说干就干，牵头整合新塘镇各个村成立了联创种养专业合作社，建立白鸽养殖基地。

变"单打独斗"为"联合发展"

2018 年 6 月，由新塘镇湖表村牵头与周边的三岸村、东和村、蒙大村、龙兰村、陈村、新和村、大郑村共 8 个村达成联合发展共识，打破单个行政村的界限，将村发展资金拧成一股绳，合力发展白鸽扶贫产业。当年 7 月，这 8 个村在湖表村联合成立了贵港市港南区新塘镇联创种养专业合作社，发展以养殖白鸽为主，套种茶树菇、蔬菜为辅的种养产业基地，理事长由湖表村村支书梁敬旺担任，各村按照投入比例分红，8 个村成为联创种

养专业合作社"创始人"。合作社采用"党建引领、市场运作、成员参与、共建共享、风险共担"的模式。同时，在 8 个村的村干部中通过民主选举产生合作社管理委员会和监督委员会，合作社实行每周一村值班制，每个月召开一次社管会会议，对生产经营情况进行总结、财务进行公开，让每个村实时了解生产经营和财务情况，接受社监会监督，确保合作社在各村的参与下有方向、有目的地运营，最大限度地发挥合作社推动扶贫产业发展的作用。2018 年该基地建成投产后，收益 13.5 万元，实现了当年建设、当年投产、当年达效。

变"输血"为"造血"

团结力量大。"联创抱团"产业发展模式成功了，联创基地不断壮大，目前已有 19 个村加入基地发展，投入资金 500 多万元，平均每户贫困户拥有 10 对左右的种鸽，年出栏乳鸽 150 羽以上。创联基地引进了自动化投料设备，定时定量为白鸽投喂饲料，科学喂养的同时也节约了人力成本。同时聘请 1 名有

20 多年养鸽经验的技术人员，3 名有养殖经验的贫困户为饲养员。基地从投资额产出的纯收益中提取 60% 与贫困户分红，20% 作为村集体经济收入，20% 用于扶贫产业基地管理人员劳务费等其他支出。联创基地成功地将发展壮大扶贫产业、促进贫困户增收与发展壮大村级集体经济结合起来，变"输血"为"造血"，使贫困户"有业可从、有企可带、有股可入、有利可获"。

变"空壳村"为产业村

新塘镇蒙大村、龙兰村、陈村是港南区贫困村，村集体经济缺少产业支撑，蒙大村更是几乎零收入的"空壳村"。目前，基地种鸽存栏 2.2 万对，已出栏乳鸽 5.82 万羽、种鸽 8 380 对，收入 185 万元，村集体经济分红 37 万元，3 个贫困村分别获得 3.2 万元分红收入，其他加入的村村集体经济收入全部提前达标，由以前的"空壳村"变成了产业村。

产业扶贫是精准扶贫的治本之策，也是难中之难。近年来，贵港市港南区多措并举、多方发力，大力发展扶贫特色产业。积极引导合作社实行跨行业、跨村屯"联创抱团发展"，整合人才、资金、技术、营销等方面的资源，形成优势互补、互帮互助机制，最大限度降低交易成本，提高抗风险能力，实现专业化、规模化、标准化生产。近两年来，该区成功打造了 20 多个扶贫"联创"产业示范基地，涵盖 92 个行政村，带动 10 900 户贫困户实现增收，实现贫困村村级集体经济和贫困户脱贫致富"双丰收"。

以创新推动扶贫　以创业带动发展

——海南白沙黎族自治县打安镇打安村产业脱贫纪实

海南白沙黎族自治县打安镇打安村是深度贫困村。从 2016 年起，其作为党建扶贫点，通过提升农民综合素质、促进农村发展、创新社会管理等方式，实现了脱贫致富，也迎来了巨变。大学生村官吴俊才是打安村驻村工作队的骨干，在深入调研走访的基础上，提出以争创"红旗"党支部为奋斗目标，厘清了以党建扶贫为引领、以产业扶贫为抓手、以完善基础设施为重点的扶贫思路，取得了一定的成效。

创新思路，敢于担当。积极深入挖掘农村实用人才，组织一支由 10 名技术工、6 名贫困户组成的施工队伍，即打安工程队，并结合现有的资源，创建了"一队五班组"，即 1 个工程队包含机械组、运输组、施工组、装饰装修组和劳务派遣组 5 个班组。于 2019 年 3 月 5 日正式创办村级企业——白沙欣达安建筑工程有限公司。先后承揽本村的基础设施建设、美丽乡村建设、厨房改造和厕所改造等业务，累计营业额 150 余万元，利润 30 余万元，上缴村集体经济 6 万元，彻底解决打安村集体经济空壳的问题。把 6 名贫困户吸纳进公司，提供长期稳定的就业平台，每人每月能领到 2 000～3 000 元的工资，2019 年度贫困户累计收入 15 万元，人均收入 2 万～3 万元，彻底解决贫困户临近就业问题。在美丽乡村建设中，通过劳务派遣的方式，带动全村 70 名具有劳动能力的农户进行花草种植、管护，橡胶种植等劳务就业，发放务工工资 12.4 万元，带动本地机械队伍和运输队伍共同发展，为他们增收累计 60 万元。

强化监督，制度管理。热带兰花产业是打安村特色产业之一，占地 62 亩，建设了 11 个遮阴大棚，种植 28 万余株热带文心兰和石斛兰，带动全镇

贫困村脱贫故事

796 户贫困户组织化发展。但因缺乏管理制度，经济效益不明显，驻村工作队以完善合作社各项管理制度为契机，强化日常管理和监督，将奖励与处罚有机融合。通过自我挑战示范带动，制定用工标准，促进员工之间相互竞争和激励，实行月考评、季表彰，每季度表彰 2 名优秀员工，并发放奖金、奖品。强化日常管理的工作纪律性、财务报账的严谨性、人员管理的合理性，全面提升科学管理水平，提高产量和质量，确保贫困户产业得到长久稳定发展。

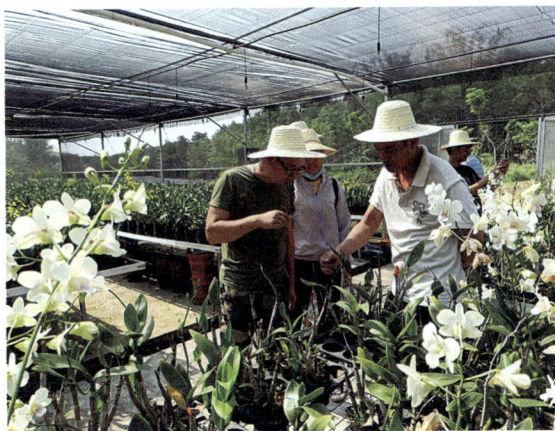

摸清底数，科学管理。听取管理员和技术员关于上年度的出入库管理、施肥喷药、销售等工作汇报，摸清当前种植现状，了解每位管理人员的心得和经验。发现每年高温期是热带兰花病害高发期，尤以软腐病为主。如果防治不及时，会直接影响兰花的品质和产量，降低经济效益。为了不断提高兰花管养的科技含量，确保扶贫产业的收益，兰花基地十分重视技术人员的培养。目前，基地共有 7 名技术人员，驻村工作队会不定时前往三亚、海口等地进行兰花种植技术考察学习。同时，吴俊才利用自己在中国热带农业科学院工作过的便利条件，结合当前的科技扶贫需要，积极与中国热带农业科学院对接，邀请专家来到基地进行实地考察和专业技能培训。目前主要兰花种植品种是文心兰和石斛兰，库存量共计 27 万盆，2019 年累计销售总额 23 万余元，2020 年 1—2 月，累计销售总额 5.6 万元，同比增长 40.21%，各棚产量明显得到增加。完善各个环节的管理，形成种苗出库、入库、物资采购、销售等有计划、按程序、有名册查阅。

扩大内需，抗击疫情。2020年初，受突如其来的新冠肺炎疫情影响，各个单位无法开工上班，很多贫困户不能外出务工。同时，兰花的正常销售渠道受阻。结合热带兰花组织更换营养杯的需要，驻村工作队果断采取措施，邀请了中国热带农业科学院的两位博士前来指导工作，就地举行招聘会，优先聘用周边贫困户，共吸纳五个村（居）委会贫困户108名，按劳动量支付劳务工资，平均每人每天能拿到250元钱，解决了广大村民尤其是贫困户在疫情期间不能外出务工获得收入的问题，累计发放工资4.8万元。同时，充分利用驻村工作队派出单位的优势条件和社会关系，通过倡议购买扶贫农产品的消费扶贫活动，解决了扶贫产品的滞销问题，顺利度过了关键时期。参与兰花消费扶贫的单位和企业累计120余家，销售总额11万余元。

睡莲产业开出脱贫致富"幸福花"

——海南省三亚市崖州区抱古村脱贫故事

海南省三亚市崖州区抱古村是一个古老的黎族村庄，也是海南省"十三五"建档的贫困村，总人口 865 户、3 457 人，其中建档立卡贫困户 130 户、584 人，2015 年人均收入 3 300 元。

为了发展产业稳定脱贫，2018 年，抱古村成立香水莲花农民专业合作社，探索以"村委会＋合作社＋贫困户"的帮扶模式，发展热带睡莲产业带动脱贫致富。经过近两年的发展，合作社现有社员 14 人，建有莲花种植基地 4 处、加工厂 1 处，种植睡莲 134 亩、1.78 万株。全村 130 户建档立卡户全部加入合作社，仅通过睡莲产业带动户均年增收 4 600 多元，并整村于 2018 年顺利脱贫摘帽。

找准市场定位，构建"基地＋景区"供销模式

2016 年，三亚崖州区抱古村引进睡莲产业，打造"一村一品"特色产业，通过破解种植难题，多方拓展销路，积极探索新出路，现如今抱古村睡莲产业已经成为村民脱贫致富的重要产业，并成为抱古村的一张靓丽名片。

2017年，第一批上市的睡莲花亮相三亚市扶贫产品展销会现场，掘得扶贫产业的"第一桶金"，让不少"围观"的村民和建档立卡贫困户纷纷主动申请加入睡莲产业。

2018年6月，抱古村香水莲花农民专业合作社应运而生，逐步探索以"村委会＋合作社＋贫困户"的精准扶贫模式发展睡莲种植产业，不仅吸纳全村130户建档立卡贫困户加入，还鼓励他们到合作社务工，解决贫困劳动力就业问题，为贫困家庭提供稳定的收入来源。

2019年春节后，三亚市政协为抱古睡莲牵线搭桥，形成"基地＋景区"供销模式，由睡莲基地供应景区莲花用于礼佛或售卖，帮助抱古睡莲拿到了三亚热门AAAAA级景区南山景区的"百万枝订单"——抱古村香水莲花农民专业合作社每天向海上观音、南山寺庙及三十三观音堂三家景点提供3000朵睡莲鲜花，实现了睡莲的稳定销售。

崖州区抱古村香水莲花合作社按照标准化程序种植种苗，并做好田间管理，清理杂草、清捞杂物、保水放药等，不定期到睡莲产业基地查看睡莲的生长情况。每个交易采摘日，合作社成员从凌晨五点起就严格按照采摘、洗涤、包装和配送等工作程序，在规定时间以前送达交易景区，确保了睡莲品质以及鲜活度，赢得了市场的口碑。

加大土地流转力度，做大做强产业带动增收致富

村委会采取土地入股的方式，通过三批次土地流转陆续扩大睡莲种植面积到134亩，出租土地给合作社种植睡莲，每亩每年可以有2.7万元的租金收益，土地流转期限3年，共有117户村民受益，其中建档立卡贫困户16户。

村委会组织贫困户200多人次，参与合作社的日常劳动，每人每天平均有100多元的工资，很好地提高了贫困户的参与度，并

以劳动出勤登记作为贫困户年底收益分配的重要参考指标。香水莲花农民专业合作社不仅给入股的农户分红，还吸纳贫困户务工，解决部分家庭劳动力就业问题，另外还对自我种植的农户进行技术指导，确保产业良性发展。如今，村民们有了较稳定的收入，种植信心倍增，2020年计划继续扩大种植面积到200亩。

延伸产业链条，促进莲花小镇农旅融合发展

2019年初，抱古村驻村第一书记王开茂因为一次偶然的机会接触到了鲜花加工行业，在了解花茶、花饼制作工艺后，一个新的销售方向逐渐清晰。村"两委"干部、乡村振兴工作队队员分工合作，有的负责打听鲜花产品加工企业，寻求合作，有的继续拓宽鲜花销售市场，2019年底，一家可将鲜花烘干打包成花茶的企业与抱古村达成了合作，开始生产花茶。鲜花烘干后制作成的茶包，解决了睡莲鲜花保存时间短、储存难等问题。制作花茶进一步延长了产业链，提升了附加值。同时挖掘抱古村农业观光资源，打造莲花小镇，做大做强抱古村集体经济，让睡莲成为更有奔头的产业。

抱古村还与中国热带农业科学院农产品加工研究所、海南大地农旅文化投资有限公司进行战略合作，利用该村靠近宁远河的水质优良、灌溉技术成熟优势开展睡莲的种植、加工、研发。热科院加工所已经研究出莲花茶、莲花面膜、莲花精油等26种莲花衍生产品，有望推动莲花产业的二产、三产项目计划，利用抱古村天然的河道资源，以睡莲种植基地为依托，挖掘抱古村农业观光资源，打造一个更好的生态旅游景点，开发建立一个莲花小镇，形成"吃、喝、赏、玩"等"一条龙"服务产业链，让抱古村有产业、有旅游、有发展，真正成为"产业＋旅游"农旅融合发展的典型示范。

"三聚三同"促脱贫　旅游富民保长效

——四川省宜宾市兴文县僰王山镇永寿社区村产业脱贫纪实

永寿社区村地处乌蒙山脱贫攻坚片区，属于典型的喀斯特地貌，有苗族同胞 171 户、695 人，僰苗文化丰富，负氧离子每立方厘米接近 10 000 个，是天然氧吧，具有独特的自然资源，80 岁以上老人占全村总人数的 2%，被誉为"长寿之村"。

永寿社区村因地制宜、因户因情施策，在全县打造翠冠梨、山地乌骨鸡特色产业，坚持"聚识同心、聚势同为、聚力同富"，凝聚和发动贫困群众、村组干部和帮扶单位的力量，为贫困村脱贫奔小康探索出了一条新路。

聚识同心，激发原动力。产业扶贫有点有面，由点及面，涉及土地、财政、人才、社会资本等方方面面，如何激发脱贫攻坚的原动力，做好保障工作？永寿社区村充分发挥党员的先锋模范作用和党支部的战斗堡垒作用。

为了建强服务产业、助力脱贫的组织保障，兴文县委组织部与永寿社区联合成立脱贫攻坚党总支，依托支柱产业翠冠梨、乌骨鸡等种植、养殖专合社成立联合党支部和党员合作社，进行组织联建、党员共管、资源互享。建立了后备干部预培制度，储备好后续发展人才，从优秀农民工、产业致富带头人、青年创业人才中储备村组干部 23 人，增强了永寿村的支部班子凝聚力、战斗力。

贫困村脱贫故事

组织保障有了，如何发挥好群众的作用？永寿社区村创新村民积分治理模式，由村民大会集体审定遵纪守法、公益道德等量化指标，将积分结果与信用贷款授信等级、入党、参军政审等挂钩，开展"建设一座感恩亭、悬挂一面感恩旗、编写一首感恩曲、确定一个感恩日"系列活动，让群众常怀感恩之心，同心同向致力脱贫攻坚。

聚利同富，厚积持久力。产业扶贫，必须坚持把贫困群众固化在产业链上，注重激发贫困户内生动力，注重构建利益联结机制，才能确保贫困群众通过产业发展实现长久稳定脱贫。永寿社区村按照"短期—中期—长期"的产业发展规划，带动全村发展经济，鼓励种养大户、农民合作社、龙头企业等新型经营主体与贫困户建立长期稳定的带动关系，切实提高产业增值能力和吸纳贫困劳动力就业能力。

短期脱贫要成效，发展利益见效快的乌骨鸡。在扩大规模、提升效益上下工夫，通过和鸿程农业公司合作，在2016年首先为105户贫困户提供了31 500羽鸡苗，并逐步带动全村发展，年出栏山地乌骨鸡10万羽；同时，盘活村级固定资产与社会资本结合，创办乌鸡线下体验馆，推广"订单"生产和"O2O"销售，发展乌鸡加工处理产品，苗乡永寿乌鸡形成了孵化、养殖、销售、烹饪等全产业链条，逐步打响了"乌鸡全宴""养生绿壳鸡蛋"等知名永寿品牌。

中期脱贫须巩固，以发展翠冠梨为主。通过多方走访调研，结合村域实际，永寿村引进了比一般梨种早成熟2～3个月，人称"六月雪"的梨品种。2016年全村党员干部带头示范、主动作为，7名有带富能力的党员和6名有致富潜力的贫困群众率先成立专合社，通过认领、试种，带动周边贫困户栽种翠冠梨1 000余亩，逐步带动成立另外6个专合社，带动全村种植翠冠梨3 000亩，13名社员分别联户帮带周边20余户贫困户，提供技术指导等服务，带动帮扶89户贫困户种上了翠冠梨，同时，为弥补翠冠梨投产期较长的不足，探索出林下套种赤松茸（酒红菇）150亩，形成了可食、可采摘、可观光的人型翠冠梨产业园。

党员黄明均就是示范带动党员中的一员，黄明均是全家老小的主心骨，小儿子出生即被确诊为脑瘫（重残一级），工地的一场意外又将他右手大拇

100 个产业脱贫典型

指连根弄断，他没有放弃，得知家乡在发展产业致力脱贫攻坚的时候，毅然返乡。他作为全村的翠冠梨技术指导员，带头种植了 300 余亩翠冠梨，年产值 100 余万元，率先探索引进套种赤松茸 150 亩，弥补了翠冠梨收益较迟的不足，带动周围贫困户增收。

黄明均说："穷是不可能生根的，我就不相信我的家乡会一直贫穷落后，我一定要改变这个现状，让大家都富起来，让因贫穷而未结婚的小伙伴都讨上老婆，也让我的家庭奔向富裕，这是我的心声！"

长期脱贫要致富，结合休闲农业投入期短、回报率高的特点，永寿村立足于自身优势放眼长远，转型发展乡村旅游。打造景区带动生态游，依托丰富的喀斯特石林景观资源和农业产业布局，与特有的苗族文化、农耕文化相结合，成功创建 AAA 级永寿农业公园，正在创建僰人巨石阵 AAAA 级景区，引资发展新业态磊兮帐篷酒店，规范发展农家乐 5 家，推进以生态为元素的乡村旅游发展，让游客"游有所值"，2019 年接待游客 10 万人次。

永寿社区通过举办特色活动带动文化游。充分挖掘僰苗文化，定期举办"苗族踩山节"活动；举办"乌鸡文化美食节""梨花节""采果节"等乡村旅游节日；创办乌鸡宴主题餐厅，研发永寿苗乡菜品 136 个；全村鸡鸭、蛋、腊肉、香肠等农特产品不出村就在线上线下被抢购一空，让宾客"归有所念"。通过以上措施，把农特产品变成了旅游商品，把贫困人口培养成旅游商品的提供者、把致富能手培养成乡村旅游的服务者、把干部群众培养成发展旅游的志愿者，全村 80% 以上的群众主动参与到全域旅游中来，形成了一幅"地里梨花香、林下乌鸡跑、满山游人笑"的山水画卷，全村 81.2% 的农户直接受益。

从乌蒙山区的贫困村到有脱贫支柱产业、脱贫带动主体的产业脱贫典型村，永寿村特色产业扶贫既放大了产业优势，又突出了扶贫成效，展现了"产业＋扶贫"的深刻内涵。

从贫困村到旅游新村

——四川省广元市利州区荣山镇中口村产业脱贫纪实

　　地处深山，村里只剩下老弱妇孺，集体没钱，村民也贫困，这样的贫困村如何脱贫？通过 5 年的脱贫攻坚和美丽乡村建设，如今中口村发生了翻天覆地的变化，从一个衰败落后的贫困村，蝶变成了远近闻名的美丽乡村和旅游新村，2019 年人均纯收入达 13 000 元。中口村以脆红李产业为支撑，举办赏花节和采摘节，打造了山歌文化村，带动了乡村旅游的发展。人民日报、光明日报、四川电视台等多家媒体对中口村进行了多次报道。荣获国家首批森林乡村、省级"四好村"、省级旅游扶贫示范村、省级文化扶贫示范村、省级卫生村、广元市文明村称号，2020 年正在创建省级文明村。野生秋笋、野生核桃等自然资源丰富，山葵、高山蔬菜、脆红李、土鸡、笋用竹等无公害绿色产业已成规模，全村呈现出一派产业兴旺的发展态势。

做产业突出特色

　　要实现整村脱贫摘帽，让全村群众有良好的生产生活条件和持续增收的门路，村"两委"大搞基础设施建设，已完成危旧房改造 96 户，新建房屋 36 户，硬化入户路 4.5 千米，院落环境美化 45 户，硬化组道 15 千米，土地整理 500 亩。建防旱池 12 口，修作业道路 1.5 千米，新建渠系 3 500 米，新建村委会阵地 283 米^2，整治山坪塘 3 口。搞好基础建设的同时大力发展产业：引进业主发展脆红李产业 200 亩、四季采摘园 100 亩，回引贫困户发展以钙果为主的产业园 70 亩，莲藕种植 20 亩。带动了周边 80 余户、200 余人务工。产业园生产以采摘、体验为主的四季时令水果蔬菜，以此带来了乡村旅游的持续发展，产值达 50 万元，带动农户人均增收 1 500 元。同时利用资源优势，将在两年内发展起竹产业 1.2 万亩，带动农民人均增收 3 000 元以上，使竹产业成为推进绿色发展、助力脱贫攻坚、推动乡村振兴的重要产业。通过引进业主进行土地流转，让农民变为产业工人，解决了就近务工的问题，使产业成为带动当地群众增收致富的主要门路。

兴产业不落一户

年龄大的农户没有劳动力，无法务工，增收怎么办？产业发展一户也不能落下。为找到一条农户增收的新路，中口村在利州区农业农村局的帮助下，规划剑门关土鸡项目，广泛发动群众发展土鸡养殖。各家各户统一标准建圈，村上统一做技术指导，合作社统一管理。全村共有 55 户土鸡养殖户，其中 5 000 只规模的 1 户，200 只以上规模的 2 户，使中口的土鸡产业成为在家农户的增收渠道之一。同时利用荒山和林地资源发展山羊养殖产业，全村共有山羊养殖大户 12 户。为让中口的农特产品走出大山，成功注册了"中口村"商标，打造品牌，将本村的土货利用网络卖到了成都，打开了销路。为使产村融合发展，引导农户建设微田园，实施农村"三大革命"，已完成卫生厕所全覆盖，污水达标排放，垃圾实行户分类、村收集、镇转运的模式，农户的垃圾费收取率达到 100%，并利用好公益性岗位落实了常态化保洁制度和保洁人员考核管理制度。

强产业壮大集体

为拓宽集体经济增收门路，不断发展壮大集体经济，中口村提前规划，

贫困村脱贫故事

科学谋划，走出了一条集体经济与乡村旅游融合发展的新路子。建设 18 亩荷塘和 3 500 米² 的垂钓鱼塘，同时建设 300 米² 的抓鱼体验区，村集体从农户手中流转后由集体统一经营管理，发展荷花观赏、荷塘养鱼、休闲垂钓、童年体验等实体经济增加营业收入。2016 年 9 月鱼塘建成后，仅半年时间，就创收近万元，实现了集体经济零的突破。目前，集体经济产业园、脆红李产业园连成一体，形成农业种植、观光产业园，让园区变景区，带动了乡村旅游发展。中口村已发展成为小有名气的旅游新村，被确定为利州区乡村旅游五大片区之一，2018 年和 2019 年成功举办了乡村旅游活动，为持续抓好旅游新村建设注入了新动能。

为持续带动乡村旅游的发展，实施乡村旅游节点打造 3 处。高标准建设生态农庄超过 400 米²、建设休闲区 6 000 米²，打造集体经济综合体，提高乡村旅游发展的游客接待能力，壮大了集体经济实体。2019 年，村集体经济收益达 5.8 万余元，固定资产达 520 万元，远远超出了贫困村的脱贫标准。2019 年 7 月，集体农家乐又引进业主一起共同经营，上交保底收益后再按比例提成，使农家乐步入正轨，2020 年带动了 5 户农户发展民宿。

脱贫攻坚和美丽乡村建设给贫困村带来了发展的新契机，中口村也抓住了这一历史机遇，让这个昔日贫困落后的小山村焕发出新的生机，实现了由贫困村到美丽乡村的转变，探索出了一条产村一体、农旅融合发展的新路子。

围绕产业做文章　精准"造血"拔穷根

——重庆市奉节县龙桥土家族乡阳坝村产业脱贫纪实

　　阳坝村地处渝鄂以南的交界处，距奉节县城 80 千米，面积 22.5 千米²，耕地 4 050 亩、林地 17 100 亩，辖 16 个村民小组，户籍人口 672 户、2 572 人，贫困户 105 户、372 人，已脱贫 101 户、362 人，海拔 1 400～1 450 米，森林茂密，负氧离子含量高，夏无酷暑、空气清新、气候宜人。2015 年新一轮脱贫攻坚以来，阳坝村深学笃用习近平总书记关于扶贫工作的重要论述，大力实施产业扶贫，聚焦产业发展、集体经济和提质增效三项重点，推动家家有产业、户户能增收。先后荣获奉节县脱贫攻坚模范村、奉节县脱贫攻坚先进单位、重庆市卫生村、国家森林乡村等荣誉称号。

聚焦产业发展，夯实脱贫根基

　　一是巩固传统产业。加大传统产业扶持力度，引进龙头企业 4 家，组建蔬菜、中药材、烟叶种植专业合作社 5 家，畜禽养殖专业合作社 3 家，稳定发展蔬菜 1 500 亩、烟叶 1 500 亩、中药材 1 200 亩，养殖生猪 1 200 头、禽类 35 000 只。二是发展生态产业。立足高山气候优势和地理优势，加大生态产业培育力度，引进重庆臻源红豆杉发展有限公司发展红豆杉苗圃培育基地 3 500 亩，着力打造 1 万亩的红豆杉康养园，60 户群众土地流转及务工收入达 1 万元以上，促进产业发展生态化、生态经济产业化。三是打造特色产业。坚持"以旅带农、以农促旅"的发展理念，创新"农业＋旅游＋文化＋扶贫"模式，大力发展乡村旅游，推进"农旅文"互融发展，发展土家风情农家乐 30 家，接待床位 300 张，2019 年累计接待游客 5 万人次，实现旅游收入 750 万元。

案例一：

阳坝村 9 组贫困户靳丛斌，家庭人口 7 人，父母均是 1 级肢体残疾，只能依靠轮椅活动，妻子身患红斑狼疮，常年受疾病煎熬，孩子正在上学，靳丛斌是家中唯一劳动力，家庭十分困难。近年来，通过脱贫攻坚，在政府的引导和帮扶下，他每年流转土地 70 余亩，发展烟叶和蔬菜，年收入达 20 余万元，成为不等不靠，努力发展产业，主动脱贫的典型人物，被评为全县 2018 年脱贫攻坚工作先进个人、2019 年脱贫致富示范户。

聚焦集体经济，带动群众增收

一是多种业态增效益。成立阳坝村股份经济合作社作为村集体经济组织，围绕资源开发、服务创新、资产经营等业态，发展光伏供电开发项目 1 个，购买无人机、农机、农具，组建农技专业服务队 1 支，争取鲁渝扶贫协作项目，建设食用菌产业园 1 个，村集体经济年收入达 50 万元以上。二是利益联结全覆盖。开展股权量化改革，将村集体经济组织资产、资金量化确权到全体村民，锁定"人头股"，实施股东股权静态管理，生不增、死不减、进不增、出不减，发放股权证书 672 份，集体经济人人有份、红利共享，利益联结贫困户达 100%。三是创新管理稳运行。引入现代企业管理机制，通过股东人会选举产生股东代表、理事、监事，凡重大决策必须由股东代表大会通过后施行。村"两委"主要负责人实行"双向进入、交叉任职"，加强领导和监督管理，每月公示公开资金收入、支出、结余等情况。

案例二：

阳坝村争取 2020 年鲁渝扶贫协作项目，建设食用菌产业园，通过与山东滨州食用菌企业合作，提升种植技术，形成"集体经济＋企业＋贫困户＋散户"的抱团发展模式，预计实现年综合产值 150 万元、村集体经济收入 50 万元，并带动 50 余名贫困户就地务工，引领广大散户发展食用菌，壮大食用菌产业，构建户户"1 亩菜、1 亩烟、1 个园"的"三个一"产业格局。

聚焦提质增效，激发产业活力

一是完善设施增产量。紧紧抓住脱贫攻坚重大机遇，积极争取项目支持，累计新修产业路 23.6 千米、生产便道 25.5 千米、排灌沟渠 18 千米，整治山坪塘 8 口，进一步改善群众生产条件。目前全村蔬菜、中药材等产业产量与 2015 年相比增幅达 18%。二是加强培训提质量。坚持把技能培训作为助农增收的重要手段，常年组织开展实用技术培训，共计培训 2 000 余人次，培养农村致富带头人 29 人。深入开展农技随访，让农技人员把技术带到田间地头，做给农民看，教会农民干，促进群众技能提升、实现提质创收。三是拓宽渠道扩销量。大力实施消费扶贫，加强产销对接，推动贫困户农特产品直采直销，腊肉、土鸡、蜂蜜等农特产品供不应求。大力发展农村电商，推动农特产品上行，培育本土"网红"——"猪小妹""江芹子"直播带货销售农特产品 2.9 万单，销售金额达 200 万元。

案例三：

阳坝村 12 组村民张洵孝是烟叶致富带头人，发展烟叶 20 余亩，通过实用技术培训和自我钻研，实施田间精细管理、测土配方施肥、农药科学使用，每亩烟叶增值 400 元，张洵孝成为烟叶种植的"土专家"，直接带动 15 户贫困户种植烟叶脱贫，推动全村烟叶产业增值 60 万元。

试点"三变"改革　赋能产业扶贫

——重庆市合川区三庙镇凤山村产业脱贫纪实

市级贫困村凤山村是重庆市"三变"改革试点村。近年来，村里认真落实"精准扶贫、精准脱贫"方略，聚焦产业培育发展，试点推进"三变"改革，着力构建"公司+农户（贫困户）+集体经济"利益联结机制，以产业扶贫助力脱贫攻坚、乡村振兴，取得了实质性进展。

以"三变"为牵引，激发产业扶贫新动能

强化要素集聚和市场化运作，有效促进股权多元化、农业集约化、农民组织化。一是聚合资源变资产。凤山村地处龙多山台地，日照时间长、昼夜温差大，山地多平地少，土质差，保水保肥能力弱，长期撂荒闲置多。基于土壤、气候等条件，经多方论证，适宜种植无花果。截至2019年，凤山村集中流转土地1 200亩，进行宜机化整治，并作为农户承包地和集体土地入

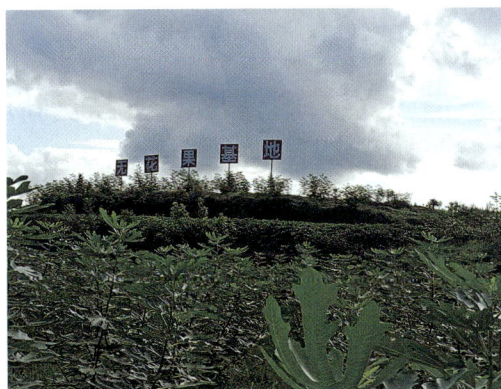

股资产，农户承包地占股 10%，集体经济组织占股 4%。二是整合资金变股金。由区级农业龙头企业重庆瑞高农业发展有限公司注资 255 万元、镇产业扶贫资金注资 45 万元共同成立瑞凤无花果种植合作社。后期根据产业发展需要按股份增资，农户承包地占股 10%，集体经济组织占股 4%，瑞高农业占股 66%，全镇贫困户占股 18%，扶贫基金占股 2%。三是联合农民变股东。通过土地流转、产业扶贫资金入股，凤山村 260 户农户和全镇贫困户均成为瑞凤无花果种植合作社股东，按年享受入股收益。

以"三金"为纽带，释放产业扶贫新效能

以"租金 + 股金 + 薪金"促稳定增收，让农户特别是贫困户最大限度参与、最大限度受益。一是土地流转有租金。由瑞凤无花果种植合作社集中流转的土地，原承包地农户（贫困户）按市租价田 600 元 / 亩、土 100 ～ 260元 / 亩享受保底租金。若土地占股 10%，保底分红高于保底租金，则享受保底分红。2018 年种植无花果 400 亩，当年计发保底租金 6.2 万元。2019 年无花果种植扩面至 1 200 亩，实现租金（保底分红）收入 12.5 万元。二是占股分红有股金。除原承包地农户和集体经济组织享有土地保底分红外，全镇贫困户均享受股金分红，2018 年户均增收 100 元，2019 年户均增收 500 元。三是就近务工有薪金。无花果基地累计吸纳当地劳动力 200 余人（其中贫困户 50 户、60 余人），实现人均薪金增收 3 800 元 / 年左右，就近务工贫困户户均薪金增收 4 560 元 / 年左右。

以"三借"为依托，累积产业扶贫新潜能

延伸产业链条增后劲，让扶贫产业牵手现代农业、脱贫攻坚与乡村振兴有机衔接。一是"借梯上楼"，特色发展。充分发挥龙头企业扶贫带动作用，依托瑞高农业资金、技术、渠道、营销等优势，不断提升市场竞争和抗风险能力，日渐形成有品牌价值的无公害、绿色无花果产业和以无花果产业为主导的扶贫产业。深化党建引领农机社会化服务，依托无花果基地组建农

贫困村脱贫故事

机协会，进行统筹管理、抱团服务，带动宝龙、戴花、白鹤、角庙等村发展"一村一品"，种植花椒、枳壳、糯高粱、蔬菜等 3 200 亩，既与集体经济组织进行利益联结，增加村集体经济收益，又按照"有序流转、适度规模，返聘务工、保底分红"的原则，让群众特别是贫困户参与和受益。二是"借鸡下蛋"，跨村受益。通过股份合作，形成了瑞凤无花果"合股联营体"。借凤山村土地，培育出全镇受益的无花果产业。依托邮乐购，搭建起凤山电商扶贫站，除销售凤山贫困村自产的红心王甘薯、南瓜、无花果、土鸡蛋等农产品外，还涵盖三庙镇辖区的凤山米、太空莲米、安哥诺李、红玫瑰葡萄等特优产品，线上线下销售额达 16 万余元。三是"借船出海"，"接二连三"。依托附近废弃敬老院房屋和周边空地，已在无花果种植基地建成小型冻库和扶贫车间（可生产无花果干、无花果茶和无花果药包等），镇域标准化无花果扶贫加工厂规划建设正同步推进。随着无花果种植扩面、周边配套设施不断完善，正依托瑞凤无花果基地，着力打造集鲜果采摘、科普教育、扶贫体验、生态农产品游、乐、购于一体的乡村旅游驿站。

建阵地　补短板　抓发展
村集体成为脱贫致富"火车头"

——重庆市云阳县青春村产业脱贫纪实

青春村系重庆市"十三五"规划扶持贫困村，面积 4.9 千米^2，全村辖 6 个村民小组，共有 639 户、2 301 人，建档立卡贫困户 79 户、266 人。脱贫攻坚开展以来，村里抓重点、攻难点、出亮点，以"三变"改革为抓手，大力发展壮大村集体经济，脱贫成效明显。截至 2019 年，全村贫困户均实现稳定脱贫，全村人均收入从 2014 年的 6 000 元增加到 11 000 余元，全村贫困户人均收入从 2 000 元增加到 8 000 余元，村集体经济年收入达 22 万元。

夯基础筑堡垒，让阵地有形象、班子有力量

脱贫攻坚，既要给钱给物，更要建设一个好支部。一是建阵地强平台。争取资金 80 余万元，新建便民服务中心 500 米^2，规范设置各功能室，实现卫生、金融和电商三进村，为全村党员群众搭建一个参加活动和商事、议事、定事的平台。二是抓教育重示范。青春村坚持以每月 10 日定期开展支部主题党日活动为载体，指导村党支部统筹抓好"三会一课"、组织生活会、民主评议党员等党内政治生活落实，探索村党员积分制管理，充分发挥党员示范引领作用。三是引能人强班子。选优配强村"两委"班子，班子实现老中青合理搭配，回引农村本土人才 1 名，发展青年农民党员 2 名，培养入党积极分子 2 名和村后备干部 2 名，培育产业大户 36 户，为村"两委"班子注入"源头活水"。

贫困村脱贫故事

补短板强弱项，让脱贫有成效、增收有渠道

要致富，先修路。青春村两沟夹一山，平均海拔 700 多米，脱贫攻坚开展以前，村内没有一条硬化公路。脱贫攻坚开展以来，青春村主动作为：一是整合各类资金 800 余万元，硬化公路 12.90 千米，人行便道 17.3 千米，有效解决"出行难"问题；整修山坪塘 71 口，水厂 2 个，铺设自来水管 20 千米，实现全村安全饮水覆盖率 100%，有效解决"饮水难"问题。二是通过有针对性开展增收扶贫技能培训、规划到户产业、引导转移就业等方式，切实有效增加农民收入。积极引导贫困户通过扶贫小额贷款大力发展到户产业，全村共有 28 户贫困户申请扶贫小额贷款发展种植、养殖产业，贷款金额达 130 万元。

青春村玉米生产基地

集民智抓发展，让集体有收入、干事有底气

青春村是云阳县市级"三变"改革试点村，通过股权纽带促使农村沉睡资源活起来、分散资金聚起来、增收渠道多起来。

一是"确实权"，推进土地承包经营。及时完成农村土地承包经营权确权登记颁证工作。按照荒山荒坡 100 元 / 亩、耕地 500 元 / 亩的标准流转农户土地。目前，博贵农业开发有限公司已完成 1 300 亩银杏土地流转，支付土地流转金共计 50.655 万元，集群农业开发有限公司完成 200 亩高效农田整治土地流转，共支付土地流转金 8.4 万元。

二是"搭平台"，探索试点合股联营。青春村于 2018 年成立云阳县盘龙街道青春村经济联合社，联合社之下村集体在工商局注册成立了集群农业开发公司，公司通过招商引资，引进了重庆市博贵农业开发有限责任公司，发展药用银杏产业；引进了云阳县家逸旅游开发公司，打造民宿乡院，发展

农村休闲观光产业；培育本地农民成立了三清源农业公司，共同发展李子产业。

三是"育产业"，发展壮大集体经济。青春村已发展药用银杏 1 300 亩，2020 年底将发展到 2 000 亩；脆香李基地 800 亩，已投产 500 亩，"盘龙脆香李"品牌获得消费者青睐；占地 2 100 米² 的银杏产业烘干厂房建成投产，实现产值 13 万元；建成占地 5 亩标准化鱼塘一口。2018 年，村集体经济从零突破到 10.45 万元，2019 年实现村集体经济收入 22 万元。

四是"保分红"，建立利益联结机制。第一，建立农户与企业联结机制。土地流转受益，按照荒山荒坡 100 元 / 亩、耕地 500 元 / 亩的标准流转农户土地。入股受益，农户将土地流转金的 50% 统一入股公司，每年保底分红，最高不超过股金的 3 倍。第二，建立企业与村集体利益联结机制。利用村集体成立的集群农业公司，开展对外劳务服务，向用工企业按劳务用工总费用的 2% 提取工作经费。2017 年，公司共解决 120 人就近务工（含贫困户 45 人），支付务工费用 72 万元，2018 年支付 120 余万元，贫困户人均收入达 5 300 元，2019 年支付 160 余万元，贫困户人均收入达 6 800 元。通过银杏鲜叶采收，向博责农业公司按银杏鲜叶 100 元 / 吨标准提取红利；通过烘干厂鲜叶加工，向博责农业公司按干叶 100 元 / 吨标准提取红利。第三，建立农户与村集体利益联结机制。村集体收益按照《青春村农村经济股份合作社章程》提取公积金、公益金和福利费后，再进行股东红利分配。

青春村银杏烘干厂运行现场

脱贫攻坚工作开展以来，青春村充分发挥外引内联和示范引领作用，将一个组织涣散、发展落后、设施薄弱的后进村变成"水到家、路入户，家家有产业、户户成股东，乡风文明、干群和谐"的示范村，为脱贫攻坚和乡村振兴有效衔接打下了坚实基础。

蔬菜大棚里的脱贫故事

——贵州省黔东南苗族侗族自治州麻江县基东村产业脱贫纪实

基东村位于麻江县宣威镇西部，全村总面积 10 千米 ^{2}，耕地面积 1 582 亩。2020 年，全村共有 566 户、2 398 人，其中仫佬族人口 1 995 人，占总人口的 83.19%。全村建档立卡贫困户 261 户、1 009 人。近年来，该村结合人多地少、贫困发生率高、富余劳动力多的实际情况，积极发展蔬菜产业，有效带动群众脱贫致富，2018 年实现贫困村出列，2019 年实现贫困户全部清零。

党建引领，建强组织战斗堡垒

基东村党支部在产业发展中，始终坚持发挥党建引领的龙头作用，由村党支部书记带头创建基东农业发展农民专业合作社，吸纳 5 名党员和积极分子参与合作社生产经营管理，发展坝区育苗、蔬菜种植、林下养殖等产业。村党支部做给群众看、带着群众干、帮助群众赚，吸纳了 3 名产业能人向党组织靠拢，2 名党员领衔创办 2 个种植、养殖示范点，村"两委"战斗力和凝聚力空前

黔东南州麻江县基东村蔬菜种植基地

高涨。基东村坚持支部引路，产业铺路，把党的建设融入产业发展各方面、全过程，实现"组织覆盖、工作覆盖"双重目标，形成了"党社联建·村社合一""党支部＋公司＋合作社＋农户"等发展模式。2018 年，基东村利用土地整改项目，发展大棚蔬菜种植 200 多亩，带动 121 户农户、42 户贫困户用土地入股，261 户贫困户入社。2019 年，基东村利用合作社蔬菜基地育苗，种植蔬菜 140 亩，养鱼 51 亩，养殖威陆跑步鸡 6 000 余羽；带动全村发展辣椒及红菜薹种植 500 余亩，养鱼 8 户共计 200 亩，养鸡 6 户共计 16 000 羽。2020 年，合作社带动产业规模再上新台阶，计划发展蔬菜种植 1 000 亩以上，带动养鱼 200 亩以上，带动养鸡 30 000 羽以上。合作社"实体化"发展产业让群众看有榜样、干有保障、发展有希望，有效激发了群众内生发展致富动力。支部带头示范，组织建设完善，使基东村在产业扶贫路上走得更加坚定，2019 年，全村 261 户贫困户实现全部脱贫。

明确目标，坚定产业发展道路

基东村坚定走蔬菜产业脱贫兴村的发展道路。一是做好产业发展规划。对照产业发展"八要素"，结合区域特点，积极谋划产业发展，实施 2017 年蔬菜种植项目和 2018 年蔬菜大棚建设项目，共投入资金 107 万元，建成蔬菜大棚 14 400 米^2，露天种植辣椒 55.2 亩。2020 年，基东村及早规划坝区产业结构调整，采用"菜＋菜"种植模式，春季种植辣椒，秋冬种植红菜薹，400 亩坝区土地除部分低洼地段种植锌硒米外，统一种植辣椒。二是做好产销对接。基东村蔬菜（含辣椒）种植采用订单农业发展模式，与贵州玉鑫贸易有限公司、明洋食品厂签订

基东村"两委"组组织合作社社员进行
西红柿田间管理及病虫害防治培训

收购合同，解决了产品销售问题。三是充分利用资源。2019 年，利用财政扶贫资金 113 万元，实施辣椒种植项目、无劳动力贫困户入股蔬菜园区全部脱贫项目、坝区蔬菜产业示范基地提质项目等，有力推动村级产业发展。通过村民土地流转入股的方式发展蔬菜产业种植基地，实现资源变资产、农民变股东。四是完善基础设施。主动对接上级部门，继续完善基东村农贸市场主体工程建设。

技术指导，解决产业发展难题

基东村在产业发展上重视技术投入，充分利用各级帮扶单位技术指导，有效提高农产品产量质量。依靠南京农业大学、县级专班团队、县 1258 工程指挥中心、县农业农村局、镇农服中心等牵头组建的农业技术服务团队，解决产业发展过程中技术方面存在的困难和问题。为解决种苗问题，基东村驻村干部王佳英与宣威镇农业综合服务中心主任邓祖能一起反复试验，发明了"自动吸水育苗床"育苗技术等三项农业种植与管理技术，被国家知识产权局授予发明专利，成功为群众解决了育苗成本高、苗质不好的难题。目前种苗不仅可满足本村需要，还供应宣威镇的富江村和腊白村。同时，培养了本土种植、养殖人才 12 人，并输送种植技术人才 2 人到贵阳乌当产业园区、谷硐坝芒产业坝区等地指导相关技术。

蔬菜产业发展为基东村开拓了一条脱贫致富之路，为基东村脱贫出列做出了积极贡献。如今，原本贫瘠的深度贫困村，贫困发生率已从 2014 年的 38.09% 降为 0，全村村民实现了"一达标两不愁三保障"。脱贫摘帽不是终点，而是新生活、新奋斗的起点。展望未来，蔬菜产业的发展必将为基东村的振兴书写更加绚丽的篇章。

"136"利益联结助农增收脱贫

——贵州省黔西南布依族苗族自治州贞丰县板绕村产业脱贫纪实

贵州省贞丰县鲁容乡板绕村是少数民族聚居村寨，常年季节性干旱缺水、土地瘠薄，辖6个村民小组，有291户、1 286人（其中建档立卡贫困户145户、956人）。近年来，板绕村紧紧围绕农村产业革命"八要素"，确立"百香果脱贫、金芒果致富"的产业扶贫思路，大力发展种植百香果1 300亩、芒果300亩，积极探索"一种经营模式、实行三个统一、实现六个增收"利益联结机制，于2020年3月实现整村脱贫。

一种经营模式，构建利益联结机制

采取"科研院所＋龙头企业＋合作社＋农户"的产业扶贫模式，帮助农户解决"种什么，怎么种，怎么卖"的问题。2017年，板绕村党支部组织党员干部、退伍军人、返乡创业代表成立了板绕村农民专业合作社，共吸纳248户农户为社员（其中贫困户145户）。同时，积极引进贵州鲁容惠农科技发展有限公司，并签订保底收购协议。以中国热带农业科学院、贵州省农业科学院等权威科研院所专家为核心的15人百香果、芒果技术服务团队，为合作社和发展相关产业的农户提供技术服务。合作社按照生产流程标准统一组织农户种植，科研院所

进行技术指导和培训，公司负责技术监管及产品收购，公司与合作社签订保底收购协议。

实行三个统一，推进农村产业革命

紧紧围绕统一品牌、统一标准、统一营销的"三统一"模式发展产业。一是统一品牌。以中共中央组织部、贵州省委组织部"精准扶贫院士专家行"咨询服务活动为契机，经中国热科院、贵州省农科院等权威科研院所实地论证，在充分征求群众发展意愿的基础上，确定了"百香果脱贫、金芒果致富"的产业发展思路，统一了"鲁容乡亲"品牌。由合作社统一将248户农户的约1 300亩土地（其中包含133户贫困户的734亩玉米地）转型升级为特色热带精品水果种植产业园，邀请技术服务团队到园区开展贫困劳动力全员培训。二是统一标准。充分利用好极贫乡镇脱贫攻坚产业子基金示范带动作用，按8 000元每亩标准投资到村级合作社发展百香果、芒果产业，丰产后按800元每亩逐年偿还，激发市场力量，引导社会资本注入。三是统一营销。由贵州鲁容惠农科技发展有限公司与合作社签订保底收购协议，按照4 000元/亩的价格保底收购百香果，解决合作社及农民后顾之忧。

实现六个增收，拓宽增收致富渠道

探索出土地入股、就地就业、回收经营、自主种植、庭院经济、二次分配六种方式拓宽群众增收渠道。一是土地入股增收。农户以土地入股的方式加入合作社，百香果销售获利后按比例分红。2018年3月以来，板绕村以土地入股的248名社员分红78万元，户均3 145元，其中133名贫困户分红 44.04 万元，户均 3 311 元。二是就地就业增收。通过产业发展，创造就地就业岗位 120 余个，带动 128 人就地就近就业（其中贫困人口 100 人），2018 年以来共发放务工工资 285 万元，人均增收 2.23 万元。推行"反租倒包"机制，按芒果每年 550 元 / 亩、百香果每年 1 000 元 / 亩的标准，将已栽种果园反租倒包给"四类家庭"管护，实现龙头企业、合作社与农户互利共赢。三是回收经营增收。根据约定，农户土地入股合作社 5 年后，社员可向合作社申请，自主管护以自家土地入股的果园，由贵州鲁容惠农科技发展有限公司提供技术指导，按 4 000 元 / 亩保底收购，合作社负责管理、进行产品统一收购和政策对接等。四是自主种植增收。农户可利用百香果产业园区外自有土地自主种植百香果，由贵州鲁容惠农科技发展有限公司提供技术指导和保底收购，按 4 000 元 / 亩保底价，扣除生产资料 800 元 / 亩、产业基金偿还金 800 元 / 亩、技术服务费 8%（丰产后由贵州鲁容惠农科技发展有限公司提取）、管理服务费 6%（合作社提取）后，自主经营农户，年亩均纯收益可达 1 500 元以上。五是庭院经济增收。农户可利用房前屋后、院坝搭棚种植百香果、芒果，贵州鲁容惠农科技发展有限公司负责收购，户均可增收 500 元以上。六是二次分配增收。合作社根据管理服务费获得的收益，将其中的 50% 作为村集体发展壮大资金，用于支持村集体公益事业及未获得土地入股分红的贫困户社员发展产业。

做大做强花椒产业　持续巩固脱贫成果

——云南省昭通市鲁甸县龙头山镇光明村产业脱贫纪实

　　鲁甸县龙头山镇光明村位于鲁甸县西南方向、昭巧二级公路左岸，地处牛栏江干热河谷地带，是民族散杂居、生态脆弱、人多地少的山地农业贫困村。全村辖 21 个村民小组，土地面积 21.2 千米^2，居住着汉族、彝族、布依族等 3 个民族人口 2 121 户、7 443 人，其中，建档立卡贫困户 273 户、892 人。有耕地 7 628 亩、林地 12 000 亩、荒山等其他农业用地 12 000 余亩，人均占有耕地 1.02 亩、林地 1.6 亩。当地气候主要适宜种植花椒、核桃等经济作物。

　　光明村既是鲁甸"8·3"地震恢复重建的主战场，也是开展脱贫攻坚的主战场。2015 年 1 月 19 日，习近平总书记到昭通视察调研时强调，"要以更加明确的目标，更加有力的举措，更加有效的行动抓好脱贫攻坚，确保扶到点上，扶到根上，让贫困群众真正得到实惠"，并在龙头山镇视察灾后重

建时指出，"小小花椒树，致富大产业"，要求当地党委政府紧紧抓住灾后重建的机遇，大力发展花椒产业，使花椒产业成为老百姓致富奔小康的大产业。5 年多来，光明村始终铭记总书记"三个更加"的殷殷嘱托和"小小花椒树，致富大产业"的思想指引，感恩党和政府的亲切关怀，积极应对灾后重建和脱贫攻坚的双重挑战，牢记"恢复重建完成之日就是脱贫之时"的庄严承诺，不断补齐短板，取得了恢复重建和脱贫攻坚的"双重胜利"。2019 年，全村经济总收入达 9 300 万元，农民人均纯收入达 8 339 元，2014 年识别纳入的 279 户、900 名建档立卡贫困人口逐渐脱贫，贫困发生率从 2014 年的 12% 下降到 2018 年的 0，2017 年底率先实现了整村脱贫出列，群众生产生活条件正发生着日新月异的变化。

因地制宜试种改种，花椒产业成为群众
增收致富的重要支柱

立足土壤、气候优势，光明村确定了"以农村合作社发展为统领，山下花椒，山上核桃，林下搞养殖"的产业发展思路，大力发展花椒、核桃、椒林土鸡、黄牛生猪养殖四大产业。目前，全村花椒种植面积达到了 13 000 亩，其中挂果 11 000 余亩，户均花椒种植超过 6 亩，2019 年实现总产值 5 445 万元，光明村成了名副其实的全市花椒第一大村。为拓展林下产业链，光明村又采取了"党支部 + 合作社 + 林农 + 贫困户"的模式，大力发展椒林土鸡养殖，目前已建立养鸡示范基地 3 个，年出栏土鸡 1 万羽以上。为拓展农特产品的销售渠道，光明村于 2016 年成立了电子商务服务站，帮助群众把花椒、核桃、土鸡蛋等农特产品卖向全国各地，目前运营良好，线上线下销售额每年可达 70 余万元，有效提升了农特产品的附加值。

强化扶志和扶智，不断增强群众内生动力

为提升群众致富能力和文明素质，2016 年以来，驻村工作队先后邀请有关专家到光明村举办人居环境改善提升、农村实用法律知识、花椒种植技术、务工技能、小车驾驶技能、卫生防疫知识、电工知识等培训 10 期，2 000 余人次受益，其中贫困人口 650 人；组织村组干部群众、致富能人、驻村干部到大关县考察学习了琦鑫黄牛养殖农民专业合作社的建设与管理经验，有效增强了群众脱贫致富的信心和决心。为转变群众"等、靠、要"思想，加强惠民政策宣传，教育引导群众用勤劳创造幸福生活。共组织开展"自强、诚信、感恩"主题实践活动 28 场，开展"三讲三评"30 场，覆盖所有建档立卡贫困群众。光明村于 2016 年成功申报为县级文明村，2017 年申报为市级文明村。为发挥榜样的引领作用，连续组织开展了 2018 年、2019 年"我们的好榜样"评选表彰活动，共选拔脱贫先锋、持家能手、卫生示范户、教育引领户、致富带头人、文明和谐家庭等 50 名（户）。

现在的光明村，基础设施得到了极大改善，产业发展势头良好，群众收入持续增加，人居环境显著提升，村民精神面貌焕然一新。相信在习近平新时代中国特色社会主义思想的指引下，光明村未来会更加文明、和谐、光明，昂首阔步踏上乡村振兴的新征途。

产业驱动促脱贫　红了樱桃富了民

——云南省昆明市彝良县北古城米户村产业脱贫记

初进宜良县北古城镇米户村，会被这里的美景所震撼。山上林中村舍点缀，炊烟袅袅，缥缈莫测，绿树、白墙、青瓦相互交错，一幅田园诗画般的恬静农村景色。置身其中，感受着与城市喧嚣截然不同的宁静，呼吸着新鲜空气，仿佛置身世外桃源。

与游人如织形成鲜明反差的是，这个名不见经传的小山村，曾长期因地理位置偏远、交通不便、产业结构单一饱受贫困困扰，村民出行"晴天一身灰，雨天一身泥"，村里的人出不去，村外的人不愿来，群众收入低微，村集体经济薄弱，是宜良县4个省级建档立卡贫困村之一。

如何摆脱贫困，治好米户村的"穷病"，是摆在米户村党员干部群众眼前最迫切需要解决的难题。

自脱贫攻坚工作开展以来，米户村党总支紧紧围绕"以党建促脱贫、以扶贫抓党建"的总体思路，充分发挥基层党组织战斗堡垒作用和党员模范带头作用，认真履行脱贫攻坚主体责任，脱贫攻坚工作取得了实实在在的成效：全村建档立卡贫困户已全部脱贫，脱贫人口实现"两不愁三保障"。

村党总支充分发挥驻村工作队、大学生村官的优势，建立党员干部包村、驻村干部包户的帮扶机制，严格按照"一小组一策，一户一法"的要求，根据贫困群众的致贫原因和发展需求，坚持"输血""造血""活血"并

贫困村脱贫故事

重，有的放矢、对症下药，在"精准"上下工夫。采取党员带头，帮思路、帮技能、帮宣传、帮医疗、帮劳转、帮就业、帮产业、帮教育的"八帮模式"开展帮扶工作。

帮技能开展就业培训，通过转移就业培训10人；帮医疗落实基本医保44人、大病保险44人、医疗救助2人；帮劳转稳定转移就业9人，其中县内6人、县外省内3人；帮就业设置村公益岗位，通过护边员、护路员、保洁员、河道治理员、地质灾害监测员等公益岗位，实现就业5人；帮产业实施规模化种植樱桃，由村委会统一购买樱桃苗1771株发放给建档立卡贫困户，实现贫困户全覆盖。

路通、境美、山绿、钱包鼓，曾经是米户村群众梦寐以求的愿望，如今，正在一步步走向现实。

产业是脱贫的根本之策。宜良县委县政府大力整合各级各类扶贫资金，重点支持米户村委会发展樱桃种植产业，累计投入产业扶贫资金100多万元。樱桃种植面积达到6000余亩，实现9个村组全覆盖，涉及农户396户、1415人，贫困户13户、44人。

米户村结合实际，大力发展樱桃种植，采取"支部＋合作社＋农户"的发展模式，将党组织融入产业扶贫中，组建樱桃种植专业合作社和樱桃产业党支部，注重培养农村党员致富带头人，建立传帮带机制，实现了"合作社里有支部，党员带头村民富"。

樱桃种植的成功推广让米户村经济、社会、生态效益实现"三丰收"：每年樱桃产量达到100余万千克，总产值800余万元，每年户均收入2万余元，带动扶持贫困户发展种植业，每户贫困户年人均收入可以增加2000元。同时辐射带动周边村组，促进樱桃产业更加优化，带动加工业发展。通过产业扶贫工作的开展，调整了米户村的产业结构，增强了农民的科技观念，促进了农民增收。同时，大力发展樱桃种植，不仅能够合理利用土地、充分利用空间和光能、增加单位面积的经济收入，而且可以绿化荒山荒坡，防止水土流失，提高林木覆盖率，改善生态环境。

目前，樱桃已经成为农户脱贫致富的"摇钱树"，樱桃产业已经成为该村的一大特色支柱产业，也是村集体经济收入主要来源。

做活土地文章　助力脱贫攻坚

——陕西省汉台区汉王镇红星村产业脱贫纪实

汉王镇红星村位于汉台区东北角，属典型浅山丘陵区，全村辖 4 个自然村，6 个村民小组，是全区 55 个贫困村之一，耕地面积 980 亩，其中水田 720 亩，旱地 260 亩，全村人口 231 户、694 人，其中建档立卡贫困户 33 户、93 人，传统种植养殖、外出务工一直是村民的主要收入来源。2017 年 5 月，红星村被确定为产改试点村，在区、镇两级的精心指导下，在帮扶部门和四支力量的共同努力下，红星村先后成立了土地股份合作社和村经济合作社，实现了全村土地统一管理、统一流转、统一经营，村集体经济组织、经营主体与农户特别是贫困户构建起多种形式的利益联结机制，成为全区产权改革助推脱贫攻坚的鲜活例子。

积极解放思想，引进经营主体

2016 年以前，红星村集体经济几乎为零，是远近闻名的"空壳村"。精准扶贫工作启动后，村"两委"积极调整发展思路，决心从加强班子建设、大力招商引资、转变村民观念等方面入手改变贫穷落后面貌。村党支部在 3 个自然村成立了党小组，将全村 29 名党员编入各组，由有威望、能力强的党员担任小组长，千方百计招商引资，说服村民将土地流转给前来投资兴业的经营主体。短短两年时间，村里先后引进富源、裕登、汉瑞等经营主体，为统一流转土地提供了有利时机。

贫困村脱贫故事

建立集体经济组织，实现两个百分之百

产改工作启动后，红星村及时成立了产改工作领导小组，制定了工作方案，完成了清产核资、成员界定、股权量化、注册登记等工作，先后挂牌成立了红星村土地股份合作社和经济合作社，召开30多次村民会议，"四支力量"逐户走访，动员村民将土地承包权、经营权入股村土地合作社，由土地合作社与各经营主体签订经营协议，实现了农民土地100%入股到土地合作社，合作社土地100%流转到新型经营主体。这样既避免了村民个体与经营主体之间直接发生权益之争，又通过合法合规方式最大限度保障全体村民、经营主体和村集体利益，实现三方共赢。全村960亩土地以水田905元/亩，旱地550元/亩的流转价格全部入股了村土地合作社，由村土地合作社全部流转给各经营主体，村集体按每亩5%的标准向经营主体收取管理服务费用，用于村级集体经济的积累、壮大，并每3年提高5%的流转费。

开展自主经营，发展集体产业

为持续保证集体经济收益和农民脱贫增收，在发现个别经营主体出现经营不良的情况下，村经济合作社果断调整工作思路，劝退经营主体，积极整合产业扶贫资金和农业综合开发项目资金，自主发展了红星李子园和蔬菜园。2019年栽植了320亩冰糖李子，并套种了奶油南瓜和甘薯。2020年3月，160亩的蔬菜园也已建成，并以每亩1 660元的价格全部由市场经营团队承包，仅此一项每年可为村集体带来纯利润91 400元。

红星村的开心农场

创新利益机制，巩固脱贫成效

村里还采取了以下三种办法巩固脱贫成效：一是全村农户通过土地入股每年可获取稳定的土地分红。二是将 19 户贫困户的产业扶持资金入股新型经营主体获取分红。三是为村民特别是贫困户提供稳定的务工渠道，协议约定确保 27 户贫困户每户至少有 1 人在新型经营主体务工，每人每月不得少于 20 天务工日，每月务工收入不得低于 1 600 元。2016—2020 年，村民到新型经营主体年均务工达 3.4 万人次，年均务工总收入为 237.5 万元，仅此一项，就带动全村人均年增收 3 500 元。还辐射带动本镇繁荣、光华及城固县观沟村 130 亩土地入股红星村土地合作社，其中，有 6 户贫困户到红星村新型经营主体务工，享受与红星村贫困户同等待遇。

红星村贫困户喜获分红

通过近四年的发展，红星村彻底摆脱了贫困村、空壳村的名头，集体经济持续发展壮大，2018 年实现贫困户分红 750 元 / 户，2019 年实现全村股东分红 300 元 / 户，预计到 2020 年底，集体经济收入可达 50 余万元，村上将按集体积累留 30%，扩大再生产 30%，全村股民分红 30%，贫困户分红 10%，实现村集体、村民、贫困户的持续、稳定增收。

昔日贫困村的华丽蜕变

——陕西省兴平市花王村产业脱贫纪实

兴平市的花王村，过去是出了名的穷乡僻壤，交通不便、信息封闭，村里基础设施差，群众观念老旧，没人愿意为村子的发展投资。

如何让贫穷落后的花王村脱贫致富？俗话说："火车跑得快，全靠车头带。"想要群众过上好日子，主要依靠好的带头队伍。

党建引领促发展

2017年，兴平市委办公室派驻工作队进入花王村驻村帮扶，工作队联合西城街道党工委，始终把党的建设工作作为花王村发展的头等大事，在花王村换届中，把素质高、能力强、群众拥护作为选优配强村"两委"班子的核心标准，将一批想干事、能干事的人才纳入村干部队伍。帮扶单位兴平市委办公室派驻精兵强将（第一书记、驻村工作队）、西城街道办公室包村干

部，与花王村"两委"形成合力，使花王村村级班子战斗力显著增强，形成了上下团结一心、共谋干事创业的和谐氛围。同时，高标准打造阵地堡垒1座，建成党员党性体验中心1处，充分发挥新阵地作用，筑牢为民发展思想。

设施建设优环境

花王村的道路未硬化，每逢雨天全村群众为出行犯难，这让驻村工作队坚定了帮助群众修路的决心。2018 年初，驻村工作队联合西城街道办公室围绕花王村美丽乡村建设齐心协力拿方案、议措施、跑项目、争资金，开展"一改五化"建设。

经过半年多努力，2018 年 11 月，花王村新修道路 20 000 米²，大街小巷全硬化；铺设排污管道 4 500 米，结束了雨水自由淌、污水随意排的历史。栽植各类绿植 10 000 株，美化文化墙 700 余米²，建成 3 000 米² 的文化休闲广场，实施改厕 249 户，户户接通天然气。村里实现了硬化、绿化、美化、亮化、净化目标，村子一下有了"精气神"，美丽乡村建设初见成效。

2019 年又持续发力，硬化村内道路 200 余米，铺设排污管道 300 余米、自来水管道 350 余米，实施群众门前绿化 500 米²，实现了全村主要街道无土路，群众门前一片绿。

产业发展拔穷根

扬长避短，引进特色产业——秋葵。

"产业结构单一，收入路子窄，大棚蘑菇种植主要集中在当年 10 月到第二年的 5 月，一年中大好的秋种时间基本闲置，而大多数家庭困难的群众，都因为家中有老弱病残的原因，无法外出打工，单一的收入无法满足他们基本的生活需求。"村书记王水川紧皱眉头说道。

急群众之所急，想群众之所想，驻村工作队深思熟虑、统筹谋划，在

贫困村脱贫故事

搞发展的路上多次外出考察学习，结合花王村发展实际，着力引进特色秋葵产业，并与陕西丫丫秋葵公司达成一致协议，形成"党支部＋公司＋农户"订单农业新模式，确保农户蹄疾步稳地发展生产。截至2020年，累计种植秋葵60余亩，为贫困群众致富增收15万余元。

乘势而上，聚力"三变"改革——实现双赢。

为了优化农业产业结构，驻村工作队联合村"两委"抢抓"三变"改革发展机遇，采用"'三变'改革＋公司＋劳动力＋贫困户"模式，2018年集中流转土地600余亩，与龙头企业新顺苗木公司签订协议，种植苗木花卉。其中，群众通过土地入股每亩每年可分红900元，而且日常务工每天至少收入80元，实现了致富增收的双赢。2019年又集中流转土地300亩，建立现代示范农业杏李果品基地一座，使群众收入持续增加。

移风易俗倡新风

"经济上去了、村里的硬件设施水平提升了，群众的精神文明也得跟上。"在党支部会议上，所有驻村工作队员、村干部对此达成了一致。

2019年年初，驻村工作队开始重新修订花王村的"一约四会"章程，对村民日常道德规范、婚丧嫁娶操办、村内事项决策等进行了明确，由党员干部带头执行，组织村里德高望重的群众劝导。提倡的办红白事每桌费用不超过200元、婚车不超过10辆等反对铺张浪费的倡议深受群众欢迎。2020年以来，家里办过红白事的群众普遍反映花销比以往能节约近万元，连过去令群众"头痛"的"挡婚车"歪风都被遏制了。

如今，花王村旧貌换新颜，产业富、环境美、村风正，成了名副其实的文明村，正朝着"产业兴旺、生态宜居、乡风文明、治理有效、生活富裕"的乡村振兴总要求阔步迈进。

梦想在改革中实现

——陕西省榆林市榆阳区古塔镇赵家峁村产业脱贫纪实

一排排农家小院鳞次栉比，宽阔整洁的水泥路在青山绿树的掩映下伸向远方；景区内的彩虹滑道、丛林穿越、沙滩浴场等独具特色的旅游项目引得游人如织。这里是陕西省首批农村集体产权制度改革试点村、榆林市乡村振兴标杆村——榆阳区古塔镇赵家峁村。

谁曾想到，几年前的赵家峁村，还是人居环境恶劣，土地零散贫瘠，撂荒严重的区域性贫困村，现在的赵家峁村，一排排新建的小洋楼宽敞阔气，水、电、路、信等基础设施完善，产业发展迅速，成了远近闻名的产权制度改革示范村、脱贫致富的小康村和旅游休闲的度假村。

想出来的法子　干出来的事业

赵家峁村位于榆林城区东南 30 千米处，2013 年以前的赵家峁村山大沟深，土地贫瘠，一直以传统小农经济为主，村里经济一穷二白，村里的青

贫困村脱贫故事

壮年都选择进城务工，全村大多数耕地闲置撂荒。村庄"空壳"，集体"空心"，民居"空巢"，"三空"现象十分严重。

改革始于 2013 年，当年 6 月，赵家峁村村民、优秀民营企业家张春平积极响应榆阳区委、区政府号召，毅然决定返乡创业。在公开投票选举中，张春平高票当选为村党支部书记。当选当日，张春平主持召开村民大会，民主投票选了 13 位村民代表，专门成立了一个议事小组，商议村里重要发展事项。通过历时半年的讨论，最终达成产权制度改革的股权股金管理分配意见，成立股份经济合作社，制定章程、选举股东代表及董事会和监事会，并确定了村委会主要职责是保民生、做服务，合作社主要负责抓经济、谋发展的工作机制。随着村子的不断发展，各种问题也日益显现出来，在解除这些问题的同时，赵家峁村走出了一条"确权确股不确地"的生产经营模式，并在 2017 年整合了村集体原有的一个农业公司和一个合作社，成立了"赵家峁股份经济合作社"，把量化给农民的股份由村股份经济合作社统一经营，农民按股份分红，形成了风险共担、利益共享的合作模式。通过 5 年的不懈努力，赵家峁村初步建成了拥有现代化养殖小区、时令水果采摘区、现代化移民小区、旱作农业示范区、杏树文化观光区、乡村旅游度假区六大功能区的新农村，村容村貌焕然一新。人均年收入由不足 3 000 元提高到 16 800 元，彻底甩掉了贫穷落后的帽子，成为远近闻名的产权制度改革示范村、脱贫致富的小康村和旅游休闲度假村。

考察开发思维　想法终成现实

2015 年 12 月，在区、乡、村三级领导的带领下，赵家峁村党员、群众代表 40 多人赴山西、河南、西安、延安等地专项调研乡村旅游，寻找适合本村发展的娱乐项目。几年来，赵家峁村充分依托政策和产业优势，大力发展乡村旅游，深度挖掘田园山水、地域文化、传统建筑、农耕体验等自然和人文资源，密切关注旅客需求、旅游业态和旅游市场变化，着力打造了集观光、采摘、休闲、户外运动、摄影、写生为一体的乡村旅游综合体。

据了解，截至 2020 年，赵家峁村开放迎宾的主要游玩参观项目有高

100 个产业脱贫典型

168 米的 9D 玻璃桥；好玩刺激的"网红"彩虹滑道；长 220 米、落差 36 米的榆林第一高空滑索；绿色环保、富有挑战性的 300 米穿越丛林项目；融会休闲性和趣味性的"晃晃桥"（水上软吊桥）、"水上漂"（水上游划艇）、浅水玩耍、水上垂钓项目；等等。2019 年收入突破 1 000 万元。同年，农业农村部将榆阳区列为全国第一批农村集体产权制度改革经验交流 20 个典型单位之一，在全国推广赵家峁模式与经验。2019 年 10 月 1 日，赵家峁村村委会主任赵双娃作为农村集体产权制度改革先进村带头人登上了国庆阅兵"改革开放"篇章中"希望田野"彩车，向祖国致敬。

人人都是股东　年年喜乐分红

2017 年 3 月 16 日，赵家峁村异常热闹。这一天，对赵家峁村乃至全省来说，是可以载入史册的一天：全村 630 名股民，领到了榆林市榆阳区赵家峁村股份经济合作社"股权证"。"口袋里的钱变成了'股金'，家里的人口、脚下的土地、居住的房屋、付出的劳动，全部变成了'股权'，自己的身份也由农民转变成了'股东'。"领到股权证的赵家峁村村民赵开付笑着说。

2018 年 1 月 18 日，合作社举行了首次分红大会，对 2017 年度取得的营业收入进行了分红，现场分红 100 万元，人均 1 580 元，户均 4 504 元；2019 年再次分红 120 万元。这让赵家峁村的老百姓分享到改革的红利，吃到"甜头"的大伙儿有了更大的干劲和奔头。

小木耳　大产业

——陕西省商洛市柞水县小岭镇金米村产业脱贫记

"一山未了一山迎，百里都无半里平。"唐代诗人贾岛对秦岭南麓的土石山区地貌有着生动的描绘，他认为这样的地方"只堪图画不堪行"。陕西省商洛市柞水县小岭镇金米村，就藏在这样的山区中。

众山环绕下的金米村，犹如一颗蚌中珍珠，散发着勃勃生机。十几年前，金米村还是个"吃水肩挑人抬、赶集翻山越岭"的贫困村，2015年贫困发生率达21.85%，全村建档立卡贫困户有188户、553人。

"借棚还耳""借袋还耳"——从"输血"到
"造血"的扶贫之路

秦岭多宝，木耳就是一个。近年来，柞水县把木耳产业作为"一县一业"的重点来抓，带动贫困群众增收致富，金米村由此发生改变。截至2019年累计脱贫187户、549人，贫困发生率降至0.23%。

金米村采取"借棚还耳""借袋还耳"等方式，即由村集体经济组织与企业签订借贷合同，农户与村集体经济组织签订"借棚还耳""借袋还耳"协议，村集体经济免费提供大棚和木耳菌袋，每季木耳采摘结束后，农户将成品耳上交统一销售，村集体组织将销售资金扣除借袋成本后返还贫困群众，贫困户无须资金就能参与木耳产业。让缺少启动资金的贫困户也能参与其中，每户贫困户都被吸纳进木耳产业，享受到产业带来的效益。

立夏时节，肖青松和妻子何小燕正在采摘木耳，超过4 000米^{2}的大棚里，整齐有序地挂着17万个菌袋，每个菌袋上密密麻麻生出200多个黑黝黝、肉乎乎的木耳。几年前，肖青松还在建筑工地打工，收入不稳定。2019年，肖青松承包了村里的两个大棚，种植木耳 3.36 万袋，实现增收 4 万元，2019 年一举脱掉了贫困的"帽子"。

如今，通过"借棚还耳""借袋还耳"，金米村将所有的木耳大棚和菌包认领到户，带动 130 户贫困户积极参与木耳产业发展，户均增收4 600 元，金米村的木耳产业越做越旺。

四级联动——为小木耳插上科技的"翅膀"

柞水县是科技部的定点帮扶县，由科技部牵头建立了部、省、市、县科技管理部门"四级联动"工作机制，创新探索了"三联三帮三带"科技扶贫模式，最大限度在政策、技术、资金等方面给予支持。

2018 年初，科技部选派了第 30 届科技扶贫团柞水县执行团团长利斌到县里挂职。到任后，利斌积极协调搭建了李玉院士工作站、木耳菌种繁育及深加工基地等创新平台，联系吉林农业大学、陕西科学院微生物研究所、阿里巴巴公司等单位和企业，全力攻克木耳产业技术研发滞后、生产管理粗放、市场销售不畅、深加工产品匮乏等瓶颈制约，探索形成了科技驱动木耳产业发展的机制。

在李玉院士的带领下，吉林农业大学食药用菌科技创新团队在当地建立了院士专家工作站，先后派遣科研骨干人员 30 余人次，累计培训农户和技术人员千余人次，为柞水选育出 5 个宜栽品种大面积推广，并研发出木耳超微粉、木耳益生菌等示范产品，有效提升了产品附加值。同时，依托陕西科学院微生物研究所技术力量，建成了木耳技术研发中心，成功培育出羊肚菌、竹荪等珍稀食用菌。借力西北大学和阿里云计算公司技术，柞水建成了全国首家集生产管理、农户指导、质量溯源等为一体的"木耳大数据中心"，有效提升了产业管理水平。

贫困村脱贫故事

目前，柞水已搭建了木耳研发中心、大数据中心、原种繁育中心、培训中心及木耳主题公园、博物馆等平台，研发出了木耳菌草茶、木耳益生菌、木耳挂面等深加工产品，通过"借袋还耳"、"借棚还耳"、土地流转等方式，帮助全县 6 944 户产业扶持户户均增收 5 000 余元，稳固了长效产业脱贫之路。

"双联双带"——集体经济激发致富新动力

"两年间，全村的木耳产业发展到百万袋级别，离不开我们每位党员的努力。"金米村党支部书记、村委会主任江百川说。在江百川看来，这一切与金米村坚持把发展壮大集体经济作为产业脱贫的有效支撑密不可分。

金米村组建了金米村股份经济合作社，推行"党支部 + 集体经济 + 贫困户"模式，通过支委联产业、党员联农户，党员带头致富、带领群众致富的"双联双带"模式，覆盖全村贫困户。村党支部引进农业龙头企业建成木耳分拣包装生产线，带动贫困户 130 户，户均年增收 4 600 元。

2020 年金米村种植木耳 185 万袋，共有 89 个大棚木耳及部分地栽木耳，其中智能连栋木耳大棚 5 个，农户通过手机即可实现对大棚的控制，同时根据电脑实时数据分析，自动控制通风、遮阳、喷水等操作，实现了大棚操作实时化、智能化。

如今，金米村不仅有"金耳朵"，还发展林下经济作为主导产业的有效补充，发展中药材和早园竹套种基地 500 亩、30 万株，通过领养和租赁经营，带动贫困户 32 户。

牢记嘱托　感恩奋进　战胜贫困

——甘肃省渭源县田家河乡元古堆村产业脱贫纪实

元古堆村位于渭源县田家河乡南部林缘地带，有 13 个村民小组、447 户、1 917 人。2012 年底，人均可支配收入仅有 1 465.8 元，贫困发生率高达 57.3%，贫困面大、贫困程度深，是"陇中苦瘠甲于天下"的一个缩影。2013 年 2 月 3 日，习近平总书记到元古堆村视察，作出了"咱们一块儿努力，把日子越过越红火"的重要指示。近年来，元古堆村牢记嘱托，砥砺奋进，2018 年底实现脱贫退出。2019 年全村农民人均可支配收入达到 10 789 元，贫困户人均可支配收入达到 7 325 元，谱写了不忘嘱托、党群一心、共同圆梦的奋斗篇章。

贫困村脱贫故事

构建机制，产业扶贫成效显著

　　始终坚持把产业扶贫作为脱贫攻坚的治本之策，强化保障，创新机制，多措并举兴产业、促增收。一是富民产业蓬勃发展。围绕建设"特色畜产品生产供应基地、马铃薯原种扩繁和绿色无公害当归（百合）基地、自然生态村休闲旅游基地"的产业发展目标，累计投入资金 428 万元，实施产业发展项目 9 个，大力发展壮大肉羊养殖、马铃薯种薯栽培、中药材种植、百合种植、劳务输转等传统优势产业，引进发展苗木繁育和梅花鹿、放养鸡养殖等特色产业，积极培育生态旅游、电子商务等新兴产业，构建了以百合、中药材、马铃薯种销为主导的产业增收链条。建成肉羊养殖小区 4 个、140 栋，万只南山放养虫草鸡规模养殖点 2 个；建成中药材加工小区 1 个，新建村级电子商务服务中心 1 处，建成 300 千瓦村级光伏电站 1 座，带动村集体年收益 24 万元；建成仿古四合院旅游接待中心 1 处，打造形成了元古堆村党性体验基地、"三变"富民基地、乡村旅游基地三大基地。元古堆村产业扶贫的经验和做法，得到了全国政协副主席李斌、国务院扶贫开发领导小组办公室刘永富主任的高度认可，特别是 2017 年 2 月村级光伏电站建设运营做法被列为中央政治局集体学习十大典型扶贫案例之一，《中办通报》附件印发全国借鉴。二是带贫机制逐步形成。充分发挥合作社、企业带动作用，探索总结出党建助推带动、"三变"改革带动、"新型经营主体 + 农户"带动、乡村旅游带动、村集体收益分配带动五种模式，实现全村农户带动全覆盖，使每个农户融入经营主体、壮大产业链、富在产业链，实现了带动全村 447 户农户累计分红 211.65 万元。2019 年底，人均从产业中获得收入 7 673 元，其中贫困人口人均收入 5 122 元。三是

创新管理分配模式。构建了保贫困户最低收入、保底价收购、保证补贴资金变股金循环成本，对村办合作社采取盈余按股权分配和交易量分红的"三保底再分红"管理分配模式。通过健全合作社"一户三表四制"（成员账户、资产负债表、盈余分配表、成员权益变动表，决策制度、财务制度、薪酬制度、分配制度）和政府购买会计服务，规范运营，强化监管，保证了合作社和贫困户发展产业收益。

创新举措，内生动力有效激发

坚持以创新基层治理能力为目标，以强化农村三资管理为载体，以扶贫资产收益分配为抓手，培育壮大村集体经济，科学设置公益岗位，加强民主管理，全面激发贫困群众内生动力。元古堆村以光伏收益为主的资产收益扶贫得到了国务院扶贫开发领导小组办公室的认可，并在全国推广。一是强化扶贫资产管理，创新村集体经济稳定收入机制。坚持把扶贫过程中形成的扶贫资产管理作为重中之重，通过明晰产权归属村集体、强化资产效益发挥、明确收益为村集体经济来源的方式，增加了村集体经济收入，目前，村级集体经济收入达 71.8 万元，解决了村上"无钱办事"的问题。二是强化村集体收入分配管理，创新贫困户参与共享机制。制定村集体经济资产收益使用监管办法，通过贫困户参与劳动获取报酬的方式，开发村级公益性岗位 51 个，包括保洁员、照料员、公共设施维护员等 5 类村级公益性岗位，按照"多劳多得、少劳少得、不劳不得"的原则，严格绩效管理，发放村级公益事业劳务补助，目前已发放补助资金 45.9 万元。三是强化民主管理，创新基层网格化治理长效机制。强化村民自管自评机制建设，充分调动群众参与村级民主管理的主动性和积极性，全面推行以表现换积分、以积分换物品的"道德集美超市"建设，成立村级道德评议会，制定村规民约和积孝、积勤、积俭、积善、积信、积美评分标准，评选星级文明户，形成了户户讲文明、人人弃陋习的比学赶超氛围。创新基层治理长效机制，全面建立网格化管理体系，形成了"两长""两员"网格化治理制度。全村推选出网格员 49 名，进一步强化了基层治理能力。

贫困村脱贫故事

旗帜引领，党建保障强基固本

牢固树立"围绕扶贫抓党建，抓好党建促扶贫，检验党建看脱贫"的理念，以攻坚克难的勇气、百折不挠的韧劲、真抓实干的作风，抓班子、强队伍、树导向、增活力，充分发挥基层党组织的战斗堡垒作用和党员的先锋模范作用。县委书记吉秀将元古堆村确定为联系帮扶村，组建了由国务院扶贫办下派干部任第一书记、队长，市、县、乡干部任队员的驻村帮扶工作队开展帮扶工作；先后选派 2 名副科级干部和 2 名副科级后备干部担任村党支部书记，加强村级班子力量，充分发挥基层党组织引领保障作用。积极创新党组织设置模式，深化拓展"三链建设"，探索实施了"以致富能人入党和党员致富能力培养"为主要内容的"双富"先锋行动。先后组织 78 名党员干部、致富能人外出学习取经，组织 13 名党员创办了种养专业合作社，按照"支部＋企业（合作社）＋产业"的产业扶贫模式，带动全村 88% 的农户加入经济合作组织，使群众参与产业链、壮大产业链、富在产业链，为打赢脱贫攻坚战提供了坚强有力的保证。

认真践行总书记嘱托
谱写脱贫攻坚新篇章

——甘肃省东乡族自治县高山乡布楞沟村产业脱贫纪实

　　东乡族自治县（以下简称"东乡县"）高山乡布楞沟村距东乡县城 33 千米，是纯东乡族村，集民族地区、贫困地区、高海拔山区于一体，是东乡县生态最脆弱、基础条件最差、群众最贫困的地区，全村辖 5 个社、62 户、315 人，2012 年农民人均纯收入 1 624.1 元，比全县水平低 809.9 元，比全乡水平低 445.6 元，共有建档立卡户 25 户、121 人，贫困发生率达 38.4%。2013 年 2 月 3 日，习近平总书记来到高山乡布楞沟村，看望慰问贫困群众，对加快布楞沟扶贫开发作出重要指示："要把水引来，把路修通，把新农村建设好，让贫困群众尽早脱贫，过上小康生活。"2013 年以来，甘肃省委省政府、临夏州委州政府和东乡县，以习近平总书记重要指示精神为遵循，把加快布楞沟村脱贫小康进程作为重要政治任务来抓，全面实施了布楞沟村扶贫开发工作，群众生产生活条件全面改善，富民产业不断培育壮大，生态环境显著改善，社会事业发展质量明显提高，自我发展能力明显提升，目前布楞沟村户户通了自来水，社社通了水泥路，全村群众搬进了整洁舒适的新农村。全村已于 2014 年底实现了整村脱贫，2019 年人均可支配收入达 7 218 元，比 2012 年翻了两番，布楞沟村用脱贫攻坚的实践践行了习近平总书记的指示和嘱托。

　　一是紧盯农民群众增收，狠抓特色产业培育。立足布楞沟村特色产业发展基础，把畜牧养殖、种植和劳务输转作为助农增收的主渠道，着力在促农增收上下工夫。第一，按照"党建＋村集体合作社＋龙头企业"的模式

贫困村脱贫故事

积极培育种养产业，累计成立了养殖合作社6家，2018年由本村返乡创业青年筹资修建的润泽养殖合作社通过入股带动26户贫困群众发展羊产业，全村羊存栏1 927只、出栏4 000余只，积极开展品牌营销，"布楞

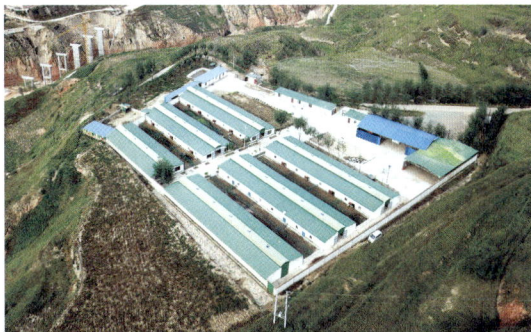

沟东乡手抓羊肉"远销北京；同时，2019年投资100万元建成菌棒木耳大棚，当年收益达7万元。第二，依托中石化、厦门市湖里区帮扶，建成了布楞沟村巾帼扶贫车间、方大集团服装加工扶贫车间，共吸纳布楞沟村33名妇女就近就业（其中建档立卡户13户），人均月工资为2 000元；把技能培训和劳务输转作为助农增收的主要措施，先后组织各类技能培训175人次，基本覆盖了全村所有青壮年劳动力，输转劳务72人次。第三，实施了布楞沟村分布式光伏扶贫项目，为群众创收10.6万元，户均发放1 816元，同时紧紧依托布楞沟村红色旅游资源，配套完善公共服务设施，推进乡村旅游业发展。

二是紧盯发展环境优化，狠抓基础设施建设。硬化布楞沟村村道20千米，修建边沟18.5千米、桥梁1座，有效解决了群众出行难问题。2019年底折红二级公路贯通后，不仅极大地方便了群众出行，有力地辐射带动周边群众增收；完成高标准机修梯田4 100亩，土地蓄水保墒能力显著提高；完成了布楞沟村人饮入户工程，埋设自来水管道15千米，建成蓄水池7座，自来水入户率达到100%，清澈的自来水流进了村民院落，结束了群众吃水靠车拉、驴驮、人背的历史。

三是紧盯生态宜居，狠抓人居环境整治。累计新建新农村房屋56户，安装太阳能路灯180盏，配备垃圾箱35个，设立垃圾集中填埋点1处；2018年实施了新农村改扩建工程，配建了厨房和水冲式厕所，并同步改造了供水污水管道；建成的布楞沟村史馆，被评为省级爱国主义教育基地。2013年以来，累计完成造林5 750亩，其中荒山造林2 500亩，退耕还林

3 167 亩，村庄绿化美化 83 亩。2018 年实施退耕还林苗木补植补栽 3 167 亩、荒山造林苗木补植补栽 302 亩，行道树补植补栽 400 株，通过大面积实施植树造林工程，使昔日荒山秃岭的恶劣生态环境得到显著改善，贫瘠的荒山焕发出了新的生机。

四是紧盯夯实发展后劲，狠抓基层党支部建设。结合村"两委"换届，实施"能人引领"工程，选派有拼劲、懂扶贫、能吃苦的党员干部到村担任村支书，选配了村上致富能人等进入村"两委"班子，进一步配强了村领导班子，充分发挥村党支部战斗堡垒作用、村支书引领带头作用、党员示范帮带作用，进一步激发了群众脱贫攻坚的内生动力，坚定了致富奔小康的信心。坚持扶贫与扶志相结合，典型引领与能人带动相结合，通过一系列爱国主义教育、讲党课等活动，不断激发群众感恩、奋进精神，进一步增强了群众艰苦奋斗、自力更生脱贫致富奔小康的信心和决心，涌现出一批有闯劲、钻劲、拼劲的致富能人。

党建引领发展　产业带动增收

——甘肃省定西市安定区香泉镇陈家屲村产业脱贫纪实

陈家屲村位于香泉镇西南部，现有耕地面积9 038亩，全村辖11个村民小组、518户、2 065人，其中回族415户、1 693人，占总人口的82%，2019年人均可支配收入10 855元。2013年以来，共识别建档立卡贫困户104户、397人，未脱贫2户、7人，贫困发生率由2013年底的14.74%下降到0.34%。陈家屲村党总支部被中共中央评为"全国先进基层党组织"，先后获得全国民主法治示范村、第八批全国"一村一品"示范村、甘肃省先进基层党组织、定西市先进基层党组织等荣誉称号。近年来，陈家屲村进一步深化拓展"三链"建设，推进"双进双促"模式，探索一条"党建＋特色产业"发展路子，带动产业发展提质增效。

瞄准关键点，助推种薯产业发展升级

按照"党支部＋基地＋合作社＋贫困户"的发展模式，引进定西马铃薯研究所，建成占地560亩，集组培、雾培、温网室、实验室等为一体的马铃薯种薯繁育扶贫产业园，并结合产业园建设，发展搬迁经济，构建了"一园生五金"的增收体系，有效拓宽了搬迁贫困户的增收渠道。

一是土地入股收入。积极培育新型农业经营主体，通过土地流转和经营权入股等形式，将2 064亩迁出区土地按每亩120元的价格流转给农民专业合作社，带动93户搬迁农户户均每年收入2 640元。

二是配股分红收入。将2 000万元易地扶贫搬迁产业培育资金以村集体名义注入定西马铃薯研究所，按照8%的比例进行分红，给陈家屲村集体配

股 62.5 万元，村上每年获得社区化管理费用 5 万元；给 93 户搬迁贫困户每户配股 3.8 万元，户均年分红 3 040 元。

三是就地务工收入。产业园常年聘用 160 名搬迁群众入园务工，人均每月可获得工资性收入 2 100 元，工时按 8 个月计算，年可获得劳务收入近 1.7 万元。农忙生产季节聘用临时工 50 人左右，工时按 2 个月计算，人均可获得劳务收入 4 200 元。

四是联合经营收入。既有劳动能力、又有经营能力的 33 户搬迁户直接反租倒包企业建设的温室大棚，由企业负责提供种苗、技术和收购服务，农户进行种植。每棚年产量按 20 万粒、每粒按 0.35 元计算，年收入 7 万元，除去成本每茬可获得经营性收入 3 万元左右，以 3～5 户经营 1 座温室计算，农户每茬至少可获得经营性收入 6 000 元，每年两茬收入 1.2 万元。

五是光伏扶贫收入。积极探索"光伏 +"扶贫模式，在陈家山村规划建设村级光伏电站，为 93 户搬迁贫困户全部配套了并网光伏设施，每户每年可获得 3 000 元左右的光伏补助收入。

链接增长点，助推草牧产业提质增效

根据少数民族喜养殖、擅养殖的特点，组织动员"两委"班子成员和党员带头改圈舍、引良种、学技术、养牛羊，组建养殖专业合作社，带动家家户户搞养殖，走出了"宜羊则羊、宜牛则牛、种养结合"的致富路子。

一是抓养殖专业村打造。按照"党支部 + 企业 + 合作社 + 农户"的模式，依托巨盆牧草、宏图牛羊养殖等龙头企业，采取土地流转、市场订单、保证回收等方式，扩大优质牧草种植面积和牛羊养殖规模。2014 年陈家山村被评为养羊专业村。

二是抓规模养殖户培育。按照"五良"配套的要求，全村养殖牛5头以上、羊10只以上的养殖户达到320户，牛存栏1 739头、羊存栏5 200只，建立标准化牧草基地1 500亩，年出栏牛上千头、羊3 500只，养殖户户均养殖收入1万元以上，实现小群体、大规模的发展之路。

三是优化种养结构调整。2017年为90户农户投放杜波羊，每户9只（1公8母），户均投入15 828元；2019年为1户贫困户投放良种母羊6只、9 600元，养殖业人均收入2 400元。为42户贫困户投放饲用玉米种子276千克，全村玉米种植面积4 300亩。为40户贫困户发放贷款140万元，用于种植、养殖。同时，贫困户农业保险实现全覆盖，为进一步发展壮大畜牧业提供了有力保障。

探寻结合点，助推文化旅游产业开发

充分利用当地水肥资源、民族特色，通过"旅游+""生态+"等模式，依托现有企业、合作社等主体及易地搬迁、产业基地、民俗等现有资源，着力建设以陈家㟧村为核心，以回乡特色美食体验区、马铃薯文化科普区、马铃薯花海观赏区、回乡民俗风情区、素质提升拓展区为依托的"一圈五区"乡村生态旅游田园综合体，大力发展乡村旅游，壮大新产业新业态，推进产业深度融合，将陈家㟧村打造成"宜居、宜业、宜游"的民族特色风情村。

特色产业助力脱贫致富

——青海省黄南藏族自治州河南县优干宁镇荷日恒村产业脱贫纪实

荷日恒村是黄南藏族自治州河南县优干宁镇的一个贫困村，全村 252 户、1 162 人，其中贫困户 61 户、221 人。精准扶贫开展以来，村"两委"班子、扶贫（驻村）工作队根据村情，立足资源禀赋，明确了发展思路，确立了发展目标，制定了发展规划。形成了以生态畜牧业为支柱，多种经济形式为补充的脱贫攻坚发展新模式。进一步拓宽了就业和增收渠道，探索了青南牧区脱贫致富新路径。2016 年全村整体实现了脱贫退出，2019 年村集体经济净收入达到 251.2 万元，分红达到 180 万元，户均分红 7 143 元，贫困户人均可支配收入达到 10 279 元。

突出地域特色　发展主导产业

苏呼欧拉羊、雪多牦牛是河南县特色牲畜品种，性能优良、养殖效益突出。荷日恒村生态畜牧业合作社自成立以来，以苏呼欧拉羊养殖为抓手，大

力发展现代生态畜牧业，2012 年以每户入股优质母羊 1 只的方式，建立了欧拉羊繁殖基地，建设畜棚 12 座、1 440 米^2。以入股的 243 只欧拉母羊作为繁育基地基础母羊群，通过不断繁育和选育，目前基础羊群达到 3 000 余只，存栏优良基础母羊 1 300 只，种公羊

贫困村脱贫故事

120 只。2017 年吸纳 61 户贫困户每人 6 400 元产业发展资金作为股金投入牦牛养殖。建设了技术推广点 1 个，建设高标准牦牛养殖棚圈 5 座，购置优质雪多牦牛 240 头，开展牦牛高效养殖。2019 年出栏羯羊、种公羊等 1 500 余只，收益 90 余万元；牦牛高效养殖实现效益 60 余万元。养殖点安排贫困户就业 8 户、16 人，每人每月工资 1 800 元。

拓宽致富思路　发展二、三产业

为进一步延长产业链，增加附加值，荷日恒村合作社以欧拉羊繁殖基地和牦牛高效养殖基地为基础，建设了 1 000 米² 畜产品加工厂，购置了牛乳加工设备，同时建设了 600 米³ 保鲜冷库，积极开展牦牛酸奶、酥油、牛羊肉、蕨麻等特产开发生产、收购存储工作，注册了"羊羔山"品牌商标，设计了包装，根据消费者需求，进行不同规格包装销售。在县城商业区购置了旺铺作为合作社畜产品销售点，开展反季节性销售。鉴于家用轿车数量逐年增加，县城零散修理厂基础设施落后，修理水平偏低和市场竞争不规范的现状，2015 年合作社争取扶贫项目资金 180 万元，建设了赛木德汽车修理中心，建设修理大棚 24 个，合计 10 800 米²，以对外租赁的形式经营，合作社提供服务和管理。2016 争取赛木德汽车修理中心为县委、县政府精准扶持发展产业，投资 200 万元进一步完善基础设施，提高厂房利用率，目前已经出租工棚 12 座，年租金 1.8 万～3 万元/棚，合计每年收入 30 余万元，项目运营良好，同时解决了本村贫困户 4 人就业。

发挥牧民专长　发展传统手工艺

民族传统手工艺品日益受到市场的青睐，荷日恒村合作社瞄准民族特色产品市场，积极挖掘本村手工艺人从事民族手工艺品加工工作，2012 年合作社投资新建了"梅朵赛青"民族服装加工厂，该厂生产的蒙式藏袍深受全县农牧民欢迎，市场反映良好，效益明显。生产的各类马饰、帐篷、民族服装等产品在本县、泽库县、同德县、玛沁县深受喜爱。2016—2019 年年均盈利 30 万元，入股牧户户均收益 800 多元。服装厂解决 8 名贫困户就业问题，每人每月工资 1 300～1 800 元，在扶贫攻坚中发挥了积极的作用。

依托资源禀赋　加快现代畜牧业发展

荷日恒村紧抓机遇，转变思路，顺势而上，进一步加快全村生态畜牧业合作社建设步伐，以欧拉羊繁殖基地和牦牛高效养殖基地为基础，开展农村集体资产清产核资和生态畜牧业合作社规范化建设工作，全面推进合作社股份制改造，目前共入股牧户 252 户、1 162 人，入股并流转草场 73 987 亩，有欧拉羊 1 157 头、牦牛 601 头，全村资源入股合作社资金达到 524.215 万元。构建内联外引、横向纵向结合的产业联盟，进一步加快有机畜牧业生产体系建设，提升生态畜牧业产业化水平和组织化程度。通过扶贫（驻村）工作队积极争取，在联点帮扶单位的资助和协调下，对部分退化草场进行了多年生优良牧草种植，共播种良种牧草 807 亩，同时人工种植燕麦等优质牧草 400 余亩，改善草地生态环境，有效地缓解了合作社冬春季节饲草短缺的问题。

壮大集体经济　　推进产业扶贫

——青海省湟源县寺寨乡草原村产业脱贫纪实

草原村隶属湟源县寺寨乡，距县城城关镇 35 千米，毗邻海北州海晏县，海拔 3 000～3 300 米，全村人口 388 户、1 290 人。村"两委"班子健全，现有党员 46 名。现有耕地 6 943 亩，人均 5.38 亩，全部为旱地，主要农作物以青稞、油菜、青饲草、马铃薯为主。草山面积 29 219 亩，公益林面积 22 501 亩。全村现有专业合作社 6 个、家庭农牧场和公司 16 个，存栏牛 2 217 头，存栏羊 4 200 只。全村脱贫户 6 户、14 人，低保户 13 户、33 人，五保户 10 人，残疾人 34 人。按照"优势带动、突出特色、提高效益"的原则，加快产业结构调整步伐，以"合作社＋基地＋农户"的生产方式，积极推进"一村一品""一村一业"经济发展模式。在联点单位、驻村队员的大力帮扶下，在村"两委"和全村群众的共同努力下，2018 年草原村退出贫困村，贫困人口全部脱贫。

实施易地搬迁　　加快脱贫步伐

全村实施易地搬迁 338 户、1 123 人。2016 年、2017 年，草原村分两批实施易地搬迁项目，其中 2016 年搬迁 246 户、833 人，2017 年搬迁 92 户、290 人。在湟源县城安置 204 户、677 人，在海晏县城安置 64 户、212 人，在西宁、格尔木、德令哈市等地安置 70 户、234 人。通过实施易地扶贫搬迁工作，搬迁群众告别了干旱山区和高寒阴湿地区比较恶劣的生存环境，集中居住到交通便利、资源相对较好的区域，群众生产生活条件明显改善，从根本上解决了行路难、就医难、上学难、致富难的困境。同时，搬迁农户原宅基地通过整理复耕，在补偿新占用的耕地后，增加了新耕地，脱贫致富步伐明显加快。

发展壮大村集体经济

2017 年，村里注册成立草原村互助扶贫资金协会，将湟源县下达的 50 万元互助资金投到乡农村信用社作为金融扶贫风险抵押金，为农户贷款抵押担保。扶贫互助协会成立以来，先后抵押担保贷款 61 笔、459 万元，用于发展产业、自主创业等，有效缓解了部分群众资金短缺的难题。如：长绿种植专业合作社贷款 2 笔、20 万元，用于发展种植业和牛羊育肥，共收益 5.8 万元；草原福家庭牧场贷款 3 笔、22 万元，用于牛羊贩运，共收益 6 万元。县扶贫局牵头整合 2018 年发展壮大村集体经济扶持资金 50 万元，在东峡乡北山村实施 7.2 兆瓦光伏扶贫电站项目，2019 年收益 2 万元，村集体经济实现零的突破。

实施生态保护 调整种植结构

2019 年依托"天保工程"生态保护项目，完成草原村绿化项目 1.2 万亩，吸纳就近务工 69 人次，人均月增收 2 400 元，安排公益护林员岗位 9 人，真正实现"资源变资产"。强力推进畜牧业"粮草"发展，2019 年种植青饲草 3 300 亩，与西宁富农草业有限公司和海晏县夏华畜牧产业集团签订青饲草收购合同，以订单式农业保障群众利益。2020 年饲草面积达 3 600 亩，亩均收入预计达 700 元以上。大力推进托管试点项目，由 3 家专业合作社统一对全村 234 户农户实施耕、种、植保、机收环节服务，有效推进农业生产规模化、集约化经营，提高种植综合效益，带动就近务工人员 120 余人次，人均月收入达3 000元，增加了群众收入。推进农村产业结构调整步伐，种植业结构进一步优化，特色经济作物占农作物播种面积的34.6%。鼓励和支持土地向种养能手、专业大户、家庭农场、专业合作社流转，2019年全村流转土地4 600亩，种植青稞、油菜等农作物，带动群众增收46万元。

加大帮扶力度　推进产业扶贫

协调湟源县农业农村局、青海恩泽公司、湟源县种子公司等相关单位，自2016年开始落实有机肥513.85吨、青稞种子26 300千克、油菜种子1 800千克以及青稞、油菜等农作物除草剂，为群众发展种植业提供有力保障。将草原村贫困人口每人5 400元到户产业资金入股青海远景新能源科技有限公司建设分布式光伏电站项目，按照投入本金的10%的比例进行分红，该项目产权归贫困户所有。2019年青海省直机关工委为草原村协调到标准化养殖场项目建设资金80万元，建设村集体养殖专业合作社，项目建成后，将进一步吸纳村民和贫困户务工，进一步壮大村集体经济。

找准脱贫致富路子
着力发展村集体经济

——青海省德令哈市柯鲁柯镇金原村产业脱贫纪实

金原村位于柯鲁柯镇政府西南 1 千米处，现有村党支部 1 个、党员 23 名，农户 198 户、773 人，其中脱贫户 9 户、36 人，非户籍户 40 户、162 人，耕地面积 2 172 亩，农作物以小麦、青稞、油菜、马铃薯、藜麦、草饲料为主。村"两委"班子机构健全，人员齐备，现有成员 8 名。村级组织活动场所和卫生室面积 1 140 米^2，2018 年农村居民人均可支配收入 12 800 元。

整合资金集中发展花卉产业

近年来，金原村在市委、市政府和镇党委、政府的大力支持下，在村"两委"班子的带领下，逐步形成了以花卉种植为主的"一村一品"发展模式，为村集体产业发展走出了一条新路子。目前，全村共有 9 个大棚用于种植花卉，占地面积共 11 亩，已种植草花 40 余万盆。通过付出和努力，金原村基础设施明显改善，基本公共服务能力和水平进一步提升，村集体经济发展壮大，生态环境有效改善，可持续发展能力不断增强，区域"造血"功能得到明显增强，群众生产生活条件得到明显改善，小康社会实现程度达到 90% 以上。

通过"四议两公开"的方式整合村集体产业发展资金 21.75 万元，2013 年又整合阳光温室奖补资金 38 万元，集体商议出了以花卉种植为主的"一村一品"集体经济发展思路。为了更好地发展花卉种植，2018 年年初，村第一书记尹春财到西宁湟中慧田生态园考察，学习种植花卉的先进经验。村

贫困村脱贫故事

中采取"党支部＋合作社＋农户"模式，由村党支部牵头管理，合作社运营，农户直接务工受益，监委会监督，形成订单式销售模式，并与德令哈市城管局达成长期销售协议，截至 2020 年，已销售 20 余万盆花卉，产生效益 22 万余元。同时，花卉种植产业为脱贫户及农户提供了 30 余个就业岗位。

村集体经济收入的分配采用"433"分配方式，即利益的 40% 用于村级产业后续发展，30% 用于村级基础设施建设，30% 用于医疗、养老、教育等村级公益事业以及"五星级文明户"等评选活动奖励，以此鼓励全村村民努力学习典型，形成"做老实人、说老实话、办老实事""听党话、跟党走"的良好风尚，并且与每家每户签订《乡风文明承诺书》，要求村民积极投入产业发展，积极建言献策，共同打造生态宜居的美丽金原村。2018 年，利用村集体经济，为全村 700 多名村民每人缴纳 100 元的医疗保险金，共缴纳 7 万余元。

推进乡村振兴战略，加大扶贫开发力度

做好巩固提升和政策保障工作，以全村脱贫户、"五类户"为重点，持续开展帮扶工作。高标准、高质量打造"高原美丽乡村"，惠及农户 773 人。通过几年的努力，村内基础设施彻底改善，基本公共服务能力和水平进一步提升，村集体经济实现收益 50 万元，生态环境有效改善，可持续发展能力不断增强，区域"造血"功能得到明显增强，群众生产生活条件得到明显改善。

打造"党支部＋公司（合作社）＋农户（贫困户）"模式，在发展金原村花卉种植集体产业的基础上，推进实施育苗项目，形成总面积 8 100 米^2，涵盖鲜花培育、销售、观光的新型旅游景区。鼓励种养大户、村社干部带动脱贫户联户发展产业，发展家庭农场、专业合作社和农业企业。积极推广农村土地流转、保底分红新模式，保障农民的根本利益。继续利用好互助资金、"530"金融扶贫贷款加大对带动贫困群众脱贫的能人大户、专业合作社的信贷支持力度。

在完善基础设施的基础上，精益求精，加大村庄建设力度，美化村容村貌，打造宜居村庄。争取项目资金，实施村庄道路升级改造、天然气入户、村级广场升级改造、公厕建设等一系列提升村民生活质量的项目，为村民生产生活、锻炼、休闲、出行以及儿童上学提供了良好的环境。全面推进农村生活垃圾处理工作。不遗余力地做好环境保洁工作，利用村前、村后的空余场地，调整用地布局，塑造景观绿化，配套健身器材，优化居住环境。积极动员村民，严禁焚烧秸秆，倡导秸秆还田和秸秆绿色应用，严禁对农田进行私搭乱建。

逐户制定帮扶措施，确保帮扶成效显著

按照一户一策的要求，逐户制定帮扶计划和举措，做到一家一户两本台账，一家一户一个扶贫计划，一家一户一个帮扶措施，提高精准帮扶的针对性和实效。根据贫困户致贫原因分类，分别施策。对秦正强、盛兆学、周生玉、李英业、盛红荣、王玉恩6个因病致贫家庭，落实医保，进行医疗、人道主义救助，对全村老百姓普及疾病预防知识，加大体检力度，实现看病有保障，生病有报销、救助的帮扶机制。对盛树乾、秦树盛2个缺资金的家庭，充分发挥"530"贷款、村级互助资金的作用，鼓励贫困户利用金融扶持资金发展与其家庭情况相符的庭院经济和产业，并在已有基础上扩大庭院经济和产业规模，带动其余贫困户共同致富，实现巩固提升的目的。对残疾人家庭，落实残疾人保障政策，让他们充分享受医疗救助政策；以日常教育鼓励的方式，让残疾人重拾生活信心和脱贫致富信心。

通过对以上3种家庭入户进行认真调查，排查出贫困户家庭的实际困难，有针对性地选择行之有效的帮扶措施，巩固脱贫成效，使贫困群众生活持续实现质的变化，让贫困群众过上幸福、和谐的生活。

"岗龙模式"促脱贫

——青海省甘德县岗龙村产业脱贫纪实

岗龙村地处果洛草原腹地，距县城 47 千米，是气候条件相对较好的一个纯牧业村。全村辖 4 个牧业生产合作社，共有牧户 184 户、775 人，建档立卡户 59 户、212 人。近年来，始终把"扎实推进生态畜牧业建设及全国草地生态畜牧业试验区建设，走出一条具有高原特色、甘德特点的现代高效生态畜牧业发展之路，进一步助推产业脱贫"作为目标，积极转变生产经营模式，大力发展生态畜牧业，成功探索出符合地域发展现状和特点的"党支部 + 合作社 + 牧户"生态畜牧业发展模式，在脱贫攻坚、帮助牧民群众增收致富过程中发挥了重要作用。

加强组织领导，促进脱贫攻坚成效

2016 年，在"两推一选"和村民直选工作中，把"双强"党员和致富能人选入"两委"班子，使他们真正成为发展壮大村级集体经济、增加农民收入的"领头雁"。并抓住"选、育、促、管"四个环节加强培养，开展评优活动，提高"两委"班子工作的凝聚力和战斗力。一是坚持把思想引领作为行动导向。"给钱给物不如给个好支部"，岗龙村打造出了一个坚强的"作战部"，为脱贫攻坚提供了强有力的支撑。二是按照"年初有要点，年内有重点，年末有亮点"要求，引进"党支部 + 合作社 + 牧户"的经营新模式，使村集体经济有了长足的发展。三是坚持加大人才保障助力脱贫攻坚。岗龙村把"人才是关键，人力是保障"作为精准脱贫的主要抓手，在发展中始终把第一书记、驻村干部、党员脱贫示范户、村级党员干部等作为脱贫致富的

领路人，使党组织队伍充分发挥党建引领、政策宣传、产业指导的作用，不断激发贫困户自主脱贫的动力。

厘清思路，创新发展模式

按照"划区轮牧、合理载畜、整合资源、多种经营"的发展理念，积极转变生产经营模式，以用草场、牲畜入股的方式，推进草场流转，大力发展生态畜牧业，成功探索出"岗龙做法"。实现了全村牧民入股 100%、全村草场 100%、全村牲畜入股 100% 三个 100%。以股份制改造为着力点，以二、三产业融合发展为切入点，以产业精准脱贫和增加牧民收入为落脚点，做到了与三江源生态保护相结合，与退牧还草工程相结合，与草原生态补偿机制相结合，与精准扶贫、产业扶贫相结合。推进了生态统一保护建设、资源统一整合开发、畜产品统一加工销售、畜疫防治统一开展和合作社盈余统一分红，形成了利益共享、风险共担的经营机制。

集约整合，实行集约生产经营

全村共 184 户、775 人，生态畜牧业专业合作社入股社员 178 户、769 人，入股牲畜共 3 082 头，政府投资购买牲畜共 1 013 头，整合牲畜达 4 095 头，整合草场 12.88 万亩，生态畜牧专业合作社总股份为 51 135 份，入股资产达 2 556.77 万元。历经数月先后制定了《理事长职责》《财务管理制度》《收益

贫困村脱贫故事

分配制度》等规章制度，同时建立健全了牧户档案卡、减畜卡、草场管护合同等资料，确保生态畜牧业合作社正常运转。合作社对基础设施建设、牲畜结构调整、科学养殖、良种补贴、融资贷款、多种经营进行详细规划，以各种扶持项目为依托，整合各类资金，转移富余劳动力，积极做好富余劳动力转移就业培训工作，对每个社员按特长在一、二、三产业领域内进行重新分工，对草场进行划区轮牧，将全村存栏各类牲畜 4 580 头（只、匹），分成63 个母畜群、5 个种公畜群、2 个肉牛群，实施分群管理，实现了生产标准化、畜群良种化、饲养规模化和营销品牌化，彻底改变了以往的传统生产经营模式。

加快产业升级改造，不断实现集体经济盈利

积极争取财政资金 604 万元建成牦牛酸奶加工厂和奶源基地，规划日产量 4 800 千克，以"鳌胤"为品牌推出了纯牦牛奶、牦牛酸奶、牦牛奶酒等一系列高端乳制品。投资 303 万元建成种畜繁育场，现有母畜 3 800 头，为牦牛酸奶加工厂提供了奶源。投资 50 余万元建设以燕麦为主的饲草种植基地，年内可生产青干草 600 余吨，供应全乡和周边乡镇，必要时可辐射保障周边县区饲草供给。开展土特产品销售、餐饮和米面粮油经营，在县城步行街购买商铺一处，提供餐饮服务、销售生活物资。2019 年合作社总收入179.9 万元，分红达到 139.7 万元。

土豆作"引擎" 小村来脱贫

——宁夏回族自治区西吉县红耀乡小庄村产业脱贫记

曾经"苦瘠甲天下"的宁夏西海固地区,农业生产在极端的自然环境下,如何突破广种薄收、靠天吃饭的困境?西吉县红耀乡小庄村,在最贫瘠的土地上,写出优异的脱贫答卷。这个大山深处的小村庄,竟多次创造宁夏全区马铃薯亩产纪录。

曾经的小庄村,交通不便,自然环境恶劣,是出了名的贫困村——全村常住人口 201 户、784 人,人均纯收入不到 4 000 元。

如今的小庄村,马铃薯产业收入占人均可支配收入的 60% 左右——截至 2019 年年底,全村农村居民人均可支配收入 11 200 元以上,绝大多数农户稳定脱贫。

日子的转机、发展的契机,就在一颗小小的马铃薯身上。

2020 年年初,一场突如其来的新冠肺炎疫情在湖北暴发,根据宁夏回族自治区党委、政府的安排部署,自治区农业农村厅集中采购 550 吨援助湖北物资,其中包括小庄村的 150 吨优质马铃薯。

"一听说是送往湖北的,我们立马动员 80 多名村民连夜分拣、装卸。西吉的脱贫攻坚得到了全国各方的帮助,疫情当前,我们也想为保障湖北的'菜篮子'出一份力。"小庄村鑫馨马铃薯种植合作社负责人熊志忠说。

授之以种薯 深耕于田野

引进新优品种,推广覆膜保墒种植、绿色防控等新技术……一系列举措润泽土地,马铃薯种植面积、产量和效益不断提高。

贫困村脱贫故事

自马铃薯产业脱贫致富政策实施以来，小庄村瞄准绿色高产高效农业，打造优质马铃薯种薯繁育基地。

全村耕地面积近 7 000 亩，马铃薯种植面积 5 000 亩以上。目前，建档立卡户已有 65 户、302 人脱贫摘帽，剩余 3 户、5 人是社会兜底户。

小庄村借马铃薯"翻身"，是西吉县马铃薯产业思变的缩影。

拔穷根，产业扶贫是最直接、最有效的办法。回到产业转型原点，小庄村贫困户的优质种薯从哪里来？

西吉县推广马铃薯脱毒种薯"贫困农户自繁自用"模式——政府采购原种免费发放给贫困户，每户发放 1 000 粒，种植 0.2 亩，繁育的种薯下年种植 2 亩，第三年种植 20 亩。

接下来是农户自我发展的路径：严格落实种薯繁育技术标准建设种薯繁育基地，生产的合格种薯除农户自用、串换外，剩余部分由经营主体以订单生产方式繁育推广。

2017 年以来，小庄村已累计免费发放 27 万粒原种；扶持建档立卡贫困户种植马铃薯，每亩补贴 100 元。截至目前，小庄村累计建立优质马铃薯原种繁育基地 1 000 亩，建立一级种繁育基地 1 万亩。

此外，扶持建档立卡贫困户、种植大户和经营主体建设标准化种薯贮藏窖，推广马铃薯标准化贮藏技术，降低贮藏损失。应用脱毒种薯比普通种薯增产 30% ~ 50%，马铃薯反季节销售每吨增值 300 元左右，通过推广马铃薯脱毒种薯及标准化贮藏技术，提高了马铃薯产量和品质，实现贮藏增值。

近年来，小庄村以扶贫开发统揽农村工作全局，将马铃薯产业发展作为脱贫富民的主导产来抓，坚持"种薯繁育、鲜薯外销、淀粉加工、主食开发"四业并举。

以科技"提味" 日子有滋味

2014 年、2017 年国家统计局宁夏调查总队、自治区统计局等单位在小庄村进行马铃薯实收实测，亩产分别达到 6 162 千克、6 246.98 千克，均创全区单产纪录。这得益于村里近年来大力发展高效农业。

小庄村着力打造优质高产马铃薯种薯繁育基地，建立马铃薯绿色高产高效创建项目核心攻关示范区，引进了青薯 9 号、陇薯 7 号等新优品种，推广覆膜保墒种植、绿色防控等新技术，产量和效益不断提高。

小小的马铃薯，成了村民们的"金疙瘩"。

权振堂，过去种地全靠家里养的两头毛驴，为了买一辆 7 000 多元的三轮车，足足攒了七八年钱。2014 年开始，权振堂种了 40 多亩马铃薯，年收入稳定在七八万元，2017 年彻底摘掉了"穷帽子"，日子一年一个样，不但自己盖了新房、买了拖拉机，还给儿子在银川买了车子和房子。

李正学、朱良琦、权振堂……村里涌现出一批种植大户，每年种植 30 亩以上，亩产 2 000 千克以上，亩收入 2 000 多元。村党支部书记熊志忠还被评为全区"十佳种植能手"。

打通销售"脉络" 圆梦脱贫致富

小庄村的马铃薯产业，也遭遇过"成长的烦恼"。

随着产量提升，品质改善，群众的种植积极性越来越高，种植面积逐年增加。然而，产业短板也随之出现：当地还没有建成销售市场，要将马铃薯拉到 15 千米外的市场去销售，费工费时。

为了打开销路，拓宽销售渠道，小庄村党支部牵头成立了"红耀乡鑫馨马铃薯种薯繁育合作社"，在村部附近建设了贮藏能力达 1 500 吨的马铃薯贮藏窖，硬化了交易场地，配套了其他设施设备。

这样一来，既方便群众就近销售，又提供马铃薯分拣包装、装卸运输就业岗位 70 多个，帮助 24 名建档立卡户解决工作问题。村党支部与合作社协商建立"保底收益＋年底分红"模式，村集体经济不断发展壮大，小庄村为民办事服务的能力也不断提高。

同时，充分利用马铃薯节、招商会、电视台、网络媒体等广泛宣传，组织种植大户及营销人员积极参加展销会，加大对西吉马铃薯的宣传力度，提升产品知名度，扩宽销售渠道。

如今，小庄村的马铃薯除满足本县需求外，还销往四川、云南等地，形成了"产在当地、销往全国"的局面。

一颗颗小小的马铃薯成就了小庄村，也托起了小庄村民们脱贫致富的新希望。

脱贫"公式"能量大
黄花产业"热"起来

——宁夏回族自治区吴忠市盐池县惠安堡镇大坝村产业脱贫记

在宁夏,有一个远近闻名的"黄花村"。

盛夏清晨,花苞在风中点头,黄色的波浪在田野蔓延,1 668亩有机黄花菜田已经苏醒,正是盐池县惠安堡镇大坝村黄花菜采摘的黄金期。这里也是宁夏规模最大、产量最多、质量最好的有机黄花种植基地。目前,全村黄花菜年产值已达2 600万元。

大坝村如何让黄花产业"热"起来?源自一个"发展公式"。

依托盐池县"1+4+X"主导产业扶持政策,在配套黄花菜3∶2∶2政策扶持下,大坝村打造以种植黄花为主的支柱产业4 915亩,户均种植黄花菜13亩,建档立卡户户均种植黄花菜19亩。

大坝村在实践中,摸索出一条适合村里的发展道路:谋划一个好产业,配套一项好政策,加上一批好干部,群众就能富起来。

如今,全村通过黄花产业带动,人均收入在全镇最高,低保申请率全镇最低,发展内生动力不断增强,全村人人参与,共享一片"黄花香"。

完善黄花"基建" 呵护产业"肌体"

2019 年，一座大型智能冷库成了大坝村的新"装备"。这座总容积 6 884 米^3，储存能力 712.5 吨的现代化冷鲜库，是大坝村争取的自治区水库移民区美丽家园工程。从田间到冷鲜间，村里的"黄花菜"从此不用再看天气脸色，时时保鲜。

一系列黄花菜的配套"基建"项目，正在村里如火如荼地开展：争取乡企中心政策扶持资金 120 万元，鼓励农户合作社新建蔬菜保鲜库 1 100 吨；配套县级扶贫项目资金近 160 万元建成黄花晾晒场地 3 万米^2，解决大坝村周边村鲜黄花在下雨天就地冷藏、储存、晾晒的问题。

大坝村依托"党支部＋合作社＋农户＋基地"的发展模式，共培育标准化新型黄花产业合作社 5 家，带动全村黄花产业发展。

发展扶贫产业，重在群众受益，难在持续稳定。随着黄花产业后续配套设施逐步完善，黄花产业已成为大坝村可持续增收的支柱产业，将持续延伸产业链条，提高抗风险能力，建立更加稳定的利益联结机制，确保贫困群众持续稳定增收。

引流金融"活水" 润泽产业生机

自从发展起黄花产业，大坝村村民们拆了土坯房，盖了新瓦房，买了小轿车，日子越过越滋润。

近年来，大坝村积极争取金融扶持，撬动黄花产业发展。先后组织对 6 个村民小组进行四级信用评定，共评出信用户 224 户，针对全村信用评定结果，进行评级授信，共发放金扶卡 128 户、额度 623

万元。其中，建档贫困户 30 户、额度 160 万元。村级互助社发放互助资金 200 万元，撬动各类银行贷款 1 232 万元，其中，建档立卡贫困户贷款 525 万元，为 4 户 60 岁以上贫困户贷款 8 万元。

通过扶贫小额信贷，村里了建档立卡贫困户有了发展资金，劲头更足，撬动了全村的黄花产业发展。

大坝村的黄花菜，还有"专属保险"。全村建档立卡户统一购买了黄花种植保险，在农业发展抵御自然灾害损失方面有了保障。

精准优化帮扶　引领产业绽放

"只要有信心，黄土变成金"。产业的前景如花，村民们争相在自己家的几亩地里种植黄花，增加收入。

群众的腰包鼓起来了，脸上的笑容也像花儿一般灿烂，进一步激发了群众主动发展生产的内生动力。

近年来，村"两委"在彻底改变群众思想观念和激发内生动力方面下足了功夫。通过政策宣传引导群众积极投身黄花菜产业，坚持"大干大扶持、小干小扶持、不干不扶持"这一原则。充分发挥帮扶责任人作用，通过制定帮扶计划，主动为所帮扶的建档立卡户提供发展资金，定期督促落实，教育和引导建档立卡户主动发展。

群众的自我发展意愿更强了。一些村民甚至主动外出联系黄花买家，开拓对外销售市场，联合成立黄花专业种植合作社。

大坝村围绕"六个精准""五个一批"，以解决好贫困群众"两不愁三保障"问题为目标，精准发力，推动脱贫攻坚各项工作顺利开展，减贫成效明显，发展水平逐渐提高，人均可支配收入大幅增长。

如今，大坝村村民们幸福感越来越强，振奋精神发展黄花产业，走在脱贫富民、乡村振兴的大道上。

产业花开奔小康

——新疆维吾尔自治区铁布肯乌散乡查干阿德尔格村产业脱贫纪实

听禽自在鸣，声声乐民心。

坐落在和布克赛尔县哈同山下的铁布肯乌散乡贫困村查干阿德尔格村养殖合作社里，鸡鸣嘹亮，响彻山谷，成群的鸡、鸭、牛、羊追逐嬉戏，呈现出一幅产业花开的喜人景象。

一项产业就是一条致富路子。两年来，查干阿德尔格村牧民人均纯收入由 6 851 元增加到将近 21 700 元，同时还涌现出一批批致富能手。

这是近年来查干阿德尔格村党支部及国网塔城供电公司"访惠聚"住村工作队，坚持"党建 + 合作社 + 农牧户"发展模式，成立牲畜养殖专业合作社，利用"一主两翼一平台"（以合作社创收为主、以分产统销和劳动力转移为翼、微信平台）所取得的扶贫成效，不仅为牧民增收致富找到新的增长点，还为实现贫困村产业多元化发展奠定基础。2019 年村集体经济收入达到 25 万元，建档立卡贫困户人均纯收入 2.17 万元。

因地制宜，发展产业，"第一引擎"推进强村富民

习近平总书记多次强调，"发展产业是实现脱贫的根本之策"。

查干阿德尔格村建档立卡贫困户西日布·托米尔巴特，就是在村党支部和工作队的引导下发展养殖产业脱贫致富的一个缩影。

西日布·托米尔巴特家在 2015 年仅有 30 只羊，如今他家的羊已发展到

300 多只，不仅顺利脱了贫，家庭收入还不断增加，还供出了两个上大学的女儿。村里合作社成立后，他被合作社聘用为专职饲养员，每月 3 000 元工资让他十分开心。"感觉很幸福，感谢党和政府的关怀，相信我和我的村都会越来越好的。"西日布·托米尔巴特说。

能过上现在这样的幸福生活是过去的西日布·托米尔巴特想都不敢想的。查干阿德尔格村是牧业村，有牧民 123 户、342 人，草场 36.37 万亩，人均占有草场并不少，可贫困户就有 36 户。"那时大家是抱着'金土地'过穷日子。"西日布·托米尔巴特说。原来，长期以来牧民养殖牛羊都是靠传统的散养，产业结构单一，资源没有被充分利用，农牧民增收困难。

如何增加村民收入？查干阿德尔格村党组织立志破解这一难题。于是，2017 年村"两委"及工作队成员挨家挨户走访调查，在充分征求村民意见的基础上，充分发挥该村草场面积大、载畜能力强的优势，以"党支部 + 合作社 + 农牧户"的模式，筹集 50 万元资金，成立了养鸡合作社。

为迅速提高牲畜存活率和出栏率，村党支部聘请畜牧专家定期给村民讲解科学饲养和疫病防治技术，联系企业，签订合作协议，定向保底收购，使 36 户贫困户户均收入达到 2.24 万元。自 2017 年起，还从集体经济收入中拨款给全村 36 户建档立卡贫困户每年每户发放 2 只生产母羊发展生产，维修了村委会，新建了公共厕所、洗澡堂、健身小广场。

查干阿德尔格村实行村"两委"引导、合作社带动、群众广泛参与的发展模式，实现从"输血"式扶贫到"造血"式扶贫的转变，促进合作社长效运转。加快发展特色养殖，扩大养殖规模和种类，在最初养殖麻花鸡、澳洲黑鸡的基础上，又引进了塔城飞鹅、火鸡等特色禽类，逐步形成主打品种支撑、多种特色禽类养殖相结合的发展模式，提高了合作社的市场竞争力。

大力实施畜牧品种改良，在传统畜牧养殖的基础上，引进了西门塔尔牛、安格斯牛、新疆褐牛、萨布克羊等优质品种，提高良种率和出栏率，增加牧民收入。加强科学养殖技术培训，以"劳务 + 培训"模式组织村民到养殖合作社边干边学，实现"要他养"到"他要养"思维模式的转变，2020 年村内已有 4 名村民主动申请养殖 1 280 只家禽发展庭院经济，价值 15 万余元，成为农牧民增收致富新的增长点，为实现贫困村产业多元化发展奠定了基础。

贫困村脱贫故事

"跟着产业走，产销不用愁；跟着支部干，大家有钱赚"，已成为查干阿德尔格村广大党员群众的共识。

创建品牌，分产联销，以消费扶贫助推产业增收

习近平总书记多次强调，"产业扶贫重点要在扶持贫困地区农产品产销对接上拿出管用措施"。驻村工作队及村"两委"极力打造"查村草原臻品"品牌，发挥后盾单位帮扶作用，每年以预付款的形式预付18万元促进合作社运转。与9家单位食堂签订定向养殖协议，解决了销售难题。为拓宽销售渠道，村党支部牵头成立"查村草原臻品"微电商平台，帮助社员销售土鸡、鸡蛋、有机牛羊肉、奶制品等产品，仅2018年销售额就突破18万元。养殖的草原特色臻品鸡2017—2019年累计出栏1.3万余只，实现利润45万余元。为巩固脱贫攻坚成果，合作社为36户贫困户累计发放生产母羊144只，贫困户户均增收8 000元以上。还为村内大学生发放助学金6 000元，为困难户发放住房补助1.2万元，为村内60岁老人免费发放营养鸡蛋2 000余枚。

在互联网与精准扶贫之间画上"＋"号，为贫困户销售畜产品打开销路，是查干阿德尔格村积极探索精准扶贫帮扶模式，打造品牌、助力增收的又一举措。

查干阿德尔格村利用微电商平台，宣传贫困户家中的畜产品、奶制品等，搭建购销平台，通过互联网渠道积极帮助牧民群众、贫困户销售优质羊肉、奶疙瘩、奶酒等畜产品，助力贫困户搭上互联网的快车，2017—2018年累计实现销售总额超过12万元。2018年联合神华和丰煤电有限责任公司，为29户贫困户每家发放50只鸡苗开展庭院养殖，定向收购，累计销售收入7.95万元，每户增收1 000多元。

查干阿德尔格村还加强社会帮扶、聚力发展。同中国平安人寿保险新疆分公司达成协议，利用其全国线上采购平台，积极推送牛羊等畜牧产品销售，每户均增收3 000元以上。大力宣传"查村草

原臻品"品牌，采取分产联销的方式，通过互联网和微信朋友圈扩大宣传，帮助村民推广销售优质羊肉、奶疙瘩、奶酒等畜牧产品。"查村草原臻品"受到人民网、新疆广播电台、《新疆日报》等多家主流媒体宣传报道，品牌知名度得到很大提升。为了解决产品运输保鲜问题，2019 年中国平安人寿新疆分公司捐款 12.35 万元购买一辆小型冷藏车，帮助优质牛羊肉长途销售运输。2019 年 9 月底将一户贫困户的 4 头牛运送至乌鲁木齐市销售，平均每头增收 1 866 元，共增收 7 464 元。

同时，在社会各界的共同努力与帮助下，贫困村的农产品顺利销售出去了，合作社和村民赚钱了，思路宽了，销路畅了，大家的钱包都鼓起来了。

志智双扶，产业促就业，激活贫困群众"造血"功能

扶贫更要扶智，授人以鱼不如授人以渔。村党支部和工作队在村民思想教育引导上下工夫，在牧民转场季节，深入牧区牧民家中，宣传惠民政策，帮助村民谋划产业，解决就业，让村民树立"幸福都是奋斗出来的"的观念。

工作队通过政策宣传，教育指导，深入牧民家中，理思路、算细账、谋出路，积极促进劳动力转移增收。采取"一对一"服务模式，扶持一批贫困劳动力在家门口实现就业，签订就业意愿书 12 份，为村民提供供电所电工、保安、保洁等就业岗位 56 个，67 名富余劳动力实现稳定就业，户均年增收 4.5 万元左右。

利用合作社优势，提高草场利用率，增加出栏量和养殖效益，使 36 户农牧民从养殖业中解放出来，按照"缺什么、补什么"的思路，制定培训计划，在加强养殖新技术推广培训的基础上，重点加强手工刺绣、摩托车维修、奶制品加工等知识的培训，开展夜校宣讲 20 次，参与群众 560 余人次，使牧民真正掌握 1 ～ 2 门实用技术。

在发展产业的同时，查干阿德尔格村牢记习近平总书记"产业兴、百姓富、乡村美"的殷切嘱托，践行"脱贫摘帽不是终点，而是新生活、新奋斗的起点"，不断推进脱贫攻坚与乡村振兴有效接续，让各族群众在宜居宜业的环境中实现小康梦。

同心同力同奋进　敢教日月换新天

——新疆维吾尔自治区伊犁哈萨克自治州察布查尔县坎乡阿勒玛勒村产业脱贫纪实

阿勒玛勒，汉语的意思为"苹果"，阿勒玛勒村曾经在离坎乡政府较远的一个山沟里，家家都种植苹果树，因此而得名。在全国脱贫攻坚奔小康的征程中，阿勒玛勒村有了新居所，2007 年整村易地扶贫搬迁至位于坎乡察布查尔山北麓、伊犁河南岸的新址。全村户籍人口 266 户、1 138 人，主要由维吾尔族、哈萨克族、回族、乌孜别克族、汉族 5 个民族组成，维吾尔族占 98%，是一个颇具少数民族风情的村庄。其中，贫困户 99 户、412人。全村总面积 19 208 亩，以种植玉米、小麦、红花等作物为主。现有牲畜存栏数 4 000 余只（头）。2019 年度村集体经济收入 40 万元，村民人均收入 11 737 元，较上年人均增长 800 元。建档立卡贫困户 2019 年人均纯收入10 480 元，较上年人均增长 2 122 元。2020 年全村村容村貌、经济发展有了跨越式发展。

新村新气象。在打好打赢脱贫攻坚战工作中，伊犁州医保局驻村工作队、村党支部团结协作，同心同向，以敢教日月换新天的决心，勤勤恳恳带领群众、与群众一起干，创造一个幸福和谐的阿勒玛勒村。

依托基层党组织，凝心聚力谋发展

怎样才能让党员围着阵地转、群众跟着党员干？只有让老百姓的钱袋子变得越来越鼓才是硬道理。工作队第一书记靳建辉说："我在这里驻村两年了，工作队和村'两委'团结一心带领全村各族群众脱贫致富奔小康，这就是我们的任务，我们一定不辱使命。"

"访惠聚"工作队与村党支部始终拧成一股绳，心往一处想，劲往一处使，紧紧依靠察布查尔县产业发展这盘大棋，围绕本村易地扶贫搬迁这个实际情况，举全村之力开展脱贫攻坚工作，在确保实现脱贫摘帽目标基础上，深入推进农业产业扶贫，培育和提升本村扶贫支柱产业，拓宽贫困群众稳定增收渠道，巩固提升脱贫攻坚成效。始终坚持群策群力谋划发展之路。按照村集体重大事项"七步议事法"工作要求，工作队与村"两委"干部一遍一遍走访群众了解情况，一遍一遍商议发展方向，经多次协商达成共识，确定"党支部 + 专业合作社 + 农户"发展模式，以村党支部为引领，以合作社为载体，以农户为主导，抱团发展种植业、养殖业。始终坚持宣传教育不放松。群众技能培训、文化教育、政策法规宣讲等思想基础工作，对产业发展促脱贫攻坚的影响很大。工作队、村"两委"始终把这块工作放在首位，利用农牧民夜校、升国旗等活动，依靠农业农村局的技术支持，天天讲、时时讲，开会讲、入户讲，把群众的心聚到一起，把群众的力拧到一起来。2019年开展国语及政策培训 1.2 万人次，开展种植养殖实用技能培训 3 期、200人次，小额贴息贷款政策培训 1 期、90 人。"众人拾柴火焰高"，把发展的方向把准，把致富的路子铺平，把群众紧紧凝聚到党组织周围，把基层党组织打造成脱贫攻坚的坚强领导力量，这是阿勒玛勒村决战决胜脱贫攻坚战的法宝。

依托集体经济，同心同力促发展

特色种植可持续。阿勒玛勒村推进"党支部 + 专业合作社 + 农户"的产业发展模式，以村集体土地入股带动 68 户建档立卡贫困户以土地参股的方式成立鑫田园种植农民专业合作社，建立阿勒玛勒村木木克 1 150 亩特色林果产业基地。没有项目，钱从哪里来？村里想办法从村集体收入、"访惠聚"工作经费当中"挤"出了 12 万元作为先期投入，把树种好。村干部、工作队、党员群众一起上，不分你我，天亮就下地，中午馕就奶茶，天黑才归队。2019 年 10 月，种植完成树上干杏、西梅、鸡心果等特色果树。同时，

贫困村脱贫故事

积极推进 715 线阿勒玛勒村路口 80 亩经济果林示范田建设，村庄周围的废水坑、垃圾场变成了成片的果林。没有技术，管理怎么办？察县农业农村局就是阿勒玛勒村最大的后盾，林地里手把手地教，一种语言交流有困难，就汉语、维语一起上。日常护林谁负责？村里专门派了两名村干部以及以"以工代扶"的方式吸纳了 13 名建档立卡贫困户成为管护员，负责剪枝、施肥、浇水等田间维护工作。工资哪里来？坎乡党委帮一把，村党支部出一份，乡村两级党组织共同承担。效益在哪里？这才是老百姓最关心的事。2020 年

培育 80 亩果树苗共 6 000 棵，每棵 20 元，收入近 12 万元，每户分红 1 200 元，村集体收入 36 000 元。建档立卡贫困户阿山·木合塔尔说："我现在给合作社打工，一年的收入是 1.6 万元，另外，我还把 5 亩地入股到经济林，每年都能拿到分红。"

就业增收门路多。积极改变少数民族家庭养殖特点，实现新就业。阿勒玛勒村建档立卡贫困户中养殖 3 头以下牲畜的有 28 户。这些家庭只有少量牲畜却"捆绑"了家庭的主要劳动力，增收难度很大。为了打破这个"瓶颈"，村"两委"、工作队逐户开展思想教育工作，积极引导村民采取"少畜代牧""抱团饲养"等方式，调整养殖产业结构，促进养殖方式向专业化、规模化转变。目前，已有 23 户村民通过"少畜代牧""抱团饲养"方式，将家中的牲畜交给别人或养殖大户饲养，而自己则外出务工增加收入。村民玉努斯江·玉苏瓦洪将家中的 2 头牛交由别人代牧后，自己在坎乡库勒提克齐村滴灌厂务工，月收入 4 000 元，他说："现在真好，我养殖挣钱，我打工也挣钱，这日子就越过越好了。"积极把老百姓从家庭承包土地收入中转移出来，实现再就业。自 2018 年起，阿勒玛勒村党支部与工作队商议，通过公开招标形式，流转全村耕地 6 700 亩（占全村耕地面积的 74%）。通过土地流转，农牧民可以获得土地流转收入，在流转土地上务工的收入，清理土地

增加的集体收入，季节性外出务工收入，实现了多赢的局面。土地承包商刘守仕主动到村委会与村党支部商议，2020 年每亩地增加 50 元承包费以帮助村民共同致富。刘守仕夫妇说："我承包了大家的土地，大家到我的承包地务工，我们一起致富，我们是一家人，多好呀！"

　　阿勒玛勒村在脱贫攻坚奔小康的道路上，通过村集体资产入股，解决了资金短缺没钱办事的问题，又增强了合作社的资本力量。通过工作队、村党支部的组织引导，解决了人心不齐没人办事的问题，更进一步增强了村民脱贫致富奔小康的信心和能力。村支书色依德拉木·黑萨说："没有项目，我们自己做，没有资金我们自己干，一天一天地干、一年一年地干，一定能干成。习总书记说了，幸福是奋斗出来的，我们就要为我们的幸福努力奋斗。"阿勒玛勒村通过自身产业的发展，焕发出易地扶贫搬迁新村的勃勃生机，更展示出了在脱贫致富奔小康这条路上基层党组织集体的力量，绘制出了一幅实现共同富裕的美好蓝图。

产业扶贫故事（上）
CHANYE FUPIN GUSHI（SHANG）

身残志坚"核桃哥"

——河北省邢台市巨鹿县官亭镇陈者营村陈灵涛脱贫故事

"核桃哥"陈灵涛，男，汉族，1989 年 9 月出生，河北省邢台市巨鹿县官亭镇陈者营村人。陈灵涛因患小儿麻痹症而行动不便，属于双下肢重度残疾，2016 年被确定为建档立卡贫困户。然而三年间，他不仅自己脱了贫，还带动当地 8 个村 200 多户贫困户共同增加了收入。

2017—2019 年他先后荣获 8 个奖项，如 2018 年荣获河北省扶贫开发和工作小组颁发的"扶贫攻坚奖奋进奖"、邢台市颁发的"五四青年奖"，2019 年荣获共青团河北省团省委颁发的"新时代燕赵最美青年"等奖项。当地村民都亲切地称他"核桃哥"。

1989 年 9 月，陈灵涛出生在巨鹿县官亭镇陈者营村一个普普通通的农民家庭，因先天性脊柱发育不完全造成双下肢重度障碍。幼时的陈灵涛最大的愿望是能和其他小伙伴们一起背着书包跑着笑着去上学。因为身体不便他只能艰难地用手爬着去，手磨出了茧，衣服磨出了洞，浑身都是土，就这样坚持读完了一年级。然而上到二年级，同学们"小拐子""小瘫子"地嘲讽他，受伤的自尊心让他辍学了。度过玩泥巴、打弹弓的童年，逐渐懂事的陈灵涛不愿做家庭永远的负累，开始了他的第一次创业——开起了小卖部，父

母下地，他守着小卖部，那年他 17 岁。对一个当时不到 600 口人却有两个小商店的小村子来说，他的店铺经营非常惨淡。2012 年，巨鹿县残联给他打来了培训通知电话，他抱着去看看的心理参加了山核桃工艺品培训班。培训两个月后回到家，他信心满满地一边经营小卖部一边做工艺品，虽然身体不健全，但也曾骑着电动三轮车远赴邢台市销售山核桃工艺品。然而由于技术不成熟，顾客对产品质量不认可，让他心灰意冷。两年后，随着小卖部的关闭，他开始第三次创业——卖臭豆腐、豆腐乳，其间还学过修电动车，因为文化底子差，干了一段时间便作罢了。步入婚龄期的他谈了三次对象，但均因他没有正经营生和拿不出"高昂"的彩礼钱而分手。随后他开始不愿见人，吃着低保金，把自己关在家里，足不出户。

2016 年春，巨鹿县委组织部统一部署动员驻村帮扶工作，县残联驻村工作队被派到陈者营村开展驻村扶贫工作。工作初期，群众不理解，认为"工作队都是走形式，待一段就走了""雷声大雨点小"。随着工作队加大基础设施建设力度，发展笨鸡养殖、日光蔬菜大棚，推进服装加工业发展，为群众办实事，和谐干群关系以及促进各项扶贫政策的精准落地，工作队逐渐被群众认可。然而随着扶贫脱贫工作的不断深入，工作难度越来越大，老弱病残成为工作重点，他们对政府的依赖性强，身体状况差，内生动力严重不足，为此工作队多次探讨，确定了"扶弱带弱，典型带动"的思路，力求扶贫工作深入推进。

工作队在走访中了解到陈灵涛参加过培训，有制作山核桃工艺品的基础，便多次给他做思想工作。2016 年底的一次家访中，驻村工作队队长刘迎晓的"不创业致富，拿不出彩礼，对象谈再多也没用"这句气话让陈灵涛陷入沉思，经过一夜辗转反侧后，他主动找到工作队驻地，他的第一句话就是："啥也不说了，听你们的，我一过年就开干。"

2017 年 2 月 8 日，在县残联工作队的帮助下，陈灵涛完成了设备、材料引进工作。通过免费参加电子商务学习，他实现了网络销售。晨之晖农村电商还多次帮助他推广，产品知名度大大提高，慕名购买的客户不断增加。

为实现量产量销，陈灵涛和工作队多次赴天河山、少林寺、五台山等景区联系产品销售，与多位景区商人建立了长期供货合作关系。自 2017 年 2

贫困户脱贫故事

月8日开始，他完成了网络销售160单，向景区发货30多批。因为工艺品附加值高，他通过生产、销售山核桃工艺品取得了实实在在的经济效益。

陈灵涛和家人、邻居生产、发货的忙碌身影引起了村民们的关注，竞相到他家中参观、询问，其中不乏贫困户。山核桃工艺品制作门槛低，劳动强度低，生产环节多，陈灵涛指导弱势群众参与到生产中来。本村贫困户申志芹、张大芬、陈锋温兄弟等人参与剔仁、粘接环节，村民刘红杰、申瑞青加入切片行列。在为陈灵涛工作一段时间后，前董营村残疾人家庭董孟立家、小潘庄村曹国飞家自己开始了加工生产。在带动群众发展期间，他得到了巨鹿县县委书记等县领导、乡镇党委书记等镇领导的关怀和多次帮助，进一步拓宽了他的眼界，坚定了他服务更多残疾人、贫困户的信念。

为了让陈灵涛更好地发挥引领作用，官亭镇党委、政府帮助他注册了"巨鹿县钟灵毓秀工艺品有限公司"，并协调官亭集贸市场两间门市做展厅；巨鹿县残联扶持雕刻机一台，县旅游局帮助安装路牌、展厅牌子，印制宣传彩页；县扶贫办为他协调扶持贷款3万元……他的生意发展逐渐规范，进入快车道。

付出终有回报，2017年10月成立的巨鹿县钟灵毓秀工艺品有限公司到2019年营业额达到80万元。陈灵涛成功了，不止自己富起来，也带动乡亲们一起奔向了小康。

陈灵涛通过自身辛勤的付出完美蜕变，用智慧和巧手制作了很多优秀的山核桃作品，走出了一条不平凡的人生路，得到了各级组织和社会的关爱。带领更多贫困户和残疾人通过自食其力走上致富之路成为陈灵涛今后最大的奋斗目标。

贫困户蜕变成"土专家"
蔬菜地里铺出"致富路"

——河北省承德市隆化县偏坡营乡偏坡营村陆瑞忠产业脱贫故事

炎炎夏日，正是甘蓝丰收的季节。在偏坡营村的田地边，一辆来自河南的大货车正在装运陆瑞忠菜地里的甘蓝。运菜的菜商说："他家的甘蓝个头大、分量足，销路十分紧俏，我是他家的老客户了。"

陆瑞忠，这个土生土长的普通农民，过了大半辈子的穷苦生活，能吃苦能受累，心里也是个"刚强人"，但如何摆脱贫困，带着全家过上好日子，他一直没啥好主意。

直到这两年，通过承包土地大规模种植蔬菜，他才摘了贫困帽，成了村民眼中蔬菜种植的"土专家"，脱贫致富的"带头人"。

2018年初，陆瑞忠一家被确定为建档立卡贫困户，这让生性要强的陆瑞忠感到有点挂不住脸面。"我还能干，也不是七老八十了，还弄了个贫困户。"然而，陆瑞忠和妻子白宝民都患有很严重的糖尿病，需要长期服药，用白宝民的话就是"三顿饭三顿药"，家里医药开销很大，收入又低，生活十分拮据。

陆瑞忠说，他从来没有放弃过致富的念

贫困户脱贫故事

头，七八年前就开始在自家地里盖大棚尝试种植蔬菜，希望通过种植蔬菜改善生活。然而现实是残酷的，没经验、没技术也没资金的"三无"陆瑞忠在种植蔬菜这条路上吃了不少苦头，前几年的收入很是微薄。

"我和土地打了一辈子交道，深知土里刨食不容易。"陆瑞忠并不气馁，恰逢乡里组织种植、养殖技术培训，陆瑞忠积极参加培训，在县里专家的指导下，学到了全面的蔬菜种植技术，几年下来，陆瑞忠边学习边种植，自己的蔬菜大棚终于有了起色。

他家蔬菜长势虽好，但种植规模小、品类少，菜商不愿意跟他合作。2018年春天，陆瑞忠决定承包三十亩土地扩大种植规模，然而因缺乏资金付不起2万多元的租金。一筹莫展的时候，村干部站了出来："陆瑞忠的租金我来担保，他要是给不上租金，你们来找我。"关键时刻，村书记张国强用自己的信誉为他做了担保，解决了一个大难题。看到了陆瑞忠努力脱贫的劲头，村"两委"班子积极帮他争取国家政策支持，打井、拉电、引渠灌溉，一样都不少，经过大家的帮助，三十亩的蔬菜种植基地终于建成。

2018年秋天，陆瑞忠蔬菜基地丰收了，地里忙不过来，陆瑞忠雇了大量贫困户来蔬菜基地打工，让大家一起致富增收。来陆瑞忠蔬菜基地打工的贫困户和工人足有百余人，平均一人一年能增收8 000余元。陆瑞忠回忆说："品类和规模上去了，销路就打开了，那年豆角、甘蓝、菜花这三种蔬菜我就卖了30多吨，毛利10万元，看到势头这么好，我自费5万元又申请国家补贴5万元，共花10万元建立了一个50吨容量的冷库，为继续扩大规模做准备。"2018年，是陆瑞忠最幸福的一年。

2019年，陆瑞忠一家正式光荣脱贫，村民们看到陆瑞忠通过种植蔬菜脱贫致富，纷纷到他家里来请教"致富经"。陆瑞忠知无不言，言无不尽，在他的带动下，同村的张德杰、王福、郑祥等十几户贫困户也开始种植蔬菜。王福说："陆瑞忠是我们村里土生土长的蔬菜专家，我们都说他是'土专家'。正是因为有了这么一位肯吃苦肯学习的'土专家'，才带动这么多群众走上了脱贫致富路。"秋天，蔬菜又丰收了，村民郑祥找到陆瑞忠表示担心自己的蔬菜卖不出去，陆瑞忠说道："我能卖出去，我就保证你能卖出去。"正是陆瑞忠的话，才让郑祥有了大规模种植的勇气。2019 年秋天，村里种植蔬菜的贫困户都实现了增收脱贫。

如今的偏坡营村，在陆瑞忠的引领下，积极调整农业产业结构，全村已经形成 400 余亩的大规模蔬菜种植基地，成为远近闻名的"蔬菜村"。"今年收入多了，我要买一辆大货车，围绕蔬菜种植继续扩大规模，扩大品类，让日子更红火。"陆瑞忠表示，他要把蔬菜种植这条致富路，越走越宽，越铺越远。

田宝生和他的"金宝贝"

——记河北省大名县大街镇北门口西村田宝生

"我是大名县大街镇北门口西村的，我叫田保生。国家为了帮扶我，给了我 8 只羊，我通过国家扶贫贴息贷款扩建了羊舍，现在存栏有 30 多只了，这些羊可是我的'金宝贝'。"2019 年 8 月 11 日，中央电视台《新闻直播间》栏目"共和国发展成就巡礼·河北"板块报道了中国邮政储蓄银行邯郸市分行精准帮扶对象——建档立卡贫困户田保生的脱贫事迹。

2014 年贫困户识别建档时，田保生一家可以说是一贫如洗，破旧的 3 间老房子里住着 3 代 5 口人，儿子、孙女、孙子和田保生老两口。破旧的房屋，窗户没有安装玻璃，用旧报纸糊着；屋顶用编织的苇席盖顶，每逢雨雪天，外面大下屋里小下，还得用碗盆东一个西一个摆到地上、炕上接雨水；没有橱柜，锅碗瓢盆在屋地上摆着；家里没有什么家具，孙女写作业以床为桌；没有饭桌，吃饭时都端着碗或蹲或坐；一台黑白电视和一台扇叶锈迹斑斑的电风扇就是他家里"豪华"的电器；一辆老式飞鸽自行车就是他家的交通工具。院子没有街门，从街上可以直接进家。田保生患有癫痫病，不定时发作；儿子没有什么专业技能，在家务农，儿媳妇离婚后抛下两个小孩远嫁他乡，更让这个贫穷的家庭雪上加霜。他家当时的那种凄凉，谁目睹都会心酸。田保生与老伴看着失去母亲陪伴的可怜的孙女、孙子，时常唉声叹气、以泪洗面。家里没有欢声、没有笑语，孙女、孙子经历着没有母爱、没有快乐的童年。

驻村第一书记卫东与田保生的帮扶责任人李雪莉，把老田的情况看在眼里，记在心上，暗下决心一定要帮助这个家庭，给他们送上重生的希望。针对这个家庭的实际情况，驻村帮扶工作小组商定，帮助其搞养殖兼顾农田种植，老两口也好相互照应，两个年幼的孩子由老两口照顾，老田的儿子可

100 个产业脱贫典型

以外出打工。经多次沟通交流，老田的儿子基本走出离婚的阴影，重振生活信心，甩下思想包袱，走出家门去打工，田保生老两口愿意养羊并照顾年幼的孙女、孙子。按照这个脱贫工作计划，工作队积极向大街镇扶贫主管部门反映，为田保生申请了 8 只价值 6 000 元的杜波绵羊，帮助他通过邮储银行申请了扶贫贴息小额贷款 10 000 元用于扩建羊舍。经过几年的发展，田宝生的羊舍共产羊羔 100 余只，每年可出售羊羔和肉羊近 40 只，增收近 40 000 余元。老田家里 5 口人的新农合费用由国家承担；孙女、孙子分别享受了义务教育和学前教育学生资助政策。"两不愁三保障"达标，"收入也过了杠杠"。老田儿子外出打工挣钱，买了一辆集装箱运输车跑运输，最近又买了一辆小轿车跑"滴滴"。家里盖上了新房，装上了空调，购置了液晶大彩电、沙发、写字台、餐桌。儿子有了新的对象，已定亲，正筹备着迎娶新娘。现在再到他家，羊舍里的小羊羔活蹦乱跳，扩建的羊舍已占据院里的主要空间。老两口脸上有了笑容，逢人便讲党的扶贫政策好，把他们这个破碎的家庭送到了致富康庄大道上。在邯郸市、大名县畜牧技术人员的指导下，田保生成了远近闻名的养羊致富能手，被大名县树为脱贫致富典型。田保生春天给驻村工作队送大蒜、秋天送花生和玉米，过年过节还邀请工作队队员上他们家吃饭。他用最朴实的举动表达着感恩之心。

"一分耕耘，一分收获"。邮储银行驻村工作队紧紧扭住养殖这个产业的"牛鼻子"，依靠产业带动，让第一个"吃蟹人"田保生为其他贫困户"现身说法""传经送宝"，发挥养殖致富典型的榜样作用，带动了郭春生等建档户及其他农户发展养殖。目前北门口西村有养羊户 29 户、养牛户 17 户，户均年养殖增收约 2 万元。如今，养殖业在北门口西村已成为脱贫致富的"时髦"产业。对因病、因残致贫人员和半劳力来说，喂上几十只羊，还能照顾几亩农田，美得很！ 2019 年 11 月，全村 28 户、89 名建档立卡贫困户都高标准脱了贫。

手机直播卖山货　脱贫致富搭快车

——山西省长治市武乡县岭头村魏宝玉产业脱贫故事

　　48 岁的魏宝玉是土生土长的武乡县岭头村人，2012 年一场突如其来的疾病——胃出血，让他背上了沉重的债务。更为严重的是，从此他不能再干重体力活。一家人滑向了贫困的深渊，2015 年他家被确定为建档立卡贫困户。

　　"由于我身体不好，村里扶持的种植、养殖项目我根本搞不了。"魏宝玉说，当时可愁坏了村干部和帮扶工作队。2016 年 11 月，县里组织微商培训，他抱着试试看的心态参加了第一期培训。

　　"第一期有两个收获，知道了'微商'这个词，知道了微店能赚钱，可怎么操作还是摸不准门道。"魏宝玉说。他很着急，于是报名又参加了第二期微商培训。在老师的指导下，他注册了自己的微店，没想到在培训课堂上就接到了来自广州的订单，10 千克小米卖出了 200 元，除去包装、物流费用，宝玉赚了近 100 元钱。

丰产也要丰收

　　"第一单生意给了我巨大的信心，于是便一鼓作气学完了全部课程，一门心思搞起了微店。从开店到现在，两年时间，我已在网上赚到了 8 万多元，小米、核桃、土鸡蛋卖到了全国各地，最远一单小米卖到了法国。"魏宝玉高兴地说。

100个产业脱贫典型

2019年3月，一个偶然的机会，魏宝玉听说南方一位农民通过网络直播预售芒果，当时他就心里一亮："咱何不搞个直播种谷子，让城里人知道小米是怎么种出来的，说不定能得到意想不到的效果。"

回到家，魏宝玉就在手机上下载了直播软件，打开直播平台，边整地、边拍摄。没想到，几分钟的直播还吸引了20多位观众。

网友赞叹"岭头村的天真蓝，环境真好"，有网友留言"关注主播了"，更有网友专门打电话到上司乡政府询问魏宝玉的电话，咨询怎么购买岭头村的小米。

魏宝玉和他的"新农具"

2017年5月18日，魏宝玉第二次尝试直播。这一次直播，他直接用上了播种机，边施肥、边播种。播种结束后，他还冲着镜头告诉网友，再过25天左右，禾苗出来后，他要来锄草，到时还会有场直播。与第一次直播相比，他在"互联网＋"的道路上似乎已是驾轻就熟，而且学会了"卖关子""留伏笔"。

魏宝玉播种小米的视频在新华社客户端上线后，点击量超过60万人次，一夜间他"圈粉"23万人，成了名副其实的"网红"，获得了"直播达人"的美誉。

"他现在是见什么拍什么。田里的谷子长多高了、什么时候该除草了，

贫困户脱贫故事

谷子生长的每一步，都会全程直播。除此之外，他还拍村里的花花草草，就连村里的鸡、牛、羊都'不放过'，整天拍、拍、拍。"岭头村村民张青春这样说。

"我直播的目的就是让买我产品的顾客眼见为实，让他们更放心。直播中的互动还能拉近和网友的距离，再加上直播中留下了微信和手机号，不知不觉间就攒足了人气、聚积了客源。"魏宝玉说。

随着魏宝玉的"田间地头直播"影响力提升，他的小米销售量也日益攀升，而且有不少是预订订单。以前是一年种地，秋天卖粮，现在是边种地边卖粮，米还没出手，钱就到手了。

"刚开始村里搞微商的时候，只有少数几户条件好的人家才安得起网络，为了支持村民搞电商，县里给村里架起了网络信号塔，全村实现了 Wi-Fi 覆盖，还专门引了物流进村，每天定点收货。"岭头村党支部书记张玉堂说，过去村里人农闲时不是打牌就是串门唠嗑，现在风气变得好多了，上网接订单、发货成了村民的主业。空闲时间，大家都把主要精力放在了微店经营上，过去常见的赌博斗殴事件也没有了。

电商搭平台，山货出山门。岭头人在"新农人"魏宝玉的带动下，纷纷拿起了他们的"新农具"，开微店，上淘宝，一个个变成了"淘宝店主""微店老板"，目前全村已注册微店 130 多家，年销售收入 500 多万元，岭头人乘着"互联网＋"这列快车，终于甩掉了穷帽，踏上了富路。

果园种植标准化　小康生活有指望

——山西省临汾市翼城县付家庄村付夺安产业脱贫故事

在付家庄村的苹果地里，张红莲（付夺安妻子）正在地里与两个女儿除草。苹果园被她们管理得井井有条，她家的果园是全村管理得最好的一个园子，苹果品质也是最好的。

前些年两个女儿都上学，孩子时不时打电话回来讨要生活费，家里老母亲长年生病，家庭收入主要依靠付夺安打零工和种玉米，家庭开支大，日子过得紧巴巴，2014年付夺安　家被确定为贫困户。"戴上这个'帽子'不光彩，我们两口子怎么也要争口气摘掉这个'帽子'，付夺安他爸老早就不在了，靠着我们俩的双手也盖了房子，眼前的坎不算什么。"张红莲这样描述当时的情况。

夫妻俩商量着怎样才能让孩子们在城里上大学手里不缺钱，渡过眼前的难关。在村里光靠种玉米可不行，得把县上推广的苹果经济林管理好，让苹果树成为摇钱树。

2016年，付夺安家的6亩苹果树开始挂果了。付夺安在村里率先使用反光膜，但效果不是很好。"由于没有种植经验，果子品质也不好，也没有买家。那一年小女儿考上大专，是家里用钱最紧张的时候，多亏了助学贷款和'雨露计划'，让家里能喘过一口气。"

现场技术交流

贫困户脱贫故事

苹果种植，技术是关键。只能通过不断实践，不断学习管理技术来提高苹果的品质，品质好了价格自然就高了。这么想着，夫妻俩积极参加村里组织的苹果种植技术培训，多次到北撖村学习成熟的种植技术，自学钻研苹果种植管护技术。自己管理技术提高的同时，付夺安还在村里教左邻右舍苹果栽植技术。经过精心管护，他家的苹果树长势喜人，经济效益可观。2017年付夺安家的苹果销售方式从单一地卖给水果贩子变为让城里人订购，在2019年苹果价格下行的情况下，他家的苹果还卖到每千克5.2元，仅销售苹果一项就收入4万多元，这一年，付夺安家脱贫了。

付夺安是个爱折腾的活泛人，随着农村危房改造、住房安全提升工程逐年增多，付夺安学会了建筑技术，经常带人包活，为附近家庭盖房卷窑，他干活利索又漂亮，房主都竖大拇哥。出不了门就要想办法在家里挣钱，村里乡里有什么工程他都积极参加，实现了在家门口就业增收。

付夺安能够出去干活，离不开妻子张红莲对家庭的付出，多病的老母亲长年卧床，张红莲细心照料，端水送饭，洗衣翻身，精心伺候，村里人都夸张红莲伺候老人伺候得好，是个难得的好媳妇。2019年秋天，老母亲去世。老人不在了，张红莲腾出更多时间打理苹果树，一有时间她就到地里收拾苹果树，从疏花疏果到施肥浇树，苹果树地里总有她的身影。

"苹果产业红红火火，村里今年（2020年）利用扶贫资金45万元实施了水肥一体化项目，苹果合作社争取了50万元苹果园区标准化项目。项目实施后再也不用三轮车拉水浇地了，果园实现了滴灌，这样既节省肥料又能增产。国家的扶贫政策真是好。"张红莲开心地说。

付夺安之妻张红莲正在果园疏果

厄运下的不绝希望

——内蒙古自治区赤峰市巴林右旗巴彦琥硕镇
四家村常凤龙产业脱贫故事

　　初春时节，北方的天气总是阴晴不定，刚才还风和日丽，转眼间就是漫天沙尘如近暮色。就着朦胧的阳光隐隐约约能看到一个人影不断穿梭于羊圈中，给羊添加草料，动作十分娴熟，他就是赤峰市巴林右旗巴彦琥硕镇四家村建档立卡贫困户常凤龙。

　　常凤龙家里有 4 口人，他和妻子娜仁图雅二人在家务农，儿子在外打工，女儿在云南上大学。

　　早在十七八年前，常凤龙家也是远近闻名的富裕户，家里绵羊、山羊有三百多只，肉牛也有好几十头。可天有不测风云，2002 年，常凤龙的前妻患了尿毒症，为了给前妻治病，常凤龙变卖了所有的牲畜，把自己承包的树林也转让给他人，还借了不少钱，花了二十六七万元，也没有挽留住前妻的生命。

　　2010 年，常凤龙和现在的妻子组建了新的家庭，耕种着家里仅有的几亩地，贷款买了几头牛，辛苦地抚养着两个孩子。常凤龙的牛羊养殖技术不错，在附近很出名，牛养得越来越好，欠的债也一点一点地还着。生活刚有起色，常凤龙却被查出患了食管瘤，无奈之下，他把牛卖了做手术，又借了很多钱。2016 年，常凤龙康复后不久，在一次下地干活时又不幸被拖拉机撞倒，造成了右腿骨折，肌肉韧带多处断裂性损伤。为了治病，常凤龙不得不再次变卖家产，前前后后在北京做了 7 次修复手术，才大体上治好了腿，但也留下了后遗症。接二连三的不幸，使这个本来就贫困的家庭雪上加霜，用常凤龙自己的话来说就是"连死的心都有了"。

贫困户脱贫故事

但是，厄运并没有摧毁这个坚毅的北方汉子，2017年驻村扶贫工作队在入户走访时了解到他家的情况，结合扶贫政策，按照程序将其纳入建档立卡贫困户，并给他落实了16只扶贫项目羊，动员他通过肉羊养殖产业增收致富。结合金融扶贫政策，又给他落实了5万元的扶贫贷款，常凤龙购买了100只纯种小尾寒羊基础母羊，开展小尾寒羊的纯种繁育。

搞养殖业最重要的是用心，常凤龙一方面购买相关书籍刻苦自学，向书本请教，向巴林右旗农牧局专家请教，严格按照科学的饲养方式养殖；另一方面在巴彦琥硕镇政府的帮助下，多次走出去考察学习，吸收先进的养殖理念，与先进养殖户交流养殖技术，不断丰富自身的养殖经验，提高养殖技术。由于他眼光独到，做事认真，他家的小尾寒羊存栏越来越多、质量越来越好，效益也越来越高。

自2017年末以来，小尾寒羊的市场价格一路上涨，成年母羊的价格从1 000元左右涨到1 900元，公羔的价格从600元涨到了1 100元，母羔的价格也从550元涨到了1 000元左右，市场资源紧俏。常凤龙养的小尾寒羊成了抢手货，往往羊羔还没出生，就有收羊的老客户到他家预订了。

2019年，常凤龙家出栏了小尾寒羊羊羔367只，每只羊羔售价750元，他家一年的毛收入达到了27万元，扣除十二三万元的养殖成本，纯收入也有十四五万元。常凤龙还积极响应巴彦琥硕镇党委、政府提出的"23456"

100个产业脱贫典型

肉羊标准化养殖模式，积极开展母羊同期发情人工授精，进一步提升了母羊的繁殖率，增加了收益。

如今，常凤龙家130只基础母羊全部舍饲圈养，年平均销售羊羔350～400只。他又承包了一些土地，种植全株青贮玉米和其他饲草，为小尾寒羊的舍饲圈养提供充足草料。肉羊产业慢慢地壮大，欠的债慢慢地还清了，日子过得也越来越红火。

"是党和政府让我重新树立起生活与致富的信心，一步步敲开了致富之门，走上了致富之路。接下来我会进一步扩大养殖规模，拓宽致富道路，在致富的路上走得更远。"常凤龙坚定地说。现在谈起生活，他充满信心，斗志昂扬。

飘香百里榨油坊　脱贫致富奔小康

——内蒙古自治区通辽市扎鲁特旗鲁北镇新胜屯村
崔洪军产业脱贫故事

崔洪军是鲁北镇新胜屯村的一名普通村民，家里有一个 13 岁的儿子，一家人的日子虽然不是很富裕，但是其乐融融。然而，2017 年 3 月，不幸降临到了这个家庭，崔洪军的儿子崔瑞祥突然呕吐、头痛不止，辗转多地检查，最终在北京解放军总医院确认为髓母细胞瘤，这个消息对于一个农民家庭来说犹如晴天霹雳。可是看着聪明又好学的孩子，崔洪军两口子咬紧牙关，于 2017 年 5 月为儿子做了开颅手术，2017 年 7 月开始放疗，共 27 次，2018 年开始化疗，共 11 次，前前后后花了 30 余万元，把家里所有的积蓄都掏空了，而且负债累累。

驻村工作队和村"两委"了解到崔洪军家的情况后，于 2018 年为他家申请了低保，并将他识别为建档立卡贫困户。了解到他会榨油技术，工作队和村"两委"为他量身定制了产业脱贫规划，向扎鲁特旗扶贫办申请，给他购买了一台榨油机。从此，崔洪军依靠榨油产业走上了脱贫致富之路。

榨油坊刚刚开始营业的时候，崔洪军两口子就认识到了技术的重要性，他们去外地的大油坊虚心学习，同时把握一切扶贫培训机会，拓展发展思路。崔洪军告诉自己一定要诚信经营，生意才能稳住。开业后，他按质论价，从来不乱扣秤，他榨油炒料火候掌握得好，

出油率高，油也香，在他油坊榨过油的村民便再也不去别的油坊榨油了。很快，崔洪军油坊的名声就传遍了全村，生意渐渐好起来了。崔洪军购买了上等的大豆、油葵、胡麻，开始生产豆油、葵花油还有胡麻油。2019 年初，在驻村第一书记毕啸峰的帮助下，崔红军成功注册商标——"新胜屯油"，2019 年底崔洪军带着他的"新胜屯油"走进了通辽市消费扶贫年货节，扩大了知名度。如今，崔洪军家榨出的油销往霍林郭勒、巨日合及附近各个村屯。销售最好的时候，一天能榨 500 多千克油。

随着榨油量增加，崔洪军发现榨油剩下的油饼特别浪费，他就想到了养羊，他利用扶贫资金购买了 13 只羊，把油饼加工后喂羊。经过他的悉心的照料，目前他家里的羊已经发展到了 50 余只。

经过一年多的辛勤打拼，崔洪军的榨油坊日益红火。2019 年，崔洪军家人均纯收入达到了 11 816 元，成为了当地脱贫致富的典型。

崔洪军说："真的是太感谢党的政策了，是党的好政策让我燃起了对生活的希望。现在在家干活，发展榨油和养殖产业，有可观的收入，还能照顾家照顾孩子，养着羊，种着地，榨着油，这一年挺好。下一步准备再多种点地，再好好发展母羊养殖，种点油葵、胡麻自己榨，这样又节省一部分开销，粮食都是自己家种植的，榨出的油都是纯绿色食品，没有添加剂、没有调和剂，让大家都吃上放心油。"

一滴滴金黄透亮的葵花油，照亮了崔洪军一家今后的新生活，给他们带来了新的希望。他们坚信，通过自己勤劳的双手多渠道发展产业，日子一定会越过越红火。

自力更生摘掉贫困"帽"

——吉林省和龙市中南村杨万哲产业脱贫故事

脱贫攻坚号角吹响以来，总有那么一些人，不甘于贫困，通过自己的辛勤努力，摆脱贫困束缚，实现致富梦想，延边朝鲜族自治州和龙市中南村五组村民杨万哲就是这样的一个人。

年近六旬的杨万哲，没有专业技能，为赡养80岁的母亲和供儿子上学，他夫妻二人靠外出打工维持家庭的生活。2016年，妻子朴顺今检查出患有肝硬化晚期，住院手术和后续医疗花费了20多万元，本就不富裕的家庭顿时陷入了困境。2017年7月，杨万哲家被识别为低保贫困户。根据国家的扶贫政策，杨万哲一家享受到了医疗、教育、住房、产业等扶贫政策的重点扶持，妻子的住院报销比例提高到80%以上，儿子杨辉斌就学的延吉市职业中等专业学校为他减免了每学期2 000元的学费，并每月补助生活费250元。同时，中南村把杨万哲安排到扶贫公益岗位，每年有7 000元的收入。2018年9月杨万哲一家搬入易地搬迁新房。

党的各项扶贫政策极大地缓解了杨万哲的生活困境。但为人厚道、意志刚毅的老杨并不满足于此，他说："人要脸树要皮，我不能靠国家的补助政策生活一辈子，我要靠自己的双手实现脱贫致富梦。"

搞土鸡养殖，他迈开了脱贫致富的第一步。结合家庭实际状况，2018年他申请"六小工程"帮扶资金，从事家庭养鸡业。这样既可以照顾患病的妻子，又可以增加家庭收入。在驻村工作队的帮助下，杨万哲用5 000元扶贫资金购买了鸡苗，修建了鸡舍，

开始从事家庭养鸡业。刚开始由于没有养殖经验，鸡苗死亡率比较高，但杨万哲没有气馁，又重新购买了鸡苗，同时虚心向有养鸡经验的师傅请教，并认真观察小鸡的生活习性，掌握养殖规律。他还利用晚上休息时间在网上学习小鸡散养技术，以提高鸡蛋的品质。一分汗水一分收获，在杨万哲的精心饲养下，2019 年春，100 多只土鸡已开始产蛋，由于散养时不喂添加剂饲料，鸡蛋的品质极好，成为市场上的抢手货，为他增加了 1 万多元的家庭收入。

靠多方发展，他筑牢了脱贫致富根基。"六小工程"养鸡业的成功，使杨万哲有了更大的脱贫致富愿望，那就是发挥自己水稻种植的特长，实现多业发展、多路进财。2019 年初，在得知中南村种植合作社 10 公顷水稻需要技术和管理人员时，他主动找到村委会和驻村工作队，说明自身优势，表明做好水田管理的信心和决心。经中南村村民代表大会研究决定，同意杨万哲负责合作社 10 公顷水稻种植管理，带领合作社成员共同脱贫致富。担此重任后，他立即带领全体社员投入春耕生产之中。先是改造大棚，建造钢制结构，使用采光好的新型棚膜，收集农家肥，对土壤进行改良，选用优质稻种，同时积极与其他种植户沟通交流，学习先进的种植技术和管理方法。建大棚、除草、筛土、选种、育苗，一项项工作在他的管理下有条不紊地进行着。他晒黑了、累瘦了，但他的精气神更足了。看着育秧棚里破土而出的小秧苗，他兴奋地说："国家有这么好的扶贫政策，我在脱贫路上越来越有干劲了，我一定靠自己的双手干出个样来。"

在党和政府的亲切关怀和大力支持下，多年来的拮据生活和沉重的家庭负担并没有击垮杨万哲，反而增强了他对责任的理解、对亲人的珍惜和对脱贫致富的渴望。他在脱贫致富的道路上摒弃了"等、靠、要"的思想，苦干实干，积极进取，靠自己辛勤的劳作走上了脱贫致富之路，开创了属于自己的崭新生活。

自强不息摘掉贫困帽的女强人

——吉林省双辽市卧虎镇东方红村董淑萍产业脱贫故事

董淑萍，女，49岁，是吉林省四平市双辽市卧虎镇东方红村村民，2015年被确定为建档立卡贫困户。几年来，董淑萍没有消极颓废，而是自力更生，用勤劳和坚韧走出一条属于自己的脱贫致富路。如今"贫困户"这个称呼对于她早已成为历史，不仅如此，她还同全国人民一道走上了致富奔小康的光明大道。

昔日婚变让她的家庭陷入困境

董淑萍原本拥有一个幸福的四口之家，因为2013年的婚姻变故，她由一名家庭主妇瞬间变成"一个带着孩子的离婚女人"。这场婚姻变故使她一无所有，还要独自抚养当时还在上学的女儿们。说起婚变原因，村里人都晓得，离婚的过错方并不是她，她完全可以向司法机关提出一些合理要求，但她并没有，村里人都说她是个"傻女人"。带着孩子的离异女人的生活并不容易，维持生活、供养孩子的压力让她一筹莫展。2015年底，董淑萍被村里确定为建档立卡贫困户，得到了党和国家的关怀和帮助，她倍感温暖。她重新燃起生活的信心和勇气，不等不靠，自食其力，尽快摘掉"贫困帽子"的念头在她心底积攒涌动。

自力更生让她甩掉了"贫困帽子"

"贫困户"这个称呼对于骨子里带着坚强和倔强的董淑萍来说是始终不

愿接受的，她总觉得自己有手有脚还要国家救济真是不光彩。于是她咬紧了牙，把泪水咽进了肚子里，暗自发誓不靠不要、自力更生，一定要给自己和孩子幸福的生活。为了方便女儿上学，董淑萍在双辽市里租了房子，在洗车行打工挣钱，虽然很累，但是内心有信念、有目标，就有了奔头，凭借着辛勤的付出，短短一年时间，她就成为村里第一批脱贫的人。接下来三年的时间，为了实现稳定脱贫，她一直踏踏实实做洗车工的工作，她的坚强和努力在无形之中成为了孩子的榜样。2019 年 6 月，二女儿吴比琪以优异的成绩考入了双辽市第一中学，这是对母女俩自强不息、与命运抗争的顽强精神的最好回报。最苦最难的时候都没有落过泪的她，这次偷偷哭了好多次，这是喜悦的泪水。

自强不息让她走上了致富小康路

对于一直想要给自己和孩子美好富足生活、骨子里永远有一种不服输的劲儿的董淑萍来说，摆脱贫困并不是终点，而恰恰是通往美好生活的起点。老话讲：人要自强多人帮。双辽市卫生健康局机关党委副书记与双辽市妇幼保健计划生育服务中心副主任是她的结对包保人，了解到董淑萍的情况，他们经常帮助她解决一些生活中的小困难，和她谈心、话家常，鼓励她战胜生活困难，并跟她一起寻找和摸索劳动致富的路子。2019 年 10 月，为了报答党和政府一直以来的关心和关爱，更为了给身为"贫困户"的自己一个"翻身"的机会，董淑萍在两位包保人的鞭策鼓励和帮助下，经过多方考察论证，董淑萍凑了78 000 元，在双辽市第三小学东侧，开了一家"鑫香缘"早餐店。为了节约开支，店里只雇佣一名服务员，她自己不辞辛苦既当老板又当服务员，每天凌晨两三点起床做早餐，一

贫困户脱贫故事

天的流水大约六七百元，高时近千元。这样算下来，她一年的净收入保守估计也能达到 7 万元左右。如今的她，二女儿安心读书，大女儿、女婿每天跟着她打理早餐店，眼见着日子一天比一天好，董淑萍的心里美滋滋的，浑身有使不完的劲。当人们不再叫她"傻女人"，而对她竖起大拇指的时候，她高兴地说："人活着就要有股子精气神儿，再难再苦的日子都能熬出头。更何况党和政府的政策这么好，咱必须好好干，一定要凭自己的双手脱贫致富。"

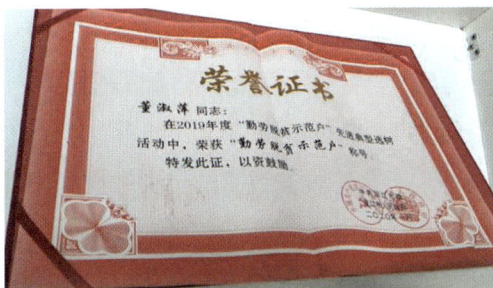

回顾奋斗在脱贫致富道路上的这几年，她激动地说："当贫困户可不是光荣的事儿，等、靠、要只能缓解一时的贫困，要想实现真正脱贫致富，就得学会用自己的脑子、靠自己的努力去争取。"2019 年，董淑萍被双辽市委、市政府评为 2019 年度"勤劳脱贫示范户"，受到全市表彰。这给她增添了更大的信心和动力，在脱贫致富的光明大道上越走越"带劲儿"。

担当使命的践行者　铭记党恩的致富人

——黑龙江省虎林市珍宝岛乡小木河村王金玲产业脱贫故事

贫困，是人生最难以承受的境遇。怎样走出困境？怎样脱贫致富？怎样能生活得幸福快乐？"要看一个国度，要看一级政府，要看一群干部，要看人民群众的内生动力"。怎样诠释这"四要看"？一切都可以在虎林市珍宝岛乡小木河村贫困户王金玲脱贫致富的过程中找到答案。

在党的脱贫攻坚政策关怀下，
她长满杂草的心亮堂起来

43岁的王金玲生活在虎林市珍宝岛乡小木河村，有一个四口之家，爱人身有残疾，两个孩子都在上学。2013年，积劳成疾的她患上了肾病综合征、心脏病、高血压，无法从事重体力劳动。原本她是家庭的主要劳力，她这一病，家庭就失去了收入，生活就跌入了谷底，她家成了贫困户。

王金玲是个要强的女人，她原本有信心、有能力撑起这个虽穷但幸福温馨的家。然而，突如其来的疾病让她的计划成为泡影，信心荡然无存。

2014年，就在王金玲失去生存能力和生活动力的时候，国家精准扶贫政策出台了，就像甘露降临到她那失于打理而长满杂草的农家院儿里。扶贫干部来了，送食品、送政策、送计划、送技能，一下子让她的农家院儿热闹起来，让她的心亮堂起来。

借助国家脱贫攻坚政策，扶贫干部为王金玲量身打造了一个脱贫致富计划：根据家庭实际情况，发展养殖业。

贫困户脱贫故事

在党和政府的帮扶下，她打了一场漂亮的脱贫翻身仗

　　按照脱贫致富计划，王金玲在后院建起一间猪舍。帮扶单位为她提供了水泥、木料，感动之余，她说够了，剩下的自己来解决。她依旧是这么刚强，能自己做的绝不麻烦党和政府。她四处捡拾旧砖头，和爱人一起建起21 米^{2}的砖猪舍，走上创业之路。

　　2 头母猪崽和 1 头小公猪入栏了，满怀憧憬的王金玲勤学苦做，经历了多次小猪生病、治疗，感受过多次心痛、折磨。乡扶贫干部多次过来，提供帮助，解决问题。2017年春天，辛勤换来可喜成果，新生的 13 头小猪卖了 6 000 多元。捧着这沓皱皱巴巴的钱，她的眼前模糊了。

　　生猪养殖周期比较长，为了尽快脱贫，王金玲又盯上了笨鸡养殖。2017年 5 月，她养了 50 只鸡雏。通过精心饲养，成活率达到 80%，每只卖到了100 元，纯收入 2 000 元。

　　两次成功，给了王金玲信心和动力，她扩大了养殖规模。在猪崽半大的时候，资金周转不开了，没钱买饲料，她没向扶贫干部请求帮助，一咬牙，与饲料商签订了高价赊欠协议，这就如同高利贷，但她一定要这么做。2017年底，在 20 多头肥猪要出栏的时候，生猪市场价格直线下降。她又一次走入困境，如果此时出售生猪，恐怕还不上赊下的账。乡扶贫干部得知她不愿给乡党委、政府添麻烦后，都为之动容，感受到王金玲的高尚人格和真挚感情。她越是不愿，干部们越是情愿。为了减少经济损失，扶贫干部齐心合力帮助她销售，终于将生猪以高于市场两元的价格售罄。在这次惊心动魄的市场考验和锻炼中，王金玲成熟了，学会了整合

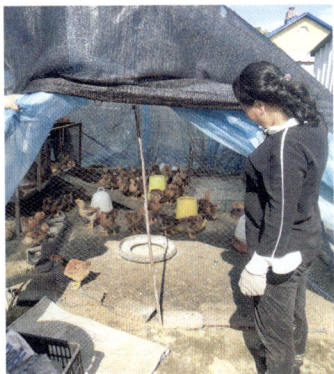

资源、经营家业。

在脱贫攻坚战役中贡献一份力量，报答一份恩情

一间猪舍、一个鸡窝只能解决温饱，而王金玲的目标是脱贫致富。有了成型的养殖经验，也有通畅的销售途径，经过市场分析，王金玲决定再次扩大养殖规模。2018年1月，王金玲申请扶贫贷款3万元，扩建圈舍，当时存栏3头母猪，20头仔猪。在乡村党员干部的帮助下，王金玲无所畏惧，尽心竭力地操持、经营着她的家业。这一年，她打了一个翻身仗，她的养殖场人均收入超过了6 000元。

致富后的王金玲深知自己的幸福生活是怎么来的，更知道怎样回报关爱她的党、关怀她的社会、支持她的扶贫干部。于是她主动参与到乡村精准扶贫工作中，贡献一份力量，报答一份恩情。她在本村一次"包扶"了7户贫困户，实行托管养猪、效益分红的办法，她要让贫困户和她一样，也置上一份长效产业，为此，她不仅提供技术，还提供猪崽、鸡雏。

2019年是王金玲最红火的一年。这一年，她继续发展养殖业，收入突破4万元，爱人也被虎林市林草局聘为生态护林员，年人均收入达到了7 000元。这一年，她"包扶"的7户贫困户也成功脱贫了，她的"最具能动力的扶贫模式"被珍宝岛乡复制推广。这一年，她还成为小木河村内生动力最强、脱贫技能最好的贫困户。这一年，她获得"龙江十大脱贫致富农民带头人"荣誉称号，黑龙江省委书记接见了她。当手捧证书的时候，她的眼前又一次模糊了，这次她感受到了阳光的照耀，前途的光明。

2020年，新的起点，王金玲的发展目标又远了一程，又高了一层，现在存栏母猪6头，她要出售肥猪40头、小笨鸡100只，家庭人均收入要超万元。

贫困的原因有很多，但走出困境的路只有一条，这就是政策引领、党委政府关怀、党员干部帮扶、贫困户努力。事实证明，珍宝岛乡的脱贫攻坚工作是脚踏实地的，帮扶模式是切实可行的。乡党委书记在脱贫攻坚动员大会上说："打赢脱贫攻坚战，党员干部是关键，激发贫困户内生动力是关键，我们将继续努力，走完'最后一公里'，实现脱贫攻坚的零距离。"

赫乡王秀玲的养殖"致富经"

——黑龙江省同江市八岔赫哲族乡王秀玲产业脱贫故事

黑龙江省同江市八岔赫哲族乡新强村建档立卡贫困户王秀玲，在脱贫致富的道路上不甘落后，在党和政府的政策扶持、干部关爱和社会帮助下，铆足干劲、奋发图强，用辛勤的汗水铺就了脱贫路。2019 年，通过养猪及务工，她家人均纯收入达到 1 万元以上，日子过得越来越红火。

家家有本难念的经。王秀玲勤劳质朴、贤良淑惠，丈夫孙立君为人老实本分、忠厚正直。可是 2013 年，突如其来的车祸给孙立君留下了严重的脑出血后遗症，无法从事体力劳动，尽管王秀玲费尽心思精心照料，也无能为力。同年的黑龙江特大洪水又让王秀玲家房倒屋塌，一家人不得不委身在阴暗的地窖子中。王秀玲一个人既要照顾不能下地、大小便失禁的丈夫，又要挣钱养家，家庭负担非常沉重，日子没有盼头。虽然办理了低保，但面对既要供孩子念书，又要照料丈夫的困窘局面，这一点生活补贴还是显得杯水车薪。为此，她不知哭了多少场。

精准扶贫迎希望。2014 年，国家全面实施"精准扶贫"政策，给王秀玲一家带来了希望，考虑到王秀玲家的特殊情况，经过村里开会研究，她家被确定为贫困户。乡政府帮助安置了住房，一家人再也不用住在透风漏雨的地窖子里了，村委会每年提供 5 吨煤，用水用电村里也都管，这些暖人的行动让好强的她感觉不好意思，她总说："这个年纪就靠国家救济，丢人。"她想创业，想干事，"人穷志不能穷"是王秀玲说得最多的话。2017 年，包村领导孙文武就协调鸡宝宝孵化基地为她找了一份工作，每月收入 1 500 元，负责喂鸡雏、防疫、清理鸡舍、卫生消毒，平时她有什么活就干什么，总是不闲着。老板看她特别能干，又特别能吃苦，给了她 30 只鸡雏让她回家养，

100 个产业脱贫典型

让她创收。这更坚定了王秀玲奋发图强、早日脱贫的决心，她在家里搭了个简易的塑料棚，砌点砖，做成了鸡舍，到了秋天，连鸡带蛋创收 2 150 元。王秀玲经常告诉家里人："咱们不怕穷，只要好好干，总会有过上好日子的那一天！"在她的鼓励下，儿子孙国庆 2017 年去了哈尔滨打工，一开始是在小餐馆里当学员，通过几年的努力，现在成了烧烤师傅，每月收入达到 3 000 多元，还交了女朋友。看着儿子渐渐长大，丈夫身体渐渐好转，王秀玲心里乐开了花，创业致富的劲头更足了。

奋斗才能脱贫。王秀玲常说有帮扶单位帮扶，自己更要干出点样子来。帮扶干部到村里看望她，问她有什么意向，她坚定地说想养猪，发展养殖业。于是经过多方协调，帮扶单位给她家买了 4 头猪，年底她卖了三头猪，还留了一头种猪用于繁育。正好乡里又落实了金融扶贫政策，她申请了 2 万元的小额扶贫贷款，作为下一年发展家庭养殖业的启动资金。2018 年初，她迫不及待地捡了一些砖砌了猪圈，养殖了 14 头猪，当年就达到了脱贫标准，奠定了脱贫致富的基础。2019 年她又与他人合伙发展养殖产业，2020 年初，她养殖的母猪产下 36 头小猪，卖掉部分小猪得到 3 万多元。为了养好猪，产更多的猪仔，她甚至把要产仔的母猪挪到自己住的屋里，时刻照看，她养的母猪产仔存活率达到了 90% 以上，其他养猪户听说后纷纷向她请教经验，她却总是憨憨地笑着说：也没啥呀，就是上心呗。她的创业激情也让帮扶干部越来越有信心，每年都为她家送来 30 只鸡雏，还帮她联系猪的销路。不满足的她，又通过鸡宝宝孵化基地养殖了 8 只金谷富硒鸭，通过卖蛋和鸭肉增收。就这样，一来二去，她一边务工，一边发展家庭养殖业，用自己勤劳的双手致富，创造了幸福美好的小康生活，也为全乡的贫困户树立了自立自强的榜样。

贫困户脱贫故事

　　一花引来百花香。王秀玲靠发展养殖走上致富道路，尝到甜头的她总说，自己致富了，还要将致富经传授给乡邻。她经常给贫困群众算养鸡、养鸭的小账，鼓励劳动能力弱的贫困群众靠养殖业增收。80多岁的郭秀全在她的带动下，家里养了100多只鸡、鸭、鹅，帮扶干部帮她销售，仅这项收入就达到4 000～5 000元，贫困户白树岭也在她的带动下养起了猪。她用在鸡宝宝孵化基地打工的经验为贫困群众无偿提供技术服务，贫困群众养殖的积极性越来越高。乡、村两级积极协调鸡宝宝孵化基地为贫困户发放鸡雏1 000多只，帮扶干部为贫困户购买鸡、鸭、鹅雏近千只，全村53户建档立卡贫困户中80%的贫困群众都靠这项"庭院经济"获得了实惠。"扶志、扶智"效应，让更多贫困群众用奋斗创造起了自己的好日子。

身残志更坚　致富助乡邻

——安徽省六安市金寨县张传峰产业脱贫故事

"我们没想到这个小伙子能闯出这么大的名堂，不仅自己脱了贫，还帮助我们这些贫困户脱了贫。大家都琢磨着，张传峰能脱贫致富，我也要努把力了。"提起张传峰，金寨县汤家汇镇的贫困户们总是津津乐道，赞叹不已。

张传峰，家住安徽省六安市金寨县汤家汇镇竹畈村，身高不到 1.5 米，二级肢体残疾，全家 4 口人，父母都是 60 多岁的农民，自己还有一个 8 岁的孩子，家庭十分贫困。2000 年，张传峰初中毕业，满怀憧憬想和别人一样到大城市闯一闯，出去打工赚钱，好为年迈的父母分忧解难，但由于个子矮、体质差，他四处碰壁找不到合适的工作，只能待在家里。为了挣点钱，他骑着和他身高差不多的三轮车，倒腾过水果、贩卖过烤鸭，还开过小卖部，不仅没有成功，还把家里的 2 万元本钱也赔了进去。日子越过越紧巴，就连妻子也失望地离开了他，留下年迈的父母和幼小的孩子。2014 年，张传峰家被确定为贫困户。

2015 年，他看到别人养羊收入不错，就和父母商议，东拼西凑借了 1 万元，买了 22 只小羊羔，自己动手用木条钉了一间 30 米²的羊舍，当起了"小羊倌"，他还请农技人员来指导防疫工作，联系县里的专家上门指导养殖技术。2015 年，村里为他申请了 10 万元的创业扶贫贴息贷款，他用这笔钱扩建了羊场，又买了 20 只种羊，并成立了美羊羊家庭农场。2016 年底，他用前一年卖羊的钱购买了 2 000 多只黑鸡和 300 多只鸭苗，当年就赚了 20 多万元，纯收入超过 12 万元，一举实现了脱贫。

2017 年，他在汤家汇红军街租了两间门面房，开始试着通过"微商"

贫困户脱贫故事

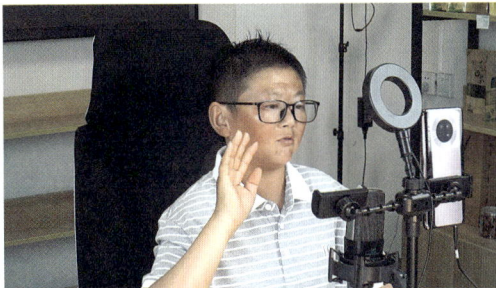

渠道来销售自己的农产品。他参加了县内举办的电商培训班，不断琢磨怎样在网上卖家里的农产品。他先从微信好友、老客户推介做起，渐渐地，凭借着产品的良好品质，销量不断攀升，线上交易量慢慢超过了线下交易量，平均每天微店订单额超过 2 000 元。

"朋友圈"越来越广了，他又开始摸索做自己的产品品牌了。他和别人合伙成立了金寨县香尖土特产有限公司，公司的部分产品通过了有机认证，也有了自己的商标。山上养的羊，河里养的鸭子，田里种植的小香薯，都是网店的热销"大爆款"，他本人也成了"抖音""快手"等平台的"明星"。2018 年，张传峰纯收入 20 万元，2019 年，他的纯收入达到 50 万元。

自己脱了贫赚了钱，有了新的销售渠道，张传峰并没有"掖着""捂着"，在销售自己养殖的山羊、黑鸡的同时，他开始帮助其他贫困户销售蜂蜜、土鸡蛋、粉丝、葛粉、挂面、黑毛猪肉等家乡农产品。慢慢地，在张传峰的带领下，红军街上的 30 多家实体小店店主们都开始做起了电商。县内出台了电商扶贫的扶持政策，镇里因势利导，成立了电商协会，张传峰成了名副其实的骨干，他开始带着一帮电商伙伴集体收购贫困户的农产品，实现从个人单打独斗到"集团军"作战的蜕变。仅 2018 年，他们的电商团队通过"统购分销"方式，帮助贫困户销售农特产品，获利 1 000 多万元，带动 600 多

100 个产业脱贫典型

户贫困户发展产业增收脱贫。他帮助竹畈村张一银、徐应平于 2017 年实现脱贫，帮助竹畈村贫困户林英传于 2018 年实现脱贫。

如今的张传峰，再也不用为拿不出几百元钱买一只小羊羔发愁了。2020 年春天，张传峰花了 40 多万元，购买了一套商品房，让年迈的父母住上了新房，他自己也买了一辆小汽车，再也不用手提肩挑地去收购贫困户的农产品了。他也被评为金寨县"2017 年度十佳产业扶贫带头人"、六安市"第二批脱贫攻坚先进典型"和第一届金寨县道德模范，2019 年还在安徽省农村电商发展现场会上发了言。中央电视台、安徽电视台、《安徽日报》等媒体纷纷对他的脱贫事迹进行了宣传报道。

张传峰经常对他帮助的贫困户们说："这几年，我靠发展产业脱了贫，靠电商致了富。我感到要脱贫千万不能'等、靠、要'，那只会让自己越来越穷，靠自己的双手才能真正脱贫。今后我也一定会继续做好产业，做好电商，带着大家共同致富。"

用奋斗改变命运　开创脱贫致富路

——安徽省黄山市黄山区爱素家庭农场主王爱素产业脱贫故事

　　安徽省黄山市黄山区仙源镇龙山村村民王爱素，命运多舛，不幸陷入贫困。在扶贫政策带动下，她凭借着自己勤劳的双手，通过创办家庭农场，甩掉了贫困的"帽子"。她的创业脱贫路，闪烁着励志的光芒。

　　祸不单行，陷入贫困。王爱素原有个幸福的家庭，丈夫是个砖工，每年能挣 2 万多元。但 1999 年丈夫建房时不慎从脚手架上摔落重伤不治而亡。家中失去了顶梁柱，生活开始陷入困境。谁知祸不单行，2003 年，她正在读初三的儿子又被查出脑部恶性肿瘤。为给儿子治病，王爱素花尽了家中积蓄，还借下了十多万元外债，结果儿子还是不幸去世，剩下她和女儿相依为命。村里对她的家庭十分关心，2014 年将王爱素家列入建档立卡扶贫户，实行精准扶贫。王爱素不埋怨命运不公，也不等、靠、要，决心用自己的双手摆脱贫困。

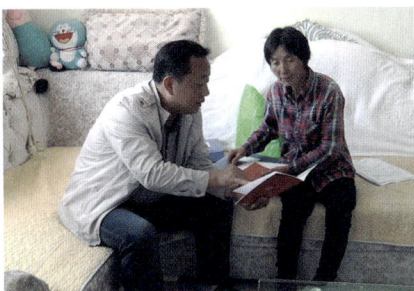

仙源镇扶贫干部上门了解情况

　　精准帮扶，发展产业。党的扶贫政策暖人心，给王爱素自主创业脱贫吃了定心丸。驻村扶贫工作队来到她家，帮她梳理出"种养结合，综合发展"的脱贫思路，并带她外出考察，寻找扶贫项目，自主创业。调研发现，当时覆盆子市场行情走俏。2015 年，王爱素首先在自家 3 亩多自留山场上试种，同时流转了周围 4 家村民 11 亩多山场，将荒坡改建成基地。种覆盆子，王爱素没有任何经验，正在担心的时候，龙山村产业发展指导员送技术上门。

100 个产业脱贫典型

王爱素采摘覆盆子　喜获丰收

当年她家覆盆子成活率达 95%。当地农业主管部门安排 5 000 元精准到户项目补助资金，村里送来了 9 000 元产业扶贫资金，帮助她发展产业。2016 年她家首季覆盆子收入达到 2 万余元，喜获成功。接着她又流转了 25 亩荒坡地，建成了仙源镇规模最大的覆盆子种植基地，在这基础上建起了爱素家庭农场。为真正将贫困户创业扶上鞍，产业发展指导员多次邀请省市专家现场指导，并为每户确定一名农技人员作为产业技术联系人。在多方支持和王爱素的辛勤种植下，覆盆子年收入始终保持在 3 万元左右。2017 年，她成功实现了"户脱贫"。

综合发展，联贫带贫。2018 年，她想进一步扩大覆盆子种植规模，产业发展指导员提醒她："种植有风险，不要把所有馍放在一个筐子里。"建议她走多种经营之路。她接受了建议，决定利用后山山场养殖肉牛。正好村里有一户贫困户家中有两头牛犊想卖，她出资 7 500 元将这两头小牛买了下来，其中有一头母牛。2019 年她又投入 5 万元购回了 8 头黄牛，实现自繁自养。2020 年，养殖规模达 13 头，春节期间出栏肉牛 3 头，肉牛收入 5 万多元。她在养殖肉牛的同时，种植玉米 11 亩，嫩玉米可销售，玉米秸秆作为青饲料用于肉牛养殖。雾山还盛产野葛，她每到 11 月就开始上山挖葛根，回来清洗后加工成葛粉，每年生产葛粉都在 250 千克以上，家庭年总收入近 10 万元。

王爱素成功脱贫了，但她深知贫困户的难处。她经常帮助其他贫困户销售西瓜、土鸡、土鸡蛋、笋干等农副产品。2019 年通过订单、务工方式带动 21 名贫困户，促进增收近 11 万元。2018 年、2019 年爱素家庭农场均被评为"黄山区先进带贫主体"。她由一名当年贫困户成了如今的扶贫人。

王爱素用自己奋斗的双手拨开了命运的迷雾，用一步步的创业实践开创了新的人生路。王爱素的成功证明了扶贫更要扶智和扶志，光靠"输血式"扶贫容易使贫困户产生依赖心理，而产业扶贫方式能为贫困户增强"造血"功能，真正达到脱贫的目的。

科学种养　脱贫奋进

——江西省吉安市安福县章庄乡将坑村蔡小武产业脱贫故事

"授人以鱼不如授人以渔"。单纯地依靠外部"输血式"扶贫，不能从根本上断掉穷根。要从根本上实现贫困地区的脱贫致富，必须要增加贫困地区的"造血功能"，从单纯的物质资金支持转变为重视贫困地区人口的教育和人力资源开发，让群众充分认识到掌握脱贫技能的重要性，提升群众的文化素质与职业技能，使其精神富有。章庄乡正是认识到了扶志和扶智的重要性，在脱贫攻坚工作中格外关注扶志和扶智。扶志就是扶思想、扶观念、扶信心，帮助贫困群众树立起摆脱困境的斗志和勇气；扶智就是扶知识、扶技术、扶思路，帮助和指导贫困群众着力提升脱贫致富的综合素质。将坑村村民蔡小武就是这样的一个典型人物，靠自己的努力一步步迈出困境，实现脱贫致富的梦想。

多年来，蔡小武一直在章庄乡将坑村居住。由于居住在山区，缺乏技术，他家里生活异常贫困。后经过入户调查、民主评议、公示公告等程序，蔡小武家被确定为建档立卡贫困户。根据精准扶贫工作要求，乡党委、政府根据"一户一策"原则为蔡小武量身定制帮扶措施，并安排了结对帮扶的干部，帮助指导其脱贫致富。有了党和政府的帮扶，蔡小武心中充满希望，为了不负党和政府大好政策的恩泽，也为了一家人能摆脱贫困，过上小康生活，他鼓足了干劲，从返乡种田的建档立卡贫困户，变为年收入近8万元的养殖大户，仅仅用了一年时间，不仅甩掉了贫困户的"帽子"，还成了全村脱贫致富的典型。

万事开头难，最初接触中药种植的小蔡，其实也经历了不少坎坷。由于没有控制好种植温度，种植技术也有所欠缺，一开始收成并不好。蔡小武转

100 个产业脱贫典型

而饲养土元虫，也因为饲料配制不合理，养殖也不成功。渐渐地家里出现了反对的声音，"咱们这世代为农的，离县城还有 70 多千米呢，你这瞎折腾有啥用啊！"母亲在家里总是念叨着，而执著的小蔡则憋着一股劲，誓要靠自己摘了这贫困户的"帽子"。

不懂技术，就四处向老农请教，没有经验，就自己外出参加培训，四处购买养殖书籍，学习养殖知识。邻居都说，这一年啊，小蔡黑瘦了不少，常常是凌晨两三点还能听见他的摩托声。眼看着种植的药材破土而出，蜂蜜也打开了销路，蔡小武百感交集。

然而，有经济头脑的他并没有停留在现有的养殖规模上，在当地政府的支持与帮扶干部的帮助下，蔡小武争取到 5 万元的产业扶贫信贷通，加上吉安市政法委帮扶的 1 万元资金，他迈出了立体化种养和线上营销的试探步。"这是蜂蜜群，这是家畜养殖交流群，你看我的客户，有浙江的、萍乡的、宜春的，也有县城的，现在我家的蜂蜜和牛羊肉一出来啊，在朋友圈一吆喝，不到几天就一抢而空。"小蔡掏出

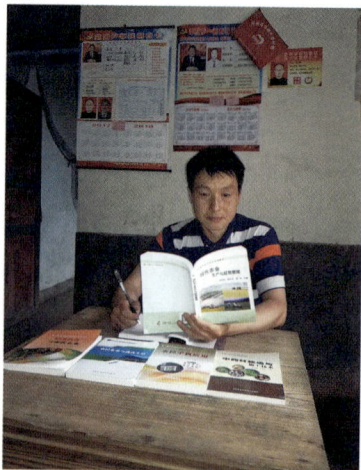

贫困户脱贫故事

自己的手机展示着，脸上笑开了花。

自己已经脱了贫，自然也不忘带动乡亲们致富。邻村的蔡小平谈起他来也是赞不绝口："跟着小武哥学养殖啊，收入比以前翻了番，每次他自家的销售完，还帮忙推销我的，真的很感谢他。"在村民的推举下，蔡小武在2020年还当选了村委会委员，不仅成了入党积极分子，也成了治保主任。村民们都以他为榜样，整个村子也有了"精气神"。

坐在院子里，蔡小武谈起脱贫点子连绵不绝，他弯着手指给笔者算了笔账。"现在生活越来越好了，你看我这房前屋后，山上山下，只要勤奋一些，一年少说也有7万元的收入，比打工可强多了。"说起未来的打算，蔡小武指向了远方的流转田。"今年（2020年）我想再承包些田地，再建起沼气池，以后牛羊粪便处理后做成沼气料，池塘淤泥就近作为果苗肥土。现在国家政策那么好，咱们啊，总得干出点样子。"话语间，小蔡的眼神里，是满满的希望和自信。

扶贫与扶志、扶智是相辅相成的，就像车的两个轮子，只有同时发力，才能有效果，才能让贫困户真正想脱贫，真脱贫。

绽放的"红杜鹃"

——江西省井冈山市茅坪乡神山村彭夏英产业脱贫故事

彭夏英，女，51 岁，是井冈山市茅坪乡神山村一个贫困家庭的普通妇女。她心地善良，勤劳肯干，把家里收拾得井井有条，村里乡亲有什么难事，她总不忘搭把手。早年，她的丈夫在外务工时，足部摔残，无法胜任重体力活，彭夏英便成了家中的顶梁柱。由于村庄离城镇较远，使得家庭产业发展滞后，全家主要依靠彭夏英一人务农获得微薄的收入，经常入不敷出，一家老小几十年一直住在不足 60 米² 的破旧土坯房里。

中共十八大召开后，精准扶贫的春风吹进了神山村。2015 年，彭夏英家被确定为村里的建档立卡贫困户。2016 年 2 月 2 日，习近平总书记来到井冈山市茅坪乡神山村视察精准扶贫工作，走进彭夏英家，亲切询问她家的生产生活情况并鼓励她和家人要树立信心，脱贫致富。在各级政府的帮扶下，她放下思想包袱，不等不靠，带领家人自谋出路，积极维护和支持全村脱贫攻坚事业，在自己脱贫致富后带动周围贫困群众一起致富奔小康，展现了新时代井冈山市农村妇女的风采，成为绽放在脱贫致富奔小康征程中的一朵"红杜鹃"。

有思路才会有出路，做脱贫路上的先行人。"自己动手丰衣足食"，彭夏英身上有股闯劲，她始终坚信"幸福生活是干出来的"。在脱贫的道路上，她带领家人利用了一切可以利用的资源，想方设法致富。习近平总书记视察神山村后，全国各地的游客纷至沓来，神山村迎来了旅游发展的新契机。面对"踏破门槛"的客人，彭夏英感觉到了商机，召集家人商量，拿出了建房的积蓄，开办了全村第一家农家乐。她和丈夫将住了大半辈子的农房腾出来，简单置办了餐具，农家乐就开张了，一次能同时容纳 60 人用餐。她带领一家人齐心协力，不断改善菜品质量，提高服务水平。奉行和气生财、客

贫困户脱贫故事

人至上、诚信是金的经营理念，农家乐生意红红火火，年收入超过 10 万元。更有游客称她为"神山最美厨娘"。在经营农家乐之余，彭夏英和丈夫还开起了神山特产小卖部。除向游客出售自家制作的果脯、米果子、茶叶、笋干、腊肉、养生醋姜等，两口子重新拾起放下多年的竹篮编织和竹筷制作手艺，出售竹制品，还从山上挖些野生兰花、映山红等做成盆景出售，每月能增收不少。

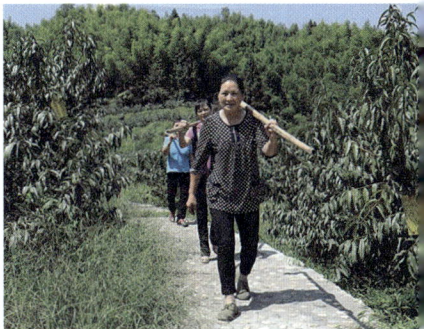

舍小家才能富大家，做脱贫事业的奉献人。夏日清泉，清澈凉爽。彭夏英文化水平不高，但品德好，很有大局观。2016 年，全市推进"消灭撂荒土地，发展致富产业；消灭危旧土坯房，建设美丽乡村"两消专项行动，在其他群众在等在看时，作为井冈山市人大代表的彭夏英积极响应政策，带头拆除自家土坯杂房和牛栏厕所。在她的影响下，神山村加快了环境整治和美丽乡村建设的进度。为发展致富产业，村里成立了黄桃、茶叶种植专业合作社，并吸纳全村贫困户入股，享受长期收益。但农村种植和养殖问题一直是一对矛盾体，2016 年 6 月村里开会号召大家禁养牛、羊，彭夏英丈夫养了 30 多只羊、3 头牛，也属村里的养殖大户，当工作组同志劝她丈夫支持种植合作社发展卖掉牛羊时，她丈夫怎么也不理解，还想着能等着冬天卖出好价钱建新房。养殖大户不支持，其他村民也在观望。僵持之际，彭夏英做出了最后决断，她说："我也舍不得这样卖了，但合作社毕竟牵涉大伙儿共同的钱，亏就亏点，不要因为我们不同意，影响了全村合作社发展，大家都脱不了贫。算了吧，就当今年没工资。"经过彭夏英的劝说，执拗的丈夫第一次做了亏本的买卖，带头推进了黄桃、茶叶产业的发展。无论是在土坯房改造风格的选择上，还是在出资入股合作社的决断上；无论是对村里公益事业的支持上，还是对邻居矛盾纠纷的排解上，彭夏英都能以大局为重，表达自己的观点，落实合理的行动，在群众中产生了积极的影响。

要扶持不是要抚养，做自主脱贫的宣传人。过去的神山村交通闭塞，基础条件差，群众"等、靠、要"思想极为严重，部分群众"等着扶、躺着要"。但尚没有读完小学的彭夏英对此一直存有不同的看法，"我不想当贫困户，贫困户的小孩找对象都很困难。"这是她经常同邻居们讲的内心感受。村里一户贫困户是彭夏英同族的亲戚，经过乡村两级帮扶，2016 年已完全达到各项脱贫指标，但该贫困户拒写脱贫申请，想要得到政府更多的扶持。彭夏英得知这一情况后，主动出马"现身说法"，她同亲戚讲事实、摆道理，最后一句"政府只能扶持我们，不能抚养我们"让不想脱贫的贫困户顿悟。这句话一传十，十传百，引来各级领导和媒体记者的好评与关注，新华网、中新网、《经济日报》等国内多家主流媒体进村采访她，深刻解读这位农村妇女坚定脱贫的内心世界。彭夏英还很善良，她不仅自己主动申请脱贫，还积极带动符合条件的村民共同脱贫，减轻政府负担，在村里评审低保时，还主动将丈夫享受的低保指标让给更需要的村民。她总是说："习近平总书记到了我家，很多游客也慕名来我家吃农家餐，我富裕了，这些就让给更困难的邻居。"遇到困难的时候，她总是将积极、乐观、坚定的一面展现给村里的群众。

独享富不如共致富，做共同致富的带头人。致富不忘群众，在自己农家乐和土特产品销售不断发展的过程中，彭夏英并未就此满足，她有着自己的想法："光自己富不算富，必须在自己富的同时，带动和帮助其他贫困户脱贫致富，共同发展。"因此，她利用自己的优势，积极与平时积累的客源特别是红色培训机构对接，争取更多的游客前来神山休闲旅游和参加红色培训。为提高村里的接待能力，使更多的群众能在旅游市场中获取收益，她又主动提出成立神山旅游管理协会，并挨家挨户上门宣传，动员大家加入旅游协会。通过她的努力，全村共有 16 户开办了农家乐，从业人员 56 人，占全村总人口的近 1/4，来神山体验农家乐的游客也越来越多了，大伙儿的生意也越来越好了。2017年，全村农户人均纯收入 1.78 万元，其中贫困户人均纯收入达到 8 737 元。

彭夏英，一位小学未毕业的农村妇女，凭着内心的善良，将村民利益置于个人利益之上；凭着身上的闯劲，将脱贫路上的天堑变成了通途。她坚定脱贫信心，从依靠"一把斧子、一把刨子、一把锯子"靠天吃饭养家糊口的昨天，走到了组织村民"一桌佳肴、一份特产、一块果园"脱贫致富奔小康的今天，成为了革命摇篮井冈山精准扶贫、致富奔小康路上的一朵艳丽坚强的"红杜鹃"。

"养猪倌"脱贫记

——江西省宁都县石上村易新荣产业脱贫故事

"现在我的家庭猪场有大猪 6 头，其中母猪 1 头，还有小猪 14 头，市场价每千克能卖 40 元左右，一头成熟的整猪能卖 5 000 元左右，今年的收入有盼头啦！"江西省宁都县石上村建档立卡贫困户易新荣脸上泛着笑容，高兴地说。他幼时因小儿麻痹致身体残疾，家庭困难的他不等不靠，不仅凭一己之力照顾瘫痪的兄弟 21 年，而且在当地政府和帮扶干部的因户施策精心帮扶下，通过自己的努力走在了当地脱贫攻坚的前列。

一肩重担　既要照顾瘫痪弟弟又得自力更生

顺着刚铺好的水泥坪看去，20 世纪八九十年代的砖瓦房坐落在山窝里，100 多米²的屋内除了一张破旧的桌子，就剩几个掉漆的凳子。房子的左侧还有几间矮小的房子，这便是易新荣为养猪而特意搭建的猪舍。

初见易新荣时，他正要去猪舍喂猪，他将猪饲料装在塑料桶里，一手提着桶，一手拿着勺，一步一步踉跄地走进猪舍。喂完 20 头猪，易新荣花了近半个小时。"他喂一次猪消耗的体力和时间都是正常人的两三倍。"石上村的村支书曾南元说。

据易新荣介绍，幼时他因小儿麻痹症身体落下了残疾，变得与正常人不太一样。易新荣的劳动能力受到了限制，而家里的经济重担却并未因此而有所减轻。"每天要花销，又有个瘫痪在床的弟弟需要长期用药，家里的日子过得一天比一天紧张。"

一个信念 "只要肯干，养活自己没问题"

"人生的路还长，得靠自己的双脚走出来。"如同多数勤劳的村民一样，易新荣每天也会在天刚刚蒙蒙亮时起床，开始一天的劳作。易新荣说，十余年如一日地早起，下地、喂猪，然后收拾房间，已经成为习惯。为了解决经济问题，易新荣开过杂货小铺，卖过两分钱一个的煤球，挑着担子逐村逐户去给人修锅……后来又尝试着养猪。

看似简单的事情，真正做起来，遇到的困难和问题真不少。缺乏养猪经验的易新荣，为了避免风险，最开始只养了两三头猪。"我想先试试养猪是否可行，如果行得通再做下一步打算。"在他的精心护理下，养出了一头180 千克的大肥猪。"一头猪就能换来两三千的收入呢。"易新荣手舞足蹈地讲述着自己养猪的经历。"只要肯干，养活自己是没有问题的。"易新荣总是这样说。

据介绍，易新荣除了养这 20 头猪外，还向政府领了 20 只鸭仔饲养。"政府免费提供鸭仔给我们养，以后如果销售有问题，政府也可以帮忙收购，多好的事儿呀。"靠着这份自强不息干劲儿，易新荣的日子越过越好。

一次机会 他勇创养猪脱贫路

2016 年 8 月份，村里来了一位第一书记。

"老易，你家的猪要注意打疫苗……"原来，驻村扶贫的第一书记徐书记是安源区农业局的畜牧专业技术人员。"自从徐书记驻村后，我们村的种养业都有了技术指导。"易新荣开心地说："有了专业人员的帮助，我可得紧抓机会。"就这样，易新荣又有了新的打算——扩大养殖规模，从原先每

贫困户脱贫故事

年只养 2～3 头，扩大到了 20 余头。"我开始养猪时什么也不懂，碰到了很多问题，通过政府从技术、疫苗等多方面的帮扶，我养猪走上了正轨，现在每年可赚 10 余万元，而且我得到了政府的发展产业的相关补贴，感谢党的好政策，感谢政府，感谢帮扶干部对我的关怀和关爱。"谈起养猪这条路，易新荣充满了对政府、对帮扶干部的感恩之心和对脱贫致富的坚定信心。看着 20 头猪、20 只鸭仔长得越来越好，易新荣的日子越来越有奔头。

　　幸福生活是奋斗出来的。顺着新铺好的水泥坪望去，是一栋 20 世纪八九十年代建的砖瓦房，经过岁月打磨的房屋，并没有特别斑驳。走进易新荣的家：农家小院干净整洁，三间猪舍也被清扫得无异味，栅栏下一群鸭子和三两只小鸡正争相啄食……一幅安居乐业的幸福画卷在易新荣的家中缓缓铺展开来，凭借着勤劳的双手，易新荣正在开创一条属于自己的养猪脱贫之路。

卢胜旺的三顶"帽子"

——河南省邓州市陶营乡卢岗村卢胜旺产业脱贫故事

"这几年我共投资了 40 多万元，现有 31 亩水面面积，利用'莲虾混养'地块的间隙进行鸡、鹅的立体养殖。2020 年开辟了 10 亩水面进行娱乐垂钓，每天效益可观。"卢岗村脱贫户卢胜旺这样向笔者介绍。

在卢胜旺的"莲虾混养"基地，新竖起的"胜旺垂钓园"牌子上"每人 100 元 6 小时"格外醒目，记者见到了不少驱车前来垂钓的人。垂钓者索景浩说："我喜欢钓鱼，平时跑的地方也多，听说过卢胜旺的这个垂钓园，到这儿一看环境不错，最近一直在这儿钓鱼。"

顶穷帽　不甘

卢岗村扶贫专干杨小红介绍，2017 年 5 月，卢胜旺家被确定为建档立卡贫困户，成为该村 45 户、112 名建档立卡贫困户中的一员。

前几年，卢胜旺和母亲赵荣先相依为命，年逾七旬的母亲身体不好，患有高血压和其他慢性病，常年吃药。卢胜旺说，那些年眼看人家都住楼房，自己却让老母亲住在几十年前的老房子里，心里很不是滋味。无奈下，他决定外出打工挣钱。

后来赵荣先疾病加重，在邓州市中心医院住了好几次院，卢胜旺只得辞工回来照料老母亲。为给母亲治病，卢胜旺花光了打工挣的钱，还向亲朋借了不少钱。

没有收入来源，背负着债务，当时的卢胜旺一贫如洗。正在他心灰意冷之际，一系列的扶贫措施接踵而至，村里为他家进行了危房改造，在卢岗村主干道旁边为他家盖了新房子。

贫困户脱贫故事

卢胜旺是个要强的人，一系列的帮扶政策重燃了他生活的信心，可是40多岁的他顶着贫困户的帽子，心里很不甘。

"我也想找个致富门路，早点摆脱窘境，过上好日子，但没钱、没项目，很难。"卢胜旺感觉有力使不上。

甩穷帽　光荣

2017年秋，卢胜旺的帮扶责任人刘渊认为他有喂养小龙虾的经验，结合小龙虾生长周期长和发展前景好的特点，加上卢岗村恰好有"引丹工程"，刁南干渠清澈的丹江水从村边流过，便建议他进行"莲虾混养"。

卢胜旺自家有3亩地，通过村里，又集中流转了12亩地。2018年春，卢胜旺向亲朋好友借了一部分钱，镇领导主动牵线市农商银行陶营支行给卢胜旺筹了3万元。用这些钱，卢胜旺挖了坑塘、种上藕，安装了监控和隔离网，购买了虾苗。

"看到活蹦乱跳的小虾苗随着哗哗的丹江水流进坑塘时，我心里像吃了蜜一样甜。"卢胜旺回忆当时的情景。

镇、村邀请河南省农科院专家进村考察和指导，专家们从水质、水草、养殖密度、喂食方法等方面给卢胜旺指导，这更坚定了他做好"莲虾混养"的信心。

小龙虾每年3月至11月上市，4月至9月是生长高峰期。

卢胜旺每天凌晨4点多起床喂养、照顾小龙虾。2018年6月，第一批小龙虾出笼便见到收益。

2018年，他每天出虾35～50千克，大虾每千克40多元，能净赚600元。邓州市内几家大饭店听说卢胜旺的小龙虾养得好，天天"专车"来收购，他养的虾因为品质好，还销往了南京、西安等地。

赵荣先说："起初我很担心

他，后来看到养殖小龙虾形势好，我才放心了。"

看着小龙虾市场供不应求，卢胜旺有了扩建坑塘的想法，在市、镇领导的关心支持下，2018 年 7 月 27 日，他拿到了市里 "530" 金融扶贫小额贷款 5 万元，他又筹集了一部分钱，流转了 16 亩地，把 "莲虾混养" 基地一下扩大到 31 亩。

2018 年 11 月 24 日，在陶营镇 "志智双扶" 暨六星贫困户表彰大会上，卢胜旺被评为 "脱贫之星" 和 "勤劳之星"。他甩掉了贫困的帽子，光荣地与大家分享他的致富经。

送富帽　拼搏

31 亩基地的小龙虾喂养、捕捞工作全是卢胜旺一人干，很是辛苦，但他每天都乐呵呵的。到 2019 年，基地每天出虾超过 100 千克，净利润在 700 元左右，他成了远近闻名的 "龙虾王"。

不仅如此，他 2019 年春季还买了 4 000 只鸡苗和 300 多只鹅苗，在莲池的间隙进行立体养殖，到秋季卖鸡、鹅和蛋类赚了几万元。

卢胜旺脱贫的事迹先后被《新华每日电讯》《河南日报农村版》《河南经济报》等各大媒体报道。

卢胜旺通过各项扶贫政策和自己的双手，还清了全部外债，走上了致富路，也吸引了周边村镇的一些人前来 "取经"。

听说卢胜旺的小龙虾养得好，高集镇肖营村的肖建根专门跑来学习。卢胜旺教他莲虾混养，也建议他利用莲池的间隙进行立体养殖。如今，肖建根的产业发展得不错，挣到了钱，最近他刚刚买了 2 000 余只鸡苗进行养育。

2019 年秋季，卢岗村的卢大硕也流转了 10 余亩地开挖坑塘养殖小龙虾，他把卢胜旺请去当老师。卢胜旺毫无保留地把养殖龙虾的技术传授给

贫困户脱贫故事

他，现在卢大硕养殖的小龙虾和卢胜旺的小龙虾一起销售，拿到真金白银的卢大硕天天笑逐颜开。卢胜旺说，大家可以抱团发展，共同开拓市场。

2020 年春节期间，卢岗村的贫困户卢永胜也想养殖小龙虾，他找到卢胜旺询问，卢胜旺说市场很好，愿意全程帮他。

"我准备流转 10 余亩地进行'莲虾混养'，现在正在和村里进行具体对接。"卢永胜说。

"一人富不算啥，我要带动更多的人一起发展，让大家都富裕起来。2020 年我开设的'胜旺垂钓园'如果发展得好，今后我还要往农家乐方向发展。"卢胜旺信心满满地说。

小蜜蜂带我走上致富路

——河南省洛阳市嵩县黄庄乡三合村张嵩现产业脱贫故事

张嵩现，男，河南省嵩县黄庄乡三合村人，1963 年 3 月出生，高中学历，中共党员，2014 年因为残疾，经民主评议被确定为建档立卡贫困户，通过养蜂于 2017 年顺利脱贫，现为嵩县甜蜜蜜中蜂养殖专业合作社理事长，洛阳市残疾人脱贫致富先进典型，全国残疾人脱贫和助残扶贫先进事迹宣讲团成员。

身残志坚，发展产业走上脱贫路

少年时的一次意外，让张嵩现失去了右腿。"身残，心不能残。"他没有消沉，转而发奋念书，并成为全村少有的读完高中的人。20 世纪 80 年代，市场刚刚放开，头脑灵光的张嵩现便在村口开起了小卖部，代销油盐酱醋等日用品。到了 20 世纪 90 年代初，不甘窝在山里的张嵩现来到洛阳市区，干起了修自行车的行当，兼干一些电焊、修摩托之类的活儿，日子虽能过得去却不富裕。

自 2014 年被确定为贫困户，张嵩现就暗下决心，一定要努力彻底摆脱贫困。在河南嵩县供电公司的帮扶下，他综合考虑身体条件及山区野生资源优势，经过深思熟虑，最终选择发展养蜂产业。说干就干，他抢抓产业扶贫政策，利用

到户增收及农业特色奖补资金逐步积累滚动发展，再加上农业部门专家的技术指导和自己的努力，终获成功。其间，他养殖蜜蜂 30 多箱，年产蜂蜜 300 多千克，年均收入达 5 万多元，并于 2017 年率先脱贫，一举摘掉贫困户的"帽子"，先后被乡里、县里评为"脱贫光荣户"，荣获洛阳市残疾人脱贫致富先进典型荣誉。

劳动是光荣的，幸福是奋斗出来的，党的扶贫政策好，扶贫项目接地气，自己也得努力加油干。脱贫后的张嵩现生活喜事连连，日子蒸蒸日上。2017 年 5 月，张嵩现又享受易地搬迁扶贫政策，免费分到了新房一套。当年 12 月，张嵩现与通过网上销售而结识的妻子顺利登记结婚。2018 年春节前夕，河南省委常委、洛阳市委书记李亚来慰问时，给张嵩现送了一副对联："人勤劳蜂勤酿生活甜蜜蜜，搬新房娶新娘幸福奔小康"，横批是"勤劳致富"。2018 年 4 月，河南省委书记到三合村调研时，亲自看望并勉励张嵩现："靠劳动脱贫最光荣。"

饮水思源，带领群众筑就致富梦

"一枝独秀不是春，百花齐放春满园"。张嵩现深知，忆苦思甜不忘来时路，饮水思源不负众人助。早已脱贫致富奔小康的张嵩现，想得最多的还是怎样感怀党恩，怎样带领群众脱贫致富。依托三合村及其周边绿水青山、鸟语花香的良好生态，2018 年 5 月，在当地党委、政府的帮扶下，张嵩现发起成立了嵩县甜蜜蜜中蜂养殖专业合作社，注册了"铁拐张"蜂产品商标，其本人亲自负责技术指导、质量把关和市场销售，旨在带领更多贫困群众脱贫奔小康，实现经济效益和社会效益的双丰收。目前已有 200 余户贫困户加入合作社，年养蜂总量达到 6 000 多箱，实现产值 840 余万元。受益于三合村"手绘小镇"写生扶贫基地及全国异地搬迁第一村——河南省嵩县黄庄乡红崖村的大量客源，"铁拐张"蜂蜜销路通畅，成了写生、观光游客必购的地道土特产。蓬勃发展的养蜂产业逐渐成为三合村除绘画写生外的另一主导产业，为群众脱贫致富闯出了路子。

两年多来，中央电视台、《人民日报》、《河南日报》、河南电视台、《洛阳日报》、洛阳电视台等多家主流媒体报道了张嵩现的励志事迹及脱贫经验。各地不断有人邀请张嵩现宣讲传授养蜂经验。2018—2020 年，张嵩现先后到县内外开展养蜂技术培训 50 多场，受益人群达到 3 700 余人次。

担当有为，宣讲事迹感动千万人

脱贫致富之后，张嵩现积极响应党委、政府号召，赴各地开展事迹宣讲。两年多来，他先后参与市、县举办的各类宣讲活动 20 余次，参加"幸福都是奋斗出来的"脱贫攻坚巡回演出 10 余场。

2019 年 6 月 20 日，全国残疾人脱贫和助残扶贫先进事迹巡回报告会首场巡回报告在河南郑州举行。报告会上，张嵩现作为本次全国宣讲的河南省残疾人唯一代表，第一个登场，讲述了他在脱贫攻坚及扶贫助残的好政策下不仅自己脱贫，还成立合作社，带领更多的乡亲们走上致富之路的感人故事。之后他还远赴内蒙古等地开展宣讲，分享自身的故事，为更多的贫困群众加油鼓劲。

从贫穷困顿到拥抱幸福，从一人脱贫到带动乡邻致富。张嵩现不认命、不服输、身残志坚创造甜蜜生活，用自身的发展变化为脱贫攻坚"代言"。正如河南省委书记鼓励张嵩现时所说："靠劳动脱贫最光荣。"在决胜全面小康的征程上，只要立起奋斗之志，补齐"精神短板"，自力更生、苦干实干，生活都会像蜜一样甜！

不言弃、不服输的脱贫致富领头雁

——湖北省通山县燕厦乡湖山村梅前皇产业脱贫故事

面对人生困境，有些人选择了屈服，有些人选择了颓丧，但是通山县燕厦乡的贫困户梅前皇，面对困难，选择挺直腰板，不"等、靠、要"，而是敢拼敢干，走出了一条脱贫致富路。

梅前皇，湖北省通山县燕厦乡湖山村人，1986 年 8 月出生，中专学历，家里有 4 口人，2014 年被确定为贫困户，2017 年脱贫。这些年来，在各项惠民政策的帮扶下，梅前皇通过自己的不懈努力，由一个贫困户转变为富裕户，成了当地脱贫致富的带头人、周边贫困户学习的榜样。

五十多岁的他，与柑橘相伴三十年了。看似普通且憨厚的他，身上却有着一股永不服输的拼搏精神。1986 年，刚刚中专毕业的梅前皇，毅然回到家乡，在燕厦乡湖山村的柑橘场担任技术员，此后 10 余年间，一直与柑橘为伴。2003 年，借着企业改革的春风，梅前皇果断承包下当地的东风橘园，拉开了自己创业的人生篇章。

梅前皇有一个幸福的小家庭，妻子贤惠能干，儿女乖巧可爱，自己用心经营着 200 多亩橘园，事业小有成就，小日子过得有滋有味，对未来美好的生活充满了憧憬。可天有不测风云，就在他准备甩开膀子大干一场时，2008年，妻子突然被检查出患有宫颈癌，在给妻子治病的三年里，果园因无人管

100 个产业脱贫典型

理而荒芜，家里还负债超过 46 万元，最终妻子还是离开了他。消沉了一段时间的梅前皇想着，生活还要继续，决不能向逆境屈服。他振作精神，挺起腰板，重新扛起锄头走进了橘园，整地挖荒、修剪除草、更新植苗，一切从头开始。

重新创业谈何容易，当时的老梅是负债累累，一无资金，二无帮手，全靠自己单打独斗，几年下来，日子过得捉襟见肘，始终没走出贫困的圈子。2014 年国家全面实施精准扶贫，梅前皇作为建档立卡贫困户，享受到了精准扶贫产业奖补、"扶贫贷"、"助农贷"等多项帮扶政策，解决了老梅的后顾之忧，为他二次创业注入了新的活力，老梅重新树立起信心，看到了希望。老梅在中专学的是林果专业，管理果树是他的专长，他看到老果树品种退化，果品销售价格不高，于是做了一个大胆的决定，引进新品种，对果园进行全面改良。他进四川、下江浙，学习外地的果园管理技术，了解当地好的品种。回家后，梅前皇通过"扶贫贷"贷款 10 万元，引进外地枝条对本地老果树进行嫁接改良，大获成功。同时，他还在果树下套种中药材，在林内放养土鸡，发展林下经济。2016 年，农场栽培的橘子、油桃、枇杷等水果挂果丰收，此后几年，他的果园迎来了黄金时期，种的水果供不应求，成了当地炙手可热的产品。通过努力，用两年多时间他就还清了所有债务，并成立了通山富创示范家庭农场。2017 年，老梅一举摘掉了贫困户的"帽子"。

不安于现状爱动脑子的梅前皇看到市场上外地进来的有机水果比他的水果价格高出几倍，自己的水果在口感、品质上不如人家，他就从果园施肥、疏果、套袋等方面入手，选择有机肥、农家肥、绿肥混合施用，采用绿色生物技术防控病虫害，还配以有效的灌溉和管护，走绿色生态果园之路。

成功总是眷顾勤劳的人，梅前皇种出来的柑橘、枇杷、桃子等水果个大肉甜，品质品相高人一等。2019 年更是丰收的一年，他参加了通山县第三届枇杷节，以单个枇杷重 89 克的好成绩，摘取了"枇杷王"的称号，当年他种的柑橘也入选咸宁市首届"香城味道"杯十大特色食材品牌。

经过近 20 年的精耕细作，梅前皇慢慢建立起一个"绿色王国"——400 余亩果园（涵盖了 8 大类 15 个品种），水果生机勃勃，长势良好；300 余亩、

贫困户脱贫故事

2万余棵桂花、香樟、紫薇等苗木花卉郁郁葱葱，一派繁荣，上门求购水果和苗木的商贩络绎不绝……

梅前皇经常念叨一句话："滴水之恩当涌泉相报，没有党和政府的大力支持，就没有我们现在的幸福生活。"湖山村是一个边远库区村，村里的贫困户较多，看着身边人生活贫困致富无门，梅前皇心里有了思量："我正是在党委政府的帮助下富裕起来的，村里还有其他的贫困群众，我应尽己所能帮助他们。"几年来，他向当地及周边20多户果农免费传授果树栽培技术，提供技术咨询，带领大家共同脱贫致富。慈口乡老屋村的贫困户梅江辉生活一直很困难，梅前皇知道后决定帮他一把。如今，梅江辉在梅前皇的果园里务工，每年可以拿到两万多元的收入，他一边做事还一边学习果树栽培技术。在梅前皇的指导传授下，梅江辉在他老家也建起了一个柑橘园，日子也是越过越好了。

对未来的日子，梅前皇有着美好的憧憬和长远的规划，他准备将来把这一片果园建成一个集餐饮、民宿、垂钓、采摘于一体的田园综合体，在自己不断发展壮大的同时，也让绿色的生态红利惠及更多的父老乡亲。

贫困户要实现脱贫，除了政府帮扶外，更重要的是靠贫困群众自身，激发贫困户的内生动力，增加其自身的"造血"能力。梅前皇就是这样一个人，面对困难，没有"等、靠、要"，凭着一股不服输的劲儿，敢闯敢拼，走出了一条脱贫致富路。

脱贫先行者　致富领路人

——湖南省湘西土家族苗族自治州泸溪县武溪镇黑塘村田昌兵产业脱贫故事

在泸溪县，一提到迷迭香产业，人们都会不由自主地想起一个人，他就是武溪镇上寨迷迭香专业合作社负责人——田昌兵。他创建了专业合作社带领乡亲们发展迷迭香产业，社员达 223 户、750 人，种植规模达 2 000 余亩，年劳务用工 6 000 多人，出圃育苗 300 万余株，人均年增加收入 3 000 元。在他的带动下，周边县市迷迭香产业得以迅猛发展，他也成为带领一方、致富一方的产业发展领路人。

谁也不会想到，这位曾经远近闻名的贫困户会成为年创收达 60 万元以上的致富带头人。时间回溯到 2015 年，田昌兵全家 8 口人，挤在狭小破旧的木房子内，父母均年逾七旬，祖父母九十多岁，祖父身体不佳，进医院是家常便饭。妻子在县城照顾两个正在上学的孩子，田昌兵成为家里唯一的劳动力，靠种几亩水稻、油菜过日子，生活十分拮据，入不敷出，经常靠亲戚朋友接济度日。时间一久，寨子里的人都怕他上门，有的人甚至在路上碰见他都绕着走。

怎么办？田昌兵常常坐在家门口抽闷烟。"不能一直这样穷下去！"他想。他了解到先伟阳光公司在镇里发展迷迭香种植，便去公司做小工，修剪、拔草、施肥、收割，一年下来，田昌兵务工收入 2 万元左右，还掌握了迷迭香种植技术。田昌兵的心里萌发了种迷迭香的想法。可是，巧妇难为无米之炊，租地要钱，买苗子要钱，请工也要钱……正当田昌兵一筹莫展时，泸溪县人大驻村工作队帮他申请了 5 万元的扶贫小额信贷，解决了资金的问题。在工作队的支持下，田昌兵胆子大了起来，说干就干，他流

贫困户脱贫故事

转土地 150 亩，发动全家人齐上阵，田昌兵的父母每天在地里一起劳作，田昌兵的妻子双休日、寒暑假也从城里赶回来帮忙，全家人心往一处想、劲往一处使，日子有了奔头。为了种好迷迭香，田昌兵常常日出而作，日落而息，一年下来，他成了迷迭香种植的"土专家"，亩产干叶 250 千克，每亩纯收入达到 1 000 元以上，一下子还清了所有的欠账，2019 年还在县城购置了一套新房。

田昌兵迷迭香产业基地

"一枝独放不是春，百花齐放春满园"。田昌兵想到曾有无数人帮助过自己，如今，是他回报村民、回报社会的时候了。他动员寨子里所有村民都加入种植的行列，形成家家户户都有迷迭香产业的良好局面。他发动种植户建立了上寨迷迭香专业合作社，推行"合作社 + 基地 + 农户"的模式，合作社实行统一种苗、统一技术、统一销售，彻底解除了农户缺乏技术和销售无路的担忧，迷迭香产业迅速发展，面积扩展到 2 000 余亩，农户每年通过种植迷迭香实现年人均增收 3 000 元。2018 年，田昌兵创建的合作社被村委会确定为村产业扶贫合作社，与村里的贫困户签订了直接帮扶协议，通过开展产前、产中、产后服务，组织技术培训，实行订单销售，极大地调动了村民种植的积极性。合作社还积极引进资金、争取项目，建设了一批集雨池、晾晒棚等生产配套设施，基础设施得到了较大改善。随着产业的壮大，本村的劳动力远远不够用，田昌兵就从附近村寨雇工，优先雇用贫困户，收割季节，有时一天的用工量就达 40 多人。在他的带动下，全村 182 户贫困户、658 人顺利实现了脱贫，有力辐射了周边村寨，助推了脱贫攻坚进程。

田昌兵在指导农户迷迭香晾晒技术

田昌兵探索并成功种植迷迭香的事迹，被当地党委政府作为典型予以报道，成为脱贫致富的一个标杆，吸引了越来越多的人前来参观学习。合作社与外地客商签订育苗合同，为确保育苗成功，他坚持每天都去育苗基地查看，处理育苗遇到的具体问题，在他的精心呵护下，育苗取得了喜人成绩，仅育苗一项合作社每年就获益 120 万元以上，大幅度增加了贫困户的收入，同时这些苗木在湘西土家族苗族自治州内助推了迷迭香的种植推广。

田昌兵带领下的迷迭香种植基地不断发展壮大，得到了各级领导的重视，湖南省副省长、湘西州州长、湘西州人大主任等领导先后到基地进行考察调研，勉励他加油干，带领乡亲们致富奔小康。湖南经视还对迷迭香基地建设进行了专题报道。

2019 年 7 月，田昌兵获得了镇里的先进党员和产业发展致富引路人荣誉称号。他在会上说："看见老百姓通过合作社发展迷迭香领到了产业的红利，口袋里鼓了起来，我的心里更加踏实，我将一如既往地搞好产业发展，为周边群众谋利益，为实现乡村振兴做贡献。"这句朴素的话，正是他前行的动力。

贫困户抱团取暖　发展产业助脱贫

——湖南省郴州市宜章县天塘镇竹梓塘村贫困户产业脱贫故事

宜章县天塘镇竹梓塘村共有建档立卡贫困户78户、309人。肖问兵、肖均信、肖红光、肖信文、肖和军是该村的5户贫困户。目前，这5户贫困户不仅完成了自己的脱贫梦，还通过成立合作社发展产业带动全村向致富路迈进。领头人肖问兵成了贫困户中的名人，除了个人获得宜章县"志在脱贫十大先进典型"的荣誉称号，他们创办合作社还在2019年全国的扶贫小额信贷现场会上成为现场观摩点。

自力更生找出路

为增加家庭收入，肖问兵种过地、养过鹅、做过水泥工，但在成立合作社发展产业前，种地、养鹅由于规模小而收入微薄，务工则工资偏低且不长久，收入难以保证，但他有一个坚定的信念，就是幸福生活要通过双手创造，只有劳动方能脱贫致富。和他一起创办合作社的肖均信、肖红光等人也有着同样的信念，他们不愿做"等、靠、要"的人，希望通过自己的辛勤劳动创造收入。

2016年初，带着发展产业增收脱贫的想法，肖问兵找到同样也是贫困户的肖均信，两人希望一起抱团发展产业，他们认为单个贫困户缺技术、缺资金，难以形成规模，单打独斗发展产业风险很大，只有大家抱团一起发展产业才是增收脱贫的出路。他们决定在村里找几个和他们一样有发展产业意愿的贫困户成立合作社，共同发展产业。

100 个产业脱贫典型

迎难而上谋发展

带着抱团成立合作社发展产业的想法，肖问兵、肖均信找到了同村的贫困户肖红光、肖信文、肖和军以及非贫困户肖和仁商量，6 户村民每户出资 4 万元一同组建合作社。然而，每户 4 万元的资金对他们来说并不是小数目，尤其是作为合作社带头人之一的肖均信，2015 年养蛇失败还亏损近 2 万元，资金筹集更加困难。为了解决出资问题，肖均信找到驻村干部，希望获得小额信贷资金来启动产业发展项目，当驻村工作队了解到这个情况后，动员肖均信申请扶贫小额信贷，并很快贷到 4 万元，解了无钱出资的燃眉之急。

2016 年 4 月，竹源种养专业合作社正式注册成立，肖均信等人租下了村里废弃的 3 个养猪棚，通过简单的维修加固，开始在这里养鸡。肖问兵负责联络市场、争取政策支持，肖均信负责组织在家的社员开展养殖。4 月至 6 月，他们养殖了 2 批鸡共 8 000 余只，收入有 5 万余元。在养鸡的同时，肖问兵在县扶贫项目推介会上获悉，湖南福鹅开发有限公司的福鹅养殖项目风险更小，效益更可观。福鹅公司负责提供鹅种苗、饲料、养殖技术，并且负责收购，合作社负责代养。于是，他和社员们商量养完第二批鸡后启动福鹅养殖项目。然而鹅养殖厂房的标准更高，需要大笔资金进行改装完善，为了按要求建好福鹅标准养殖厂房，肖问兵、肖均信、肖信文 3 人又联系了驻村工作队，每户贷款 5 万元，将鹅养殖厂房建好，启动鹅养殖项目。正当大家干劲十足时，2017 年底禽流感暴发，养鹅项目被迫暂停。面对困境，大家没有放弃，肖问兵四处奔波寻找养鹅合作伙伴，2018 年 4 月终于与牧联汇福

鹅科技有限公司签订了福鹅育肥代养协议，由公司出资对合作社的养殖厂房再次改扩建，并负责提供鹅种、饲料、技术指导，合作社负责育肥鹅肝，公司对肝重 0.5 千克以上的，按每只鹅 15 元付给代养费。很快，7 月底合作社开始了第一批

贫困户脱贫故事

鹅代养殖，到 12 月前总计养殖了 5 批鹅近 8 000 只，获得利润 12 万元。

互相信任齐致富

肖问兵认为：他们既要相信合作社的每一位成员，也要相信政府、相信驻村干部。2017 年禽流感暴发前，驻村干部对合作社进行指导时提出合作社要注重长短结合、种养结合，以应对不同的风险，驻村人员建议肖问兵等人利用养殖场周围的山林发展脐橙种植业，带动全村的产业发展，村级组织愿意为合作社申请项目支持提供帮助。肖问兵等合作社成员讨论后听取了驻村干部的建议，租赁了山林 500 亩发展脐橙、油茶产业，并于 2017 年底种植了脐橙 180 亩、油茶 250 亩，还承包了 62 亩鱼塘。2018 年，合作社利用新开发的脐橙地、油茶林在林下种植西瓜、大豆等林下经济作物 100 余亩，获利 4 万元，在未开发的松林里养殖藏香猪 140 余头，获利 5.6 万元。随着产业规模的扩大，合作社的带贫能力明显增强，2018 年长期在合作社务工的人员有 25 人，其中贫困户有 19 人，每月工资可达 2 000 元以上，临时务工人员达 60 余人，其中贫困户近 20 人，人均日收入 120 元。村级组织、驻村工作队兑现了他们的承诺，帮助合作社争取了产业发展资金 70 余万元。肖问兵进一步坚定了跟着党走的信念，2018 年，肖问兵、肖均信两人向党组织提交了入党申请，被村党支部列为入党积极分子。肖均信说："要坚定跟党走，把合作社的种养事业干得更好，带动全村的人一起致富。"

目前，合作社的发展势头较好，在鹅养殖项目上，已建成鹅养殖棚 5 座，其中一座为自养棚，自养鹅每只可获得利润 80 元左右，比代养每只高了 65 元。合作社计划再种植油菜 1 200 亩、脐橙 120 亩，进一步扩大产业规模，吸纳村里更多的村民参与到产业中来，带动更多人实现增收致富。

闲不下来才能富得起来

——广西壮族自治区贺州市八步区黎祖怀产业脱贫故事

　　刚刚在玉米地里干完活，一回到家黎祖怀就拿起鸡饲料开始喂鸡，喂完鸡又开始扫起了鸡舍，他说自己老是闲不住，不干活就感觉浑身不舒服，总是要干点什么才行。从昏暗破旧的瓦房搬入宽敞明亮的小洋楼，从家庭人均收入 4 000元变为家庭人均收入超过 6 000元，从贫困户变成脱贫户，黎祖怀的"闲不下来"让他的家庭实实在在地富了起来。

　　黎祖怀于 2015 年被识别为贫困户，2017 年以前，黎祖怀一直都在广东打工，为了挣够孩子们高昂的上学费用，夫妻俩在厂里都很努力地干活，省吃俭用加上享受了"危房改造""雨露计划"等政策，供一双儿女上大学的同时，家里也建起了新房。2017 年黎祖怀辞掉了广东的工作回家养起了猪，说起为什么会从广东回来，他回忆道："当时房子也建好了，再等几年儿子女儿也毕业了，扶贫政策又好，每个月都有挺多补助可以领。本来我跟我老婆想着继续打工就行了，但是 2017 年的时候，我老婆患上了子宫癌，手术费、医药费、住院费那些加起来差不多要 20 万元，我跟我老婆打工一年，省这省那的也才能存下一万多元，儿子女儿又还在读书，20 万元实在是太多了，不过好在国家政策好，我的帮扶人给我申请了很多政策优惠，可以报销很多钱，一来二去的，自己要交的钱就少了好几万元了，但是剩下十几万

贫困户脱贫故事

元我想靠打工肯定是挣不来的，而且孩子们都在读书，我得留在家照顾我妻子，也不能再去广东打工了，我就琢磨在家怎么赚钱。我跟我的帮扶人商量，他说我家里有地方可以做猪圈，养猪的话也不怕没有销路，政府又很支持产业扶贫，养一头猪还能拿 500 元的补助，我以前在广东也帮别人做过这个，我又没啥文凭，找别的工作肯定也难找，就决定在家养猪了。"

把自家闲置的两间栏舍打扫干净，又买了 9 头母猪，黎祖怀开始了自己忙碌的生活，他既要到医院照顾患病的妻子，又要每天打扫猪舍、准备猪饲料、喂猪等，还要定期对猪舍进行消毒，医院家里两边跑，黎祖怀是一点也闲不下来。

养殖业是很多贫困户在家致富的选择，行业准入门槛低、收效快，而且很多贫困户都是农民出身，干农活对他们来说并不是难事，关键是要有技术。因此在推广产业扶贫政策的过程中，八步区在考虑各地区实际的同时，不仅注重结合贫困户自身特点，为贫困户寻找适合自己的、有发展前景的产业，还为贫困户开设了很多相关的培训课程，并在此过程中着重激励贫困户的干劲，让贫困户有技术，有信心通过发展产业脱贫致富。

"帮扶人给我报的养殖技术培训班有专家给我们讲课，去了我才知道养猪也有那么多讲究，什么母猪产前产后护理，那都得学。"从培训班回来后，黎祖怀试着用专家给的方法给自己的猪重新配了饲料，还在自己的手机上下载了可以学习养殖的 App，学习更多的养殖技术。功夫不负有心人，他的猪长得很好，从他家买猪的菜市场屠宰摊主都反映他的猪肉肉质很好，卖得很快，顾客都说猪肉味道很好，都爱来买。

对接市场需求，才能更好地安排生产计划，帮扶人建议他多去跑跑市场，于是他就把屠宰场、酒店、饭店都跑遍。他的猪肉肉质好，很多店主都愿意把他家当做进货点，他获得了很多长期订单。订单多了，他也相应地扩大了自己的养猪场规模，又买了更多的猪，从原来的 9 头母猪慢慢发展成300 头猪，养得多卖得也多，他的收入越来越多。收入多了，妻子的治疗也越来越顺利，病情逐渐好转，他说："我觉得再忙再累都是值得的，以前在广东打工也是这么干，在哪里都是干，而且现在在家干养殖，赚得更多了，我越干越开心。"

100 个产业脱贫典型

　　黎祖怀的脱贫致富路也并不是一帆风顺的。2019 年 6 月，受非洲猪瘟疫情影响，300 多头猪都病倒了，他的损失很大。非洲猪瘟一出，八步区积极排查受疫情影响的贫困户，帮助减轻疫情给他们带来的损失，通过小额信贷等政策帮助他们发展新的产业。考虑到信都三黄鸡名气大，养殖门槛低，销路广，也能获得产业补贴，帮扶人建议他将猪舍改成养鸡场。因为缺乏启动资金，帮扶人帮助他申请了小额信贷，于是他养起了 2 000 多只三黄鸡。

　　因为有之前的养殖经验，他养的鸡卖得也很好，每天都很忙碌，闲不下来的他 2020 年初又租了三十多亩田地，种上了玉米、南瓜苗和大蒜，加上卖鸡的收入，他不仅提前把之前的贷款都还上了，还给家里添置了一台冰箱，买了一台农用拖拉机。

　　到 2020 年收入逐渐稳定后，闲不下来的他又想干起自己的老本行，他打算重新建起养猪场继续养猪，还想带着村民一起干。他说："很多饭店老板都问我还有没有猪卖，养猪我有经验，收入也多，还是想继续养猪。"他计划将之前的收入都用来建新的养猪场，建一个大规模的养猪场，带着村民一起干，他希望能帮到曾经帮助过他的村民。

　　"这几年我的日子是越过越好了，我很感谢有党和政府的政策，还有我的帮扶人这么用心地帮我，我才能这么放心地干。"黎祖怀的成功不仅仅是靠扶贫政策、靠帮扶人的悉心帮扶，更多的还是靠他自身的努力，他说闲不下来，正是他在为自己、为家庭的美好生活努力奋斗的最好表现。习近平总书记提出"产业兴旺，是解决农村一切问题的前提"，而干劲就像一把火，能把产业烧得更旺，只有贫困户鼓足了干劲，才会愿意干、努力干、加油干，产业才能真正发挥扶贫的作用。

山村里的最美创业带富人

——广西壮族自治区百色市田东县作登瑶族乡平略村
黄梅产业脱贫故事

在脱贫路上，田东县作登瑶族乡平略村定略屯村民黄梅用努力脱贫的实际行动，书写了一曲艰苦奋斗、自力更生、不屈不挠、奋勇向前的动人脱贫赞歌，实现了由穷到富的美丽蜕变。

不测风云　家庭陷入困境

坐落在山峦之间的平略村是田东县 9 个深度贫困村之一，当地属于喀斯特地貌，"九分石头一分地"，人均耕地面积 0.69 亩，且严重缺水，村民主要依靠水柜蓄水来满足日常生活用水，生活条件十分艰苦。53 岁的黄梅就生活在这个偏远的小山村里。十几年前，她的丈夫跟同村人到外地打工，有相对稳定的工资收入，她在家照顾一双儿女，生活虽不算富裕，但也是吃穿不愁，幸福美满。

天有不测风云，她的丈夫在建筑工地打工的时候，不慎双手卷入碎石机，瞬间九根手指被绞断。经过治疗，虽然保住了双手，但十根手指仅剩一根是完整的，几乎丧失劳动能力。失去了主要劳动力之后，家庭生活变得越发困难。2015 年，女儿考上了大学，家庭开销更大，让本来就困难的家庭再次陷入困境。2015 年底精准识别贫困户时，她家被确认为贫困户。

结对帮扶　重燃生活希望

生活虽然艰难，但是黄梅一直没有放弃脱贫的信念。2016 年 5 月，挂点帮扶平略村的联络员到村里调查群众产业发展需求。通过调研，帮扶干部认为养鸽子占地面积小、用水少，且村民有养鸡经验，于是提出要帮助群众发展养鸽子、养鸡等扶贫产业。

黄梅得知消息后很是心动，认为这是一个难得的好机会，但是又很无奈，因为自己既没有资金，又没有掌握养殖技术，担心鸽子没养成倒把钱赔光了。她一度左右为难，无法抉择。就在她犹豫不决之时，帮扶干部多次联系她，并表示只要她愿意养殖，帮扶单位尽一切可能来帮助她，棚子、种鸽、饲料等资源都可以免费提供，同时还免费对她进行技术培训。这让本就心动的黄梅吃下了"定心丸"，主动报名参加养殖鸽子和土鸡。随后，在帮扶单位的帮扶下，她来到南宁学习了养殖技术。通过系统的技术培训，黄梅对未来充满了希望。

科学"双养" 成为致富榜样

平略村引进了广西养鸽龙头企业——南宁利腾农业科技有限公司，成立了金利养鸽场，采取"公司＋合作社＋农户"的经营模式，实行统一管理、统一防疫、统一供料、统一销售。掌握技术后，2016 年 8 月，黄梅开始创业养鸽子，并成立了田东县定略屯金凤凰养鸽农民专业合作社，当上了合作社社长。她率先大胆承包了合作社的 200 对种鸽进行试验养殖，并从龙头企业获得种鸽、饲料、技术指导和销售渠道。

2017 年底，养鸽场开始产生效益。部分群众也跟着她养起了鸽子，养殖户逐渐增多，形成了一定的规模。她本人也扩大了养殖规模，养了 2 000 多对种鸽，每个月有 4 000～7 000 元的利润。除了养鸽子外，她还养起了土鸡。2017 年春节，她卖掉了自己养的 480 只土鸡，扣除给合作社的提成，

贫困户脱贫故事

自己赚了 3 万多元，她心里非常高兴。屯里的乡亲看到她家养鸡养鸽赚钱了，纷纷争着养，积极性一下子提了上来，全屯的养殖规模达到 6 000 多只。2018 年，黄梅扩大养殖规模，通过"双养"家庭收入达到 15 万元，顺利实现脱贫。

勇担责任　产业带富乡亲

"肉鸽繁殖很快，但养殖时要注意的细节很多，冬季要注意保暖，夏季要注意通风，饲料以玉米、豌豆等杂粮为主，卫生防疫很重要。"这是黄梅在耐心地给工人传授养鸽技术。在她的带动下，贫困户黄辰加入养鸽合作社，认真学习养鸽技术。如今，他已成为"养鸽专家"，月收入 3 000 多元。在养鸽场就业的贫困户中，像黄辰一样的就有 8 人。

通过养鸽、养鸡，黄梅的合作社资金不断积累，使定略屯集体经济实现飞跃式增长，集体资金已经达到 37 万多元。为了合理利用这些集体资金，她与群众代表商议用部分资金开展公益活动，设置了贫困户公益岗位，并资助了本屯读大学、高中、中专的孩子。"政府帮助我们脱贫，我们不能忘本，也要尽自己所能帮助村里的群众，多为群众办实事。"

从"贫困户"到"老板"的蜕变

——海南省昌江黎族自治县七叉镇尼下村陀伟产业脱贫故事

六年时间,"穷小子"华丽蜕变,通过发展渔业养殖,成了村里的小老板。这样一段佳话,在海南省昌江黎族自治县七叉镇尼下村广为流传。

故事的主人公叫陀伟,六年前的他还是村里一穷二白的贫困户,经常窘迫到连一包盐都买不起。之后在帮扶干部、村委会的指导下,主动发展渔业养殖产业,如今每年的销售额逾20万元,2020年还雇用了两名贫困村民务工。

不甘贫困、勤劳致富,他是帮扶干部眼中的"脱贫模范",也是村民眼中的"老黄牛"。

2014年,陀伟被列为村里的建档立卡贫困户,他和妻子都没有一技之长,要养活一双儿女,基本看天吃饭,依靠种植水稻、木薯、甘蔗等农作物维持生计,一年收入也就几千元钱。

陀伟回忆说:"刚结婚那几年,爱人跟着我吃尽了苦头。孩子小,我也没法外出打工,每天起早贪黑干农活,但一年收成很有限,除去四口人的粮食,能拿去换钱的所剩无几,很多时候口袋里摸不到一元钱,连一包食盐都买不起。"陀伟知道,要改变家庭贫困的现状,必须付出行动。

之后在村民的介绍下,陀伟来到昌化江附近的一位渔业老板那谋出路,刚开始只负责拉网收

鱼，一天 30 元，那是烈日暴晒下的纯体力劳作，工作艰辛，其他人经常干两天休一天，陀伟却很珍惜这份工作，每天都按时出工，老板觉得这小伙子勤快，聊天得知陀伟家里情况，对他格外照顾，开始教他养殖技术。

"陈老板算是我的'贵人'。"谈起那位教他养殖技术的老板，陀伟眼中满是感恩。他讲述，陈老板让他学习渔业养殖技术，教他如何饲养、销售活鱼和冰鱼，还鼓励他创业，帮他打通了市场销路。

不惧创业"摔跟头"

2016 年，在村委会和帮扶干部的帮助下，陀伟购买了养殖桶，收购鱼苗，在自家院子"开辟"养殖场，自己去昌化江捕鱼，或向其他渔民收购渔产品，开始踏上创业路。

创业并不轻松，"新手上路"难免会磕磕碰碰。第一次创业让陀伟摔了跟头，100 千克鱼因养殖技术欠缺，最后死了 75 千克，连本钱都没挣回来。陀伟把他的难处跟陈老板说了，对方二话不说，让他再回去学技术。忘掉失败的痛，陀伟继续回到陈老板身边，一边打工一边学技术。

2017 年，陀伟再次创业，这一次他变得谨慎了，分批次购进鱼苗，遇到问题立马请教，从早到晚蹲守在院子里，30 个养殖桶基本都试验成功。陈老板主动上门来收购，更是给了陀伟满满的信心。

"不懂就不断地学习，不足就不断地锻炼。"陀伟说，白天他除了要照看鱼苗，一有空就去跑市场，海口、儋州等地的许多饭店、批发市场都是他的客户。经陈老板介绍，他的鱼还销往广东、湖南、江苏。"创业的日子很辛

苦，但是一想到可以让家人过好日子，就特别有力量。"

带领贫困村民一起致富

初尝创业的"甜"，陀伟的动力足了，他想继续扩大规模，但缺乏资金。尼下村村委会驻村第一书记黎雯行得知情况后，主动找上门告诉他贷款政策，并手把手教他准备材料、走流程。

"帮扶干部和村委会帮我太多了，没有他们的帮助，我寸步难行。"陀伟讲述，第一书记黎雯行帮他贷款 3 万元，他用来购置制氧机、冰柜、养殖桶等设备，最后从 30 个养殖桶发展到 100 个养殖桶，最多的时候鱼苗达到 1 000 多千克，2018 年的销售额超过 20 万元。

在村干部和村民眼中，陀伟吃苦耐劳、勤劳朴实。黎雯行说："陀伟很能干，不'等、靠、要'，主动发展、敢于尝试，收入提高了，却没有满足于现状，而是继续努力，他是脱贫致富的好榜样，值得大家学习。"

2020 年初，陀伟购买了一辆全新的皮卡车用来送货，生活越来越有起色。他还想继续扩大规模，目前雇了两个工人帮忙打下手，他们都是村里的贫困户，每个月 2 000 元工资让其他村民很是羡慕。

"趁年轻，多努力！"陀伟对未来的美好生活充满憧憬，他始终相信功夫不负有心人，只要肯吃苦总会有收获。

单身"王老五"走上脱贫致富路

——海南省海口市琼山区旧州镇红卫村王裕成产业脱贫故事

　　王裕成，61岁，琼山区旧州镇红卫村美顶村小组人，他与94岁的老父亲一起生活。他的脱贫致富事迹被海口市军队离休退休干部活动中心的军休干部们写进了庆祝中华人民共和国成立70周年文艺汇演的音乐快板节目里，并且该节目还代表海南省参加了全国军休干部庆祝中华人民共和国成立70周年的文艺汇演。"……对于几家困难户，更是送钱又送物，还有单身的'王老五'，我们帮他牵线找媳妇……"这是节目的一句台词，里面的"王老五"说的正是王裕成。他有什么故事？为什么要宣传？请听听他从贫困走向富裕的励志故事！

转变思想，我要致富

　　王裕成致贫的原因是家庭缺乏劳动力和自身发展动力不足，海口市退役军人事务局帮扶责任人找准了脱贫"症结"，发挥军队退休干部思想动员能力的优势，安排了海口市军休中心第二退休党支部与王裕成结成帮扶对子，老干部经常深入村里跟王裕成促膝长谈，结下了非常深厚的感情，他听老干部们讲历史故事、讲革命斗争、讲社会形势、讲经济发展、讲生活情趣等，老干部们还争着帮助他找媳妇。老干部们的大故事和小道理潜移默化地改变了王裕成的思想，他变得精神了，生活有激情了，走向富裕的自信心增强了，更有社会责任感了。不管天气如何，他从不缺席电视夜校，每次都认真观看节目，深刻谈体会并交流思想，不但树立了自信，还感染了其他贫困群众。在各级组织的帮扶下，王裕成再也不抱怨自身家庭条件的不足，每天都斗志昂扬，早出晚归，田间坡里都是他劳作的身影，村长和群众都夸他定能成为致富能手，老干部们说他"自身动力足了，致富不远了"。

感谢党恩，我要致富

王裕成是位非常懂得感恩的人，大家对他的各种帮助，他始终记在心里，他尤其感谢各级党委和政府的恩情。2019 年国庆节后，帮扶责任人入户工作时，王裕成主动谈起了庆祝中华人民共和国成立 70 周年盛会感想，他说："看阅兵时我流泪了，想想 1949 年以前，多少人为了解放事业牺牲了，中华人民共和国成立 70 年也太不容易了，一代代中央领导带领全国人民艰苦奋斗，换来了今天幸福的生活，看到国家富强、社会繁荣我很激动，我没有理由不努力干活，我要过上美好的日子。"

发展产业，我要致富

王裕成明白自己的致富道路就是发展好种植产业，他认识到原来种植 7 亩荔枝，但每年收成不高，主要原因是缺乏管理和技术。在各级单位的帮扶和鼓励下，他参加了各种种植、养殖技术培训班，把学到的技术与劳作结合到了一起，他家的荔枝连续两年达到高产值，特别是 2020 年，荔枝种植收入达到了 10 万余元。他还利用 3 亩槟榔地种植了辣椒，虽然收入只有 4 000 余元，但他勤劳致富的动力十足。丰收的季节，王裕成心里乐开了花，摘了几筐荔枝给老干部："是你们送给我的化肥好，让我的荔枝结得都比别人的好，所以我要送荔枝给你们。"老干部们深深知道，这跟王裕成的悉心管理是分不开的，他们对王裕成说："今年我们再捐助一批化肥给你，祝

你明年收成更好。"王裕成除了经营自己的荔枝种植产业，还有政府帮扶的黄牛养殖产业，还有老干部们帮扶的槟榔种植产业，收入会越来越高，生活一定会越来越美好！

脱贫致富，争做榜样

王裕成是旧州镇红卫村30户贫困户的学习榜样，每次电视夜校上课时大家都在一起讨论产业发展和生活情况，大家都称呼王裕成为"一哥"，因为大家不但认可他脱贫致富的决心，更钦佩他的为人处世，他与老父亲相依为伴，每天都给94岁的老父亲搓澡、洗衣服、做饭、打扫卫生，寒来添衣，夏来解暑，是村里人人称赞的孝子。他热爱生活，每天把家里家外打扫得干干净净，家里的卫生间、厨房、餐厅没有一点异味，床铺家具更是一尘不染，夏日里打开空调，泡一杯功夫茶，和老父亲一起看着电视，生活惬意！他热心助人，在自己困难的情况下，还关心他人的疾苦，村里只要有群众需要帮助，他总是积极伸出援手，而且很痛快地把事情做好，有人问他为什么总是热心帮助别人，他总是笑着说："因为村里人对我都很好呀！"王裕成一直是村里脱贫致富的红榜人物，处处给贫困群众树榜样，真不愧是村里贫困群众的"一哥"！

靠板凳行走的勤劳女人

——四川省乐山市峨边县共和乡双峨村师玉琼产业脱贫故事

翻过山岭，探访双峨村最偏远的一家农户，远远地就能听到家里的狗叫声。家里的女主人师玉琼坐在板凳上，默默地打扫着院子。不了解情况的人，可能觉得她是不是太懒，扫地都要坐在凳子上，可是，如果知道原因，大多数人都会为她竖起称赞的拇指。年过六旬的师玉琼几乎没出过几次村，但是周边的百姓都知道这个"以凳为腿"的能干人。说起能干，她也许比不上一般的家庭妇女，年轻时她就已经没法自己到田地劳作，也没法为丈夫好好操持家务，但是，她仍然用自己勤劳的双手和不认输的精神担起了家庭的担子。

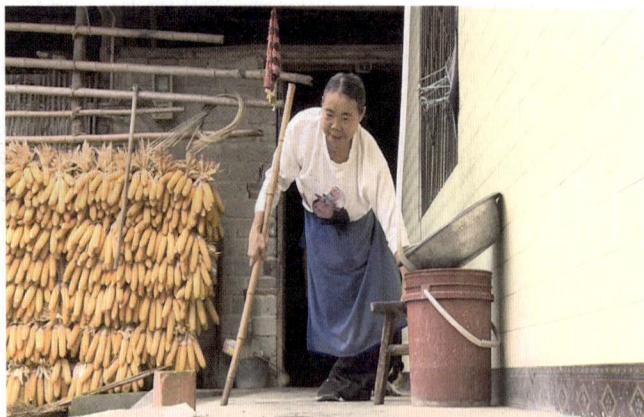

因为家里贫穷，师玉琼从小跟父母在地里辛苦劳作，生活的艰难使她养成了勤劳坚韧的品格。10岁时，师玉琼还是个活蹦乱跳的小姑娘，为了减

贫困户脱贫故事

轻家里负担，平时除了要照顾弟弟妹妹，还要帮家人到地里干农活，放学后帮家里给集体看牛。双峨村多是高山坡坎地，一天傍晚，师玉琼回家时，因天黑不慎掉下高坎，把腿摔伤，又因家庭贫困耽误了就医的最佳时机，导致双腿瘫痪至今。师玉琼说，起初她也埋怨过老天的不公，因为摔伤腿，她再也无法去学校，无法像正常人一样行走了，感觉天都塌了下来。心灰意冷的她在家躺了一年后，慢慢接受了现实。她说："我只想，腿没用了，我还有手啊，我要帮助贫困的家庭尽量减轻负担，而不是拖累家里。"没钱买拐杖，她就慢慢学习用双手支撑板凳移动，开始干一些力所能及的活儿。后来，她找到了疼爱她的丈夫马国明，但马国明患有耳聋又身形矮小，只能干些农田里的粗笨活，为了给丈夫分担责任，收拾家里卫生、养猪、喂鸡都靠师玉琼。

2014 年，师玉琼家被确定为建档立卡贫困户。根据她家里的生活状况，峨边县给他们发放了低保补贴、残疾人补贴，让一家人的生活有了基本保障。在感到温暖的同时，师玉琼立志要靠自己的双手脱贫致富。师玉琼常说："国家给的，只是帮助我们更好地生活而已，不可能靠国家一辈子吧，要想脱贫、要想致富，还是要靠自己勤劳的双手。"

从 2014 年开始，有了帮扶单位和对口帮扶人，她的信心更足了，在党和政府以及驻村工作组的帮助下，她开始发展自己的"小养殖"项目，仅 2019 年，她家就出栏 12 头育肥猪，养殖收入非常可观。别看师玉琼身体不好，可是她家的猪圈与其他农户的猪圈相比，还要干净许多。

100 个产业脱贫典型

2020 年，她为了提高经济收入，想要发展魔芋种植，在第一书记和农技员的协助下，咨询峨边县农业农村局相关人员，实地查询当地土壤酸碱度等种植条件后，在她家附近本土移栽了近一亩魔芋，预计收成达 8 000 元。从最初的基本生产到发展经济作物，再到"小养殖"成规模，在国家扶贫政策的帮助下，通过自己的勤劳，师玉琼一家于 2015 年主动申请退出贫困户序列，她激动地说："国家帮我们把房子修好了，还给我们资金发展养殖业，100 棵种植的核桃树也开始挂果了，生活是越来越好，我们再也不是贫困户了。"

勤劳善良的师玉琼从来没放弃过对生活的希望。她身上有一股面对变故和挫折不服输的劲头，她很坚强，把家里照顾得很好，把子女教育得很好，她腿脚不便，就靠着板凳的支撑，把家里收拾得干净整洁，协助丈夫让家庭脱贫致富。夫妻二人直面挫折，互相扶持、互相帮助，这是热爱生活的表现，是人们学习的榜样。坚韧排除了困难，勤劳战胜了贫穷。相信在党和政府的关心支持下，在社会各界的热心帮助下，师玉琼的脱贫致富之路会更加平坦宽广，未来的生活会更加美满幸福。

勤劳致富小能手　传播能量好党员

——四川省南充市南部县打鼓山村刘召全产业脱贫故事

步入打鼓山村，纵横交错的村社路、产业路、便民路四通八达，鳞次栉比的村民新房整洁漂亮，生机盎然的脱贫奔小康柑橘产业园花叶飘香，鸟儿在枝头欢歌，村民在林间劳作，犹如一幅幅水墨丹青，又似一卷卷黎民百姓安居乐业的风景画。贫困党员刘召全，满脸笑容地哼着口令，正在撒食喂鸡，幸福地过着自己的小康生活。

"我对自己的养鸡技术很有信心，养上千只鸡都是没问题的，光是搞小养殖我一年就能挣1万多元，小庭院种植的枇杷、李子、栀子花等每年也能在镇上卖钱。"刘召全自豪地说道。实施精准扶贫政策以来，南部县农业农村局驻村工作队、帮扶干部鼓励贫困户发展小养殖、小庭院、小作坊、小买卖，按照"以奖代补、多建多补、少建少补、不建不补"的奖补政策，兑现四小工程补助资金2 000～5 000元/户，并确保户户都有一个短期见效的增收项目。贫困党员刘召全率先响应政策，利用四小工程款建起了100多只家禽的小养殖项目。起初，他因不懂规模养殖的疫病防控知识和科学养殖方法，家禽成活率较低，经济效益差。在南部县农业农村局畜牧兽医师的技术指导下，他刻苦学习养殖知识，自家的小养殖也步入正轨，每年能创收 1 万多元。

打鼓山村建成了 3 000 亩脱贫奔小康晚熟柑橘产业园，按照无劳动力、无技术的贫困户进入"托管园"，有劳动力、无技术的农户进入"就业园"，有劳动力、有技术的农户进入"创业园"的形式，建立了"三园共建"利益联结机制，把贫困群众紧紧捆绑在产业链、利益链上，建立了长效稳定的脱贫机制。刘召全和妻子陈开俊均在就业园中务工，他们不仅是出工出勤的标杆，更是专业的技术工人，这归功于刘召全在农民夜校中的认真学习。打鼓山村农民夜校每月定期开班 2 次，产业园区的技术管理员在农民夜校课堂上传授修枝整形、疏花疏果、除草施肥、柑橘套袋等种植管理技术，在 2017年 12 月，被四川省委组织部评为"四川省农民夜校示范校"。

长期在就业园中务工和在农民夜校学习，刘召全思想得到了解放，也建立起了自己的创业园，种植的晚熟柑橘有 200 多株，自家的小产业园跟着大产业园走，自主创业经营，在晚熟柑橘全部进入盛产期后，每年可收入 4 万多元，当上了村民口中的"小业主"。刘召全感慨地说："都 50 多岁了，不能外出务工，我和老伴在就业园中一年能挣 3 万多元呢，现在就在家门口务工、家里创业，有不错的收入，也把家照看了，这真是想都不敢想的幸福。"

贫困户脱贫故事

"勤劳致富小能手，传播能量好党员"，这是村民对刘召全的印象。打鼓山村党支部把开展"干群一家亲"系列活动贯穿教育引导全过程，坚持教育引导和典型示范，持续开展"最美打鼓山村人""星级示范户"评选活动，把群众身边看得见、摸得着、学得到的"群众英雄"推选出来，树立新风正气，持续激发脱贫内生动力。贫困党员刘召全被评为"脱贫示范户"。他主动发挥共产党员的模范带头作用，宣传国家的医疗、教育、住房等扶贫政策，讲解打鼓山村这几年的翻天巨变，激发群众的自豪感、获得感、幸福感。作为一名党员，为了不拖村里的后腿，不给帮扶干部添麻烦，他主动申请脱贫，并引导群众养成好习惯、形成好风气、做到懂感恩，向群众传递"真善美"、传播"正能量"，弘扬了新时代新风气。刘召全说："国家的政策很好，我们的帮扶干部为村里做了很多事情，我们打鼓山村的变化是一天一个样。而我能做的就是以勤劳的双手脱贫致富，不给国家增添负担，给周围的群众带个好头，这才配为一名合格的共产党员。"借着党和政府的扶贫政策，靠着自己的努力实现了脱贫致富梦，刘召全成了村民学习的榜样，大家都积极地到产业园中务工或发展四小工程。

"山鸡哥"单腿"蹦"出30万

——重庆市故陵镇兰草村梁尚直产业脱贫故事

"咕咕咕……"走进重庆市故陵镇兰草村，嘹亮的鸡鸣声从不远处传来。放眼望去，村后群山延绵，草木青翠，这正是当地的"山鸡哥"梁尚直放养土鸡的天然鸡场。这时，梁尚直正忙着给鸡群投食，看着它们吃得欢，梁尚直满面笑容。

提起村里的"山鸡哥"，兰草村的村民们无不伸出大拇指。"山鸡哥"梁尚直是故陵镇兰草村曾经的贫困户，小时候因为烧伤治疗不及时导致右腿落下了病根，只能单腿走路。"虽然我腿脚不方便，但我过得不会比别人差。"梁尚直总是将这句话挂在嘴边。为了摆脱贫困，梁尚直从2015年开始养鸡，规模从最初的100余只发展到现在的1万多只，家庭年收入达到30万元。靠自己的勤劳，他硬是单腿"蹦"出了一条致富路。

因为腿脚不便，梁尚直不能干重活，也不能外出打工。从25岁起，他学做篾匠，还喂兔、养蚕、榨油……靠自己的勤劳与努力，生活能够勉强

贫困户脱贫故事

维持。近些年，篾匠的活越来越不好做，梁尚直家里陷入了困境。2014年，他被村里确定为建档立卡贫困户。

成为贫困户后，常常笑呵呵的梁尚直没了笑容，好强的他不想让别人瞧不起，于是下定决心要摆脱"穷帽子"。镇村干部也积极帮助他，为他送来了200只鸡苗，还帮他申请了小额贷款，让他通过养鸡脱贫致富。有了这样的好政策，还有帮扶干部的用心帮助，梁尚直对未来充满信心："我一定要干出一个样子来。"他起早贪黑、建鸡舍、学技术，常常一个人单腿"蹦"在鸡舍里，只为能够早日"蹦"出一条脱贫致富路。

然而，养鸡并非一帆风顺。刚开始养鸡，梁尚直缺乏技术，小鸡长得不好，有的小鸡甚至开始生病、死亡。渐渐地，200只鸡死掉了一半。"这可怎么办才好！"梁尚直心里急得像火烧一样，赶紧请村干部来帮忙。村里为他请来了兽医站的专家，帮他检查家里剩下小鸡的情况，传授养殖技术。好学的梁尚直虚心请教，耐心学习，通过自己不断摸索，最终将剩下的小鸡养成并出栏，收入一万多元，保住了本钱。

2018年，有了养殖经验的梁尚直又买了800只鸡苗。随着养殖规模的不断扩大，面临的困难也越来越多。这么多小鸡需要保温房，可是家里却没有这么大的地方，梁尚直犯难了。这时，梁尚直的大哥去世，大哥将房子留给了他。悲痛的梁尚直在家人的帮助下，把房子改造成了保温室，这里也成了他养鸡场的主要阵地。

改造好的保温室有三层楼，每天早上天不亮，单脚的梁尚直一起床就提着食桶一楼一楼"蹦"上去，给他的小鸡们喂食。小鸡吃食时，他就在一旁聚精会神地看着，等小鸡们吃完食，他又一个一个查看它们的生长情况。从陌生到熟悉，从"门外汉"到"专家"，梁尚直的养殖技术不断进步，养鸡场也逐渐步入正轨。在他的悉心照料下，鸡苗成活率高达90%以上。通过养鸡，梁尚直顺利摘下了"贫困帽"。

摘了"贫困帽"，梁尚直轻装上阵，朝着致富道路迈进。现在，人们越来越注重身体健康，绿色生态食品备受消费者青睐。为了适应消费者需求，梁尚直决定转移"阵地"，将鸡从养鸡场里放出来，散养在宽阔开敞、草源丰盛的林木间。小鸡们除了吃谷物、玉米等，还吃虫子、青草。这样一来，

100 个产业脱贫典型

梁尚直养的土鸡肉质鲜香、嫩滑，绿色健康、营养丰富。鸡一出栏就被周边乡镇、县城以及万州等地的顾客订购一空，久而久之，大家都唤他"山鸡哥"。打开销路后，"山鸡哥"越干越有劲，越干越有信心。2019 年上半年，梁尚直又养了 5 000 只土鸡，养鸡场也是越办越大。"亲戚劝我不要搞大了，很多人养鸡都亏惨了。但我觉得，有时候做事情还是要胆子大一点。"梁尚直说，现在电商销售火爆，他想往这方面发展，于是将在外务工的儿子和儿媳叫回家一起帮忙。

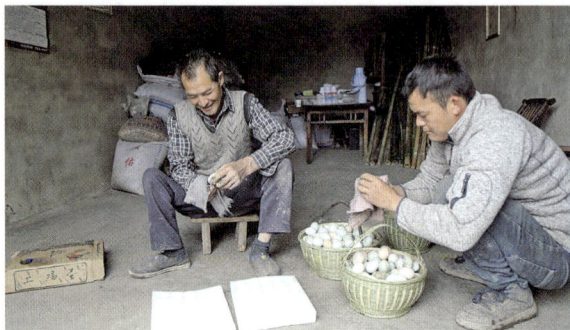

梁尚直的儿子梁国勇回村后，立即投入到电商平台销售运营的学习中，将父亲的土鸡售卖"阵地"搬到了网上。通过线上线下齐发力，拓宽了土鸡的销路。2019 年上半年，梁尚直的养鸡场共收入 18 万元，下半年，他又养了 5 000 只土鸡，收入 10 多万元，全年收入达到 30 万元。

说起今后的打算，梁尚直信心满满，他说，2020 年他要修好养鸡场的供水池，再养 1 万只鸡，将养鸡场做大做强，把"山鸡哥"的名声做响叫亮，带着村里的贫困户一起走上致富路！

他坚信，只要肯努力，就一定能"蹦"出美好生活。

身残志坚　不等不靠　脱贫致富奔小康

——重庆市奉节县安坪镇海角社区钟宇元产业脱贫故事

钟宇元，男，汉族，1982 年 6 月生，奉节县安坪镇海角社区人，于 2015 年被确定为建档立卡贫困户，2017 年光荣脱贫。钟宇元 1999 年在外务工时不幸失去右手手掌，其妻谭志平为二级智力残疾，一儿一女目前在小学就读。钟宇元夫妻二人虽然都是残疾人，但靠着不怕吃苦的精神和勤劳的双手，在艰辛中自强、在逆境中奋斗，终成战胜苦难、摆脱贫困、创造幸福生活的先进典范。

天有不测风云，"弱弱"结合的"残疾人"

17 岁那年，钟宇元告别父母，加入打工一族，期待用双手改变窘迫的生活面貌。然而事与愿违，一次意外让他失去了右手手掌，健壮小伙儿不幸成为残疾人，痛失手掌和大额的治疗费用让原本贫苦的一家雪上加霜，沦为贫困户。钟宇元娶了隔壁村一位二级智力残疾的姑娘做妻子，两个孩子相继出生，家中老的老、小的小、病的病，生活的重担只能由钟宇元一人承担。

身残志坚，起早贪黑的"勤快人"

性格要强、吃苦耐劳、乐于助人是周围邻居评价钟宇元的高频词。虽然身体残疾，但长久的磨炼让他更加坚韧，他养猪、种田、打工，没有因为身体上的残疾而产生"等、靠、要"的思想，没有把时间用在感叹命运不公上。他每天天不亮就去剁猪草、煮饲料，天一亮就带着妻子到田地里除草、耕地、施肥，一干就是一整天。"也不辛苦，就觉得自己每天都很充实，我只是失去了一只手掌而已，肩能挑、背能抗的，我相信通过自己的努力，一定

能过上正常生活！也感谢党和政府对我的帮助，我孩子读书不要钱，我在家里干完活，还可以做公益岗位，一年可以拿 8 000 多元钱呢！"钟宇元这样说道。

真帮实扶，自力更生的"养殖人"

2015 年开始，各项惠民政策和帮扶措施源源不断地落实到户到人，特别是 2018 年，"摘帽不摘帮扶"，奉节县委常委、副县长陈鼎成为他的帮扶责任人，从此，他的致富路更宽敞更平坦了。在陈鼎副县长的动员下，原本就有一些养殖经验的他参加了扶贫技能培训，专学养殖技术。陈鼎副县长又帮他申请了 3 万元的小额信贷，有了技术又有了本钱，他购买了 3 头牛、6 只羊，走上养殖致富路。"大家都说养牛累、养牛苦，但是能赚钱呐，一头小牛少说能卖 1 万元，大一点的就是 2 万～3 万元。"钟宇元经常和邻居这样算账。2019 年，他养的牛达到了 13 头，山羊 17 只，同时还养殖了

贫困户脱贫故事

肉兔，他成了远近有名的科技示范户，加上公益岗位收入，这一年他的收入达到了 10 万元以上。

成功致富，不忘乡亲的"感恩人"

富裕起来的钟宇元感恩于党的好政策、帮扶人的真心帮助、困难时左邻右舍的接济，带动身边更多的残疾人、贫困户共同致富成为他的自领任务。仅 2020 年以来，他就带动周边 10 户邻居开始养牛，毫无保留地向他们传授养殖经验，还为缺少本钱的贫困户刘某某赊了一头小牛。"人家以前帮过我，现在我有能力了，也要回报他。"钟宇元说，"'努力才能脱贫，勤劳就能致富'这句话是陈县长对我说的，我要坚持下去，也要把这句话带给我身边的亲戚朋友们。"

钟宇元在决胜脱贫攻坚的路上不等不靠，身残志坚，以自强不息的精神实现脱贫奔小康，充分展示了扶贫受助群众自力更生的精神风貌，是广大贫困群众积极面对生活困难和挫折的榜样、标杆。

"弱鸟"愿先飞　勤劳能致富

——云南省怒江州兰坪县金顶镇高坪村尹吉妹产业脱贫故事

高坪村 2020 年有农户 642 户，少数民族 2 457 人，主要民族为普米族、白族、彝族，2020 年全村建档立卡贫困户均已实现脱贫。

尹吉妹曾是高坪村的一个普普通通的贫困户。尹吉妹膝下有一子一女，平日尹吉妹夫妇靠种植业和养殖业生活，生活虽然平淡，但有子有女的小日子还是幸福的。2015 年一场灾难的降临，差点摧毁这个家庭，儿子尹金柱在回家的路上发生了车祸，万幸的是没有生命危险，但是尹金柱的右手粉碎性骨折，先后做了 3 次大的手术，花费超过 16.8 万元。由于损伤较大，尹金柱痊愈后右手无力，丧失正常使用功能，经残联鉴定为 4 级肢体残疾。16.8 万元的高额医药费掏空了家里所有的积蓄，还让家里欠下 13 万元的贷款。面对突如其来的灾难，尹吉妹在无数个夜晚以泪洗面，感觉生活一片黑暗，几近崩溃。在了解到尹吉妹家的情况后，高坪村"两委"、驻村工作队及时来到她的家中，安抚尹吉妹的情绪，分析研判尹吉妹家的情况。经民主评议，尹吉妹家被识别为建档立卡贫困户，结合尹吉妹的情况，后续帮扶了油用牡丹和生猪、山羊养殖项目。

产业发展是正途

面对党和国家的帮扶，尹吉妹放下包袱、甩开绝望，重新振作起来，更加努力地工作，学习自己从未学过的知识，参加了镇畜牧兽医站组织的 2017 年第十八期家畜饲养工培训、2018 年养殖科技培训。经过培训，尹吉妹的养殖技术有了质的提升，管理的 36 只羊种群发展越来越壮大，每年能出栏 18 只左右，年收益达 2 万余元。2019 年尹吉妹的羊群达到 56 只，在全高坪村扶持山羊项目的 144 户农户中排名第一。

同时，尹吉妹利用农家种养循环，把羊粪作为上好的肥料用以提高地力，提高种植质量。尹吉妹家中有 5 亩田地，2 亩地流转种植油用牡丹，每年只要适当管护即可，年收益 3 000 元左右；3 亩地种植了滇西有名的桃花蒜，每亩每年能产蒜 1 000 千克左右，按照 2019 年的行情，大蒜收购价 16 元 / 千克，3 亩大蒜收益 48 000 元左右。

感党恩，知自强

几年下来，通过尹吉妹一家的辛勤劳作，贷款还清了，女儿出嫁了，儿子尹金柱被选聘为村里的生态护林员，有了自己的收入，一家人的生活慢慢步入正轨，生活也越来越美好。

尹吉妹十分感谢党和国家对建档立卡贫困户的健康扶贫政策、产业扶持项目、生态扶持项目，这些政策在一定程度上为她减少了很大的负担。现在党和政府那么关心老百姓，通电、通路不用说，各个小组还建了群众活动室、三峡集团帮扶的"安居工程"、黑山羊和生猪养殖项目等，让她们的生活条件越来越好、收入越来越高。她说国家已经为我们老百姓做了那么多，现在关键是要靠我们自己，我们不能等着政府、靠着政府，人什么时候都得要靠自己，只有靠自己的双手才能创造自己的幸福生活。

习近平总书记在深度贫困地区脱贫攻坚座谈会上讲话时说过："群众没有内在动力，仅靠外部帮扶，帮扶再多，你不愿意'飞'，也不能从根本上解决问题。"尹吉妹说她从不会为了要几百元钱而到村委会与村干部、驻村工作队天天申请，觉得与其花那时间不如自己努力挣钱，花得也踏实。她坚信只有靠自己自力更生才能致富、勤俭才能持家。脱贫攻坚需要的不仅是党和政府的帮扶，更需要贫困户人人参与，人人尽力。脱贫的首要意义也不是摆脱物质上的贫困，而在于摆脱意识和思想的"贫困"，只有思想上想脱贫，行动上有作为，解决好头脑中的贫困，才可能实现"弱鸟先飞"。

甘蔗撑起脱贫新希望

——云南省西双版纳州勐海县西定乡曼马村委会
南么村民小组达嘎产业脱贫故事

劳动致富新农民达嘎，男，西定乡曼马村委会南么村民小组农民，全家有 4 口人，由于曼马村委会南么村是一个典型的山区贫困村，通过精准识别，2013 年达嘎家被确定为第一批享受精准扶贫政策的帮扶对象。头脑灵活又有知识的他决定通过发展种植甘蔗改变窘迫的生活。达嘎注意到县里的产业扶贫政策，想借政策东风，依靠自己的双手，让自家生活好起来。他一方面寻求政策扶持，另一方面勤奋学习甘蔗种、管、砍等技能，在扶贫政策的帮助下，达嘎一家发挥自身能力，努力拼搏，走上了脱贫致富的道路，成为其他贫困户学习的好榜样。在没有种植甘蔗之前，达嘎家靠养殖业和种植业维持生活，生活水平未达到国家脱贫标准。2014 年达嘎利用产业扶贫资金的补贴种植甘蔗 8 亩，通过一年的管理，在 2014/2015 榨季喜获 52 吨原料甘蔗，当年靠养几头猪、几只鸡生活的农民第一次获得了第一笔大额收入 23 400 元，人均收入为 5 850 元。2015 年达嘎领到扶贫项目资金 2 700 元，作为甘蔗种苗补助，种植甘蔗 16 亩，2015/2016 榨季入榨甘蔗 104 吨，收入 46 800 元。在制糖企业的扶持下，他在原基础上又扩种了 50 亩甘蔗，

100 个产业脱贫典型

在 2019/2020 榨季可喜地收获 396 吨原料甘蔗，甘蔗收入达到 178 200 元。达嘎感慨地说："感谢党的好政策，感谢各级干部的真帮实扶，让我家能够迅速改变贫困现状，实现'一超过两不愁三保障'，逐渐走上致富之路，奔向富裕小康生活。"

在自身发展良好的情况下，达嘎没有忘记乡亲们，他积极带头动员，号召那些有劳动能力的贫困户种植甘蔗致富。通过不断努力学习，2017 年，达嘎被景真糖厂录用，成为西定乡甘蔗工作站曼马村委会的一名甘蔗农务人员，负责曼马村委会的甘蔗生产工作。曼马村的老百姓对甘蔗的种、管、砍都不清楚，达嘎注重产业政策宣传，与各村小组领导干部一起，到每个寨子组织召开甘蔗种植、全膜覆盖及中耕管理等技术现场培训，传授甘蔗种、管、砍等技能。他经常到田间地头手把手地教蔗农如何种蔗、施肥和盖膜，督促蔗农加强管理，带动蔗农科学管理甘蔗提高单产、增加总产。

达嘎始终保持着积极向上的心态，以较高的标准要求自己，不断积累经验，以做一名致富带头人、优秀的农务员为目标，为蔗农增收、企业增效服务，得到了大家的肯定和好评。

扶贫路上的"雪莲花"

——西藏自治区日喀则市南木林县桑木林村洛桑卓玛产业脱贫故事

　　夜幕降临，冬季的夜晚寒风刺骨，而路边的一家茶馆里烧起牛粪炉子无比暖和，人们也在喝茶聊天，谈论党的脱贫致富好政策，热闹非凡。一位年轻妇女一直忙碌着，又是给客人倒茶做饭，又是负责收银，熟悉她的人能看出她的精神面貌，与三年前完全不一样……她曾是建档立卡贫困户，如今成为开餐馆脱贫致富的典型，她就是南木林县桑木林村村民洛桑卓玛。

　　洛桑卓玛的家庭条件原本也是很不错的，家里除了父母和她，还有一个非常能干的弟弟。2010 年，洛桑卓玛遇到了自己的另一半，结婚后很快有了两个小孩，也是全村同龄姑娘羡慕的对象。可是好景不长，2014 年老公离家出走，弟弟远走高飞，陪伴她的是年迈患病的两位老人和两个不到 3 岁的小孩。巨大的落差让她心里苦不堪言，只能靠干农活勉强度日，后来母亲又生了一场大病，让她的家庭雪上加霜，从此她一蹶不振，一度失去对生活的信心。

　　得知她家中的状况，驻村工作队、村干部按照精准扶贫要求了解具体情况，通过个人申请、群众评议、乡村审核将其确定为建档立卡贫困户。2016 年开始，她们一家每年都能按时获得贫困补贴，同时，新型农村合作医疗报销了她母亲看病的全部医疗费用。随着各类扶贫政策的落实，一家人的生活也渐渐好了起来。当洛桑卓玛一家在贫困里苦苦煎熬时，党和政府的扶贫政策像一缕阳光，给一家人带来了希望。她经常说："在我最灰心丧气时，是党和政府给了我继续生活的勇气和脱贫致富的信心。"2017 年 7 月 1 日，24 岁的洛桑卓玛主动向村党支部递交了入党申请书。

在党的扶贫政策的帮助下，在各级组织和领导干部的关心下，洛桑卓玛调整心态、重拾信心、开始了通过努力改变贫困面貌的人生。在洛桑卓玛的脱贫过程中，令当地扶贫干部感到棘手的是，激发她的脱贫内生动力和致富信心是一件很不简单的工作。非常幸运的是，在她人生最低谷时享受了精准扶贫好政策，也赶上了"四讲四爱"群众教育实践活动的好时机。"四讲四爱"的教育使她彻底醒悟了，世界上没有坐享其成的好事，要幸福只能依靠自己勤劳的双手。

为了推进乡风文明建设，驻村工作队结合当地实际，组织开展"深化'四讲四爱'提升人居环境，改变陈规陋习，建设美丽村庄"活动，由于洛桑卓玛个人和家庭卫生习惯良好，在第四季度"四讲四爱"卫生文明评比中脱颖而出，荣获全村"卫生之星"称号，为引导群众养成良好卫生习惯起到模范带头作用。在群众的推选下，洛桑卓玛成为一名农牧民科技特派员兼"四讲四爱"农牧民宣讲员，无论是在田间劳作还是在茶馆用餐，她都积极宣讲党的好政策，讲述自己的脱贫故事，让群众真正读懂以习近平同志为核心的党中央的特殊关怀。作为科技特派员，她建议村"两委"将社会主义核心价值观和群众崇尚科学文明的内容补充到村规民约中，教育引导群众摒弃陈规陋习，崇尚科学文明，把主要精力放到勤劳致富上来，让群众潜移默化地接受"四讲四爱"内容，为树立良好乡风献出了自己的力量。

在打赢脱贫攻坚战的实践中，像洛桑卓玛家一样人口多、劳力少的贫困户，脱贫不易，致富更难。2016 年的一天，西藏自治区农业农村厅党组书记高巴松带着结对帮扶的责任，第一时间与驻村干部一起到洛桑卓玛家了解她的家庭情况，并与洛桑卓玛一家谈心，教育她道："不能被生活中遇到的挫折打败，你还年轻，在这么好的扶贫政策下，别人能脱贫致富，为啥我们不可以？"了解了她家的情况后，高巴松鼓励她开一家小餐馆，并个人资助了1万多元启动资金，原本致富信心不大的洛桑卓玛萌生了要自己创业致富的想法。在驻村工作队的帮助下，洛桑卓玛到拉萨参加厨艺培训，学到了打甜茶和做藏餐的好手艺，并利用帮扶资金购买了部分餐馆设备。索金乡干部第一时间帮助办理相关手续，在多方的齐心帮助下，很短的时间内当地就多了一家餐馆。为了保证按时供餐和服务质量，洛桑卓玛起早贪黑，厨师服务员一肩挑。餐馆卫生好，价格还合理，生意一天比一天好，每月收入达5 000余元，日子过得越来越好，洛桑卓玛开始迈上致富路。2019年6月，洛桑卓玛一家主动向村委会申请退出贫困户序列。

在党的好政策下，洛桑卓玛依靠自己勤劳的双手和对美好生活的希望，走上了一条脱贫致富的康庄大道，也成为村里贫困户争相学习的榜样。一次脱贫政策宣讲会上，洛桑卓玛说："下一步我还要扩大经营范围，争取带动更多的贫困户脱贫致富，回报党的恩情。"

如今，不畏冰雪高寒的这朵"雪莲花"盛开得格外艳丽。在精准扶贫政策和"四讲四爱"教育下，洛桑卓玛实现了思想上由"要我脱贫"到"我要脱贫"、身份上由贫困户到致富带头人、政治上由普通群众到向党组织靠拢的巨大转变。这也是精准扶贫一系列措施使桑木林村39户建档立卡贫困户实现脱贫大转变的缩影。小村庄里的大变化充分体现了以习近平同志为核心的党中央狠抓精准扶贫的具体成效和社会主义制度的优越性，也充分体现了广大群众听党话、感党恩、跟党走的坚定决心。

职业农民成致富领头雁

——陕西省澄城县安里镇刘卓村翟书民产业脱贫故事

翟书民，安里镇刘卓村人，几年前因贷款发展生猪养殖遭遇疫情，一时债台高筑，付不起利息，成了实实在在的贫困户。在脱贫攻坚中借着好政策，凭着一股拼劲联合其他农户建大棚、种蔬菜，一举翻身成了带领群众致富的领头雁。

2014年趁着镇村两级大力发展设施农业，他兴建蔬菜园区，建造了日光温室五座。2015年参加了职业农民培育，先后取得了初、中、高级职业农民证书。2016年参加了陕西省第二届职业农民大赛，取得了蔬菜园艺工第一名的好成绩，被陕西省四部委授予"陕西省技术能手"荣誉称号。2017年1月被推荐为澄城县第九届政协委员，同年，澄城县电视台澄城人栏目为他做了题为"职业农民成致富带头雁"的个人专题节目，他还被渭南市政府授予"脱贫致富标杆人物"称号，被安里镇政府授予"双带脱贫示范户"称号。

敢于尝试　致富带富

2012年，翟书民引进青皮甜瓜，为安里镇产业发展带来新的亮点，稳稳地占据了市场，得到客户的一致好评。每年光甜瓜产业这一项，就为安里镇带来16万元以上的效益。

为了让大家都能尝到大棚种植的甜头，翟书民苦口婆心地说服众乡邻一起建设大棚，从事设施农业生产。刚开始，大家都没有种植经验，不知如何下手，翟书民夫妻二人就亲自到各家棚里去指导，利用自己的技术、种植经验以及先进的理念，指导大家种植，让大家少走弯路，避开蔬菜上市高峰，错季种植，大家的种植效益有了很大提高。他同时组织大家统一采购农资、种苗，统一进行销售，既降低了生产成本，又提高了生产效益，提高了产品的竞争力，产品越来越好，知名度越来越高。良好的效益激发了周围群众的发展热情，全村现共有冬棚37座，占地150余亩。到2016年，他的大棚也由原来的5座扩展至7座，家庭年收益也由原来的1万～2万元发展到现在的15万～20万元。翟书民在2016年底正式脱贫，附近的菜农也慕名前来讨教、学习。

2017年1月，翟书民被安里镇政府推荐为澄城县第九届政协委员，同年参加了澄城县农业局"十百千"帮扶工程，被聘为专家团专家。翟书民利用电话咨询、微信咨询、现场指导等多种方式，为全县广大种植户解决生产、管理中的难题，得到各级部门的好评，服务范围也由原来的本村扩展到本镇，又扩展到全县域甚至周边县市，经常有人前来拜访、讨教。

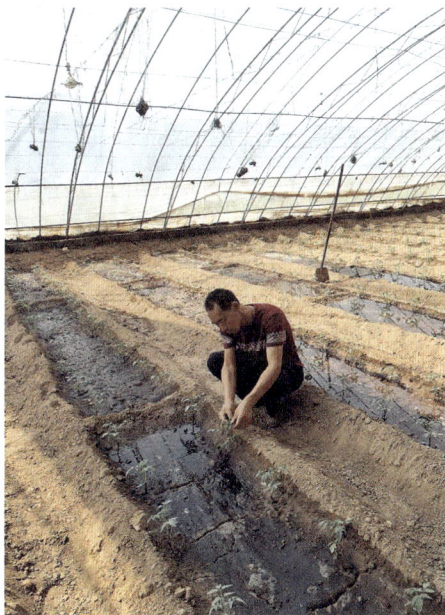

勇于创新　助力脱贫

以前种植蔬菜、瓜果都是传统模式，在参加职业农民培育后，翟书民认识到了我国农业的现状、农村的现状、农民的现状，知道了粮食安全的重要性、食品安全的重要性。他慢慢地转变了思路，改变了模式，采取绿色种植模式，改变了以前只追求产量而不注重质量的思路。

2018年1月，翟书民筹建了澄城县新农人果蔬农民专业合作社，引领大家进行统一包装，增强品牌意识，为安里甜瓜谋出路。合作社的甜瓜得到

100 个产业脱贫典型

销售公司、农户的一致认可，也为安里农业发展拓开了一条新路。

翟书民还以自身的脱贫故事、创业经历、先进的管理技术、生产模式、营销策略、致富带富事迹为题材，巡回宣讲，感染更多的贫困群众，激发他们的内生动力，助力脱贫攻坚。

脱贫致富成不成　看看红岐就知道

——陕西省黄龙县太地塬村贾红岐产业脱贫故事

简单宽敞、窗明几净的屋子里，太地塬村屈家塬组的贫困户贾红岐早早便忙碌了起来，穿戴整齐后的他来到羊圈，备料、入槽，查看了羊群情况后又赶去参加村里果树春管技术培训了……

脱贫致富奔小康，脱贫要可持续、致富要靠干劲，太地塬共有贫困户15户、22人，贾红岐便是其中之一，近几年，借着精准扶贫的东风，他正在属于自己的脱贫致富路上拼搏。"脱贫致富成不成，看看红岐就知道了。"现在大家都把贾红岐看做是村里的脱贫红人和榜样。

一开始，作为贫困户的贾红岐主要靠做保洁员每月三百元的工资和农忙时给果农大户帮工的季节性收入养活自己，随着精准扶贫的深入推进和太地塬村苹果产业的逐步壮大，积攒了几年种植经验的他萌生了自己发展果树种植的想法："每次站在山头上，看着秋收时大片红彤彤的苹果，我就想自己要是也能有这么一片果园，日子肯定能好过些。"心动就要行动，他把原先10亩种粮食的地翻新平整，栽上了"致富希望苗"，2020年，他家的果园已经进入了精心养护的第三年，预计两年后挂果将为其带来10万元收益。这几年里，他一边靠自己在别家果园打工时积累的经验打理果园，一边还经常参与乡、村两级组织开展的各类苹果产业技术管理指导培训。贾红岐坚信，在自己的拼搏努力和太地塬着力

打造苹果种植专业村的大环境下，他家的果园一定也能乘上产业的东风，发挥出更大的潜力。

为了保障果园前期效益，提升土地利用率，贾红岐还在自家园子里套种了大豆，一来套种低秆作物不影响果树生长，二来种植成本低、产出快，管理也简洁，2019年一年仅套种便使贾红岐增收了近1万元。

打铁要趁热，脱贫要趁早，产业发展更得一鼓作气。2019年，山羊养殖也开始走进贾红岐的生活，他家门前空地搭起的小小羊圈，很快迎来了由帮扶责任人帮忙协调购买的几十只羊崽。他选择养羊主要是看中了其"短平快"的特质，且具有市场空间。养殖之初，仅凭着年轻时放过羊的一点经验支撑，贾红岐一度陷入沮丧，在村领导班子的积极鼓励和帮助下，通过县、乡畜牧技术人员的指导以及向同行虚心求教，贾红岐一步步在实践中提高了自身的养殖水平。2020年贾红岐的羊群已经发展到 百余只了，2019年仅山羊养殖一项便为贾红岐带来了5万余元的收入。"为了养好这些羊，他可真没少操心。"村干部说，可贾红岐却不觉苦累，他说："既然要干，当然就要好好干。"

他物尽其用，发展大豆种植保障了果园挂果前的收益，收割的大豆秸秆又给羊群提供了现成的饲料，而羊粪又可以为果园土地提供天然肥料。现在的贾红岐不光能吃得了苦、受得了累，发展产业的思路也很清晰、明了。他正昂首走在脱贫致富奔小康的道路上，自信地等待着脱贫攻坚收官年的最终验收！

小小鹌鹑能量大　助力脱贫促增收

——甘肃省合水县板桥镇柳沟村王百林产业脱贫故事

合水县柳沟村鹌鹑养殖农民专业合作社由建档立卡贫困户王百林于 2017 年 3 月创办，注册资金 120 万元，最初以人工化、小规模形式经营。2018 年以来，王百林积极响应产业扶贫政策，在板桥镇党委、镇政府的大力支持下，按照"331+"产业扶贫模式，投资 651 万元，对原有合作社进行了整体搬迁和提升改造，建成了具有托管代养能力的标准化养殖合作社。合作社现有场房 8 栋共 3 040 米^2，办公用房、职工宿舍 22 间共 440 米^2，养殖规模可达 20 万只，年实现利税 300 余万元；入股社员 462 人，入股资金达 457 万元，为 457 户贫困户分红 22.85 万元，为 12 个村集体分红 4.57 万元。合作社成立以来，带动板桥镇 100 余户贫困户走上脱贫致富的快车道，王百林因此被称为扶贫攻坚快车道上的领路人。

多方联动，筑牢一套红利链条

合作社始终坚持"民办、民管、民受益"的办社原则，本着"为农民服务，促农民增收"的服务宗旨，健全龙头企业、合作社、贫困户三方利益联结。龙头企业安排专人蹲点负责合作社厂房建设、设备安装、经营指导等；合作社负责养殖、管理、防疫、技术培训等；贫困户将产业扶贫资金入股合作社统一经营，参与分红，并向合作社提供劳务输转、饲草料等。按照入股分红协议，206 户三四类贫困户托管入社资金 206 万元，每户每年盈利分红 1 000 元；251 户其他贫困户采取个人申请、自愿入股合作社的办法，每月分批次到合作社务工，并接受养殖技术培训。合作社优先收购社员种植的玉米作为鹌鹑的基础饲料，每户每年可在合作社实现收入 6 000~8 000 元。

品牌带动，打造一张生态名片

品牌是合作社的生命，是合作社创造效益的保障。为做大做强鹌鹑养殖产业品牌，合作社立足长远，积极提升品质，扩展市场。一是注重科学管理。从粗放式经营发展到大规模标准化养殖，不断提高鹌鹑蛋品质。二是注册"红土林"鹌鹑蛋商标。经过共同努力，成功开发了生态鹌鹑蛋、真空包装鹌鹑肉等产品，策划设计了不同规格的精装礼盒。三是扩大销售市场。合作社与宁夏、四川等地建立了长期定向合作关系，利用电子商务平台，采取"互联网＋"模式，将订单销售与分散零售相结合，不断拓宽销售渠道，目前产品已畅销陕西、宁夏、四川等地。

基地引领，培育一批致富能手

作为贫困户中的一员，王百林深刻体会到单一的扶贫手段取得的成效只是短暂的，要实现稳定脱贫，扶贫方式要精准，扶志、扶技还要扶智。通过积极争取项目，建成 80 米² 养殖技术培训基地 1 处，组织有劳动能力的贫困户每月分批次到合作社学习养殖技术，邀请专家、教授亲临合作社讲课并作技术指导，使社员熟练掌握养殖技术，社员的理论素养和实践操作能力不断提高。同时，派社员参加技术培训，拓宽视野，提高技术水平。利用三年时间，培训"土专家""田秀才" 1 500 人，确保每户贫困户有一名技术明白人。

助力脱贫，完善一项帮扶机制

虽然王百林早已脱贫，但周围亲戚朋友仍然看天吃饭，没有稳定收入来源，对此他百感交集。他认为贫困户受限于劳动力较弱、缺乏相关技术和市场信息，唯有依靠自身能力发展种植或养殖才能实现稳定脱贫。在王百林的引领下，合作社充分利用当地水源丰富、森林覆盖率高等得天独厚的自然条件，筛选出鹌鹑养殖技术熟练、文化程度相对较高的 20 户贫困户，统一提供鹌鹑苗、统一技术指导、统一标准监管、统一价格收购，手拉手进行扶持帮助，采用家庭分散养殖的方式实现增收脱贫目标。对于全镇年龄较大、文化程度较低的 65 户贫困户，合作社与其签订甜玉米收购合同，以高于市场价的价格收购，提高了贫困户发展种植业的积极性，保证了贫困户的利益。

帮扶济困，建立一个救助工程

合作社壮大了，但始终不忘社员，始终与社员心连心；自己富了，从不忘记家乡，积极主动回报社会。一是以人为本，善待社员。为社员解决生产、生活上的实际困难，切实为社员谋福利，从不拖欠社员盈余分红和工资，做到队伍和谐稳定，合作社生产经营持续发展。二是安排周边剩余劳力就业，带动脱贫致富。每逢冬夏农闲时节，对合作社设施进行改造，扩大用工量，解决了农村剩余劳力和贫困群众就业难题，周边农户就此项收入每户平均增加 1 000 元以上。三是合作社提取盈余基金积极参加各种公益事业和慈善事业。走访低保户、五保户、困难老党员 24 户，赠送鹌鹑蛋 24 盒、大米 8 袋，为全面建设小康社会积极贡献力量。

"帮助他人，快乐自己，是对无悔青春的最好诠释，更是人生旅途的美丽风景。"王百林说："我要当好扶贫攻坚快车道上的领路人，脚踏实地去做好脱贫攻坚的每一件事，为带领群众脱贫致富尽自己一份力量。"

欲问秋果何所累，自有春风雨潇潇。

在扶贫攻坚的道路上，王百林一如既往，风雨兼程，无怨无悔地用坚实的脚步丈量着这片热土，用真心和激情抒写着一名企业家的倾情奉献、一个"80 后"的家国情怀、一名共产党员的人生境界。

勇挑重担勤致富

——甘肃省康乐县鸣鹿乡郭家庄村马社个产业脱贫故事

　　鸣鹿乡郭家庄村位于康乐县南部，是一个以传统种养业为主的少数民族村，村民一直有饲养牛羊的习惯，但由于资金、品种、养殖技术、市场销售的制约，村民的养殖规模一般都不大，对养殖的商机也不重视。实施脱贫攻坚战略以来，县、乡研究决定，按照"宜养则养、宜种则种"的原则，确定了牛羊养殖、中草材种植的特色优势产业，帮助贫困户和广大村民改变发展思路，把发展家庭养殖业作为帮助贫困户脱贫的抓手，通过产业到户项目奖补扶持、技术服务、风险防控、市场开拓等一系列政策措施，引导建档立卡贫困户发展养殖产业，实现稳定脱贫、增收致富。目前，全村养殖户268户，占农户数的65%，建档立卡户中牛羊养殖户占82%，牛存栏300多头、羊存栏500多只，10头以上肉牛养殖户5户。该村的建档立卡户马社个不等不靠，依靠产业扶贫优惠政策，从无到有、从小到大，成为靠养殖肉牛实现脱贫致富增收的典型代表。

　　马社个，家中有4口人（他和妻子、两个女儿），耕地面积12亩，2013年底识别为建档立卡贫困户。收入来源单一、耕地面积少、种植粗放、发展资金缺乏是他家脱贫致富的主要制约因素，生活一直处于贫困状态，马社个空有脱贫的信心，却没有致富门路。

　　自从被确定为精准扶贫对象后，马社个注意到县里的产业扶贫政策，想借着政策东风依靠双手，让自己的生活快点好起来。他一方面寻求政策扶持，一方面积极努力学习种养技术。

　　2015年马社个向亲戚朋友借款2万元，多方咨询后，自己规划修建了4间牛棚并购买了2头母牛开始进行肉牛养殖。恰逢全县开展精准扶贫贷款活

贫困户脱贫故事

动，马社个看到了希望，通过积极争取，在乡村帮扶干部的支持下，申请到了 5 万元的精准扶贫产业扶持贷款，又购买了 3 头肉牛。2016 年，为了解决饲草来源难题，他在自家地里种植了 3 亩饲草玉米，又建设了 90 米³ 青贮池，积极发展肉牛养殖，养牛规模发展到 8 头，其中能繁母牛 3 头，年底出栏牛 3 头，收入近 2 万元，并通过政府扶持实现了"两不愁三保障"，在 2016 年底顺利脱贫。

在初步掌握养殖技术后，2017 年马社个又新建圈舍 5 间，养牛达 10 头。2018 年，康乐县又出台了产业到户项目支持产业发展政策，每户建档立卡户奖补 2 万元用于发展养殖业或种植业。马社个了解到产业扶持相关政策后，结合自身发展需求引进良种母牛 1 头，2019 年又引进母牛 1 头。按照县里的产业到户良种牛羊引进管理办法，乡镇、村委会、帮扶责任人与马社个签订了四方监管协议，由乡镇兽医站建立养殖档案，提供上门技术服务。不定期进行养殖技术指导、圈舍消毒、疾病诊疗，并免费提供种畜繁殖的人工输配服务，彻底解决了马社个养殖技术方面的困难。养殖风险也是马社个发展养牛最担心的问题，在农业保险优惠政策的支持下，马社个养的牛全部购买了保险，有效降低了风险。如今马社个的养殖劲头更足了，信心更强了，2020 年种植玉米 10 亩，在原有基础上，他又建设圈舍 5 间，将单列式圈舍改建成双列式标准化圈舍，存栏规模可以达到 30 头，每年至少出栏肉牛 15 头，收入一年更比一年好。如今圈里养了 12 头牛，其中 4 头母牛，预计 2020 年的收入至少在 5 万元左右。

在自己增收的情况下，马社个没有忘记乡亲们，他积极带头宣传产业扶持政策，带动贫困户一起饲养牛羊，向大家传授自己饲养的经验和技术。在他的带领下，郭家庄村的建档立卡户们纷纷发展牛羊养殖。

马社个依靠肉牛养殖收入稳定，生活安逸，家里宽敞明亮、各种家具齐全，房前屋后栽植的各类花木争奇斗艳，他逢人就高兴地说："党的政策非常好，感谢党和政府，产业扶贫给了我脱贫致富的机会；金融扶贫给了我发展产业的资金支持，技术服务、农业保险打消了我所有的养殖顾虑。"他会继续坚持养殖、不断扩大规模，靠养牛过上更加富裕的生活！

一技之长助脱贫

——青海省湟中县上阿卡村王尚忠产业脱贫故事

朝九晚五、食宿全包、周末双休、有福利保险……这些属于上班族的特征，家住湟中县土门关乡上阿卡村的贫困户王尚忠怎么也没想到，能发生在年过五旬的自己身上，还能当上"蓝领"焊工。

电光火花闪烁间，焊枪与承压管的数次无缝对接下，王尚忠专注而又认真地对待每一次作业。他知道，这份工作来之不易。

提起过往，王尚忠心里五味杂陈。

心酸：无法摆脱的贫困

原来的上阿卡村地处浅山地区，基础设施非常薄弱，交通条件极为落后，群众与外界的经济往来和信息沟通严重滞后，闭塞落后的老村庄与外界连通只有一条坡陡弯多、宽不到 1 米、长约 6 千米的山路。这条路，晴天尘土飞扬，雨天泥泞不堪。

以穷出名的上阿卡村，就连水电这样的基本生活设施也得不到保障，停电停水更是"家常便饭"，遇到干旱天气甚至要停水半个多月，"靠天吃饭"的穷苦生活只能让村民们种植马铃薯、小麦等耐旱农作物。可是，全村人均耕地仅 2.5 亩，且大多都是"跑水跑土跑肥"的山坡地，土壤质量差，土地抗风险能力低，一旦遇到自然灾害，往往颗粒无收，村民们又是白辛苦一年。

祖祖辈辈生活在这里的王尚忠早已对这样的苦日子习以为常。在他的记忆里，最苦的日子就是下雨天：外面下大雨，屋内下小雨，家人都要全员出动把各种盆盆罐罐派上用场——接雨水。老村庄大多都是土木结构的老房子，墙体掉土，房梁朽烂，存在很大安全隐患，漏雨和贫穷一样仿佛总也根除不了……

自己过苦日子倒没什么，关键还苦了两个孩子。老村庄距土门关乡中心学校有 6 千米的山路，孩子们虽然能寄宿住校学习，但是周一和周五还是特别困难，往返要两个小时左右，早出晚归不说，遇上雨雪天气，摔跤滑倒、满身是泥都是常事，有时大雪封山，孩子们只能连续几天在家自学。

自身发展能力不足、但又不甘于现状的王尚忠看在眼里，急在心里，可离开大山、拔掉穷根对于只有小学文化水平、没有一技之长的他来说就跟梦一样遥不可及。

忐忑：生活的转机

2015 年，王尚忠 47 岁了。这一年，全国脱贫攻坚战役开始打响，湟中的干部群众都在为早日脱贫干得热火朝天。

"这么多年都这么穷，脱贫哪有这么简单！"半信半疑的王尚忠送走前来摸底调查的村第一书记和驻村工作队员，转身回屋又扛起农具走进田里。

让王尚忠料想不到的是，这次脱贫攻坚规模力度空前之大。为了不让一个贫困户在脱贫致富路上掉队，湟中县委、县政府针对上阿卡等边远落后村实际，制定了详细的易地扶贫搬迁方案，下大力气从根本上解决长期以来困扰王尚忠他们出行难、就医难、上学难、娶妻难、增收难等突出问题。为此，湟中县相关部门和土门关乡党委、政府经过反复谋划和考察，在地势平坦、交通便利、布局合理的地方规划了移民新村，并制定了与之配套的产业发展、技能培训与劳务输出相结合的脱贫方案，让搬下来的群众不光住得稳，还要能致富。

"真的只交一万元，剩下的钱党和国家补助，我们就能住新房？"听村党支部书记黄库贵和第一书记白雪峰给自己算完账，王尚忠有点不敢相信有

贫困户脱贫故事

这么好的政策。多少年了，搬出这个穷山窝他不是没想过，但搬迁毕竟不是小事，不仅要自己去找合适的地方，光是盖房就得花十几万元，已经负债累累的王尚忠只能无奈作罢。现如今，他离新房的距离只差一万元。看着破旧的老屋、贫瘠的田地、一直想看看外面世界的子女，王尚忠知道这次不能再拖了。

搬！积蓄不够，借钱也要搬！

2018 年 10 月，经过统一规划、统一施工，地处大湟平公路南侧、距乡政府仅 1.5 千米、基础设施齐全的移民新居在山下竣工了，上阿卡村 178户、556 人终于搬出大山、入住新居。

拿到新房钥匙那天，王尚忠一家兴奋不已，一大早就来整理新房，儿女时不时跑到巷口看看平坦的马路、奔驰的汽车，妻子不断给亲戚拨电话分享住进新房的喜悦，村"两委"、驻村工作队也送来祝福和生活用品……喧闹声中，阳光透过窗户照进屋里，王尚忠望向宽广的天地，对新生活满怀希望，下定决心要彻底告别贫困的过去。

激动：靠自己的双手致富

挪出"穷窝"后，王尚忠琢磨着该换一种活法了。

而这时，上阿卡村"两委"和驻村工作队也正在紧盯市场用工需求，积极筹划组织搬迁群众开展特色产业种植和养殖、汽车驾驶、园林绿化等劳动技能培训，让大家能有"一技之长"，实现可持续发展。

"企业定岗式授课、结业颁发合格证书、免费培训……"11 月上旬，正在化隆回族自治县务工的王尚忠收到了驻村第一书记白雪峰发来的特种设备焊接操作人员培训班报名通知，原本就有些电焊基础的他对此心动不已。在白雪峰书记的细致讲解下，他敏锐地察觉到，能够掌握一项劳动技能或许就是生活的转机。顾不上已经谈好的工作，王尚忠第一时间买好车票回家参训。

培训期间，王尚忠比谁都认真，坐在前排仔细观察老师的每项操作，详细记录重点内容，每天都是早上八点第一个到场，晚上五点最后一个离场，从不无故缺课。

但即使王尚忠坚持"笨鸟先飞"，仍然遇到了"拦路虎"：由于年龄大，且文化水平低，他学习掌握基础理论知识还是很吃力，导致实际操作中总有纰漏。为此，王尚忠可是想尽了办法，除了"线下"请教老师，还学会利用休息时间在"线上"（手机软件）自学偷偷"补课"。每晚，当村"两委"干部和驻村工作队员轮流到培训中心宿舍查看学员培训生活情况时，总会看到王尚忠安静地坐在一角埋头苦学。

经过四十天的培训，王尚忠顺利通过资格认证考核，取得了合格证书。与此同时，他在学习过程中所表现出的勤恳好学还获得了青海恒业装备制造有限公司的青睐，该公司点名要王尚忠到企业上班。

如今，凭着踏实的行动、肯干的劲头、吃苦耐劳的精神，王尚忠的生活越来越好，不仅用产业发展资金入股村里的种植、养殖专业合作社，还成为了一名有稳定收入的"蓝领"，彻底告别了以前的穷苦生活。

2018年底，王尚忠如期脱贫，就连他最担心的儿子成家娶媳妇的事，也在春节前有了着落。

回顾前后几年的巨大变化，王尚忠满怀感慨，"多亏党和国家的好政策让我脱贫致富，住上了攒劲的新房，还有了一项谋生技能。作为一名老党员，今后，我也要为村里多做事情，带领大家争取再多学几项技能，让我们村里的'蓝领'越来越多，大家共同过上更好的日子！"

撸起袖子加油干 脱贫致富奔小康

—— 青海省德令哈市乌兰干沟村王生忠产业脱贫故事

德令哈市柯鲁柯镇乌兰干沟村有一位身残志不残的贫困户，他叫王生忠，因患先天性小儿麻痹症，导致下肢残疾。全家共有5口人，有两个女儿一个儿子，大女儿2017年毕业于青海医学院，现就职于海西蒙古族藏族自治州蒙藏医院。二女儿在河北唐山铁道科技学院上学，老三2017年考入青海建筑职业技术学院。因为家庭人口多，学费负担重，王生忠和妻子既要照顾孩子上学，又要操持家务，外出打工多有不便。以前，王生忠一家人一年到头只能在自家的农田里苦熬，即便这样，生活也是紧紧巴巴的。2015年的年人均收入只有2 800元左右，全家被确定为建档立卡贫困户。

发展特色种植、养殖稳增收

在联点单位德令哈市民政局和扶贫驻村工作队的帮助下，针对他家的实际情况，将发展特色种植、养殖作为稳定增收的主要措施。王生忠家有耕地12亩，原来全部种植小麦，但因市场原因，卖不上好价钱。2016年，调整种植结构，种植小麦和青稞各6亩，加上王生忠全家起早贪黑精心管理，当年年底以每千克2.6元的

价格卖出青稞 1 500 千克，光这一项就多收入了近 4 000 元。以前他家也养过牛，因为规模小，收入很少。他又从农商银行获得了 50 000 元的贴息贷款，购买了 3 头母牛和 60 只羊，为了让这些牛羊早些有收益，王生忠连睡觉都搬到牛羊身边，科学合理调配饲料。晚上自学牛羊养殖和防病技术，白天打草送奶，风里来雨里去，从未间断，一个冬天下来，鲜奶的收入就达到 2 400 元，育肥羊出栏 60 只，净收入约 1.2 万元，这让一家人很高兴，种植、养殖业成为王生忠家里经济收入的稳定来源。

安居乐业，产业扶持稳定增收

2016 年，通过国家危旧房改造项目王生忠家获得了 2.5 万元的建房补贴，修建了四间共 80 米^{2}的砖混结构新房，告别了以前的土坯房，终于解决了后顾之忧，实现了安居乐业的愿望，进一步增强了勤劳致富的信心和希望，提振了摆脱贫困的自觉性和主动性。2016 年，经过市扶贫部门和镇村的对接，与德令哈市恒欣扶贫产业开发有限公司签订合同，将省里下拨的每人 6 400 元共 32 000 元的产业扶持资金入股到该公司。到 2017 年底，按照合同约定，拿到了分红资金 3 200 元。2018 年，到户到人产业发展资金按照本人意愿发放到户，王生忠家又购买 12 头猪，出售 7 头猪，收入达到了 1 万元。2016 年，王生忠加入了林业管护员队伍，也像工薪族一样上下班、领工资，他非常珍惜这份工作，常常拖着残肢在责任林中巡视，按照要求灌溉，清理杂草枯枝，检查火灾隐患，一年就领到 40 000 元的护林员工资。

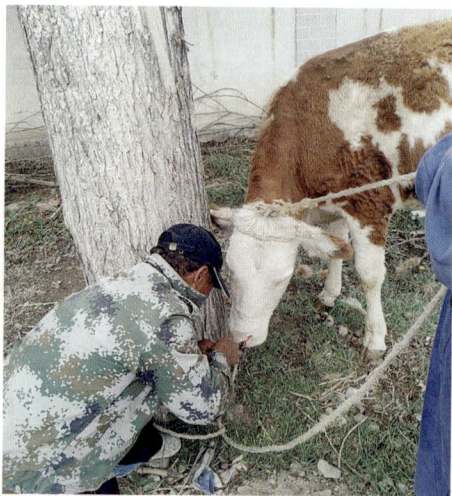

扶贫先扶志，教育扶贫挖穷根

精准扶贫工作开始后，市民政局结对帮扶同志多次深入到乌兰干沟村了解王生忠家的生活情况，和他们两口子拉家常，分析致贫原因，寻找脱贫出路。村里的第一书记和扶贫干部们还经常鼓励他们，让他们一家人从思想意识深处树立起脱贫致富的信心，主动强化脱贫致富的内生动力。使他和妻子实现了从"要我脱贫"到"我要脱贫"的巨大转变。王生忠身患残疾，家里还要供养3名学生，负担很重。在河北唐山上大学的二女儿获得了三江源教育补助资金5000元，上高三的小儿子也得到了贫困家庭子女补助金1500元，扶贫局发放了雨露计划贫困大学生资金6000元，市残联实施的残疾人助学补贴又为每个孩子每学年补助1500元，共计4500元，直到孩子毕业。同时为正在上大学和中学的孩子申请到每月1000元和100元的生活补助。镇政府还协调解决了15000元的临时救助。这些救助金无疑是雪中送炭，确保王生忠家没有一个孩子因贫辍学。

通过2016年一年的精准扶贫和后面三年的巩固提升，全家五口人2019年人均纯收入达到了32731.35元，远远超出了4000元的脱贫收入标准，实现了"两不愁三保障"。

王生忠说，是党和政府的好政策让我们过上了好日子，走上了致富路。我们一定要听党话、感党恩、跟党走！感谢大家的帮助，只要撸起袖子加油干，我们一定能够过上小康生活！

脱贫光荣户马国虎的"牛"产业

——宁夏回族自治区原州区炭山乡古湾村马国虎产业脱贫故事

牛有啥稀罕？曾经，马国虎家里就有两头牛，终年耕地，时间像是在贫瘠的土地里静止了。

他没想到，同样是牛，让他的日子"加速"前进，从贫困户跻身为"脱贫光荣户"。

这还要从村里的好政策说起。

脱贫致富的根本在产业，产业发展的关键在能人。宁夏原州区炭山乡古湾村因地制宜，确定了种植和养殖两大支柱产业。围绕这两项产业，炭山乡为其"量身定制"各项奖励扶持政策。

马国虎决定发展养殖。"养牛有补贴，种草有补贴，建青贮池也有补贴，还有贴息贷款，我想，只要往前奔光阴，政府都有好政策，浑身都有使不完的劲。"

此前，他可是村里的"老大难"。前些年，家里养了一两头牛、三四只羊，牛用来耕地，羊在急用钱时卖了。马国虎和妻子一年到头在八十多亩地里劳作，却只能勉强填饱一家人的肚子。

2015 年，马国虎被确定为建档立卡贫困户。他暗暗下定决心，一定要通过自己的双手，摘掉贫困的帽子。

"幸福是奋斗出来的"这句话成了马国虎的脱贫信条。他起早贪黑，带着全家

贫困户脱贫故事

盖牛棚、种玉米，发展肉牛养殖。

当时，村里人都说他："你不好好把你那点地种好，折腾啥？"马国虎没有动摇发展肉牛养殖脱贫致富的决心，他也有自己的"牛脾气"。

时间都去哪儿了？对马国虎来说，时间都花在养牛上了。一头头肉牛，寄托着他的脱贫梦。

三四年过去了，他家的肉牛存栏量达到30多头，年纯收入达到10万元。

这时，周围的乡亲们看到马国虎靠养肉牛发了家，也纷纷发展肉牛养殖。马国虎将养殖经验毫无保留地传授给每个前来请教的乡亲。

在他的带领下，古湾村202户村民都发展起肉牛养殖。如今的古湾村家家有牛棚，棚中养满牛，肉牛存栏量达到2 000多头。

在产业扶持政策的帮助下，马国虎的养牛规模一再扩大，种植方向也由大面积种玉米调整为以青贮玉米为主，还种了几亩马铃薯、小杂粮。

"青贮饲草营养好，牛肯上膘，出栏快，赚钱自然也就快。加上我们自己饲养，人工又不花钱，牛卖出去就是纯收入。"马国虎说。这不，趁着市场行情好，他先后卖出16头牛，收入32万多元，又建了两栋牛棚，进一步扩大了养殖规模。"我要抓紧补栏十来头良种牛犊。光靠圈里那几头牛可不行，这么下去我就成'光杆司令'了。"马国虎笑着说。

2019年，古湾村评选了8户脱贫光荣户，马国虎高票入选。他说，2020年自己54岁，干养牛的活计没问题，还要甩开膀子大干几年，为"光荣户"这块匾牌增光添彩。

党的惠民政策持续发力，各级干部倾情帮扶，一个个致富项目相继落地，提振了广大群众脱贫致富的精气神。勤劳能干的古湾人紧抓机遇，在脱贫路上苦干实干、奋斗逐梦。

特别是一批致富带头人，做给群众看，带着群众干，发挥了示范引领作用，带动了地方脱贫攻坚"加速度"。这几年，古湾村先后有243户、941人脱贫摘帽，2019年全村人均可支配收入突破一万元。

从脱贫"老大难"到致富"牛人"

——宁夏回族自治区同心县马高庄乡赵家树村马彦武产业脱贫故事

从一间简陋的小木棚，到 240 米^2 的标准化牛棚；从向亲戚借来的一头牛，到如今拥有肉牛存栏 20 多头的养牛大户，年净收入 5 万多元……

用马彦武的话说："赶上了好时代，遇到了好干部，用实了好政策，才有了今天幸福的好生活。"

改变，从一头牛开始

曾经的生活，像一个皱紧的眉头。家里一贫如洗，连孩子的学费都交不起，马彦武是村里出了名的贫困户。

日子不能再这样下去，他不愿"等、靠、要"，决心稳扎稳打，勤劳致富，让一贫如洗的状况成为历史。

此时，一项当地的惠民政策让马彦武动了心。

同心县委和政府全力发展肉牛产业，特别是针对建档立卡贫困户可持续稳定脱贫，出台了一系列发展肉牛养殖的扶持政策，鼓励农民养殖肉牛，加快发展现代畜牧业，增加养殖效益，带动农业增效、农民增收。

马彦武想发展生产，但又缺少本钱。县上的扶贫干部得知后，给他送政策、送技术，支持他发展肉牛养殖。

贫困户脱贫故事

2015 年，他终于搭起了简易小木棚，从亲戚家借了 1 头牛，贷款买进 1 头，走上了养牛之路。未曾想，除还本金外，还出售牛犊一头，当年即见效。

2016 年，在扶贫项目资金的支持下、区工委的鼓励下，尝到养牛甜头的他又买了两头母牛，开始了规模化养牛生涯，当年收入 15 000 元。

钻研，成就"技术达人"

把牛养好，光能吃苦还不够，还要解决"缺技术"的难题。

为了提高养殖技能，马彦武从书店买回相关书籍阅读，在养牛实践中不断请教老养殖户和县乡技术人员。各级农业农村部门组织的肉牛养殖技术培训，每一次他都不落下。

就这样，马彦武逐渐掌握了养殖饲料的配制、疫病防治等方面的技术，解决了养牛缺技术的难题。

接下来，是肉牛棚舍问题。在农业农村部门的协助下，利用银行贴息贷款，借助扶贫好政策，盖起了 240 米^2 的新牛棚，解决了肉牛棚舍问题。

自家的绿色环保饲料使牛长得膘肥体壮。为了降低养殖成本，马彦武投入 2 万多元，购买了粉碎机、铡草机等设备，自己加工饲料，节省成本。

每到产犊季节，马彦武时刻守护在生产母牛身边。他整天忙碌在牛舍里，接生、护理牛犊，使牛犊育成率达到 100%。同时，他在牛价最低的时候购回幼牛进行育肥，瞅准市场行情及时出手，每头牛能盈利 4 000 余元。

经过刻苦钻研，马彦武摸索出了一套成功的养殖经验，他的养牛规模越来越大，腰包也越来越鼓：2017 年收入达到 2 万余元，2018 年突破 3 万元，2019 年收入达到 5 万多元。

老马的"产业版图"持续扩大：搭建饲草料储备库 8 间，在院子里建起了标准化牛棚 240 米^2，种植优质牧草 20 亩，存栏肉牛 20 多头，且大多数是基础母牛。

2019 年，在扩大规模的同时，马彦武加快了品种改良步伐。在秦川牛的基础上，新购回西门达尔品种牛，迈出了品种改良、提质增效的步伐。

带动，全村养牛热潮

脱贫致富路，不忘众乡亲。

马彦武常常以自己脱贫致富的事例教育引导本村贫困户。"只有自力更生，发展产业，才是脱贫致富的硬道理。"他经常主动向村民传授肉牛养殖技术，无偿将良种公牛借给其他养牛户，帮助困难群众发展。

2018 年，贫困户马全忠拿出家里全部积蓄买回 1 头母牛，由于经验不足，当年没有收到任何效益。马彦武知道了，鼓励马全忠不要怕失败，帮助他查清了原因，耐心地给他讲解关键技术，终于使马全忠掌握了技术，也坚定了脱贫的信心。

2020 年，赵家树村在马彦武的带动下，全村有 30 多户贫困户建设了标准化牛棚，养殖肉牛几头至十几头不等，村民们在他的带动下，自力更生奔脱贫。

马彦武连续 2 年被评为"十星级文明户"和"科技示范户"，成为马高庄乡的致富带头人。

扶贫同扶志、扶智相结合，脱贫才会有希望，这句话在马彦武身上得到了充分体现。他依托本地资源，发挥个人专长，苦干实干，从"要我脱贫"到"我要脱贫"，完成思想观念的蜕变，不但创造了自己的新生活，也为全村产业的发展贡献了力量。

萨热拉村的致富带头人

——新疆维吾尔自治区塔什库尔干塔吉克自治县塔合曼乡萨热拉村
拜力米江·艾萨胡加产业脱贫故事

拜力米江·艾萨胡加，塔吉克族，1979 年 7 月出生在塔合曼乡萨热拉村。在父辈的熏陶下，他从小就养成了吃苦耐劳、乐于助人的习惯，在当地深受邻里的好评。他勤劳朴实，崇尚科学，乐于助人，不计得失，用自己的智慧和胆识加快了贫困家庭的致富步伐。他先后受到当地政府部门的表彰，2018 年底荣获"新疆维吾尔自治区脱贫攻坚'奋进奖'"。

勤学技能，脱贫致富

萨热拉村由于地理条件的制约，村民吃粮靠扶贫，生产靠贷款，生活靠救济，全村贫困户多、土地少；水资源分布不均，季节性缺水问题制约了农业发展，贫困程度深。2016—2018 年在党中央的深切关怀下，塔什库尔干县坚持精准扶贫、精准脱贫方略，坚持因户施策，坚持各项扶贫措施到村、到户、到人，全县实现了 3 181 户贫困群众脱贫。但在扶贫政策落实过程中，贫困群众内生动力不足严重制约了脱贫攻坚的步伐，拜力米江·艾萨胡加就是一个告诫贫困群众勤劳致富光荣、懒惰贫困可耻的先进典范。

拜力米江·艾萨胡加在年少时因家里人口多，过早地承担起了家里的重担，初中刚毕业就回家务农了，过着早出晚归的生活，十分的辛苦。因生产资料少、缺乏劳动技能，无发展资金，2014 年他们一家被识别为贫困户，但他不甘于当一辈子农牧民，也羞于成为贫困户。在乡政府的宣传引导下，2015

年起，他开始学习木工技能。在学习过程中，由于底子薄，他起早贪黑，不断地刻苦钻研，通过两年的勤奋学习，他的技术得到了附近群众的认可，周边的农牧民及其他乡镇的农牧民都邀请他打家具，他的收入也越来越多。

随着时间的推移，在每天的忙碌中，他认识到自己的木工技术已不能满足乡亲们的需求，要想增加收入，适应群众日益增长的对现代文明生活的需求，还要提高技能，成为做家具和装修房屋的行家里手。他告别家人，从塔合曼乡来到县城，向汉族和其他少数民族木工师傅学习装修技能，将自己的木工技术由传统的小桌、柜子等家具制作向房屋室内装修、木刻雕花转型。他花了几年的积蓄，购买了木刻用的各类刀具和屋顶雕花的机器，经过潜心学习和钻研，他制作出的木刻和屋顶雕花，纹理清晰，美观大方，深受群众喜爱。邀请他装修的人也越来越多，年收入达十余万元。

收入增加后，他主动向村委会申请取消家人的低保和帮扶补贴，把更多好政策给更加贫困的群众。当拿到"脱贫光荣"的证书时，他无比激动，在村委会召开的脱贫大会上，他告诉全村的贫困户，要感恩伟大祖国，感谢党的好政策，要勤劳致富，爱国爱家，发扬塔吉克民族的优良传统，依靠自己的双手早日脱贫。

乐于助人，助推"三新"

拜力米江·艾萨胡加家里的生活水平提高了，他没有忘记家乡的群众。

贫困户脱贫故事

2017 年 5 月 11 日，塔什库尔干县塔什库尔干乡库孜滚村发生了地震，塔什库尔干县各族人民伸出援助之手支援灾区。拜力米江·艾萨胡加听到这个消息后，迅速来到库孜滚村加入了救灾大军队伍中，帮助救治伤员、转移群众，同时他积极向灾区群众捐款捐物。

2018 年塔什库尔干县在全县范围内开展"三新三改"活动，鼓励农牧民群众"睡有床、坐有沙发、吃饭学习有桌椅"。拜力米江·艾萨胡加主动请缨，带着各种木工工具来到了村委会，参加村委会组织的劳动技能培训班，主动教群众木工技能。在培训过程中，他不怕凛冽寒风，在露天场地教农牧民打造席梦思床、沙发、餐桌等家具。贫困群众邀请他到家中打造家具，他放弃了县城装修挣大钱的机会，为群众以最低价格进行"三新三改"。在几个月的时间里，他帮助全村 63 户贫困户完成了拆土炕、家具入户工作，他打造的家具深受老百姓的喜欢，得到村委会及农牧民群众的好评。

带动辐射，助民脱贫

"授人以鱼，不如授人以渔"。萨热拉村的农牧民"等、靠、要"思想还很严重，都不愿在外务工，拜力米江·艾萨胡加以此次"三新三改"活动为契机，把有发展潜力的年轻人带动起来，通过一带二、二带四的方式不断改变农牧民的"等、靠、要"思想。

100 个产业脱贫典型

2018 年，拜力米江·艾萨胡加又带了四名徒弟，都是贫困家庭中的孩子，在他精心的培养下，四名徒弟都能独当一面，学得装修和木工技能，每人每月都能挣到 2 000 元的工资，实现一人就业、全家脱贫的目标。同时只要乡里、村里有需要，他都积极配合，并在周一升旗大宣传和农牧民夜校中现身说法，教育身边群众勤劳致富。

拜力米江·艾萨胡加，一个普普通通的塔吉克族农民，多年来，他坚决维护民族团结，维护祖国统一和社会稳定，政治立场坚定、旗帜鲜明。他热爱家乡，在生产和生活中处处严格要求自己。他富而思源，热心助人，不计得失，为困难农牧民办好事、办实事，舍小家为大家的行为，受到家乡各族群众的好评和赞誉。他说："我们农牧民幸福的生活来自于中国共产党的领导，我家里的生活现在越来越好，但不能忘记党的恩情。我能用自己的一点微薄之力帮助家乡群众脱贫致富，我感到十分光荣。"

身残志坚 用双手致富奔小康

——新疆维吾尔自治区墨玉县萨依巴格乡阔勒其村达吾提江·吾甫尔产业脱贫故事

2020 年以来，萨依巴格乡阔勒其村党总支按照"稳工增收"的目标，坚持把就业作为最大的民生工程，深入挖掘一、二、三产业的就业潜力，做到人岗精准对接，努力实现"人人有事干，月月有收入"。

村民达吾提江·吾甫尔于 2014 年被识别为建档立卡贫困户，2017 年脱贫，家里有 5 口人，13 亩地，主要以种植小麦、玉米为主，主要致贫原因为因残致贫。他身残志不残，四年时间里，在工作队的帮助下，通过发展养殖业，用自己的毅力和勤劳与命运作斗争，从贫困户变成了村里的致富带头人。

技术到手信心足

达吾提江是家中唯一的劳动力。2015 年 5 月 10 日，达吾提江双脚被医

100 个产业脱贫典型

院诊断为骨头软骨组织坏死，以后只能依靠双拐走路，这让原本就不富裕的家庭陷入了困境。

虽然走路不方便，但是达吾提江没有自暴自弃，他暗下决心，要通过发展家庭养殖业实现增收致富。"我虽然依靠双拐走路，但我的双手能干活，我打算养鸡，改善家里的生活条件。"达吾提江说。

养鸡伊始，达吾提江因缺乏技术，鸡苗的成活率不高，他心急如焚。于是，他去附近村和县城找师傅学习，但效果依然不理想。疏附县农业农村局驻该村工作队和村"两委"知道他的情况后，请了技术专家来指导。达吾提江努力学习，逐渐掌握了养鸡技术，鸡苗成活率大大提高。

2016 年 3 月，达吾提江利用在信用社申请的第一批贷款和亲戚朋友借给他的钱买了 1 000 只鸡苗，并进行了鸡舍改造。2017 年，工作队和信用社对接后，达吾提江又贷款 6 万元，养了绿皮蛋鸡，扩大了鸡舍规模。达吾提江说："养鸡并不是一件简单的事情，感谢工作队给我找了专家指导，还协调了贷款的事情，今后，我会努力奋斗，把日子越过越好。"

努力付出有回报

达吾提江每天花 10 多个小时待在鸡舍里，因鸡舍里温度高，他常常汗流浃背。在他的努力下，鸡舍内防疫措施逐步到位，亏损情况逐渐减少，6 万枚绿皮鸡蛋的销路也有了保障，达吾提江的干劲越来越大，信心也越来越足。

2020 年，通过工作队牵线，新疆泰昆集团给达吾提江提供鸡苗、饲料等物资，达吾提江负责养殖，35 天以后，泰昆集团对鸡苗进行收购。工作队队长金辉兴说："达吾提江养鸡养了 4 年，100 米^{2}的鸡舍到扩大到如今的600 米^2，鸡苗的质量也越来越好，新疆泰坤集团被他坚韧不拔的毅力所感动，与他建立合作关系，为达吾提江脱贫致富增加了新的动力。"

如今，达吾提江的家人也加入了养鸡团队，家里的 13 亩地全部种植了饲料，一家人有了稳定的收入。家里的房子进行了翻修，买了新的家具，日子越过越美好。达吾提江常说："党和政府的政策好，我们更不能懒惰，好日子都是奋斗出来的。"

巧手"绣"出致富路

——新疆维吾尔自治区克孜勒苏柯尔克孜自治州阿合奇县 阿合奇镇吾曲村居马汗·阿加洪脱贫故事

居马汗·阿加洪，家住阿合奇镇吾曲村5组1号，全家有4口人。居马汗·阿加洪一直在家务农，丈夫努尔克亚斯·阿布都热苏勒为阿合奇镇吾曲村护边员，儿子买代特别克·努尔克亚斯就读于西安市八一民族中学，女儿努尔加米拉·努尔克亚斯就读于深圳大学。一家人虽然勤劳能干，但由于没有致富的路子，全家只能靠父亲努尔克亚斯·阿布都热苏勒一人的收入维持生活。

脱贫攻坚在阿合奇镇吾曲村全面打响后，镇村两级干部、结对干部、下沉干部挨家挨户调查摸底，最终确定了一部分特别需要帮扶的困难户，居马汗·阿加洪家也被精准识别为2014年扶贫对象。镇村两级干部、结对干部、下沉干部来到居马汗·阿加洪家中，与她结对子、交朋友。在询问了解了具体情况后，入户干部指出她家经济来源单一、没有致富产业、发展资金缺乏成为了脱贫致富的主要制约因素。想要脱贫致富，还是要从发展产业及自主创业途径入手。

打消顾虑，积极发展脱贫产业

针对居马汗·阿加洪家的实际情况，帮扶干部、村委会以及下沉干部多次入户与她沟通交流，从思想上激发了她发展的信心，鼓励她大胆干。居马汗·阿加洪在祥达小区开了一家刺绣合作社，发展民族手工艺。镇、村干部得到这一消息，决心大力支持，给全村贫困户带个好头、做好示范。2015

贫困户脱贫故事

年镇、村帮扶干部帮助其办理了3.5万元贷款，居马汗·阿加洪在2015年、2017年参加了县刺绣培训班，很快，居马汗·阿加洪的民族刺绣合作社运转营业。自从认准了这个致富路子以后，居马汗·阿加洪带着店员不管是刮风下雨还是烈日暴晒，她们总是在刺绣合作社忙碌。经过居马汗·阿加洪及员工的悉心打理，刺绣合作社一天天壮大起来，并带动全村10户贫困户脱贫致富，每人每月发放2 000元工资。

任劳任怨，科学管理增加收入

居马汗·阿加洪深知，刺绣是一项非常难的手艺技术，需要花费好多人力、物力和时间，为此她大力招聘懂刺绣技术的合作社员，减轻刺绣合作社的负担，缩短工期，确保在客户限定期限内完成。平时，居马汗·阿加洪也是在刺绣点任劳任怨亲自操作，有时居马汗·阿加洪在刺绣合作社忙不过来，全家人一起帮助居马汗·阿加洪打理。居马汗·阿加洪不怕苦，不怕累，在刺绣过程中不断总结经验、提高效益才有了现在收入上的改观，加上镇、村干部的大力支持，她更加坚定了发展产业脱贫致富的信心。

勤于服务，带动乡亲共同致富

在自己刺绣产业稳步发展的过程中，居马汗·阿加洪并未就此满足，因为她有自己的想法："光自己富不算富，必须在自己富的同时，帮助村委会带动其他贫困户早日脱贫致富，共同发展。"因此，在自己的刺绣合作社中带动 10 户贫困户，帮助他们早日脱贫致富。

现在，居马汗·阿加洪已成了全村刺绣技术的主心骨，大家在刺绣方面有什么问题都愿向她请教，而她也总是将自己在刺绣过程中积累的经验和知识无私地传授给大家。她用自己的所懂所学教会了吾曲村的群众，她的所作所为得到了老百姓的高度赞誉。居马汗·阿加洪感慨地说："感谢党的好政策，感谢各级干部的真帮实扶，让我家能够迅速改变贫困状态，实现脱贫摘帽，逐渐走上致富之路，我还要通过自己的努力，带领大家过上更加幸福的新生活。"

后 记

2020 年是打赢脱贫攻坚战收官之年，中央提出要做好总结宣传，讲好脱贫攻坚故事，充分展示脱贫攻坚伟大成就。为贯彻落实中央部署要求，充分反映产业扶贫成效，进一步激发贫困村、贫困户内生动力，进一步激励各方面力量继续做好产业帮扶工作，农业农村部扶贫开发工作领导小组办公室在全国范围内遴选了 100 个产业脱贫典型和 100 个产业帮扶典型，旨在通过具体贫困村、贫困户的脱贫历程，以及科技人员、产品销售、驻村队伍、龙头企业、农民合作社、其他社会力量等各方面的帮扶事迹，生动反映全国产业扶贫成果，彰显我国脱贫攻坚伟大成就。

本书编写工作由农业农村部发展规划司（农业农村部扶贫开发工作领导小组办公室）牵头组织，魏百刚、严东权、苑荣同志负责编审。主要参编人员有：杨军、缪建明、宋杨、李辉、孔箐锌。在编写过程中，22 个扶贫任务重的省区市农业农村部门开展了大量组织协调工作，精心遴选推荐了一大批生动感人的产业扶贫故事。在此，谨向所有支持帮助本书编写的单位和个人致以衷心感谢。

由于时间和水平有限，书中难免有疏漏或不周之处，敬请读者批评指正。

产业扶贫故事（下）

CHANYE FUPIN GUSHI（XIA）

100个产业帮扶典型

中国农业出版社

北 京

图书在版编目（CIP）数据

产业扶贫故事. 下，100个产业帮扶典型 / 农业农村部扶贫开发工作领导小组办公室编. —北京：中国农业出版社，2020.10

ISBN 978-7-109-27339-9

Ⅰ.①产… Ⅱ.①农… Ⅲ.①扶贫—案例—中国 Ⅳ.①F126

中国版本图书馆CIP数据核字（2020）第178350号

中国农业出版社出版

地址：北京市朝阳区麦子店街18号楼

邮编：100125

责任编辑：潘洪洋　姚　红　姚　佳　边　疆
　　　　　王佳欣　孙鸣凤　赵　刚

版式设计：王　晨　　责任校对：沙凯霖

印刷：北京通州皇家印刷厂

版次：2020年10月第1版

印次：2020年10月北京第1次印刷

发行：新华书店北京发行所

开本：700mm×1000mm 1/16

总印张：43.75

总字数：663千字

总定价：198.00元（上下册）

　　打赢脱贫攻坚战是全面建成小康社会的标志性工程。党的十八大以来，在以习近平同志为核心的党中央坚强领导下，脱贫攻坚取得了举世瞩目的伟大成就，谱写了人类反贫困历史的崭新篇章。发展产业是实现稳定脱贫的根本之策，产业扶贫作为脱贫攻坚"五个一批"的首要任务，为打赢脱贫攻坚战提供了有力支撑。2015年以来，全国共实施产业扶贫项目100多万个，建设各类产业扶贫基地30多万个，每个贫困县都形成了特色鲜明、带贫面广的主导产业，构建了"县县有主导产业、村村有致富项目、人人有脱贫门路"的产业扶贫格局。产业扶贫已经成为脱贫攻坚"五个一批"中覆盖面最广、带动人口最多、减贫效果最好、可持续性最强的扶贫举措。

　　在推进产业扶贫过程中，各地涌现出了一批自强不息、顽强拼搏、通过自身努力实现脱贫的自我发展典型，也涌现出了一批勇于担当、乐于奉献、联贫带贫效果显著的产业帮扶典型。湖南花垣县十八洞村的猕猴桃、山西云州区坊城新村的小黄花、陕西柞水县金米村的小木耳等等，都已成为当地脱贫致富的主导产业。这些产业发展壮大的背后，是各级党委政府的担当尽职，是贫困地区干部群众的不懈奋斗，是社会帮扶力量的无私奉献。正是在他们的努力下，龙头企业引来了、农民合作社组建了、科技专家带着技术进来了、产品销路通畅了……一个个产业扶贫故事娓娓道来，一幕幕攻坚克难场景徐徐展现，一张张幸福笑脸灿烂绽放，汇聚成全社会齐心协力打赢脱贫攻坚战的生动画卷。

　　习近平总书记指出，脱贫摘帽不是终点，而是新生活、新奋斗的起点。

100 个产业帮扶典型

全面建成小康社会后，我国将进入全面实施乡村振兴战略、加快推进农业农村现代化的新阶段。产业发展是乡村振兴的重要基础，培育壮大产业是脱贫攻坚与乡村振兴最直接、最有效的衔接点。我们相信，这些产业扶贫故事必将激励和鼓舞广大干部群众不懈努力，推进扶贫产业持续发展、提档升级，为巩固脱贫攻坚成果、实现乡村全面振兴贡献更大力量。

农业农村部扶贫开发工作领导小组办公室

2020 年 10 月

目 录 *100个产业帮扶典型* CONTENTS

目　录

目 录

100个产业帮扶典型

目　录

100个产业帮扶典型 之

科技人员帮扶故事

产业扶贫故事（下）

CHANYE FUPIN GUSHI（XIA）

产业扶贫故事（下）

CHANYE FUPIN GUSHI（XIA）

一〇〇个产业脱贫典型

产业科技创新　助力精准扶贫

——记中国农业科学院蔬菜花卉研究所研究员金黎平

　　我国是世界马铃薯第一种植大国，常年种植面积在 8 700 万亩左右，种植区域与连片特困区域高度重合，60% 以上的马铃薯种植面积分布在贫困区域，成为精准扶贫和扶贫攻坚中重要的产业扶贫作物。金黎平是中国农业科学院蔬菜花卉研究所研究员，国家现代农业马铃薯产业技术体系首席科学家，农业农村部薯类作物生物学与遗传育种重点实验室主任和薯类专家指导组组长，长期从事马铃薯研究并组织全国马铃薯科研工作，2016 年获"国际块根块茎类作物学会终身成就奖"，2017 年获得国家科技进步二等奖。她率领团队结合自身科研优势，长期致力于科技精准扶贫，被多地政府聘请为科技专家和顾问，帮助制定产业发展规划、建立研发基地、推广新品种新技术、培养人才和培训技术人员，推动马铃薯成为扶贫"金豆豆"。她不忘初心、捐资助学、扎根土地、甘于付出，扶贫工作成绩突出、效果显著，荣获"全国农业先进工作者"和"全国巾帼建功标兵"等称号。

制定发展规划，引导产业发展

　　马铃薯产业在精准扶贫和乡村振兴伟大历史进程中具有不可替代的作用。金黎平深感肩上任重，积极参与国家层面马铃薯产业顶层设计，担任了十多个贫困县的扶贫专家组专家，常年带领团队人员奔波在科技扶贫第一线，足迹遍布 14 个连片特困区的马铃薯主产县。通过深入调研，协助有关部门制定了《中国马铃薯优势区域布局规划》和产业发展意见，帮助贵州毕节市、河北张家口市、山西吕梁岚县、内蒙古乌兰察布市和新疆吉木乃县等地区制定马铃薯产业发展规划，引导产业发展，助力产业扶贫。

处于乌蒙山区腹地的贵州省毕节市是我国最大的马铃薯主产区之一，从1997 年开始，金黎平及其团队配合国务院扶贫开发领导小组办公室，帮助贵州省发展脱毒种薯生产和应用，在毕节地区开展马铃薯产业扶贫，开辟了科技扶贫和产业扶贫相结合的新路子。2012 年，金黎平被聘为毕节市农业科技顾问，经过对调研结果的细致总结和分析，依据当地资源禀赋、产业现状和从业者技术水平，协助毕节市和第一大主产县威宁规划了马铃薯种植区域布局和生产推广体系，提出了重点工程、品牌和文化建设。经过多年发展，毕节市现已成为全国马铃薯四大主产区之一，2000—2016 年，种植面积从 233 万亩跃升到 520 万亩，鲜薯总产量从 242 万吨跃升到 718 万吨，脱毒马铃薯种植面积占比达 65%。2016 年，威宁县农民从马铃薯产业中实现人均纯收入 1 690 元，占全县农民人均纯收入 22% 以上，马铃薯实实在在成为了当地农民脱贫致富的"金蛋蛋"。

研发技术培养人才，科技助力精准扶贫

近三年，金黎平组织和带领马铃薯产业技术体系专家在连片特困区开展了 200 多项试验示范，累计示范推广新品种新技术 500 多万亩，技术培训和指导 1 982 人次，发放技术资料 174 590 份。她自己从贫困地区对品种资源和科研人才的迫切需求入手，分别在连片贫困区马铃薯主产区张家口和甘肃定西建立了研发和示范基地，在宁夏固原市原州区、甘肃秦王川新区、湖北恩施土家族苗族自治州、贵州毕节市和内蒙古乌兰察布市等地建立了马铃薯专家工作站，开展马铃薯产业技术研发、人才培养和团队建设工作。

马铃薯是河北北部坝上地区 4 个国家级贫困县农民的主要经济来源。20 多年前，金黎平就和当地农科所合作建立了马铃薯研发基地，近年来在察北建设了国家马铃薯改良分中心及 1 300 多亩的试验基地，她和同事们在播种和收获时常常碰到恶劣的天气，抢收抢种经常是披星戴月，选育和推广

科技人员帮扶故事

了 20 多个中薯系列新品种，并以基地为依托，以新品种新技术为支撑，积极联合多方力量，推动当地产业发展，助力精准扶贫。2012 年以来，连续 5 年在张家口市召开了产业相关研讨会，为产业发展出谋划策和推广宣传。经过多年发展，张家口坝上地区已成为我国重要的马铃薯新品种选育基地和种薯繁育基地，马铃薯成为当地农民发家致富的重要作物。

2012 年，在毕节市政府支持下，金黎平与当地农科所联合建立了马铃薯首席专家工作站，她在田间地头和同事们一起工作，经常是"晴天一身汗，雨天一身泥"。通过对 2 万多份育种材料鉴定和选择，培育了抗病高产优质的优良品系 94 份，在贵州审定了新品种，并指导在威宁县生产脱毒种薯、示范推广新品种和新技术 30 多万亩，为毕节市马铃薯产业扶贫提供了坚实的科技支撑。

贫困县集中的宁夏、甘肃和内蒙古是我国马铃薯主产省份。早在 2003 年和 2005 年，她率领团队在宁夏固原和甘肃秦王川建立马铃薯工作站。她和同事常常是带着干粮下地，中午铺个蛇皮袋子坐在地上休息一会儿就接着干。当时有报道称："她的脸晒得比农民还黑。在田间难以分清谁是农民、谁是博士。"经过近十年努力，完成了 2.5 万余份育种材料的评价和选择，育成了 40 多份优良品系，在甘肃审定一个新品种。多年来，她担任宁夏回族自治区和西吉县马铃薯产业发展顾问，助力马铃薯成为当地脱贫致富的四大支柱产业之一，2006 年获得宁夏回族自治区"科技先进工作者"称号，2019 年被宁夏回族自治区科技厅聘为马铃薯育种专项首席专家，继续致力于种业发展和科研队伍的建设。

2017 年在内蒙古乌兰察布市政府支持下，联合内蒙古乌兰察布市农牧业科学院建立了马铃薯首席专家工作站，开展了品种选育和绿色种植技术研发，已连续 3 年共提供了 600 多个杂交组合的 5 万多个基因型、80 多份品系，筛选出 5 000 多份各代无性系和 10 多个优良品系，有望在下一年登记多个新品种。2019 年在乌兰察布市建立近百个马铃薯新品种的展示区和节水减肥减药绿色提质增效规模化种植技术示范基地。

2014 年 9 月，金黎平在定西市农业科学院挂职副院长，指导和帮助该院确定了马铃薯产业研发方向和目标并提升了该院综合科研实力。2018 年在甘肃省农业农村厅和定西市政府支持下，与当地团队合作建立了马铃薯全产业链绿色发展技术集成模式规模化示范基地，并协助当地政府举办了一系列活动。2019 年她被甘肃省政府聘为现代丝路寒旱农业发展顾问，并与定西市政府签订了旱作特色马铃薯技术服务协议，将继续努力推动马铃薯变成创收致富产业。

在科技扶贫过程中，她非常注重农技人员培训和当地研究人才的培养，她明白"授人以鱼，不如授人以渔"的道理，知道只有扎根当地的科研农技人员才是产业科技扶贫的主力军。她率领团队常年为各贫困区开展农技人员技术培训，多次参加中央人才工作协调小组和地方政府等组织的各类科技咨询和服务活动等，培养了"西部之光"学者、西藏和新疆特培学员和推广硕士等 20 多名，为贵州培养了 2 名马铃薯博士，这些人常年活跃在马铃薯科技扶贫的第一线。

捐资捐物献爱心，助学帮困寄深情

由于常年在马铃薯主产区和贫困地区工作，金黎平对当地老百姓的困难感同身受。当她看到和听到贵州毕节、宁夏西海固和江西、四川等灾区孩子们深冬里光着脚丫在崎岖的山道上赶着上学和农村女孩辍学多时，心中异常不安。自 1998 年开始，她多年坚持捐资捐物，助学帮困。在江西九江、四川北川、广西大化和宁夏西吉等地向学校捐书和定向资助贫困学生。2007 年冬天，她委托宁夏的同事将第一批捐助的文具图书送到山大沟深的西吉县小坡小学，当她得知孩子们面对那些文具图书纯真的脸上绽开了花一样的笑容时，幸福感油然而生。她定向资助的西吉县 6 名贫困学生完成中学学业，其中 2 名学生于 2018 年成功考上大学。2017 年 6 月，她向毕节市慈善总会捐赠了在 2012—2016 年专家工作站建设期间毕节市政府发给她的 50 万元补助，与毕节市人民政府配套的 50 万元资金共同成立了 100 万元的"毕节市慈善总会·金黎平·毕节助学基金"，五年内将每年资助 150 名毕节地区农村贫困学生。

金黎平每年有一多半时间马不停蹄地穿梭在贫困地区，风雨兼程是家常便饭，奔波途中有艰险，但是她说："不忘初心尽本分，人生如此自可乐！"

用现代科技支撑苹果产业高质量发展

——记河北农业大学教授孙建设

孙建设，河北农业大学教授、博士生导师，国家现代苹果产业技术体系岗位专家、农业农村部水果专家工作组专家。作为"太行山道路"首发战队骨干成员，他38年如一日，全力投身扶贫开发实践，首创并大力推动"太行山农业科技创新驿站""科技＋产业"扶贫模式，把苹果产业打造成为保定市、河北省扶贫主导产业。他本人也于2019年荣获"全国脱贫攻坚奖创新奖"。

作为一名科技人员，他把技术传到千家万户

孙建设从自荐担任顺平县苏家疃村科技村长开始，就产生了浓厚的"三农"情怀。针对农民文化水平低，对科技认识程度差的情况，他由浅入深地向农民传授果树栽培和管理知识。不仅手把手地教、面对面地讲，还把果树管理的要求和方法，按日期分阶段印成材料，发到各家各户，使家家有"明白纸"，户户有明白人。在他的指导下，当年村支书家24棵树收入9 800元，全村一年产果2万多千克，收入10多万元。第二年全村苹果产量突破50万千克，全村果品收入

200 万元，人均达 1 800 元。孙教授也被村民们称为"活财神"。坚守 14 年，他把苹果新品种、新技术和新观念带进了贫困山村和千家万户。

带领一个团队，他用科技提升苹果产业发展质量

投身科研工作 30 余年，孙建设教授针对产业诉求对苹果生产的无病毒大苗培育、高标准建园、幼树快速成形等关键环节进行了系统研究，在国内率先提出适合中国国情、适度规模经营的苹果省力化矮砧密植高效栽培新模式，受聘"十一五""十二五"国家苹果现代产业技术体系岗位专家，组建了河北农业大学跨 5 个学院、40 多名不同学科专家参加的联合攻关团队，研发了起苗机、断根机、弥雾机、割草机、开角器、整形剂、远程信息采集与服务平台等适应现代栽培模式的新型果园装备，为我国果园机械化发展提供了重要技术支撑。围绕资源节约、环境友好的创新目标，他的团队研发出优质脱毒矮化中间砧苹果苗培育、三年快速成形、果树生长节律调控的水分管理、果树精准健康管理的施肥系统、肥药安全高效利用等关键技术，集成创新了矮砧密植高效栽培的技术体系。创建了一批高标准规模化的示范果园，在全国 7 省市建立苹果现代栽培模式示范园。

引领一批驿站，他倡导科技向更广泛的扶贫产业延伸

2013 年，在孙建设教授的推动下，河北农业大学与顺平县创建了"河北农业大学太行山道路——第壹驿站"。2017 年，脱贫攻坚进入关键时期，保定市委市政府与河北农业大学受"第壹驿站"启发，全面推广"太行创新驿站""科技＋产业"扶贫模式，全市按照"六个一"模式，每县至少打造一个"太行创新驿站"。目前，保定市已经建成了 63 个创新驿站，涵盖蔬菜、果品、粮食、食用菌、畜禽、中药材、花卉苗木、果蔬盆景、食品加工、文创农旅等 10 大类 35 个特色扶贫产业。2019 年底，保定创新驿站已引进新品种、新技术 717 项，申请专利 55 个，"三品一标"农产品达到 77 个、注册商标 86 个。在孙建设教授"第壹驿站"模式的引领下，河北省形成了"创新驿站在前沿、龙头企业做两端、贫困群众干中间、村级组织联多边"产业扶贫新生态，并且延伸出"政府＋驿站＋龙头企业＋基地＋村级组织＋贫困户""驿站＋金融机构＋基地＋村级组织＋贫困户"等 15 个产业扶贫带贫模式，贫困户更深入地融入产业链、价值链，增强了利益联结的稳定性、实效性、可持续性。驿站模式在河北省已经全面推广，2019 年被国务院扶贫开发领导小组办公室作为 14 个精准扶贫典型案例之一在全国推广，并在贵州威宁、甘肃庆阳等地得到应用，为当地开拓出一条产业扶贫的新路径。

废物循环撬动苹果有机生产

——记山西润年同创农业技术开发有限公司总经理谢职刚

"每次回家乡，看到村旁院后堆积的苹果树修剪的废弃枝条，影响着村容村貌，心里总是沉甸甸的，感觉有种说不出来的滋味。2014 年开始我就一直思考如何解决这一问题，后来利用工作出国机会，考察找到了这项苹果树枝农业废弃物循环加工项目。"谢职刚掷地有声地说。

山西省吉县是全国苹果之乡，地处吕梁山南端，全国苹果最佳生长区。全县苹果种植面积达 28 万亩，产量 15 万吨。近年来，该县发展苹果产业的过程中，出现了苹果树修剪的废弃枝条堆放无去处的现象。

2015 年，谢职刚从省城太原回到家乡吉县，开始搞苹果树废弃枝条生产有机肥试点，2006 年他生产的有机肥取得明显成效，同年注册了山西润年同创农业技术开发有限公司和吉县光彩有机肥加工专业合作社。

2016 年，他的公司以农业废弃物循环利用加工生产的有机肥，经过山西省农业科学院检测，有效有机质含量高达 60% 以上，做到了企业标准高于国家标准，他的项目同时被山西省农科院果树减肥增效课题组列为国家重点科研计划"山西果树减肥增效集成应用和示范"，并在山西吉县、翼城、临猗、万荣四大苹果主产区推广和应用。该农业废弃物循环利用加工有机肥项目被农业农村部农业废弃物典型模式汇编收录，并在全国推广应用。他的公司先后与山西省农业农村厅环保站、吉县果树研究所合作，在土壤改良和果品提质上取得多项科研成果，进行了多项技术转化，实现了社会效益和经济效益双丰收。

2016 年至今，光彩有机肥以"龙头企业＋科研院所＋合作社＋基地＋农户"的组织模式和"苹果废弃树枝＋畜禽粪便＋高温好氧发酵"的加工

科技人员帮扶故事

模式，带动吉县 3 个乡镇 4 个合作社 294 户社员，带动建档立卡贫困户 13 户，现代生态农业清洁生产技术 104 户，有机苹果生产技术 168 户，成立残疾人互助小组 37 户、38 人，带动"吉县有机肥替代化肥有机旱作苹果示范园"建设，东城乡有示范园 1 360 亩，柏山寺乡有示范园 247 亩，文城乡有示范园 500 亩，屯里镇有示范园 400 亩，吉昌镇有示范园 200 亩，中垛乡有示范园 320 亩，农民示范户 2 000 余亩。示范园苹果色泽鲜艳，含糖量高，适口性好，商品价值高，果实外观和内在品质都明显提高，并且增强了果树的抗性，降低了病虫危害，从而减少了化肥和农药的使用量，使果实更加安全健康。

2017 年，谢职刚的农业废弃物循环利用加工有机肥项目成功申报国家知识产权局"苹果树枝复合菌群发酵有机肥"发明型专利和注册商标各一项，所带动的农户示范园已成功申报国家绿色食品认证，为农民增收和脱贫致富奠定扎实的基础。通过近 5 年有机肥代替化肥的示范带动，肥效使用成效明显，果农全面认可。

据统计，有机肥代替化肥的苹果园示范户，每亩平均增加经济效益 500 元。目前，企业也与相邻的乡宁县、大宁县、隰县签订技术合作协议，通过农业废弃物循环利用加工有机肥，更好地带动农民持续增收，巩固了脱贫成效，真正实现改良土壤、解决禽畜粪便随意堆放、树枝秸秆随意焚烧丢弃带来的环境污染问题，彻底转变农民处理农业废弃物的落后观念，利用农业废弃物促进生态良性循环，推动种、养、加工企业的有机衔接和长效稳定运行

100 个产业帮扶典型

机制，形成农业向有机化转变的全新农业发展新模式。

2020 年 39 岁的谢职刚，通过发展废弃物循环利用，在提高苹果有机化生产方面发挥了举足轻重的作用，已成为中国民主促进会山西省委会会员，共青团山西省委青年致富带头人协会会员，临汾市青年联合会、青年企业家协会第三届委员会委员，第九届吉县政协委员。

同时，也是由他创办的吉县农业废弃物循环利用加工有机肥项目，成功申报了国家知识产权局"苹果树枝复合菌群发酵有机肥"发明型专利，先后荣获了第四届中国青年创新创业大赛全国优秀奖，山西省二等奖，临汾市二等奖，临汾市劳动竞赛委员会五一劳动奖章，荣记劳动竞赛"二等功"。

回乡创业，造福乡亲的坚定信心和"为耕者谋利，为食者造福"的企业宗旨是谢职刚行动的指引，他是这样说的，也是这样做的。作为企业的"领头雁"，他用高效的经营质量诠释了企业的发展；作为一名政协委员，他用自己的行动践行了造福家乡的承诺。

贫困户的"管家婆"

——记内蒙古自治区兴安盟乌兰浩特市产业指导员、乡土技术专家代军娇

在乌兰浩特市葛根庙镇设施农业园区总能看见一名身穿红色马甲，穿梭于温室大棚间忙碌的身影，她叫代军娇，是乌兰浩特市产业指导员，同时也是不折不扣的乡土技术专家，她负责葛根庙镇 194 户贫困户、147 栋温室的指导工作。她技术好，业务娴熟，组织发动能力强，工作认真负责，指导效果明显，解决了很多贫困户生产生活、销售等方面的难题。通过她的指导服务已为贫困户挽回损失 10.3 万元，节约成本 3.7 万元，增收 16.5 万元，共创效益 30.5 万元，人均收入达到 1.2 万元以上。

消除贫困从转变思想开始

葛根庙是以牧业为主的地区，发展设施果蔬缺少专业知识和技术，贫困户不会种植的问题普遍存在，有的贫困户把温室当园子种，种植的蔬菜自己吃不完，就送给亲朋好友，个别贫困户更是将温室承包出去只收租金，收益极低。代军娇加强与贫困户沟通，讲通讲透种大棚可观的经济效益，通过她的沟通和引导，贫困户的思想转变了，明白了"一棚一种"和选好茬口才能产生更高的经济效益。贫困户的果蔬种植出来了，别说送人就连自己吃都舍不得了，全都变成了实实在

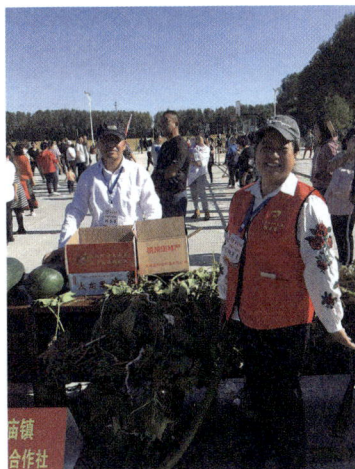

在的收益。为了激发贫困户脱贫内生动力，她多次组织"我脱贫、我光荣、我奋斗、我幸福"产业脱贫故事分享会，贫困户踊跃发言，讲述自己的脱贫奋斗故事，感谢党的脱贫攻坚好政策，增强了贫困户脱贫致富信心。

稳定增收关键在消除产业风险

为了提高指导效率，及时帮助贫困户解决技术难题，代军娇与贫困户建立了微信群，积极与贫困户进行线上交流，极大缩短了沟通距离，在设施果蔬生产的关键时期主动分享学习资料、病虫害防治视频，普及种植技术。病虫害防控是设施果蔬生产的关键，她不停地穿梭在温室大棚间，指导贫困户预防在前，贫困户设施果蔬病虫害及时得到了防控，避免了损失。同时，她还实时分享最新农事信息，及时发布天气变化预报，更"以雪为令"入户巡回指导清雪，手把手教贫困户"拉紧绳索、盖好棉被，做好增温、保温"，让贫困户能够抵抗恶劣天气，提高贫困户的抗风险能力。

长效增收关键在技术支撑

在日常的入户指导交流中，代军娇深刻体会到，生产技术才是产业发展的关键，只有贫困户的生产技能提高了，才能保障稳定脱贫。因此，她除了入户开展品种选择、修剪枝叶、人工授粉、喷药施肥等生产管理技术指导外，还开展了一对一、一对多等针对性技术培训，讲解最新的种植方法，宣传党的扶贫政策。除了帮助他们发展产业外，还组织贫困户利用农闲时间参加盟市举办的各类培训，更新知识，提高技能。

产业指导员化身农资采购员

由于葛根庙镇离市区较远且交通不便，代军娇整合多方资源，让贫困户足不出户就可以购买生产资料，解决了大家为买一袋农药就要额外多花18元路费的问题。有一次贫困户佟留锁家的番茄得了叶霉病兼有虫害白粉虱，来不及买药，她就把自己买的药送给他，及时打药避免了损失。这样的事例举不胜举。在她的指导服务下，贫困户每棚每年可节省开支 500～800 元，增收 1 000～1 500 元。

贫困户的贴心"管家"化身产品代销员

让贫困户见到收益是代军娇心中的一件大事。2019 年秋茬蔬菜出现了销售难问题，她通过多方协调，组织贫困户成立了 3 个销售帮扶组，把大家的产品集中运到市里批发市场销售，节约了开支，多得了效益。同时，她积极对接商超入户收购，联系外销长春、赤峰。将贫困户生产的秋季蔬菜全部售出。不仅是蔬菜，元旦期间她通过微信群代销了大批的鹅、猪肉和笨鸡，不仅为贫困户增收，而且方便了市民。

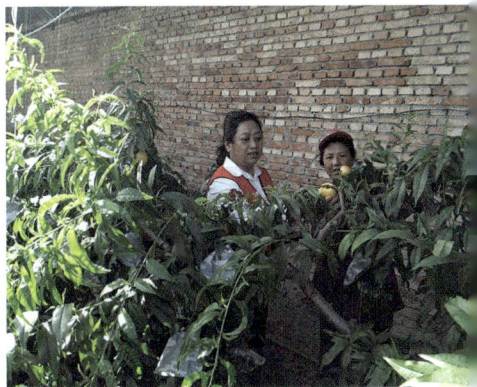

全民抗疫，产业指导员作用凸显

2020 年新冠肺炎疫情期间，她创新指导方式，用电话、微信、视频分别指导 56 户次、42 户次、33 户次，她还坚持每天微信语音讲课，最高收听人数达 300 余人。同时，由于受疫情影响，饭店不营业，贫困户种植的冬季叶菜出现滞销，她积极与市农科局沟通，通过朋友圈代销、超市送货、单位内部消化等方式，帮助贫困户代卖"爱心菜"，以批发价格把新鲜、安全的蔬菜直接送到老百姓的餐桌上。在多方共同努力下，贫困户种植的冬季叶菜全部卖出，春茬种植顺利进行。

作为乡土技术专家的代军娇，通过与贫困户心连心的沟通，解决生产生活难题，深受贫困户喜爱。此外，她在激发内生动力、"智志双扶"方面持续用力，取得了较好的社会效益，推动了贫困户产业健康发展，加快了贫困户增收致富步伐。

发展"三白"产业　激发内生动力

——吉林农业大学产业帮扶纪实

　　洮南市那金镇好田村位于洮南市西北部，常年干旱，风沙较大，村民们虽勤劳肯干，但摆脱不了靠天吃饭的状况，是有名的贫困村。自2016年吉林农业大学结对帮扶以来，以党建为引领，以产业为支撑，依靠科技力量，积极发展"三白"产业，充分体现了扶贫同扶志、扶智相结合的理念，实现了从"输血"到"造血"的转变。

打造"玉木耳"产业，夯实产业基础

　　好田村光照时间充足，少雨干旱，地下水呈弱碱性，为玉木耳生产提供了良好的自然条件。仅2017年，好田村发展玉木耳产业实现净利润15万元，为脱贫工作打下了良好的基础。2018年吉林农业大学立足好田村的长远发展，继续在玉木耳上做文章，注册"好沺"商标，新建菌袋厂，延长产业链，对产品进行深加工，提高产品附加值，产品通过长春农博会展销、东北亚博览会展销、互联网售卖、联系经销商和代理商、进入高档酒店等方式进行销售，产品供不应求。为了确保玉木耳产业稳定发展，吉林农大

在当地政府支持下，联合种植大户、村民和贫困户成立了玉木耳合作社，解决了好田村部分剩余劳动人口就业问题，让照顾子女、老人的村民可以足不出村打工赚钱。合作社将每年的净利润作为贫困户入股并以分红方式发放给贫困户，项目已实现全村贫困户全覆盖，户均可增收 1 000 元。目前省内外许多致富带头人都来好田村参观学习生产经验，好田村玉木耳产业已成为当地依托产业脱贫致富的生动典型。

发展白鹅养殖业，拓展致富新途径

多渠道增收是巩固脱贫成效、构建长效机制的重要手段。为降低玉木耳产业项目的风险，实现多方联动、多措并举的脱贫方式，经过实地考察调研，吉林农大有针对性地为好田村量身定做了新的扶贫举措——白鹅养殖项目。"家有千万，带毛的不算。"该项目一开始是不被村民们看好的，有许多村民担心疫病难控制，死亡率高，最后"鹅死蛋打"。为消除村民的顾虑，吉林农大为每户农户免费发放 30 只鹅雏，配套发放了饲料、药品，免费接种疫苗，并全程提供技术服务。吉林农大养殖专家多次深入到贫困户家中，了解饲养管理和疫病防治情况，并就养殖过程中出现的具体问题对贫困户进行了详细指导，提高了他们养殖白鹅的技能、增强了信心。同时，吉林农大还帮助联系经销商，保证了市场销售，仅此一项贫困户户均可增收 600 元。

发展创意工艺草编，脱贫致富谋新篇

"千金在手，不如一技在身"。要解决贫困户的长久之困，就要教会他们摆脱贫困的方法。由此，抗菌环保型玉米皮编织工艺品在好田村应运而生。好田村农作物以玉米种植为主，玉米皮资源十分丰富，加之当地温差大，所产玉米皮面大，光泽有弹性，非常适合编织。自开展草编特色项目以来，吉林农大在好田村举办培训班 17 场次，培训 200 余人，教会了村民们各种编织方法，建立了玉米皮编织工艺品技术示范基地，编织的笔筒、花瓶、台灯等产品美观、环保、实用，具有独特的创意性，草编工艺品市场认

可度较高，获得了可观的经济效益。据统计，村民们利用闲暇时间编织产品，每人每月可增收900元左右。

建立健全利益联结机制，使贫困户紧密地融入产业链条之中，才是巩固脱贫攻坚成果，构建脱贫长效机制的根本之策。针对谋划实施的产业项目，在具体实践中，做到凡是政策资金入股、贫困户个人财产参股到经济组织的，各经济组织和贫困户都要签订协议，并进行司法公证，力求以法律形式把股份比例、效益分红固定下来，确保贫困户获得稳定收入、实现如期脱贫。2017年底，好田村通过大力发展"三白"产业，实现了整村脱贫，村民收入水平显著提升，生产生活条件显著改善，为实现脱贫攻坚与乡村振兴有机衔接积累了经验、蹚出了新路。

"你们来了，我们乐了"

——记黑龙江省甘南县产业扶贫技术专家组

在甘南县，一提起产业扶贫技术专家组，群众都笑着说："他们来了，我们就乐了，因为专家让我们心里有了底气，让我们的钱袋子鼓了起来。"

为强化产业技术科技支撑，甘南县组织栽培、土肥、植保等6名专家组成种植业产业扶贫技术专家组，以普及推广绿色高效生产技术为核心，以县域稻、豆、药、米产业为重点，搭建绿色科普精准脱贫服务平台，大力提高建档立卡贫困户科技素质和劳动生产技能，以打造庭院经济为特色，助力全县脱贫攻坚取得全胜。

示范引导，中草药成了"致富宝"

一场细雨刚过，甘南县长山乡永恒村村民张朋芝抓紧时间给自家小园里的赤芍除草。过去她家小园里只种些蔬菜和玉米，是县产业扶贫技术专家组的入户宣传，才让她动了改变种植品种的念头。现在，她把房前屋后的4亩地都栽上了赤芍，在李泽帅等专家指导下，赤芍长势良好，她抓紧时间进行田间管理，期待个好收成。"按照目前的价格来算，种玉米每亩一年大概收入450元，而赤芍一年能收入5 000多元，高10多倍呢。虽然第五年才能起收，但从第三年开始就能收籽卖钱，又增加一项收入。"说起赤芍的收益，张朋芝笑容满面、信心满满。为了鼓励农民利用小院发展中草药种植，甘南县出台了每亩赤芍在收益期内补贴1 900元的政策，每户农户最高可享受到2亩的补贴政策。也就是说，张朋芝家种植的4亩赤芍可以享受到共计3 800元的补贴。这也是除了收益高以外，让张朋芝坚定信心种植赤芍的重要原因之一。"房前屋后好管理，而且还有补贴，就相当于有保底了，信心还是挺足的。"

县产业扶贫技术专家组积极深入村致富能手、科技示范户及贫困户家中，结合国家支农惠农政策，大力引导中草药种植典型，对先进适用农业技术进行宣传和普及。全县已经种植了赤芍、关防风、黄芩等主导品种，现在正在向组建合作社、成立协会、延长产业链条方向发展。

技术指导，林果木成了"摇钱树"

"今年李子挂果情况不错，和预想的一样。"这几天，家住甘南县中兴乡兴胜村的付连发正忙着给自家的李子树喷洒除虫药，看到李子长势不错，他难掩心中的喜悦。这 2 亩李子树承载着他增收的希望。由于身体不好，付连发无法从事强度过大的劳动，过去一直把家里的土地流转出去。2019 年，付连发看到同村村民栽植李子的效益不错，且管理起来较为方便，就萌生了自己也种一些的想法。在县产业扶贫技术专家伏广山、徐铁生指导协助下，他购买了 220 棵李子苗进行栽植，现在已经开始挂果。眼看来年就到旺果期，付连发更加上心："我去年脱贫了，一直担心收入的事。现在我就再也不怕返贫了！等这些李子长成了，就成了我的'摇钱树'了。"

专家组在全县深入开展农业科技包帮带活动，他们积极深入村屯农户、

田间地头，分区域、分季节、分层次抓好生产指导及监督，确保技术进村入户到田，实现标准化生产，科学化管理，确保农产品质量安全。目前，全县已经栽植了干碗李子、蓝靛果、桑葚等主导林果品种。

对接市场，小庭院作了"大文章"

依托扶贫驻村工作队牵头成立的扶惠笤帚糜子种植合作社，刘传凤已经靠在家手工绑扎笤帚赚了 2 000 多元钱。但由于疫情防控需要，近期一直处于停工状态，刘传凤没了原材料，扎笤帚工作也不得不停下来。县产业扶贫技术专家组来了，现场指导山湾村协商制定下一步的小院经济发展规划，计划利用全村小院土地，引导村民统一种植笤帚糜子，为扶惠笤帚合作社提供生产原料，壮大村集体经济，增加村民经济收入。

和山湾村一样，兴国村也面临同样的难题。专家组结合兴国村实际，进行充分的市场调研，指导村民开展蔬菜大棚覆膜。在 2019 年的基础上，继续引导村民种植棚室蔬菜，壮大兴国村棚室蔬菜产业，增加市场占有份额，实现村民持续增收。

专家组充分利用各级政策，整合黑土地保护利用项目、基层农技推广体系项目、高素质农民培育工程及扶贫培训等培训资源，以结构调整、农业"三减"、黑土保护及重点主栽农作物耕作、栽培、土肥、植保技术为主要内容，通过集中办班和举办现场会等方式，采取专家授课，辅以电视讲座、播放科技稿件、平台交流等方式开展了全方位、无死角的科技培训，大力普及现代种植技术，加快高素质农民培育，帮扶符合条件的建档立卡贫困户劳动力参加职业技能培训。

云上培训，新农民有了新技能

"我今年 40 岁，像这么深的感触，在这半辈子中还是头一遭。"说出这句话的，是甘南县兴隆乡东兴村农民胡长江。说胡长江是农民，也并不尽然。十年前，他就进入民营企业，成为"职业工人"。只是源自于对土地难以割舍的情怀，利用平时串休的时间，兼顾自家土地的耕作。

2020 年的新冠肺炎疫情，给所有人都打了个措手不及。若是以往，农历正月十六企业便会复工，可今年他和他的工友们却只能足不出户在家等待。"不开工就没收入，搁谁谁不急，可也只能干等。但在那一天天的等待中，我突然发现，咱其实很幸福。"胡长江的感触主要来自于农业部门推广的"农资菜单"，由政府认可的农资企业与农户实现"云对接"，产业扶贫技术专家组提供线上咨询服务。通过手机上的简单操作，便实现了农民"足不出户、农资到家、技术到手"。

专家组充分利用现代传媒手段，组织各类经营主体和贫困户下载安装"云种养""农技一点通""中国农技推广"等移动服务平台，随时随地利用手机网络咨询各类绿色种植疑难问题，同时通过微信、短信、电视台"科技助力"等媒介，加大对建档立卡贫困户信息提供、政策宣传、技术推广等方面的支持，有效提高了技术指导的时效性和针对性，充分发挥了科技对增产增收的助力作用。

奋斗是青春最亮丽的底色

——记安徽省萧县畜牧兽医水产服务中心刘升

300 亩桃园硕果累累，80 亩葡萄果园飘香，800 亩胡萝卜早已丰收，600 亩农光基地惠及全镇……如今的王寨镇一个个特色产业亮点映入眼帘，让人惊诧不已，而这一切都离不开该镇的产业扶贫帮扶人刘升的心血。

刘升，安徽萧县人，中共党员，2017 年 6 月毕业于石河子大学预防兽医学专业，硕士研究生。2018 年初进入萧县畜牧兽医水产服务中心，随后，她主动申请加入到萧县产业扶贫帮扶队伍，成为一名产业扶贫帮扶人。两年来，她千方百计地为当地找路子，谋发展，因地制宜开发产业，用自己的智慧和汗水擦亮青春底色，被当地村民誉为扶贫路上的"贴心人"。

转变思路谋发展

刘升初到王寨时，该镇产业基础薄弱，种植业主要以传统粮食作物为主，养殖业以散养为主，农业经营主体规模小，组织化程度低。产业如何发展？我能做什么？一系列问题成了初到该镇的刘升的一个"心病"。

在随后一个月的进村入户走访中，刘升深刻认识到要想发展，纸上谈兵、闭门造车是走不通的，关键是转变思路。随后在每次的乡镇会议上，刘升都针对现状积极与大家交流思想，并组织开展了一系列的转变传统思路寻求创新发展的工作，先后多次组织镇、村主要负责人近 150 人次分 4 批到天长市、寿光等地学习先进发展经验，并邀请市县专家来王寨实地指导，助力该镇制定了 2018—2020 年三年产业发展规划，确定了"重抓农产品加工业，延长产业链""畅通产品销路"等切合本镇实际的脱贫攻坚产业发展的措施，为全镇的产业发展奠定了坚实的理论基础。

刘升对贫困户进行种植技术交流指导

助力主体促发展

帮扶过程中，刘升很快又发现了一系列的新问题：如有的人愿意发展，可是没资金；有些人有资金，但却对市场不了解，对技术不自信，压力大，不敢行动；如何用实际成效冲破大家根深蒂固的思想呢？

正思索时，郝洼村明厂养殖专业合作社负责人孙工作找到了她，诉说因为养牛投入高，自己的合作社刚刚又收购了十几头小牛，现在连建牛棚的钱都没有，下雨天一部分牛只能挤在破旧漏雨的草棚里。为此，一些小牛出现腹泻、发热的情况。刘升了解情况后立即组织畜牧站人员上门检查，发现仅仅只是普通腹泻后，她又马上联系银行给孙工作办理了 10 万元的"两免一补贷款"。拿到钱的那一刻，孙工作都不敢相信自己的困难会这么快得到解决。有了这 10 万元免抵押、免担保、财政全额贴息的资金，孙工作立即建起了牛棚，解了燃眉之急。

2018 年下半年，孙工作的养殖专业合作社又迎来效益不佳的问题，于是刘升向他提出了品种改良、规范养殖的思路：一是不再自繁自养本地普通牛，这难出效益；二是从外地统一购买适宜本地生长的改良肉牛品种；三是

科技人员帮扶故事

改进饲养条件和规范养殖程序。对于这些建议孙工作一时犹豫不决。对此，刘升首先带他到青龙镇等大型肉牛养殖场参观学习交流，又邀请安徽省农业科学院专家技术指导。经过刘升一系列的引导，孙工作最终拿出 50 万元从内蒙古购买了 50 多头西门塔尔肉牛进行育肥。优良的品种，先进的技术，当年他便获得了养殖成本下降 10% 以上、销售增收 20% 以上的效益。目前，他的合作社已发展到存栏育肥牛 400 多头，60% 以上是引进的西门塔尔肉牛，年获益 150 万元左右。为此，孙工作感慨地说："刘升同志年纪虽然不大，给我的帮助却不小，她给我带来的新思维、新技术，让我以及我们村养殖户对以后的发展都充满希望。"

刘升对养殖场肉牛进行日常检查

明厂养殖合作社的成功，很快带动了其他村民的发展。2019 年，经刘升的引导帮助，郝洼村发展合作社增至 3 个、规模养殖场 3 个、带动周边 30 多个贫困户务工就业，务工人员每人年增收近 1 万元，辐射带动周边 40 余户养殖户发展养殖业，全村养殖牛羊年出栏量从原来的 100 只左右增长到现在的 1 000 只左右，为村集体带来收入 19.7 万元，形成了以农业产业为支撑的农村经济发展模式。

郝洼村的成功发展带动了其他村的产业发展。王集村冷库、三座楼村蔬菜大棚、张楼村可欣服装厂……两年间，在刘升的帮扶下，各村产业也陆续兴旺起来：新引进 9 个经营主体，每村均形成 1 个以上农业支柱产业，带动 90% 以上有劳动能力的贫困人口发展产业，成为其他乡镇观摩学习的典型。

扶危济困助发展

王寨镇苏庄村脱贫户杨淑平，先前因丈夫患有癫痫、两个孩子在上学，生活一度贫困不堪。2018 年刘升首次接触到她，就下定决心，帮她一家脱贫致富。在多次家访中，她看到杨淑平借钱买的羊总出现腹泻、软骨病等问题，就主动帮其喂药、改善养殖环境、传授饲喂技术，并定期帮她为圈舍消毒，为羊群注射疫苗等。在刘升的尽心帮助下，杨淑平家的羊再没生病，品质也上去了，发展规模也快速扩大到 40 多只，每年出售两茬，一茬 10 多只，年收益 2 万～3 万元，很快于 2019 年成功脱贫。

在王寨的两年来，刘升以自己的技术成功帮助了像杨淑平这样的贫困户不下 20 户，在该镇新培育养殖户 786 户、标准化示范养殖场 12 个，为全镇贫困村脱贫、贫困户增收做出了突出贡献。为此，在 2018 年全县评选"最美职工"时，该镇的许多群众都说："谁不选，咱都得选刘升，这个小姑娘对我们像亲人一样，对工作尽心尽力。"最终，刘升以领先名次当选全县"最美职工"。

"博士团"助力油茶产业精准扶贫

——中国林业科学研究院亚热带林业实验中心
"博士团"产业帮扶纪实

近年来，江西省新余市分宜县将产业扶贫作为稳定脱贫的根本之策，依托中国林业科学研究院亚热带林业实验中心（简称"亚林中心"）丰富的林地资源和技术优势，将研发成果转化为扶贫产业优势，摸索出"'博士团'+'土专家'+产业+就业"的扶贫新模式，发展高产油茶育苗扶贫产业 800 亩、林下经济 1 万余亩，带动全县 100 余户贫困户人均年增收 1 000 元。

"博士团"培养"土专家"，变"输血"为"造血"

产业扶贫重在精准。分宜县将亚林中心资源技术优势与本县传统油茶种植业相结合，培育出一批致富引路的"土专家"，带强了一支油茶产业扶贫队伍。一是集智力，组建博士扶贫站。分宜县引导亚林中心在钤山镇设立博士扶贫工作站，组建了一支由中心副主任为站主任，4 名具有丰富高产油茶、林下经济培育经验的博士为领队，成员达 17 人的博士扶贫团，开展油茶育苗产业发展的技术咨询和服务指导，将团队的最新科技成果进行转化或产业化。二是重传授，结对培育"土专家"。工作站成员每人结对挂点若干种植户，上门开展技术教授和指导，全过程指导把关选地整地、苗木选用、栽植抚育等环节，点对点指导培养了以欧阳国智、文海平、李江南为代表的一批油茶繁育、栽培技术"土专家"。同时，充分发挥亚林中心销售渠道优势，帮助土专家将油茶苗远销四川、湖北、安徽、福建等省份。三是强技术，提

高产油茶育苗技术培训班

升产业竞争力。工作站从全国各地优良油茶种质资源中，优选出 5 个品系，杂交出 4 个新品种，带动"土专家"建立了 4 个油茶采穗圃和 10 个定点育苗单位，"油茶高产新品种选育与丰产栽培技术推广"项目获国家科技进步二等奖，分宜县获评国家油茶良种基地，辐射全国 14 个油茶适生省区，在江西省达 80% 以上，在全国范围内达 65% 以上，油茶产量从 200 千克 / 亩提高到 600 千克 / 亩。

"土专家"带动贫困户，以先富促共富

"土专家"学有所成、先行致富后，牢记社会责任，传技术、搭平台、送服务，与"博士团"肩并肩共同带动更多贫困群众脱贫奔小康。一是面对面，主动领着干。掌握了种植技术的"土专家"，采取一对一、一帮多模式，通过开设培训班、现场指导等，积极主动教授贫困户种植、嫁接、管理等技术，将油茶这颗"致富苗"植入更多贫困户的林间地头，实现以点带面助脱贫。二是手把手，共同帮着干。针对贫困户在品种选育、种苗繁育过程中遇到的种种技术难题，"土专家"和"博士团"有求必应、有问必答，通过现场指导、电话咨询、微信 QQ 视频等方式及时释疑解惑，切实提高贫困户种植水平。对贫困户遇到的启动资金难题，"博士团"积极为其申请小额贷款，全县目前共有 7 户贫困户通过小额信贷发展油茶育苗 26.3

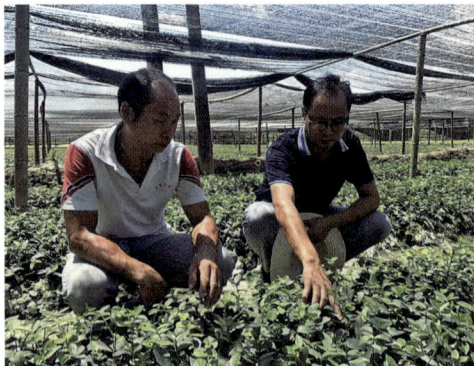
"博士团"为贫困户提供"一对一"技术指导

亩。三是线对线，收成转收入。为打消村民思想顾虑，在加强技术指导的同时，"土专家"承诺村民"包种包销"，坚定了村民的种植信心。"土专家"欧阳国智带动 3 户贫困户种植油茶育苗面积 9.3 亩，每亩可实现增收 3.5 万元。

延伸种植产业链，让产业带就业

分宜县深刻认识把握"绿水青山就是金山银山"的发展理念，通过市场化运作，示范化发展，不断延伸林下种植产业链，借智扶贫"打好林下经济牌"，为贫困群众创造更多就业岗位。一是运作市场化。利用亚林中心资源及人才优势，专门成立林下经济研究室，按照"公司＋林场"的市场化运作模式，积极牵线搭桥，促成该中心与企业签约合作，推动林业产业特色化、规模化发展。其中，与北京蓝标一成公司合作打造 1 000 亩国家级中药材科研示范基地；与分宜县泽和林业开发有限公司合作建设 5 000 亩草珊瑚种植示范基地。二是发展示范化。"博士团"帮助地方企业和林农建立栽培技术体系，为地方相关企业和林农提供林下经济技术指导，将"柜子内"科研成果转化为"山林间"扶贫产业项目，培育打造了射干、丹参、白芨、黄精、草珊瑚等一批林下药材生产示范基地。三是就业稳定化。在"博士团"带动下，分宜林下产业和油茶种植业不断发展壮大，每年可为当地稳定提供 400 个以上务工就业岗位。科研试验劳务扶贫成效明显，立足科研实际，依托亚林中心科研项目的实施，把收益较高、劳动强度较低的科研试验辅助工作交给有一定生产能力的贫困户承担，有效提高贫困户的经济收益。如草珊瑚种植示范基地为当地提供 60 余个务工就业岗位，带动 10 户贫困户共增收 20.5 万元。

耕耘田野战贫忙

——记河南省夏邑县农业广播电视学校校长王留标

在河南省夏邑县城乡，王留标的名字无人不知，无人不晓。他倾注真情，搞好农民教育培训，推广农业技术，为农民"耕耘田野勇战贫"的故事更是被社会各界传为佳话。

王留标是夏邑县农广校党组书记、校长、高级农艺师。自从他肩负起农广校校长重任的那一天起，他就决心依靠自己的业务能力和水平，让广大农民群众特别是"贫困户"靠科技脱贫，用科学技术这把"金钥匙"打开致富之门。

目标好定实现难。王留标心里十分清楚，夏邑县地处河南、山东、江苏、安徽四省相交处，是一个拥有百万人口的农业大县。全县重点贫困村就有 143 个，让所有农民群众依靠技术脱贫致富谈何容易。他明知山有虎，偏向虎山行，就是拼掉这百十斤，也要想方设法让贫困农民掌握农业科学技术，向贫困宣战。

那么，如何才能让更多的群众尤其是贫困群众脱贫呢？王留标组班子、建队伍、团结带领农广校技术人员和讲师，走活了"扶贫、扶志、扶智、扶产业"的妙棋，大胆提出把农民教育培训与全县轰轰烈烈的脱贫攻坚有机结合起来，组织农广校全体办学人员围绕脱贫攻坚开展多层次、多形式、多学科的农民教育培训工作，推广普及农业科学技术。

蓝图已经绘就，号角已经吹响，王留标身先士卒、义无反顾地冲锋在脱贫攻坚的主战场上，在广袤的田野上挥洒着汗水、耕耘着收获。他带领教师及专业技术人员在重点贫困村开展普及性的农业种植养殖实用技术培训，想尽办法让有劳动能力的贫困人员普遍掌握农业实用技术。歧河乡胡坡楼是重

科技人员帮扶故事

点贫困村，为了使贫困户靠农业实用技术摘掉穷帽子，他多次举办不同形式的种植、养殖农业技术培训班，并创新工作思路和方法，把技术培训班办在田间地头，办在农民的温室大棚内、养殖场中。贫困户胡继波一直在外打工，不但没有挣到钱、淘到金，还因为家里有病人欠了债务。他想发展养鸡致富，苦于没有资金，更无技术，一时致富无门。王留标在一次下乡普及农业技术知识时，无意中了解到这个情况，就带领帮扶人员多次到他家，帮胡继波制定脱贫计划，亲自手把手传授他养鸡技术，又帮他顺利贷到 5 万元小额贷款。在王留标的指导下，胡继波的养鸡规模逐步扩大，仅两年时间就成功脱贫摘帽，成为村民心目中的"致富能手"。

胡继波真诚地说："没有王校长的帮助和扶持，就没有我的今天。王校长真是我们群众的好领导、党的好干部！"

王留标心里十分清楚，传授技术让贫困户脱贫致富是关键、是基础，组织开展创业致富带头人及开展农民学历教育，培养新型高素质农民是长效机制、是发展方向，也是脱贫攻坚工作的重中之重。为此，王留标围绕培养新型高素质农民，积极组织开展脱贫致富带头人培训，念活念好产业扶贫"四步法"（即转思想、送技术、上项目、搞服务）真经，探索形成了"夏邑县构建产业扶贫带头人培养模式"。该模式 2018 年被农业农村部评定为全国产业扶贫十大创新机制典型。

被评为全国农村青年致富带头人的王飞，就是在王留标的亲自培养下迅速成长起来的一颗新星。

王飞初中毕业后去外地打工，后回到家乡决心在农业发展上建功立业。在王留标的积极动员下，他参加夏邑县农广校中专班学习，并以优异成绩获得学历文凭。掌握了过硬的农业生产实用技术，王飞如鱼得水。在王留标的支持帮助下，王飞在他所在的重点贫困村建成"王飞农场"，占地 200 余亩，

100 个产业帮扶典型

亩平均收入 3 万元，最高每亩收入 5 万元，年纯收入超过 200 万元。王飞利用农场优势和技术，带动 50 多户贫困户实现脱贫致富。王飞农场还被农业农村部评为全国典型家庭农场。

歧河乡胡坡楼村，37 岁的农民胡根根也和王飞一样，初中毕业后走南闯北，苦没少受，汗没少流，就是没有挣到钱，他十分不甘。怎样才能脱贫致富？在王留标的帮助下，胡根根参加农广校举办的农业技术培训班，并进行土地流转，建温室大棚，依靠掌握的实用技术种植无花果，一年走上了致富路，还示范带动周边农户发展无花果种植，实现共同致富。

路漫漫其修远兮，吾将上下而求索。在脱贫攻坚的战鼓声中，王留标不忘初心，牢记使命，勇于担当，用辛勤的汗水，在夏邑大地上弹奏出新时代最强音。

科技助农显身手　点亮产业扶贫路

——记湖北省蕲春县农业农村局产业扶贫科技特派员张亮红

"喂，是张大师吗？我种的蕲艾有蚜虫，请到我家来看看，教教我怎么防治。"2020 年 4 月 13 日，赤东镇五斗地村 9 组贫困户汪贵山打来求助电话，语气里满是着急。张亮红赶紧安慰他："别担心，蕲艾幼苗由于初期枝叶较嫩，有少量蚜虫咬食很正常，如果严重才会影响产量，可用生物农药印阑素喷洒 1 次，随着蕲艾成熟，艾叶的挥发油就有驱虫作用，就不用担心发生虫害了。"听了这一解释，着急今年收成的他总算是松了一口气。张亮红就是这样，接到这些技术业务的电话，总是急群众之所急，为群众之所想，情系困难群众，真情实意帮其发展产业，搞好产业脱贫。

不仅如此，2019 年初汪贵山在张亮红的技术指导下，种艾 3 亩，当年艾叶收入 6 400 多元。张亮红还介绍他在蕲艾基地务工，年收入有 6 000 多元，汪贵山当年就脱了贫。自此，二人结下不解之缘，汪贵山亲切地称他为"张大师"。

张亮红自 2003 年担任蕲春县农业技术推广中心经济作物站站长后，就被县里选派为经济作物科技特派员，负责向全县农业企业和农民群众推广农业技术，开展农业技术培训，提供技术指导和技术服务。他将自己的手机号向派驻的乡镇村及农户公开，像这样的求助电话张亮红记不得接了多少，他次次有求必应，有困难必帮，深受农民群众的欢迎和喜爱。

2020 年 4 月 29 日，电话一如往常地响起，是张塝镇六溪冲贫困户殷瑞华的来电，他说 2018 年他家安装的个人户用光伏未享受产业扶贫政策补贴。张亮红当即细细询问原因，并承诺会带人到村到户协商解决。4 月 30 日一早，他便带领产业扶贫专班人员赶往六溪冲，进一步了解情况，然后协调各方给出了双方满意的处理结果。

自 2016 年县农业局抽调张亮红从事产业扶贫工作以来，处理这样的事情成为工作常态。像贫困村贫困户漏报个别产业未给予政策补贴、贫困户卡号出现错误、贫困户之间相互监督反映问题等均成了他产业扶贫工作常态，他总是实事求是力求把问题处理得最好，从不把矛盾上交。因为他心中时常有这样一个信念，习总书记说了，贫困户的烦心事就是我们干部自己的事，贫困户享受政策没有落实到位，就是我们扶贫工作没有落到实处。所以，平时遇上这样的事，他比谁都着急，只有及时妥善解决后才会心安。

张亮红指导茶叶扶贫基地田间管理

产业扶贫和产业发展是市场主体助力脱贫攻坚的"双翼"，是贫困户实现脱贫的有效途径。为了发展蕲春蕲艾形成健康主导产业，为了扶持市场主体带动贫困户脱贫，他主动对接赤东镇五斗地村科技帮扶服务。他时常对该村汪书记说："没有技术不用愁，我来为你解忧愁。"在赤东镇五斗地村，蕲春桂康艾业有限公司流转土地 2 000 多亩种植蕲艾，并带动周边竹瓦、徐亮等村 67 户贫困户务工增收，却为不会采用绿色生态种植技术而发愁。张亮红多次赶赴现场，组织技术人员手把手传授农户种艾技术，组织镇、村开展艾农面对面培训，并自制多媒体课件 10 余件先后开展培训指导 50 余场次、2 000 人次。同时，他积极协调有关单位，在技术、资金、项目等方面给予

科技人员帮扶故事

大力支持，全力打造该村"艾在大赤东、多彩五斗地"神奇艾谷休闲示范基地。现在，该村已成为县级重点蕲艾种植示范基地，全省、全市产业扶贫现场会必看的观摩现场。

扶贫怎么抓，产业来当家。精准脱贫攻坚打响以来，蕲春在全县15个乡镇564个村中大力实施"363"工程，即每个村建成一个300亩以上产业扶贫基地，每个乡镇建一个6 000亩连片产业基地，全县建成30万亩产业扶贫基地。规划虽好，实干才能梦想成真。作为全县产业扶贫指挥部办公室工作负责人，他总想把这个规划变成现实，不辞辛劳，孜孜奋斗。在赤东镇五斗地村发展连片蕲艾基地过程中，他经常到村指导如何建设蕲艾绿色标准化示范种植基地，如何应用生态种植技术（生物有机肥、畦改垄等）、病虫（蚜虫）绿色防控技术（粘虫板、杀虫灯），如何实现机械化收割提高工作效率，现在该村蕲艾生态标准化示范基地已发展到3 800余亩。在檀林镇茶叶专业村裴围村，他指导名优茶生产，施用有机肥，进行科学采摘修剪，实施绿色防控等，在他的一系列技术措施指导下，裴围村520亩茶叶基地、蕲春县围围茶叶种植专业合作社实现了大变样，成为蕲北山区茶叶产业扶贫带动贫困户脱贫致富的一颗耀眼明珠。全村有劳动能力的48户贫困户全部在基地务工，年务工收入达8 000余元，实现了全覆盖。

张亮红指导赤东镇五斗地村蕲艾标准化生产基地田间管理

100 个产业帮扶典型

在 2020 年新冠疫情期间，为了蕲春蕲艾健康产业提档升级，助力贫困群众稳定长期致富，他除了积极参加社区疫情防控之外，抓紧时间加班加点准备资料全身心投入"蕲春县国家现代农业（蕲艾）产业园"申报，这是县局领导交代的重大任务，也是蕲春县蕲艾产业升级和促进蕲艾一、二、三产业深度融合和高质量发展的重大项目，是大事，是好事，时间紧迫任务艰巨。但他就是这样，越是艰巨，越是有挑战性，越要迎难而上。功夫不负勤劳人，在各级领导关心厚爱下，蕲春县国家现代农业（蕲艾）产业园已得到农业农村部、财政部批复，即将进入项目实施阶段。

星光不负赶路人。张亮红从 1986 年担任农技推广员，到如今担任农业高级农艺师，从 20 岁的年轻小伙子到年过半百的老农业人，他就是这样 34 年如一日始终走在科技兴农、科技扶农、科技强农、心系百姓致富的大道上，为蕲春科技兴农默默耕耘，为蕲春产业扶贫兢兢业业，为蕲春产业发展尽职尽责。"产业扶贫农业人，献了青春献终身"，这就是张亮红从事农业科技推广工作 34 年、产业扶贫工作 5 年来最朴实的写照。

科技人的甜蜜梦　小葡萄做成大产业

——记湖南省中方县农业农村局陈昌清

陈昌清，中方县农业农村局干部。自 2009 年起，连续 11 年从事刺葡萄产业开发。2017 年，他积极投入到全县科技扶贫攻坚战中，担任驻新路河镇科技扶贫特派员；2018 年，担任"中方县科技扶贫专家服务团"葡萄产业技术专家组组长。多年来，他秉着"干事创业、服务群众"的宗旨，谨记承诺，务实进取，不仅带动了刺葡萄产业发展，还帮助农民脱贫致富，先后被授予"怀化市优秀科技特派员""怀化市十佳党员岗位标兵""中方县建功立业标兵""湖南省创先争优优秀共产党员"等荣誉称号，记一等功一次。

寻百策，将小葡萄做成大产业

十年如一日，陈昌清全身心投入到刺葡萄产业发展的工作中，先后创建了"中方县湘珍珠葡萄专业合作社""湖南桐木酒庄有限公司""怀化开生活品牌管理有限公司"；从建立刺葡萄标准化绿色食品示范基地，创建桐木酒庄、延伸刺葡萄酒深加工产业链条，到农产品营销，他始终坚持不懈，带领群众一起干。同时还参与筹建了县葡萄产业办，制定了刺葡萄产业发展规划。目前，全县湘珍珠刺葡萄种植面积发展到 4.5 万亩，年产量 5.8 万吨，年产值 3.5 亿元；桐木酒庄年生产刺葡萄酒 100 吨，年产值达 1 000 万元。自 2017 年起，陈昌清还组织实施了"助农扶贫众筹酿酒项目"，在全国发展众筹酿酒合伙人 300 多人，有力地促进了刺葡萄酒产业发展。

技术员陈昌清带领学员参观桐木葡萄酒庄

联千户，用科技提升竞争力

作为农业科技特派员，陈昌清深知农业生产技术是关键。为此，他不断加强技术培训工作，每年不定期举办刺葡萄种植技术培训班，先后在科技扶贫联系乡镇新路河镇举办刺葡萄种植技术培训班 11 期，培训农民 225 人次；通过微信群开展线上技术培训讲座 7 期，培训农民 450 人次；发放技术资料 230 份，对接科技明白人 24 人，到基地开展现场技术指导 71 次。同时，陈昌清还亲自进行刺葡萄酒与其他果酒的产品研发，在全县选择了多个点对刺葡萄不同品系开展酿酒科研工作，每年组织刺葡萄酒自酿活动，开展自酿技术培训。2019 年，他牵头举办的"科技扶贫果酒酿造工艺技术培训班"，引起强烈反响，受到上级部门和学员的广泛好评。在他的主导下，湘珍珠刺葡萄先后获得了国家绿色食品 A 级产品质量认证、湖南省著名商标、国家地理标志保护产品等产品质量认证；湘珍珠刺

电视台采访陈昌清

葡萄酒荣获"2015 年中国葡萄酒市场金羊奖大赛"金奖，"2015 年第二届中国精品葡萄酒挑战赛"精品奖，有力地提升了刺葡萄与刺葡萄酒品牌知名度。

富万家，打通销售主动脉

随着刺葡萄产业的迅速发展，一度出现产品滞销现象，为打开销路，陈昌清认真分析原因和寻求对策。2016 年创建了"城市伙结"电商平台，通过城市合伙人的共享机制，有力地促进了刺葡萄的品牌推广和产品销售。2017 年，为解决新路河镇农产品销售难、加工难的现状，他将全镇农产品汇聚电商平台，开启了本地化乡镇农产品新零售模式，打通农产品由农村到城市、从基地到餐桌的"最后一公里"。2019 年，他引导并帮助种植大户杨文秀、林炳军、吴远光等进行黄桃、巨峰葡萄以及黑老虎的果酒研发并取得成功，共生产黄桃果酒 1 299 瓶，巨峰葡萄与刺葡萄混酿桃红葡萄酒 6 500 瓶，实现产值 62.5 万元，帮助农民增收达 50 万元，为解决水果销售难探索出一条新路子。

扶贫路上，陈昌清用自己的实际行动在农村践行着党的宗旨，推动了科技与农民、与生产的"零距离"，促进了贫困村的产业发展，实现了自我人生价值。

执著科技创新运用
助力芒果产业富民减贫

——记广西壮族自治区田东芒果试验站站长陆弟敏

在广西田东县广大芒果种植户当中，几乎没有人不知晓陆弟敏。人们不一定了解他是全国、全市人大代表，也不一定知道他是劳动模范，但是群众都知道他是芒果种植专家，是广大果农的良师益友和贴心人。

陆弟敏，广西田东芒果试验站站长。参加工作27年来，他以一位基层专业技术人员的执著和恒心，默默坚守在平凡的一线科技为农岗位，钻研芒果种植技术，敢于率先研究和推广先进科技，用科技推动全县芒果产业发展，把几十年的青春年华都献给全县最大的扶贫产业——芒果产业，为扶贫事业作出重要贡献。

敢于创新，用科技助力扶贫产业

广西田东县是中国芒果之乡，也是全国扶贫开发工作重点县，广大农民群众依靠种植芒果来增加收入。

在全县实施精准扶贫、精准脱贫工作中，陆弟敏积极主动融入脱贫攻坚工作大局，全心全意发挥自身专业技术优势，服务于精准脱贫中心工作。他带领单位专业技术团队，以研发和推广先进种植技术作为切入点和突破口，全力推动芒果产业发展。先后克服了专业技术人员少、科研基础薄弱、科研经费投入不足等重重困难，坚持不懈，担当作为，敢于创新，先后研发了高接换种、早花摘除、控梢促花、保花保果和病虫害综合防治等系列芒果种植

科技人员帮扶故事

先进技术，并积极广泛用于生产实践，终于形成了技术成熟稳定、经济效益明显的整套技术集成。目前该套技术成果每年在广西百色市芒果产区运用面积达 28 万亩以上，增产达 24.8 万吨，增加产值 12.9 亿元。芒果早花摘除技术在全县普及推广率也达 83% 以上。

同时，作为高级农艺师和专业技术拔尖人才，陆弟敏还积极主动参与系列重大农业产业项目的实施，也取得较大突破和成果。几年来，他先后参与田东县中国特色农产品优势区、国家农业绿色发展先行区、国家农业农村信息化示范等重大项目的规划、申报和实施工作。国家芒果种质资源圃、国家绿色循环优质高效特色农业促进项目、国家农业产业强镇示范项目、广西特色优势产业项目等一批国家、自治区级的重大项目相继在田东落地开花，项目总投资达 8 351 万元。在项目实施过程中，陆弟敏重点针对品种改良、种植技术运用、项目运行管理以及项目效益分析等方面积极献计献策，发挥了智慧和科技作用，项目建设带动了全县芒果产业发展，同时也助力全县高质量脱贫。

由于有了先进种植技术作为保障，以及重大农业产业项目的实施带动，田东县的芒果产业得到了较快发展。2020 年，全县 10 个乡镇均种植芒果，品种达 30 多种，种植面积已达到 34.75 万亩，产量 21.8 万吨，产值 13.85 亿元，分别比 2015 年增长 59.7%、43.6%、48%。

如今，不断做大做强做优的芒果产业，已经成为田东县特色扶贫产业发展引擎，成为引领田东农民脱贫致富的"金钥匙"，芒果真正成为田东农民的"致富果"。田东县的芒果产业也成为全国首个以特色产业带动精准脱贫成功的范例。全县 34.75 万亩芒果，辐射带动 108 个行政村（其中贫困村 27 个）、15 545 户农户、4.6 万余人，解决 3 万多农村劳动力就业问题，果农年人均芒果纯收入 8 642 元；芒果产业辐射带动 28 个贫困村，占全县贫困村总数的 52.83%，累计有 0.54 万贫困户 11 236 人依靠种植芒果告别了贫困，走上致富的道路。取得这些脱贫成果，其中陆弟敏发挥了骨干技术力量和核心带动等重要作用，也付出了艰辛的汗水和巨大心血。

真情帮扶，用科技服务群众增收

多年来专门从事芒果种植管理技术的研究和推广，长年累月和果农打交道，陆弟敏成为广大果农的知心人和好兄弟，也成了名副其实的芒果产业代言人。

他日常坚持深入田间地头，风里来，雨里去，奔波于全县村村寨寨，走遍全县每一个果园，免费指导果农摘花保果，或修枝防虫，或指导安装水肥一体技术，或跟踪了解芒果长势以及听取果农的意见建议等，真正当好群众种果的技术指导员和产业发展服务员。

特别是在实施脱贫攻坚战的近几年来，他更加倾心倾情倾力举办着一场场芒果种植技术培训，手把手教会群众科学管理方法，用自己的智慧和技术撑起田东芒果产业新天地，用实际行动践行乡村振兴战略。据统计，2015 年至今他共举办实用技术培训班 65 期，培训基层果农 4 680 人次。

2020 年 2 月 1 日，林逢镇民族村果农韦仁兴聘请了 12 名工人到自家芒果地开展芒果早花摘花工作。因为担心工人摘花技术掌握不准，韦仁兴急匆匆地找到陆弟敏，邀请他到现场指导工人操作。陆弟敏二话没说连忙跟随他赶到果园，现场手把手指导工人学好摘花技术。"陆站长亲自指导我们学会了摘花保果技术，让我对芒果丰收增强了动力和信心。"韦仁兴对陆弟敏非常感激。如今，韦仁兴种植芒果近 20 亩，年收入不低于 6.9 万元。民族村

科技人员帮扶故事

也成为芒果种植大村，全村种植面积 4 800 亩，芒果产业成为该村群众增收主导产业。

陆弟敏不仅注重深入现场指导群众科学种植，他还善于通过远程课堂、微信群传播种植技术。2020 年 2 月 10 日，陆弟敏来到平马镇四平村奔富芒果基地录制自己研发的芒果"三三制"早花摘除技术视频，然后通过远程课堂、各乡镇芒果种植户微信群、抖音等传播视频课程，让种植户足不出户就能学习技术培训课程，克服了因疫情影响无法开展大规模芒果种植技术培训班的难题。

对于芒果种植大户和龙头企业，陆弟敏更加下大功夫开展精准帮扶。近年来，他率领技术团队通过"一户一法"科技指导和精心服务，先后培育了百冠芒果生态谷、那王芒果庄园、东辰公司芒果示范基地等一批有影响力和带动力的龙头企业，辐射带动周边贫困户共同参与芒果产业发展，助力精准扶贫，推动全县"一村一品"特色扶贫产业的发展壮大。

谋划长远，用科技推动产业升级

经过多年来探索创新和实践应用，陆弟敏以科技服务芒果产业发展，助力精准脱贫取得了显著的成效。但是，作为芒果种植的资深专业技术人员，他也深深感觉到芒果产业发展中遇到的瓶颈问题。因此，在当前芒果产业不断发展壮大的同时，他站在更高的角度来谋划芒果产业的转型升级，思考如何让芒果产业更加有利于巩固脱贫成果和服务于乡村振兴。

当前，针对田东县部分芒果品种老化问题，陆弟敏积极倡导和大力推广引进新品种，优化种植结构，想办法提高芒果品质和产量。目前已经先后引进了景东晚芒、热农 1 号等新品种，且种植面积不断扩大，逐步实现了品种结构优化。

针对目前全国范围内芒果种质资源系统保护力度不够、原种基因流失比较严重、缺乏系统评估和优化利用等短板，陆弟敏以专业人才的身份和全国人大代表的身份进行广泛呼吁，还在全国人民代表大会上向国家提交了这方面的建议和意见。同时，他以田东县正在建设国家芒果种质资源圃项目为契机，全力参与项目建设的资金申请、争取农业农村部支持等具体工作，目前项目建设顺利推进，为将来把田东打造成为全国乃至全世界芒果种质资源保护和开发利用的"硅谷"贡献力量。

同时，他还特别注重运用科技来强化芒果产业的生态循环和绿色发展，与院校合作研究制定芒果产业绿色发展标准，指导果农科学使用化肥和农药，按照"一控、两减、三基本"的绿色发展模式，开展"两减、三增、三结合"行动，抓好绿色循环优质高效特色农业项目实施，全力打造芒果绿色食品标准化建设。全县芒果标准化生产果园面积 11.99 万亩，其中无公害水果产地认定面积 11.12 万亩，绿色食品水果产地认定面积 19.01 万亩，田东芒果列入广西地理标志保护产品。全县的芒果品质更加优质、绿色、安全，销售渠道更广，销量连年递增，芒果产业助农增收的效益更加明显。

近年来，陆弟敏先后被评为广西优秀科技特派员，当选为第十三届全国人大代表、第四届百色市人大代表、国务院脱贫攻坚奖评选委员会委员，还先后获得广西勤廉榜样先进个人、第二届广西创新争先奖、百色市劳模和先进工作者、百色市第八批专业技术拔尖人才等荣誉称号。面对这些荣誉，陆弟敏没有丝毫的骄傲和自豪，他说："荣誉和奖励只是一时而已，作为基层科技人员，我最大的愿望是以后继续用好科技为群众服务，让更多的群众通过种植芒果脱贫致富奔小康！"

产业扶贫出实招　脱贫攻坚收实效

——海南省五指山市以优势特色产业带动农民脱贫致富

　　五指山市是海南的生态核心保护区，也是海南的"三江源"，素有九分山半分水半分田的说法。脱贫攻坚战打响以来，作为一个典型的山区少数民族贫困市县，五指山市立足山区实际，因地制宜，依托山地资源优势大力发展小而精的特色产业，实现贫困群众脱贫致富。

审时度势，发展优势特色扶贫产业

　　五指山市处于海南生态核心区，气候优势得天独厚，适合很多特色农作物生长。贫困农民要脱贫，只能依靠自然条件优势，发展优势特色产业。自脱贫攻坚战打响以来，五指山市通过科学规划，制定了《五指山市"十三五"产业精准扶贫规划（2016—2020年）》，引导扶持贫困户管好橡胶、槟榔、益智、瓜菜"老四样"，种好茶叶、忧遁草、树仔菜、百香果"新四样"，发展五指山山鸡、五指山五脚猪等特色养殖产业，依托山地资源优势大力发展小而精的特色产业。目前，五指山市种植茶叶面积8 500多亩，五指山五脚猪年出栏量达到3万头以上，五指山山鸡年出栏量20万羽以上，五指山五脚猪和红茶均获得农业部地理标志农产品，并走进央视成为公益广告农产品。另外，五指山市充分利用国

五指山市通什镇应示村建设的村级
光伏扶贫电站项目

家村级光伏电站补贴试点市县的政策，大力发展光伏产业壮大村集体经济，投入7 842.65万元建设光伏扶贫电站项目77个，建设规模9 634.59千瓦，受益贫困户1 990户。光伏产业项目不砍树、不占田、不拆房，充分利用乡村篮球场、村活动中心、污水处理场等现有场所的"空中资源"搭盖光伏板，使光伏板既成为基础设施的"遮阳伞"，也成为群众脱贫致富的"金银板"。

如今，五指山市项目遍地开花，产业越来越兴旺，越来越多的"示范田""示范项目"给这座翡翠山城带来生机和活力。目前，五指山市贫困户发展种植业规模1.87万亩，发展养殖业规模1 046万头（只、羽、尾），全市4个贫困村和2.28万贫困群众实现稳定脱贫，农村居民人均可支配收入12 520元，贫困发生率从2014年的36.99%降至0.09%，群众认可度达97.1%。

抱团发展，优化扶贫资源配置

在发展产业扶贫中，五指山市积极创新扶贫组织方式，不断优化扶贫资源配置，依托特色产业龙头企业、农民增收示范点、专业合作社以及种植养殖大户等农业经营主体的引领带头作用，通过"龙头企业＋合作社＋贫困户""村党支部＋合作社＋贫困户""职业院校＋示范点＋贫困户""订单农业"等方式，引导全市经营主体带动贫困户抱团发展，让贫困群众跟着学、跟着干，增强"造血"功能。同时出台了产业化扶贫项目奖补方案和农业龙头企业扶持奖励办法，对实施产业化扶贫项目的贫困户根据产业规模给予一定补助，对带动贫困户脱贫致富的农业龙头企业给予扶持奖励。

2016年以来，全市为扶持建档立卡贫困户所使用的各类资金达1.85亿元，有194家经营主体累计分红515.92万元，受益贫困户3 564户。此外，大力实施农业全产业链扶持，建成7个五指山五脚猪标准

五指山市通什镇的五指山五脚猪养殖基地

化养殖基地、6 个五指山野山鸡标准化养殖基地、10 个常年瓜菜基地，带领贫困群众走标准化、特色化、产业化种养致富之路。

金融保险，创新天然橡胶风险保障机制

天然橡胶是五指山市最重要的农业产业支柱之一，是山区贫困农户的主要收入来源。近年来"胶贱伤农"事件时有发生，打击了胶农割胶积极性，也影响了五指山的脱贫攻坚进程。五指山市在深入调研的基础上，引进金融杠杆扶持传统橡胶产业发展。2018 年，五指山市在全省率先实施橡胶价格收入保险，投入橡胶收入价格保险 262.36 万元，对全市 3 008 户贫困户 2.73 万亩可开割橡胶进行投保，极大地激发了贫困户割胶的积极性，让贫困胶农在销售橡胶收入之外还获得保险赔付金额 274.6 万元，取得了较好经济效益和社会效益。2019 年，五指山市把橡胶保险作为一项普惠民生的政策铺开，投入 1 168.65 万元对全市 7 339 户 12.2 万亩可开割橡胶进行投保，有效激发胶农的割胶热情，既巩固发展传统优势产业，又促进胶农增收致富。

目前，五指山市通过创新天然橡胶风险保障机制，实施"橡胶收入保险"与天然橡胶"保险 + 期货"的"双保险"驱动，在橡胶市场价格波动的情况下，最大程度保障胶农利益，既能给贫困胶农送出一颗"定心丸"，又能激发胶农的内生动力，进而推动五指山市橡胶产业的健康发展。

科技创新，促进扶贫产业提质增效

近年来，五指山市以建章立制、精准选派、落实资金和完善管理等工作为抓手，通过引进对口技术人才和选派优秀干部深入基层一线，提供技术支持和指导，在不破坏生态环境的前提下，大力发展现代农业、打造特色产业，有力助推五指山市的脱贫摘帽工作。2018 年，五指山市入选科技部首批创新型县（市）建设名单。2019 年，五指山市又围绕全市特色产业发展的技术需求"对症下药"，深入推行"生态科技特派员"制度，引入一批具备一定专业能力和技术特长的科技人才助力扶贫产业发展，并取得积极的成

效。这些身怀十八般武艺的"生态科技特派员"带着农业农村发展所需要的科技、信息、管理、资金等生产要素走进田间地头，把技术创新的成果就地转化，农业生产提质增效的同时，老乡们腰包也鼓起来了，产业转型快起来了。

如今的五指山，正因为有这样一群带技术、传技术，上接政策、下接地气的"生态科技特派员"而悄悄改变。此外，五指山市为实现科技特派员制度深入推进，还从科技特派员制度实施、管理和扶持等方面实现创新突破。2019 年，落实了第一批科技特派员 600 万元工作专项经费，对经过认定和选派的科技特派员，给予每人每年 2 万元工作补助经费；通过专家评审的项目，每个给予不超过 20 万元的项目经费扶持。

技术创新推动产业发展，产业升级又对技术提出新要求，有了制度保障，五指山市的产业技术创新之路走上良性循环。截至目前，五指山市已经评审通过了 3 批共 60 个科技特派员项目，目前已陆续有 31 个项目深入实施，将培训农民 4 380 人次，带动农户 411 户（其中贫困户 180 户），预期产出 900 万元。

产销对接，助力黎族苗族群众走上脱贫"高速"路

五指山市地处海南生态核心区，盛产优质的五脚猪、红茶、忧遁草等绿色产品。为了让这些绿色优质产品"走出五指山、走进大城市、端上大餐桌、卖出好价钱"，五指山市依托央企、省派定点帮扶资源及社会力量，为五指山特色农产品树品牌、谋出路、找销路，结合线上"海南爱心扶贫网"和线下"爱心扶贫集市"等消费扶贫方式带领黎族苗族群众脱贫致富。目前，五指山市已组织爱心扶贫集市 20 多场，线上线下累计助力扶贫消费达 1 600 多万元，受益贫困户达 6 000 多户。

同时，五指山市还与扶贫龙头企业建立了稳定的产销合作机制，在省外建立农产品供应站，通过电商平台宣传、销售绿色农产品，让五指山市的优势扶贫产品进超市、商场等，真正打通产销对接的通道。

倾心倾情干扶贫　此生甘作"农技人"

——记四川省凉山彝族自治州布拖县农业农村局正高级经济师余利权

"老余，有你的帮助，我要带动大家一起发展畜牧产业，让大家都尝到甜头。"觉撒乡马依包村牦牛养殖科技示范户俄地什聪难掩喜悦之情，动情地说道。当两双手紧握在一起，看到年长的"老支书"信任的眼神，面对"彝汉一家亲"的场景，望着眼前膘肥体壮的牦牛群，作为"老农技"的他双眼早已噙满了泪花，泪水止不住涌了出来……

怀揣梦想，一路走来

现年48岁，已过不惑之年的农技员余利权，现任布拖县农业农村局正高级经济师，凉山州第九批学术和技术带头人。他来自素有"高原明珠"之称的盐源县农村，1991年7月，怀揣儿时的梦想，带着农业学子一颗炽热的心，年仅19岁的他，满腔热情毅然踏上到大凉山彝区腹心地布拖县的征程，开始从事农业科技工作，这交道一打就是29年。作为一名农业科技人员，他始终奋斗在生产第一线，布拖县的山水之间、田间地头留下了他深深的足迹；与农民打交道，视彝族老乡为亲人，把农技推广工作做好，成为他平常工作中最低的要求。2019年"暖冬行动"中，他帮扶的贫困户俄地日黑满怀丰收的喜悦，激动地说："咱们在新家'闪'一张。"望着照片中的他，大家心目中的"拼命三郎"，当年的"毛头小伙儿"已变成两鬓悄悄染上白发的"老农人"。

愿做"老黄牛"，"拼"出好产量

他全身心指导推广应用新技术。①依托农业农村部马铃薯高产创建和四川省新增 50 亿千克粮食生产能力建设项目，在马铃薯整乡推进高产创建活动中，参与完成马铃薯高厢垄作栽培技术。2016 年 8 月，经四川省农业厅对特木里镇、拖觉镇实施的 24 000 亩进行测产验收，马铃薯高产创建示范区新增总产 10 301.3 吨，总增收 550.2 万元。②在布拖县苦荞高产创建活动中，参与完成万亩苦荞麦高产攻关、千亩展示、万亩示范片荞麦点播技术。经四川省农业农村厅验收组采用随机抽样方式测产，结果表明：攻关田最高单产 263.3 千克，千亩展示平均单产为 224.0 千克，万亩示范片平均单产 208.3 千克突破了全国最高纪录。

他竭尽全力选育推广新品种。近年来，他先后进行过玉米和马铃薯新品种引种试验、马铃薯品比试验、马铃薯高产攻关试验。余利权常说："农技员的工作职责就是要搞好农民朋友的技术保障服务，尽自己最大努力当好这个技术顾问，为基层提供优质服务，是我的分内之责，我必须尽力做好、做到位。"

余利权查看马铃薯种植情况

正如他同农户玩笑中说的："你们如耕牛往前走莫回头，我们技术指导殿后一路护送！"每当看到那奔走田间地头，忙碌又稳健的身影，你很难相信他已是被川大华西医院确诊患多种慢性疾病的病人。为大力弘扬劳模精神，尊重劳动，2016 年、2018 年劳动节前夕，布拖县连续两次精心制作专题片《农业战线先锋模范——余利权》《余利权同志优秀事迹展播》，对他扎根基层、推广科技、甘于奉献、做农民群众贴心人的先进事迹在县电视台连续播出。

不顾个人安危的"犟牛"，"拼"出农村能源"新气象"

2008 年，"5·12"汶川大地震刚过几天，为抢抓施工的"黄金期"，时任县农村能源办公室主任的他就急切地赶到当地龙潭镇农户家中搞沼气池现场规划。为了把全新的农村能源工作抓好，他和同事们一起长期到基层，经常是"晴天一身汗，雨天一身泥"，一天三顿饭作两顿或一顿吃（有时因太累太晚，吃不下去）。农村能源建设项目直接面向千家万户，尽管单个项目投资并不多，但从设计、施工到验收，户户要走到，并且不下三四次。布拖县农村能源工作经过十余年的努力，已取得了明显效益。这一切正如"阳光总在风雨后，风雨过后终见彩虹"。目前全县已建设沼气池 7 300 口，受益农户 7 300 户、人口 30 516 人，年增收节支 876 万元，户均达 1 200 元，户用沼气池普及率达到 24.6%。"过去做饭满屋烟，如今做饭只需拧开关，只闻饭香不见烟"已成为沼气农户生活的真实写照。

攻坚克难勇往直前，"拼"出产业新希望

2015 年脱贫攻坚战打响，他又一头扎进了农业产业扶贫最前线。担任觉撒乡马依包村驻村农技员的他，克服交通不便、生活艰苦、彝语不畅、技术难题等诸多困难，常年坚持驻村 120 天以上。马依包村传统饲养的黑绵羊具有肉质鲜、无公害等特点，受到本县及外地客商的好评。为达到一村一个主导产业的目标，他和村"两委"一道逐户走访贫困户，于 2016 年 8 月注册成立了布拖县觉撒乡马依包村黑绵羊养殖专业合作社，在打造集体经济、细化脱贫手段的同时，也让马依包村实现从"空壳村"到"产业村"的华丽转身，为促进本村脱贫奔小康打下了坚实基础。现已将全村 67 户贫困户全部纳入合作社成员，目前养殖本地黑绵羊达 200 只以上。为充分发挥自己的会计从业资格作用，他义务承担起两个贫困村农民专业合作社财务咨询工作；断然拒绝了社会营利机构的"好意"邀请，这正印证了："精准扶贫，驻村农技员与你同行！"

余利权于 2018 年 7 月被评为四川省 2017 年脱贫攻坚"五个一"帮扶（驻村农技员）先进个人；2020 年 1 月被评为凉山州委掌握联系高层次人才。路漫漫其修远兮，他坚定地说："顺着现代农业发展的风向标走下去，作为'老农技'路还很长……"

余利权现场查看黑绵羊合作社水渠

长短结合　种养循环
九坪村走上产业兴旺之路

——记重庆市农业技术推广总站农学博士董鹏

　　祖祖辈辈种植玉米、甘薯、洋芋"三大坨"。"猪吃红薯人吃猪，挣钱全靠去打工。"这句自嘲的话真实反映出深度贫困乡镇巫溪县红池坝镇的产业尴尬。董鹏，1977 年 4 月出生，农学博士，重庆市农业技术推广总站研究员，从 2017 年 9 月起担任重庆市巫溪县红池坝镇九坪村第一书记兼驻村工作队队长，发挥农业专业所长，带领村社干部群众走出了一条山地特色产业发展之路。

选准主导产业，构建"1+2"增收模式

　　既要推动产业结构调整，又要尊重群众传统习惯，这是他在偏远山区发展产业探索出的方法。巫溪县红池坝镇九坪村是偏远山区贫困村，土地贫瘠分散，山大坡陡，耕作难度大。农民以传统农业为主，靠种植玉米、红薯、洋芋"三大坨"和喂养生猪为生。"高山错季脆李"成为他推动九坪村因地制宜发展的主导产业。他积极引进新型经营主体，在九坪村成立了重庆善作农业公司，采用"脆李"林间套作"春洋芋 + 夏辣椒"（即"1+2"增收模式），借鉴农村"三变"改革经验，建立"企业 52%+ 村集体 8%+ 农民40%"的收益分配机制，形成了企业投入带动、村集体协调推动、农民生产参与的"企业 + 村集体 + 农户"的发展模式。目前，全村发展脆李面积 600亩，覆盖农户 106 户（其中贫困户 41 户），培养本土技术员 2 名，就近解决

农民务工 11 人。2019 年农民保底收益 24 万元，务工收入 16 万元，村集体经济收入 5 万元，消除了集体经济空壳村。

种养循环，拓宽脱贫增收路

在打造脆李主导产业的同时，在前 3 年李子产业收益不明显的空档期，着力发展短期作物提高农民收益。在重庆市农业技术推广总站的协助下，他对接龙头企业重庆曙光公司和渝东北蔬菜合作联社，签订洋芋和辣椒保底收购合同，打通农户生产和市场销售主渠道。协调重庆善作农业公司负责统一育苗、统一生产资料采购、统一上门收购，对接农技专家到村开展技术培训，召开培训会 11 期，培训农民 300 人次，发放技术资料 210 份。2019 年全村发展地膜洋芋 300 亩、辣椒 240 亩，每亩收益达到 3 500 元，增收近 2 000 元。打好养殖生态品质牌，推动当地生猪通过农业农村部"粮草土猪肉"绿色产品认证，与重庆荣财事业有限公司签订保底订单，农户按照企业标准喂养生猪，企业按照高于市场 20% 的价格收购；协调配建沼气池 10 口，整修 6 口，购置沼液还田设备 13 套，铺设还田管道 800 米。2019 年，全村出栏粮草猪 210 头，惠及农户 159 户（其中贫困户 51 户），实现产业增收 110 万元。

延伸产业链条，打造一支不走的工作队

把产业链条建立起来，把本土技术人才培养起来，打造一支不走的驻村工作队。按照生态化、智能化、信息化、机械化的要求，协调建成钢架育苗大棚 10 亩，2020 年完成辣椒苗 120 万株，辐射带动本村以及村社发展种植

600 亩。配置远程监测仪 1 台，实时监测田间病菌指数，开展马铃薯晚疫病动态监测；配备旋耕机、起垄除草机、大型打药机设备 10 台，安装了太阳能杀虫灯 50 台套，推广病虫害绿色防控 600 亩；建成冷链物流初加工场 1 000 米²，配套冻库 300 吨，打造生产、销售、加工、冷链全产业链条。坚持扶贫扶技相结合，培养种养大户 4 户，发展致富带头人 3 人，引导贫困户段太万种植李子 8 亩、洋芋 4 亩、辣椒 3 亩，喂养生猪 4 头，并把他培养成为本村种植能手，2019 年综合收入达到 4 万多元，增收 2 万多元。从"为吃而种"到"为卖而种"，从"三大坨"到特色高效，从一家一户到"公司＋农户"，九坪村走上了产业兴旺之路。

用专业种桑养蚕技术帮助农民实现致富梦

——记贵州省岑巩县农业技术推广站副站长诸葛翀

诸葛翀，中共党员，高级农艺师，为杭州市蚕桑技术推广服务创新团队成员，建德市蚕桑、土肥技术推广服务创新团队联系人，杭州市蚕桑学会会员，建德市农业技术推广中心土肥站站长，2018 年 8 月至今在杭州对口帮扶的贵州省黔东南苗族侗族自治州岑巩县农业技术推广站任副站长。

2018 年贵州省岑巩县抢抓东西部扶贫协作历史机遇，从建德市引入蚕桑产业。种桑养蚕对于岑巩县来说无疑是一个新型产业，群众基础、种养技术均为空白，如何发动群众参与、构建技术服务体系，成为了发展蚕桑产业的一道难题。为了帮助岑巩县熟练掌握种桑养蚕技术，诸葛翀自告奋勇前往岑巩县，勇敢地走上一条传道授业解惑之路——用专业知识帮助农民实现脱贫致富。

细致研究谋划产业长效发展

产业发展需要系统性、长期性的规划引领。诸葛翀通过一个月的实地走访调研，结合岑巩县农业发展实际，协助起草了《岑巩县 2018—2020 年发展农业产业助推脱贫攻坚实施方案（试行）》《岑巩县 2018—2019 年东西部扶贫协作重点产业发展实施方案》，帮助谋划产业长效发展，并积极做好政策宣传，用好用实社会帮扶资源，争取上级帮扶资金，带领贫困户发展产业成效明显。

目前，7 000 亩蚕桑在岑巩大地已初具规模，共覆盖贫困人口 3 500 余人，带动贫困群众直接参与蚕桑产业发展 1 000 人以上，吸纳就业 10 000 余人次，贫困户参与人次达到 30% 以上，直接获益 24 万元。这一组组亮眼的数据，不仅记载了诸葛翀一年多来的努力，还展现了他在岑巩县指导种桑养蚕的不俗成绩。

深入农村开展逐人逐项培训

在岑巩县的一年多里，诸葛翀对当地农业发展情况有了较为充分的了解。当他第一次踏上岑巩县，看到田间地头辛勤劳作的老百姓，颗颗汗水从额头洒落田间，这个场景从此在他脑海中挥之不去。那个时候，他便给自己定了一个目标——帮助岑巩百姓脱贫致富。

"这里的人们是勤劳的，缺的是现代农业的科学化指导。"为做好蚕桑产业的组织发动、技术服务、培训农民等方面的工作，引导贫困户直接参与蚕桑产业发展，诸葛翀的工作思路是"带着贫困群众一起干"。为将这个工作思路落实到实处，他吃住在村，与群众打成一片。挨家挨户发动群众、整村整寨开展培训、逐人逐项进行现场指导，他的身影遍布产业发展村的每户农民家中，他的脚步踏过产业基地的每一寸土地。不仅如此，他还邀请浙江省各级农业技术推广部门和科研单位专家前来授课，协助当地县、乡、村、户四级农业技术推广服务培训体系建设。

在这一年的时间里，诸葛翀上门动员群众 4 000 余人次，举办培训班 15 期，培训贫困户和致富带头人 1 500 人次以上，其中残疾人贫困户 150 人次，充分激发了贫困群众内生动力，脱贫奔小康效益显著。

真心诚意帮助百姓脱贫增收

为了发动贫困户种桑养蚕，诸葛翀白天在田间地头开展技术培训，晚上

科技人员帮扶故事

到农户家中进行宣传发动，全心全意地投入到这份工作中。通过一次次地深入乡镇发动宣传，诸葛翀这个名字也深入群众的心中。天星乡天星村残疾贫困群众郑宗银就是在这样的宣传下萌生了发展蚕桑产业的想法，却又害怕自己无法支撑发展蚕桑产业。得知郑宗银的顾虑后，诸葛翀亲自上门答疑解惑，并冒着大雨踏上山路帮他选择优良的蚕桑种植地块，合理布局桑园基地种植，并指导桑园套种蔬菜、水果增加经济收入。在他的指导下，郑宗银踏上了蚕桑产业的发展之路。可是他对郑宗银的帮扶并未就此止步，还经常通过电话或利用晚上休息时间，指导郑宗银进行后续桑园基地建设和养蚕规划。最终郑宗银成功发展桑园 30 亩，成为该村蚕桑产业发展大户。2020 年郑宗银又新建简易蚕房，第一批春蚕养蚕 4 张，收入近 7 000 元，预计全年可养 26 张以上，收入可突破 5 万元。在郑宗银的示范带动下，该村发展蚕桑产业热情高涨，已经发展桑园 500 余亩。

"只有全心全意为群众谋发展，群众才会相信我们，愿意听我们的话，这样才能更好地凝聚他们的力量，发挥他们的创造力，使产业能生根落地健康发展。"诸葛翀这样说的也是这样做的。

抓实特色果蔬产业　持续助力脱贫攻坚

——记贵州省麻江县经济作物技术推广站站长周世洋

　　周世洋，现任麻江县经济作物技术推广站站长、高级农艺师、州管专家。他一直致力于农业技术推广工作，立足部门实际，结合麻江县区位优势，以农业产业为抓手，提出了打造西部高山冷凉特色蔬菜和东部精品水果产业发展思路，用实际行动推动产业脱贫攻坚。

强化基层调研，精准定位产业

　　围绕基地建设、土地流转、经营主体建设、冷链物流建设、育苗育种、市场销售、品种选择、种植规模、生产效益、组织方式、产品销售、带动农户等情况，周世洋开展调研 20 余次，身影遍及 7 个街道（乡镇）、63 个村，并组织专家进行产业发展座谈讨论会 20 余次，提出的麻江县"十三五"蔬菜发展规划意见被县委县政府采纳，纳入全县"1258"主导产业 5 万亩商品蔬菜基地的发展目标，为麻江县中西部蔬菜产业布局、发展高山冷凉特色蔬菜产业进行了精准定位。在 2020 年初新冠疫情防控期间，为不影响产业发展，他及时组织调度农业技术干部，一手抓疫情防

周世洋现场培训农户开展蔬菜嫁接

科技人员帮扶故事

控，一手抓春耕备耕，千方百计抓农时、抢进度，多措并举推进春耕备耕和涉农企业复工复产，确保了麻江县农业产业特别是蔬菜产业早安排、早部署、早落实和早推进。2020 年全县完成商品蔬菜基地种植 5.8 万亩，带动贫困农户 5 371 户、15 110 人就业增收。

强化试验示范，提升科技含量

作为一名基层农技干部，周世洋获得了"州管专家"的殊荣，他始终把试验示范和技术推广的责任扛在肩上，带领技术团队，长期坚持开展蔬菜新品种引进试验，年引进新品种 30 余个，开展课题试验 20 余个，为基地示范、坝区发展和技术普及推广奠定了科学基础。为寻求产业发展路径，破解蔬菜发展难题，他主动到贫困乡镇坝芒乡开展夏秋季节冷凉蔬菜试验示范，不分节假日开展田间指导和技术培训，建立了坝芒夏秋冷凉蔬菜种植示范基地，坝芒蔬菜产业的发展得到了各级领导的认可。为认真落实农村产业政策，他深入乡镇、村进行基地示范，指导景阳和谷硐坝区 2 个坝区完成蔬菜种植 2 560 亩，建立低效作物调减改种经济作物示范点 12 个。结合麻江高温高湿的气候特点，他探索出红蒜覆膜打孔高产高效种植技术，解决了农户

周世洋开展水稻旱育秧培训

后期除草难的问题，目前已在全县示范推广，有力助推了红蒜产业发展，带动红蒜产业核心示范区贫困人口 856 人脱贫增收。

强化人才培训，拓展技术力量

技术是发展产业的重要环节，是增产增效的主要措施，要提高技术的推广普及率，必须储备和扩大技术人才队伍。通过开展技术能力提升培训，帮助和指导 5 名专业技术人员晋升高级职称、21 人晋升了中级职称，提升为农服务本领。周世洋被南京农业大学聘为乡村振兴研究生工作站校外导师后，指导 3 名研究生完成了工作任务和课题研究。2019 年，周世洋组织农业经营组织、合作社、产业联盟和种植大户等开展技术培训 30 余次，培训人员 2 600 余人次。编写了《麻江县果蔬栽培指导手册》《麻江县夏秋蔬菜高效栽培技术措施》《麻江县红蒜提纯复壮高产高效栽培技术》等技术资料，先后在《中国蔬菜》《贵州农业科学》《种子》《福建农业》《农技服务》《耕作与栽培》等杂志上发表论文 11 篇。围绕农业产业，带领技术团队和产业专班，深入田间地头开展技术服务工作，为全县发展产业带动实现脱贫提供了强有力的技术保障。在精品水果产业发展中，周世洋深入各乡镇开展蓝莓生产技术指导，助力蓝莓产业成为麻江县的支柱产业，2019 年带动贫困人口 1 760 人脱贫增收。

周世洋注重理论与试验示范相结合，在狠抓蔬菜特色产业发展和巩固脱贫成效中，做出了积极贡献。先后获农业部农业科技推广成果一等奖 1 次，贵州省政府科技成果转化一等奖 1 次，贵州省农业丰收奖一等奖 3 次、二等奖 1 次、三等奖 2 次，多次被评为优秀共产党员及优秀党务工作者。2016 年 3 月被任命为"州管专家"，是中共黔东南苗族侗族自治州第十届和中共麻江县第十二届党代表。

依托畜牧科技　让高原之宝变致富之宝

——记西藏自治区农牧科学院畜牧兽医研究所所长巴桑旺堆

巴桑旺堆，西藏自治区农牧科学院畜牧兽医研究所所长、研究员，在高原从事畜牧业科技工作近 30 年，他从小伴着牦牛长大，大学考入西藏农牧学院，1991 年毕业分配到西藏自治区农科院畜牧兽医研究所工作。

西藏是我国第二大牦牛主产区，目前牦牛存栏量 457 万多头，约占全国牦牛存栏总数的 22%，牦牛遗传资源十分丰富。壮大牦牛产业对发展牧区经济、改善民生、脱贫攻坚、维护生态平衡等方面具有极其重要的作用。巴桑旺堆说："长期以来，靠天养畜的落后、粗放式养殖模式，造成牦牛饲养周期长、生产性能低、畜群周转慢、牦牛出栏率低、商品率低，养殖效益差，科学养殖显得十分迫切。"

巴桑旺堆参加工作时，西藏畜牧业科技基础数据缺乏，许多领域的研究一片空白。1993 年，巴桑旺堆利用大学所学的畜牧兽医专业知识，参与了"江孜县牛羊寄生虫季节动态调查研究"项目。4 年里，他整天与牲畜的粪便、内脏打交道，统计分析、整理数据，首次全面系统地摸清了牛羊寄生虫种类和危害，提出改春秋两次驱虫为冬季一次性驱虫新技术，研究成果在高原牧区广泛应用并取得显著效益。

成绩的取得，鼓舞了巴桑旺堆向着畜牧科技更多

深入基层开展牦牛养殖技术培训

"卡脖子"关键技术领域的攻关。2009 年巴桑旺堆被选派到那曲市聂荣县开展定点扶贫工作，重点负责牦牛繁育与育肥技术服务。由于高原独特的地理气候原因，母牦牛产犊率低，成年牦牛要六七年才能达到出栏体重标准。针对这一难题，巴桑旺堆率领团队长年在藏北等高海拔牧区蹲点，进行科研攻关。经过多年研究，采取牛犊早期断奶催生母牛发情、营养均衡供给、"冬棚夏草、冬圈夏草"半舍饲育肥等一整套措施，突破了过去海拔 4 750 米以上高海拔牧区母牦牛产犊率低的关键技术瓶颈，母牦牛"一年一胎"比例达到 68.6%；提出了不同模式的短期育肥技术，实现了牦牛日增重 740 克；通过畜群结构调整、优化饲养管理，提出了提前 2 年出栏的核心关键技术，累计示范 8 万余头，新增经济效益近 2 亿元。

青藏高原牦牛产区属国家"三区三州"集中连片贫困地区，而牦牛是青藏高原实施精准脱贫的战略性支撑产业，也是极具发展潜力的特色优势产业，加强畜牧业关键技术的攻关、推动科技成果转化具有重大现实意义。

那曲市聂荣县色庆乡帕玉村以前是县里有名的贫困村。近年来，该村在巴桑旺堆科研团队的助力下，通过实施科学养牛，已形成集牦牛良种繁育、高效育肥和"聂牌"奶制品生产销售等为一体的牦牛产业科技示范基地，人均年收入从仅 800 元增长到 1.6 万元，成为那曲市第一个小康示范新村。培育了当雄县郭庆牦牛育肥合作社，构建了"支部牵头、自愿育肥、有偿放

手把手教农牧民给牦牛添砖

科技人员帮扶故事

牧、科技支撑、冷链储运、统一销售、利益到户"的当雄牦牛育肥郭庆模式。通过"驱虫健胃＋围栏封育专用草场＋夏季强度放牧＋补充矿物添砖"等技术集成示范，每头育肥牦牛平均出栏价达到15 000元左右，纯利润1 200～1 500元。

为了更好地将科技成果应用到畜牧业生产，巴桑旺堆曾3次主动请缨，历时8年先后赴那曲市、日喀则市、阿里地区等32个县20多个牦牛主产区开展科技扶贫工作，帮助建立牦牛产业基地、培育龙头企业，采取"公司＋基地＋合作社＋牧户"的全产业链开发模式，实施产业扶贫。指导拉萨市当雄净土产业投资开发公司牧场，加大牦牛健康养殖、短期育肥科技成果转化力度。帮助西藏泰成规模化牦牛短期育肥企业，提供科学规范的牦牛全舍饲育肥技术服务，构建了"科研＋企业＋贫困户"的技术创新与支撑产业模式，每年出栏育肥牦牛7 000余头，向市场提供牦牛肉2 000多吨，成为西藏首个"牦牛牧繁农育"示范样板。巴桑旺堆先后在全区举办培训班20余期，培训农牧民6 000余人次，建立畜牧业科技示范基地12个，培育农牧民专业合作社8个，极大地带动了周边农牧民依靠科技增收致富。

巴桑旺堆又踏上了新的畜牧科技攻关征程。目前他担任自治区科技重大专项"特色家畜选育与健康养殖"和自治区重点研发计划"阿里地区牦牛培育"项目首席专家，从牦牛遗传资源、新品种培育、良种扩繁、营养调控等方面开展科研攻关和技术集成示范。

他说："制约西藏畜牧业发展的难题，就像一座座高耸的雪山，只有坚持不懈科学攻关、勇攀高峰，才能让高原之宝真正造福高原人民。"

为猕猴桃产业插上科技的翅膀

——记陕西省周至县高级职业农民王兴华

习近平总书记指出："小康不小康，关键看老乡。"周至县职业农民队伍已突破千余人，他们积极活跃在猕猴桃生产、管理、贮藏、销售、服务等各个环节和领域，在经营管理自己"一亩三分地"的同时，积极投身贫困村，示范带动身边贫困群众开展科技扶贫，实现了脱贫致富奔小康，职业农民王兴华就是周至县科技扶贫的杰出代表。

1968年11月出生的王兴华，是大专学历，高级职业农民，周至县职业农民协会理事长。家住西安市周至县终南镇王才屯村5组，2020年刚过52岁。乍看上去，也就是一个再普通不过的农民，但是知道和了解他的人，都不得不佩服他。

2016年底，在他和其他几位职业农民的倡导下，率先组织成立了西安市首家职业农民协会，吸纳职业农民会员190余人，为职业农民搭建了交流学习的平台，也为职业农民的后续教育管理作出了有益探索和尝试，受到了省市县领导的好评和肯定。

2017年和2019年协会先后承担起了150名职业农民培育任务，按照猕猴桃生长的各个环节开展培训。从冬季的猕猴桃修剪，夏季的抹芽、摘心，预留结果母枝的定点培养，果园生草，土肥管理，病虫害的综合防治技术进行系统培训。通过开展理论教学、分班培训、生产实践、参观学习、座谈交流等多种形式，传播农业科技知识，培养职业农民，为全县现代农业发展提供了强有力的人才支撑。

职业农民与普通农民的最大区别在于社会责任感，王兴华就是对职业农民诠释很到位的人。2017年是周至县脱贫攻坚关键之年，全县上下、社

科技人员帮扶故事

会各界都围绕脱贫攻坚献计献策，并肩奋战。作为职业农民，王兴华主动请缨，在职业农民协会发出了《脱贫攻坚倡议书》，号召职业农民协会会员发挥自身一技之长，积极投身产业脱贫。在王兴华的带动下，职业农民协会201名职业农民，采取一对一、一对多等方式，就地就近帮扶贫困户243户，免费为贫困户提供农业技术指导、培训和服务达656人次。仅王兴华本人开展的集中培训、现场指导等就有70余场次。作为协会领头人，王兴华以身作则，主动带领职业农民协会理事会一班6人，深入竹峪镇渠头村，每人包抓1个贫困户和4个示范户，指导贫困户开展猕猴桃果园生草、高接换头、病虫害绿色防控、科学配方施肥、科学防灾减灾等，全方位提升贫困户生产业务水平。

对贫困户的帮扶，王兴华是"有求必应"。2018年，广济镇寺家山村贫困户刘来民养殖黑猪12头，由于信息闭塞，一直找不到销路。王兴华在扶贫过程中得知情况后，积极联系并在抖音上发布消息，最终以每千克20元的价格将全部猪肉销售，解除了贫困户的后顾之忧，贫困户感激之情无以言表。马召镇西富饶村贫困户陈周利因残疾不能干活，加之父亲不幸去世，家里的猕猴桃修剪没有人手。得知情况后，王兴华及时动员40余名职业农民，仅用一上午时间就把贫困户3亩多猕猴桃全部修剪，为陈周利解决了猕猴桃修剪问题。马召镇上马村贫困户冯来选，因为疾病做了心脏手术，医疗费花了十几万，原本贫困的家庭更是雪上加霜。作为家庭主要劳动力，冯来选不能下地干活，王兴华得知情况后，积极协调组织职业农民协会扶贫小组帮其修剪5亩猕猴桃，使贫困户避免了错过修剪最佳时间，受到了当地群众的高度评价和赞扬。集贤镇东村贫困户韩来良，父母年迈多病，家里种了 2 亩多李子，3 亩猕猴桃新建幼园，每年收益很低。2018 年王兴华得知其贫困情况后，对李子按照各环节进行技术帮扶，当年李子收入 1 万多元，在 2019 年李子价格大跌的情况下，韩来良的李子在王兴华精心帮扶指导下，管理得很好，着色早，以每 500 克 1.2 元的高价卖给客商，每亩收入达到 9 000 元以上。新建猕猴桃幼园在王兴华的指导下嫁接翠香品种，并且选用大棚架和一枝两蔓树形，2020 年长势非常好，2021 年就可以正式挂果。

　　像这样的帮扶事迹不胜枚举。王兴华和他带领的职业农民团队，扎根"三农"事业，不怕苦，不怕累，勇于开拓，敢于创新，在自己勤劳致富的道路上，他不忘落后的父老乡亲，抽出宝贵的时间和精力，帮扶那些更需要帮助的人，足迹遍布了周至县脱贫攻坚重点村的角角落落，把党和政府的温暖送到了贫困户的心坎里。贫困户见到王兴华，就像见到亲人一般，感激的声音从未间断过。王兴华也从帮扶贫困户的过程中，重新认识了自己的价值所在，更加坚定了他从事科技扶贫的信念。他用实际行动诠释了新时代新农民新风貌，无愧为周至县脱贫攻坚战斗中的杰出代表和时代楷模。

全力做好技术服务　做农民群众的贴心人

——记甘肃省临夏市农业技术服务中心高级农艺师石光农

石光农，中共党员，临夏市农技中心高级农艺师，20多年来一直在农业生产一线从事农技推广工作。近年来，在脱贫攻坚产业扶贫工作中，他爱岗敬业，努力拼搏，充分发挥了一名农技推广工作者的作用，试验示范推广了一批农业新品种、新技术，在临夏市的设施农业、粮改饲、玉米改菜、玉米改花等重点工作中发挥了重要作用，为临夏市蔬菜产业、城市观光农业的发展做出了突出贡献，为农民群众增加收入、脱贫致富奔小康奉献了自己的心血和汗水。

试验、示范推广新品种、新技术，为产业发展提供技术支持

临夏市将蔬菜产业、城市观光农业、牛羊养殖业列为脱贫攻坚的主导产业进行发展，大力实施粮改饲、玉米改菜、玉米改花、高原夏菜、设施农业等项目，石光农承担完成了多项新品种、新技术引进试验示范工作，为产业发展提供了科技支持。饲用玉米新品种筛选试验，筛选出适宜临夏市栽培的粮饲兼用型新品种垦玉1608、玉源7879，累计推广3万多亩，农民群众亩均增收400元。完成了辣椒、茄子、番瓜、平菇、西蓝花、草莓等多项蔬果新品种引进试验示范，筛选出了航椒5号、8号、布利塔、寒绿7042、德

丰 5 号、耐寒优秀、红颜等适宜临夏地区推广种植的蔬果新品种 12 个，累计推广 5 000 多亩，种植户亩均增收 2 000 元。试验总结出了临夏市玉米一增四改高产栽培技术，拱棚蔬菜一年三茬栽培技术，蔬菜病虫害综合防控技术，玉米、小麦配方施肥技术，草莓高架基质栽培技术，露地西蓝花高产栽培技术，春油菜高产栽培技术，藜麦高产栽培技术等新技术，累计推广面积 4.68 万亩，农户亩均增收 120 元以上。近年来，在《中国种业》《中国农业信息》《农业科技与信息》等杂志发表了相关论文 14 篇，为临夏市产业发展提供了理论、技术支持。

全力做好技术服务，做农民群众的贴心人

在产业发展中，技术支持是基础，多年来，石光农始终冲在农技服务的第一线，无论是春夏秋冬还是刮风下雨，只要农民群众有需要，他就第一时间出现在田间地头、温室大棚，为农民群众释疑解惑，帮助他们解决生产中出现的难题。

拦金海是临夏市折桥镇大庄村的一名温室蔬菜种植户，2018 年大年初三，村上的人都在阖家团聚，欢度春节，但拦金海一家却怎么也高兴不起来。原来他的一棚温室番茄得了灰霉病，而且越来越严重，眼看着原来丰收在望的番茄一个个烂掉，他却束手无策。药没少打，却无济于事，想打电话咨询，却担心春节期间技术人员放假，无人受理，但病情不等人，无奈之下，他拨通了石光农的电话。石光农接到电话后，当天就来到他的温室中，指导他清理烂叶病果，控制棚内湿度，合理用药，进行综合防治，几天之内就控制了病情，保住了这一茬的收入。

王良生是枹罕镇江牌村一名青年，2019 年初，他带头成立了一家种植合作社，进行蔬菜种植。半年下来，虽然蔬菜生产、销售搞得风风火火，但由于蔬菜价格偏低，收入还不够发工人的工资，一时合作社运营陷入困境。将来的路究竟该怎么走，合作社该怎么发展，他陷入了深深的思考。正当他迷茫无助时，石光农来到他的合作社进行指导，认真帮他分析种植、管理中存在的问题，建议调整种植结构，利用江牌村及周边发展观光旅游的区位优

势，进行拱棚草莓种植，吸引游客进行观光采摘，并帮助他从江苏省农业科学院引进红颜草莓脱毒苗，指导他进行拱棚草莓种植。2020 年 3 月底，草莓上市销售，优良的品质受到广大游客的好评，采摘售价高达 60 ~ 80 元 / 千克，合作社获得了良好的经济效益。

类似这样的事例还有很多，据统计，他每年下乡服务天数在 250 天以上。他的电话也成了技术服务热线，无论什么时间，只要有人咨询，他就耐心细致地解答。他还组建了技术服务微信群，在线为群众提供技术服务。在他和同事们的努力下，全市果蔬栽培面积达到 6 000 多亩，油菜种植面积达到 1.2 万亩，油菜－高原夏菜一年二茬种植模式推广 2 000 多亩，产业规模初步形成，农民群众持续增收有了保障。

努力做好技术培训工作，提高农民科技素质

精准扶贫、精准脱贫，归根结底还是要靠农民群众的内生动力，产业发展，提高农民的科技素质是关键。科技培训是提高农民群众科技素质、脱贫致富的重要手段。石光农承担了组织动员学员参加培训、授课等任务，有些群众特别是精准扶贫户对技术培训认识不足，不愿意参加，他就耐心细致地做思想工作，摆事实，讲道理，努力动员他们参加培训学习，提高种植技术水平和经营能力。据统计，近 3 年来他完成了一户一个科技明白人、玉米改花、高原夏菜种植等各类农技培训 60 余期，培训农民群众 3 000 多人，还对因故不能参加培训的农户进行了上门培训。

石光农的工作得到了群众的好评和各级组织认可，他被农民群众亲切称为"我们的贴心人"，2015 年 12 月被甘肃省农牧厅评为"全省农业技术推广先进工作者"，2018 年 12 月被临夏市委市政府评为"临夏市脱贫攻坚优秀帮扶干部"。

扎根高原巩固脱贫好干部

——记青海省曲麻莱县扎西东周

曲麻莱县位于青海省境西南部、玉树藏族自治州北部，三江源头，横跨通长江、黄河两大水系，总面积 5 万千米²，5 乡 1 镇 19 个行政村 65 个牧业社，总人口为 4.5 万人，藏族占总人口的 98% 以上。县域内平均海拔 4 500 米以上，境内高寒缺氧，牧民居住分散，服务半径大，自然条件恶劣，基础设施落后。扎西东周，2018 年起任曲麻莱县农牧区集体产权制度改革办公室兼县纪委举报中心主任、曲麻莱县经管站站长。3 年来，扎西东周积极践行"做合格党员、当干事先锋"，认真履职尽责，奔波于全县农牧区集体产权制度改革工作和壮大村集体经济这一巩固精准扶贫成果第一线，勇做改革先锋。用实际行动，为曲麻莱县脱贫攻坚工作做出了突出贡献，受到了省、州、县相关部门和广大牧民群众一致好评。

干不倒的工作狂

开展农牧区集体产权制度改革，发展壮大村集体经济，是脱贫攻坚的重要举措，作为全县农牧区集体产权制度改革直接落实者，扎西东周上任后的第一件事就是精准调研，摸清实情，确立工作思路。他努力克服队员少、经验不足以及曲麻莱县地广人散、气候条件恶劣、村与村之间路途遥远且交通不便的困难，跑遍了曲麻莱县每一个乡镇村社，把草地当办公桌，把方便面当主食，把畜棚当会议室，在茫茫的雪域高原上留下了深深的足迹。

由于这项工作程序繁杂步骤多，也真正关乎全县广大牧民群众的切身利益，所以开展工作以来，他带领同事们主动放弃休假，以"5+2""白＋黑"

科技人员帮扶故事

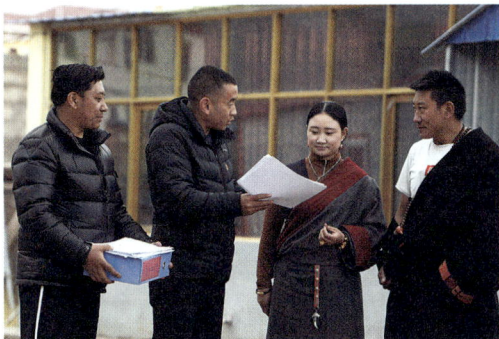

扎西东周开展入户调查工作

的模式开展工作。在他们的努力下曲麻莱县成为全州范围内首个完成村集体经济组织成员身份界定、成立村集体股份经济合作社与挂牌工作的县，成为农牧区集体产权制度改革工作的标兵。扎西东周也因为不分昼夜地干本职工作，持之以恒地抓工作落实，而且经常熬夜加班干工作，但第二天又能正常准时到岗且永远一副精神十足的样子，被基层乡镇村社领导和同事们称为"干不倒"站长。

精准施策的好干部

3年来，在县委县政府的正确领导下，在扎西东周兢兢业业无私奉献下，贫困户们通过集体产权制度改革，形成了家家有资本、户户是股东、人人有股份、年年有分红的可喜局面。全县19个行政村实现了"三变"，即牧民收入从"不稳定"到"稳定"的转变；村集体经济从"零散"到"规模"的转变；畜牧业发展从"输血"到"造血"的转变。

为了加快推进全县集体产权制度改革，他主动邀请州产权制度改革办、州经管站副站长、州经管站曲麻莱县包点领导、州产改办全州业务辅导员给全县各乡镇、村社的主要领导和业务骨干授课，指导他们农村集体资产清产核资和村集体经济成员身份界定等工作。邀请县财政局领导，用双语培训清产核资工作；邀请西宁立兴财税咨询有限公司和青海恒海会计代理有限公司，在全县召开折股量化工作培训会。结合"不忘初心、牢记使命"活动，鼓励员工在开展工作中做标杆、树榜样，教育引导村"两委"以及广大牧户摒弃"等、靠、要"的思想，树立自力更生、艰苦奋斗、战胜困难的信心和志气。他常常给广大牧户灌输靠别人"输血"富一阵子，靠自己"造血"富一辈子的思想，激发牧民群众摆脱贫困的内生动力，从思想上拔穷根，消除精神贫困。

扎西东周整理资料

从 2013 年开始，他组织单位同事加大全县村社的财务清查审计力度，每年主动舍弃周末、轮休、节假日，不间断利用 3 个月时间进行全县村社清查，尤其是"十三五"产业扶持村级实施项目的实施、收益和分红情况和村级干部历任账目的审计清查和移交监交工作。从此群众上访少了，干群关系和谐了，对他们的工作也更信任了，曲麻莱县成为全州唯一实施村级财务三资清查和财务公开工作的县。在开展村集体经济组织资产核查和成员身份界定工作的时候，为了让信息更加准确，他在规定的排查次数以外，又会多界定了一次，还搞了 7 次"回头看"，而且每一次都认真地一对一和群众核实，并按上手印来确定。

热爱家乡的好青年

能为自己的家乡做事是扎西东周常常引以为豪的事，从 2013 年以来，

科技人员帮扶故事

为了让灾后重建的日光节能温室蔬菜种植基地不被荒废，他通过与上级管理部门协调商议，以县农牧和科技局、县经管站的名义，每年给县城牧民集中区黄河社区和长江社区、珠姆路敬老院的 1 726 户牧民群众送去免费的新鲜蔬菜 18 吨，6 年来已累计赠送价值 63 万余元的新鲜蔬菜。

自从参加工作以来，他放弃一切休假，不顾家人，废寝忘食地工作。2018 年 1 月 14 日，由于过度劳累，他被紧急送到了省医院，因术后产生血栓前后做了两次手术。但是这个工作狂人只是短暂地休息了两周，在接到玉树藏族自治州委农办和县委县政府因全州雪灾抽调他到玉树州抗灾救灾工作应急指挥部的通知后，坚决服从组织命令，不顾一切拖着还未痊愈的伤口毅然决然地返回到岗位上。

扎西东周用孜孜不倦的工作态度和一心服务群众的信念，印证了他对党和人民事业的忠诚，树立了党员干部的良好形象。在海拔 4 000 多米的黄河源头，他用辛勤付出实现了"资源变资产、资金变股金、牧民变股民"的转变，达到了贫困群众"家家有资本、户户是股东、人人有股份、年年有分红"的目标，确保了全县牧民增收，进一步巩固了脱贫成果。

以生态立村　实现绿色发展

——记宁夏回族自治区科技厅派驻海原县关桥乡方堡村第一书记穆海彬

一条路弯弯长长，一面塬沟沟坎坎。望着山塬坡沟间梯次开放的山花，在宁夏南部黄土高原沟壑区已扶贫一年多的穆海彬，会心地笑了。

38岁的穆海彬，是宁夏科技厅生产力促进中心副主任。2019年，他主动请缨奔赴"贫中之贫、困中之困"的海原县，投身脱贫攻坚一线，担任关桥乡方堡村第一书记。

在他的带领下，为当地量身打造了一支"带不走的科技队伍"，为激发群众脱贫致富内生动力提供了有力支撑，方堡村学科技、懂科技、用科技蔚然成风。

2019年，通过科技扶持，全村建档立卡贫困户户均收入达到9 000元左右。全村香水梨种植收入达到村民家庭收入的30%左右，拉动全村香水梨销售产值达到2 200万元，亩均增产1 500元左右。

"让群众过上好日子是硬道理"

从驻村第一天起，穆海彬就下定决心：不负组织嘱托，竭尽所能带领乡亲们摘掉穷帽子，早日过上好日子！

在多次请专家把脉问诊、到先进村学习取经之后，穆海彬组织召开了第一次全体村民代表大会。

思路很快形成：生态立村、绿色崛起。

立足方堡村梨树种植较多的实际，提出主导发展香水梨产业，融合推进乡村旅游、设施蔬菜和特色养殖业的"1+3+N"复合立体式生态经济产业发展思路，并在极短时间内委托专家制定了方堡村乡村旅游规划。

村里原本荒寂的后山，在科技和勤劳的"浇灌"下，变成了"花果山"。目前，已连续举办三届梨花节，吸引游客 10 余万人次，实现旅游收入 64 万元，带动建档立卡贫困户就业 100 余人次。

当年，穆海彬带动全村群众开荒拓土，成功引进山西玉露香梨种苗 2 万余棵、推广种植 500 亩，栽植水蜜桃、核桃 140 亩。

两年多来，在驻村扶贫队的不懈努力下，方堡村累计争取各类科研资金 220 万元，撬动政府投入 3 000 余万元，引导群众推广示范新栽香水梨 5 000 亩，建立 300 亩科技示范核心区，技术辐射 1 000 亩，实现香水梨挂果 3 000 亩。

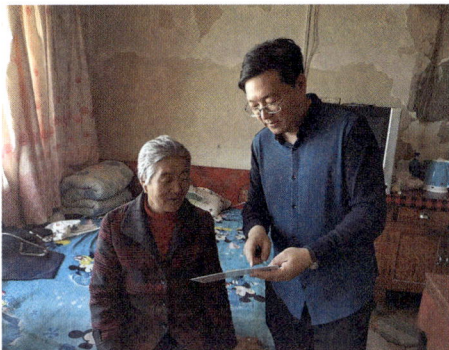

穆海彬入户宣传产业补贴政策

"用我的老本行干好新任务"

以"保姆式"科技服务，科技扶贫，从培训开始。

穆海彬积极邀请专家学者在 1 000 亩挂果香水梨种植区集中示范推广生物防控技术、平衡施肥技术及果树修剪技术。

刚开始有的农户对此并不接受，看着粗壮的枝条被无情地剪掉，他们非常心疼。为了打消群众思想顾虑，穆海彬带大家到山西水果产区和科研院所学习取经，让他们开阔视野、转变观念，主动进行科学管理。他还组织编写了《香水梨规范化种植》等技术教材，引导香水梨种植户建立起虫防预警监测系统，推广太阳能杀虫灯等产品和技术，使香水梨品质得到大幅提升。

解决了种的问题，卖的问题怎么办？围绕产品创新、模式创新、业态创新，穆海彬又开始找路子、想办法。

在他的谋划和筹措下，按照"招商引资拓路、企业扶贫纾困"的思路，积极与宁夏不老子集团对接洽谈，并深入杭州等地寻求技术合作，在香水梨膏开发方面取得成果。

通过联合科技特派员协会深入开展农村电商培训和销售，实现了产业强链补链延链。

科技扶贫，除了观念更新，更离不开项目和技术的支撑。方堡村素有种植韭菜的传统，但多年连续种植使土地肥力和韭菜品种逐渐退化。穆海彬看在眼里、急在心上，他积极争取自治区科技厅投资 80 多万元，在村里流转土地 11 亩建成 17 座大棚，并成立合作社统一经营管理，吸纳 10 户建档立卡贫困户入社。由此，不仅增加了他们的经济收入，而且示范带动更多群众脱贫致富。

受人多地少的限制，方堡村很多群众想通过养殖肉牛来拓宽致富路径。穆海彬在充分调研的基础上，推行"生物发酵床"养牛法，有效解决了养殖户养牛过程中遇到的污染问题，增加了农户的经济收入，全村肉牛养殖数量达到 360 多头，肉牛存栏量比过去增长了 1 倍。

村民们赞叹："有了这个发酵床，牛身上的毛也光亮了许多，重要的是牛肯吃草了，更容易长膘了。"

两年来，穆海彬积极争取资金 15 万元建成科技扶贫工作站，建立科技支农长效机制，聘请区市县各类专家 30 余名，举办设施蔬菜果树种植、中药材套种、牛羊养殖等科技培训班 20 余期，培训农民 1 400 余名，并为 44 名骨干进行技术能手精准滴灌式定向培训。

科技"点金"，助力产业扶贫。他推行高效营养舔砖、饲料科学配方等技术，培养出养殖科技示范户 10 户，香水梨科学种植示范户 44 户。

穆海彬带领村干部入户排查外省返村人员

"咱们村不可能永远是落后村"

2020 年，新冠肺炎疫情发生后，针对群众购买农资困难的问题，穆海彬以个人担保方式，在方堡村建立了"肥料超市"，平价售出 100 吨肥料，在为群众提供方便的同时，实现企业从中获利、农民从中受益、村集体从中发展壮大。

驻村扶贫期间，穆海彬与方堡村干部群众结下了深厚情谊，始终把群众的疾苦冷暖挂在心上。

他积极协调宁夏附属医院等 40 余名专家为全村 14 名癫痫、认知障碍患者免费诊疗，累计提供价值 3 万余元的治疗药品。

看到村里两所小学教学设施落后，他争取社会各界捐资 90 余万元购置了 51 台电脑、512 件文具书包，援建了 2 所爱心书屋。

他加强村规民约建设，倡导和推动开展庭院宣讲、田间指导、"感恩励志"等民风民俗教育活动，全村先后树立 5 批 93 名勤劳致富、移风易俗、科技示范和道德模范典型。

在脱贫攻坚主战场上，穆海彬带领村"两委"班子交出了一份让组织放心、群众满意的合格答卷。

昔日"羊肠路，荒山头""沟峁无绿色，吃水贵如油"的方堡村，发生了日新月异的嬗变，已成为远近闻名的环境优美、产业繁荣、富美和谐的"梨花小镇"和生态绿色脱贫示范样板村，正在朝着全面建成小康社会的康庄大道阔步前进。

躬身田间　埋下技术"种子"

——记宁夏回族自治区农业农村厅高级农艺师王继涛

在贫困地区，科技对于庄稼，也和阳光雨露一般。

"脚下沾满多少泥土，心中就沉淀多少真情。"这是 13 年来，王继涛的真实写照——他跑遍了宁夏 27 个市县区的所有贫困乡村。

即使可以计算出技术改进带来的产量提升，也没有人能计算出王继涛这些年一共走过的路程。

田间地头有他忙碌的身影，培训课堂有他精湛的讲解……在园艺技术推广服务的天地里，十几年间，田埂、村庄和微风，见证着一名普通农技人员的青春。

王继涛，宁夏园艺技术推广站推广科科长、农业推广硕士、高级农艺师，他还是宁夏回族自治区塞上农业专家、自治区青年拔尖后备人才、自治区蔬菜产业专家指导组成员。

这位专家的"主战场"在农村，把论文写在大地上，把成果留在群众心上。

以"科技之手"推动产业升级

提高贫困地区贫困户自主脱贫的能力，助推产业扶贫，需要一双温暖有力的"科技之手"。

王继涛的双手，沾满泥土，在他的协助下，扶持起来的不只是特色农业，更是群众过好日子的信心。他常说："扶贫先扶志和智，帮人先帮技和艺，贫困户只有转变了观念，学习掌握了新技术，才能种出好品质的蔬菜，获得好收益，从根本上脱贫。"

身为自治区农业农村厅产业扶贫技术专家服务团队成员，工作13个年头，他先后跑遍了全区的贫困村，开展产业扶贫农业技术指导服务工作。

参加工作的第二个月，王继涛就积极响应"设施农业科技指导山川结对帮扶活动"，对口帮扶指导隆德县发展设施农业。

蹲点3个月期间，他跑遍了隆德县10个乡镇，开展设施蔬菜生产技术指导服务，被隆德县党委和政府授予"山川对口结对帮扶优秀科技工作者"。

2012—2013年，他又积极参加生态移民产业帮扶，深入永宁县闽宁镇原隆村等生态移民村开展技术帮扶指导。

2018—2019年，按照《全区农业产业扶贫工作要点及任务分工方案》要求，他连续两年蹲点彭阳县开展扶贫技术帮扶，制定蔬菜产业帮扶技术方案，推广拱棚"甘蓝＋辣椒＋叶菜"三茬栽培模式，早春茬辣椒套种甘蓝，甘蓝亩均收入2 500元，辣椒亩均收入1.2万元，辣椒收获后种植一茬叶菜，亩均收入2 000元，全年亩均收入达到1.6万元以上。

高素质的科技扶贫人才，提高了农民的农业科技文化素质，增强了贫困地区农民自我发展和积累的能力，收获经济、社会和生态效益。

王继涛在平罗县庙庙湖移民村
指导设施建设

以科技"基因"彰显为农情怀

"让农户靠科技致富"，这是王继涛的初心，也是他一直践行的使命。

高效农业，需要注入科技"基因"。他参与的重点项目，致力于不断提高农户的生产技术水平：先后组织实施全国蔬菜标准园创建、北方设施蔬菜冬季应急试点、自治区设施农业效益倍增计划、龙头企业带动蔬菜产业融合发展、农业社会化综合服务站创建等重大项目，推广滴灌水肥一体化、秸秆生物反应堆、蚯蚓生物套种套养等新技术新模式。

100 个产业帮扶典型

2013 年，王继涛响应自治区农牧厅"三个一批"活动，蹲点宁夏园艺产业园，摸清了秸秆生物反应堆技术关键技术参数，创新提出了日光温室大行距秸秆生物反应堆技术模式和东西向大行距高密栽培模式，为该项技术的大面积推广奠定基础。

10 年来，该项技术在全区 21 个县区推广 13 万余亩，获农业农村部"农牧渔业丰收计划"二等奖。

应用该项技术后，可有效缓解冬季亚低温，肥料用量减少 20%～40%，农药减少 32%～70%，增产 18%～20%，亩节本增效 2 315.9 元，有效利用了作物秸秆和农业废弃物，发展循环农业，清洁农村环境，社会效益、经济效益显著。

心怀对园艺技术推广工作的热情和热爱，不论酷暑严寒，他都要奔赴各乡镇一线指导生产，开展培训，为农民增收致富提供信息、技术服务。每年霜冻和病害发生期，下乡指导生产的队伍中，也总能见到他的身影。

2020 年 4 月 22—24 日，全区出现大范围持续性霜冻天气，对拱棚西瓜、辣椒，露地菜心、韭菜等生产造成了一定影响。灾情发生后，他及时深入永宁县望远镇永清村等基层，第一时间进园入棚，现场指导农户采取补救措施恢复生产。

王继涛在西夏区芦花村指导露地蔬菜生产

王继涛长期坚持深入生产第一线，把最新技术成果推广应用到宁夏园艺产业发展中，指导农户开展蔬菜生产，示范推广重大实用新技术为贫困地区发展特色产业、实施产业扶贫、促进农民脱贫致富做出了积极贡献。

他的工作总结，都写在田野里，埋下技术的种子，收获产业的春天。

一腔热血扎根基层　恪守初心辛勤耕耘

——记新疆维吾尔自治区阿克苏市农业技术推广中心主任张良文

张良文，本科学历，中共党员，高级农艺师，1988 年 8 月参加工作，现任阿克苏市农业技术推广中心主任。

张良文是从天山里走出的农村娃，32 年来，始终没有离开农业生产第一线。作为一名农业技术人员，他始终坚持以习近平新时代中国特色社会主义思想为指导，一直扎根基层，用"胡杨"精神服务阿克苏市农业农村发展，他爱岗敬业、勇于担当，以学农爱农、强农兴农的情怀，践行初心使命，为新时代"三农"事业默默地贡献力量。

坚守初心，做一名合格的农业人

1988 年，22 岁的张良文从塔里木农垦大学（今塔里木大学）毕业，分配到新疆福海县解特阿热勒乡农技站。正好赶上福海县筹建糖厂，需要在全县推广应用甜菜纸筒育苗技术。张良文和许多的年轻人一样，怀有满腔热血，希望用热情作出一番伟大的"事业"而不是甜菜育苗这样的"小事"。

福海县早春反复无常的天气，让初生牛犊的张良文第一次知道"简单的小事其实不简单"。有一天，分管农业的副乡长和几名技术人员带着张良文在甜菜育苗大棚指导农民育苗，突如其来的大风和雨夹雪把大伙儿困在了大棚内，大家在副乡长的带领下用撑杆子、扶柱子的土方法，硬扛一晚上，保住了满棚甜菜苗。也是在那天，张良文知道了做事业是从一点一滴开始，本职工作就是最大的"事业"。当年，全乡甜菜最高产量每亩达到 4.8 吨，看着亲自种出来的甜菜，张良文毅然拒绝了梦想已久调入县委组织部、坐办公室的工作，坚持留在农技站学技术，服务基层农民。

随后，他调入阿克苏市种子站，主持参与的棉花种子包衣技术的试验与推广应用，获得地区科技进步二等奖。参与的国家"863"西北区抗虫棉试验，由于试验总结上报及时、数据准确可靠得到项目组专家的肯定，并因此承担了国家级、自治区级棉花区试，自治区级小麦区试。此后多年，他主持引进的小麦新品种邯郸 5316，在阿克苏地区作为主栽品种累计推广近千万亩。引进的中棉 12、中棉 35、中棉 40 在阿克苏市累计推广达 600 万亩，为棉农带来了可观的收益。先后获得农牧渔业丰收奖三等奖、阿克苏地区科技进步二等奖、阿克苏市科技进步一等奖。《种子法》颁布后，为解决阿克苏市小麦三圃田建设因政企分设产生的断档和小麦生产用种需要大量外调问题，张良文带领种子站一班人，克服经费困难，硬是用三年时间重建了阿克苏市小麦三圃田，走在了阿克苏地区乃至自治区的前列。2011 年自治区党委农办在阿克苏地区召开南疆农业工作现场会上，张良文负责的阿克苏市小麦三圃田作为观摩点被各地州的领导和技术同行观摩。工作上取得的成绩，让他声名远扬，领导多次找他谈话，希望他下去挂职锻炼，他一次次以学技术为由婉拒。

张良文为贫困户开展辣椒定植移栽技术指导服务

科技人员帮扶故事

践行初心，把论文写在大地上

2014 年张良文在阿克苏市喀拉塔勒镇多斯库里村驻村时，发现吐拉吾东赛提尼牙孜刚 20 岁出头就染上了网瘾，不顾母亲年老行动不便和眼疾，每天四处闲逛。面对这一家老小的困难，他看在眼里急在心头，经过认真分析，结合自己的技术专长，劝说吐拉吾东赛提尼牙孜把自家承包出去的 15 亩地收回自己种。刚开始吐拉吾东赛提尼牙孜因种地太忙、影响上网等原因不同意，后经张良文多方努力，吐拉吾东赛提尼牙孜终于决定自己种棉花。为此，张良文免费为他拉来了棉种、地膜和 50 只半大的鸡苗，手把手地教他如何播种、如何跟播种机、如何查看下种量、如何防治蓟马、如何防打缩节胺。有事做了，吐拉吾东赛提尼牙孜上网的时间就少了，慢慢地人也有精神起来，年底棉花收入 12 000 多元，鸡也赚了 3 000 多元，家境发生了质的变化，他的心也收了回来。吐拉吾东赛提尼牙孜用手头的钱买了一辆二手三轮车，拉草养羊。现在吐拉吾东赛提尼牙孜已经娶妻生子，再提去网吧的事，他还会不好意思呢。

宗教人士阿不都热依木吐尕一直想扩大家庭养殖规模，但因草料不足而不得不放弃。张良文了解到这一情况后，动员他种复播青贮玉米，并为他提供了优质的饲草玉米品种新玉 24，手把手教他播种、追肥、放水，当年 15 亩地产了近 60 吨青贮玉米，阿不都热依木吐尕当年就高兴地买了两头母牛，一下子就把养殖规模扩大了。

2015 年阿克苏地区开展了复播油菜绿肥试验，张良文带领大家试种了 30 亩，等到油菜翻地做绿肥的时候，果农看着已经结荚的油菜，坚持要求收菜籽，三个技术干部轮番劝解都无功而返，眼看着最佳时间将尽，外出学习的张良文终于赶回来了，他亲自上门，与果农进行沟通，最终试验顺利开展。但在犁地时由于油菜秆太多，犁子下不去，折腾半天才翻压了半亩地，大家的积极性受到打击，认为种植油菜绿肥没有意义，做了也可能是白做。为此，张良文积极求助农机技术人员，研究思路查找原因，提出先耙后犁、用大马力犁的技术思路，终于找到了一套适合绿肥油菜翻压的农艺技

张良文开展大棚蔬菜技术指导工作

术。2016 年，阿克苏市果园油菜绿肥示范种植 400 多亩，2017 年推广 3 000 多亩，经过近 5 年的努力，到 2020 年种植油菜绿肥面积跃增到 35 万余亩，有效提升了耕地质量，降低了化肥用量，为提高阿克苏市林果品质打下良好的基础。

恪守初心，扶贫路上撒真情

2018 年阿克苏市拉开了产业扶贫的大幕，贫困户蔬菜种植、黑木耳种植、甜瓜种植陆续实施，为确保贫困户通过以上产业增加收入，张良文带领市农业技术推广中心责无旁贷地冲在了农业技术服务的第一线，牵头成立了瓜菜种植技术服务组、黑木耳种植技术服务组，先后为 2 600 余户贫困户提供技术支撑。

为确保技术服务到位，张良文克服人手少、任务重的困难，组织技术人员向本地种菜能手、瓜菜销售的经纪人学习，研究探讨蔬菜品种、茬口以及错位高价上市等问题。开春，张良文就带领技术组成员吃住在农户家，一个大队挨一个大队地办培训班，讲黑木耳种植管理技术、讲蔬菜种植管理技术、讲双膜甜瓜种植管理技术，讲如何多施农家肥少用化肥、如何采用黄板、杀虫灯，如何种植玉米诱集带，现场演示苦参碱、阿维菌素等高效低毒的生物制剂防治病虫的好方法。2018 年以来，张良文共组织召开各类农业科技培训班 30 余期，培训贫困户达到 2.5 万余人次，撰写、制作、下发《阿克苏市设施蔬菜种植技术》《黑木耳种植技术要点》等农业科技培训教材及宣传册 3.5 万余册。通过努力，阿克苏市黑木耳种植由 2018 年的 8 万棒发展到 2020 年的 60 万棒，带动了 670 余户贫困户实现户均黑木耳种植 2 000 棒，实现户均增收 7 000 元以上。2018 年以来共组织引导 2 600 余户贫困户大力开展蔬菜产业种植 3 114 亩，在 2019 年底已帮助贫困户实现户均增收 2 000 元以上，帮扶贫困户"甜瓜种植 + 复播蔬菜"，实现户均增收 15 000 元以上，得到了当地农民群众的信任与爱戴。

张良文在担任哈萨克村第一书记时，为帮助哈萨克村拓宽增收渠道，采用订单销售的模式，多次走村入户，深入贫困户家中做思想工作，不断引导鼓励 8 家贫困户种植了 30 亩地的甜瓜。在他的亲身示范和带领下，45 吨绿色无公害甜瓜的产值达到 9 万余元，复播的大白菜和恰玛古每亩又增收了 1 500 多元。看着到手的钱，贫困户们别提心里有多高兴了。

凡是张良文待过的村，村民大老远见到他就喊"张阿康子开勒得（张大哥来了）""张阿康子亚克西（张大哥好）""张阿康子阿西依迪木（张大哥吃饭了没有）"，如兄弟般聊天拉家常。村民看到他都会把自家的杏子、葡萄等水果塞给他，让他带给家里人尝尝。

这位扎根基层，长期在农业生产一线摸爬滚打的农业技术人员，不图名、不为利，凭着对党和"三农"事业的无限热爱，让党的各项惠农政策在基层落地见效，让农业先进发展理念、生产实用技术在农村广袤的大地上开花结果，使农民的思想"新"了起来，农村的环境"美"了起来，党的形象和威信"树"了起来。

出身农村为农民　助力扶贫甘奉献

——记新疆维吾尔自治区乌什县农业技术推广站站长郑冬梅

　　乌什县是一个农业县，农民群众的主要经济来源就是种植。俗话说："农民脱贫，科技先行。"郑冬梅作为农技站站长，深知自己责任重大。她带领农技站干部扎根农村、服务农民、科技扶贫。她注重专业技术学习，不断创新帮扶意识、拓宽帮扶思路，持续加大农技扶贫力度。她常年奋战在扶贫工作主战场。2019 年她在贫困户种植订单蔬菜、黑木耳等工作中认真负责、殚精竭虑、兢兢业业，成绩卓著，为乌什县脱贫攻坚工作做出了应有的贡献。

出身农村，真心诚意帮助农民搞农业

　　郑冬梅在乌什县阿克托海乡麦盖提农场长大，她深信不是农民不想脱贫，只是农民没有脱贫致富的好路子、好产业、好技术。2019 年乌什县委、县政府决定在全县 17 个深度贫困村 3 414 户贫困户种植各类订单蔬菜 3 713 亩（563 户贫困户种植拱棚蔬菜 225 亩），建设黑木耳生产点 11 个。覆盖 39 个贫困村，800 户贫困户。为确保产业扶贫见成效，让农民树立"我要脱贫、脱贫光荣"的意识，50 岁的郑冬梅身先士卒，以身作则，在项目实施前就深入蔬菜、黑木耳种植的贫困村做宣传和培训，她挨家挨户讲政策、教技术、说好处，给群众逐户逐人鼓劲打气，在生产中坚持做到现场技术指导与培训相结合，手把手教群众如何摆放菌棒、采木耳、晾木耳等，使广大群众掌握了蔬菜、黑木耳栽培管理技术。截至目前，共举办各类培训班 54 场次，累计培训 4 768 人次。在她细心指导下，乌什县的干木耳品相好、效益高。

科技人员帮扶故事

为帮助贫困户种好菜，从 2018 年底开始，郑冬梅带领同事每天奔波在乌什县各个蔬菜育苗点，指导群众做好苗床平整、穴盘摆放、基质拌水装盘等育苗前的各项准备工作；播种期间亲自示范播深、盖种厚度；指导播种后的苗床管理、温湿度调控、苗期病虫害防治；指导大田移栽、田间管理等技术。她经常说："种好菜的关键是育苗，我们技术服务必须跟上，要让群众心里有底！"她是这样说的也是这样做的，贫困户从育苗到大田移栽，她坚持每两天到育苗点进行一轮现场指导，手把手教群众点种、盖种、管理，每个环节都严格按照技术要求操作，做好产前、产中、产后的各项技术指导工作。在郑冬梅的全力指导下，复播蔬菜合计销售 726.5 万元，3 414 户贫困户户均实现收入 2 128.3 元。

关心农民，真情实意帮农民种黑木耳

2018 年 7 月，郑冬梅负责黑木耳种植示范工作，因第一年种植黑木耳没经验，郑冬梅就和同事起早贪黑种木耳，向书本学、向专家请教。7—10月她每天都在黑木耳生产点帮助群众摆放菌棒、喷水、检修喷头、采摘、晾晒木耳。有人告诉她："不要那么拼，身体重要。"可是她知道，自己作为一名共产党员，有责任让农民群众脱贫致富。作为党培养多年的她，看着群众期盼的眼神，想着组织的信任，她勉励自己："我一定可以让农民群众脱贫致富，黑木耳种植肯定可以成功。"阿恰塔格乡黑木耳种在风口，没有挡风屏障，经常刚喷完水，就缺水，遇上刮风天气，雾化水直接被风刮跑。为了解决这个问题，郑冬梅想出在上风口围上遮阳网，减小风速，保证菌棒湿度。在她的努力下，2018 年黑木耳种植取得成功，也积累了经验。

尽心尽力，大力推广黑木耳种植技术

2019 年乌什县全面推广黑木耳种植，生产点多面广，郑冬梅不计较个人得失，一心为贫困群众着想，在生产点建设期间，她经常到工地查看，多次与负责人沟通，提出施工必须要满足生产需求。菌棒下地期间她更是尽心尽责，安排全站 5 名技术人员每人负责 1 ~ 2 个乡的黑木耳生产点，哪个生产点菌棒下地，她就带着负责的技术人员下点技术指导。4 月 16 日至 8 月 5 日，菌棒下地时间长达 3 个月之久。菌棒到了就是"命令"，哪里菌棒下地，哪里就能看到她的身影。她坚持白天在生产点指导喷水，晚上在菌棒排场点指导摆放菌棒，凌晨两三点回家是常事，小区值班的大爷看见她深夜拖着疲惫的身体出现在小区门口时，总是关心地问，"怎么才回来"，郑冬梅总是笑笑。6 月底乌什县菌棒只下地摆放了 48 万棒，160 万棒的任务只完成 30%，怎么办？高温菌棒下地风险很大，浙江省援疆技术员坚持反对高温菌棒下

科技人员帮扶故事

地，并指出 6 月 20 日后菌棒绝对不能再下地了。乌什县黑木耳生产点大部分建在戈壁或盐碱地，种植其他作物根本不可能，看着投入的大量扶贫资金就要浪费了，在这危机时刻，郑冬梅认真研究依托的浙江省黑木耳种植技术，仔细分析浙江天气与乌什天气的差异，最后她断定乌什与浙江的天气不同，浙江省高温季节全天高温，但乌什县则是昼夜温差大，又有拱棚，如果在高温天气菌棒下地后，白天温度高于 25℃时停止喷水，晚上温度下降至25℃时开始喷水，可以满足黑木耳生长需要。她将想法汇报县分管领导并取得支持，乌什县的菌棒从 4 月 16 日到 8 月 5 日没有间断，经历了高温考验，也为本地黑木耳生产积累了宝贵经验。菌棒下地期间乌什县新农通菌棒有限公司因生产、技术等原因不能满足需要，阿克苏民福康科技发展有限责任公司生产的菌棒因高温签约供棒的县市停止了菌棒的拉运工作。为了确保群众收益，县领导安排郑冬梅赴阿克苏民福康科技发展有限责任公司实地调研菌棒质量。郑冬梅与援疆技术人员仔细查看，认真分析，提出可行调研报告，为领导决策提供了依据，实践证明她们的分析研究是正确的，阿克苏民福康科技发展有限责任公司 7 月中旬在乌什县下地的菌棒平均单棒干耳达到 50克，且出现了很多高产高收入户，如阿克托海乡 5 村生产点赛不都·吾拉音鲜耳达到 2 053.2 千克，鲜销 241 千克，销售额 1 928 元，制干 166 千克，销售额达 12 800 元。

攻坚克难，黑木耳销量十分喜人

菌棒下地难、管理难，取得好的效益更是难上加难。为了提高黑木耳生产、销售影响力，扩大鲜耳销售量，增加群众收入，县委、县政府于 6 月中旬开始筹备黑木耳采摘节。一天，郑冬梅与筹备领导小组同志在阿克托海乡黑木耳生产点谋划采摘节，因天气炎热，加上长期劳累，她差点晕倒在地，同事们扶住她并要送她回家休息，可她坚持要留下。她悄悄告诉身边的同事："我没事，你放心，就是热的，喝几口水就好了，再说黑木耳采摘节和单位还有一堆事，我躺着不安心。"郑冬梅每天奔走在田间地头早已将自己的年龄忘到九霄云外，也没有时间照顾年迈的父母和家人。父母在阿克苏，她从 2016 年开始就没有去阿克苏看望过几次父母，偶尔去阿克苏出差也是来去匆匆，没有时间陪伴父母。2019 年 9 月，母亲因病在阿克苏住院手术治疗，姊妹几个都去医院看望，唯独她放心不下自己的黑木耳，始终没能抽出时间到阿克苏看望母亲。母亲出院后到乌什县姐姐家休养，她也没能抽出时间陪陪老人，只是晚上很晚下班后到姐姐家看一眼，更别说为老人做一顿可口的饭菜。10 月底，外孙让老人家回阿克苏再做一次复查，老人家说："我不去，你姨夫不在家，你姨姨太忙，我要给她做饭。"75 岁的老人还要为 50 岁的她操心。暑假上大学的女儿回家，她带女儿参加过的唯一活动就是"黑木耳采摘节"。每每想起这些，郑冬梅的眼泪就在眼眶里打转，她感觉自己对不起父母、对不起家人，亏欠他们太多了。每次打电话给父亲，父亲都会安慰她、鼓励她，总是告诉她："我和你妈都很好，别惦记我们，一定要好好工作，不能辜负党和人民的重托。"但是无论是种植蔬菜还是种植黑木耳的技术员、贫困户，只要有人打电话，挂了电话她立即就赶过去。10 月中旬连续低温，为了延长黑木耳生长期，她提出在拱棚上扣膜提高棚内温度。一天中午亚曼苏乡生产点负责人斯拉音发信息说，棚内温度 40℃了，郑冬梅一看急了，她在电话里安排通风措施，并很快赶到现场观察，发现虽然早晚温度低，因覆盖了塑料棚膜中午升温快，超过了黑木耳最佳生长温度，郑冬梅立即组织人员在棚膜外盖一层遮阳网，棚内温度很快降下，有效解决了中午棚内温度高、早晚温度低的问题。针对 2020 年菌棒普遍出现质量问题，她天天往返于各个生产点，仔细钻研，积极与专家对接，最终找到问题症结所在，积极采取补救措施。在她细心指导下，乌什县的干木耳品相好，截至目前已采摘鲜耳 429 吨，制干 37 吨，销售鲜耳 1.3 吨，销售干耳 17.6 吨，销售额 115.46 万元。

100个产业帮扶典型之

产品销售帮扶故事

产业扶贫故事（下）

CHANYE FUPIN GUSHI（XIA）

产业扶贫故事（下）
CHANYE FUPIN GUSHI（XIA）

助推贫困地区丰产又增收

——中国农产品市场协会产业帮扶纪实

决战决胜脱贫攻坚，离不开社会组织的广泛参与。有这样一个社会组织，在促进我国贫困地区农业增效、农民增收和稳定市场供应中发挥着重要而独特的作用，成为全国行业社团组织参与精准扶贫的典型代表，受到了民政部的通报表彰，它就是中国农产品市场协会。

中国农产品市场协会（以下简称"协会"），有近千家全国或区域性影响力较大的大型农产品批发市场作为其会员单位。在农业农村部的部署和民政部的指导下，协会凝聚会员单位及各方力量，努力推动现代市场流通体系建设，推进贫困地区特色农业产业提质升级，着力产销两端精准对接和品牌引领，带动贫困农户持续较快增收，取得了实实在在的成效。

构建长期稳定的产销衔接机制

大多数贫困地区地处偏远、流通不畅，导致绿色天然农产品"藏在深山人未识"。习近平总书记多次强调，"发展产业是实现脱贫的根本之策""产业扶贫要在扶持贫困地区农产品产销对接上拿出管用措施"。

协会深入贯彻总书记重要指示精神，在推动贫困地区产销对接上不断精准发力。"着力解决贫困地区特色优质农产品市场问题，十分紧迫而必要。"协会负责人说："我们探索出了多种对接模式，多点搭建对接平台，让贫困地区优质农产品不仅能卖得出去，还能卖上好价钱。"成为带动贫困地区小生产走向全国大市场的"助推器"。

中共十八大以来，协会先后组织各方采购商 6 600 余人次，在 22 个省、

100 个产业帮扶典型

直辖市集中开展了近 200 场产销对接活动，累计交易金额达 1 800 多亿元。大力开展应急促销、季节性促销、扶贫促销活动，推动有关企业与贫困地区建立直接联系。近两年，还重点聚焦深度贫困地区，先后承担 18 场农业农村部贫困地区产销对接活动，与全国 800 多个国家级贫困县对接，总签约额超 380 亿元。

2020 年，针对疫情导致的农产品滞销卖难情况，协会号召各大农产品批发市场主动做好保供稳价工作，调度 20 个省区市国家级贫困县 1 075 县次。组织"我为湖北拼大单"网络销售活动，现场签订小龙虾、春茶订单等共计 1.5 亿元。

商丘农批市场商户张爱建一面从贫困地区收购蔬菜，一面从批发市场卖向全国。"市场帮我们做宣传、搞展销，对贫困地区农产品还免收摊位费和减收交易费，我要多多从贫困县里收菜！"他开心地说道。

商丘农批市场并不是个例。在协会号召下，全国 27 个农产品批发市场均设立了贫困地区销售专区、展柜等，还免费为贫困地区举办推介会、展销会。

"南疆深度贫困地区特色农产品产销对接行动"在新疆和田地区举行

形成精准长效的产业扶贫机制

协会深入贫困地区调研，把脉农业产业，找准特色优势，找出问题困

产品销售帮扶故事

难，精准聚焦薄弱环节，形成了在产销对接和产业提质升级方面双向发力的扶贫思路。强力推动贫困地区农业产业提质升级，成为带动贫困农民持续较快增收的"排头兵"。

"贫困地区农产品往往由于标准化不够、质量不稳定、品牌效益差、附加值偏低，难以享受特色产品的高溢价。"协会有关负责人表示，"为此，我们一方面发挥市场引导生产作用，一方面组织流通企业深入贫困地区建基地、传技术，推动贫困地区调优、调高、调精农产品生产。"

北京新发地市场团队到兰考考察后，委派蜜瓜大王张宗志到兰考扎根。看到好产品种出来了，还能卖出好价钱，当地农民纷纷参与进来，收益明显增加。新发地将这个"兰考模式"在多个贫困地区推广，截至 2019 年 11 月底，已带动 2.6 万贫困户脱贫。深圳市农产品集团建立消费扶贫中心，深入帮扶云南红河和昭通、广西百色等重点地区，推动商户与基地之间精准产销对接。

协会还着力推动品牌强农、信息富农，帮助打造了洛川苹果、赣南脐橙、恩施硒土豆等一大批贫困地区优质农产品品牌和"三品一标"品牌，引领产品走向全国、走出国门。

协会同时致力于农业品牌建设，通过中国农业品牌目录制度，遴选出 300 个特色农产品区域公用品牌，一些贫困地区的优秀品牌因此走出深山，成为富民兴村的重要产业。协会还组织开展"千企万品助增收"活动，推出 70 个最受欢迎的品牌农产品，品牌美誉度得到广泛传播。

协会还充分利用各类信息化手段，以中国农产品市场网为依托，引导传统农业转型升级。开展产销对接、质量检测等大数据平台建设工作，权威发布农产品价格，提供准确、及时的流通数据服务。

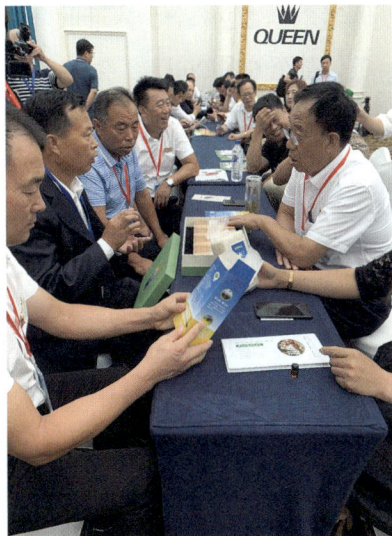

东北贫困地区县（市）农产品产销对接
活动采购商和供货商沟通洽谈

建立成熟有效的应急处置机制

针对全国多地出现的阶段性农产品滞销卖难，特别是贫困地区区域性、品种性、结构性滞销卖难问题，协会组织经销商有效应对，建立了一套成熟有效的应急处置机制，成为战斗在市场波动一线的"灭火队"。

"按照农业农村部部署，哪里滞销问题严重，协会就组织带领市场对接到哪里。"据介绍，2014 年，云南鲁甸"8·3"地震灾害后，协会组织多位经销商、客商赴鲁甸开展赈灾花椒采购活动，现场达成购买干椒意向 784 吨，总价值近 7 000 万元，有效解决了灾区花椒滞销问题。2016 年，贵州剑河土鸡出现滞销，协会组织经销商订购当地土鸡 100 万只。

新冠肺炎疫情期间，协会主动与各省农业农村部门对接，同批发市场共同投入抗"疫"助农工作中，合力驰援疫区。2020 年 2 月，协会发出倡议书，号召各类市场主体主动与产区对接，加大滞销卖难农产品采购力度，稳定重点农产品价格，保护农民利益。

在农业农村部网站开通"抗疫助农产销对接"热线电话，76 天共接听热线电话 3 297 个，累计收集滞销卖难信息 4 000 多条、采购信息 3 000 多条，截至 6 月 26 日，累计组织采购 438.21 万吨，金额达 234.69 亿元。

这支在党和人民最需要的关键时刻，拉得出、冲得上、顶得住、打得赢的队伍，赢得了良好口碑。"有滞销找协会、闯市场找协会、树品牌找协会"，已经成为贫困地区政府、农民及广大经销商的共识。相信在决胜脱贫攻坚和实现乡村振兴的道路上，中国农产品市场协会必将团结带动众多会员单位，谱写出更精彩的助农华章！

阳府井电商扶贫　蹚出助农增收新路径

——山西省临县国洋农特亨电商园区产业帮扶纪实

2020 年 4 月 20 日，习近平总书记在陕西调研脱贫攻坚时称赞："电商作为新兴业态，既可以推销农副产品、帮助群众脱贫致富，又可以推动乡村振兴，是大有可为的。"

搭建电商 App，助农增收狠发力

山西临县是国家级贫困县，也是红枣之乡。如何能让优质的临县红枣、核桃等农特产品走出去，老百姓收入更多，一直是临县县委、县政府实施农业强县的重要抓手。同时也是"万企帮万村"企业积极履行社会职责的突破点。

2016 年以来，临县国洋农特亨电商园区通过多方考察与实地调研，结合临县电商发展基础，建成了临县首个电商网购平台——阳府井 App，从 2017 年 1 月 15 日上线运营以来，主推临县红枣、枣芽茶、小米、核桃、小杂粮等特色农产品，销往了全国各地，以实际行动积极助力临县"农产品上行"，原生态、无污染的优质农特产品得到了广大顾客的高度好评。在发展传统电商的同时，2019 年开始，公司又结合短视频直播带货大力销售临县农特产品，为充实老百姓的"钱袋子"做出了应有的贡献。电商平台成立三年以来，公司先后销售各类临县农特产品 3 600 多吨，

销售额近 2 亿元。为此，公司先后获得"电子商务进农村综合示范县特别贡献奖""2018/2019 年度山西省级扶贫龙头企业""企业产品创新奖"等荣誉称号。

来自临县石白头乡柳家山村 75 岁的贫困户柳有奎激动地说："没有阳府井电商，我家的红枣就没人要了，一年下来就白辛苦了。"为了表示感谢，老人还亲自给公司送来一幅"红枣扶贫得民心，重金难买阳府情"的锦旗。

据商务部发布的数据显示，2019 年全国农产品网络零售额达到 3 975 亿元。这个闪亮的数据，有力地证实了电商扶贫"助农带货"的巨大力量。

夯实产业建基地，多措助农促脱贫

搭建起电商平台，销售也好起来了，公司为此也研发出了阳府井枣芽茶、枣饮、枣醋酸辣粉等 60 余款产品。如何能更加稳定产品质量，体现出临县特色的"特""优"农产品，公司决定以"流转 + 订单农业"模式流转经济林。2018—2019 年，公司先后在临县流转红枣林与核桃林地 2.6 万多亩，涉及 17 个行政村、2 700 多种植户，其中有贫困人口 1 124 户，户均增收 3 000 余元，近万人受益。

为进一步增加流转农户的务工经济收入，公司积极发动流转农户采摘嫩枣芽叶，用来制作生产阳府井枣芽茶。仅此一项带动了雷家碛乡、车赶乡近 300 户枣农转型为"茶农"，嫩枣芽叶收购价 5 ~ 160 元 / 千克，仅此一项户均增收近 3 000 元。并配套种植了 6 000 亩肾型大豆、2 000 亩中药材知母、150 亩柴胡。秉持发展"生态 + 循环经济"的理念，在城庄镇小马坊村建立了 1.5 万种蝎培育基地，利用土坎进行科学养殖，多措并举助力脱贫攻坚。

习总书记强调，发展扶贫产业，重在群众受益，难在持续稳

定。要延伸产业链条，提高抗风险能力，建立更加稳定的利益联结机制，确保贫困群众持续稳定增收。

有了种植基地，保障了产品原料，如何在生产环节中调动更多的企业与农户"双增收"。公司以委托生产的模式，带动了临县万里红、碛口红、凯丰、乡土情、飞峰食品等7家农特企业抱团取暖、共同发展，让这些企业为公司生产红枣系列农特产品。此举既盘活了临县的闲置企业，又带动了300多名农民工就业增收，更消化了临县大量的农特产品，充实了税收。

金融扶贫再助农，利益联成同心结

如何通过阳府井电商与更多贫困户产生利益联结，进一步帮助老百姓改善贫困状况，公司在实施电商扶贫的同时，以金融扶贫为切入口，围绕市县各级政府出台5万元小额扶贫信贷相关政策，在各级政府的指导下紧密与乡镇政府、银行、贫困户，签订三方帮扶协议，高质量、高效益地完成了各类金融扶贫小额信贷下达指标，受益贫困户1 100余户，累计发放扶贫小额贷款约1 002.7万元。同时，帮助已建立利益联结关系的贫困户销售农特产品50余吨，先后吸纳24名贫困户就业。

临县临泉镇王家塔村村民高艳珍就是吸纳到公司就业的贫困户，通过短期培训与实践学会了PS设计，目前每月工资2 800元，实现了全家脱贫。

中国社会科学院信息化研究中心主任汪向东指出，电商扶贫自2014年底被国家纳入精准扶贫十大工程以来，已经在吸引人们返乡入乡、创业就业、增收致富、脱贫攻坚上做出了很大成绩。下一步，将会在"卖得好"到"卖得久"助力乡村振兴中发挥更大作用。

阳府井电商作为临县的新经济产业，通过不断探索农产品销售模式，线上线下多途径激活贫困县的经济发展潜力，实现了原产地临县农特产品通过阳府井App电商网上直销。近几年，该公司以产业、就业、电商扶贫等形式助力临县脱贫攻坚，先后带动2 300余户贫困户脱贫致富，累计支出各项扶贫资金近1 800万元，为助力脱贫攻坚与农户增收蹚出了一条转型发展的新路子。

电商助力大米产业　拓宽扶贫增收渠道

——黑龙江省桦川县产业帮扶纪实

　　黑龙江省桦川县将电子商务作为扶贫主导产业之一，致力打造"星火大米"特色地域商标品牌，发展绿色有机现代农业，生产百姓放心食品，推进"电商＋精准扶贫"融合，探索出一条富有特色的电商扶贫之路。县政府成立富桦现代农业发展投资有限公司（简称"富桦公司"），负责有机桦川电商平台运营及带动合作社等经营主体发展订单种植，提高农产品附加值，重点提升星火品牌知名度及市场占有度，切实落实产业精准扶贫政策，以"公司＋贫困户"的模式促进产业扶贫可持续发展，带动贫困户提升内生动力，从被动接受帮扶到主动寻求发展自主脱贫。

搭平台，多元培育销售渠道

　　一是自建"有机桦川"电子商务平台。富桦公司负责运营"有机桦川"电商平台。目前有 26 家本地企业、合作社入驻"有机桦川"平台。二是开设京东特产馆等第三方独占性门户。为了保证桦川"星火大米"品牌信誉，使消费者吃到纯正的桦川产新米，实行"以产定销，售完即止"，对线上运营大米实行限量销售，严格保证桦川优质大米的特色品质。三是合作开展微商等多种营销模式。以富桦公司专业技术服务作为支撑，通过微信平台和朋友圈推广，提高县域农产品市场销售转化率。四是承办"稻香节"。每年 10 月中旬，富桦公司都会承办县里的"稻香节"，届时新米收

桦川扶贫产品特卖展销周

割，邀请全国各地知名企业家和专家莅临参观，为农民新粮销售提供更多的渠道，同时也为桦川县农副产品扩大市场知名度提供平台。

签订单，以销保种促贫增收

依托"有机桦川"电商平台销售优势，助推产销对接。用订单方式收购建档立卡贫困户种植的水稻，推行"公司＋贫困户"模式，提高贫困户的组织化水平，让贫困户从产业发展中获得更多利益。富桦公司与合作社及贫困户签订水稻种植和收购订单，本着优质优价原则，上浮绿色有机水稻收购价格，贫困户种植水稻比一般农户亩增收300多元，每年可带动贫困户1000多户3000多人持续稳定增收。

育品牌，扩大扶贫产品市场知名度

坚持把电子商务和品牌培育结合起来，充分挖掘稻米文化内涵，全力将县域大米公共品牌"星火大米"培育成知名度和信誉度较高的全国驰名大米品牌。集中开展"星火大米"品牌营销，重点打造集大米县长进央视、省台等资源整合和媒体宣传为一体的立体式营销策略，与中国人民保险集团、北京电视台BTV电视购物、上海三湘集团、武汉米乐先生餐饮机构等实力强劲的财团达成合作意向，平台销售收入6000万元以上。2020年1月8日，"桦川年货节——星火大米阿里拍卖首发"活动，正式拉开了富桦公司与阿里巴巴旗下杭州谱乐天橙品牌管理有限公司合作的序幕，加入到"百县精品"扶贫项目当中。除此之外，还通过有机桦川官网公众号、百度上的百家号、今日头条、网易、微博等互联网方式，以及参加各大展会来打造推广星火大米品牌。

重监管，保证扶贫产品市场信誉

依托黑龙江省水稻研究所与黑龙江农垦水稻研究所，优选适宜的优良品种，建立标准化生产体系，广泛应用新技术，确保消费者购买到优质绿色有机的桦川大米。部门严格监管，成立 30 多人的专业监管队伍，建成桦川县农产品质量安全监管平台，对县域内的绿色有机种植基地实行从种到收、从存储到加工全过程监管。产销全程溯源，依托"互联网＋农业"智慧指挥系统，实现有机桦川电商平台上销售的农产品种植过程全程可视，消费者轻轻一扫大米包装上的二维码，即可了解产品从"田间到餐桌"各环节的溯源信息。权威检测认证，建立了全省县级检测机构中检测功能最齐全的县农产品质量检测中心，检测中心获得了中国计量认证（CMA）和农产品质量安全检测机构考核（CATL）双认证，检测项目达到 444 项，免费为县域内稻米生产者提供检测服务，确保桦川县生产的农产品不会出现农残和重金属超标现象。线上渠道管控，目前，桦川县只做了自建的有机桦川电商平台、京东县域馆和天猫星火大米旗舰店这 3 个线上渠道。在一线城市建立"星火大米"产品体验店，提升品牌市场信誉度。政府担保背书，桦川大米品质象征的"星火大米"品牌，由政府进行回购，对县域内大米生产者免费授权使用，所有使用者必须接受桦川县政府的质量监管。政府出资成立的国有富桦现代农业发展投资有限公司，负责运营有机桦川电商平台和授权合作的第三方平台，推广"星火大米"品牌。四项保险理赔，与人保财险公司合作，签订正品保证保险协议，只对有机桦川电商平台及与富桦公司合作的第三方平台销售的大米提供品质保证，保险公司提供的四项保险，即保产地、保鲜米、保品种、保品质，一旦消费者吃到不符合四项要求的大米，立即启动保险理赔程序。新品销完停售，针对农产品一个生产周期内产量固定的特性，实行有限销售，春播后即在自建电商平台公布经营主体的基地规模、预计产量，把预售情况向市场公开，售完即停，做"卖得完"的大米，确保消费者购买的是当年生产的优质新米。

桦川县电子商务扶贫主导产业，依托桦川县富桦现代农业发展投资有限公司，全力打造星火大米品牌，既保证大米质量，又保证品牌信誉，实现电子商务产业持续发展，带动贫困户持续增收。

农产品展厅

三产融合扶贫法　产销衔接致富路

——河南省中牟县万邦集团产业帮扶纪实

习近平总书记指出："产业扶贫是最直接、最有效的办法，也是增强贫困地区造血功能、帮助群众就地就业的长远之计。"为深入贯彻落实总书记指示精神，响应各级政府精准扶贫号召，河南万邦国际农产品物流股份有限公司（以下简称"万邦集团"）作为农业产业化国家重点龙头企业，始终积极参与"万企帮万村"等各项扶贫行动，坚持"授人以鱼，不如授人以渔"的扶贫理念，着力走一、二、三产业融合发展扶贫道路，构建农产品产供销一体化链条，通过多种方式带动农民脱贫致富，引导和支持所有有劳动能力的人，依靠自己的双手开创美好明天，真正做到"创业万人帮，产业帮万人"。

打造省级农产品流通产业集群，带动农户脱贫及二、三产业发展

万邦物流城是集蔬菜果品、水产冻品、粮油副食等众多业态为一体的综合性物流园区，被认定为河南省农业产业化集群，带动各类固定商户6 500多家，流动商户5万多家，通过以"一产脱贫"为中心，带动二、三产业人员增收。

带动农户脱贫致富。万邦市场通过"商户+基地+农户"经营模式，带动省内外农业基地500万亩、农户200万户，其中带动中牟县及郑州市周边农业基地30万亩、农户15万户，人均增收3 000元以上。同时，万邦果蔬市场设有3万米²的公共交易区，免费供本地农户使用，仅此一项，每年可节省入场农户摊位费达1 500万元，全心全意为菜农增收致富谋福利。

增加二、三产业就业岗位和人均收入。万邦市场直接带动分拣、加工、包装、运输、清洁、装卸等务工人员达 5 万人，带动市场周边房屋出租、酒店餐饮、休闲娱乐等其他从业人员达 3 万人，这些从业人员 80% 以上为农民工，人均增收 3 500 元以上，让农民不出远门也能有较为稳定的工作和收入。公司所在地占杨村，原来土地贫瘠、交通闭塞、贫困落后，全村多为一层砖瓦房，一部分甚至为土坯房，村民在沙土地上种植小麦、花生等作物，人均年纯收入不足 3 000 元。万邦入驻后，经过短短几年发展，占杨村一跃成为全县经济发展迅速、村民生活小康的先进村，高楼林立，房屋租赁、餐饮娱乐等服务业火爆，户均年收入 10 万元以上。

万邦市场商户参加第二十一届中国农产品
加工业投资贸易洽谈会

自建农业生产基地，带动贫困户一边当"地主"，一边当工人，实现稳定脱贫

刁家乡位于中牟县东南边界，农业种植"靠天吃饭"，是全县有名的贫困乡。2014 年底，万邦集团在此计划建设 2.5 万亩的万邦千禾农场扶贫项目，涵盖刁家乡付李庄村等 3 个省级贫困村。目前农场一期 6 500 亩已建成，将农业生产加工、科技科普展示、休闲观光旅游有机结合，带动各类就业 2 500 多人，涉及周边贫困户 200 多户，实现共建共享，与农民利益联结机制日趋紧密，农民享受土地流转租金固定保底收入、劳动就业报酬、股份合作分红、旅游扶贫带动等产业增值带来的多重收益，农民年人均收入由原先的 4 000 元增长至 20 000 元以上。

现年 36 岁的史凤格便是其中的受益村民。万邦千禾农场项目开始前，她与丈夫常年外出打工，拼命挣钱还结婚时欠的债，两个儿子因留守老家，疏于管教，成绩落后。项目落地后，她把家里的 7 亩地都流转出去，放弃外出务工，当起了"地主"，每年地租也有 7 000 元。白天，她在离家只有几里地的农场分拣中心工作，每月都有固定工资收入；晚上，她回到家里给孩子们做饭，辅导孩子们写作业两不误。

产销对接，结对帮扶，拓宽销路助产出，形成产业好致富

2018 年，万邦集团成立了"产销对接、精准扶贫，促进乡村振兴"工作领导小组，由集团董事长任组长，积极组织万邦市场优质、骨干商户到全国各地贫困县进行产销对接，每年参加大型产销活动 10 次以上，逐步形成重点产品常态产销衔接机制。如海南临高瓜菜、新疆哈密干果、三门峡卢氏香菇等，扩大了当地农产品销路，大幅增加了贫困农民收入，促进了脱贫进程。2020 年新冠疫情期间，万邦集团积极通过线上产销活动，与河南兰考、卢氏等农产品种植养殖、加工企业进行对接，帮助贫困地区解决农产品滞销卖难问题。

以卢氏香菇产业扶贫为例，卢氏县是河南省面积最大、平均海拔最高、人口密度最小的国家级深度贫困县，古县志称其"处万山丛中，乃四塞之邑"。两年前，万邦集团与卢氏县范里镇成立结对帮扶，以香菇产业为切入口，引导万邦市场香菇商户，投资数千万元，在当地建设多个农业生产基地、储藏冷库、分拣包装生产线等，逐步转变了当地不成体系、过度依赖干香菇销售的旧模式，形成干湿香菇相结合，规模生产、储藏、加工、内销、外贸于一体的新型产销模式，户均增收 5 000 元以上，通过产业发展带动贫困户直接就业 100 多个。两年内，仅万邦市场销售卢氏香菇达 1.5 亿元以上，并带动当地香菇种植量由不足 400 万菌棒提升至 1 000 万菌棒，助力 500 多家贫困户脱贫致富，香菇产业已成为当地经济发展的支柱产业。

2019年度
农产品产销对接扶贫
突出贡献单位
2019.12

万邦获得商务部 2019 年度农产品
产销对接扶贫突出贡献单位称号

政企齐心渡难关　消费扶贫促发展

——湖北省十堰市郧阳区产业帮扶纪实

2020 年是个不平凡的年头，面对突发疫情给贫困地区农产品销售和贫困群众增收带来的不利影响，湖北省十堰市郧阳区积极响应国家各项政策要求，不等不靠，主动作为，大力开展消费扶贫工作。通过线上带货、线下展销等模式以消费促扶贫发展，受到了国务院扶贫开发领导小组办公室、水利部、湖北省市场监督管理局、省特种设备检验检测研究院、区直机关单位、社会爱心企业及人士的大力支持，为郧阳区经济复苏、脱贫攻坚按下快进键。

多措并举助力销售

因为疫情影响，农产品产销衔接阶段性受阻，为帮助郧阳企业和贫困群众解决大难题，郧阳区采取多种有效措施促进农特产品销售。一是成立专班明确责任。全区迅速组建由农业、商务、供销、电商、扶贫等多部门组成的农特产品促销工作专班，提高政治站位，明确工作责任，实行专人日报制，统筹掌握全区农产品滞销情况。二是采取"以购代捐、以买代帮"等形式采购农产品，抓住"对口协作、消费扶贫"契机，水利部、郧商商务（北京）有限公司借助各自平台帮助销售郧阳滞销农产品，采购了包括鸡蛋、黄酒、花菇、木耳、香油、大米、菜籽油在内的农副产品 200 多吨。北京市消费扶贫东城分中心以郧阳产品为首铺货类达到 95%。三是加大物资捐赠。一方有难八方支援，互通有无互相帮助。在接受各方援助的同时，积极传递爱心，结合郧阳区实际向武汉、仙桃、茅箭、十堰经济技术开发区等 8 个地区捐赠

产品销售帮扶故事

香菇 25 吨、鸡蛋 40 吨，充分发挥五小电子商务公司、昌欣香菇公司等国有企业的主体带动作用。四是主动服务。通过网络媒体、微信群、电话联系等方式，收集、发布各类农特产品供求信息 120 多次，为鄂鲁淀粉、小蜜蜂、昌欣等公司

农产品购销牵线搭桥 30 多次，主动为企业、合作社、大户协调农产品销售运输 80 多次。支持农民专业合作社、种养大户主动向茅箭、张湾各小区搭建销售平台，提供配送服务。通过服务带动，推动全区销售时令蔬菜 200 多吨、鸡蛋 50 余吨、甘薯粉条 300 吨、鹌鹑蛋 25 吨。

创新模式促进销售

一是按照"消化库存、满足需求、控制人流"的思路，结合全区实际，创新交易方式。积极组织农产品加工企业加入"832"消费扶贫平台，入驻"一亩田"平台，多种渠道扩展农产品销售市场。二是积极推广"线上下单、线下配送"。由区五小电商公司搭建平台，寿康、千禧商贸等 12 家商贸公司在城区和青龙泉社区开通无接触交易配送服务。昌欣公司捐赠困难群众、防控一线人员蔬菜 20 余吨。三是积极拓展线上渠道资源。为了把郧阳的优质农产品推向全国，采取市长、区长、局长网上直播带货。举行了"郧阳菇姐"直播带货，为农特产品代言；区委常委、宣传部长在武汉市参加"搭把手、拉一把"直播活动；副市长与央视连麦，参加"谁都无法阻拦（祖蓝）我下单

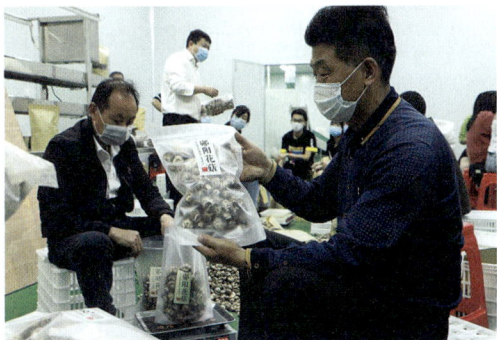

（夏丹），谢谢您为湖北拼单"直播活动；副市长与新华社连麦，参加湖北重启"抖"来助力直播活动；农业农村局局长通过线上直播推介郧阳系列好茶；区电商办签约本地"网红"直播带货活动。2020 年助力湖北重启，2—5 月，全区通过线上直播带货直接带动郧阳农产品网上销售 35 055 单，总交易额 137.7 万余元。其中香菇销售 9 482 单，443 297 元；甘薯粉条 14 163 单，457 335 元；其他产品 16 035 单，476 368 元，订单量仍在持续增长中。

千方百计稳定销售

一是加强多方对接合作。积极与水利部、北京市东城区、广西壮族自治区商务厅等对口协作、援助单位加强对接，加强与全国各大相关部门单位的联系，搭建销售平台，提供产品销售服务。二是强化监管措施。充分履行市场监管职责，全面加强全区农贸市场和农产品品质的监督检查，依法查处无照经营、经营未经检验检疫畜禽产品、非法经营野生动物等违法行为，依法加强对扰乱市场秩序、哄抬物价行为的监管，切实维护消费者合法权益。三是加大宣传力度。积极向全国各单位各部门和社会企业推荐郧阳的特色优质农产品，通过各级电视、广播、报纸、微信、直播平台等加大郧阳特色优质农产品宣传力度。通过大力推介宣传，中国人民保险集团股份有限公司与湖北鑫榄源油橄榄科技有限公司举行"云签约"仪式，中国人保现场签购 100 吨橄榄油等农产品总价值 2 000 余万元签约活动，破解了橄榄油等农产品销售难题。

2020 年以来，在各大媒体、各级部门的联合行动下，郧阳区共计销售农特产品 4 188 吨，累计销售金额 24 631 万元。消费扶贫是一种"人人皆可为"的创新举措，农户的农产品销售有了新的渠道，收入有了保障，增强了广大农民发展产业脱贫致富奔小康的信心。下一步，郧阳区将持续大力促进消费扶贫，引领全区特色优质农产品走向更广阔的市场。

打造公共服务平台　产品销售助力帮扶

——湖南省平江县产业帮扶纪实

　　平江县是国家电子商务进农村综合示范县、湖南省电子商务进农村综合示范县、农村淘宝全国优秀县域、农村淘宝2016年"双十一"业绩全国第一县。平江县成立了全省第一个县域电商协会，也是岳阳市省级电子商务示范企业、省级认定电商企业最多的县。2019年全县农产品网上交易额达到4.52亿元，是2018年同期的1.2倍，实现增收906.2万元。全县贫困村通过电商销售农产品的交易额为1 800万元，同比增长60%。通过电商扶贫带动3 131户脱贫，占全县建档立卡贫困户的7.7%，带动贫困人口9 500人脱贫，占全县建档立卡贫困人口的6.7%。

脱贫电商体系构架健全

　　通过两年投资近1 000万元，完善健全了县、乡、村三级物流体系，农产品溯源质量体系，农村电子商务培训体系，电商产业综合服务体系四大体系。依托电子商务进农村示范县项目，建设了一个县级农村电商公共服务中心，一个县级冷冻冷链物流配送服务中心，一个农产品溯源体系服务中心，5个镇级农村电商综合示范服务站，136个贫困村电商扶贫服务站，开设贫困户示范网店40个，电商扶贫小店1 530个，全

县 496 个行政村村级电商服务站实现了全覆盖。

龙头企业支撑电商扶贫

华文食品股份有限公司通过天猫店销售面粉制品、鱼仔 8 687 万元；平江县天宇电子商务有限公司通过天猫店、拼多多等平台销售本地休闲食品、农产品 5 480 万元；湖南省玉峰食品实业有限公司通过天猫店销售面粉制品 2 860 万元；平江县牛小苗电子商务有限公司通过天猫平台销售本地农产品、休闲食品 1 588 万元。

湖南省誉湘农业开发有限公司帮助三阳乡大洞村、余坪乡市里村、伍市镇时丰村等贫困村销售农副产品 430 多万元。三市镇淡江村通过微信、京东销售茶叶、谷酒 326 万元。

消费扶贫巩固脱贫成果

2019 年 10 月 17 日国家扶贫日，岳阳市在平江县成功举办了全市消费扶贫产品展销活动。参展合作社、企业 135 家，参展产品 210 个。两天时间，全市 11 个县（市）区总销售 1 364.81 万元。其中：线下销售 551.38 万元，占比 40.4%；线上销售 813.42 万元，占比 59.6%。11 个县（市）区中，平江县线上线下销售 659 万元，占全市销售总额的 48.3%。

用活电商模式脱贫增收

一是众筹带动贫困村产品销售农民增收。贫困村三市镇淡江村的"谷雨烟茶"通过返乡青年刘强等与京东众筹移动版合作，制作精美的"谷雨烟茶"文案，在清明茶叶还没生产之前，就成功众筹资金、销售"谷雨烟茶"40 多万元，获得了京东众筹茶叶类目的第一名，带动当地茶农 80 多户贫困户脱贫。二是"网红"直播助力销售。2019 年 3 月，"网红"李佳琦为平江县浯口镇西江村的虾稻米淘宝直播，2 个晚上销售 1 万多件生态虾稻

产品销售帮扶故事

米，销售价格达到 21.6 元 / 千克，销售额 108 万元，产品供不应求，让农民极大地感受到了社交平台销售农产品威力。10 月 17 日国家扶贫日活动两天，邀请了虎牙直播湖南区域总裁倾力出动，16 日，虎牙官方给到他们自己的主播"户外"和"湖南"两个首页位置的直播推广。在平江县旺辉食品公司直播当天人气值破 74 万，粉丝在线人数破 60 万。聚焦一个品牌在做深度直播的时候，效果相对明显。旺辉首日直播在品牌宣传上收益更大，对于引流到线上的销售金额虽无法明确统计，却也在直播间听到很多人说想下单。17 日，虎牙直播面对着来自湖南各县级市场，同样给到了"户外""湖南"两个界面的首页推广位置。当日在线观看人数达到了 50 万以上，人气值在 62 万。11 月 15 日，淘宝人气主播薇娅，"薇娅美丽中国行"扶贫义卖活动，平江县组织了 7 个农产品参加直播，最终选定平江酱干、野生柴火鱼 2 个单品直播。平江酱干几十秒内秒杀所有库存 2 万单，销售酱干 29 万元。野生柴火鱼秒杀 2 万多瓶，销售金额 25 万元。两项产品合计销售 54 万元。三是本省平台有力推动。与省内优质农村电商平台兴盛优选合作。2020 年上半年，平江县湖南誉湘农业科技开发有限公司与湖南本地平台"兴盛优选"合作，已经通过平台销售公司农产品 500 多万元，显示了社交平台电商销售农产品的较强能力。加大"湖南电商扶贫小店"的深度合作。在湖南省商务厅、湖南省扶贫办的指导下，平江县在湖南电商扶贫小店已经开设店铺 1 700 多家，带动农产品销售近 100 万元。四是培养本地村播"网红"。县政府通过与北京蜂悦传媒公司签订协议，三年内在全县 24 个乡镇培训村播"网红"100 名。年内投资近 30 万元对 24 个乡镇 274 名符合条件的人员进行了三天的集中培训。有 210 多名取得了培训证书。通过培训，已经发现并培养了有粉丝基础的村播"网红"5 名。引导全县乡镇掌握最现代的农产品推销模式，营造了很好的利用网络销售农产品的氛围。

把"网络红人"培养成"扶贫达人"

——广西壮族自治区灵山县产业帮扶纪实

近年来,广西灵山县探索"'网红'+直播"模式,累计投入 5.6 亿元,深化开展电子商务进农村综合示范项目建设,成功培育"网红"电商团队 10 多个,把"巧妇 9 妹"等"网红"培育成"扶贫达人",助力打赢脱贫攻坚战。2017 年以来,该县电商扶贫产业销售交易额累计 35.8 亿元,全覆盖 121 个贫困村发展特色扶贫产业,受益建档立卡贫困户累计 1.2 万户次、6.3 万人次,贫困户年均增收 2 680 元。

千万粉丝"网络红人"应运而生

"巧妇 9 妹"是广西灵山县一名普通农妇,本名甘有琴,在家排行老九。近年来,以"巧妇 9 妹"名称每天在今日头条投放两条视频,不到一年时间,"巧妇 9 妹"粉丝数就突破了 200 万,目前仅在今日头条内的视频播放量已超过 3 亿人次,成了名副其实的"网络红人"。走红后,"巧妇 9 妹"组织电商团队以"网红"直播模式,积极引导农民开展视频营销,不断拓展本地特色农产品宣传及销售渠道。在线上,陆续在淘宝、微店、拼多多、今日头条、京东等知名电商平台开通了自己的电商销

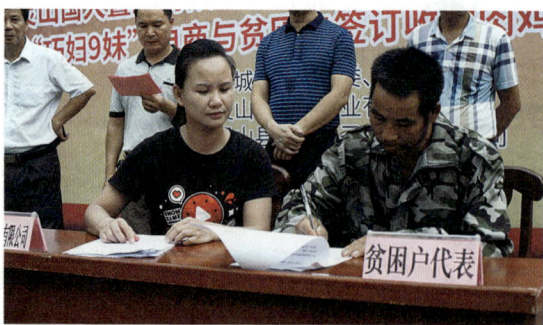
2019 年"巧妇 9 妹"与贫困户签订肉鸡收购合同

产品销售帮扶故事

售号。2018 年 7 月，"巧妇 9 妹"正式与今日头条签约，成为首批产业扶贫"三农合伙人"，获得不低于 300 万元的站内流量扶持。"巧妇 9 妹"甘有琴先后获得农业农村部等颁发的"智慧三农奖""2018 年度乡村网红"，CCTV 颁发的"2018 年度全国三农人物奖"和"全国最美家庭"等荣誉，并被《新闻联播》报道，成为全国"三农"领域的标杆"网红"人物。到 2019 年底，"巧妇 9 妹"已经在全国 20 多家知名电商平台开通电商销售渠道，拍摄视频的播放观看量超过 10 亿人次；全网各平台发展有 1 000 多万粉丝，成为全国为数不多的千万粉丝电商大号。在线下，同步发展了遍布全国各地的农产品销售代理商 1 000 多人。

政策推动"网络红人"日益红火

灵山县结合实际，将电商产业纳入县政府发展规划，实施《灵山县电子商务进农村综合示范项目建设方案》及补充方案等政策，因势利导培育"网络红人"做大做强，支持本县电商企业开展电商扶贫产业基地和"产业 + 电商 + 品牌"融合发展项目建设。县政府安排 30 多亩产业用地和 40 万元财政资金支持"巧妇 9 妹"天御电商团队建设电商基地，建成标准化网络直播间等设施，进一步提升企业产能和品牌形象，推动本地优质农副产品对外宣传、展示和销售，带动农民增收。2020 年 6 月灵山县举办第十八届中国（广西）荔枝龙眼产销对接暨 2020 灵山荔枝文化旅游节，自治区农业农村和商务部门以及市县领导分别与"巧妇 9 妹"进行直播，仅开幕式当天就带货销售荔枝 30 多吨。2020 年"三月三"期间，县长走进"巧妇 9 妹"直播间，仅直播一个多小时销售额就达 40 多万元。据统计，2018—2019 年，"巧妇 9 妹"推介销售农副产品 10 000 多吨，销售

2020 年灵山县"三月三"县长直播带货

额超 6 700 万元。近年来，"巧妇 9 妹"依托灵山县天御电子商务有限公司，以"公司＋合作社＋基地＋农户"的带动模式，培育发展"巧妇 9 妹"加盟农产品基地 80 多个，其中 60 多家农户共 3 000 多亩皇帝柑、沃柑，成为"巧妇 9 妹合作致富果园"。

"网络红人"向"扶贫达人"华丽转身

灵山县结合打赢脱贫攻坚战需要，积极引导电商企业把自身发展同全县脱贫攻坚大局相结合，走出了一条独具特色的电商扶贫之路。2018 年以来，"巧妇 9 妹"联合爱心企业，向贫困户免费赠送鸡苗、鸭苗、果苗、鹅苗、猪苗等，并为贫困群众提供就业岗位，带动贫困户实现就业脱贫。"巧妇 9 妹"还与 56 户贫困户签订农产品保价购销合同，解决后顾之忧。如灵山县伯劳镇箔竹村贫困户梁积辉将百香果种植面积扩大 20 亩，2019 年实现纯收入 3 万余元，实现了脱贫摘帽。2018 年，"巧妇 9 妹"利用电商直播带货帮助安金村在 24 小时内将滞销的 75 吨芒果全部通过网络卖了出去。在县委县政府的鼓励支持下，"巧妇 9 妹"还主动"走出去"，帮助桂林龙胜县贫困农户拍摄视频宣传销售罗汉果，不到 2 个月时间就销售了 100 多万元。同时，仅用 1 周时间就帮助桂林兴安县果农卖出蜜橘 65 吨，间接带动销售 300 多吨。2020 年新冠疫情期间，"巧妇 9 妹"启动"同城购"服务，平均每天接收订单 400 多个。近年来，"巧妇 9 妹"利用自身形成的网络优势，帮助贫困地区销售荔枝、皇帝柑、沃柑、茂谷柑、百香果、蜂蜜、地瓜、甘蔗、芋头等农副产品，直接为当地提供就业岗位 80 多个，间接带动就业 500 多人，带动贫困户实现就业脱贫 200 多户。

凤凰李飞出深山助脱贫

——记四川省泸州市叙永县赤水镇斜口村销售中心许评

四川省泸州市叙永县赤水镇斜口村 7 社村民许评，2011 年他的妻子因患脑出血去世，当时他的父亲 62 岁，母亲 53 岁并患有高血压；大的孩子 8 岁，第二个孩子 7 岁，最小的孩子才刚满 3 岁。没有一技之长的他，主要依靠在赤水镇周边帮人修房子打零工负担起全家 7 口人的生计，生活愈加难以为继。在赤水镇和县工商质监局、县农业农村局党员干部的倾力帮扶下，他家大力发展种养产业，租赁村集体门市经营特产和创办物流快递服务代办点，家庭人均纯收入大幅提高，成功实现了脱贫，过上了幸福的小康生活。

倾情帮扶，循序脱贫

2014 年，斜口村村民委员会召开群众大会，宣传党的扶贫政策。许评主动向村上提交了请求帮扶申请书。经过严格的审查公示程序，他家被纳入了建档立卡贫困户，随后各级干部常来他家开展帮扶，了解他的家庭生产生活情况和面临的困难，分析他家致贫原因是缺技术，并根据实际情况，有针对性地为他制定帮扶措施，量身制定了发展规划。

他家一共只有 6 亩土地和 10 亩林地，土地全部栽种了玉米，最多收获 2 000 千克。帮扶干部扶持他家喂养了 8 头猪，动员他在农闲时候继续到处打零工。经过各级干部的真帮实扶，2014 年年底他家人均纯收入从 2013 年的 2 200 多元，提高到了 4 000 多元。2015 年，许评有了继续发展的动力，把更多的时间和精力投入到种养业培训中。家里不仅继续饲养肉猪，还发展了 50 多只鸡，巩固了家庭收入来源。

2016 年帮扶干部多次到他家宣传种植赤水河流域特色水果凤凰李提高经济效益，经过与家人商量，他主动向村民委员会申请了扶贫小额信贷 2 万元和产业扶持基金 3 000 元，用于购买 400 多株凤凰李幼苗。他还积极参加专业水果栽种管理培训，学习拉枝、修剪、疏果、施肥、打药。看到一棵棵苗壮成长的果苗，许评对美好生活充满向往。

探索创业，致富奔康

2017 年年底，斜口村依托厦蓉高速互通的优势条件，在高速路口附近修建了赤水河消费扶贫产品交易中心，建起了 15 间门市，给村民搭建了一个规范化经营的销售平台。村第一书记、村干部也鼓励贫困户租赁门市，经营家里的特色农产品等。许评主动向村里成功申请了一间门市，销售家里种植的凤凰李。在销售门市正式开业后，村第一书记和帮扶责任人竭力帮扶全村的贫困户做好水果产品的包装和宣传。在全县"3·15"诚信经营商家活动中，他家第一次有机会在全县的销售平台上展示赤水河的优质水果，有越来越多的商家和游客前来购买。这让他距离心中的梦想更近了一步。

为了扩大销售，提高经济收入，帮扶责任人和村干部还帮助他们在网上搭建了销售平台，并利用微信推广销售水果，销售量迅猛增长。可是每次发货都要到 14 千米远的场镇上，增加了运输成本，帮扶干部又给他出主意做

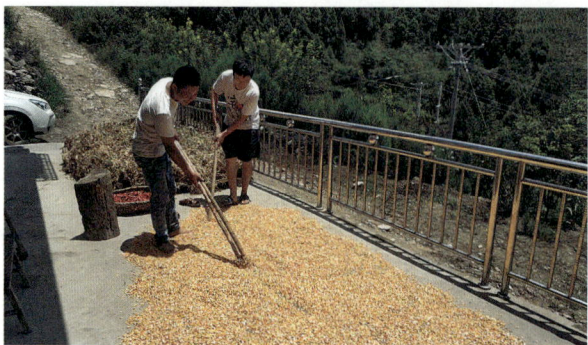

许评帮助贫困户晒苞谷

快递，积极帮他联系叙永各家快递公司在他的门市设点。在他们的帮助下，短短一个月时间内许评便开始经营快递业务。2018年仅用了5个月时间，他售出的赤水河甜橙、樱桃、桃子、李子等农副产品，销售额就达40万元以上。2019年销售额60万元以上。他的心里无比欣喜，这是他之前从未想过的情形，从发展养殖业到延伸种植业，再到后面尝试做网上销售、做物流都离不开帮扶干部的真帮实扶，这让他的心里一直永远铭记党的好政策。在村第一书记的鼓励下，2019年许评提交了自己的入党申请书，作为一名社长，积极向党组织靠拢，为群众办事服务。

回馈乡邻，反哺桑梓

由于许评很勤劳、能吃苦，在帮扶责任人的指导下，他逐渐成了村里脱贫致富带头人。2017年4月，他被村民选为7社社长。随后，他多次到镇村争取项目资金，帮助社里新建了饮水池，实施了农网改造工程，实施道路硬化工程，给偏远的小山村带来了希望，全社基础设施和村民的生产生活水平得到了大幅改善。

"许社长真的太好了！带领我们解决了存在上百年的饮水难题。"家住斜口村7社的村民许少江激动地说。由于该社群山环绕，且降水量小，人畜饮水一直非常困难。2019年7月，烈日炎炎，许评带领村民翻山越岭寻找水源。经过两个多月的不懈努力，全社村民都吃上了安全清洁的自来水。

村资公司分红

"现在党的政策这么好，各级干部真帮实扶，我们不能有'等、靠、要'的思想，不能坐享其成，更不能依赖国家过日子。"许评表示，他将用实际行动以身作则，鼓励贫困群众积极发展水果等农副产品，艰苦奋斗、自力更生，用勤劳的双手创造属于自己的幸福生活。

创新构建农村电商"五大体系"
"沉睡资源"变"脱贫财富"

——重庆市秀山土家族苗族自治县产业帮扶纪实

曾经的秀山，受内陆空间和交通落后制约，几千种农特产品仅有600种变成了商品，大多数只能在大山中"沉睡"，成为县域经济发展滞后、贫困对象难以增收的重要制约因素。如今的秀山，通过构建"五大体系"发展农村电商，将地处偏远的劣势和自然资源较好的优势进行了整合，大山中的"沉睡资源"逐渐突破了空间限制、交通制约，贫困对象也乘上农村电商的"翅膀"过上了越来越好的日子。目前，秀山农村电商被评为"全国农村电商十大模式"之一，农村电商产业链覆盖全县100%的贫困村、80%的贫困户。同时，该县近5年通过农村电商卖出38.4亿元的农特产品，其中武陵山区区县占比达22.7%，电商扶贫效益惠及武陵山区100万贫困群众。

布局"三个区域"，构建"线上线下融合"电商平台体系，有效破解"谁来卖、怎么卖"难题

县城建核。依托功能完善的物流园区，按照"园中园"思路建设电商产业园，孵化园现有入驻企业239家、孵化网企网店3 628个，直接带动贫困群众100余人就业，电商云仓日可处理20万单，大数据中心对农村电商海量数据实时抓取、多模式计算分析，子母穿梭智能仓库高效运行。乡村布点。建成农村电商乡镇服务中心11个、乡村服务站点200余个，优先在

产品销售帮扶故事

秀山电商孵化园

市级深度贫困镇隘口镇、24 个县级扶贫重点村设点，实现所有村居全覆盖。在实际中，每个乡村服务站点实现"小空间、大服务，百姓办事不出村"。网络拓展。自主研发农村电商平台"村头"（www.ct918.cn），已推广运用到全国 27 个省区市 306 个区县，投用广西南宁、云南昆明等 30 个农产品原产地"村头云仓"，累计用户量达 249 万人。

抓住"三个环节"，构建"一体化产业链"产品开发体系，有效破解"农产品接二连三"难题

打造电商产业基地。依托"一村一品"产业布局，着力打造网货供应基地，直接让贫困农户成为电商产品供应商，已建立 241 个扶贫产业基地、认证 163 个特色农产品基地、发展订单农业 11 万亩，带动 7 908 户贫困户参与产业发展。建设电商加工中心。建成网商产品研发中心和流通包装中心，投用自热火锅等 34 条电商加工线，农产品附加值平均提升 30%，电商企业集采成本平均节约 20%。创建电商产品品牌。打造"武陵遗风""边城故事"公共品牌，开发 72 个自有品牌，上线本土商品 830 余款。构建农产品质量安全二维码追溯体系，打造农产品质量"放心工程"。2019 年"双十一"，全县订单成交量达 81.7 万单，其中本土产品占比 80%。

聚焦"三个节点"，构建"三级物流网络"快递配送体系，有效破解"两个一公里"难题

打通"神经末梢"。针对县域，组建云智速递、研发物流平台"村哥货的"，无缝对接社会快递和农村电商镇村网点，形成了"T+1"进村入户和"1+T"发往全国的"工业品下乡、农产品进城"双向流通体系。发展"区域分拨"。针对武陵山区，建成中通、申通、韵达等快递分拨中心，开通 17 条武陵物流专线，建成周边区县配送站 230 个，实现仓储管理、订单处理与快递分拨无缝对接，有效服务武陵山区周边区县。实现"全国直达"。针对全国其他地区，投用货运调度中心，运行"武陵物流云"信息系统，整合物流快递企业 83 家，开通秀山 - 重庆、秀山 - 长沙快递专线，秀山快递单票全程时效达到 51.4 小时，居西部地区时效第一，年均节约物流成本上亿元。2019 年快递发出量达 2 300 万件，是 2014 年的 38 倍。

采取"三种方式"，构建"专业化全过程"人才培训体系，有效破解"输血、造血"难题

学校培训方式。与重庆电子工程学院、重庆财经职业学院等合作办学，设立电商产业学院，开展电商相关专业全日制专科教育，学制 3 年，颁发全日制专科毕业证。在县职教中心开设现代物流、农村电商等相关专业，针对性培育本土电商人才。基地实训方式。与中国电子商务协会合作，设立武陵山电商人才服务中心，随到随学"流水席"式开展普及、技能、创业递进式培训教学。目前，累计

养蜂现场

开展电商普及培训 4.7 万余人次，其中惠及贫困群众 5 700 余人次；培养营销、美工、客服等技能精英 4 500 余名，其中 341 名贫困群众结业上岗，全县电商从业人员达到 2.6 万人，其中贫困群众创业就业 3 500 余人。动态普及方式。组建"教师团"，深入乡镇（街道）、农村开展电商普及培训。将农村电商纳入干部培训重要内容，引导领导干部用互联网思维谋划实体产业发展，形成了"言必电商、言必扶贫"良好格局。

建立"三个机制"，构建"全方位无死角"电商服务体系，有效破解"电商企业发展壮大"难题

资金扶持机制。设立物流园区产业发展基金、电商加工引导基金，从主体培育、技术创新、品牌建设、业务拓展等方面予以扶持。创新电商产业贷，降低融资门槛，简化审批程序，已为相关企业、贫困农户贷款 9 500 余万元。一站服务机制。组织财政、市场监管、邮政等部门（单位）靠前办公，为电商企业提供办公、仓储、金融、快递、培训、行政代办等一站式服务，让企业全程无忧。通过龙头带动、抱团发展，电商企业逐步发展壮大，年网络销售额千万元企业达 12 家、上亿元企业达 5 家，成为西南地区食品、生鲜电商龙头企业。融合发展机制。发起成立武陵山网商协会、武陵山物流协会，引导企业抱团营销本土农特产品，推动全县 100 余家生产企业、物流园区 1 200 多家批发零售商户"触网"经营。连续举办全国青年电商农产品销售大赛、重庆市首届青年电商创新创业大赛、武陵山商品交易博览会等，营造了全民参与农村电商的良好氛围。

建平台　搭网络　畅产销
以贵阳大市场带动全省大扶贫

—— 贵州省贵阳市农业农垦集团公司产业帮扶纪实

2016 年以来，贵阳市农业农垦集团公司着手农产品市场体系建设，建立起以贵阳农产品物流园为关键环节的农产品流通体系，搭建起集生产、农产品批发、冷链物流、零售终端于一体的农商一体产业链，畅通了产销衔接各环节，有力促进了贫困地区农产品销售，为全省决战决胜脱贫攻坚作出了贡献。

建平台，解决扶贫农产品"有市无场"的难题

一是组建市场主体。为统筹各方力量，打通生产、流通、销售各环节制约消费扶贫的痛点、难点和堵点，在贫困地区和消费市场之间架起桥梁，贵阳市将原贵阳农投集团重组为贵阳市农业农垦集团公司，大力促进贫困地区农产品销售。该公司注册资本金 14.2 亿元。旗下全资子公司 13 家，控股公司 2 家，参股公司 6 家，合伙企业 3 家。2019 年实现营业收入 16 亿元，利润 3 371 万元，上缴税金 3 500 万元。

二是建强销售网络。2017—2019 年，组织星力超市、合力超市、北京华联、地利生鲜、宾隆超市、美兴佳超市、信宜佳等大型连锁超市纳入惠民超市体系。在全市范围内建成惠民生鲜超市 154 个，覆盖贵阳市 89 个社区，覆盖率达 93.7%，每家惠民超市设立不少于 100 米² 的"贵州绿色农产品产业扶贫销售专区"。自惠民超市建设以来，累计销售本省农副产品 57 241

吨，累计采购贵阳市结对帮扶的 12 个贫困县农副产品 5 958 吨，解决全省 66 个县贫困人口就业 700 余人。

三是建成流通平台。投资 32 亿元，建成占地 866 亩的现代化大型农产品批发市场贵阳农产品物流园，入驻商户 3 000 余户，开放蔬菜交易区 89 822 米²，水果交易区 110 800 米²，肉类交易中心 23 336 米²，食用菌交易区 23 107 米²；配套建成 82 400 米² 的冷库，30 521 米² 的"中央大厨房"，28 000 米² 的大型商超分拣、配送中心。园区内设 2.2 万米² 的"贵州扶贫农产品销售专区"，为全省 88 个区（市、县）的扶贫基地提供"免铺位租金、免农产品进场费、免铺位使用履约保证金"的专用交易档口。由各区（市、县）推荐入驻扶贫专区的扶贫基地、合作社共计 100 余家，涉及种植面积约 20 万余亩，带动农户 2.5 万余人，其中贫困人口 10 000 余人。累计交易本省农副产品 25.35 万吨，直接销售"9+3"帮扶区（县）农副产品 2.35 万吨。

搭网络，有效解决农产品"买贵卖难"难题

一是构建大中小微农产品市场销售体系。在全市范围内形成以贵阳农产品物流园大型批发市场为中心，154 家惠民生鲜超市为终端门店，50 个集线上订购、线下自提、自动售卖、冷链配送于一体的社区智慧微菜场为基础的农产品市场网络。因减免等优惠政策的实施，在贵阳农产品物流园交易的农副产品价格低于同类市场的 20% 左右。

二是补齐冷链物流短板。补齐在农产品产地"最先一公里"和城市配送"最后一公里"周转型冷链物流的短板，有效降低农产品生产成本。组建了贵阳市驹马惠民物流有限公司，拥有生鲜农产品冷链配送车 200 辆，占全市生鲜冷链车总量的 67.6%；建成综合库容 8 万吨的现代化大型冷库，容量占全市的 16.3%。

三是抢抓东西部扶贫协作机遇拓展市场。省外市场重点开发粤港澳大湾区、上海、长沙、武汉、成都、重庆等 15 个消费市场，在广州、上海、长沙等建设农产品集配中心，在贵阳农产品物流园设立粤港澳大湾区"菜篮子"配送中心，建立稳定的中高端农产品供销关系，通过省内外展会和直采直销渠道，优化"黔货出山"通道，通过贵阳农产品物流园组织销往省外的本省农产品达 5 000 余吨。

畅产销，有效破解扶贫农产品销路难题

一是深入开展"农超对接"。积极组织惠民体系各大商超采购商深入全省各生产基地进行产销对接，开展优质农产品进惠民超市推介活动 10 余次。2017 年以来，惠民生鲜超市累计采购本省农副产品 5.72 万吨，采购金额 5.51 亿元。

二是深入开展"农批对接"。贵阳农产品物流园作为"贵阳大市场带动全省大扶贫"的重要抓手，积极组织党员干部和园区商户深入走访了长顺县冗雷村、修文县六桶镇凉井村、开阳县毛家院等 20 余个贫困村，实地考察了威宁县"三白"基地、七星关区团结乡蜜本南瓜基地、大方县黄泥塘镇水果萝卜基地、纳雍县库东关乡水果萝卜生产基地、罗甸县边阳镇栗木村甘薯种植基地等 100 余个种植基地，深入开展产销精准对接，累计帮扶种植基地销售农产品 8 000 余吨。

三是深入推进"农校对接"。建成 30 521 米^2 的"中央大厨房"，日产能为净菜 10 万人 / 天，毛菜 10 万人 / 天，熟食 3 万份 / 天，为开阳县、云岩区等地 15 所学校提供盒饭；为开阳县、修文县的 90 所学校配送食材，蔬菜日采购量 60 ~ 80 吨，并优先采购本省农副产品。目前"中央大厨房"的日产能正逐步提升，组织面向全市学校开展业务。

元阳打造"六个平台" 助推农村电商精准扶贫

——云南省红河哈尼族彝族自治州元阳县农村电商产业帮扶纪实

云南省红河哈尼族彝族自治州元阳县将电子商务作为精准扶贫的重要举措，依托世界文化遗产千年哈尼梯田中生长的红米，借助"互联网＋梯田红米"销售模式，全力打造"六个平台"助推贫困户精准扶贫、精准脱贫。目前，全县38 932户建档立卡贫困户中，种植梯田红米的有12 000多户。2019年县粮食购销有限公司计划收购红谷子300万千克，加工销售214万千克，受益建档立卡户5 276户。

元阳县采取"自己建平台、合作搭平台、带动小平台、形成大平台"的方式，着力搭建电子商务服务平台，积极拓宽互联网电商销售渠道，在淘宝、京东等平台建立"元阳商城"，元阳梯田红米进入全国市场。目前，全县建成6个电商服务平台，乡镇电商服务站14个、村级电商服务点134个。形成了一大平台（元阳商城）、三大中心（县级电子商务运营中心、稻梦梯田众创空间、牛角寨乡村新型商业中心）、十个站点（10个行政村电商服务站示范点）的电商产业园。同时，与阿里巴巴集团达成"1+1 000"电商精准扶贫战略，结对帮扶1 000户贫困户。

一是政府推动建电商平台，解决梯田红米销售问题。通过"请进来"与"走出去"相结合的方式，引进云南龙润集团、杭州有赞科技，形成了元阳政府主导，龙润集团落地，有赞平台提供技术支持的三位一体化运作模式，发挥各个方面特长，资源使用最大化，最终收益回归扶贫工作的元阳商城平台。目前，建成运营有赞商城平台"元阳商城"（手机版）、元阳商城App、微信公众平台、全员微小店、分销代理平台。

二是村企联动建产业平台，解决梯田红米规范化问题。成立梯田红米专业合作社，合作社通过与县粮食购销有限公司合作，大力发展合作经济。县粮食购销有限公司以 7 元／千克的保底收购价向农户收购梯田红稻谷，加工梯田优质红米，电商平台公司负责销售县粮食购销有限公司加工的梯田红米，形成"电商公司＋县粮食购销有限公司＋专业合作社＋农户"的电商扶贫新模式。

三是部门主动建技术平台，解决梯田红米标准化问题。制定了梯田红米发展规划、梯田红米规范化种植技术标准等系列规范性文件，进一步规范了梯田红米的种植标准，促进了梯田红米的标准化、规模化、产业化种植。提炼了传统的稻鱼鸭综合种养模式，目前发展面积 6 万余亩，通过稻鱼鸭综合种养模式，梯田亩均产值由单一种植红米的 2 000 元左右提高到 8 000 元左右，实现了哈尼梯田"一水三用、一田多收"，元阳哈尼梯田遗产区被命名为全国第二批"绿水青山就是金山银山"实践创新基地。

四是企业拉动建产品平台，解决梯田红米品牌化问题。注册了"阿波红呢"和"元阳红梯田红米"两个商标，元阳梯田红米有机转化认证和元阳梯田红米有机转化产品认证两个有机认证类别，形成了哈尼梯田红米的产品品牌。

产品销售帮扶故事

五是联姻互动建合作平台，解决梯田红米精准帮扶问题。借助梯田红米销售平台，构建县粮食购销有限公司、梯田云科技股份有限公司、杭州有赞3家企业精准帮扶不少于2 000户建档立卡贫困户销售梯田红米增收致富的"3+2 000"精准扶贫合作模式，助推脱贫攻坚。与阿里巴巴集团开展精准扶贫合作，构建了阿里巴巴集团帮助1 000户建档立卡贫困户销售梯田红米的农村淘宝"1+1 000"等电商精准扶贫新模式，将农业与特色农产品、旅游等多产业融合，推动农村电商发展。

六是品牌驱动建销售平台，解决梯田红米走出门的问题。通过自建"元阳商城"电商销售平台，先后与中粮集团等电商平台公司合作，带动了更多小电商平台公司销售梯田红米，形成了电商大平台带动电商小平台销售梯田红米的电商扶贫新模式。

"一片绿叶"造就一个欣欣向荣的产业

——云南省普洱市思茅区国家现代农业产业园产业帮扶纪实

站在烟雾氤氲的茶山俯瞰下方：一排排嫩绿的茶树沿着山峰拾级而上，翠绿溢目。这是位于祖国西南边疆的云南省普洱市思茅区，这里自古就是普洱茶重要的原产地、加工地和集散地，被誉为"世界茶源""中国茶城""普洱茶都"。

近年来，思茅区紧紧围绕"生态宜居之城、健康养生之地、普洱茶文化之源"建设，深入实施"生态立区、绿色发展"战略，大力发展茶叶、咖啡、生物药等特色产业，成立了思茅有机茶产业联盟，巩固提升国家现代农业产业园创建成果，打响普洱思茅有机茶品牌。全区茶园面积达 17 万亩，绿色有机认证 3.8 万亩，农业产值达 10.6 亿元，打造了"龙生""帝泊洱""祖祥"等一批知名品牌，推动一、二、三产业融合发展，走出了一条独具地方特色的现代农业兴旺之路。

茶产业带动乡村振兴　托起农户绿色致富梦

思茅区倚象镇平掌村建档立卡贫困户韩学光说："每年的 3 月中旬，早春茶抽出嫩芽，陆续进入采摘期。我家共种植了 14 亩茶叶，以前外面的茶厂来收购茶叶，根据茶叶级别，每千克的收购价在 6～8 元。现在村里建成了看牛山茶厂，茶叶每千克的收购价每个级别都提高了 1 元。按照现在的发展情况，以后的生活不会愁，一年会比一年好。三至五年的时间，我家的收入会比现在翻一番。"

倚象镇平掌村围绕"党建引领、村集体经济带动、有机化发展"目标，采取"村党总支＋合作社＋企业＋农户"的"4＋"村集体经济发展模式，由村党总支牵头与思茅区茶叶龙头企业云南龙生茶业股份有限公司合作，促进茶农增收。

2018 年，云南龙生茶业股份有限公司借助思茅区现代农业产业园创建这一重要契机，在产业园区管委会的统筹协调和推动下，通过不断完善产业链，扩大有机茶基地建设，按照"公司＋基地＋农户＋标准"的农业产业化经营管理模式，持续深入地推进有机茶园建设、有机茶加工厂建设及产品的品牌化建设，取得了显著的效果，带动了茶农 5 430 户、21 000 人致富。

思茅区现代农业产业园是以茶产业为主导，2017 年首批创建的产业园，2018 年 12 月被认定为国家级产业园。园区涉及思茅区 3 个乡镇，园内有绿色茶园面积 12.02 万亩，规划建有木乃河加工片区、倚象创新片区 20 千米^2，并将园区 5 633 户农户纳入合作社联合经营，占园区农户总数的 55.37%。现代农业产业园大力推广生态茶园改造，不打农药、不施化肥、绿色生产，通过提升茶产业效益实现精准扶贫。园区农户人均每年可支配收入高于全区平均水平 30.2%，有力带动了茶农增收致富。

企业创新联结机制　助推茶农增收致富

在思茅区南屏镇整碗村普洱祖祥高山茶园有限公司的祖祥茶园基地，

100 个产业帮扶典型

2 000 余亩有机茶悄然吐露新芽，茶农与时间赛跑，忙着采摘春茶。

"我的老家在思茅区龙潭乡黄草坝村，20 多年前，那里的生存条件相对恶劣，交通不便，饮水困难。为了过上更好的生活，我们举家外迁。"正在忙着采茶的胡顺娣介绍，她家属于最早到祖祥茶园基地的茶农之一，从栽种茶苗时就开始参与管理，如今夫妻二人管理着 10 亩茶地，年收入达 10 万元左右。目前，在祖祥茶园基地，像胡顺娣这样的专职茶农已达 200 余户。

作为思茅区现代农业产业园的龙头企业，普洱祖祥高山茶园有限公司从 2009 年起一直实行"公司＋基地＋合作社＋农户"经营模式，带动大家一起走上绿色、有机的发展之路。通过多年的转换期，祖祥高山有机茶园的规模越来越大，2018 年通过欧盟认证的有机茶园达到 1 万亩，通过创新利益联结机制，带动了南屏镇整碗村及周边 1 300 农户、4 000 余人增收致富，180 多户贫困户实现了年均增收 1.5 万元以上。

思茅区现代农业产业园围绕茶产业创新，顺应群众需求，为茶农提供稳定而可靠的收入保障，打造脱贫的动力，将"小茶叶"做成富民的"大产业"，带动全区建档立卡贫困户 2 141 户、7 702 人走出了一条"依托茶产业，掘除贫困根"的康庄大道。

"电商＋直播" 为消费扶贫插上翅膀

——陕西省咸阳市武功县产业帮扶纪实

"朋友们,我们今天为大家介绍的这些土特产,颗粒饱满,品相纯正,大家可以放心购买,想要品尝就快去抢购吧。"陕西省咸阳市武功县西域美农物流车间里,网络主播正忙着为网友们介绍新疆的红枣、葡萄干以及武功本地的大蒜等各种干果蔬菜,将每一件商品全方位地展示给网友,在线回答大家的问题。"秒杀包邮、坏果包赔"等优惠活动掀起阵阵抢购热潮,不一会儿,就产生了几百件订单。主播的身后,有打包装箱员、质量检测员,大家分工协作,一边直播一边发货,忙碌有序,好不热闹。

"2018年下半年开始,我们就成立了网络直播公司,打造直播间、培养网络主播。目前整个直播销售模式已经非常成熟,并且有了好几位人气很高的主播,成交额能达到四五百万元。今后,我们会继续提升我们主播的能力,多打造我们本地的品牌,将我们自产的农特产品更多地推介销售到全国。"陕西美农网络科技有限公司副厂长张宁说。

陕西初农农业科技有限公司网络主播介绍说:"'武功小子'是我们本地的品牌,产品味道鲜甜,营养健康,富含多种维生素,顾客收到货后,反馈信息很好,现在日均销量能达到4 000～6 000单,旺季销售量能达到10 000单,把我们本地的猕猴桃品牌打响了。"

100个产业帮扶典型

武功电商在积极推销本地特色农产品的同时，继续推进"买西北·卖全国"，并提出"买全国·卖全球"的口号，依托武功电商发展的基础和优势，借助其他城市的经贸合作机制，帮助武功县有实力的农产品贸易企业及电子商务企业开拓市场，扩大销售渠道，大力发展跨境电商。说起这些，西北菜鸟武功生鲜前置仓负责人张建创乐开了怀："现在网络直播带货是趋势，效益也特别好，我们将各地的特产都买回来，再从我们这个集合点发向全国甚至全世界。刚刚啊，经过我们主播生动有趣地介绍，一个小时就卖了3 000多单。"直播间里，主播正在现场试吃，为大家展示产自阎良的甜瓜以及湖北脐橙。

直播带货这种新模式让武功衣乐美服饰有限公司员工们也乐在其中。该公司经营中年女装多年，近几年仓库积压的库存成了销售难题，武功县网络主播培训班的举办为他们带来了希望。第一期培训班开班，该公司就积极组织6名职员参加培训，目前已经在网络直播售货，积压的货物正通过网络平台一点点清空。

当下，脱贫攻坚到了决战决胜的收官阶段，作为"全国电子商务进农村综合示范县""西北电商第一县""互联网＋农业十大标杆县"，武功县充分发挥电商人才和资源等优势，紧跟时代潮流，积极发展网络直播带货销售，让各地更多"深藏闺中"的优质土特农产品走出深闺，有效解决了扶贫农产品滞销问题，让群众收入倍增，脱贫事业快速推进。

互联世界插翅膀　电商扶贫解民忧

——甘肃省陇南市成县陇小南网货供应中心产业帮扶纪实

　　成县位于秦巴山区集中连片特困区，是全国脱贫攻坚的主战场之一，境内生态环境好，但山大沟深、交通不便、信息闭塞，是典型的"好生态＋欠发达"地区，很多优质农特产品藏在大山深处难以销售。针对农特产品卖难的问题，成县县委、政府主动顺应"互联网＋"发展大势，有所为、有所不为，把电商扶贫作为精准扶贫的重要措施，探索出了"六路带动"的电商扶贫模式，即电商网店、产业、创业、就业、入股带动模式和众筹扶贫模式。通过几年的努力取得了明显成效，让成县农特产品走出深山，进入大城市的超市餐桌，使困难群众增加收入，2018 年成县全县脱贫摘帽，电商扶贫功不可没，陇小南网货供应中心就是其中的佼佼者。

　　一部手机、一张桌子、一大堆包装好的土特产，一群工作人员，每天用手机向全国直播销售家乡的土特产品，这是陇南市成县陇小南网货供应中心每天忙碌的工作场景。陇小南网货供应中心 2018 年 6 月在成县成立，由甘肃陇小南电子商务有限公司上线运营。与陇南师专电子商务学院合作，建成占地面积 1 000 米 ^{2} 的储藏中心，为成县中小网商提供网货"一件代发"服务的专业网货供应平台。

　　陇小南成立之初就坚持立足本地、辐射全国的总体发展思路，以打造万人销售铁军团队、助力电商精准扶贫为目

标，为中小网商、微商提供统一标准化管理、统一质量检测、统一仓储管理、统一供销对接、统一代发、统一售后服务，形成了集农产品储存、分拣、配货、送货及信息处理于一体的区域性网货供应链，有效解决了中小网商、微商在发展过程中有店无货的难题，提高了群众参与电商发展的热情，坚定了发展电商助推脱贫增收的信念。截至目前，已整合陇南市 100 多家合作社和农业企业生产的 500 多种优质农产品入驻平台，组建了 49 个微商分销群，吸纳分销代理 15 000 余人，分销代理范围覆盖全国 34 个省区市，日均销售额达 5 万元。2018 年陇小南上线 2.0 新系统，"代理 + 分销"的全新混合模式迅速增加了销售人员的基数裂变，目前已在美国、巴西、哥斯达黎加等国发展代理并实现跨境交易。2018 年上线运营半年时间销售额达到 1 070 万元，2019 年销售额达到 2 900 万元。

陇小南网货供应中心自建成以来，陆续在成县鸡峰镇、抛沙镇、王磨镇、陈院镇、宋坪乡等乡镇收购农户初级农产品，经过网货中心初加工，统一包装、统一宣传、统一销售，带动 148 户贫困户人均增收 1 200 元。同时，招募 452 名贫困户做合伙人和分销商，通过陇小南的平台销售农产品，人均增收超过 3 500 元。2019 年，网货供应中心共销售核桃 270.6 吨，其中，帮贫困户销售核桃 92.3 吨。2020 年陇小南继续加大宣传力度，销售青皮核桃、新鲜核桃，把核桃产业作为促进全县农民增收和加快农村经济发展的主导型特色产业，产业效益不断提升，让昔日不起眼的"小核桃"成为成县农村群众致富增收的"金果果"。

2020 年疫情期间，陇小南网货供应中心为全县有意愿的城乡群众开展线上电商扶贫实用技能培训，免收代理费，向参与培训的群众免费开放代理权限，带动更多群众参与电商销售。在防疫期间，带动群众通过网络学习，掌握电商分销技能，

成县林缘农场核桃基地陇小南发货现场

产品销售帮扶故事

使电商分销成为推动成县电商扶贫发展的新的支撑点。截至目前，通过开展系列活动，陇小南分销团队新招募了贫困户 33 人、返乡青年 60 人、留守妇女 33 人，加入到销售队伍，由导师进行一对一的培训，通过学习在朋友圈销售产品，最终走上了创业之路。陇小南参与订单农业销售，与陈院镇 28 户建档立卡贫困户签订了订单辣椒、万寿菊销售合同。

在陇小南的带动下，如今陇南市成县全县有网店、微店 1 127 家，电商企业 46 家，物流快递企业 42 家，电商平台 9 个，县乡两级网货供应平台 26 家，建成网货生产线 21 条，电商扶贫车间 13 家，SC 认证网货 92 款，电子商务全产业链直接或间接带动就业 2 万余人，其中贫困户 8 500 余人；累计开展电商培训 220 期 28 212 人次，累计电商销售额 28 亿元，其中线上销售额 7 亿元。目前，通过网络直播带货，打开了陇南电商扶贫的新局面，打破了信息闭塞，大量优质产品打破了"藏在深山人未识"的窘境，解决了农特产品的"卖难"问题。

陇小南的努力受到社会各界的肯定，成县政府投资近 2 000 万元为陇小南网货供应中心扩建了新的厂区。陇小南网货供应中心的发展为陇南、为甘肃的农村电商发展探索引路，让农民的农产品卖个好价钱，让农民务工增收。陇小南积极支持社会公益事业，疫情期间，为成县红十字会捐赠现金 5 万元，向陇南师范学院、陈院镇、黄渚镇等单位捐赠 84 消毒液、口罩、帐篷等物资 3 万多元。

把现实中的"万水千山"变成网络中的"近在咫尺"，陇小南网货中心将会在今后的发展中更加努力，让更多的农户再也不愁自己的产品卖不出去，让更多的人能够吃到地地道道的陇南农特产品，陇小南的明天会更加辉煌！

让湟中特色商品走出大山

——青海省西宁市湟中县农村电商服务中心产业帮扶纪实

湟中县环绕省会西宁，地域广阔、文化底蕴深厚。蔬菜、燕麦、蚕豆等农产品及农民画、堆绣、银铜器等民间文化工艺品资源丰富。湟中县以创建"全国电子商务进农村综合示范县"为工作抓手，依托电商服务中心，年投入125万元发展农村电商，建成湟中县农村电商服务基地，培育中小电商企业11家、组建电商运营团队4个，全县电商企业总数达21家，发展乡镇（街道）电商服务点16个、村级电商服务站点211个（其中贫困村服务站点达60个）。2017年全县实现电商交易额2 322.6万元、农产品上行销售额1 063.1万元，电子商务进农村示范项目顺利通过国家中期评估。2018年以来，全县实现电商交易额2 412.01万元、上行交易额达660.03万元。

湟中县上新庄镇申北村村级电商服务点内，负责人魏芳兰正在淘宝网上浏览自己的店铺——青海村姑特产店。刚刚，有人在她的小小网店里下单了1千克中宽土豆粉。接到订单后，魏芳兰打开手机微信，找到"湟中县电商办交流群"，在群里找到负责人小冯并将订单内容发到微信群内。随后，县电商办工作人员会将信息反馈至位于湟中县海子沟乡的货源地，从这里直接发货至魏芳兰的客户手中，一笔订单便顺利完成了。通过这个小小的网店，魏芳兰每月增加收入2 000余元。

处理完淘宝店铺的订单，魏芳兰迎来了今天的第一批快递。这几天，她在淘宝"双十一购物节"活动期间帮助村民购买的物品陆续到达，接收快递成为她必不可少的工作。这次收到的是帮助村民王永春为其上幼儿园的儿子购买的加绒牛仔裤，快递单收货地址一栏写的是："青海省湟中县多巴镇黑嘴尔村电子商务科技有限公司转（上新庄镇申北村）。"

产品销售帮扶故事

这样的网络代购业务，是村级电商服务站点的职责之一。通过电商平台处理的下行订单，会统一发货至位于多巴镇的电子商务科技有限公司物流中心，再分发至村级站点。此外，农村电商服务范围还包括生活缴费、快递服务、代办服务、金融服务及网络代售等。

打通快递渠道，是发展电子商务的关键。湟中县积极引进"三通一达"、京东TDC仓等知名快递、物流企业入驻县电商服务中心，投资2亿元建成贵强物流园。同时，发展弘大自建物流分拨中心，进一步填补商业物流配送盲区。目前，全县已建成县电商服务中心1个、物流配送中心2个，农村电商配送网络已覆盖90%的行政村，打通了农村电商的"最后一公里"。

健全村级电子商务网络

家住多巴镇的张永斌与魏芳兰一样，也是湟中县电子商务发展的一分子。2016年11月，张永斌从哈尔滨商业大学毕业后，回到家乡创业并注册湟中浦维电子商务有限责任公司。旅游旺季期间，他在美团平台上经营乡村旅游业务，仅2017—2018年，便增加收入21万余元。他说："与在其他地区开展电子商务业务的朋友相比，我觉得自己很幸运。不仅拥有好的政策支持，还会得到各级政府的关注，并给予我们专业的培训。"

湟中县以贫困户、返乡大学生、农民工、退伍军人等为重点，面向农村广泛招募电商合伙人，吸纳储备电商创业人才477名。引进陕西惠农等第三方专业培训机构，开办电商业务培训班77期，累计培训从业人员9 377人次，其中贫困劳动力 2 175 人次。已初步带动 210 余人从事农村电商服务、67 人发展微商，在淘宝、美团、京东等平台开设网店 77 个，为促进农村就业、助力脱贫攻坚提供了有力的人才支撑。

组织开展电子商务培训

　　湟中县还积极推进线上、线下结合，发展弘大商城、"八瓣莲花"商城等自建电商平台 3 个，与农村淘宝、乐村淘、114MALL、邮政邮乐网等 10 余个知名电商平台建立合作关系。依托东西部扶贫协作平台，在南京市选址开设湟中县电商实体店，引进苏宁易购到湟中县开设 2 家电商扶贫实训店，建立了湟中扶贫馆，上线压榨菜籽油、野生黑枸杞等 80 余种特色产品，县域生态土特产搭上"互联网"直通车销往沿海主要市场，真正让湟中特色商品走出大山。

打造黑山羊品牌　打通消费扶贫"经脉"

——宁夏源丰农牧业开发有限公司产业帮扶纪实

2020年，新冠肺炎疫情突袭之下，宁夏回族自治区固原市西吉县贫困户的农产品一度面临滞销困境。第一时间，宁夏源丰农牧业开发有限公司利用线上和线下强大的供应链和销售链，采取"电商＋企业＋贫困户"的模式，全力收购贫困户滞销农产品。累计销售西吉县农产品500多万元，有效地缓解了当地农村农副产品的"销售难"。

西吉是宁夏人口第一大县，全县贫困村237个，有建档立卡贫困人口32 486户、143 295人，是国家和自治区扶贫开发重点县，也是六盘山片区扶贫攻坚主战场。近年来，西吉县认真贯彻落实党中央、国务院一系列战略部署，坚持精准扶贫、精准脱贫基本方略，吹响脱贫攻坚总攻号角，涌现出了一批在脱贫攻坚方面的典型企业和个人。其中，南国强及源丰公司便是消费扶贫领域的典范，真正做到"一头连着贫困地区，一头连着广阔市场"，促进了当地特色农产品加工企业的销售，形成了长效发展的消费扶贫机制，每年采购当地马铃薯、粉条、杂粮、牛羊肉等特色农产品达1 000多万元。

把日子当成庄稼经营，把光阴当成账本来算。决战"贫中之贫"，消费扶贫助力啃下"硬骨头"。

搭建"桥梁"：连接农户和市场

一直以来，六盘山片区农产品销售始终面临着缺乏品牌知名度、产地偏远、物流成本高等难题，导致一些本土优质农产品卖不出去、卖不上价。

消费扶贫，为农户和市场之间精准构筑起一座桥梁。

100 个产业帮扶典型

近年来，西吉县力促消费扶贫，让更多企业参与到脱贫攻坚中来，运用"线上＋线下"平台优势，扶持特色产业、培养致富能手、拓宽销售渠道，创造更多社会价值，推动贫困户增收。

位于西吉县震湖乡的源丰公司注册资金 300 万元，是一家集生态种养、农副产品开发、加工及销售于一体的区、市级农业产业化龙头企业，公司法人南国强被固原市和西吉县评为"农村致富带头人"。如何确保农产品生产数量跟得上、产品质量稳得住、销售流通走得快？源丰公司有自己的一套解决办法。采取"公司＋合作社＋基地＋农户"的运营发展模式，构建产、供、销全链条的产业格局。

在种植端，通过发展种养基地、收购西吉县农产品等方式，致力于打造无公害、绿色、有机的农产品质量及服务体系。在销售端，通过品牌实体店、展销体验中心、网络旗舰店和第三方平台等多种渠道的建设，让客户满意、农户增收、企业发展，让更多的优质农产品更快、更健康地"走出去"。

解决农产品卖难问题，履行企业社会责任。南国强在抓好公司发展的同时，积极响应党和政府的号召，主动参与到脱贫攻坚战之中。

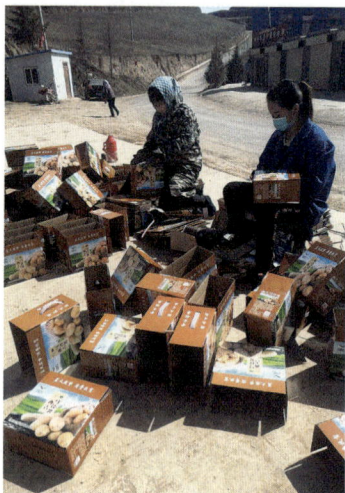

农企联结："黑山羊"效应

南国强及源丰公司在企业快速发展的同时，不忘以养殖基地为载体，通过就业扶贫、技能扶贫、产业带动、捐赠帮扶等方式，为决战全面小康贡献一份力量。

结合当地各种资源优势，公司谋划打造大规模北方系生态黑山羊养殖繁育基地，投资建设黑山羊规模化养殖繁育基地两处，年养殖和繁育优质黑山羊种羊 1 万余只，商品黑山羊肉羊 1.2 万余只，实现销售收入 1 600 多万元。

产品销售帮扶故事

宁夏农业科学院畜牧专家把脉产业发展，为西吉县黑山羊特色养殖产业发展提供产前、产中、产后和流通环节的各类服务，每年为周边农户提供优质种羊1.2万余只，成为当地农民脱贫致富的特色优势产业。"黑山羊"效应优势凸显，截至目前，已带动全县2 000多户建档立卡贫困户发展黑山羊养殖脱贫致富，吸引农村剩余劳动力510人实现就近就业，实现劳务收入180余万元，为农户脱贫致富、提高家庭经济收入闯出了一条新路子。

公司还组织养殖户进行专业技术培训，上门指导饲养管理、病害防疫防治，并以保护价回收农户出栏的黑山羊，真正做实了合作社"种羊统供、经营统管、疫病统防、产品统销"的"四统"服务宗旨。

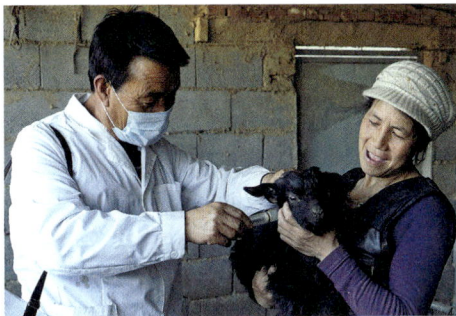

龙头带动：整合全县农产品资源

在闽宁协作框架下，公司搭建闽宁销售平台。此外，公司充分利用电商发展契机，入驻淘宝、京东、天猫等电商平台，单日最高销售额超过30万元。

"'网红'直播""县长带货"……公司积极探索新型商业模式，在莆田涵江区长带货中，收获了2 000多单西吉粉的好成绩。平台以名优特的产品优势和优质服务理念，赢得网友点赞。

打造电商扶贫典范，拓展农产品销售渠道。源丰公司以特色农产品为载体，线上线下齐头并进，建设3个实体店和一个展示展销体验中心。源丰公司发挥区级农业产业化龙头企业优势，整合全县农产品资源，和全县农产品生产企业建立长期定向采购合作机制。利用自身销售网络，实施订单式生产，帮助全县其他企业销售农产品。

扶危济困，重在立行。今后，该公司将继续拓展农产品销售渠道，以企业和农户双赢为己任，切实做到"发展一户，致富一户，带动一片"。

大山中的杂粮电商

——宁夏兴鲜杂粮种植加工基地（有限公司）产业帮扶纪实

贫困地区的特色产品往往缺乏的两条路：一条通路，连接田间地头和市场；一条思路，转变理念，打通产业瓶颈。

为宁夏回族自治区西吉县贫困地区的特色农产品畅通一条好路，谋得一个好价，这是宁夏兴鲜杂粮种植加工基地（有限公司）的"小目标"。

2020年，该公司复工复产两个月内，线上销售额达310多万元，线下销售收入达200余万元。作为一家本土集种植、加工、销售为一体的农业龙头企业，可以为周边农户做什么？他们为传统农业，注入了互联网思维。借助电商平台，为小山村的小杂粮构筑了一条网络之路：提升线上销售能力，拓宽农产品销售渠道，在保质保量的同时，也提升了农产品"身价"，树立了地方品牌形象，打造了产业脱贫的"兴鲜样本"。

为特色杂粮插上电商"翅膀"

在西吉县吉强镇芦子沟村，这家总投资1 500多万元，总占地面积3.1万米²的企业，为当地特色产业发挥引擎推动作用。

统一免费种子供应，统一免费施有机肥，统一免费供膜种植，统一田间技术管理，统一收获标准，统一高于市场价收购。公司建设小杂粮（油料）种植基地11个，种植各类杂粮1.1万亩。"六统一"促进了贫困户种植的积极性，为保证高质量原粮生产打下了坚实基础。

让农民在家门口就能务工就业。公司长期固定用工56人，季节性用工265人，带动周边村组456户参与杂粮种植，其中建档立卡贫困户262户。

产品销售帮扶故事

让大山深处原生态的特色杂粮有路可销，让贫困群众的眉头得以纾解。企业以"线下＋线上"融合发展，打通销路。

在线下，兴鲜公司以实体社区直营店和联合代销的模式，发力"社区经济"。在宁夏银川、甘肃兰州、陕西西安等城市的大型社区，开设"农产品进社区"直营店，并在所在地组织了销售团队，与各地经销商努力拓展销售市场，开展代销联营，使产品成功进入部分大中型超市，实现了农产品"从田间到餐桌"，减少了中间商，惠及了广大市民，企业的销售收入也实现了平稳持续增长。

在线上，突破地方农产品发展的销售瓶颈，让特色杂粮插上互联网的翅膀，"飞"向全国各地。西吉县地处西部偏远地区，快递、物流业不够发达。面对客户分布范围广、分散单量大的实际，公司携手中国邮政、顺丰、中通等公司，联合开通农产品快递物流绿色通道，为客户提供"一站式包邮"物流服务，缩短了物流时间，收获好评。

消费扶贫，精准对接产销

为了种植绿色天然的杂粮，加工优质精选的产品，兴鲜公司足足花费了3年的时间。

从投资到种植基地建设，从品种筛选到产品研发，最终到商标注册、产品检验，到国家食品标准认定。质量，始终是公司的金字招牌。

在此基础上，将短期销售风暴变为长期持续营销，将培养单一客户向团购客户群发展。公司借助电商平台优势，逐步将消费扶贫客户向固定消费群体引导，用产品质量和优质服务，实现精准营销。

以企业发展，带动周边群众脱贫致富，企业走出了一条"兴鲜"的路子。充分尊重贫困群众意愿，在杂粮基地种植上引导当地贫困村、贫困户积极种植，并免费提供种子、化肥、地膜，同时和种植户签订了高出市场收购价的收购意向。组织贫困农户按照既定标准要求开展种植，企业把自身精力放在下游的产品研发加工和市场营销推广上。

"兴鲜"的故事还在继续，但这个故事始终离不开一个内核：专注杂粮，壮大区域特色产业；龙头带动，引领贫困群众可持续发展。

以产业促就业　以就业助脱贫

——新疆维吾尔自治区克孜勒苏柯尔克孜自治州阿克陶县国有
投资开发有限责任公司产业帮扶纪实

新疆维吾尔自治区克孜勒苏柯尔克孜自治州阿克陶县国有投资开发有限责任公司是经阿克陶县人民政府批准成立，由阿克陶县国有资产监督管理委员会监管控股的国有独资公司。公司以商贸物流、农产品生产及销售、服装制造等为主要经营范围。下设 10 家控股子公司，公司目前有职工 32 人。公司始终本着"以信为本，以质取胜"的宗旨，着眼于市场需求，高瞻远瞩，凭借多年来辛勤耕耘和守信的经营，以及广大商家和客户的支持，赢得了业界和顾客的一致好评和信任。

以产业扶贫为核心，在经营主体上增收

公司现有保鲜库 15 座，占地面积约 2 500 米^2。通过政策支持，实行蔬菜订单种植模式与阿克陶县贫困村的 638 名贫困户建立了合同购销关系。在蔬菜原材料收购的价格上，公司作出大幅度的让利，为农户提供了最大的保障系数。近两年来，公司向 638 名贫困户订购了约 1 600 亩蔬菜，共计 3 000 吨，支付订购资金约 400 万元，并为 18 人提供了分拣、配送等就业岗位，确保每人每月增收 1 500～2 000 元。同时公司为员工办理社保、医保、工伤保险，解决了员工的后顾之忧。

2019 年，公司还综合考虑农户的销售量和公司的利润情况，为贫困户提供了种子、化肥、地膜等补助，共计 49 万余元。此外，针对没有建立合作关系的农户，在提供咨询技术服务的同时，在蔬菜原料高产季节，为防止

农户种植的蔬菜滞销，同样按照市场行情给予收购。通过公司帮扶，调动了贫困户发展蔬菜种植的积极性，群众思想观念得到转变，大部分群众从思想上认识到发展蔬菜种植的经济效益，从"要我发展"转变到"我要发展"的观念上来，进一步增强了他们的致富信心。

以发展新型产业为手段，充分开发本地资源

公司通过开创新型产业，按照"公司＋专业合作社＋农户"模式在公司的分拣中心开展核桃标准化基地建设，充分开发本地资源。

在促进农民增收方面，公司能够做到"钱等果"，确保果农"果出手，钱到手"，及时足额支付农民钱款，绝不拖欠货款。公司运营至今已累计收购、加工、交易核桃约300吨，预计收购800吨，现已向107户果农支付收购款约321万余元。

在促进就业方面，公司着力于向贫困家庭剩余劳动力提供就业岗位，解决深度贫困村剩余劳动力就业问题，确保当地贫困户稳定增收。通过提供核桃去青皮、清洗、分级、破壳、取仁等岗位解决就业人员240余名，根据业绩每人每月收入平均在1 000元以上，共计发放工资约29万余元。通过延伸核桃产业链让贫困户进一步增加收入，实现了"产业＋就业"双增收。

以提升技能为方向，推动就业创业脱贫

公司为实现产业链条向富余劳动力密集的乡镇村延伸，把服装厂建在了

产品销售帮扶故事

老百姓的家门口，为各族群众提供了便捷的就地就近就业创业环境。

公司服装厂主要生产制作各类服装服饰、家居用品等。工厂免费为村民提供了就业平台和技术培训，使其能够掌握一技之长，拥有长效的就业脱贫途径，提高贫困群众就业技能，转变村民择业观念，从待在家里"等、靠、要"转变为积极主动参与就业创业。

截至目前，公司服装厂就近就地吸纳 128 人就业，其中建档立卡贫困户 49 人，人均月收入 1 000 ~ 2 000 元，工资由"底薪 + 业绩"组成，多劳多得，有力地促进了农牧民增收脱贫。服装厂自投入生产以来，共发放员工工资 31 万余元，制作成品军大衣 3 000 余件，公安作训服 800 套，防护服 1 560 套，代加工窗帘 1 500 副，床上用品 800 套。员工们用自己勤劳的双手，让工厂的效益蒸蒸日上，更让自己的生活变得红红火火，想要致富的决心更加坚定。

2020 年，对于公司来说机遇与挑战并存、动力与压力并存，公司按照"做大做强特色产业，做精做细特色产品"的总体发展思路，把调整产业结构、促进农民增收、发展特色产业作为主要抓手，实现经济总量与经营规模平稳较快提升，为推动当地现代农业的快速发展和全县脱贫攻坚继续努力，让产业扶持成为脱贫攻坚的"助推器"。

产业扶贫故事（下）

CHANYE FUPIN GUSHI（XIA）

100个产业帮扶典型 之

驻村队伍帮扶故事

产业扶贫故事（下）
CHANYE FUPIN GUSHI（XIA）

产业扶贫故事（下）
CHANYE FUPIN GUSHI（XIA）

抓党建　带队伍　促脱贫

——记农业农村部科技教育司四级调研员李景平

李景平，男，38 岁，硕士研究生，现任农业农村部科技教育司四级调研员。2016 年 9 月—2018 年 9 月挂任湖南省湘西土家族苗族自治州永顺县高坪乡马鞍村党支部第一书记，其间获永顺县"2017 年度全县精准脱贫攻坚工作先进个人"，2019 年 10 月，作为扶贫第一书记代表优秀，参加国庆 70 周年庆祝活动。宣传报道方面，2018 年 9 月 7 日，《人民日报》第 11 版刊登《湖南永顺县推行村级事务报告日制度——一本账算明白村里事说清楚》；2018 年 3 月 7 日，《农民日报》第 7 版刊登《马鞍村选准特色产业稳脱贫》；2018 年 7 月 7 日，《农民日报》第 6 版刊登《"火药味"重实际"民主味"浓——湖南省永顺县推行村级事务"报告日"制度试点见闻》。

"我们老百姓心里明白了，村里重大事项我们也都能参与决策，我们对村'两委'工作非常支持。加上农业农村部对我们村发展产业支持力度这么大，我们村一定会越来越好。"湖南省湘西土家族苗族自治州永顺县高坪乡马鞍村村民向言洲说道。

作为组织选派的第二任第一书记，农业农村部科技教育司四级调研员李景平到马鞍村以后，通过深入调研村里情况，认为该村发展产业脱贫致富非常有前景，便着手谋划发展产业

李景平走访困难群众

促脱贫。他向农业农村部申请经费，立项建设生态循环农业基地、沼气池，扩大猕猴桃种植合作社和黑猪养殖合作社规模，新建仓库和办公场地。正当准备大干一番的时候，他遇到了阻力。建设循环农业基地村民不参与，新建仓库征用土地村民不同意，几位村"两委"成员对村里的发展意见也不一致。思虑再三，李景平想明白了，要想打赢脱贫攻坚战这场硬仗，关键还是要靠人，首先要解决谁来干、怎么干的问题，最主要的是要全面加强党支部建设。

统一思想，建设干部队伍

一是统一干部思想。他个人提议召开了多次党支部会议，给村里党员宣传党的方针政策，解答大家疑惑，统一大家的思想，激励大家的斗志和学习理论的热情。同时促成农业农村部农产品质量安全监管司党支部与马鞍村党支部结成帮扶对子，邀请相关司局领导给马鞍村党员讲党课，联系中国农业出版社给村里捐赠学习书籍，提高党员理论水平。二是优化基层党组织。在村"两委"换届选举时，向乡党委推荐政治立场坚定，敢干事、能干事的致富能人作为党支部书记候选人，推荐村里想干事、愿干事、求进步的党员作为支部委员候选人。他们获得了上级党组织和大部分村民的认可。三是充实基层党员队伍。他充分利用到村民家中走访的机会，了解村里年轻人思想情况，选择思想积极向上的年轻人作为重点发展对象培养，为党支部补充新鲜血液。任职期间，李景平帮助村里发展了多名党员和入党积极分子，他们已成为马鞍村发展产业脱贫的中坚力量。

民主决策，紧密干群关系

马鞍村"两委"换届结束后，新任村支书就被举报挪用国家项目资金，虽然调查结果证明了新任村支书清白，但李景平经过认真分析，判断发生这种情况的原因是由于村民对村里事务接触少、了解少，导致对村"两委"成员不信任。习近平总书记在中共十九大报告中提出，要"巩固基层政权，完善基层民主制度，保障人民知情权、参与权、表达权、监督权"。趁永顺县开展村级事务公开试点的机会，李景平向县委组织部建议将马鞍村作为试点村。2018年3月9日，马鞍村首次举行"村级事务报告日"活动，村干部作报告、答问题，村民们查凭据、提建议，与会代表向马鞍村"两委"成员提出了办公经费使用、基础设施修建和低保户评选标准等几个敏感问题，村"两委"成员都一一作答。会后，村民们的疑虑打消了，村"两委"成员也顿感一身轻松。从此，村里的大事，诸如修路、通水、基础设施建设，奖励补助发放、贫困户认定、优秀评选等事项都通过民主决策，接受村务监督委员会监督，村"两委"干部也得到了村民的信任。

党建先行，助力脱贫攻坚

在李景平的努力工作推动下，马鞍村建强了基层党组织，紧密了干群关系，村"两委"工作得到了广大干部群众支持，带动了村里产业发展和精准扶贫工作取得实效。一是党建工作成效显著。经过多年来，农业农村部持续帮扶和两任第一书记驻村工作，马鞍村党支部已成为湘西地区基层党组织中党员理论水平较高、干部团结、富有战斗力的突出典型。马鞍村村级事务报告日活动更是成为湘西土家族苗族自治州全面从严治党和村级事务公开的样板，示范效果显著，被《人民日报》《农民日报》等主流媒体广泛报道。二是产业发展上新台阶。近年来，马鞍村建成了黑猪养殖场、高标准猕猴桃种植基地、小型沼气工程、猕猴桃冷藏库等，该村实现了由单一种植业产业模式，向种植业、养殖业协调发展的适度规模生态循环农业模式的转变。马鞍村成为以猕猴桃为主导产业、以种养循环农业为发展新方式的现代化农业村落。三是精准扶贫落到实处。李景平遵循精准扶贫精准脱贫基本方略，帮助村里精准定位扶贫特色产业，坚定走精品化农业生产路子，提升了农业综合效益。村里猕猴桃产量提高20%，销售价格翻了一番，脱贫成效显著。李景平挂职期间，村里共脱贫46户、187人，1500余人通过发展产业致富，人均增收4000元以上。2017年，马鞍村已实现了整村脱贫摘帽。

100 个产业帮扶典型

李景平参加国庆 70 周年活动

正如农业农村部党组书记、部长韩长赋所言："乡村振兴要真金白银投，也到真刀真枪干。"近 3 年来，农业农村部向马鞍村派出调研组和帮扶小组 100 多人次，累计投入农业发展资金近 300 万元，捐钱捐物 20 余万元。2018 年 5 月，马鞍村村民给韩长赋部长的感谢信中提到："这两年，马鞍村新村部建成了，猕猴桃种植和黑猪养殖都走上了正轨，村民收入一年比一年好，大家都说党的政策好，农业农村部好，是代表咱们农民、给农民撑腰说话的。"

扶贫线上"女铁军" 扎根临县破难题

——记山西省农业农村厅机关党委二级调研员李慧芳

5天4夜，带领66名第一书记和工作队员爬山进沟，走遍了吕梁市临县12个乡镇、53个村庄的家家户户，摸清了帮扶村的基本情况。

这是山西省直单位派驻临县最大的一支帮扶队伍的领头人李慧芳的工作节奏。事实上，这样的工作节奏，仅仅是她两年来扎根吕梁临县扶贫一线的一个缩影。两年来，她助力帮扶村集体经济全部"破零"，实现村村有产业，户户有增收，村容村貌发生了明显变化，53个村全部脱贫，14 766人摘掉了贫困的帽子。

"我们是党的人，党的初心就是我们的使命。"在脱贫攻坚的第一现场，李慧芳展现了一名共产党员的风采。她创新六种模式，推动消费扶贫，倒抓基地建设，创新产业扶贫链，以扶贫先扶智，激发内生动力，让贫困户走上了幸福的阳光大道。2019年，她还获得了省人社厅、省扶贫办评选的"山西省脱贫攻坚创新奖"。

肩扛使命 脱贫一线创"消费"

出生于1969年的李慧芳是山西省农业农村厅机关党委调研员（主持工作）。2018年4月，在脱贫攻坚进入啃硬骨头、攻坚拔寨的关键时刻，她接受组织安排，担任省农业农村厅驻临县帮扶工作队队长，带领着13名队员和53名第一书记组成了一支"扶贫铁军"，抱着"不破楼兰终不还"的决心走进了临县。

初到临县的李慧芳迅速找到精准扶贫点，以农特产品为突破口，让农产品变成了百姓的"摇钱树"。她以"党建＋""市场＋""企业＋""新媒体＋""个人团体＋""品牌＋"六种消费扶贫模式，全年帮助销售农产品 900 余万元。

其间，她在农业农村厅机关大院通过线上线下销售临县农特产品 131.6 万元。通过牵线河西农副产品批发市场，无偿提供 300 米² 商铺，协助临县举办年货节，4 天销售 300 万元。通过协调知名企业与各村签订红枣和肾型大豆兜底收购合同。采取种、管、收一体化模式，协助龙头企业落户万亩富硒谷子基地，并与之合作进行"粮改饲"试点，收购牧草 8 万元。

同时，联手中国科学技术协会等部门，利用快手、淘宝直播助销 500 万元，创下数小时内销售农副产品 100 余万元的销售纪录。她还利用周末参与直播销售 10 余次，被称为"'网红'队长"。协助大禹乡成功申报"山西蜜蜂特色小镇"，并引导申报"临县枣花蜜""临县肾型大豆"地标品牌，让临县枣芽茶列入省药茶，全新打造消费品牌，提升了临县产品竞争力。

授人以渔　产业路上稳经济

"授人以鱼，不如授人以渔。"在临县的扶贫战场，李慧芳积极探索，采取倒抓基地建设，全面带动产业扶贫的办法，构建了产业发展扶贫带农的可持续体制机制，帮扶村种植、养殖、加工等产业实现良性循环。

她组织 12 名有高级职称的第一书记组建"驻临县省直单位专家服务

驻村队伍帮扶故事

团"，为全县提供全产业链技术服务，支撑贫困村优势产业转型升级。组织山西农业大学、山西省农业科学院专家及山西省农业农村厅专业技术人员对5 000 余人进行了红枣、核桃、香菇、马铃薯种植和家畜养殖、疫病防控等方面的技能培训。

在府底村推动香菇、苦菜、辣椒、番茄等加工产业的发展，带动 100 多户贫困户受益，带动多个产业快速发展。"我们在厅包六村建设高标准农田，在全县推行谷子种、管、收一体化的新模式，落地 13 000 多亩，实现收入翻番，建设高产土豆基地，每年发放 2 万元土豆原原种，推进核桃提质增效。"李慧芳说。

通过衔接乡村振兴，她组织专家为大禹乡做了沟域循环农业产业园建设规划，协调省厅、市县及省级龙头企业孝义铭信禽业公司带动，以支部引领农村集体经济合作组织牵头，在厅包六村率先落地肉鸭养殖项目，实现贫困户分红收入全覆盖，带动村民脱贫致富，同时推动全县多个乡镇发展该项产业。引进个体养殖企业在大后沟村落地万头猪场项目，整合村内原有三家有污染的猪场集中养殖管理。以 30 万元队长扶贫资金助力发展养蜂产业，带动贫困户增收，实现稳定脱贫。

扶贫扶智　内生动力富民生

"笨鸟先飞"靠的不是一人之力，只有大家齐心协力，才能让脱贫有一个长效的机制。为了激发贫困户主体内生动力，真正让贫困户不再返贫。李慧芳提出了"四加强"的思路，即加强精神扶贫、加强文化熏陶、加强物质激励、加强硬件配备，帮助贫困户真正地从思想上脱贫。

在厅包六村，她率先挂牌"脱贫攻坚讲堂"，以点带面，打造三基夯实台、技术培训台、人才孵化台、经验交流台、德孝传播台。在大后沟村举办了首届农民丰收节，活动现场展示了大禹乡35个村的特色农产品，村民自编自演歌舞节目，提升了村级精神文明建设。

"我们组织评选'最美劳动者'，倡导劳动光荣；利用为府底村争取省晋剧团免费唱戏的机会，在府底村举办'致敬农民献礼华诞'活动，还通过'六一''七一''重阳节'等节日，在各村都不同程度开展文化活动，让百姓充分享受到文化的熏陶。"李慧芳说。

建立爱心扶贫超市、红十字博爱超市，让贫困户以积分兑换物资，鼓励好人好事，增强凝聚力。让"等、靠、要"的思想，变成贫困群众的"自我造血"。

为让大禹乡府底村改变村容村貌，李慧芳争取环境整治试点项目资金430万元，协调落实污水生态治理示范工程项目资金50万元，落户大禹乡圪台上村。她还争取相关资金为帮扶村建设了文化活动场所、老年日间照料中心及文体配套设施，发放多媒体设备，丰富村民文化生活。

因户施策抓产业　精准发展促脱贫

——记内蒙古自治区呼伦贝尔市鄂伦春自治旗诺敏镇烟囱石村驻村工作队队员张作发

春耕时节，天气乍暖还凉。在山清水秀的内蒙古自治区呼伦贝尔市鄂伦春自治旗诺敏镇烟囱石村，有一个身影在奔波忙碌着，他就是现任烟囱石村第一书记、驻村工作队队长张作发。自从他被派驻到脱贫攻坚一线开展驻村帮扶工作以来，如何带领百姓脱贫致富，一直都是张作发心中的一件大事。通过政策理论的学习、脱贫攻坚知识的更新以及工作实践经验的积累，他深知，发展好产业是改变贫困群众现状的关键。

纸上得来终觉浅，绝知此事要躬行

在帮扶工作中，他注重入户走访调研，在他驻村帮扶的村里，他遍访贫困群众，深入田间地头与老百姓拉家常、讲政策。通过分析贫困户致贫原因和综合考虑贫困户劳动能力，因户施策制定"一户一策"精准脱贫方案，围绕"准实"二字，在贫困群众产业发展、饮水安全、安全住房、启动资金等各方面下足工夫，在他的带领下，贫困村小康进程中的"拦路虎"被逐个击退。

早在 2017 年，作为诺敏中学骨干教师的张作发就作为第一书记在诺敏镇兰巴库村开展驻村帮扶。通过发展产业帮助贫困户增收脱贫，是他开展工作的重中之重。"菜单式"产业扶贫政策的实施，使贫困户有了更多的增收途径。但是贫困户成名全却满是惆怅。成名全因为文化水平较低，户内没有土地，只能依靠从事专业技术要求低的力工获得微薄收入养家糊口。他想申报"菜单式"产业扶贫项目，发展生猪养殖增加收入，可家里没有猪舍让他犯了难。得知成名全家中情况后，张作发二话不说，立刻组织驻村工作队员和村"两委"同事备工具、购水泥、拉红砖、锯木料……大家齐心协力，终于在最短的时间内帮其把猪舍搭了起来。当年，成名全就靠生猪养殖项目增收了 5 000 余元，看着新建成的猪舍，成名全开心地笑了，张作发挂满汗水的脸上也洋溢着会心的笑容。

兰巴库村建档立卡贫困户于震文化水平较低，思想观念落后，甚至懒惰成性，生活较为拮据。张作发多次与他促膝长谈，慢慢改变了他"等、靠、要"的思想，眼里也渐渐有了光芒。最终，于震决定通过种植中草药来增加收入。张作发先是帮他申请了农村小额贷款 5 000 元解决了启动资金的问题，又帮他申请互助金 5 000 元，扩大了中草药种植面积，当年于震就增收了 4 000 余元。这 4 000 余元不仅仅增加了他的收入，更重要的是增强了于震脱贫致富的信心。他在农闲时又学习了养蜂技术，想要开始养蜂，可是购买蜂巢的资金又成了问题，张作发组织驻村工作队和村干部为于震集资 10 000 余元，支持他购买蜂巢发展养蜂。当年产出近 350 千克蜂蜜，收入 14 000 余元。当工作队再次来到于震家的时候，发现屋子亮了，窗户亮了，地面也亮了，于震一家人的幸福生活就这样悄然开始了。

欲问秋果何所累，自有春风雨潇潇

2018 年 6 月，张作发被组织选派到工作条件更为艰苦的烟囱石村担任第一书记，同时兼任驻村工作队队长。对他而言，这又是一个新的挑战。烟囱石村是深度贫困村，贫困户基数大，人均耕地面积小，当时贫困户人均收入仅 3 000 余元，而且村"两委"组织不健全，村干部不能发挥作用，脱贫攻坚工作开展难度很大。张作发说："作为一名共产党员，到最需要我的地方去，是我的使命和光荣，如果烟囱石村的村民们能因为我的到来生活变得好一些，那是我人生价值的体现，我也就没有辜负党和国家这么多年对我的

驻村队伍帮扶故事

培养。"

张作发被派驻到烟囱石村工作以后，把发展村集体经济放在了工作的首位。他注重团结新组建的村"两委"班子，积极发挥村"两委"的主观能动性。同时，他努力学习脱贫攻坚相关政策，积极谋划村集体经济产业发展。目前，烟囱石村村集体经济产业累计投入 850 余万元，2019 年村集体经济收益达到 21.07 万元，贫困户人均收入达到 1.2 万余元。2020 年村集体产业收益预计将达到 45 万元，贫困户收入也会持续增加。

在努力发展村集体经济的同时，张作发对贫困户产业发展常抓不懈，以"志智双扶"为契机，鼓励贫困户靠自己的努力发展产业提高收入，以改变贫困现状。

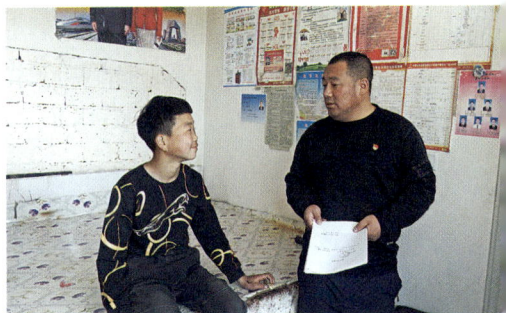

烟囱石村二组的贫困户周淑德是家中唯一劳动力，平日靠种植中草药的收入维持生计。2018 年 6 月他不幸出了车祸受重伤住院，当时正值种植中草药的最佳时节，为了不影响贫困户的产业收入，张作发组织村"两委"和驻村工作队帮助周淑德抢种中草药 32 亩，为贫困户产业发展扫平了障碍。

建档立卡贫困户郭小川想发展养殖业，2019 年计划通过肉驴养殖项目增加收入，为了鼓励贫困户靠自己努力勤劳致富，张作发帮他申请无息贷款 5 万元，并协调呼伦贝尔市职业技术学院的专业技术团队到村对其进行技术指导。看着驴群在草地上撒欢儿，张作发内心充实且高兴。三组的贫困户刘凤义发展种植果树项目，并将果园梨树和本地特产的野生山梨嫁接成功，还取了一个唯美的名字叫"北极冰梨"，张作发又是帮助其申请贷款，又是帮助宣传，又是帮忙找销路，忙得不亦乐乎。春耕时节，他帮东家购买种子，帮西家联系化肥；秋收时节，他又利用微信及电商平台帮助贫困户们销售"菜单式"产业扶贫项目产品……他就是这样一个踏踏实实地干着平凡工作的驻村工作者。

张作发和产业指导员们在烟囱石村的工作，为美丽的烟囱石村带来了生机和活力，让整个村的产业发展呈现出欣欣向荣的景象。

忠诚展风采　帮扶立新功

——记吉林省长春市九台区农业农村局驻庙岭村工作队

党中央的一声号角，全国上下打响了脱贫攻坚的伟大战役。在吉林省长春市九台区波泥河街道庙岭村，有一支队伍，用拼搏、奋斗、实干践行着全心全意为人民服务的忠诚，带领庙岭村走上了产业脱贫的道路，他们就是九台区农业农村局驻庙岭村工作队。庙岭村位于九台区东南部，面积 14 千米²，共有 321 户、1 243 人，其中建档立卡贫困户 20 户、36 人。2016 年，驻村工作队进驻，开启了庙岭村产业脱贫的新篇章。

查病因，对症开良方

工作队进驻以后，第一时间召开了村"两委"班子座谈会，认真了解产业发展及贫困户现状等情况，初步交流了开展脱贫攻坚的意见。在此基础上，工作队连续入户 20 余天，对贫困户进行了全覆盖式的实地调查，并对村产业发展的情况进行了调研。那段日子，无论天气好坏，不管工作闲忙，工作队都坚持抽出时间进村入户开展走访。在庙岭村的每一条道路上，都印下了他们的足迹，每一名队员的日记本上都写满了记录的文字。在掌握了庙岭村和村贫困户的基本情况后，工作队围绕如何更快更好地脱贫展开了深入讨论，从致贫原因到脱贫阻碍，从立时见效到长期巩固，思想在碰撞中统一，激情在火花里燃烧，一幅产业扶贫的美好蓝图被清晰地勾勒出来。

注强剂，产业大发展

说干就干，扶贫的事一刻也不能耽搁。工作队与村"两委"班子达成一致后，立即投入到产业建设的实践当中。

工作队确定的第一个产业是黄牛养殖。可贫困户没有资金和场地，自己养殖不现实。在调研中，工作队掌握到本地村民李占河有多年养殖黄牛的历史，并且具备扩大规模的基础条件。工作队决定，借助李占河养殖黄牛的便利条件成立合作社，由贫困户出资入股获分红，李占河自主经营。在征得李占河同意后，工作队又犯了难，贫困户的资金从哪来？思来想去，还是得找局里。工作队积极争取，由九台区农业农村局协调资金30万元，用于扶持贫困户入股李占河黄牛养殖合作社。这一举措可谓一举三得，既解决了李占河资金短缺问题，又免去了贫困户掏腰包出资，还保证了贫困户稳定受益。截至2019年年底，贫困户已累计分红12万元。目前，该合作社黄牛存栏数已发展到65头，市场估值100万元左右，持续分红不成问题。

一业初成，二业继兴。在黄牛养殖合作社初见成效的同时，工作队又开始了棚膜经济产业推动工作。2017年初春，余寒未消之际，庙岭村五社宽阔的农田里，12座塑料大棚拔地而起，无数村民投来艳羡的目光。原来，这是工作队扶持贫困户的棚膜经济产业落地。为了更好地帮助贫困户实现自主持续发展，工作队认为要有效地帮助贫困户"造血"。他们根据贫困户劳动能力、田地状况等综合因素，再次向区农业农村局争取资金36万元，建成12座大棚，交由12户贫困户自主经营，种植蔬菜瓜果等农产品。工作队还邀请区农业专家多次到现场进行科技指导，帮助联系销路，免费代运产品。很快，棚膜产业步入了可持续发展轨道。仅棚膜产业一项，12户贫困

户每年户均纯收益可达 6 000 元，最高的年收入近 2 万元。

同时，他们还引进了辽源袜业项目，争取九台农商银行扶持，吸收贫困户免费入股，每户每年可获得分红5 000 元；并面向全村招工，增加了全村的劳务收入。目前，三大扶贫产业已经成为贫困户脱贫的重要支撑。

防反弹，铺就坚实路

基础不牢，地动山摇。工作队深知扶贫绝非一蹴而就，一劳永逸。为了使扶贫产业保持长久旺盛的生命力，工作队打出了一套组合拳。积极发展壮大集体经济，通过出租勾机、销售牛粪等增加收入，实现村集体年收入 6 万元；大力推进民生建设，多方争取上级资金，累计投入近千万元，改善了人居环境和生活条件；实行责任包保制度，20 户贫困户全部落实了区农业农村局、街道和村"两委"班子一对一包保。一系列卓有成效的举措，增强了全村上下干事创业的信心，激发了建档立卡贫困户坚决打赢脱贫攻坚收官之战、全面实现小康的旺盛斗志。2020 年，工作队继续争取农业农村局支持，帮助村集体建设一处占地 100 亩的大榛子产业基地。目前，2 万余株大榛子苗已栽种完毕，成活率达到 90% 以上，为庙岭村集体产业发展奠定了坚实基础。

千帆共进，百舸争流。脱贫攻坚将载入中华民族发展的辉煌史册，作为历史大潮中的一股微波，长春市九台区农业农村局驻庙岭村工作队忠诚履职、竭诚奉献的精神也将在庙岭村激扬回荡、永放光芒。

第一书记与崇仁麻鸡的"不解之缘"

——记江西省农业农村厅驻抚州市崇仁县许坊乡谙源村第一书记周重军

2018 年 10 月，周重军被江西省农业农村厅派往抚州市崇仁县许坊乡谙源村任扶贫工作队队长兼第一书记，也从此与崇仁麻鸡结下了"不解之缘"。如今，周重军交出了令村民们满意的答卷。是怎样的信念和精神，让他始终秉持敬业精业的作风、无怨无悔的情怀？周重军说："条件差一点不要紧，累点苦点不要紧，身为第一书记就是要用自己的辛苦指数换取贫困群众的幸福指数。"他以实际行动践行决胜脱贫攻坚的号召，诠释了共产党员的初心与担当。"有文化、人很好，敢担当、能作为"——这是谙源村党支部书记李立新对他的评价，也是他从讲台走向田野的最好注解。

地处赣鄱大地的谙源村，是崇仁县脱贫攻坚的前沿阵地，该村"高低不平"的土丘陵地貌，四季分明的气候，非常适宜麻鸡生长。入村开展工作之初，周重军敏锐地意识到，只有把产业做强做大，才能真正防返贫、稳脱

周重军在麻鸡基地学习养鸡技术

贫。为此，他提出了宣传引路、打造品牌、让崇仁麻鸡走向全国的思路。他发挥自身特长，编写了一首叫《嘻哈崇仁麻鸡》的说唱歌曲，并制作成微视频。微视频一经上传，点击量就超过十万次，他本人也成了"网红""崇仁麻鸡第一书记"。2019 年 11 月，他带着《嘻哈崇仁麻鸡》亮相第十七届中国国际农产品交易会，打响了崇仁麻鸡品牌。自担任扶贫第一书记以来，他先后在江西卫视、江西广播电视台公共农业频道、江西农村广播等主流媒体积极为崇仁麻鸡代言，参与拍摄了《书记"店小二"》《第一书记庆丰收》《扶贫有一套》等宣传片，利用"谙源驻村工作队"公众号等新媒体进行广泛宣传，并在抖音等自媒体平台直播带货，与"电视当家""江西扶贫商城"等平台签订网上销售协议，大力开展品牌推广。值得骄傲的是，谙源村崇仁麻鸡基地出品的"三品一标"右帮牌崇仁麻鸡得到阿里巴巴集团创始人马云的青睐并亲自品尝，成为阿里系杭州恩宝农业科技有限公司、湖北坤宝投资有限公司的供货基地。进入 2020 年，受新冠肺炎疫情影响，崇仁麻鸡销售面临巨大困难，他迅速调整思路，提出了"减少喂食、控制产蛋"的思路，通过减少喂养饲料缓解资金压力，每天减少经济损失 3 000 元以上。同时，加强与赣南电商扶贫电子商城以及与京东商城的合作，努力开辟更多新的线上销售渠道，实现了 12 个月以上麻鸡存栏量清零。据统计，他不遗余力地打造品牌效应直接增加销售额 20 余万元，也使崇仁麻鸡走出了大山、走向了全国，巩固了脱贫成果，给村民带来了源源不断的经济收入。2019 年，谙源村级集体经济收入达 12.5 万元，2020 年村级集体经济收入预计可突破 20 万元。

"脚下有多少泥土，心中就有多少真情。"在全力打造崇仁麻鸡品牌的同时，他还大力发展黑木耳和太空白莲子种植产业。2019 年，他多方筹措资金近 30 万元，采取"公司＋合作社＋农户＋贫困户"的经营模式，引进龙头公司从种植到管理再到回收实行一条龙服务，并与农户签订保护价销售协议，解除了销售中"最后一公里"难题，每年可为村集体经济带来 1.5 万元的收益。他发动村里党员带头，把荒废的低洼地复垦种上白莲，取得了很好的效益，可为村集体经济带来每年 1.2 万元的收益。2020 年他又争取到 50 万元资金，正在努力打造 50 亩大棚蔬菜产业。

驻村队伍帮扶故事

目前，谙源村依靠"一黑一白一麻"（"一黑"是指 10 亩黑木耳，"一白"是指 10 亩太空白莲，"一麻"是指 180 亩崇仁麻鸡养殖）产业实现了整村脱贫。特色产业"崇仁麻鸡"已真正成为全村脱贫致富的"金钥匙"，全村已建成了 180 多亩的国家崇仁麻鸡生态养殖标准化示范区；引进浙商企业建成 900 亩草药覆盆子种植基地、高标准建成了规模养猪场 1 个、养鸭场 1 个……谙源村实现了全村产业发展"多点开花、全面结果"的良好效果，每年每户贫困户稳定增加收入 3 000 ~ 10 000 元，使农户在家门口实现稳定就业。

周重军和队员潘是水在贫困户李华同家
帮孩子们辅导作业

"只有把自己当做村子里的人，老百姓才会把咱们当做自己人。"在村民们的眼里，他们的周书记还是一位极富爱心和重情重义的人。他走访贫困户看见有老弱病残在家，临走时总要自掏腰包留下些钱，村里哪家遇到困难，只要他知道，都要尽心竭力去帮助解决。正是这种"我将无我，不负人民"的精神，让老百姓在他推动的产业兴村中看清了那份炽烈如火的赤子情怀。

三次留下拓产业　四载帮扶现初心

——记江西省赣州市寻乌县晨光镇高布村驻村第一书记吉志雄

　　《人民日报》2020 年 4 月 26 日 1 版《脱贫摘帽是新生活新奋斗的起点——习近平总书记陕西考察重要讲话引发热烈反响》登载了中华全国供销合作总社二级调研员、江西省赣州市寻乌县晨光镇高布村驻村第一书记吉志雄接受采访时表达的产业帮扶决心："总书记的重要讲话，让我们干劲更足了，要全力保产业链供应链稳定，为农民增收提供坚实支撑。村里发展 1.2 万株脐橙苗木，打造百香果全产业链，长短结合助脱贫。"他一再坚守的产业帮扶事迹也在《江西日报》2020 年 4 月 15 日 1 版刊发的《三次留任一心为民——记寻乌县晨光镇高布村第一书记吉志雄》一文中得到介绍。

　　吉志雄自 2016 年 1 月任高布村第一书记以来，三次任职期满三次选择留下，把软弱涣散的高布村党支部带成连续四年先进的党支部；2019 年带领全村实现脱贫；四年来帮助当地引进项目资金超过 7 500 万元；协助打造寻乌现代农业示范园等 5 个服务"三农"的产业项目；带动百香果、脐橙等农产品销售量超过 500 万千克；村集体经济从 0 增至 45 万元；吉志雄被高布村村民称为"焦裕禄式的书记"；2018 年 10 月被中央和国家机关工委授予"中央和国家机关脱贫攻坚优秀个人"荣誉称号；2020 年 3 月供销总社研究决定，在全国供销系统开展向吉志雄学习活动。《人民日报》和《光明日报》客户端、人民网、新华网、中国共产党新闻网、国务院扶贫办官网等多家主流媒体刊载他的事迹。

抓党建带产业，让组织力化作产业推动力

作为第一书记，吉志雄努力将习近平总书记提出的通过贫困村同企业、贫困村同社会组织结对等多种共建模式，为扶贫带去新资源、输入新血液的要求贯彻落实到位。

强化党建"主心骨"。狠抓"两学一做"和"不忘初心，牢记使命"主题教育常态化。村党支部一改软弱涣散的氛围，赢得村民好评，再次成为村民脱贫致富的"主心骨"。

接引产业"组织强援"。4 年来，吉志雄优中选优为村党支部对接共建党组织 8 个，其中供销总社直属机关党委党支部曾到村开展主题联学活动，并捐助党费 7.8 万元用于产业宣传的村广播站和村民产业技术培训教室建设；晨光中学党支部共建扶贫光伏电站；江西旅游商贸职业学院经管学院党支部连续两年安排大学生志愿者"三下乡"，指导帮助产销工作；中农集团控股股份有限公司党委第二党支部协调 100 万元建设提供农药、化肥等农资服务的村为农服务中心；中国再生资源开发有限公司党委组织员工为提供村民夜校和培训活动为主的便民服务中心建设捐款 87 万元。

运转好"新支部产业发动机"。吉志雄协调中合（赣州）农业开发有限公司由县城迁入村里，并指导成立驻村公司党支部，和村党支部同村开展扶贫工作。该公司建设多个果蔬大棚基地，三年来每年为全村 88 户贫困户每户分红 1 000 元，解决了 15 名贫困户家门口就业。2019 年两个党支部一起被镇党委评为先进党支部，一村两个先进党支部一时被传为佳话。

远近结合兴产业，让村有经济和群众同增收

吉志雄带领村"两委"和贫困户代表出村认真调研学习，大力推进产业衔接，先后联系对接 5 家国有企业帮扶高布村，远近结合抓产业。4 年来共引进和打造了脐橙育苗种植基地和蔬菜种植基地、百香果种植基地、小龙虾养殖基地、光伏发电基地、庭院种植经济带和扶贫制衣车间等，解决村民家

门口稳定就业超过 50 人。其中，引进的中合（赣州）农业开发有限公司先后投入 3 000 余万元打造了棚内高标准苦瓜种植基地及百香果种植和育苗基地；2017—2019 年先后接引资金 200 多万元打造了一个校园屋顶式光伏基地和两个地面光伏基地，

为村集体经济贡献超过 30 万元；2018 年引进投资 50 万元的小龙虾养殖基地，目前对村集体经济年贡献 6 万元；2018 年联合 5 家国企投资 200 万元打造了本村和邻村两个脐橙育苗基地，共育苗 5 万多株，确保了当地脐橙产业在 2020 年春耕播种中有序推进；2018 年年底至 2020 年年初，他先后接引资金 85 万元将农户门前屋后的闲置空地成片打造为庭院产业种植经济带，家家户户因地制宜进行多品类种植，目前已形成脐橙、百香果为主，桃子、西瓜、猕猴桃等经济作物为辅的多产业发展格局。村民说，吉志雄来后的这几年村里的变化发展超过以前 20 年。

抓团队强产业，让群众内生动力得到激发

吉志雄以驻村工作队和驻村公司为依托，以村里大学生和青年为主要对象，以招聘和志愿服务等形式扩大扶贫志愿者队伍和产业扶贫团队。4 年来，吉志雄组织了全村 5 次大学生座谈会和系列扶贫活动，通过产业基地调研、座谈家乡变化等培养大学生爱家乡建家乡的赤子情怀，5 名大学生先后利用假期应聘了扶贫专干；4 名大学生回到村里的企业工作，吉志雄带他们走访帮扶贫困户，组织助老服务，遇汛期保产业抗击雨水灾害，逢火情保安全冲在一线扑救，让家人亲友深受感染，更多人摒弃了"等、靠、要"思想，4 名贫困户放弃了低保；1 名贫困户更加悉心照顾年迈多病的养母，被市妇联评为最美女儿；1 名贫困户勤劳致富后退出贫困户，在村委换届中被选为村

驻村队伍帮扶故事

委委员。

2019 年吉志雄和产业扶贫团队打造了"高布村"农产品品牌，从种植到销售一条龙培养村里的大学生队员。他也担任起深圳卫视扶贫活动的寻乌县百香果销售代言人，积极参与直播带货，疫情期间协助线上销售积压百香果和脐橙等农产品超过 2.5 万千克，4 年来线上线下助推销售农产品超过 500 万千克。2020 年 2 月防疫封村管理期间，他带驻村企业用大棚当日收获的 2 000 多千克新鲜蔬菜慰问了出行不便的 300 户农户，再次让村民感受到家门口产业发展的优势。2020 年"五一"长假，吉志雄组织在村大学生为家乡产业直播推介，20 余名大学生志愿者将采摘的新鲜蔬菜赠给全村贫困户，并统计大家最新的产业种养情况，全程直播。村民也认定搞好产业就是村里发展的硬道理。五四青年节当天组织了大学生直播活动，助推全村产业发展，大学生汪子龙感慨地说："高布村的百香果干真的很好吃，蔬菜基地的蔬菜让我看到了家乡的颜色，很甜，很美。"

对标先进　接续战斗　奋力建设秀美百坭

——记广西壮族自治区百色市乐业县新化镇百坭村第一书记杨杰兴

广西壮族自治区百色市乐业县新化镇百坭村是全国优秀共产党员、时代楷模黄文秀工作、生活、战斗过的地方。2020 年 6 月 26 日，习近平总书记对黄文秀的先进事迹作出重要指示，黄文秀的先进事迹在社会上引起强烈反响。斯人已逝，馨香永留，精神永存，但是百坭村的脱贫攻坚工作却一刻也没有停下来。2020 年 7 月 3 日，杨杰兴深受黄文秀先进事迹感动，他主动请缨来到百坭村担任驻村第一书记，接续黄文秀的扶贫事业。

以楷模为榜样，深入弘扬文秀优秀品质

杨杰兴团结带领村"两委"、驻村工作队结合开展"不忘初心、牢记使命"主题教育，把学习黄文秀先进事迹贯穿全过程，充分利用"三会一课"、主题党日等方式，组织召开多场报告会、宣讲会和座谈会，并将黄文秀的先进事迹编排成山歌、快板在群众中广为传唱，开设文秀课堂，讲好文秀故事，持续深入开展学文秀、争先进活动，全力打造黄文秀先进事迹教育基地，组织广大党员干部、青年走进黄文秀纪念场馆参观学习、接受教育、启迪心灵，凝聚打赢脱贫攻坚战的强大动力。

扎根扶贫一线，做担当奉献排头兵

杨杰兴全身心扎根在百坭，把这里当成自己的家，把群众当成亲人，积极为村里争取扶贫项目和资金，在各级各部门和社会各界的帮助支持下，实

施村庄综合整治和风貌改造，打造精品型村庄建设。修通22千米产业路并将5条屯内道路硬化，安装4个屯108盏路灯，修缮3个屯水利渠道、护堤，新建水池200米³ 1座、拦水坝1座、敷设管路2.2千米，提升群众生活生产用水安全。建设那用砂糖橘农业核心示范区，安装水肥一体化滴灌系统、喷淋系统，实施油茶新造林、低改示范点建设，开展技术培训8期，提高种植户管护技术，大力发展特色农业产业，确保群众增产增收。在新冠肺炎疫情防控期间，杨杰兴更是压实责任，扛起党员先锋旗，主动在村内组织成立了党员宣传、排查、值岗"网格化"先锋队，全面从严做好疫情防控和恢复发展生产工作，全方位落实疫情期间产业和就业奖补等特殊惠民政策，多方联系销售渠道，将群众滞销的15万千克砂糖橘全部销售出去，群众收入45万余元。

发展特色产业，做务实拓荒者

杨杰兴坚持"党建引领、产业带富"，结合百坭村实际，制定文秀扶贫产业路"139"产业发展规划，采取"1核心+3要素+9站点"的融合机制、创新发展。"1"就是以落实习近平总书记重要指示精神为核心；"3"就是以黄文秀精神形成的人文体系、百坭村丰富的资源体系、社会力量支持体系；"9"就是聚焦砂糖橘、山茶油、山泉水、清水鸭、飞鸡、蜂蜜、猕猴桃、茶叶、烤烟等9个特色产业助农增收为突破点。通过"139"产业规划发展，市场化经营，促进贫困户增产增收。同时，牵头成立了村集体企业——百色秀起福地百坭农业发展有限公司，申请注册"秀起福地""秀美百坭"等商标品牌，开发"秀"品牌系列产品，通过引进专业公司市场化运营，将贫困户种养出来的农副产品变成商品进入市场流通销售，确保贫困群众稳步增收，脱贫致富。目前，通过秀起福地公司及电商平台，累计帮助贫困户销售砂糖橘50多万千克以及山茶油、清水鸭、枇杷等农产品一批，辐射带动

100个产业帮扶典型

了300多户群众实现了户均增收3 000余元的目标，实施村集体经济收入近20万元。他积极带领全村群众大力发展特色产业，发展烤烟种植240多亩、村集体经济蜜蜂养殖100箱。他还常常走家串户做好群众发展产业思想动员工作，引导农户在百果屯沿河新种30亩约2 500株晚熟类金秋砂糖橘，引导群众比学赶超、争先致富。他鼓励帮助贫困户"鸭司令"梁祥胆及贫困户黄光红等大力发展清水鸭、山鸡等养殖项目。目前，村内建有2个家庭农场和2家大型养殖场，全村每4个月能出栏清水鸭2 500余羽，年出栏10 000多羽，产值10万余元。同时，杨杰兴还积极向上级党委、政府汇报，规划在百坭村打造红色旅游基地，以黄文秀先进事迹、红色文化资源为核心，结合百色市、乐业县良好的生态资源，全域统筹，规划发展建设一批田园综合项目，打造壮族特色村落，将研学体验与教育培训相结合，增强黄文秀先进事迹与百坭村生态资源融合的深度和广度，建设秀美百坭。

在各级党委、政府和社会各界的关心支持下，在黄文秀精神的鼓舞下，经过杨杰兴与村"两委"、驻村工作队员、党员群众的共同努力，如今的百坭村旧貌换新颜：路畅通了，灯明亮了，农产品销售渠道打开了，产业旺了，群众笑得更甜蜜了，百坭群众心中通往小康之路终于亮堂了。2019年年底全村贫困发生率从最初的42.94%下降至1.79%，顺利实现百坭村整村脱贫出列。

担使命　践初心　忘我工作为脱贫

——记重庆市潼南区崇龛镇石庙村驻村干部钟景勇

又是周末了，重庆市潼南区驻村干部钟景勇在崇龛镇石庙村住所刚洗漱完便接到重庆阿源农业开发有限公司业主黄兴勇的电话。"勇哥，我发现有的花椒在落花落果，不晓得是什么原因，是不是该打药了？""你就在那里等下，我马上过来看看。"挂断电话，钟景勇一面联系区农业农村委特经站专家，一面顾不上吃早饭，便匆匆踏上了新一天的扶贫征程。

石庙村位于崇龛镇东南部，该村产业发展整体滞后，村集体经济发展滞后，来村投资的企业少，且发展思路不清、经营管理方式落后，带动能力不强，全村有建档立卡贫困户 93 户、315 人，急需脱贫致富。

主动请缨，勇担脱贫攻坚使命

2018 年潼南区农业农村委准备选派精锐力量充实驻村工作队帮助石庙村贫困户脱贫致富。经区农业农村委层层筛选，有着产业扶贫及援藏经验的农学硕士、高级农艺师钟景勇被纳入候选人员名单。脱贫攻坚工作持续时间长、强度高、责任大，单凭一时热情是难以胜任这项工作的。区农业农村委在深入调研石庙村情的同时从各个方面考察候选人，这期间钟景勇主动了解石庙村实际，在全面掌握潼南区情的同时积极查阅带动产业发展、

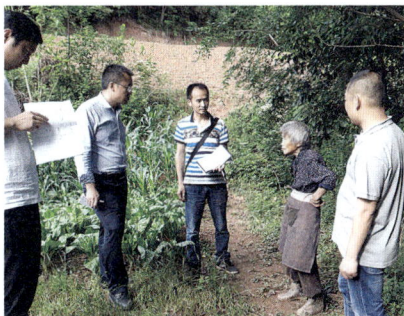

钟景勇（右三）走访贫困户照片

促进贫困户增产增收的资料，并多次向领导汇报石庙村产业发展建议，表明自己参加驻村工作队的决心。经努力争取，2018 年 10 月钟景勇如愿以偿成了驻崇龛镇石庙村扶贫工作队队员，在崇龛镇石庙村开展脱贫攻坚工作。

披荆斩棘，践行为民服务初心

钟景勇初到石庙村，看到的是几乎没有收入的村集体经济、薄弱的产业基础设施，同时面对农户季节性缺水、住房不安全等诸多问题。钟景勇作为工作队一员，同其他同事并肩战斗在脱贫攻坚阵地第一线。

钟景勇说："工作开展之初最大的困难不在看得到的地方，而是在贫困户心里。"石庙村 6 社村民廖文良家房屋修建于 20 世纪 80 年代，经相关部门鉴定是 D 级危房，需要进行危房改造。廖文良表示自己常年多病，家里积蓄不多，他不愿花钱进行危房改造。"这人就是嗷卵犟（固执），不相信别的人，就是有钱也不得拿出来。"了解廖文良的村民对工作队反映道。摸清情况后，钟景勇多次上门走访，出对策、想办法、做工作，让廖文良意识到住房安全的重要性，了解了国家危房改造优惠政策，他逐渐相信了钟景勇，完成了危房改造。如果说困难是大河奔流不息难以逾越，那么信任就是一座桥，钟景勇等驻村工作队员秉持着全心全意为人民服务的初心，一路披荆斩棘。截至目前，在工作队的帮助引导下，石庙村完成 D 级危房改造 10 户，厕所改造 187 户，新建机井 6 口；建成租赁用的 T 型架广告牌两座，村集体已与汇达柠檬科技集团有限公司签订租赁协议，联系各部门共计投资 570 万元硬化村社道路 12 千米，全村道路硬化覆盖率达到 80%。

锲而不舍，忘我工作砥砺前行

钟景勇自 2018 年 10 月驻村帮扶以来，除履职尽责开展驻村扶贫工作外，还时刻关注贫困户思想、生活等方方面面，力求诊断出贫困"病因"，对症下药。石庙村 11 社贫困低保户张光正，五十出头，得到了机井、D 级危房改造等扶贫政策支持后，张光正逐渐产生一些"等、靠、要"的思想，

驻村队伍帮扶故事

不积极劳动，生活仍然不宽裕。钟景勇深知"授人以鱼，不如授人以渔""扶贫还需扶志扶智"，多次到张光正家里开展思想教育工作，在推荐村里公益性清洁工岗位的时候，鼓励他参加。目前，张光正已到岗工作，明白了"只有凭自身辛勤工作换来的报酬才是光荣的"道理。

在一年半的时间里，钟景勇对不同贫困户采取有针对性的工作措施，帮助贫困户脱贫致富。"在扶贫的路上，不能落下一个贫困家庭，丢下一个贫困群众。"钟景勇为此忘我工作，很长时间没有回过家，吃住都在村上。无论是工作日还是周末，只要有电话求助，他都是第一时间处理。在忙完一天后，

钟景勇（左二）日常工作照片

钟景勇经常感到筋疲力尽，没时间做饭就吃方便面凑合，来不及烧水洗澡就倒在床上睡着了。抗击新冠病毒期间，为照顾好家庭的同时不影响扶贫工作，钟景勇将儿子接到自己身边同自己一道驻村扶贫，一面教育子女齐小家，一面脱贫攻坚为国家。钟景勇一时成了当地人人称道的好干部、好父亲。"这样忘我工作的扶贫干部来石庙村真是党和国家对咱村最大的支持，我们一定要抓住机会，撸起袖子加油干，巩固脱贫成果，保证稳定脱贫，实现全面增收致富奔小康。"石庙村党支部书记曾义全说。

截至目前，崇龛镇石庙村 93 户贫困户已经全部脱贫（其中稳定脱贫 6 户，正常脱贫 87 户），为确保贫困户脱贫不返贫，巩固攻坚成果，钟景勇等驻村工作队员仍坚守在石庙村脱贫攻坚一线，为全村致富增收继续努力，砥砺前行！

李子花开幸福来

——记贵州省遵义市习水县桃林乡天隆村第一书记范乾胜

范乾胜，男，中共党员，2016 年 4 月，经原遵义市委讲师团（现遵义市委党校）选派到贵州省遵义市习水县桃林乡天隆村任第一书记。

"今年（2020 年）春天，1 200 多亩流转的土地都种上了烤烟、脆红李，按每亩地增收 3 000 元，天隆村有望实现年增收超 360 万元。"站在山脚上，看着满山葱绿的脆红李基地，范乾胜和驻村工作组盘算着全村 2020 年的收入账单。

360 万元收入还只是一个"小目标"，按照长远规划，天隆村 2020 年还打算种植方竹 2 500 亩，发展生猪养殖 1 700 头，同时利用良好的气候条件，发展避暑旅游，准备迎接盛夏的到来。

摸实情，精施策，勤走农户出思路

如今，走在天隆村新合组，村容村貌焕然一新：干净整洁的公路，傲然挺立的游客接待中心，整齐划一的黔北民居。村民张少伦感慨地说："没想到新合组会有这样大的变化！"

"以前，没有一条硬化路，通信设施差，三个村民组无移动手机信号，大部分区域无 4G 网络，信息沟通存在问题。"2016 年 4 月 18 日，遵义市委讲师团选派范乾胜来到天隆村担任第一书记，这是呈现在他面前的第一印象，深度贫困村果然如此"有深度"……

天隆村有建档立卡贫困户 231 户 1 082 人，2016 年年底贫困发生率 23.21%，是省级深度贫困村，是全省脱贫攻坚的主战场之一。

驻村队伍帮扶故事

"不通路、不通网络、不通水""一天两顿苞谷饭，肚皮烤起火斑斑"……新合组，一个散居在群山之间的村民组，是天隆村贫困程度最深、贫困人口最多的村民组。

"挨家挨户征求脱贫意见，共谋发展大计，脚底板都磨破了。"范乾胜介绍说。

为建立完整的贫困户数据库，范乾胜到村工作后，立即深入农户摸排情况，做调研、访民情，为打赢脱贫攻坚战掌握了大量一手资料。

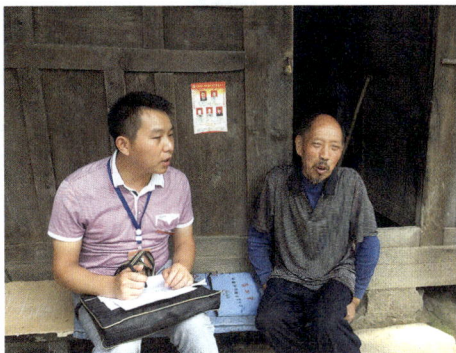
走访贫困户

驻村四年多来，他走访群众8 000 余人次，党员 400 余人次，记录群众反映的困难和问题 600 余条，归纳整理意见建议 200 余条，解决实际困难 200 余件，化解矛盾纠纷 160 余件。

"最少两天下一次组，多的时候一天跑三四趟。"桃林镇原党委书记罗永杰表示，每次到天隆村开展工作，看到范乾胜都是一身泥。"范书记真的了不起，比我还熟悉村里情况。"村民王运礼说。

背靠背，心贴心，天隆处处产业兴

起伏的山峦上，漫山遍野的脆红李花格外耀眼。在天隆村和平组，443 亩脆红李预计每亩产值 3 500 元，土地流转户在脆红李基地务工收入每年户均 1.5 万元，成了全村脱贫致富的支柱产业。村民田鸽翱正忙着给脆红李除草，他说："没有范书记和驻村工作组的热心肠，就没有这么好的产业，我就不能在家门口挣钱了。"

2019 年春节刚过，田鸽翱就给范乾胜打电话，称自己不愿意牵头管理脆红李了。这着实把范乾胜吓了一大跳，全村 443 亩脆红李，2019 年已经开花挂果了，2020 年预计每株挂果 5 千克以上，如果没有人牵头管理，脆红李长势肯定会受影响。

100 个产业帮扶典型

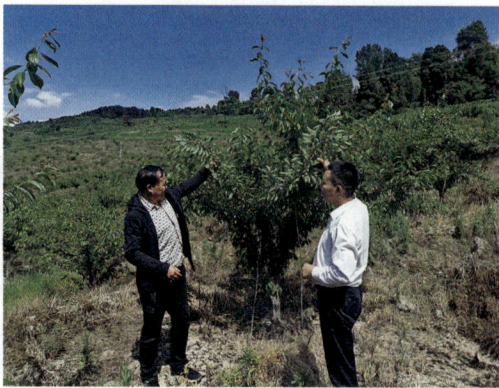

查看脆红李长势

第二天，范乾胜就和驻村工作组一起到田鸽翱家了解情况，耐心讲解发展脆红李的好处，并与村"两委"一起积极帮助他解决遇到的困难。田鸽翱终于被说服了，愿意继续牵头管理脆红李。2019 年，田鸽翱在脆红李基地务工收入 3 万余元，其他 10 余人，每人增加收入 1.5 万元，有效巩固脱贫成效。三年后，脆红李进入盛产期，56 户土地入股农户将实现分红，户均增收 5 000 元以上。

看到贫困户稳稳脱贫，收入更加可观后，范乾胜的"野心"更大了。他除了悉心指导培训贫困户生产技术，扩大脆红李种植面积外，还和村党支部书记商量，一起引入贵州桐梓日泉农牧公司，完成安朋现代规模养猪场改建工程，采取"党支部 + 龙头企业 + 合作社 + 农户"的发展模式，发展壮大村集体经济。目前，该养猪场已上栏仔猪 1 700 头，预计 2020 年年底出栏，届时将为村集体经济增收 10 万元以上。

"种烤烟，种果树，总有一样能致富。"离村委会不远处，村民马凡明正在翻犁土地栽种烤烟。"我在多年前就有栽种烤烟的习惯，现在又有烟草公司的订单，我今年一定要好好发展我的烤烟产业。"多年来，天隆村一直有栽种烤烟的习惯，但由于国家计划调整，天隆村失去了烟区的地位。

范乾胜知道情况后，积极向上级党委政府汇报，反映群众的种植意愿，经过他的多方奔走，如今，700 亩的烤烟计划落户天隆村，不仅解决了当地扶贫产业"种什么"的问题，还带动了群众增收。

转思想，重实干，脱贫路上不能少

范乾胜不说空话，进村不久就为村干部制作了亮明身份的胸牌：当干部就不能往后站，胸牌挂身上，有事往前冲。

2016年4月，县里把通村路修到了村口，村民在范乾胜和村干部的带领下自发修建入户路。没有修路资金，大家硬是拿火烧石头的土方法，把入户路铺到了家门口。

范乾胜帮助村"两委"争取资金300万元，打造人居环境整治示范点；请求县体育运动中心的帮助，解决健身器材4套、篮球架2个，建设文化广场，丰富村民的休闲娱乐。

他还号召村民们利用"五创建"的机会，开展"脱贫攻坚大赛"，村民可按照脱贫攻坚成效，领取洗衣粉、床单等礼物。村民们的热情被"点燃"了。"范书记，我今年出去打工，一定要得大奖！"第一次得奖的贫困户第二年年初就出门务工，年增收两万多元。

为转变村民的思想，范乾胜积极向选派单位争取帮扶资金10万余元，采取"走出去"和"请进来"的方式，用于党员干部群众外出考察学习和邀请相关知名人士到村授课。组织32名党员、退伍军人、离退休干部和村民代表到湄潭县两路口村考察学习基层党组织建设及集体经济发展；组织全村群众代表到桐梓县官仓镇考察学习产业发展，到余庆县大乌江镇红渡村考察学习乡村旅游。

村民蔡云超每到新时代农民讲习所开课时，便早早到场听课。他先后养牛10余头，2019年仅卖商品牛便收入30 000多元。现在，他家已购买了小轿车，实现了致富奔小康。

天隆村由于山高路远，过去村民生活条件艰苦。"要政策有政策，要帮扶有帮扶，还不加油干，难道让人笑话？"如今，"不等不要不依靠，自立自强自己忙"的观念，已深深印在天隆群众的心里。

贫困村来了个"理得顺"书记

——记云南省普洱市墨江哈尼族自治县泗南江镇干坝村驻村扶贫第一书记李德顺

站在三江口水电站往上看,是一片巍峨的大山。一条灰白色的乡村水泥公路,沿着山坡蜿蜒而上,渐渐隐在云雾中。

云雾深处,就是云南省普洱市墨江哈尼族自治县泗南江镇干坝村,这是一个位于大山深处的高海拔村寨,也是墨江县最贫困、环境最恶劣、生活条件最差、少数民族人口最多的省级深度贫困村。

全村土地面积达 48.91 千米^2,农户 680 户、3 318 人,农民年人均纯收入 8 032 元。

这是云南电网有限责任公司普洱供电局的定点扶贫村。驻村扶贫第一书记、工作队长李德顺沉下心来,用心帮,真心扶。他与农民同吃同住,用真心开展工作,用真情温暖人心。

当地老百姓遇到困难时就会说:"理不顺就找李德顺。"李德顺被村民们亲切地誉为"理得顺"书记。

照亮村民幸福路

干坝村距县城 92 千米,距镇政府 26 千米,辖区内有 9 个自然村 20 个村民小组。

2016 年 10 月,李德顺接到普洱供电局党委的通知,选派他到干坝村担任驻村干部。从小在农村长大的他,通过自己的努力走出大山,更了解农民穷的原因。他说:"我本来就是农民出身,更了解农民的疾苦,要把干坝人当做自己家人，把干坝村的事当成自己的家事，现在我回到老家，我也要让我的家人脱贫致富。"

李德顺花了一个月的时间，跑遍了干坝村20个村民小组。最远的四角田村民小组距村委会30多千米，土路，弯多路窄，开车要两三个小时才能到达。

恶劣的自然环境下，用电问题是干坝村村民的头等大事。陆续有老百姓前来反映用电问题及用电需求，如临时居住在橡胶地的胶农住地未通电，临时搬迁户未通电等。

2017年2月，经实地勘查，李德顺发现用电问题涉及用户79户、258人。由于涉及的点多面广，特别是临时搬迁户原居住地存在诸多安全隐患，涉及老百姓的切身利益和安全居住。他在向普洱供电局领导汇报的同时，积极向上级和有关部门争取项目，同时将该情况与普洱供电局和墨江供电局进行沟通。

最终他向普洱供电局争取到应急项目，共争取到163万余元为258人解决了用电问题，解决了当地村民多年以来因电压低而饭煮不熟的困难，解决了因线路长而供电不可靠的问题，解决了民房建设的施工用电问题。

三年来，李德顺从普洱供电局共协调上百万元资金，解决干坝村基础电力保障建设，实现干坝村及所辖自然村380伏动力电全覆盖，让干坝村老百姓家家通了电。

"只有屋里亮了，幸福的路才会越来越光明。"李德顺说。

定制全村发展规划

仅解决眼前用电困难是不能帮助干坝村民脱贫致富的，"授人以鱼，不如授人以渔"。扶贫不仅仅只是解决老百姓的眼前问题，而是要破除村民的"等、靠、要"思想，打牢长远发展的基石。

在深入了解干坝村的地理位置和气候环境后，李德顺提出"长 + 短 + 集散"的产业脱贫思路，积极争取到上级支持和扶贫资金144万元，并邀请专业人员对种植养殖技术进行培训。

长即发展茶产业，2017 年扶持茶叶育苗 364.6 亩，加之村民前期已种植的茶叶 500 亩，2020 年便可成为该村长期可持续增加收入的支柱产业。

短即发展种植养殖产业，李德顺专门邀请云南省农业大学与墨江县农业农村局的技术专家到干坝村调查分析这里的土壤情况，并给出适合种植土豆、荷兰豆、辣椒等建议。李德顺采取"规划＋入户调查＋寻求市场"的方针，帮村民采购种子，积极动员村民种植土豆、烤烟，养殖土鸡、生态猪，联系普洱沧江缘农业开发有限责任公司进行收购。

2018 年，李德顺带着 41 户村民种了 195 亩烤烟，收益 80 多万元。

同年，他带着村民种了 400 多亩马铃薯，卖了 33 万元。

上干坝 3 组村民李光灿，2019 年种植马铃薯，产量达到 2 吨多，赚了 5 000 多元。"我们感谢普洱供电局，如果不是他们引进这个项目，我赚不到这笔钱。"李光灿称，他往年种植稻谷，最多能产出 600 千克谷子，只能卖 2 000 元。2019 年种植马铃薯，收入翻倍。从种植到采摘，李德顺到他家里十多次，指导他打药、除虫。

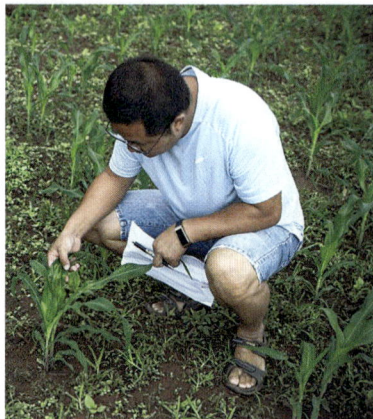

李德顺到田间察看
"草地贪夜蛾"灾情

建市场方便群众

从干坝村到泗南江镇，摩托车是主要的交通工具。年纪大的或没钱买车的村民，每次赶集只得步行前往，来回得花 10 个小时。从天蒙蒙亮出发，到街上随便买点东西，回家时天就完全黑了。许多村民因此不愿意去镇上赶集，家里的鸡、猪等生态产品卖不出去，贫困无助。

了解这一情况后，普洱供电局为干坝村打造"盛绿街"集散交易市场，自 2017 年 7 月 26 日开街赶集以来，累计实现 160 多万元的交易额。

村民沧桂莹背着野生鸡枞菌到盛绿街售卖，这是她前一天上山采的。一共 2 千克多，卖了 86 元。然后她买了 50 元玉米种子、32 元农药。"样式多且方便，街子开得好。"她开心地说。

解村民燃眉之急

2016 年，两岁多的刀晓颖得了白血病，因家贫无钱就医。李德顺了解情况后，发动普洱供电局捐赠了 3 万多元。这笔救命钱，让刀晓颖及时得到治疗。2020 年 5 月，刀晓颖家里特意送来一面锦旗，感谢李德顺当年的救命之恩。

村民陈进伟家 75 岁的老母亲瘫痪在床，一个儿子因车祸刚做完手术，陈进伟常年患病，基本丧失劳动能力。一家人全靠陈进伟妻子文梅琼一个劳动力来养活。2019 年，陈进伟不小心被牛顶撞。牛角将陈进伟的肠子挑到外面，被紧急送到医院抢救，他家四处借钱筹集手术费。

就在这时，村里正在催缴下一年的医疗保险。李德顺知道这个情况后，立即带着驻村工作队员到陈进伟家慰问，并自掏腰包，帮陈进伟家缴纳了 400 元的医疗保险，解了他的燃眉之急。

此后，李德顺经常到陈进伟家慰问。每一次他进门，陈进伟的老母亲都会感动得流泪，除了说谢谢就是哭，这是村民最朴实最真诚的感谢。

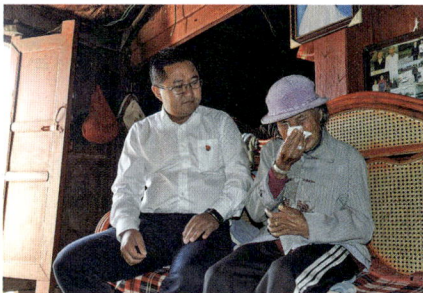

李德顺与贫困户谈心

担当作为树形象　强基惠民做标兵

——记西藏自治区农业农村厅驻日喀则市南木林县索金乡桑木林村驻村干部加央旦培

2019 年 1 月，带着组织的信任和家人的嘱咐，加央旦培有幸成为一名驻村干部，背着行囊进驻一个困难最大、人口最多、脱贫任务最重的村，担任驻村工作队队长兼派出单位四个工作队总队长。由于西藏自治区日喀则市南木林县索金乡桑木林村资源严重匮乏、基础设施落后、农户居住分散、群众的市场意识不强、社会兜底任务重，驻村帮扶难度可想而知。作为一名队长，看到村民渴盼已久的目光，艰苦环境带来的身心疲惫早已抛到九霄云外，他立马放下架子、扑下身子，以饱满的工作热情投入到强基惠民工作。

建强组织，健全乡村治理体系的"推动人"

加央旦培始终把建强基层组织作为驻村工作的核心任务、维护社会稳定作为第一任务、搞好宣传教育作为首要任务，并进一步加快推进当地乡村治理体系和治理能力现代化。首先，建强基层组织。协助召开党支部专题会 6 次，培养 2 名入党积极分子，完善 5 项规章制度，修改和完善村规民约，把人居环境工程内容和淡化宗教消极影响内容补充到村规民约，进一步提高村"两委"依章办事的水平和能力；制作党建宣传栏 4 个，引导和督促农牧民党员按时缴纳党费和积极参加党组织活动，先后给全村党员上了以党史为内容的 3 次党课；为了更好地教育管理驻村工作队党员，驻村工作队第一时间成立了临时党支部，开展了一系列党日活动。其次，始终坚持"稳定压倒一切"的思想不动摇。坚定自身政治立场，把维护社会稳定作为首要任务、第一责任，认真贯彻落实自治区十项维稳措施，全面掌握村情民意，积极排查不稳定因素，调解家庭矛盾纠纷2起，全力配合村委会做好敏感节点、重要时段、重大活动期间维稳安保工作。再次，强化政策教育。作为一名自治区讲师团人才库成员，用藏汉双语向群众宣讲习近平新时代中国特色社会主义思想，按时间节点要求宣讲"四讲四爱"活动精神，以集中宣讲、开展座谈、入户宣讲和田间地头等方式经常性宣讲强农惠农富农政策。截至目前，共计宣讲10场次，受教育群众530多人次，每天按时播放广播宣传党的各项政策。

为民办事，当好农牧民群众的"帮扶人"

作为工作队队长，加央旦培把为民办实事作为驻村工作的首要任务，充分发挥行业优势，着眼农牧业发展和农牧民增收，争取了能够有力促进产业发展的短平快项目。申请农机具补贴项目，购置了四轮拖拉机28台，翻转犁32台，旋耕机1台，兑现购置农机具补贴27.32万元，进一步提高当地农业机械化水平；积极推广青稞良种，申请解决藏青690青稞良种7吨，有效保障了春耕春播工作顺利进行；充分利用村集体的220多亩农田连片种植油菜，免费解决了300多千克油菜种子，进一步加强村集体经济；针对农户吃菜难、吃菜贵的困难，给群众免费发放6 000米²蔬菜温室薄膜，帮助和鼓励群众自己种植各种蔬菜；为了降低田间病虫害的发生，减少病虫害对群众造成的损失，免费发放84个手动喷雾器，为喷洒农药带来极大的方便；以提升耕地质量和鼓励连片种植为目的，申请200亩高标准农田建设项目，将进一步提高机械化水平和农业综合生产能力；争取了11吨燕麦草和绿麦草种子，利用荒地和房前屋后空地，完成800多亩人工种草，进一步加大饲草产量，缓解草畜矛盾；针对降低

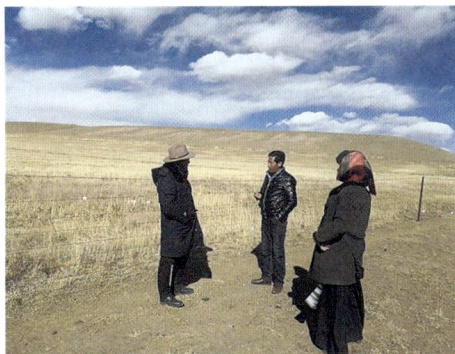

春季雪灾给群众造成损失，免费争取 9 吨抗灾饲料，帮助群众从市面购买 12 吨抗灾饲草；针对常规疫病频发，从有关部门争取 6 箱盐酸左旋咪唑片和 12 箱阿苯达唑片兽药；为了鼓励环境绿化，从相关部门申请树苗，给当地群众免费发放 500 株树苗；多次向有关部门反映申请人畜饮水项目，目前项目正在紧张有序地实施，工作队始终参与项目实施监督工作。加央旦培还带着驻村工作队先后几次到有关部门申请和协调水塘、水渠、温室、牲畜暖棚圈、综合加工厂、道路硬化等项目。

谋划发展，实施乡村振兴的"引路人"

作为农业农村部门的驻村工作队，积极把农村综合改革转化为动力，推进乡村振兴战略的全面实施。

鼓励发展农村新型经营体系。由于当地群众农田分散，无法连片种植，不能很好地利用农机具，从而很难步入农业现代化，为了鼓励土地流转、代管、托管，有效解决外出务工人员顾虑，强化群众承包土地权益意识、土地承包经营权流转观念，加央旦培向上级部门多次呼吁落实土地平整项目。教育引导群众组建农牧民种植养殖、建筑施工等方面的合作社，目前该村新组建了两家合作社和一个村集体经济主体。

积极引导推广新品种。结合推广种植的藏青 690、藏青 320 良种，他时常关注推广品种在当地的适应性，评估推广品种对当地气候、土质条件的适应性，分析良种青稞在桑木林村的推广优势和可行性，科学引导群众开展农作物田间管理。

抓技能培训转移就业，以技能提升促脱贫。结合桑木林村农忙季节短，群众外出务工时间充裕的特点，加央旦培主张加大农牧业生产技能培训，争取种植养殖、机动车驾驶、建筑施工、培养厨师等方面的技术培训名额，确保具备外出务工劳动能力的贫困家庭中每户有 1～2 人掌握相关职业技能并就业，显著增加工资性收入。

结合"四讲四爱"群众实践教育活动和村庄"三清一改"要求，深入开展"深化'四讲四爱'，提升人居环境，改变陈规陋习，建设美丽村庄"活动，从派出单位争取 1 万元资金，给村里每户发放洗脸盆、毛巾、香皂、洗衣粉等个人卫生用品，引导群众树立良好的卫生习惯，按季度全村评选出10 户"最佳卫生户"及 4 户"卫生之星"，其中 2 户是建档立卡贫困户，发放流动红旗和奖品，通过给予适当物质和精神上的奖励，提高群众参与"三清一改"工作的积极性。

结对帮扶，当好贫困群众的"贴心人"

加央旦培深知 2020 年全村脱贫的重任，带领工作队全体队员把主要工作精力用在脱贫攻坚上。

认真开展贫困户调研，务求摸清贫困户底数，找准致贫原因，大胆向派出单位建议适当调整帮扶对象，把未脱贫户对应领导干部，经常查看领导干部《帮扶手册》帮扶记录情况，加强实行包干责任制，确保扶贫措施精确到户、扶贫责任明确到人，积极总结上几批扶贫工作队工作经验，编制起草了桑木林村脱贫工作方案。

联系拉萨市某酒店，给桑木林村自理能力差的 5 名特困户孤寡老人送去了被褥、床单、枕头、垫子等床上用品，同时驻村工作队给他们购买了个人卫生用品，并一一送到家中。

驻村期间，他积极主动多次深入查嘎村贫困户扎西顿珠和桑布结成家中，及时了解困难，关心关注结对户生产生活难题，帮助其寻找致富门路。

"总队长就是总服务员。"他总是用这句话激励自己，勉励大家。4 个工作队、16 名工作队队员的一件件工作和生活上的琐事在他的总调度下井然有序地进行，确保着驻村各项工作高效健康运行。

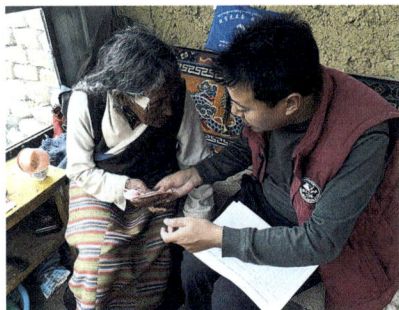

坚守初心　青春无悔

——记陕西省安康市白河县茅坪镇大山村驻村第一书记王鑫

每个人都有青春，也有初心，当青春与初心碰撞、交织、融合，无论脚踏泥泞，艰辛跋涉，青春的汗水也终将在这坚守中，孕育出新的希望。

王鑫是陕西省安康市白河县农业技术推广站干部，2018年2月到茅坪镇大山村任第一书记至今，驻村三年，他舍小家为大家，把大山村当做自己的家，把村里的孤寡老人、留守儿童当做自己的父母、孩子一样关心照顾。为了村上的发展，记不清熬了多少个日日夜夜，才30出头的他，却早已白了两鬓。

大山村位于距县城50多千米的后高山地区，辖12个村民小组，435户、1 390人，其中建档立卡贫困户247户、756人。全村耕地3 255亩，交通不便，资源匮乏，基础设施薄弱，全村半数以上人口靠外出务工增收，属于深度贫困村。

发挥支部堡垒作用，凝聚党员人心

以"双建双培"为目标，加强带头人队伍建设。2018年4月村"两委"班子换届，竞选出的新班子平均年龄不到35岁，这一批年轻人的加入，无疑增强了大山村集体班子的凝聚力和战斗力，使班子充满了活力，充满了斗志，为村级发展夯实了基础。注重党员发展工作，在王鑫的带领下，三年来

驻村队伍帮扶故事

已发展年轻预备党员 3 名。并为其制定了严格的学习计划。坚持"三会一课"制度，狠抓每月的党员定期活动日工作，发挥远教功能，利用"手机＋党支部"积极开展外出务工党员的教育学习培训，让党建工作不落一人。开展新民风建设，发挥"一约六会"作用（即村规民约、红白理事会、道德评议会、禁毒禁赌会、村民议事会、人民调解委员会、治保委员会），实施法治、德治和村民自治三管齐下、有机结合，长效开展诚孝俭勤和新民风建设。

解民忧办实事，山村旧貌换新颜

对群众来说，喊口号，不如办实事。常言道，要想富先修路。在担任第一书记以来，他一直把村基础设施建设当做村党支部的头等大事来抓。村上九组焦赞沟、一组新村安置点、七组阴坡到村主干道不通公路，"雨天一身泥，晴天一身灰"，严重影响群众出行，制约经济发展，群众反映强烈，迫切需要就是修路。王鑫看在眼里急在心上，经过多方奔走协调，积极争取项目资金，三年来新修硬化通组公路 3 条 9 千米，产业路 3 千米，便民桥 1 座。群众出行方便了，产业致富也就有了希望。

大山村属于后高山地区，经济发展相对滞后，主导产业发展后劲不足。在镇村两级党组织以及县农技推广站的多次实地调研指导下，通过三年的不懈努力，逐步形成了以茶叶、核桃、魔芋为主，烤烟、杆酒、劳务、畜禽养殖为辅，"长短结合、一业为主、多业辅助"的良好产业格局。按照"党支部＋合作社＋贫困户"的扶贫模式，发展茶叶、魔芋、农机等多家合作社和多个农业园区，贫困户通过自主选择适宜自身发展的主导产业，对应经营主体的方式，将他们牢牢嵌在产业链上。

勤走访多了解，做群众贴心人

关心关注特殊群体。王鑫最关心的就是村里的留守老人和孩子，每次入户走访，他都不断询问他们生活冷暖及他们的需求。二组吴茂安老人，31岁的儿子 2007 年在外出务工时意外去世，儿媳留下了两个尚未懂事的孩子

100 个产业帮扶典型

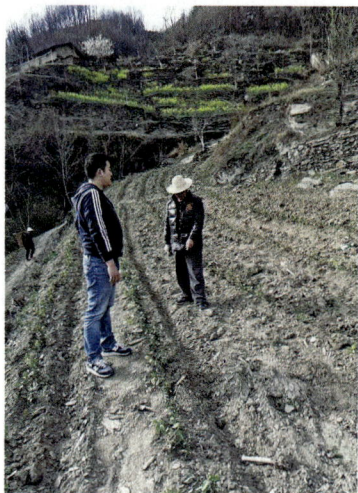

选择改嫁。也就在同年妻子被诊断出癌症，家里连遭不幸。吴茂安说："这几年，逢年过节王书记都会把米、面、油送到家里来，多亏他支持我发展产业，让我们一家渡过了难关。"为帮助老吴早日脱贫，王鑫帮他制定脱贫方案，送种苗，帮技术。种茶、养羊、养猪，吴茂安一家的日子如今也越过越红火。

陈绪平是一位半身瘫痪的残疾人，在王鑫不懈鼓励和帮助下，他开始在家做起了农产品网络代购和直播销售，短短一年多便累积了 25.6 万的粉丝，成为县内有名的"网红"，这不仅让本村的农产品有了好的销路，也让陈绪平实现了脱贫致富。

在王鑫努力呼吁和关心下，通过镇村两级的帮扶，三年来 17 名贫困家庭大学生顺利进入大学，累计帮扶资金近 10 余万元，全村没有一个孩子因为贫困而辍学。

坚守平凡初心，收获幸福希望

"这几年最愧疚的就是对不住家人，"王鑫说，"从妻子怀孕到现在孩子都快三岁了，我都没有好好照顾娘儿俩一天。我把大山村当做家，村民便是我的家人。如今他们富裕了，过上好日子了，我也感到无比欣慰。"

无悔的青春，艰辛的汗水，孕育出大山村脱贫致富的新希望。大山村从一个深度贫困村，发展为一个拥有 7 家经营主体，近千亩的茶园、魔芋、核桃为主导，生态养殖、乡村旅游全面发展的产业大村，截至 2019 年，全村 242 户、745 人已实现脱贫，整村也实现脱贫退出，全村发展一片欣欣向荣。

"作为一名共产党员和第一书记，积极发挥村党支部党建引领作用，带动全村产业发展，帮助困难群众脱贫致富，为群众排忧解难，是我应尽的义务和责任。"王鑫说，自己做着最平凡的事，坚守一份初心，无悔青春，他要继续在脱贫一线奉献力量。

让苹果变金果

——记甘肃省天水市秦州区果业发展中心万文奎

万文奎，男，中国共产党党员，甘肃省天水市秦州区果业发展中心技术干部，2018 年 4 月被组织安排至天水市秦州区皂郊镇杨集村担任驻村帮扶工作队第一书记，兼任队长。他工作 16 年来，对党忠诚、爱岗敬业、勤奋刻苦、团结友爱、虚心学习、刻苦钻研，逐步成为秦州区果业技术推广战线上一名业务技术突出、政治品质可靠的优秀共产党员。先后获得"天水市秦州区劳动模范"荣誉称号，以及"天水市科技进步一等奖""甘肃省林业科技进步三等奖"。他担任杨集村驻村帮扶工作队第一书记期间，带领杨集工作队努力奋进，拼搏向上，本人也被秦州区委评为"优秀第一书记"。

不忘初心钻研业务，牢记使命为民服务

近年来，万文奎凭借扎实的理论和实践基础，一直坚持在贫困村开展技术培训，采取理论教学和现场实践相结合的方式，指导贫困户学习果园管理技术，快速提高了贫困户果园管理技术水平，推动了贫困户产业发展。他每到一处，都会把自己的电话号码和QQ 号公布给大家，并让大家加他微信，为方便老百姓技术交流和咨询生产中存在的技术难题，真正实现了技术服务"最后一公里"。任第一书记以来，先后开展果园管理讲座 120 多场

培训村民果树嫁接

次，培训果农 6 500 多人。在村、乡、区三级林果业知识讲座实践中，通过互动交流，更加丰富了他的知识储备。他不但向同事、果农学习，还通过书本、杂志、专家、网络、微信等平台多角度、多领域学习。因理论水平高、操作技能强，果农称其为"万老师"，这是果农对他服务态度和技术水平的高度认可。

勇于创新解难题，多措并举启新篇

自担任皂郊镇杨集村第一书记兼工作队长以来，为当好"九大员"，他深刻领会党的精神，刻苦学习各项政策。走村入户，融入群众，交流沟通，了解民情。为摸清村情户情，遍访杨集村所有村民，确保帮扶工作精准，措施有效。始终坚信"办法总比困难多，用心做事不怕做不好"的人生信条，不怕困难，敢为人先。

为实现杨集村精准扶贫工作从"输血"向"造血"转变，他发挥专业优势，通过入户走访、实地调研和广泛商讨，确定了杨集村依托苹果产业脱贫致富思路后，积极向秦州区果业局主要领导汇报，争取到建园所需苗木。通过驻村工作队、村民和村干部近 3 个月的艰苦奋斗，终于在 2018 年秋季为杨集村建成 500 亩标准化苹果园。2019 年春季，他又争取地膜 300 千克用于果园覆膜，并现场指导村民做好苹果树的取土放苗、修盘浇水及覆膜保墒工作。

作为一名果业科技人员，万文奎在培训、工作、入户走访、交流时，持续开展贫困户感恩教育，提高群众自强、感恩意识，克服"等、靠、要"思想，不断激发群众内生动力。在驻村帮扶中，他遵循"学习考察开眼界、拓宽思路促脱贫"发展思路，组织杨集村苹果种

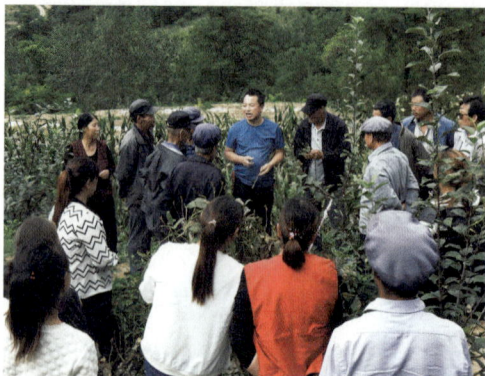

现场给村民培训苹果秋季管理技术

植贫困户，参加由区果业局牵头举办的苹果优质丰产高效栽培专题培训会，并参观玉泉镇杨河村苹果标准园示范区，切实提升了杨集村群众苹果建园软实力，为杨集村苹果产业快速发展夯实基础。

真心帮办实事，提升帮扶成效

在他入户走访过程中，发现部分老百姓的苹果园存在品种差、效益低的问题。他通过耐心做群众思想工作，动员他们开展高接换头，进一步提高果园经济效益。为了激发老百姓发展产业的积极性，在苹果成熟期，他协调车辆带领 12 名群众代表到天水镇关中霖丰农民专业合作社的苹果基地参观，现场为老百姓答疑解惑，进一步提高老百姓发展产业的积极性。为村民联系优良品种富士苹果优质接穗 3 000 支，并联系专业嫁接工人开展高接换优。通过他真诚真心、耐心细致的实际行动，与村民的距离拉近了，关系更融洽了。

学习榜样正品行，身体力行树典型

他坚持以一个党员干部的标准严格要求自己，在工作中时刻保持谦虚、谨慎、律己的态度，团结同志、勤奋学习、积极进取，努力提升综合素质，为身边的党员和其他同事做了榜样，得到了工作队、村干部、村民、镇领导及单位领导和同事、果农的认可。正如他平时所说："前辈们给我们做了好榜样，作为一名共产党员，我要和他们一样爱岗敬业，为民富民。"

他就是这样一名果业战线上的普通党员干部，把自己的人生价值与秦州果农、贫困村、贫困户精准脱贫工作紧密联系在一起，怀揣梦想，执著奉献，在脱贫攻坚路上默默谱写着人生华章。

凝聚人心合力谋发展 多措并举产业促脱贫

——记青海省海东市乐都区下台村驻村第一书记邓生栋

　　青海省海东市乐都区城台乡下台村属国定贫困村，位于乐都区东南约36千米的脑山地区，自然条件恶劣，交通条件落后，昔日被称作"两无三多空壳村"，户籍人口203户、689人，共有常住户76户、264人，建档立卡贫困户24户、94人。精准扶贫前全村无支撑产业、无集体经济，贫困户多，外出务工人员多，破旧房屋多。然而，如今的下台村却是另外一番景象：全村村民告别了交通闭塞、自然环境恶劣的大山，搬入了离乐都城区不足6千米、明亮宽敞的楼房新居；村级产业全面发展，多点开花，村集体经济资产积累近600万元，年收入近30万元，村民户均分红达到2000余元，贫困户人均收入达到12 000元。下台村全面实现了贫困户脱贫，贫困村摘帽目标。

　　什么原因让一个山旮旯里的小山村演绎出这样的跨越传奇？

　　据下台村委会主任祝克刚介绍：交通、信息闭塞，庄稼十年九旱，村民娶不上媳妇，这是下台村以前的真实写照，是一个名副其实的"空壳村"。自工作队驻村扶贫以来，邓生栋书记带领团队紧扣"产业发展促脱贫"的工作目标，紧紧围绕实施乡村振兴战略重点，大力扶持发展"草畜联动、种草养畜"村级农牧产业，通过农牧业产业扶贫、易地搬迁、劳动力转移培训及就业、消费扶贫、光伏扶贫、电商扶贫、社会帮扶等多措并举，走出了一条"沉下身子聚人心、众人合力谋发展、产业带动促脱贫"的康庄大道。

驻村队伍帮扶故事

扎实开展基础调研，谋思路精准施策

2017 年 5 月，青海省农牧厅畜牧业处副处长邓生栋，经组织选派到海东市乐都区城台乡担任扶贫驻村第一书记，2018 年 3 月份全省驻村工作队员轮换时，主动请缨继续留守在脱贫攻坚一线担任下台村扶贫驻村第一书记。邓生栋带领的工作队一入村就把自己当做一名"村里人"，放下架子，踏踏实实地沉下心俯下身，迅速开展基础性工作。广泛开展调查、政策宣讲，充分掌握了贫困村及贫困户基本信息，及时调整、完善了各项基础数据，因村制策、因户定法，制定了一系列脱贫攻坚巩固措施和计划方案，进一步明晰发展思路。为下台村脱贫攻坚勾勒出美好蓝图，也为下台村建立了数据翔实的贫困信息数据库。

对 24 户、89 名扶贫对象务工机会少、收入渠道窄、健康状况差、教育负担重、发展资金短缺等情况，分类施策、精准帮扶，逐户"开方"，从提供就业岗位、扶持家庭种植养殖、落实大病救助、申报教育补贴等多方面开展帮扶工作。

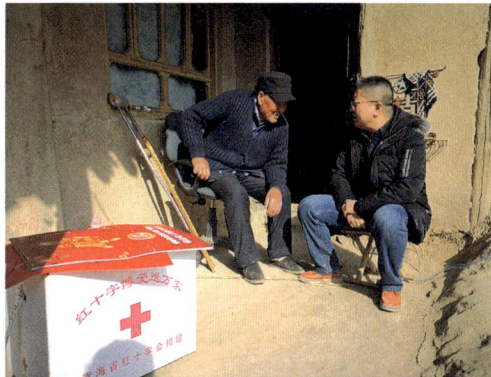

筑牢"党建＋扶贫"，推动扶贫责任落实

有句话说得好，村里富不富，关键看支部。经过了广泛的调研，工作队发现，下台村面貌难以改变，村"两委"软弱涣散、村党支部作用没有发挥好是其重要原因。驻村工作队落实的第一项扶贫任务就是帮助下台村强化基层组织建设。完善党建工作活动场所、健全完善规章制度，联系帮扶单位多次与贫困村之间开展各类党支部共建活动、主题实践活动，指导村党支部完善组织建设；第二项任务是坚决贯彻落实"四议两公开"议事程序，推进村

级事务民主决策规范化管理。使下台村党支部逐步向创业型、和谐型、规范型、廉洁型党支部转型，致富、带富能力和水平不断提高。村"两委"班子在思想上合心、工作上合力、行动上合拍，营造出和谐共事、团结干事的浓厚氛围，形成扶贫工作与农村党建工作良性互动的工作格局。

找准产业定位，注重"造血"谋长远

五年来，下台村累计争取农牧业产业发展项目扶持资金 649 万元，村集体经济发展壮大，资产达 100 万元。先后成功实施了肉牛、肉羊、土鸡、生猪和兔子等规模养殖场建设项目，农畜产品直销门店项目，农畜产品电子商务营销中心建设项目，农畜产品冷藏保鲜库建设项目，乡村旅游建设项目，种植业结构调整项目等农牧业产业扶持项目。并将扶持资金折股量化到村集体，产业收益采取 20% 用于滚动发展，30% 作为合作社经营股，剩余 50% 按照合作社自筹与村集体投资比例进行分配，保持了村级产业发展活力，不断壮大村集体经济，村民切实享受到了产业发展带来的红利。

贫困户周思邦家有 7 口人。以前，家里人口多，周思邦身体残疾，还有小儿子上大学，两个孙女小，需要照顾，可是身在这大山之中，外出务工难度大，家里花销大，收入来源少。邓生栋就动员他参加村上肉牛养殖场建设，并在建成投产的牛场中谋得一份稳定的工作，年收入增加近 3 万元，家里的难题迎刃而解。通过持续帮扶，肉牛场养殖规模已由原来的 25 头西门塔尔能繁母牛发展到 125 头，新增育肥牦牛 60 头，养殖场的机械化、规模化、标准化管理都达到较高水平。2019 年销售育肥牦牛 30 头，销售额达 24 万元，上缴村集体分红款 3.6 万元。看到发展越来越好的规模养殖场，村民们笑着说，驻村工作队就是我们的"贴心人"，懂得让农民"鼓起钱包"的办法，村上发展产业，既解决了村民的就业问题，还能分得产业效益分红，下台村村民的好日子还在后头呢！仅 2019 年全村 6 家种植养殖专业合作社（公司）共带动本村及周边村社村民务工 125 人次，用工量达到 3 252 天，总计发放工资 31 万元。全村劳动力就业率由 2016 年的 54% 提高到 2019 年的 80%，建档立卡贫困户就业率达到 85%。

栽下梧桐树，引来金凤凰

　　产业发展需要人才，村民致富需要带头人。鼓励大中专毕业生和能人"返乡创业"投身家乡建设，成为驻村工作队的工作突破口。祝克刚是个敢想敢做的人，2017 年年底回村创业，2018 年在工作队帮助协调下成立金麦田种植专业合作社，并承担了 41 万元的休闲观光农业建设任务，项目依托当地实际和易地搬迁后资源优势，投资建成了首个休闲观光农业体验基地。体验基地融合蔬菜温棚种植、民俗、民宿、餐饮、体验、观光为一体，成为下台村第三产业发展的排头兵，为补齐下台村产业发展短板，促进一、二、三产业融合发展奠定基础。

　　在前人成功经验的带动下，周尚文和祝爱家先后回到村上参与村上各项事业建设。大学所学专业就是电商营销的周尚文负责的城台乡电子商务营销中心，建成了微信公众号和微信小程序"上南山"，2019 年 10 月开始运营销售农畜产品、野生山货以及手工艺品。"上南山"微店于 2019 年年底前实现了线上订单零的突破，实现销售收入 3 万余元。看到农村电商前景的周尚文，还打算在村上开办第一家肉兔养殖场，他的心里充满了发展底气。而看准时机的祝爱家则选择了投入小、见效快的土鸡规模养殖产业，在驻村工作队的帮助下，与兄弟村合作社达成合作协议，2019 年成功养殖土鸡 4 000余只，实现线上线下订单 10 余个，销售额达 70 余万元，实现纯利润 28.6 万元。

做好搬迁之后事，全体村民俱开颜

　　正当村上的产业发展得红红火火的时候，下台村民迎来了又一件大好事，2019 年全村村民告别了交通闭塞、自然环境恶劣的大山，搬入了离乐都城区不足 6 千米的新居。欢喜之余又带来新问题，搬迁后全村土地很有可能面临抛荒的危险。面对困难，邓生栋书记带领团队迎难而上，考虑到全村养殖场较多，饲草料消化量大的情况，选择了整合流转全村土地，这样既可以解决土地抛荒问题，更可以彻底解放全村劳动力，让他们安心务工。2019 年依托农牧业产业发展扶贫项目，整合流转可耕种的确权土地 729.89 亩，集中连片种植饲用玉米 600 亩，土豆 50 亩，药材等 80 亩。村民每年在得到每亩 200 元保底分红基础上，根据土地产出效益取得效益分红，年底还分得集中种植的马铃薯口粮。原本不愿流转土地的村民祝保年，在领到土地保底分红、效益分红以及马铃薯口粮后，为邓生栋书记和驻村工作队竖起了大拇指。

产业融合一盘棋，集体经济遍开花

下台村通过多类型产业共同发展，形成了以饲草种植、规模化养殖互补的第一产业，农畜产品初粗加工为主的第二产业和乡村旅游业为主的第三产业互补互助，融合发展模式。村集体经济收入实现"破零"，2019 年村集体经济年收入达到 29.04 万元，实现全村 113 户、394 人土地确权户人均分红 600 元，同时还预留了部分持续发展资金。下台村通过一系列产业发展"硬核"措施，摘掉了"两无三多空壳村"的帽子，贫困户年人均可支配收入由 2016 年的 7 542.02 元增至 2019 年的 12 662.55 元。干部、群众观念作风明显改善，村民的愁容展了，笑容多了，村民的获得感更强了。

驻村工作队用真情打动群众，赢得了村民的信任和拥护，下台村的村民们说，驻村工作队为村里发展经济做的好事、实事，我们看在眼里记在心上，他们才真正是我们农民群众心中的"好干部"。工作队在脱贫攻坚工作中，勤奋扎实，任劳任怨，务实高效，无私奉献，工作成效显著，连续两年工作队及邓生栋个人被评为先进，2019 年他还被评为全省脱贫攻坚先进个人，工作成效和事迹分别在《农民日报》《青海日报》《西海都市报》《海东时报》等媒体上报道。

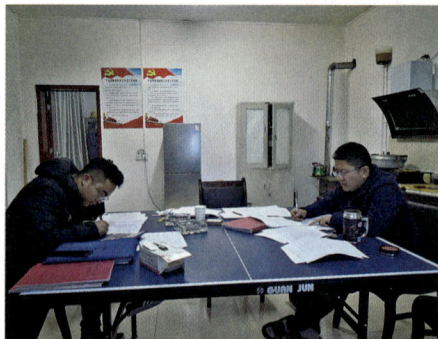

决战脱贫攻坚的"钢铁战士"

——记宁夏回族自治区固原市西吉县硝河乡新庄村第一书记王元明

2017年3月，王元明调任宁夏回族自治区固原市西吉县硝河乡新庄村第一书记时，距离一场意外夺去了儿子的生命，还不到二十天。

这个曾是军人的硬汉，悲痛时时撕扯着他的心：年已八旬的父亲瘫痪在床，伤心欲绝的妻子希望他能照顾这个家。

"脱贫攻坚到了紧要关头，我作为一名共产党员，再苦再难也不能退缩。"他的话语里满是坚定，心里却满是愧疚。

扶贫扶志解心结

新庄村有823户、3 604人，这里一度邻里纠纷不断，村里发展举步维艰。

打开老百姓的心结，才是扶贫扶志的关键。王元明通过调研、接访，步履不停，找准问题根结，解决群众急难诉求。

村民袁林清等群众反映因三年前施工造成水毁路损，农田、庄院被淹问题仍未解决。王元明立即带领村干部和村民到现场察看，逐级反映，积极协调，20多户群众的损失得到补产赔偿，问题彻底得以解决。

2017年8月，大雨冲毁了村组道路，因此村里道路难以通行。王元明第一时间赶到现场，指挥调度，组织抢修，道路很快被修复。

2017年3月，村小学、幼儿园新建工程开工在即，却因一户群众借故阻挠，因此搁浅。乡村两级干部多次协调无果，王元明上门后，召集其家里三代人开起了动员会，自家和邻里、个人和集体、眼前与长远，大大小小的道理讲了一箩筐。见形势有所转机，他便趁热打铁，召开村民代表大会，集体评议表决、说服教育，使工程顺利开工。

王元明对群众的事上心，群众对王元明也上了心。

王元明给贫困户讲解政策

人心齐、泰山移。王元明决定集中半年时间，以"路边会"形式开展宣传教育和培训活动，路边上、家门口、路灯下、活动场等都成了"会场""课堂""讲习所"。他坚信，只要群众肯来，就一定能从思想根子上解决问题。

半年内，"路边会"巡回召开了 60 多场次，惠民政策、脱贫举措送到了群众家门口，面对面、零距离他互动交流，切实打开了干群之间多年的心结。

产业驱动脱"空壳"

人心齐了，目标方向一致了，谋发展的基础实了。

往日的"黄山"满山变绿。从 2017 年 10 月规划，到第二年的 4 000 亩马铃薯玉米套种基地、500 亩特色产业基地、1 000 亩专用青贮玉米试验基地建设，群众的支持配合和积极性空前，产业结构调整一气呵成。

到 2019 年年底，全村种植结构粮饲由 9：1 调整到了 1：9，牛存栏量由原来的 667 头增加到 2 366 头，羊存栏由原来的 1 583 只增加到 2 686 只，农民人均年收入由原来的不足 3 000 元增加到了 9 536 元，贫困发生率由 25.8% 降到了 0.44%。

发展壮大村集体经济被提上了议事日程。

随着 5 000 多亩山坡地变成了平坦的梯田地，发展农机化势在必行。王元明动员村干部一起贷款 10 万元买来农机具，集体引导农户机械加入，成立农机服务公司，统一组织让利经营，开启了集体经济和农机化新进程，村集体农机具达到了 30 多台套，实现了耕种收全程机械化。

草畜产业的发展对环境治理带来了新挑战。

王元明迎难而上破解难题，报项目争资金，有机肥集中转化厂、智能科技环保公司、农资综合服务公司等相继成立运营，污粪有机还田、水暖炕解

驻村队伍帮扶故事

决烧炕污染和资源浪费，农资集中供应
便民让利服务开创村集体经济新局面。

以股份经济合作社（村集体经济组织）统领的"肉牛托管＋股份经营＋公司联营＋村企合作"的村集体经济新模式初步形成，集体经济已由"空壳村"变为年收益近 30 万元的示范村。

王元明给贫困户传授养殖技术

一片歉疚埋心底

道路硬化、公交通行，自来水、动力电入户全覆盖……"问题村"变身为"全市肉牛养殖示范先进村""农村改革示范村"和全县"基层组织建设"示范点。

村里的变化无不让王元明感到欣慰。可回首过往，让他抹不去的是对家庭的歉疚。

他忘不了当初对妻子表态时的情形，"我需要你的支持和付出，家和老人需要你照顾。我也需要你为我加油鼓劲，成为我战场上强大的精神'后方'。"他不知道当初是如何对妻子说出如此"残酷"的话，因为他明白，心碎的妻子那时更需要他的呵护和陪伴。

他忘不了为了让妻子娘家平时有个照应，卖掉了固原的房子，一车拉上全部家当，举家搬到 300 千米外妻子的老家中卫时的情景。一路无语，一路心酸。

他忘不了没能最后见父亲一面的刻骨遗憾。2020 年 5 月 15 日，他已三周没回家了，妻子来电话说父亲想他了。等忙完手头工作已是晚上 10 点，他连夜赶回家陪了父亲两天。看父亲身体每况愈下，他想回趟村里安排好工作后，请假照顾父亲几天。

可不承想，17 日下午的离别却成了和父亲的永别……

这些歉疚，王元明只能深深埋藏在心里。他想，等到脱贫攻坚全胜之时，就是对父亲最好的告慰，也是对他内心歉疚的安慰。

为大山留下生根的"财富"

——记宁夏回族自治区驻中卫市海原县
曹洼乡脱烈村第一书记宋超

2019 年 2 月 25 日，一个大雪纷飞的日子。宁夏回族自治区农业农村厅派驻中卫市海原县曹洼乡脱烈村的第一书记宋超，踏上了新的扶贫征程。

此刻，距海原县脱贫摘帽验收不到十个月的时间。

因机构改革，原本 2018 年在固原市原州区开展扶贫工作任务已满的宋超，在接到组织的通知后，又将扎根扶贫一线。"能在基层为老百姓办点实事，冲锋在打赢脱贫攻坚战的前线，是一名党员干部的光荣。"他爽快地说。

2019 年，在宋超的带领下，脱烈村驻村扶贫队累计争取各种项目资金 500 多万元，通过项目实施带动农民就地打工就业 500 多人次，户均年劳务增收 3 000 多元。

沉下身重调研，入户走访掌实情

海原县曹洼乡脱烈村位于南华山国家级自然保护区腹地。山路崎岖蜿蜒，出发当天，山里下起大雪，汽车无法前行。

扶贫路的第一步，宋超和驻村队员们步行出发。

扶贫队来到村部，即进入工作模式：当晚便召集村民代表座谈，将了解村民的诉求作为驻村工作的重要内容，为群众干实事、办好事、解难事，帮助村民解决最迫切、最急需的问题。

半个月过去了，宋超带领驻村工作队员们日夜不停地走访了全村一百多户村民，包括所有的建档立卡贫困户、贫困边缘户。

每到一户，宋超都仔细询问村民生产生活上的困难，村民与扶贫队的关系，就在悉心地交流中更亲近起来。

送资金争项目，制度创新解难题

以项目促发展，宋超有了思路。

发展壮大村集体经济 200 万元专项资金申请下来了，这笔钱怎么花？

宋超带领乡村干部多次实地考察，结合村里实际，确定了建设光伏发电项目。

通过采取多项节约成本的措施，脱烈村仅用了不到市场均价 40% 的成本就建成了年发电收益 20 万元的光伏发电项目，附带建设了 800 米² 的光伏扶贫车间，成了全区"性价比"最高的光伏建设项目。

宋超积极主动与自治区、市、县相关部门对接协调，争取项目上的资金支持，解决贫困农户发展上的困难。

2019 年"海原县整村推进示范村""海原县农村卫生厕所改造试点村"等项目落户脱烈村，累计争取各种项目资金 500 多万元。

项目作用正在"发酵"——带动农民就地打工就业 500 多人次，户均年劳务增收 3 000 多元。

花朵成行树成荫。昔日不起眼的小村庄，只用了不到一年的时间，便开启了"美颜"模式。

仅 2019 年，全村新增各类绿植 3 万余株，完成村庄美化 4 万余米²，清理各类垃圾 2 000 多吨，完成农村卫生厕所改造近 300 户。

宋超和村民一起研究推广扶贫光伏产业

引技术兴产业，精准识别促发展

肉牛养殖是海原县近年来重点发展的扶贫主导产业。

但在脱烈村，虽然资金问题解决了，但农户养牛的积极性似乎仍然不高，为什么？

宋超走访入户与农民谈心。有群众说："养一头牛从牛娃子抓来到出栏要两年多的时间，那么长时间见不到钱，家里压力太大。

激发动力得用事实说话。

宋超积极联系区内养牛专家传授经验与养殖技术，将养殖周期从原来的两年半缩短至18个月以内。大伙儿看到有钱赚了，积极性也提高了。

宋超向贫困农户指导推广养牛新技术

"不仅要让村民见到卖牛的大钱，还要有小钱可赚，这样才能有效调动村民养殖的积极性。"宋超说。

大山里寂静的脱烈村增添了"牛"气。

决战决胜脱贫攻坚，宋超开始思考：如何将村集体产业发展推上新台阶。"我们来这里搞脱贫帮扶工作，肩负着党的重托、百姓的信任，一定要利用好这一年时间，为村民多做点实事，在我们走的时候，给村里留下可持续发展的种子。"

"小庭院"里做出"大文章"

——记新疆维吾尔自治区农业农村厅"访惠聚"工作队

阿恰勒，维吾尔语的意思是"岔路口"。2014年3月，新疆维吾尔自治区农业农村厅（原农业厅）"访惠聚"工作队进驻喀什地区疏附县萨依巴格乡阿恰勒村后，这个地处南疆的深度贫困村，坚定地走上了感党恩、跟党走的道路，在扬志气、谋发展、断穷根中，阿恰勒村旧貌换新颜，致富路越走越宽、越走越广。

扶志扶智，用国语这把"钥匙"打开新生活

2014年，"访惠聚"工作队进驻之初，村里的宗教氛围较为浓厚，受极端思想影响，村民大多对工作队很冷漠，如何破除思想上的"坚冰"成为工作队面临的第一大问题。露天电影、文艺汇演、篮球比赛、歌唱比赛……用飞起来的篮球、转起来的花裙子、跳起来的"小苹果"、舞起来的麦西来甫让村民们脸上渐渐有了微笑、有了哈哈大笑，心里的隔阂慢慢消失，工作队和村民便拧成了一股绳。

"访惠聚"工作队始终将思想阵地建设作为工作的重中之重。6年来，丰富的爱国主义教育、文体活动、技能培训、国语课堂、农民夜校，让阿恰勒村的老百姓们对中华民族认同感越来越强，普通话、汉字越练越好。事欲成，先立魂。村里越来越多的年轻人从人均2亩地中站了起来，走出村庄，闯出了新的生活。依斯马依力江·多力坤曾是村里为数不多能磕磕巴巴说普通话的村干部，在工作队的带动和鼓励下，他养成了听《新闻联播》的好习惯，日渐流利的普通话表达，既增强了他走出去的信心，也成为他外出

就业的资本，现在他已成为某纺织厂的管理层员工，每月 5 000 多元的稳定收入断了全家 5 口人的"穷根"。像依斯马依力江·多力坤这样练好普通话走出村庄成为产业工人的年轻人，阿恰勒村有 362 人，占到就业人员总数的 44%；年收入从 2013 年的人均不足 3 200 元，到 2019 年的人均 9 548.5 元，贫困发生率由建档立卡之初的 51.37% 降至 0。

倡导"三新"，做好"小庭院"里的"大文章"

工作队始终将小庭院作为帮助贫困农民融入现代生产生活的重要平台，多元鼓励农户开发利用庭院空间，变生活用地为生产用地，整村开展房前屋后大规模清沟渠、清垃圾、除杂树、修暖圈、建拱棚、搭葡萄架等整治工作，农户们通过开发自己的小庭院，既解决了自身生活问题，又增加了经济收入。农民发展庭院经济的积极性得到充分调动，种植起家、养殖生财、加工致富，庭院经济实现多元发展，并成为乡村经济新的增长点。在庭院经济的带动下，阿恰勒村的老百姓结合农村人居环境整治，合理设置生活区、种植区和养殖区，做到"三区"分离，实施"厕所革命"，积极推进粪污废弃物资源化利用和合理处置，吃饭上桌、睡觉上床、清洁的厕所、利落的庭院，极大地鼓舞了村民脱贫攻坚的信心，致富步子越迈越稳。庭院养殖 10 头牛以上的规模农户较 2014 年翻了五番，不甘于自我发展的农户，在庭院

驻村队伍帮扶故事

中成立了合作社，邻居间抱团发展规模养殖，有的已发展成为规模养殖小区，为贫困户开展托管服务。村民阿不都哈力克·沙吾提成立的沙迪克农畜产品合作社经过几年发展，已经成为远近闻名的养牛专业合作社，为带动贫困户发展，托管牛90头，2019年向贫困户分红8.97万元。贫困户依斯马依力江·木沙2020年利用贫困户小额贷款资金，准备将养牛数量增加到30头，他琢磨着再成立家合作社，和乡亲们一起把育肥牛的事业再做得更大一些。

在自治区农业农村厅5批"访惠聚"工作队的不懈努力下，过去那个闭塞、脏乱的阿恰勒村一去不复返了，风吹麦浪、果树飘香，熙攘的人群与车辆，热情祥和、富有活力的新阿恰勒村将和她的村民一道在小康社会里走上乡村振兴的康庄大道。

小拱棚里种出"摇钱树"

——记新疆维吾尔自治区农业农村厅驻村工作队队长努尔麦麦提·祖农

新疆维吾尔自治区喀什地区疏附县萨依巴格乡肖尔村是深度贫困村，有建档立卡贫困户150多户。2017年，自治区农业农村厅驻村工作队队长、村第一书记努尔麦麦提·祖农到任后发现，肖尔村在农业生产中存在科技应用程度不高的问题，小麦和玉米等传统作物种植占比过大，经济效益不甚明显，这是工作队面临的大问题。

发挥自身优势，带领村民致富

作为驻村干部，努尔麦麦提充分发挥精通农业科技的优势，带领村民建起了50座拱棚种植蔬菜。这两年，村里通过调整产业结构，大力发展农业和特色蔬菜种植，使村民年人均收入达到9 000多元，奠定了农民稳定增收的基础。回想当时初建拱棚的情形，努尔麦麦提深有感触地说："2017年建设了50座拱棚，刚开始农民没有信心，后来我发挥自身优势，手把手教他们，当年就有了收益。2018年，村里的拱棚增加到了271座，农民尝到甜头以后也有了积极性。"2019年，肖尔村摘掉了贫困村的帽子，2020年按照"摘帽不摘责任，摘帽不摘帮扶，摘帽不摘政策，摘帽不摘监管"的要求，工作队继续在设施农

业和特色种植业上做文章。引导村民以小组为单位，48 座拱棚种植了紫甘蓝，38 座拱棚种植了西蓝花，85 座拱棚种植了白甘蓝，100 座拱棚种植了番茄。

提振抓产业，养殖种植双发展

努尔麦麦提说："2020 年我们主要抓产业，采取套种的办法，甘蓝和西蓝花采摘上市以后，套种的茄子又开始结果，甘蓝、西蓝花套种茄子，一个拱棚一年可以创收 4 000 元左右。"

以前，村民依斯拉木·纳斯尔主要种植小麦和玉米，从来没有尝试过种蔬菜。在工作队的引导下，他试种了一座拱棚，当年就见到了收益。他不仅在思想上发生了很大转变，而且还熟练掌握了种植技术，变成了村里的拱棚种植能手。依斯拉木高兴地说："今年（2020 年）套种了花菜和茄子，再过一个星期后花菜就可以上市了，估计花菜能收入 2 000～2 500 元，茄子能收入 1 500 元。自从我种植了大棚蔬菜以后，家庭的经济收入也提高了，以后我还要继续发展拱棚种植，提高家庭收入。"

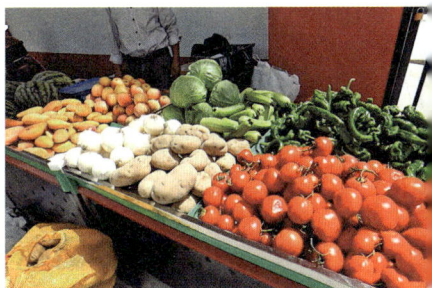

努尔麦麦提对于蔬菜存储也有规划，他说："今年我们利用援疆资金，正在建设存放蔬菜的保鲜库和菜窖，一般效益比较低的蔬菜在菜窖里冷藏，效益比较高的瓜果和蔬菜放在保鲜库，我们利用季节差提高经济效益。"

工作队在发展农业的同时，也要兼顾村里的畜牧养殖。村里畜牧养殖一直以来也是低水平维持，综合效益不高，努尔麦麦提带领工作队通过各种渠道争取 100 万资金建立了蔬菜合作社和养殖合作社，为农民免费发放了 1 000 只鹅苗，引导他们发展养鹅产业。村民麦麦提·艾拜以前没有养过鹅，在工作队队员的指导下，鹅苗长得很好，并盖起了棚圈，搞起了鹅养殖。他表示，以后还要扩大养鹅规模，努力过上幸福生活。

发展产业是实现脱贫攻坚的根本之策，要因地制宜培育产业，作为脱贫攻坚的根本出路。努尔麦麦提和工作队把传统农业调整为高效农业，带领肖尔村村民打好了持续增收的基础。

把"羊娃娃"变成"金蛋蛋"

——记中国石化西北石油局采油二厂干部吾买尔江·艾力

新疆维吾尔自治区南疆四地州是我国决战脱贫攻坚的主战场之一，阿克苏地区柯坪县又是南疆地区脱贫攻坚的关键区块，是国家级深度贫困县。中国石化西北石油局的对口扶贫阵地就位于这里。

中国石化西北石油局采油二厂维吾尔族干部吾买尔江·艾力，自2016年参加"访惠聚"驻村工作以来，连续五年扎根南疆农村一线，2018年同是西北石油局职工的汉族妻子姜建华也经过组织批准，带着孩子来到柯坪共同参加脱贫攻坚工作。作为一名党员，吾买尔江表现出了强烈的政治责任感和时代使命感，舍小家为大家，毅然背负行囊，义无反顾奔赴脱贫攻坚最前沿、第一线。

"拦水筑坝"、志智双扶，拔掉贫困穷根子

"贫困之冰，非一日之寒；破冰之功，非一春之暖。"吾买尔江深知南疆农村贫困形势的严峻，他在心里发誓要带领村民脱贫致富，走向小康生活的决心也愈发坚定。

2015年11月底，主动申请驻村的吾买尔江接到了被批准参加驻村工作的通知后，他告别了年迈的父母、尚在襁褓的女儿和新婚不久的妻子，毅然踏上了前往柯坪县农村的扶贫路。然而摆在吾买尔江面前的却是一个千百年来难破的僵局，县是国家级深度贫困县，村是自治区深度贫困村，自然气候恶劣、生存环境艰苦，可用耕地少且极端贫瘠。不仅如此，村民对工作队怀有猜忌，群众基础薄弱、村霸横行，基层党组织战斗堡垒作用发挥不明显、

党员先锋意识也不强。最为让吾买尔江头疼的是，这里的村民非常适应这种生活，毫无进取之心，得过且过、"等、靠、要"的思想成了脱贫攻坚路上的拦路虎。

为了打消村民的猜忌，吾买尔江利用同为维吾尔族和会说维吾尔语和普通话的双重优势，与村民拉起了家常，带领村民一起参加各种活动，帮助村民春耕养殖，解决村民的困难诉求。村民的心结打开了，心与心的距离近了，群众基础也逐渐夯实起来。看着时机成熟的吾买尔江，决定拔掉村民贫困思想的穷根子。

"把贫困地区孩子培养出来，这才是根本的扶贫之策。"在贫困的农村，学生的家庭教育和素质教育严重缺失，为了给孩子们巩固学习知识、提高学习效果，吾买尔江利用工作队的智力优势，每周末带头办起了"启航课堂"，教授当地孩子们普通话、普及中华文化、解答课业疑难问题，在农村营造了浓厚的学习氛围。

十年树木，百年树人，教育扶贫远不止于此。为了使贫困地区的贫困学生上得起学，吾买尔江利用派出单位的后盾优势，带头开展以100名党员与100个贫困家庭结对子、100名团员与100个贫困学生结对子为内容的"两个一百"活动和捐资助学活动，驻村四年以来累计捐资40余万元，捐助贫困大、中、小学生400余名。

人穷志不能短，扶贫必扶志。艾海提·托乎提是村里有名的"贫困钉子户"，"等、靠、要"思想根深蒂固。为帮助像艾海提这样的"懒汉"脱贫致富，吾买尔江创新深化对口帮扶机制，选树致富带头人带动帮扶、国家干部联系帮扶，同时组织开展贫困户签字承诺活动、召开"脱贫户谈经验、贫困户谈感受"交流会，逐步强化了群众"宁愿苦干，不愿苦熬"的理念。如今的艾海提不仅一改以前"靠着墙根晒太阳"的懒汉形象，主动要求担任草根宣传员现身说法谈思想变化，还重新拾起年轻时学来的扎扫帚的手艺。由于他扎的扫帚质量好、价格便宜现在已经在全县畅销，仅扫帚一项就年创收 50 000 余元。

产业带动、消费扶贫，激发市场新活力

柯坪县位于我国西北边陲的阿克苏地区最西端，处在天山支脉阿尔塔格山南麓，四面环山、偏远闭塞的县域位置让外地企业进不来、本地产品出不去，严重制约了经济发展。"把企业搬进来、把产品卖出去、让市场活起来"这个大胆的想法在吾买尔江脑海中形成了。

2016 年，结合南疆地区大力发展纺织工业的政策契机和中国石化西北石油局劳保工装需求的市场契机，利用南疆优质棉花的产地优势和劳动力优势，吾买尔江提出引进服装厂，创办企业，带动当地经济发展的想法。在西北石油局党委的大力支持下，吾买尔江一行奔赴武汉，同天鸣集团有限公司洽谈办厂事宜，终于在 2016 年 10 月成功引进该企业落户柯坪县开办阿克苏兴科服饰有限公司，兴科服饰的落户开启了当地引入企业助力脱贫的脱贫攻坚新模式。2019 年，兴科服饰实现了就业人数从 60 人到 150 人、产值规模从 500 万元到 1 500 万元的快速发展，实现了贫困户劳动力年人均增收 2 万元，带动 150 户贫困家庭稳定脱贫的目标。

在入户走访的过程中，吾买尔江发现了当地村民养殖的羊存在销售难的问题。柯坪县独特的地理环境造就了柯坪羊肉质细嫩，味道鲜美的特点，这么好的产品却因交通闭塞、运输线路长，导致外销成本加大销售不畅，严重打击了当地农牧民养殖的积极性。怎么才能把"羊娃娃"变成村民手里的"金蛋蛋"？在经过一番调查研究后，吾买尔江提出利用西北油田后方单位 32 个食堂的优势，将柯坪羊肉运输到职工餐厅，实施"柯坪羊上餐桌"项目，切实将自给自足的"小农庭院养殖"做成了脱贫增收的"市场优势

产业"，率先开启了把产品卖出去的消费扶贫模式。五年以来，在西北石油局的支持下，结合贫困户养殖规模和西北石油局职工餐桌需求规模，目前，"柯坪羊上餐桌"项目年均销售额达 500 万元，累计销售羊肉 160 吨，带动 578 名贫困人口脱贫。

此后，吾买尔江并不满足于企业的小市场，而是积极放眼全国的大市场，探索"互联网＋"模式，创建"电子商务平台"，加强柯坪羊的宣传与推广。现在柯坪羊已经作为一个具有地理标志的农业特色品牌远销到了广州、上海、深圳等地，成品羊价格一度攀升至 120 元每千克，销售旺季甚至出现了供不应求的局面，大大激发了养殖户的养殖积极性，为"小山羊"走向"大市场"开拓了光明大道。

凝心聚力、真情帮扶，增添生活幸福感

"群众工作无小事，只有将群众利益摆在第一位，村民们才会无条件的相信我们，这对我们开展脱贫攻坚工作至关重要。"吾买尔江在民情日记中写道。五年以来，吾买尔江写满了 6 本日记，密密麻麻地记录着村民的诉求与困难。为了更好地帮助村民，他利用自己扎实的群众工作基础的优势，号召村里知识青年、党员干部等组建志愿者服务队，从修缮房屋、转学就业、修建水渠到春耕秋收、就医等多方面开展帮扶工作，解决了村民的后顾之忧，得到了村民们的一致好评。不仅如此，吾买尔江还借助春节、端午节等节日契机，将中华文化、法律法规、国家政策等内容融合到主题活动中，既

丰富了村民的业余生活也增加了村民的感恩意识，在潜移默化中带领村民自觉感党恩、听党话、跟党走。

驻村五年以来，吾买尔江用一件件实事好事，用一滴滴汗水换来了村民一声声饱含真情的"小吾子"，连续两年荣获自治区"访惠聚"先进个人荣誉称号，村民们从低矮破旧的土房子搬进了宽敞明亮的富民安居房，村庄里一条条土路摇身变为柏油路，村党支部功能强大了，党员先锋模范作用发挥越来越明显了，村民人均年纯收入由 2 380 元增加到 8 846 元，村集体收入由 2.84 万元增加到 15.9 万元，贫困发生率从 29.1% 降至 0，2018 年年底所驻的玉斯屯巴格勒格村申报并成功退出自治区深度贫困村，2019 年所有贫困户全部退出贫困的行列。

100个产业帮扶典型 之

龙头企业帮扶故事

产业扶贫故事（下）

CHANYE FUPIN GUSHI（XIA）

产业扶贫故事（下）
CHANYE FUPIN GUSHI（XIA）

十万亩高粱红满天　五千户农民尽开颜

——河北省衡水阜星农业科技股份有限公司产业帮扶纪实

衡水阜星农业科技股份有限公司创建于 2016 年，并以阜星公司为主体创建了阜星科技现代农业园区，园区不断发挥现代农业园区科技引领作用，引进试种推广新品种，创新土地流转新模式，真正用情用心用力增加园区黏稠度和吸引力，不到 4 年间发展酿酒用糯高粱 10 万余亩，帮助带动 5 000余户近万农民摆脱贫困、逐步小康，体现出农业现代科技公司的社会责任和企业担当。

"种高粱？我小时候就是吃高粱米长大的，能行吗？"

园区成立之初，在河北省农业农村厅指导下与河北省农林科学院建立起牢固的战略合作关系，优良品种种植、先进技术指导得到强有力支持。立足自用和衡水众多酿酒企业，园区选取了以酿酒专用糯高粱种植、加工、销售为主要产业的市场定位。

一说种高粱，阜城县崔庙镇东高村 67 岁的曹根瑞话语里充满了不信任："我小时候就是吃高粱米长大的，虽然种棒子、麦子不赚钱，但不赔钱呀，种高粱能行？赔了咋办？"面对村民的疑惑，园区总经理殷三强和镇村干部不慌不忙，耐心细致地为大家算了一笔经济账：酿酒用糯高粱是省农林科学院重点推广的新品种，具有节水高产易管理的特点，良种、专用肥等农资由公司批发价赊销提供，公司订单保底收购。总结起来就是"六位一体经营、八统一分管理"的阜星扶贫新模式。

六位一体，即"政府＋龙头企业＋合作社＋科研机构＋农户＋金融机构"。八统一分就是"统一优良品种、统一施肥、统一浇地、统一治虫喷药、统一技术指导、统一收割、统一品牌标志、统一销售及分户管理"。从企业、贫困户到科研单位、合作社，所有参与单位紧密联系，坚持运营高度统一、高效便捷管理，为农户持续增产增收提供了保障。阜星扶贫新模式开创了阜城扶贫模式新纪元，被写进了衡水市政府工作报告，并在全市各县区广泛推广。成立当年，园区即被纳入河北省渤海粮仓科技示范工程项目区，被省政府认定为省级现代农业园区，河北省农业产业化示范联合体、第一批国家星创天地。

2020 年，已连续种了 4 年高粱的曹根瑞高兴地说："我家有 6 亩地，都种了高粱，阜星公司统一种、统一管、统一卖，我什么都不用管就挣了 9 000 多块，比以前种棒子、麦子强多了。同时，我现在还在公司里上班，一个月 2 000 多元，现在我不但脱了贫，日子过得也越来越好。"

"只要不让离开地，阜星的模式我服气"

千百年来，农民对土地的亲近程度根深蒂固。如何让农民既不离开土地发挥主动性能动性，又把他们手里零散土地整合起来集约化经营，走规模化科技之路成了殷三强苦苦思索的问题。

通过无数次的入户走访，面对面谈心，一个新的土地流转模式在殷三强心中逐步成型，那就是"零租金"土地流转。实行园区集约管理销售，农户自主种植经营，引进资金、技术、人才，用活放活土地经营权，进一步解放土地生产力，园区与农户结成利益共享、风险共担、互利共赢的命运共同体，农户也享受到了调整种植结构带来的增收和喜悦。"零租金"土地流转，有效促进了园区现代化、规模化发展，较好实现了"户企双赢"的目标。

龙头企业帮扶故事

听了阜星土地流转新模式后，崔庙镇前砖门村民刘金亮一下吃了定心丸。"土地还是我自己的，产出的高粱高价回购，这稳赚不赔的买卖，我干！"在村里召开的动员会上，建档立卡贫困户刘金亮第一个表了态。当年他家 7 亩土地全部种上了高粱，亩均增收 540 元，成为村里第一批脱贫户。

"不打农药，也能治住害虫？"

阜星园区推广免施农药高粱种植，采取生物防治高粱虫害，田间投放赤眼蜂。开始村民并不"买账"，很多人提出质疑："不打农药，能治住害虫吗？"可实践证明，采用生物防治，不仅节省了种植成本和人工，而且更加安全有效，村民慢慢认可了这种绿色种植方式。连续 4 年累计投放赤眼蜂 10 万亩，治虫效果良好。园区所种植高粱取得了农产品无公害认证和绿色农产品认证。

"这样有担当有温度的扶贫企业，我们希望越多越好"

这是全国优秀共产党员、扶贫之星，原阜城县扶贫办主任，现任衡水市扶贫办副主任李双星对阜星科技现代农业园区的高度评价。

2018 年秋收期间，由于天气原因造成大部分园区种植户高粱霉变、不成熟，为帮助种植户减少损失，园区力排众议，坚持出资 110 多万元，对前砖村、青东洼村、金庄、灵神庙等 20 多个村受灾害高粱 600 余吨进行了如期收购，保障了种植户的利益最大化。但霉变高粱难以销售，给园区带来巨大损失。

几年来，园区采用"企业＋合作社＋贫困户"的扶贫模式，将享有产业扶贫项目的建档立卡贫困户的权益资金 5 000 元，入股到阜星公司，每年可领取入股资金 9%～10% 的红利，在符合用工条件和用工标准的前提下，公司也会优先安置贫困户劳动力到公司就业，带动全县 2 458 户贫困户脱贫增收。将财政扶贫资金入股公司分红收益，户年享收益 601 元，有效帮扶全县 827 户无劳动能力的贫困户增加了收入。为贫困村有劳动力的贫困户家庭安排公益岗位，每户每年 670 元，有效帮扶全县 495 户有劳动力的贫困户增收脱贫。

现在园区高粱种植规模、专业性、加工能力在华北地区名列前茅。连续两届"河北·阜城红高粱节暨农民丰收节"在园区举办，并在中央电视台播出，阜城红高粱对外形象和赞誉度大幅提升。

阜星科技现代农业园区实践表明，发展"三农"离不开科技支撑，脱贫攻坚离不开龙头带动。面对全面实现小康社会和"两个一百年"奋斗目标，阜星公司决心在以下三个方面全面发力：一是继续加强与"三农"工作的联系，拓宽广度，增加深度。争当农业科技的传播者、科技创新的领头羊、小康路上的带头人。二是持续加深与中国科学院、河北省农林科学院的战略合作，稳步推进全产业链的升级与延伸，打造共同发展的产业利益共同体。三是逐步壮大自有科研团队力量，不断研发、培育、引进适合市场需求指标的新品种、新技术。年规划高粱种植面积增长 2 万亩以上，到 2025 年确保达到 20 万亩规模。

牵手温氏养殖　助力精准扶贫

——河北省沧州市温氏集团产业帮扶纪实

沧州市位于河北省东南部，东临渤海、北靠京津，优越的地理气候条件适合畜禽养殖。近年来，沧州市畜牧业有了长足的发展，已成为河北省重要的畜产品供应基地，在保障京津冀地区肉蛋奶等畜产品供应方面具有重要地位。尤其是辖区内生猪产业发展迅速，已经成为沧州市畜牧业经济发展的支柱产业之一。基于畜牧养殖业在本市有基础、有市场、群众有热情的实际情况，市委、市政府在总结经验、广泛调研的基础上，确定将发展生猪养殖业作为全市产业扶贫重中之重来抓，强力推进生猪产业发展。2012年起，通过招商引资，引进温氏集团在沧州发展生猪养殖产业，在市、县党委政府和相关部门的大力支持下，生猪养殖产业得到较快发展，为助力脱贫攻坚做出积极贡献。截至目前，河北温氏在沧州市已注册成立7家一体化分公司，其中参与产业扶贫公司4家，涉及南皮县、盐山县、献县和东光县，已投入扶

100 个产业帮扶典型

贫资金 2.16 亿元，建成养殖小区 5 个，正在建设和规划建设养殖小区 4 个，年收益 1 378.64 万元，带动 12 192 个贫困户实现增收，真正实现了精准扶贫、精准脱贫。河北温氏公司先后获得"河北省扶贫龙头企业""河北省农业产业化重点龙头企业""河北省现代农业园区""沧州市农业产业化重点龙头企业"等荣誉称号。

产业扶贫必须依靠龙头企业带动。通过招商引资，温氏生猪养殖项目成功落户沧州市盐山县、南皮县、献县和东光县 4 个贫困县，分别成立了盐山县、南皮县、献县和东光县温氏畜牧有限公司，计划投资总额 38.7 亿元，设计规模为年出栏生猪 195 万头。

"一对接""三固定""五统一"的"135"合作模式为养殖大户发展生猪产业提供了保障。"一对接"，即温氏公司提供标准图纸和设备配置方案，养殖大户对接标准建设猪舍，全部安装环控设备，自动控制温度、湿度和空气质量。"三固定"，即温氏公司和养殖大户提前签订合同后，猪苗价格、饲料价格、回收价格固定不变。"五统一"，即统一先行提供猪苗、统一饲料配送、统一药品供应、统一制定防疫程序、统一回收生猪，实行全程专业、科学管理，降低养殖风险，保证养猪盈利。费用结算采用生猪回收后扣除投入成本的方式，有效地解决了养殖大户支付养殖期间所产生的费用难的问题。

盐山县孟店乡袁庄村党支部书记袁学华介绍说，袁庄村就是通过"公司＋养殖大户＋贫困户"入股分红模式实现贫困户脱贫的代表。2015 年，该村尚有贫困户 80 户，根据国家扶贫政策，每户可扶持 0.5 万元，分到每户便是杯水车薪，为了更好地发挥扶贫资金的效力，村委会组织成立了养殖公司，80 户贫困户全部将扶贫资金入股到公司集中使用，投资 40 万元，建起了存栏 800 头的养殖小区，并与温氏公司签订了生猪代养合同。一年时间出栏生猪 1 600 头，平均

每头利润 280 元，总利润 44.8 万元，扣除土地租金、工资等费用，每户分红 0.2 万元，有力带动了贫困户增收。目前，全村 80 户贫困户实现全部脱贫。

"政府 + 公司 + 贫困户"资产收益模式使政府扶贫资金不承担经营风险，保障了扶贫资金安全。2019 年，南皮县利用扶贫资金 2 700 万元建成大坊子养殖小区，以租赁方式由温氏公司负责管理运营，政府不参与温氏公司的日常经营，只提供相应的技术指导服务，享受投资定期回报，年资产收益金 240.1 万元，用于设置公益岗位、发展小型公共事业、设立奖励补助等。投资 2 600 万元的东葛养殖小区和投资 2 500 万元的大迟庄养殖小区已开工建设；盐山县利用扶贫资金 5 178 万元建设了庆云养殖小区、孟店养殖小区和圣佛养殖小区，已全部建成并移交温氏公司管理运营，收益期为 20 年，年收益金 353 万元，全部用于全县所有建档立卡贫困户增收；献县投资 4 100 万元的西城乡生态养殖小区项目已获得收益 149.505 6 万元，带动全县贫困户户均增收 280.5 元；东光县投资 4 535 万元的陈桥养殖小区和前齐养殖小区已开工建设。

政府制定出台奖励和扶持政策为温氏生猪产业发展保驾护航。盐山县政府制发了《关于切实抓好生猪养殖产业的意见》，明确了发展生猪养殖产业的奖励和扶持政策，在资金协调、项目补贴、土地租赁等方面推出一系列优惠政策，积极扶持和引导生猪产业健康发展。相关县级财政每年安排一定资金作为生猪养殖发展基金，用于养殖基地建设；各级党委、政府优先安排生猪养殖用地，将生猪规模养殖场（小区）用地纳入土地利用总体规划和经济社会发展规划；积极引导各类项目资金向生猪养殖产业倾斜，并帮助温氏公司及广大养殖农户及时协调解决建设和生产运营中遇到的问题。

"公司 + 养殖大户 + 贫困户""政府 + 公司 + 贫困户"等扶贫模式，将帮扶对象视为公司新的基础根系来培育，在不断发展壮大公司生猪养殖基地的同时，帮扶带动建档立卡贫困户增收脱贫，实现了贫困群众增收、企业发展壮大的"双赢"局面。

"张杂谷"精准扶贫暖心田

——河北巡天农业科技有限公司产业帮扶纪实

进入河北巡天农业科技有限公司的办公区域，一面面由村委会或扶贫驻村工作队赠送的锦旗、一行行深情款款的文字、一块块表彰公司扶贫成就的牌匾便会映入眼帘，它们记录着"张杂谷"产业扶贫、科技扶贫的事迹，代表着老百姓丰收的喜悦和感激之情。

近年来，巡天农业积极不断推广"张杂谷"，因其"耐旱耐瘠、省工高效"等特点，成为土地干旱贫瘠、农业机械化落后的贫困地区农业增产、农民增收的首选作物，逐渐被扶贫工作队和贫困地区农民认可并种植，小小的一粒谷子扛起了产业扶贫的一面旗帜。

巡天农业积极响应国家精准扶贫号召，发挥"张杂谷"带动扶贫作用，先后与世界500强企业——益海嘉里集团合作，推广"订单种植、溢价收购、品牌营销"等扶贫模式，打造万亩绿色生产基地；推广送种子、送化肥、送农药、送除草剂、送小型农机具、保底收购"五送一保"产业扶贫模式，带动乡村建档立卡贫困户实现增收脱贫；通过订单生产、谷草换谷种等多种扶贫方式，实现"张杂谷"产业扶贫，促进多地贫困户持续增收；通过发展"张杂谷"下游产业，促使贫困户参与产业链建设获得收益，实现脱贫。

自2018年开始，巡天农业开始在张家口市县区范围内开展"张杂谷""五送一保"等产业扶贫行动。宣化区李家堡乡关底村、阳原县小庄村、朱家庄村、万全区孙家庄村等地大批"张杂谷"种植户都成为产业扶贫的受益者，通过"张杂谷"种植实现了脱贫致富的梦想。同时在河北、山西、内蒙古、宁夏、甘肃等十几个省区市100多个贫困县，"张杂谷"发挥着巨大的作用。

龙头企业帮扶故事

"张杂谷"保底回收签约仪式

宣化区李家堡乡关底村是省级贫困村，全村共有 352 户，其中建档立卡贫困户 17 户；耕地 1 350 亩，多为梯田旱地，常规作物为谷、黍、玉米。因为耕地远离污染源，土壤矿物质丰富，特别适合发展优质有机谷子产业。

2018 年，宣化区农业农村局根据关底村实际情况，积极谋划精准扶贫产业，经与巡天农业多次沟通，确定了"张杂谷"产业扶贫项目，并成功完成了产业扶贫项目对接。当年，巡天农业与关底村签约种植户 12 户，种植"张杂谷"13 号 150 亩，并以 3 元 / 千克的价格签订了保底回收合同；现场发放"张杂谷 13 号"优质谷种 123 袋，专用除草剂 123 瓶。"张杂谷13 号"在关底村第一年种植就获得成功，最高亩产 500 多千克，平均亩产 375 千克左右，亩产值 1 650 元。关底村村委会代表专门为巡天农业公司送来了"巡天金谷传佳话，关底致富梦起航"的锦旗，表达老百姓的感激之情。2019 年，在该村村委会和驻村工作队的组织下，公司多次派出技术人员到村进户进行"张杂谷"技术培训和现场指导，农民自发积极种植"张杂谷"，获得了很好的经济效益。

2020 年 4 月 29 日，巡天农业常务副总经理叶世峰、营销总监王晓东亲自来到关底村，为贫困户免费捐赠"张杂谷"13 号谷种和除草剂，帮助该村实现精准脱贫。5 月 9 日，"优质有机小米'张杂谷 13 号'宣化区李家堡乡关底村种植基地开播仪式"举行。宣化区农业农村局副局长刘振中，技术站长宋胜普，巡天农业副总经理李素军，营销总监王晓东，谷子市场总监杨建勇及李家堡乡党委书记王霞，乡长李勇，村支书、主任庞山，驻村工作队，贫困户，入股村民等参加了活动启动仪式，为李家堡乡早日脱贫共同播下希望。

十几年来，在各级政府和农业、科技、扶贫等多个部门的大力支持下，"张杂谷"产业扶贫的脚步越来越稳健，凭借其高产、优质、抗旱的优势，先后在河北、山西、内蒙古、宁夏、甘肃等十几个省区市的 100 多个贫困县区，累计推广种植 2 000 多万亩，在每亩节水 200 米^{3}的前提下，为这些地区增产粮食超过 200 万吨，增加收入 80 多亿元，带动 40 万贫困人口增收，扛起了产业扶贫的一面旗帜。

"张杂谷"科技培训

2019 年，"张杂谷"被农业农村部和国务院扶贫办列入全国第二批 22 个产业扶贫典型范例；被河北省农业农村厅和扶贫办列入全省第五批 26 个产业扶贫典型范例。巡天农业作为产业扶贫先进单位也多次受到各级领导的表扬。

2020 年是国家决战决胜脱贫攻坚、全面建成小康社会的关键一年。巡天农业将继续发挥重点龙头企业的带动引领作用，担当履行社会责任，充分利用"张杂谷"产业优势，不遗余力地带动区域经济发展，为助力乡村脱贫攻坚战、为贫困地区农业增产增收、为美丽乡村建设做出贡献！

念好"水果经" 结出"扶贫果"

——山西中农乐农业科技股份有限公司产业帮扶纪实

从打通农技推广"最后一公里"到精准扶贫模式创新，从扎实研究果业技术到创新开发农村互联网服务平台，从打造"有身份证的水果"品牌到果品质量溯源体系在各大果区的落地，从建设数千个分布在全国各地的水果示范园到自建数千亩现代果业基地……山西中农乐农业科技股份有限公司把"创新"二字诠释得生动真实。在一线农业技术推广工作中，中农乐始终坚持技术创新和服务模式创新，把先进果业技术推广和脱贫攻坚工作紧密结合，形成了帮助农户有效脱贫的"中农乐技术扶贫模式"。

创新扶持方式 帮助农民"产好果"

1994年，中农乐董事长杨良杰被果农报社招聘为技术人员，他到处拜师学艺，钻研果业技术，不论是在课堂还是田间地头，不放过任何一次学习机会。他把专家的先进经验、实用技术通过报纸"翻译"成农民能看得懂、用得上的"傻瓜式"实用表现手法，并通过各种方式送到千家万户，送到田间地头，也送到农民的心坎上，深受农民朋友的欢迎和喜爱。这在当时不失为一种大胆创新，也为后来"中农乐技术扶贫模式"的建立奠定了基础。

2004年，随着中农乐农业科技集团的成立，中农乐创办了一份专

门服务果农的"技术明白纸"——《果业科技与信息》，指导果农学技术、搞生产、产好果、快脱贫。中农乐把苹果、桃、梨等北方各类果树的技术要点绘制成彩色挂图，免费送给果农。这些技术挂图被果农张贴在炕头或是果园看护房内，成为名副其实的"致富经"。

山西省临汾市乡宁县昌宁镇曹垛村村民杨海龙的果园地处乡宁北垣，海拔 1 020 余米，日照时间长，昼夜温差大，非常适合苹果的生长。然而，由于技术欠缺，地处苹果优生区却产不出好苹果卖不上好价钱，这叫杨海龙心急如焚。2016 年，杨海龙几经周折，最终来到运城市，将中农乐技术人员请到自己的果园，为自己制定管理方案。经技术人员指导后，杨海龙豁然开朗，他明白了自己产不出好苹果的症结所在。他严格按技术人员给出的方案做，每到果树生产管理的关键时期，杨海龙都会询问技术人员，了解全新的果园管理技术。

"2018 年我的苹果产量十亩地只有 2 500 多千克，没有效益，2019 年的产量是 2.5 万多千克，售价是 7 元 / 千克，效益可观，价格也是我们当地的最高价。2020 年受到冻害，我还有 1 万多千克的产量，8.4 元 / 千克是我们这一带的最高价。这一切都得益于中农乐的指导。"杨海龙一提到这两年的果园收益高兴得合不拢嘴。

拓展互联网科技　带动农户"不掉队"

帮农户"产好果"致富脱贫，中农乐做到了，但这并不是满足的时候。2014 年，中农乐与中国电信联手，开发出了"千乡万村"App 果业科技服务互联网平台。该平台既能延展技术扶贫覆盖面，又能推动产业升级持续助农增收。产出好果怎么卖？人有我优咋体现？通过"千乡万村"App 互联网平台，果品生产过程全部进行网上"直播"，每个果子都有二维码，让"有身份证的水果"成为农户增收的新亮点。通过安全溯源体系进入市场的中农乐"有身份证的水果"平均售价比一般水果高出 28%，纯收益比非溯源户高20% 以上。

目前，在运城市芮城县陌南镇，水果电商销售已经成为一股不可逆转的潮流，家家都在做。这其中，那些中农乐溯源户做得更是风生水起。朱吕村村民王虎生几天就卖了二百多箱，他说："这个二维码为我带来不少的回头客，也为自己打响了品牌。有了它，销售中咱更有底气。"

"基地 + 托管"式精准扶贫　让贫困户立起站稳

在运城市稷山县太阳乡阳坡村等 14 个村 241 户贫困户中，中农乐采用"技术托管 + 农户"的扶贫模式。从核桃品种选择到栽植管理，挂果前均由中农乐管理，农户出工并参与技术学习。三年核桃园成林后，交到贫困户手中，就是一个成型的高产核桃园，亩效益可达 3 000 元以上。

在运城永济市卿头镇，中农乐建立了千亩有机冬枣基地和田间大课堂，在生产运营中，让贫困户深度参与每一个环节，向职业农民转型。同时，通过建立田间科技大讲堂，从基础理论到实际操作，为周边区域培养了一大批冬枣技术骨干。这种通过科技示范和培训的力量帮助贫困户转型，可以让贫困农户实现稳定脱贫。

在国家级贫困县运城市平陆县，2015 年开始，中农乐在该县张店镇流转土地 1 000 多亩，开始打造"桃花源"田园综合体。同时采取"现代果业基地 + 小农户"的模式，为周边贫困小农户提供苗木、技术、农资、销售，在农户没有收益以前不收取任何费用，三年后农户有了效益再结清成本费用。这种"现代农业 + 小农户"的模式真正落了地，解决了绝大多数农户没钱投资、不懂技术、不会销售的现实困境。

中农乐通过科技创新、技术帮扶、示范引导、技术托管等多种创新性精准帮扶模式，不仅把贫困户"扶起来"，更让他们"立得住""站得稳"，受到社会各界的一致赞誉。中农乐也先后被农业农村部授予"全国新型职业农民培育示范基地"，被科技部授予"国家级星创天地"等多项荣誉。

沙漠之舟　致富之舟

——内蒙古沙漠之神生物科技有限公司产业帮扶纪实

"大漠孤烟直、长河落日圆"是坐落在内蒙古自治区阿拉善盟阿拉善右旗的真实写照。总面积为 7.3 万千米^2 的阿拉善右旗，沙漠面积占总面积的46.6%，中国四大沙漠之一巴丹吉林沙漠横贯全境。平均海拔 1 200～1 400米，年平均降水量 113 毫米、蒸发量 3 100 毫米，年平均大风 78 天，自然条件十分恶劣。严酷的环境孕育了特殊畜种——骆驼。

俗称"沙漠之舟"的骆驼，如今成为当地农牧民发家致富的"致富之舟"。

骆驼是阿拉善右旗的主要畜种，占全国总量的 20%、占阿拉善盟的45%。丰富的骆驼资源，为阿拉善右旗发展驼产业提供了得天独厚的条件。但长期以来，由于缺乏龙头企业的带动，农牧民经营粗放，对驼畜产品缺乏必要的开发利用，驼肉、驼奶、驼绒毛等畜产品加工转化率低、产业链短，农牧民依靠出售原产品获得收入，骆驼个体经济效益低，农牧民增收乏力。

2014 年，阿拉善右旗委、政府引进新疆旺源生物科技集团，在阿拉善右旗注册成立了内蒙古沙漠之神生物科技有限公司，投入 5 000 万元，建成年加工能力 6 000 吨驼奶生产线。并联合内蒙古农业大学、中国科学院上海生物研究所注册成立了内蒙古骆驼研究院。建成了国内第一家骆驼良种繁育基地，形成了集驼奶加工、驼产品研发、骆驼良种繁育于一体的产业基地，开始对驼奶产品研发生产。

加工企业引进来了，厂子也建起来了，但奶源成了最大的难题。刚开始公司年收购驼奶不足 250 千克，连启动设备的奶源都不够。虽然当地牧民也有挤驼奶的传统，但由于挤奶麻烦，仅限于自给自足，没有出售驼奶赚钱的

龙头企业帮扶故事

意识。为转变牧民思想观念，调动牧民挤驼奶的积极性，内蒙古沙漠之神生物科技有限公司积极协调阿拉善右旗委、政府，积极出台骆驼产业发展补助奖励政策，对养驼大户、专业合作社实施驼产业基础设施建设、挤驼奶等进行补助奖励、融资担保、骆驼保险补贴等一系列优惠政策。公司支持阿拉善右旗农牧民学校教育平台，依靠阿拉善盟骆驼研究所、盟旗畜牧兽医站等机构的专业技术力量，定期在基层开办双峰驼养殖技术培训班，提升农牧民在骆驼饲养管理、疫病防疫等方面的知识水平。积极为骆驼养殖专业合作社、家庭农牧场、专业大户等农牧业经营主体提供优质种畜和技术支持。同时重点扶持挤驼奶养殖大户，通过示范带动，引导农牧民从事驼奶产业。

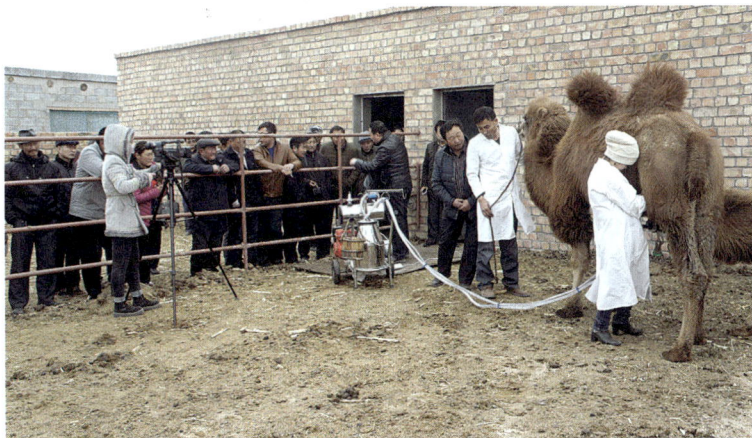

在公司大力扶持下，驼奶示范户的收入明显增加了，看到这一切，观望的农牧民心动了，纷纷加入到了挤驼奶大军中，积极性空前高涨。目前，全旗驼产业呈现蓬勃发展的势头，骆驼养殖规模达到 5.7 万峰。有骆驼良种繁育基地 1 处，驼奶疗养院 1 处，骆驼养殖农牧民专业合作社 18 家，骆驼养殖家庭牧场、专业大户 153 家；建成规模养殖基地 11 处、驼奶中转站 7 个、标准化骆驼养殖棚圈 183 座，挤奶母驼数量达到 8 000 余峰。带动骆驼养殖户近 800 余户、农牧民从业人数 2 000 余人。农牧户通过发展驼奶产业年均收入达到 3 万～20 万元。有 73 户建档立卡贫困户进入奶源基地和专业合作社获得收益。公司与 10 多家养驼专业合作社，140 多户养驼牧民签订了鲜驼奶收购协议，公司有固定供奶户 100 多户，鲜驼奶收购量也由原来的年收购不足 250 千克增加到目前的年收购 1 000 吨左右，农牧民年销售驼奶收入突破 5 000 万元。一批贫困户通过驼奶产业实现脱贫致富。"企业＋科研机构＋基地＋新型经营主体＋农牧户（贫困户）"的紧密型利益联结机制逐步形成，骆驼产业已成为阿拉善右旗的"富民产业""强旗产业"。

同时，内蒙古沙漠之神生物科技有限公司 2016 年被确认为"阿拉善盟农牧业产业化重点龙头企业"，2017 荣获"自治区扶贫龙头企业称号"，2018 年荣获"阿拉善盟 2018 年度优秀民营企业称号"，2019 年被确认为"自治区级农牧业产业化重点龙头企业"、荣获"第一批自治区级农牧业产业化示范联合体""全区脱贫攻坚优秀扶贫龙头企业"称号。研发生产液态奶、驼乳奶粉、驼奶片 3 大系列 8 个品种。申请注册"沙漠之神"商标 1 个，有机食品认证 4 个，企业信用等级 A 级。

百花齐放春满园

——中粮集团携手绥滨共同打造扶贫产业发展生态圈

近年来，中粮集团携手定点帮扶县黑龙江省绥滨县，深入贯彻习近平总书记"发展产业是实现脱贫的根本之策"重要指示精神，充分发挥央企优势，始终聚焦地域特色，通过共创龙头企业、共育乡镇产业支撑、共谋品牌营销推广，拓展延伸产业链条，不断丰富经济业态，着力提升内生动力。

共创龙头企业　引领稻米产业

绥滨县地处优质水稻主产区，拥有优质的黑土地和丰富的水资源，特别适合优质稻谷产业发展。中粮集团针对县域稻谷发展优势，全力延伸完善稻谷产业链条，推进稻米的市场化经营体系建设，促进县域稻米种植品种优化，助力县域农业实现稻米高收益、品牌化发展。

建设稻米加工支撑链。全力支持县域稻谷加工产业发展，2016 年以来累计投入 730 万元，实施兴达米业 30 万吨生产线改扩建项目，打造了一座现代化稻米加工车间，为中粮贸易（绥滨）农业发展有限公司（以下简称"中粮绥滨公司"）的成功组建奠定重要基础。在中粮绥滨公司的引领下，全县发展订单水稻种植 41.6 万亩，涉及 94 家合作社，增加农民收入 880 万元。特别是公司与合作社签订了 2 万亩绥粳 18 优质水稻订单，并以高出市场 300 元 / 吨的价格开展订单收购，促进每公顷增加农民收入 2 000 元以上。

延伸稻米加工产业链。为了进一步提高稻谷种植收益，2019 年投入 149 万元，实施了兴达米业稻壳秸秆生物质颗粒项目，建成了全县第一条稻壳秸秆生物质生产线，实现了稻谷种植产业链条的进一步延伸。截至目前，生物质颗粒项目实现生产加工稻壳 1 500 吨，实现销售额 22 万元。

提升稻米加工价值链。中粮绥滨公司构建了"贫困户带地入社、合作社以地入企、企业以资入股"的利益链接机制，全面提升了稻米加工的价值链。公司成立一年多来，实现净利润 910 万元，累计 2 次分红共计 900 万元，走出了一条独特的产业发展致富之路。以 4 家合作社为主体的绥滨民富疆滨农业公司获得股金分红 70 万元，带动贫困农户 183 户、387 人，户均分红 3 825 元、人均分红 1 808 元。解决县域长期就业 84 人，实现人均收入 4.8 万元，促进县域贫困户短期务工 297 人，累计发放薪酬 878.4 万元，实现人均增收 2.95 万元。

中粮集团贫困户带地入社分红大会

共育乡镇产业　激活发展动能

近年来，中粮集团与绥滨县通过共同培育乡镇特色产业建设，积极探索推进"资源变资产、资金变股金、农民变股东"的合作模式，基本实现了中粮扶贫产业在县域乡镇区划的全覆盖，形成了各乡镇你追我赶、各显特色、齐头并进的局面，为绥滨县全面振兴、全方位振兴奠定了发展乡村集体经济的重要基础。

龙头企业帮扶故事

中粮集团给联合社分红

重一产，特色种养育新机。种养业一直是绥滨主打产业，迫切需要新的技术来焕发新的生机。中粮贸易就针对县域水资源丰富的优势，在绥东镇支持建设了淡水鱼养殖基地。针对县域大力发展鹅产业的需要，为大鹅养殖贫困户捐赠了50万元的开口料，还组织开展专题技术培训，全力帮助提升特色养殖的规模经营能力。投入50万元助力富强乡增添现代化高标准暖棚，可实现每年2～3季种植收益，还可极大降低暖棚种植供热成本，而且通过开设"盆式蔬菜体验店"和网上订单等形式拓展销售供应。

促二产，个性加工激动能。近年来，中粮集团依托乡镇资源先后打造了振荣笨榨油、北岗豆腐坊、良河玉米等多个加工产业，有效延伸了县域大豆、玉米、土豆、蘑菇等主导经济作物产业链。中粮投资70万元实施了永德笨榨油坊项目，合作带动当地稳定大豆种植面积，增强了农民的抗风险能力，实现了高产高效运行。中粮依托富强乡庆安村土豆种植和原有粉坊加工产业基础，投资27.81万元，支持配置更新加工设备，推动产能提升60%以上，增加产量1 500余千克，可实现年销售收入288万元，带动贫困户务工15人以上，年均增收5 000元。

抓三产，生态农业展活力。几年来，中粮集团与县委县政府一起，依托县域独特的农业和两江生态资源，打造了一系列集旅游观光、餐饮民宿及农特产品加工销售为一体的生态农业项目。在松花江畔建设了连生乡望江渔家乐项目，通过旅游推广促进带动了当地毛葱、蔬菜以及禽蛋类的包装外销，增强了村民庭院种植养殖收益，也为当地优质绿色蔬菜开启了品牌之路。在黑龙江畔，为抢抓"醉美 331"旅游精品路线的有利契机，依托忠仁镇建边村绿色水稻科技园区、大鹅养殖基地、生猪养殖场、棚室果蔬基地等多项资源，中粮投入 30 万元，支持新建建边旅游民宿，合力打造农业休闲旅游，带动优质农产品的推广销售。

共谋营销推广　实现价值跃升

"微笑曲线"理论告诉我们，在产业链中，附加值更多体现在两端，即品质和销售，处于中间环节的制造附加值最低。要实现产业的高效发展，做好市场营销至关重要。中粮与绥滨共同谋划品牌营销与推广，不仅有效解决了县域产品外销难题，还有效提升了县域知名度。

以品牌建设倒逼品质提升。2018 年 7 月，绥滨县被评为"中国好粮油"示范县，先后争取中央财政补助资金 1 500 万元，用于支持绥滨县好粮油示范企业开展设施改造、食品检验等项目。2020 年再次投入 100 万元，用于兴达米业支持县域大米品牌营销，努力增强县域产品市场影响力。

以渠道拓展拉动产品生产。中粮大力推进消费扶贫，充分发挥自身优势，通过内部集中展示、食堂采购订单、员工福利选购等方式积极开展内部销售。2020 年，通过中粮贸易总部的春节、"五一"等福利采购，帮助销售当地优质农产品近 170 万元，还一举解决了因疫情影响带来的玉米产品滞销问题。

以营销推广辐射市场影响。中粮集团积极组织推动县域农产品企业参加绿博会、中国好粮油中国行—北京站、天津站、中国国际粮油展销会（长沙）等有影响力的农产品展销会，为县域优质品牌推广打下基础。

"四联"模式助力脱贫攻坚

——黑龙江省拜泉县鑫鑫菌业产业帮扶纪实

6月仲夏，草木葱绿。位于长春镇裕民村的拜泉县滑子菇产业长春镇基地，村民们正在热火朝天地进行采菇、剪菇等工作。

"来基地打工3个多月了，挣了近1万元工资，这是我以前根本想都不敢想的事！"49岁贫困户时雪花，家住长春镇裕民村五组，家中有孩子上大学，家中仅有的10多亩地都流转了出去，每年靠打零工维持生活。2020年3月，在村党支部的号召下，她来到了新组建的滑子菇基地大棚务工，从事采菇工作，每天早出晚归，从早上5点就开始上班，晚上6点多下班，每天平均至少挣100元，有时一天能达到150多元，由于时雪花努力肯干、善于钻研采菇技术，现在已经成为领班，自己带工，还指导着14名长工。万发村76岁的贫困户马喜英，是一名老党员，也是基地里打工年龄最大的，虽然干活不像年轻人麻利，但是干起活来一丝不苟，作为剪菇工，每天也能剪百十来斤，挣个零花钱没问题，因为按照基地规定，剪菇工每天剪菇50千克以下挣不到60元的，通过奖补，工资补到60元；每天剪菇50～75千克的，通过奖补，工资达到80元，在保基本工资的前提下，多干多得。用马喜英的话说，通过自己的劳动自食其力，获得一份工资，比待在家里静等分红，更有一种荣誉感和获得感。

在"四联"模式的带动下，村民手中的橙色小蘑菇成为富村裕民的大产业。

100个产业帮扶典型

鑫鑫菌业有限公司是拜泉县产业扶贫龙头企业，成立于2017年3月，历时3年时间企业迅速发展壮大，产业园区总投资2.5亿元，是一家集食用菌菌种研发、培育、栽培，菌包生产，产品深加工，网络销售平台于一体的现代化农业企业，创建了"龙头企业＋合作社＋基地＋贫困户"拜泉扶贫模式，鑫鑫菌业成为拜泉县引领食用菌产业健康发展的"航母"。

长春镇裕民食用菌种植专业合作社与拜泉县鑫鑫菌业公司合作，采取支部联合、校企联建、干群联动、利益联结的"四联"产业扶贫模式，有效解决产业扶贫"短路""缺路""断路"问题。在支部联合上，13个村党支部、1个合作社党支部、1个企业党支部，三类党支部同频共振，联合组建了长春镇食用菌产业联合党支部，帮建共商破解发展难题，合力推进扶贫产业基地深入发展。合作社将现有154栋大棚入股鑫鑫菌业，生产加工滑子菇，目前已进场菌包150万袋。在校企联建上，依托拜泉县食用菌研发中心，根据食用菌的生产进程，分阶段、分层次的组织科技培训，打造一批农民技术能手和产业工人，进一步助推产业持续健康发展。在干群联动方面，长春镇选派75名优秀党员干部作为联络员，每名联络员负责组织8~9户贫困户到基地务工，目前已组织贫困户671户、1 247人。在利益联结方面，合作社聚焦一、二、三产业融合，以打造滑子菇全产业链为核心，释放产业发展红利，发挥扶贫带贫效力，采取设立收益"资金池"的方式，为务工贫困户发放交通补助和误餐补助。长春镇人民政府负责人王海艳说："按照1栋大棚4 000元的租金计算，我们今年（2020年）计划注入收益'资金池'61.6万元，叠加务工收入，可带动贫困户671户、1 247人，户均可增收2 718元。"

长春镇只是拜泉县"四联"产业扶贫模式的一个缩影。

拜泉县是国家级贫困县，建档立卡贫困人口25 586户、53 414人，为了充分激发贫困劳动力内生动力，变"要我脱贫"

龙头企业帮扶故事

为"我要脱贫"，促进贫困户稳定增收，避免一分了之、一股了之、一包了之。2020年，拜泉县制发了《拜泉县大力推进四联产业扶贫模式实施意见》，大力推进"四联模式"（即支部联合、校企联建、干群联动、利益联结），真正解决了"分得多、参与少""不劳而获、增收一阵子"等问题，培育了一批熟练的产业工人，使扶贫资金充分发挥带贫益贫效益。

坚持党建引领，推进"支部联合"。将党建与产业精准扶贫充分融合，通过村党支部、企业党支部、合作社党支部联动，结对共建扶贫基地联合支部，把党建工作延伸到产业一线，推进"支部建在产业项目上"，形成助力产业发展的强大合力。全县共组建联合支部116个，建设"四联模式"产业扶贫基地22个。坚持战略发展，推进"校企联建"。2020年4月29日成立了拜泉县食用菌研发中心，与上海市农业科学院、黑龙江省微生物所、延安大学生命科学院深度合作，从延安大学引进博士2名、硕士1名、本科生5名，着力开发以秸秆、菌渣为原料的草腐菌栽培，扩展符合地域生产原料优势的食用菌生产品种，促进秸秆与菌渣转化利用，建立延安大学实训基地，构建"科技专家＋科技能手＋栽培农户"的技术推广体系，助推产业持续健康发展。坚持聚力帮扶，推进"干群联动"。坚持把组织贫困劳动力到产业基地务工增收作为考核检验干部主责主业的重要指标，通过村屯干部与贫困户"结对子"，建立贫困劳动力基地务工人员名单，有计划组织发动贫困劳动力到扶贫基地务工，全县共参与"四联"模式的乡村屯干部等一线指挥员320人，列出产业扶贫基地就业人员名单5 043人，按村别，按劳动强度，按用工量多少进行排班作业，实现劳动力和弱劳动力充分就地就近就业增收。坚持催生动力，推进"利益联结"。巩固扶贫资产与贫困农户的增收利益联结机制，建立资产收益"资金池"，把资产收益分配和劳动挂钩，给予扶贫基地务工贫困劳动力交通补贴、误餐补贴，与非贫困劳动力间工资差异化奖励等，发挥扶贫产业项目资产收益金正向激励作用，激发贫困劳动力内生动力，变"要我脱贫"为"我要脱贫"，促进贫困户稳定增收。

一方水土"扶"一方

——安徽省巢湖市尖山湖生态农业逸趣园产业帮扶纪实

巢湖市尖山湖生态农业逸趣园有限公司（以下简称"尖山湖逸趣园"）自 2016 年 10 月正式入驻巢湖市庙岗乡以来，依托当地山、水、田园资源，坚持把建设大型田园综合体与产业扶贫有机结合起来，充分发挥田园综合体在整合乡土资源和产业构建方面的优势，将绿水青山和产业增效变成群众口袋里的金山银山，带动贫困村、贫困户脱贫致富。

土地流转："转"出脱贫致富路

尖山湖逸趣园位于风景秀美的合肥市巢湖浮槎山下尖山湖畔，项目计划投资 15 亿元，目前已投资 4.5 亿元，占地面积 1.2 万亩，是巢湖市体量最大的集农业、旅游、体育、教育于一体的大型田园综合体。园区建设之前，由于地处山岗，位置偏僻，经常被偷倒建筑垃圾和生活垃圾，非法盗采的沙坑遍布残留，附近的山岗地大面积闲置抛荒，产生不了价值。为此庙岗乡党委、政府一直在摸索、寻找能够带动该处发展的企业。功夫不负有心人，扶贫路上有真金。2016 年巢湖市尖山湖生态农业逸趣园入驻，项目建设谋划期充分考虑到了贫困村和贫困户自有要素在田园综合体中的作用，让贫困人口深入参与到产业发展中来，实

现"造血"式产业扶贫的目的。尖山湖逸趣园入驻后，庙岗乡与之联动创新产业扶贫机制，通过制订产业发展规划，搭建土地流转平台，严格规范手续办理，实现土地"化零为整、小片归大"。园区土地流转价格明显高于周边，其中水田流转价格每亩500元／年，旱地流转价格每亩350元／年，分别高于周边土地流转价格20%左右和50%以上。

在尖山行政村小朱自然村的贫困户方正秀就尝到了土地流转的甜头。2020年73岁的方正秀在早年老伴去世后，随着年事渐高，家里约12亩田地无力耕作大部分抛荒，每年主要靠低保收入和打一点零工度日。2018年，她的土地被园区流转后，仅此一项每年就可增收近6 000元，家里也添置了空调、冰箱等家用电器，生活条件大幅改善。近年来，园区共流转农户及集体土地约1.2万亩，其中涉及尖山、沿山两村52户贫困户，流转土地420余亩，帮助贫困户年均增收4 000余元，土地流转为贫困户"转"出了一条脱贫致富路。

产业扶贫：辐射带动多方共赢

作为新型农业经营主体，尖山湖逸趣园在特色产业规划、标准化种植、商品化销售、吸纳就业等方面具有独特的优势。如何结合当地自然资源禀赋，融合多种带动形式，充分发挥扶贫园区的辐射带头作用，带动贫困村、贫困户增收，成为摆在尖山湖逸趣园面前的一张问卷。

"村有主导产业"是尖山湖逸趣园发展产业扶贫的发力点。产业园结合自身农业种植优势，与庙岗乡尖山村和方集村分别签订蓝莓扶贫产业园和草莓采摘产业园经营管理协议，尖山湖逸趣园每年按一定比例分红给村集体，并在同等条件下优先安排本村有劳动能力的贫困户适度用工和协助经营，每年给两村增加集体收入约10万元，带动约100户贫困户参与分红。

尖山湖逸趣园在土地平整、除草、栽苗、修枝、采摘等田间管理中需要大量劳动力，发动具有劳动能力的贫困户参与产业，成为他们增收的新途径。2020年30多岁的尖山村尖山寺村民组贫困户黄金南，因为有智力残疾，多年来无法外出务工，只能靠低保和父亲养羊过活。2017年起，他在尖山湖逸趣园参与田间管理务工，2019年务工收入达14 000余元。近年来通过农业务工，园区累计吸收周边村具有劳动能力的贫困人口96人。2019年，贫困人口在园区固定务工21人，年务工收入在20 000元以上；在园区临时务工75人，年务工收入在10 000～20 000元的有35人，收入在5 000～10 000元的有12人。

此外，园区还积极对贫困户实施技术培训，仅2019年就开展各类培训600多人次，让"人有一技之长"成为贫困户稳定增收的助力点。通过技能培训和产业化运作，既较好地解决了因为家庭原因，无法外出务工致贫贫困户的工作问题，又有利于企业的发展壮大，实现了政府、企业、贫困户共赢的发展目标。

三产融合：户户都有致富门路

随着生活方式的日益多样化，乡村生态旅游成为人们节假日的热门选择。尖山湖逸趣园以尖山湖水库为核心，以商合杭高铁为轴布局娱乐养生带和生态种植带，打造高端婚庆、休闲商业、康养小镇3个中心，建设花海世界、曲院风荷园、竹韵清风园、熏衣草庄园、蓝莓种植园、桑葚采摘园、冬枣种植园等。经过几年的建设，园区采摘观赏、休闲度假的轮廓已初现，形成良好的观赏采摘业态。截至目前，园区已累计接待游客30万人次。

为充分利用尖山湖园区的旅游人群的强大集聚效应，处于尖山湖逸趣园

龙头企业帮扶故事

辐射带动范围内的省定贫困村庙岗乡童集村，2020年利用扶贫资金550万元建设旅游民俗坊项目，让贫困户在家门口，通过参与产业、销售土特产品、经营农家乐、参与民俗活动等拓展增收渠道，使得户户都有致富门路。目前该项目已破土动工，建设完成后将与尖山湖签订合作管理协议，预计每年为童集村增加集体经济收入约30万元。

除了第一产业和第三产业，尖山湖逸趣园的第二产业也在加快布局中。园区近期还谋划建设烘干房、农产品加工车间、农产品检测化验室等，利用薰衣草做成干花束，桑葚、蓝莓制成果干，无花果制成无花果酒等，通过深加工带动三产融合发展，实现良性循环。

乡企合作：打造乡村振兴示范

农业产业扶贫是打赢脱贫攻坚战的核心内容，也是实现乡村振兴的关键所在。贫困人口依托特色产业发展实现稳定就业和持续增收，才能从根本上保证有效脱贫。以前，庙岗乡一直以传统农业为主，自然资源和区域优势未得到充分挖掘和发挥。在对全乡充分调研分析的基础上，庙岗乡党委政府通过招商引资引进尖山湖逸趣园项目，带领全乡坚持走旅游扶贫、绿色发展之路，全力打造乡村振兴巢湖示范。

为助力园区健康成长，尽快产生效益，脱贫攻坚以来，各级财政累计投资3 000余万元，巩固带贫基础设施建设，为园区建设打下坚实基础。其中，结合村村通工程，建设支持园区发展的道路12.5千米，建设投资约2 000万元；扶贫产业园高标准农田整治投资约270万元；扶贫产业园沟渠水利建设投资约500万元。

为鼓励休闲农业带贫，2018年、2019年，尖山湖逸趣园累计获得合肥市级休闲农业奖补资金95万元。为保障一产扶贫果园技术指导得力，庙岗乡安排农技专家和技术队伍开展结对技术指导，从蓝莓、冬枣、无花果园延伸到彩色水稻生产，累计开展指导30余次。为巩固园区带贫能力提升，庙岗乡从建设土地指标中协调50余亩建设指标，支持尖山湖发展三产融合，提升带贫能力升级。

反哺乡亲不忘本 "造血"扶贫展担当

——湖北省长阳大清江经济技术发展有限公司产业帮扶纪实

从庄稼"望天收"到"腰包"年年增收，看着眼前的大棚番茄，湖北长阳火烧坪乡黍子岭村的贫困户葛家胜掩饰不住脸上灿烂的笑容。

"过去家里 4 亩多土地，以种萝卜维生，人力成本高，而且长期基本都是'望天收'，少的时候年净收入不足 10 000 元。"葛家胜说，转变来自2018 年，在长阳大清江经济技术发展有限公司（以下简称"大清江"）垫资帮助下，他建起了大棚，机械化试种大棚番茄，当年就收获 1.5 万多千克，实现收入 59 339 元。2019 年，尝到甜头的葛家胜又增加了大棚面积，年收入达到 61 320 元，较 2017 年，增收超过 500%。

在全县范围内，像葛家胜这样，由大清江垫资建造大棚并实现跨越式增收的农户达 82 户，大清江的垫资总额也超过了 225 万元。

长阳土家族自治县地处鄂西南山区，集"老、少、山、贫、库"于一身，也是国家扶贫开发工作重点县和武陵山扶贫攻坚片区县。2015 年实施精准扶贫以来，县委县政府全面推进产业扶贫，涌现出了一批积极承担社会责任的农业经营主体，主营蔬菜科技研发、农产品种植、加工与销售的农业产业化重点龙头企业大清江便是其中之一。

近年来，大清江实施公司指导合作社执行，全产业链、多渠道、多形式帮扶带动农民增收的路径，开创了"一条龙式'造血'扶贫"的特色模式，类似帮助葛家胜等贫困户，垫资建设大棚发展设施农业，便是该模式的一个体现。此外，还体现在种植、收购、加工、销售等多个环节。

租地建设基地，返聘农民种植。2016 年起，大清江出资 30 万，在资丘镇柳松坪村流转 33 户农户土地 200 亩，其中贫困户 5 户，新建精准扶贫现

贫困户技术培训

代高效示范基地，种植设施蔬菜和精细蔬菜，扭转了当地粗放型农业"广种薄收"的局面，并吸纳了当地留守人员 180 人，实现"家门口"再就业，降低了农民种植风险，稳步提高农民收入。

发展订单农业，保价回收产品。2017 年起，大清江与黍子岭村、青树包村超过 114 户贫困户达成蔬菜订单生产收购协议，并实行"保底价＋市场价"的双轨收购模式，即保底价和市场价择高收购，保障农民收入。仅 2019 年，大清江就收购各式蔬菜超 473 万千克，支付 794 万元，带动并辐射了超过 150 户贫困户脱贫。青树包村的刘其福是一位单身母亲，为供儿子上大学，生活困难。大清江连续 3 年与她签订收购协议，帮助其增收 93 000 多元。

提供工作岗位，带动务工就业。大清江仅冷库厂区就拥有清洗线 8 条、包装线 8 条、真空预冷库 2 个，每年可吸纳清洗工、包装工、装卸工 500 余人，仅 2019 年一年就支付劳务工资 1 480.78 万元。装卸工谢海波是火烧坪乡青树包村的贫困户，通过在尾菜肥料厂及厂区冷库打工，年净收入达到53 500 元。

电商推广全国，提高农民收入。近年来，大清江积极探索电商新渠道，为农户线上销售自家农产品提供平台渠道、品牌包装和技术支持。仅 2020

贫困户在基地务工

年"五一"期间，就帮助农户销售蔬菜干货 5 000 多千克，创收 13 万元。

"执著背后是挚爱"，据该公司负责人介绍，"大清江"之名源于长阳人的母亲河——清江河，大清江也是长阳 1 490 家专业合作社、32 家农业产业化重点龙头企业扶贫带贫的一个缩影。在全县打赢脱贫攻坚战的过程中，以大清江为代表的新型主体始终发展不忘本，积极承担社会责任，反哺乡亲，坚持"造血"式扶贫，扩大农民再生产能力，为贫困人口实现了"基建—种植—收购—加工—销售"的全产业链增收。

据悉，大清江的"一条龙式'造血'扶贫"模式因成效明显，被认定为湖北省扶贫龙头企业，为探索助农脱贫致富的企业提供了可供借鉴的经验。

多方筑巢引凤 "机诞"助力脱贫
百万羽蛋鸡孕育脱贫致富新希望

——广西壮族自治区贵港市桂平市百万羽蛋鸡养殖产业帮扶纪实

在桂平市罗播乡深度贫困村西村屋湾屯里，一羽羽可爱的蛋鸡在笼中抢食。

在桂平市厚禄乡延寿村标准化蛋鸡养殖基地内，鸡舍里工人们正紧张有序地捡蛋和打包，捡蛋的过程全程机械化，由员工控制机械，再把鸡舍里面每一只鸡蛋统一通过履带传送到员工面前，省时又省力。

"我农闲的时候来基地打工，每月收入 2 500 元，2019 年收入近 2 万元，能在家门口打工，又增加了收入，并且还能够照顾家庭和家里农活，感恩党、感恩政府。"贫困户黄瑞志满脸洋溢着笑容，动情地说道。

这一帧帧画面、一幕幕场景，构成了一部暖心的故事片，故事的主角就是广西桂平市的贫困群众。让原本为生计奔波的贫困户脸上洋溢出幸福的笑脸则是桂平市发挥龙头企业带动力量，大力发展百万羽蛋鸡养殖扶贫产业的功劳。

近年来，桂平市积极把培育产业作为推动脱贫攻坚的根本出路，将蛋鸡养殖产业作为桂平市扶贫主导产业，积极引进养殖龙头企业，打造百万羽蛋鸡标准化养殖扶贫产业项目。项目共计划投资 1.3 亿元，建设百万羽标准化高端养殖基地，其中涉及蛋鸡产业扶贫项目资金 1 718 万元，年产值可达近亿元。项目共带动 11 个乡镇 19 个贫困村 1 589 户贫困户参与，其中包括 11 个自治区级深度贫困村、4 个贵港市级深度贫困村和 1 个移民安置点。实现了企业获利、贫困户受益、村集体经济发展多方共赢。

多方整合资源"筑巢引凤"，激活扶贫主引擎

桂平市人民政府引进专门从事蛋鸡养殖开发与销售的养殖龙头公司——广西浔翔农牧科技有限公司，整合村集体资金，打开扶贫项目绿色大通道，联合多部门协调解决当地用地、用水问题，斥资建设标准化养殖厂房（含设备），修建基础设施产业道路等，打造建设标准化、集约化、自动化、复合型、环保型的百万羽标准化高端养殖基地。

项目共计划投资 1.3 亿元，建设百万羽标准化高端养殖基地，其中涉及蛋鸡产业扶贫项目资金 1 718 万元，年产值可近亿元。项目资产权属归村集体所有，投资方与运营方明确，资产归属清晰，企业与贫困村、贫困户利益分成公开透明，改变和避免了以往传统企业吸纳扶贫资金入股的高危风险，探索出产业扶贫新模式。

2019 年，在桂平市东、南、西、北 4 个片区的油麻镇上余村、麻垌镇联堡村、罗播乡西村、紫荆镇白云村，各建立了 5 万羽标准化蛋鸡养殖基地。公司通过布局"1+4"标准化蛋鸡养殖基地，实施"5+1"扶贫对接模式，实现定向对接扶贫。

公司建有包括延寿村在内的 5 个基地，实施 6 个项目蛋鸡标准化扶贫项

目，通过与贫困村进行合作经营，实行利润分成。按照规划，每个项目点每年返还利润 20 万元。同时，基地还为贫困户提供就业岗位，每个岗位年收益为 2.4 万元，这将直接带动贫困户实现脱贫。该公司总经理杨勇介绍："现在已经有过半的鸡蛋通过我们的中间渠道到了粤港澳大湾区，通过蛋品去推市场，反过来通过市场拉动整个产业链。"

创新"三类利润"收益分成模式，闯出脱贫新路子

2020 年 3 月 23 日，桂平市寻旺乡长安易地扶贫搬迁集中安置点热闹非凡，由桂平市产业开发专责工作组牵头组织，桂平市浔翔公司让利将一批 3 000 只淘汰蛋鸡，以 5 元一只的超低价卖给安置区贫困户，覆盖 175 户贫困户。现场的群众脸上洋溢着喜悦。

"感谢共产党、感谢政府，时刻惦挂我们，不仅让我们住上了好房子，还把蛋鸡送到了家，这些蛋鸡都有 1.5 千克重，也能正常下蛋，真的太实惠了！"桂平市寻旺乡长安老乡家园社区的易地扶贫搬迁建档立卡贫困户莫巨清激动地说。

浔翔公司与贫困户实行直接利益分配，形成三类收益分成模式：一是引导企业让利，低价出售淘汰鸡给贫困户饲养，带动贫困户参与发展蛋鸡产业，户均增收 2 000 元以上，全面提高扶贫产业覆盖面；二是引导企业吸纳当地贫困户到项目基地务工就业，解决贫困户就近就业问题；三是引导企业与 19 个贫困村村集体开展合作经营，发展壮大村集体经济。

形成"三个 20 万"利益联结机制，鼓了农户钱袋子

在推进模式上，桂平市创新实施"三方联结"、实现"三有"目标、体

现"三个"益贫机制，即促进了村级集体经济、贫困户及扶贫产业联结共赢；实现了贫困户有收入、村级集体经济有发展、扶贫产业有亮点，直接体现在"三个 20 万"带贫益贫机制：第一个 20 万是每个项目点村级集体年收入 20 万元。即由龙头企业租赁项目点固定资产每年租金 20 万元。第二个 20 万是企业每年对每个子项目点分配不少于 6 000 羽淘汰鸡，按照 5 元 / 羽廉价出售给贫困户，每羽让利 32 ~ 35 元，每个点让利给贫困户不少于 20 万元。第三个 20 万是每个子项目建 1 个产业扶贫车间，聘请 5 ~ 10 名贫困户务工，以每人每年务工收入 2.5 万元计算，每个车间贫困户年务工增收可达 20 万元。同时，基地还间接拉动土地资源、原料供应、就业务工、商品运输流通、科技创新、水电能源和开创税源等，实现了地方经济发展，企业盈利、农民增收多方共赢的新模式。

提供就业岗位、让利发展成果、激发脱贫信心、促进集体经济发展、实现精准扶贫……桂平市百万羽蛋鸡养殖，增强脱贫原动力，在基层更凝聚了人心、民心，有力助推了乡村振兴和乡村经济的可持续发展。此外，桂平市还大力弘扬"人一之我十之，人十之我百之"的扶贫精神，4 年来筹措资金 50 多亿元用于扶贫开发，到 2019 年底，桂平市累计完成贫困村出列 124 个、贫困人口脱贫 38 236 户 169 991 人，综合贫困发生率已由 2015 年底的 7.38% 降至 0.34%。2020 年 5 月 9 日，广西第一人口大县桂平市正式获批退出贫困县序列。

脚踏实地做实业 脱贫致富靠产业

——海南传味文昌鸡产业股份有限公司产业帮扶纪实

海南传味文昌鸡产业股份有限公司成立于 2005 年，是文昌鸡行业内首家挂牌新三板的公众企业，业务范围集文昌鸡产品研发、规模饲养、自主营销为一体，现可年产优质文昌鸡苗 2 000 万只，优质文昌肉鸡 1 000 万只。近年来，传味公司积极响应全国"万企帮万村"以及文昌市委、市政府精准扶贫行动号召，积极履行社会责任，通过"公司＋农户＋市场"的产业扶贫模式，累计联结带动文昌市 14 个乡镇以及乐东、琼中、白沙、琼海、澄迈等市县贫困户共计 2 885 户、8 957 人走上脱贫致富的道路。2018 年，传味公司获评全国"万企帮万村"精准扶贫行动先进民营企业荣誉称号。

积极响应号召，努力探索产业扶贫模式

"金"鸡不独"利"，帮扶促共赢。近年来，传味公司在企业快速成长的同时，努力参与精准扶贫工作，积极探索"公司＋农户＋市场"带动模式，实行统一提供种苗、饲料、防疫、服务及产品回收的"五统一"管理模式，专门设立农户服务站，负责向半径 15 千米内的农户提供养殖物资发放、技术指导、产品回收等服务。实行定价保利润回收制度，通过带动养殖、入股分红、带动就业等帮扶形式带动贫困户脱贫致富。2017 年，公司分别在抱罗、公坡和锦山等乡镇实施了产业帮扶，跨镇域联结贫困户共计 161 户、750 人。通过养殖带动模式带动贫困户增收约 120 万元，户均收益不低于 6 万元；通过入股分红模式帮扶贫困户收益达 91.24 万元，户均增收 8 294 元。同年底被海南省扶贫办授予"海南省扶贫龙头企业"称号，自此"传味扶贫模式"逐步建成。截至目前，公司已在文昌市 14 个乡镇实施产业扶贫项目，

跨镇域联结带动贫困户 1 601 户、5 813 人。针对各乡镇地理条件差异和贫困户的实际情况，开发了多种产业带动方式，并在蓬莱镇首次创新发展嘉积鸭养殖扶贫项目，"传味扶贫模式"得到了延伸和壮大。随着"传味扶贫模式"不断获得成功，乐东、琼中、白沙、琼海、澄迈等市县也纷纷与之寻求合作，企业帮扶贫困人数大幅增长，跨县域累计带动贫困户 2 885 户，惠及贫困人口 8 957 人。

因户精准施策，细分带动产业发展举措

针对有劳动力、有养殖场地的贫困户。公司创造条件让其加盟养殖，采取免缴加盟保证金、垫资搭建鸡舍及借款解决养殖收成前的生活开支等。公司以每只鸡利润不低于 3.5 元保价保利润回收产品，保证养殖每只合格鸡利润不低于 3.5 元。按每户投入 2 个劳动力，每批饲养 14 000 只鸡，每年出栏 2 批计算，每年纯利润可达 8 万元。该模式既能让贫困户真正掌握一门实用技术，又能靠自己的双手勤劳脱贫致富，可谓是一举两得，深受贫困户的喜欢。

针对有劳动力、无养殖场地的贫困户。采取"公司 + 村集体 + 贫困户"方式，由村委会集中租赁场地建设鸡舍，贫困户参与劳动。村委会分成收益的 30% 用于发展村集体经济，贫困户享受收益的 70%（一个劳动力可获收益

约3万~4万元）。整村推进贫困村公坡镇水北村委会养殖基地便是一个成功的典型，该模式能有效整合多方资源，促使其发挥效益最大化，让贫困户脱贫的同时也增加了村集体的经济收入，公司、村集体及贫困户优势互补、三方共赢。

针对部分不具备劳动力的贫困户。引导其将政府帮扶资金入股公司合作养殖获取固定收益，公司按不低于10%的年回报率逐年给予分红。确保贫困户定期收益的稳定性，财政扶贫资金的投入也解决了加盟养殖贫困户的资金短缺问题，资金得到合理调配和有效使用，实现了良性循环。

精心谋划经营，持续提升产业带贫效益

在养殖方面，用好一种模式。将成熟的"公司＋农户"模式与"公司＋贫困户""公司＋村集体＋贫困户"模式有机融合成为"公司＋农户＋市场"的一种产业扶贫模式，推广复制到其他有条件的市县。按公司的发展规划，预计到2022年，将达到年产销文昌鸡鸡苗5 000万只、肉鸡2 500万只的规模，年产值可达10亿元。

在营销方面，做好两项工作。一要丰富深加工产品种类，以省内商超、社区超市作为平台载体，进入省内市场终端，建立线上、线下直销体系。二要拓展省外餐饮、商超、农超市场，供应冰鲜、冰冻鸡及文昌鸡熟制品，计划未来3年达到年直供1 000万只的目标，确保新增产能畅销无阻，实现公司销售额、利润率稳步双提升。

在产业链方面，建好三个项目。一是投资8 500万元（分3年）建设一座年产500万只文昌鸡肉质改良场，现已部分建成并投入使用，对文昌鸡食品安全保障、品质提升等方面将发挥重要作用。二是投资1亿元新建一个年产24

万吨文昌鸡专用饲料厂。采用现代科技、设备、工艺来特制专用饲料，精准满足不同时期的文昌鸡营养需求。差异化的饲料能显著改善文昌鸡风味和品质，突显文昌鸡特色。三是投资 6 500 万元新建标准化文昌鸡食品加工厂，年可屠宰文昌肉鸡 1 000 万只，深加工鸡 500 万只。项目主要通过先进设备及工艺降低屠宰加工成本，提升产品附加值，运用先进的保鲜技术利于文昌鸡产品市场的开发。

近年来，传味公司以强烈的社会责任感和使命感，积极参与精准扶贫工作带动脱贫致富的同时，养殖规模得以迅速扩张，公司每年营业规模都以 50%左右速度增长。目前，公司已和文昌市一个产业园区签订合同，准备建设一座现代化的加工厂，在肉鸡加工、运输配送、品牌建设以及深化三产融合等方面积极拓展业务，不断延伸产业链条，逐步实现文昌鸡产业化发展，从而更好地带动贫困户脱贫致富，促进当地农民养殖增收，为地方经济发展发挥积极作用。

"扶贫车间 + 基地" 助农持续增收

——四川省广元市苍溪县猕猴桃食品有限责任公司产业帮扶纪实

四川省广元市苍溪县地处秦巴山区,是川陕革命老区、红四方面军长征出发地、新一轮国家扶贫开发工作重点县、秦巴山区区域与脱贫攻坚重点县;也是世界红心猕猴桃原产地和中国红心猕猴桃第一县。近几年来,苍溪县瞄准贫困村脱贫和贫困户稳定增收,紧紧围绕以红心猕猴桃为领军、生态养殖为主导、中药材为特色、雪梨等小水果为传统的"1+3"优势产业,实施"龙头带动"战略,大力培育和引导苍溪县猕猴桃食品有限责任公司等龙头企业发挥辐射带动作用,推动县域"扶贫车间 + 基地"扶贫取得明显成效,苍溪红心猕猴桃供给侧结构性改革经验被中央电视台《新闻联播》报道,红心猕猴桃产业助推脱贫增收案例入选 2019 年农业农村部和国务院扶贫办组织评选的"全国十大产业扶贫优秀范例"。

苍溪县猕猴桃食品有限责任公司是该县唯一一家农业产业化国家级重点龙头企业,公司的"梁公子"牌商标是"四川省著名商标",生产的猕猴桃果汁产品是四川省人民政府命名的"四川省名牌产品"。2019 年,公司实现综合产值近 7 亿元,现已形成标准化种植、科技化创新、精深化加工、品牌化运行、市场化运作的集团化经营管理模式。公司三十年如一日,扎根山区,积极履行社会责任,为农户脱贫致富做出了突出的贡献。

舞龙头，带农增收

公司充分发挥龙头的带动作用，始终坚持以农民增收为核心，推动农民向产业化工人转变。公司吸纳直接连挂农户和辐射带动农户 267 户中的部分劳动力到公司务工，建设扶贫车间，公司常年从贫困户中招收管理工人 62 人，季节性用工 13 937 人次，年支付工资 260 余万元，实现"就业一人，脱贫一户，致富一家"。按照"企业 + 专业合作社组织 + 基地 + 农户"的经营模式，建设核心示范园 5 013 亩，并采取股份合作、土地流转、订单收购等方式，对农户实行"三包四统一服务"（包技术培训、包果品销售、包机械供应；品种统一、病虫统防、物资统配、鲜果统购；关键技术上门服务），带动千家万户的生态庭园、适度规模种植户建设基地，使小庭园融入大市场。建立"'苍溪红心猕猴桃' + 企业自主商标"为一体的母子商标体系，宣传企业品牌，打造苍溪红心猕猴桃公共品牌，提升苍溪红心猕猴桃品牌价值，苍溪红心猕猴桃鲜果单价由过去的全国平均水平提升到高出全国同类产品 2～5 倍价格，提高农户收入。

扩渠道，助农增效

构建新型联合经营主体，形成"风险共担、利益共享"的机制，着力推进企业与新型经营主体之间利益共同体建设，推动产业发展和农户增收。

做大企业。通过联合体的建设，公司吸纳 15 家专业合作社、56 家家庭农场、3 678 户农户参与联合体，以保护价收购联合体农户的鲜果，统一对外进行销售。

实现二次返利。2018—2019 年，公司从鲜果销售利润中提取 313.95 万元，向联合体农户二次返利，实现农户二次增收。

提升产品附加值。公司对不适宜鲜销的猕猴桃鲜果进行精深加工，最大限度提高产品附加值，使公司连挂贫困户和辐射带动农户年均增收 613 元以上。公司在不断加大产品宣传和市场营销力度的同时，使产品销往国内 100 多个大中城市和国内航空市场，并成功开拓"一带一路"国家和欧盟等国外市场。

创机制，全产业链发展

公司创新完善"合同订购"等基本利益联结机制，大力推行"龙头企业＋专业合作组织＋基地＋农户"等组织形式；积极采取托管、代种等方式；大力倡导"利益兜底""收益分成""入股分红""二次返利"等分配模式，促进企业与农民建立更紧密的利益联结机制。公司建设猕猴桃鲜果分级挑选线3条，将优质鲜果销到了日本、欧盟和国内156个城市，拓展仓储物流体系，加大精深加工产品开发，打造现代农业企业，在产品初加工、精深加工、冷链物流、服务外包等延伸产业上下足功夫，从而带动整个产业链良性发展。2019年，鲜果收购均价为每千克15元，比全国同类产品收购价每千克高出2～3元，仅此一项就使农户增收1 000元以上。公司全产业链发展涵盖16个乡镇、46个村，28 548户农户通过发展猕猴桃产业，实现农户增收致富。

勿忘初心，砥砺前行

公司始终保持发展定力，确保做"中国更专业的猕猴桃加工企业"目标不变、方向不偏，大力实施创新驱动战略。2019年，公司荣获"四川省科学技术进步三等奖"。公司生产的"梁公子"牌猕猴桃浓浆、果醋、原浆，"闺猕"牌猕猴桃果肉饮品实现了加工专有技术的突破，并申请了发明专利和实用新型专利。在猕猴桃加工中，公司多项技术在该领域一直处于国内领先地位，受到各级领导、社会各界人士和广大消费者的一致好评！中央电视台、四川电视台等新闻媒体多次进行了宣传报道。

新时期，新机遇，"梁公子"携"闺猕"又吹响了新的号角，乘风破浪，高速发展！为苍溪红心猕猴桃享誉全国，走向世界！扬帆远航！

肩负企业使命　做实产业扶贫

——重庆市涪陵榨菜集团股份有限公司产业帮扶纪实

作为行业领军者和国家级龙头企业，近年来，重庆市涪陵榨菜集团股份有限公司积极响应党中央打赢脱贫攻坚战的号召，切实发挥榨菜产业扶贫主力军作用，积极引导农村贫困户发展青菜头种植，做实做强涪陵榨菜这碟"脱贫小菜"，有力有效地促进了贫困农户脱贫增收。

农户从不愿种到抢着种　实行保护价收购促增收

袁亮是重庆市涪陵区百胜镇中心村的贫困户。2019 年立冬前，他在村里揽了近 30 亩荒地，全种上了青菜头。而在往常这个时候，他已经种好自家的 7 亩地，外出打零工了。

袁亮敢于一下子种这么多青菜头，在于他签订了一份特殊协议。2019年 8 月，百胜镇中心村的菜农都与当地的一家榨菜股份合作社签了收购协

青菜头生产基地

议，约定雨水前收的青菜头，合作社以每吨760元的保护价收购。贫困户无须缴纳保证金，种多少合作社都收。

合作社也和涪陵榨菜集团签订收购协议，按每吨30元向公司缴纳履约保证金，约定公司以每吨1728元的保护价收购经合作社粗加工的青菜头。

袁亮算过账。按照每亩2.5吨的产量和500元的成本，自己仅种榨菜一项就有4.2万元的收入（30亩×2.5吨/亩×760元/吨—30亩×500元/亩=42 000元）。这笔收入是他一年打零工的7～8倍。

涪陵榨菜集团负责人介绍，为切实增加农民收入，保障企业优质原料供给，他们通过乡镇、村社、股份合作社等组织与农户签订合同，确定收购数量及保护价，并逐年提价，最大限度保护农民种植收益。特别是对贫困农户的青菜头实行优先全额收购，确保了贫困农户稳定增收。

实行保护价收购提高了农户种植青菜头的积极性。目前，涪陵榨菜集团在涪陵20多个有扶贫任务的乡镇街道发展原料基地20万亩，惠及全区16余万农户60万余菜农。其中每年有近70%的贫困户通过青菜头种植增收，年户均收入达4 000余元，实现了产业发展和脱贫增收双赢。

"两份保证金、一条利益链" 创新利益联结促增收

2020年3月中旬，涪陵区种植覆盖千家万户的脱贫产业青菜头采购工作全面结束，收砍面积、销售收入、农民人均青菜头种植纯收入，尤其是建档立卡贫困户种植收入等三项数据全线飘红，稳定带贫增收效应凸显。

涪陵榨菜集团负责人表示，这主要得益于"两份保证金、一条利益链"的联结机制，让农户及建档立卡贫困户、合作社和企业紧密联系起来。

2019年以来，涪陵榨菜集团开始全面推行"龙头企业＋榨菜股份合作社＋基地＋农户"的订单模式，逐步形成了"两份保证金、一条利益链"的利益联结机制。农民以单季土地经营权入股榨菜专业合作社，并且向股份合作社缴纳履约保证金，合作社向集团缴纳保证金，集团向合作社、农户进行约定保护价格收购，解决了农民难以应对的千变万化的市场难题；同时农民还可以获得合作社的"保底分红＋盈利二次分红"。

100 个产业帮扶典型

这样一来，就形成了一条从田间地头到商品货架的紧密链条。一方面，粗加工从工厂前移到了合作社；另一方面，合作社成为榨菜企业第二生产车间，保证了粗加工利润，促进了合作社发展；合作社保护价订单收购，价格得到了有效保证，农户也吃下了一颗"定心丸"。

这种模式既保障了农民收益的稳定增长，也保证了企业生产的原材料品质，真正实现了农民、合作社和龙头企业的"三满意"，有效破解了千家万户的农民难以应对千变万化的市场和农民的市场履约意识差两大现代农业发展难题。

切实履行国企社会责任　吸纳就业务工促增收

涪陵榨菜集团在抓好基地建设、原料发展的同时，还切实履行国企社会责任，积极吸纳有就业意愿和劳动能力的贫困户进企业务工。

"我们在榨菜修剪看筋、生产加工和销售环节优先安排建档立卡贫困户和农民工就地、就近就业，累计解决了 60多户建档立卡贫困户和 1 000多名农民工稳定就业，增强了贫困户自身'造血'功能，确保实现长期稳定脱贫。"该公司负责人介绍说。

榨菜集团生产线

此外，涪陵榨菜集团还把青菜头的修剪看筋加工交给合作社实施，吸纳了数量众多的建档立卡贫困户参与季节性务工。建档立卡贫困户汪帮淑表示，她一个冬闲时节的务工收入就有几千元。

2019 年，涪陵新组建发展榨菜股份专业合作社 197 家。在涪陵青菜头的主产区——涪陵国家现代农业产业园区，40% 以上的农户加入合作社，园区内贫困户入社 2 269 户，实现入社全覆盖，带动了 1.5 万农民务工。

"小香葱"开启致富门

——贵州新农汇生态农业公司产业帮扶纪实

"窝尉大坝宽又宽，种上香葱我喜欢。政企合作发展好，群众不愁吃和穿。"

这是贵州省赫章县松林坡乡乡亲们在采摘香葱时自编的山歌，里面尽是群众满满的获得感和幸福感。

松林坡乡窝尉坝区辖 6 个社区，涉及农户 2 764 户、11 056 人，其中贫困户 518 户、1 917 人。2016 年，贵州新农汇生态农业公司（以下简称"公司"）通过招商引资入驻窝尉坝区带动发展香葱产业。该公司成立于 2016 年，是一家从事蔬菜、中药材、食用菌种植、加工与销售，农业技术开发、农业技术服务与转让，农业生态观光旅游，农业大棚建设等业务的现代农业企业。公司现有员工 58 人，建有农业生产基地 4 个，年产值达 1.2 亿元，年利润达 0.3 亿元。

因地制宜选产业

如何才能因地制宜选好产业？让农民"钱袋子"鼓起来，实现脱贫致富目标，成为公司入驻坝区时的当务之急。按照产业发展既要兼顾"一乡一特、一村一品"，又要将低效产业调下来，将高效农业提上去的要求，在经过多次深入调研后，公司最终决定，依托坝区优势和特殊的高山气候，抢抓国家实施精准扶贫的契机，按照"龙头企业＋合作社＋农户"模式，发展香葱产业。

公司投入资金 3 600 万元，建成占地 3 326.2 亩的现代化香葱产业示范

香葱装车

园区，覆盖坝区内 6 个社区，建成办公场所 3 000 米 ^{2}，日加工 100 吨洗葱车间 1 座，日产 100 吨制冰厂 1 座，1 500 米 ^{3} 冷库 1 座。基地惠及周边乡镇 10 个村（社区），直接带动农户 2 876 户、12 330 人增收，带动贫困户 495 户、2 144 人脱贫。2017 年，公司建设的香葱基地先后被评为市级和省级农业产业示范园区，2019 年助力窝舍坝区打造成为贵州省 100 个样板坝区之一。

创新思路增收益

随着基地建设的日益壮大，如何拓宽农民的增收渠道，带动当地村集体经济发展成为公司和当地政府考虑的主要问题。在不断实践中，成功探索出"11235"利益联结机制（即 1 个龙头企业带动；1 个党总支引领驱动；松林坡乡投入 200 万元扶贫专项资金助力香葱产业发展，年均分红 20 万元联结"极贫户"；县级财政每 1 000 亩投入 300 万元，涉及项目社区每个社区分红 3 万元壮大村集体经济；贫困户以 5 万元"特惠贷"入股企业，企业每年向贫困农户户均分红 5 000 元，企业申请产业扶贫子基金 500 万元，带动就业 500 人以上），帮助群众增收致富。

2016 年以来，在党总支带领和鼓励下，村民主动拿出地块，破开地界，或以土地，或以"特惠贷"，积极申请入股公司香葱种植项目。截至目前，农户用 3 321.6 亩土地入股，每亩每年按 500 元标准进行保底分红，5 年一个周期，每个周期递增 100 元作为土地入股农户的分红。2017—2019 年土地分红累计达 498 万元；100 户贫困户 567 人以"特惠贷"500 万元入股，户均年分红 0.5 万元。

政企合作受益多

为进一步增加群众受益，公司建立健全"政府＋企业＋合作社＋农户"的扶贫联结机制，政府投入解决基础设施，公司负责实施项目及坝区香葱生产管理与销售，积极带动农户参与香葱生产。

公司入驻以来，松林坡乡产业脱贫致富效果显著。一是 200 万元扶贫专项资金入股，年分红 20 万元，涉及贫困群众 360 户、1 723 人；二是 40 万元村级互助发展资金入股，涉及 2 个社区年各分红 4 万元；三是县财政每 1 000 亩投入 300 万元，建设香葱基地基础设施，公司年分红 18 万元给基地涉及社区，逐步壮大村级集体经济；四是广州市对口帮扶资金 200 万元入股，年分红 12 万元，其中 3 万元用于半冲村集体经济积累，9 万元用于帮扶松林坡乡 45 户贫困户，户均分红 0.2 万元；五是量化少数民族发展资金 48 万元入股，联结 24 户、88 人，户均增收 0.1 万元；六是半边街村"三变改革"项目 80 万元入股建制冰厂，联结 24 户。截至 2019 年，公司分红资金达 110.4 万元，其中增加村集体经济 29 万元，联结 529 户、2 572 人，户均增收 1 538 元。

农户在香葱基地务工

公司秉承脱贫最有效途径就是就业的理念，组织贫困户到香葱基地务工增加收入。除坝区内 6 个村社区外的 10 个村社区，每个村社区以合作社为平台，组织动员贫困户到香葱基地务工，按每个合作社每天输出 50 个工，9 个月为一个周期，如果该合作社每年向基地劳务输出达 1.35 万个工，公司给予合作社 3 万元奖励；如果合作社超出 1.35 万个工，每超一个奖励 2.2 元，用于增加合作社所在村集体经济积累。2018 年公司董事长被评为全省脱贫攻坚先进个人，2019 年公司"一棵葱背后的扶贫故事"被两会民生周刊选登。

产业发展抓关键

香葱产业这场革命，不仅增加了群众收入，更启发了干部群众发展的思路。一是促进干部群众在转变思想观念、发展方式、作风上深入研究问题，通过产业结构调整助农增收致富，是发动群众、组织群众、带领群众参与农村产业革命的生动实践。二是通过"龙头企业＋合作社＋农户"利益联结机制，让坝区农户不断增收，实现了"因地制宜选产业，一地独创一招鲜"。三是通过香葱基地创新构建了"一核两驱三提升"的党建新格局，提升了基层党建组织力、群众内生动力、党员干部攻坚战斗力，推进了乡村有效治理。

下一步，公司将继续按照产业发展要求，做好香葱产业发展，带动更多村民脱贫致富，让群众实现"致富不用东奔西走，赚钱就在自家门口"的愿望。

昭通苹果变身深度贫困县"脱贫致富果"

——云南省昭通市昭阳区发展苹果产业助力农民增收致富

习近平总书记强调:"发展产业是实现脱贫的根本之策。要因地制宜,把培育产业作为推动脱贫攻坚的根本出路。"云南省昭通市作为全国脱贫攻坚任务最重的地级市,全市各级干部深入贯彻落实总书记重要指示精神,始终牢记总书记 2015 年 1 月 19 日视察昭通时"三个更加"的殷殷嘱托,坚定不移地以习近平新时代中国特色社会主义思想武装头脑、指导实践、推动工作,在省委、省政府坚强领导下,积极探索深度贫困地区产业突围之路,以高度组织化推动传统产业提质改造、升级蜕变,大力发展高原特色产业助力农民脱贫致富。

该市昭阳区属国家级贫困县、是全国深度贫困县之一。当地党委、政府聚焦贫困户增收脱贫,立足资源禀赋、秉承苹果种植历史悠久等立地条件,集中力量打造"苹果之城",建设中国南方优质苹果基地取得新突破。2019年云南省把昭阳区苹果产业列为全省"一县一业"示范县创建,昭通市、昭阳区党委政府以"一县一业"示范创建为抓手,采取"五化"转型升级举措,扎实推进苹果产业发展再上新台阶、再创新局面,当前苹果真正成了昭阳区贫困群众脱贫果、增收果、致富果。

首先是规模化提升。坚持"老产区抓提升改造、新产区抓基地建设",重点打造"一基地二园三体四区",苹果种植面积从三年前 30 万亩发展到目前已达 60 万亩,投产果园 40.8 万亩,产量 80 万吨,综合产值 80 亿元。规划到 2021 年,苹果种植面积达 72 万亩,产量 100 万吨,综合产值 100亿元;到 2025 年丰产后,昭鲁片区力争产量达 400 万吨,综合产值 400亿元。

其次是组织化运行。坚持良种良法、高度组织化、"党支部＋合作社＋农户""三个全覆盖"，引进陕西海升果业发展有限公司、昭通市湖南商会等龙头企业，建立企业与贫困群众利益联结机制，示范带动本地企业、合作社建成现代苹果示范园 30 余个、13 万亩，配套建设冷链物流园 2 个，35 万余群众通过苹果产业增收致富，7.2 万余贫困群众实现稳定脱贫。

再次专业化升级。坚持"让专业人干专业事"，组建了专家工作站 1 个，苹果辅导员队伍 15 支 320 人，创建了"一村一品"苹果专业村 10 个、专业合作社 101 家、种植大户 260 个，对 30 万亩老果园进行全覆盖、无死角提质改造，苹果亩产量从不到 1 吨提高到 2.5 吨，亩产值从不足 1 万元跃升到 2.5 万元。

从次是绿色化发展。以"标准管理、内涵提升、科技支撑、质量控制"为抓手，建成苹果绿色食品原料标准化生产基地 30 万亩，绿色、有机及 GAP 认证达 60 个。

最后是品牌化打造。坚持市场提要求、企业抓质量、政府抓监管、协会管标志"四项原则"，打造了以"昭阳红"为核心的苹果品牌。目前，以"昭阳红"为代表的昭通苹果已通过百果园、盒马鲜生、阿里、天猫、京东、拼多多等 50 余家线上线下新零售渠道平台销往全国各地。昭通苹果知名度、美誉度、影响力大幅提升。

昭阳区引进陕西海升公司落户，与昭阳区农投公司组建昭通超越公司，建成 6 万亩示范园已成为全国最大单体连片矮砧密植苹果种植基地，基地种植的红蛇、华硕等优良品种亩均收益达 10 万元以上，种植效益是普通苹果的 100 倍。昭通超越公司种植基地是昭阳区苹果产业带动脱贫的一个缩影。

2017 年，昭阳区与陕西海升公司合作（海升占股 70%、农投占股 30%），规划建设全国单体最大矮砧密植现代苹果示范园 10 万亩，现已建成 6.2 万亩，投产 2.1 万亩，主要通过 4 种方式带动群众脱贫。一是土地流转，增加财产性收入。流转费 900 元／亩（每 5 年增加 200 元／亩），覆盖群众 2.58 万户，每年支付土地流转费 5 400 万元。二是吸纳务工，增加工资性收入。建园过程中，有 5 000 余贫困群众务工；园区建成后每年吸纳 6 000 余人就业，每天每人务工收入 80 ～ 100 元，每年可实现务工人员累计收入 1 亿元以上。三是果园托管，增加经营性收入。将基地分成 50 ～ 100 亩一个单元委托搬迁户或贫困户"托管"，每年每户收入可达 4 万 ～ 8 万元。四是田间学艺，增加技能性收入。创建田间大学，每年培养现代苹果种植专业技术人员和职业农民 2 000 人以上，果农技能性增收累计每年可达 1 000 万元以上。

任重道远须策马，风正潮平好扬帆。在习近平新时代中国特色社会主义思想的指引下，有党中央、国务院、省委省政府的亲切关怀，有市委市政府的坚强领导，昭阳人民不辱使命、不负众望，勠力同心、苦干实干，建设一座"100 万人口与 100 万亩苹果高度融合，城在园中、园在城中，半城苹果满城香"的苹果之城。

一群青年扎根农村　肉兔产业扶贫帮困

——陕西省铜川市鸿伟实业股份有限公司产业帮扶纪实

有这样一个集体，他们高调做事、低调处事，务实发展、义助贫困。他们共同拥有一个信念——"建设家乡，让家乡不再贫困"，他们扎根农村艰苦创业十余年，致富不忘家乡人，把"小兔子"当做"大事业"、做成"大产业"，带领群众增收致富，扶贫济困情暖人心。这个集体帮扶的贫困户覆盖陕西省铜川市耀州区9个乡镇、60个村、2906户、5230人，占耀州区贫困总户数的40%。这个集体就是铜川市远近闻名的民营企业——铜川市鸿伟实业股份有限公司。

艰苦创业，心系桑梓

2004年，刚刚大学毕业的宋少伟，看到乡亲们生活困难，暗自下定了回乡带领乡亲们发展产业致富的决心，结合当地资源禀赋，最终做起了肉兔养殖产业。经过多年发展，其创立的肉兔养殖企业成为铜川地区规模化程度最高、种群优良率最高、出栏存栏量最多的养殖企业，在全省屈指可数。

2015年，全区兔产业养殖扶贫项目落户公司，为带动乡亲们依托养殖脱贫，加快走上肉兔产业化养殖道路，公司贷款200万元免费为14个村的218户贫困户购买养殖设施及生产资料。2016年，在总结扶贫项目实施成效后，针对因残、因病、因缺少劳动力而不能进行家庭散养的贫困户的脱贫问题，公司提出实行肉兔托管养殖模式，带动21个村的318户贫困户开展养殖。2018年，公司紧跟号召，积极响应乡村振兴战略，创新提出"后塬山区散养、前塬城郊代养、集体经济联动、产业协作结合"的思路。带动 48 个村集体及经济合作社，投资 5 600 万元，集中建设肉兔养殖扶贫产业园，覆盖贫困户 2 370 户、4 500 余人，为夯实村集体经济、振兴乡村，稳定贫困人口收益提供了坚实的产业保障。

该公司自实施产业扶贫项目以来，采取"企业＋合作社＋贫困户"的扶贫模式，通过散养帮扶、集中托管、村集体产业协作方式，带动铜川市耀州区 9 个乡镇、60 个村、2 906 户、5 230 人发展肉兔养殖；同时，帮扶印台区、宜君县 2 个自然村设立了村级合作社组织开展肉兔养殖产业扶贫；此外，公司优先从托管养殖贫困户中聘用饲养工人 100 余人，并成立了残疾人协会，带动残疾人就业 68 人。

精准帮扶，送技到家

在开展产业扶贫的同时，企业按照"培训一人、带动一户"的思路，采取"基地学习＋统一技术培训＋上门技术指导"等方式，常态化开展养殖技术免费培训服务，提升肉兔产业发展扶持效果，累计开展养殖技术专题培训 160 场次，基地参观学习 50 余次，上门技术指导 1 200 余次，为贫困户发放养殖技术资料 3 000 余册，做到既"授人以鱼"，也"授人以渔"，助贫困户脱贫致富。

利益联结，促农增收

企业与肉兔养殖贫困户建立了稳定增收的利益联结机制，针对集中托管养殖户按照规模养殖场模式管理，实行"三统一"（统一管理、统一防疫、统一消毒）和"三集中"（集中养殖、集中销售、集中治污），提高养殖效益，每年托养利润的 70% 给贫困户分红，同时实行保底分红每年每户 1 000 元，实现了产业增容、企业增效、群众致富的多赢。2015 年至今，参与肉兔养殖的贫困户每年户均增收 2 000 元以上。在村集体产业协作上，公

分红现场

司最大限度让利于村集体组织，在项目建设前期，没有收益回报的情况下，公司依然从自有资金中按村集体投资额的 10% 给予分红，保障村集体收益和贫困户脱贫。2018 年以来，仅支付给村集体的分红就达 400 多万元。

执著筑梦，引领民富

2018 年 6 月，总投资 5 600 万元，象征着企业与村集体经济联动发展的耀州肉兔产业扶贫基地工程顺利完成签约并开工建设，协作带动村集体 48 个，覆盖贫困户 2 370 户、4 500 余人，村集体年分红收益达到 5 万元以上。按照"产业拉动扶贫"理念，在肉兔养殖产业扶贫上，企业又投资建设年产 12 万吨有机肥加工厂和年产 1 000 万只肉兔冷链加工配送中心，促使产业升级，效益递增。鸿伟实业用实际行动践行着"用真心、带真情，真扶贫、扶真贫"的信念。

贫困户在厂区务工

"三化"联动抓产业　倾情帮扶助脱贫

——中国石油西北销售公司产业帮扶纪实

中国石油西北销售公司自帮扶甘肃省泾川县罗汉洞乡张姚村、南河村、太平镇朱家沟村以来，认真学习贯彻习近平总书记关于精准扶贫的重要论述和甘肃省脱贫攻坚有关精神，坚持以产业发展为主线，多元精准帮扶为措施，坚持"输血"与"造血"并行，培育支柱产业，加强帮扶村农业基础设施建设，推动帮扶村走上现代化、标准化产业发展道路。目前，中国石油西北销售公司帮扶的 2 个乡 3 个贫困村经省、市、县验收已全部脱贫。公司连续多年被评为甘肃省脱贫攻坚帮扶优秀单位，2019 年被甘肃省脱贫攻坚领导小组授予全省脱贫攻坚先进集体，中国石油西北销售公司扶贫办主任卜鹏洲同志 2019 年被评为甘肃省脱贫攻坚先进个人、2017 年获得标兵奖。

挖掘现有资源，多元化培育产业

农村要致富，关键要有支柱产业。自帮扶以来，帮扶村第一书记与帮扶工作队、村"两委"经过多次会议讨论及走访调研，结合当地自然资源优势，制订了贫困村发展规划和贫困户帮扶措施，引导群众大力发展柿子和蔬菜产业脱贫致富。

一是建成了中国石油西北销售公司罗汉洞乡万亩柿子扶贫基地。罗汉洞多年退耕还林的柿子林有 3 万亩，秋天景色宜人，柿子品质极佳，但由于管理粗放，产销不畅，村民只能守着"金蛋蛋"受穷。公司结合该资源优势，先后投入资金修路除草、施肥修剪、建设晾晒棚，引进陕西富平技术人员开展培训，逐步打造形成了罗汉洞万亩柿子田园综合体，使柿子产业成为罗汉洞乡的主导产业。

二是发挥禀赋自然资源建成南河村现代农业产业园。南河村地处泾河腹地，灌溉、光热资源丰富，为蔬菜生长提供了有利条件。中国石油西北销售公司与泾川县蔬菜办共同规划，在南河村建成高标准日光温室16座，钢架大棚232座，新建1 920米²智能温室育苗中心1处，不断引进培育蔬菜新品种、开展集约化育苗，为全县蔬菜产业发展提供优质种苗，同时带动南河村种植露地蔬菜600多亩，南河村现代农业产业园成为泾汭河川蔬菜产业的"带头兵"。

三是因地制宜培植黄花菜和大蒜产业。当地一直有种植大蒜和黄花菜的传统，公司经过多次调研论证，在南河村建成了400亩大蒜生产基地和2 000亩黄花菜生产基地，使黄花菜和大蒜成为罗汉洞群众又一增收致富产业。

四是引领带动发展其他致富产业。帮扶期间，中国石油西北销售公司还积极动员罗汉洞乡南河、张姚、太平镇朱家沟等村贫困户养殖散养鸡5万多只，养牛300多头，并从宁县引进种兔，带动南河村36户村民发展养兔产业。公司对当地的残疾户、五保户、重病户给予重点倾斜，由公司出资投放鸡苗和种兔，帮助困难群众通过发展产业脱贫致富。

延伸产业链条，标准化生产加工

群众有了增收产业，可是依然不会种、种不好，生产出的产品质量不高、商品性差、卖不出去。公司意识到销售难是制约产业发展的主要因素，只有进一步提高生产水平，延伸产业链条，解决"卖难"问题，才能让群众增收致富。

一是积极开展种植、养殖技术培训。为推动罗汉洞乡柿子产业转型发展，多次组织村民到陕西富平参观学习，邀请富平技术人员开展柿子园管理、修剪、柿子加工等环节的技术培训，经过两年的努力，当地群众已熟练掌握柿子树的种植和管理。同时组织种植户到宁夏盐池、甘肃庆阳学习黄花菜栽培技术，增强了群众发展信心，促进了产业增收。

二是开展产品深加工，不断延伸产业链条。中国石油西北销售公司多次

龙头企业帮扶故事

与生产厂家和当地龙头企业联合，积极调研学习、争取项目资金，建成了柿饼和黄花菜加工车间3处，引进先进设备，加工各种干菜和一次成菜，产品质量和生产加工水平得到进一步提高。同时建成2 600亩罗汉洞文化主题公园，按照"农业＋旅游"深度融合的模式，全力开发农旅综合体项目，大力创建罗汉洞柿子特色品牌，以柿子深加工为主导，丰富果品采摘，生态观光、餐饮服务等旅游休闲项目，着力构建创意农业、农事体验、乡村旅游、休闲养生于一体的农旅综合体，促进产业提档升级，确保贫困村向新型农业、美丽乡村的蜕变。目前，柿饼和黄花菜等商品已销售到天津、北京、福建、成都等大中城市，产品销售市场不断扩大，群众收入也不断增加。

加大宣传推介，品牌化机制运作

一个产业要高质量发展，不仅要有完整的产业链，还要走市场化、品牌化道路。针对帮扶村品牌意识淡薄，宣传力度小的现状，公司利用自身优势和社会化市场大力发展产业链，采取统一品种、统一管理、统一收购、统一加工、统一品牌、统一销售的"六统一"管理模式，全力规范产业链条，提高产业组织化程度。为进一步扩大市场影响力和产品知名度，先后注册了以柿饼为主的"泾州柿饼"和"罗汉洞柿饼"品牌，以杂粮为主的"一分珍谷"品牌，以休闲食品为主的"一路小温暖"品牌，申请了国家地理标志认证，实现了产品可追溯。成功举办了两届柿子文化节，进一步扩大了罗汉洞柿子品牌的知名度和影响力。广泛利用现代媒体进行产品宣传，"罗汉洞柿子文化节""罗汉洞万亩柿子扶贫基地"等在凤凰头条、腾讯、网易、甘肃电视台、甘肃晨报等多家媒体得到大力宣传，首届柿子文化节直播点击量达300万人（次）。其中，"泾州柿饼"产品进入了"昆仑好客"销售平台，亮相中国国际绿色农产品博览会、甘肃省农特产品北京推介会、杨凌农民丰收年展销会、兰洽会等大型节会，并在兰洽会上与合美惠平台签订了销售合同，解决了柿饼产品销售渠道不畅的问题。

扶贫新风尚　携手奔小康

——宁夏存录四丰绿源现代农业发展有限公司产业帮扶纪实

"我是农民出身，是党和政府的好政策帮我发了家、致了富，自己富了不算富，乡亲们共同富裕才算富。"这是"全区十佳养殖能手"马存录经常挂在嘴边的话。

在固原市西吉县马莲乡，这里是宁夏回族自治区脱贫攻坚的主战场。身为宁夏存录四丰绿源现代农业发展有限公司（以下简称"公司"）法人，马存录以公司发展为当地扶贫产业增添新动能。

2018 年，该公司为困难群众赊销农资 1 500 万元，2019 年赊销 1 800 万元，超过公司年营业额的三分之一，受益群众几乎遍及全县所有乡镇。

作为一家资金需用量大、生产周期长、见效缓慢的中小涉农企业来说，这是一笔不轻的负担，但公司坚持积极带动群众脱贫致富，已成为当地覆盖面广、受众率广、产业链长、带动能力强的"明星"企业。

让利于民，社会化服务解难题

2020 年春耕生产时期，为帮助群众解决农资短缺难题，作为自治区级农业产业化重点龙头企业，该公司将西吉县的 26 个大型农资网点改造为乡镇大型农业社会化综合服务站。

在服务站，农民可以便捷享受种子、肥料、农药、农机等深度融合服务。这里还提供代耕、代种、代收等农业机械化服务，并免费提供技术服务，培训指导，最大限度让利于民。公司在固原市四县设立综合服务站 108个，服务辐射面积占固原市全市总面积的 60%。

托管代养，帮扶贫困农户增收

该公司构筑"种、养、加、销"一体化立体循环产业链，下辖家庭农场，建成肉牛养殖园区、产品加工区和优质饲草种植基地。

四丰万亩绿源家庭农场是当地出了名的"养牛大咖"，肉牛年饲养量达到1 000头以上。

该农场探索出自己的一套"牛办法"：总结出一整套科学化、系统化的肉牛品种选育、饲料调制、疫病防治、市场销售经验技术。肉牛育肥快、牛肉品质好，深受消费者青睐，已有四川、贵州等多地客商惠顾。

该农场把多年积累起来的养殖技术倾囊传授给了当地养牛群众。2017年，该农场与马莲乡政府签订了建档立卡户脱贫代养协议，各户肉牛由农场圈棚统一代养，农场将饲养技术统一传授给各农户，并提供配方饲料、疫病防治等无偿服务，并负责统一出栏销售。

农户全程参与其中，不但使每户农户年均获利2 000元，而且通过学习选育、养殖、销售技术，使更多农户具备了过硬的识牛、养牛技术，提高了他们通过养牛脱贫致富的积极性。

2018—2020年，该农场和西吉县马莲乡南川村、罗曼沟村，田坪乡李沟村，西滩乡黑虎沟村、何家庄村，震湖乡堡玉村、蒙集村集体签订了育肥牛养殖技术支撑帮扶协议。

情系百姓，带动困难群众发展

让困难群众在家门口就能实现就业和创业，宁夏存录四丰绿源现代农业发展有限公司为他们的脱贫梦想，提供了切实的平台。

100 个产业帮扶典型

该公司长期招聘当地 50 多人从事种植、养殖、饲草加工、农机作业等工作，用工高峰期达 80 多人。员工妥梅梅、苏学花、马瑞琴大学毕业后到公司工作，现已成为公司的业务骨干。

西吉县将台堡镇的苟满贵，通过公司垫资帮助其在将台堡镇街道开办起了西吉县四丰绿源将台满贵农业社会化综合服务站，如今业务范围已遍及周边乡镇，走上致富之路。

像苟满贵这样通过公司垫资、赊销农资帮助开设的农资加盟店有 36 家，带动了一大批群众就业脱贫。

这些加盟店秉承公司"诚信经营、让利于民"的宗旨，惠及周边 28 万群众，也使得公司农资市场份额占到全县 70% 以上。

作为一家土生土长的涉农民营企业，该公司用实际行动回馈这片热土：先后资助海立梅等贫困大学生，坚持每年给本村 10 户兜底户每户资助 2 000 元，为什字乡黄沟村基础设施建设捐助 3 万元……

宁夏存录四丰绿源现代农业发展有限公司在扶危济困、带领当地群众脱贫致富中，树立了典范。该公司先后被评为宁夏统一战线"助力脱贫攻坚，百企帮百村"行动"先进单位"、"自治区级示范家庭农场"；法人马存录先后被评为"全市优秀致富带头人""全区十佳农民"和固原市"六盘土专家"等。

盐池滩羊的崛起"密码"

——宁夏盐池滩羊产业发展集团有限公司产业帮扶纪实

在"G20峰会""金砖国家峰会""上海合作组织成员国元首理事会"大连"世界经济论坛"等国内国际大型宴会餐桌上，都有宁夏盐池滩羊的身影。

作为盐池特色主导产业，盐池滩羊产业是当地农业农村发展的"一号产业"和脱贫致富的"造血产业"。

草原绿了，滩羊白了，日子美了。滩羊产业"激活"了建档立卡贫困户内生动力，走上精准脱贫致富路。

2019年盐池县农民人均可支配收入达到12 127元，其中一半以上来自于滩羊产业，真正让贫困群众富了起来。

盐池滩羊的高质量崛起之路有何"密码"？

整合资源："滩羊"集体闯市场

零散的滩羊养殖难以形成合力，形成"一群羊"才能形成合力闯市场。

一道题目摆在盐池县面前：如何充分整合县内滩羊产业资源。

2017年，盐池县委、县政府出资1亿元，注册成立国有独资企业宁夏盐池滩羊产业发展集团有限公司。

自成立以来，壮大滩羊产业，即是滩羊集团的初心和使命。发挥龙头示范带动作用，带动全县农民群众闯市场、奔小康。

这种"利益联结机制"将小农户与大市场紧密联结在一起。

以全县 74 个贫困村为重点，采取整村推进的方式，滩羊集团先后与全县 23 000 余户滩羊养殖户签订盐池滩羊订单收购合同，并以高于市场同期价格的 10% 收购盐池滩羊 160 多万只……

滩羊集团与全县养殖户、合作社以投资、契约关联和生产经营协作等多种方式建立产业联合体，采取"企业＋协会＋农户"的模式，会同滩羊协会组织各企业引导、整合县域内现有牧草种植加工和滩羊生产、加工、销售企业等滩羊产业链上的新型农业经营主体和各种资源，逐步实现"购销价格、市场开拓、品牌宣传、营销策略、生产标准和饲草料使用"的"六统一"目标，增强盐池滩羊市场竞争力，充分发挥滩羊产业扶贫作用，促进滩羊产业稳步发展和农民稳定增收。

盐池滩羊产业以农业供给侧结构性改革为契机，强化育养、种草、加工、销售全产业链培育，突出龙头带动、市场拓展、优质优价三个重点，狠抓"保种、提质、稳量、增效"，提升市场化运作水平，促进产业稳步发展，农民稳定增收。

擦亮品牌：扩大"滩羊""朋友圈"

如今，"盐池滩羊"进入全国大型连锁超市 153 家、餐饮企业 262 家，滩羊肉销售量达 2.7 万吨，滩羊肉价格由 2015 年的每千克 36 元提高到目前的每千克 70 元，最高卖到每千克 680 元。

"盐池滩羊"每一点进步都源自精准的市场把控。

滩羊集团紧盯高端市场，一方面通过"以奖代补"鼓励产业链上的各企业开发新产品，积极参加各类农产品展（博）览（销）会，加大营销力度，自主推介、开拓市场；另一方面借助"G20 峰会""金砖国家峰会"等国内国际大型宴会使用盐池滩羊肉的有利时机，先后在杭州、深圳、上海、北京等城市举办多场"盐池滩羊"品牌宣传推介会。

"盐池滩羊"的"朋友圈"越来越大：与京西宾馆、世界中餐业联合会签订了支持贫困地区发展战略合作协议；当地政府和西部机场、顺丰、中国邮政等物流签订互惠合同协议，对空运和汽运冷鲜配送予以补助，降低以羊肉为主的农产品外运价格，极大方便消费者……

经过上述努力，盐池滩羊对外知名度和认可度大幅提高，产品由 2016年畅销全国的 26 个大中城市增加到 50 多个，销售点由 2019 年的 153 家增加到如今的 226 家。

因时而变，"盐池滩羊"上线了。

创新品牌营销模式，提升品牌知名度和溢价力。由过去以实体店为主、餐饮为辅的单一模式，拓宽为线上与线下、传统销售渠道与新零售渠道相结合等多渠道多形式的营销模式。

2017 年，"盐池滩羊"地理证明商标被国家知识产权局、商标局与中国工商报联合评选为全国商标富农和运用地理标志精准扶贫十大典型案例。

2019 年，"盐池滩羊"再次入选 2019 中国品牌论坛"一县一品"品牌建设发展论坛评选的"一县一品"品牌强县经典案例。

质量管控：从养殖到餐桌全程可追溯

滩羊产业已成为带动当地养殖户发展的一张高含金量产业"名片"。

2019 年底，盐池滩羊基因检测技术实现了推广应用，再次为维护品牌加了一道"防控栏"。

盐池县积极推进滩羊全产业链追溯系统建设，基本实现滩羊从养殖到餐桌全程质量可追溯，保障了滩羊品质稳定及滩羊肉质量安全可追溯，持续稳定提升"盐池滩羊"品牌价值。

全县严格落实滩羊防疫电子耳标全覆盖，从养殖、屠宰、加工、销售等进行全程监管，严格产地检疫和产品检验，严把滩羊进出"关口"。建设盐池滩羊屠宰专区 4 个，引进电子门禁识别系统，加强重点企业加工环节质量检测和监管。

不是每一只滩羊都是"盐池滩羊"。

滩羊集团不断强化管理，对入驻商户给予商标授权许可使用，推动盐池滩羊分等定级、优质优价，实行专区定点销售，维护品牌形象，确保消费者利益。

同时，集团完善、严控"盐池滩羊"商标许可使用，对"盐池滩羊"专卖店进行定期不定期检查，通过评星定级，奖优汰劣，规范市场运营，维护品牌信誉。

此外，集团启动实施盐池滩羊产业经营监管暨质量管理大数据平台建设项目，促进全产业链各端口数据共享，提高滩羊产业数据综合采集分析能力，打造高效便捷的滩羊肉产品质量追溯平台。

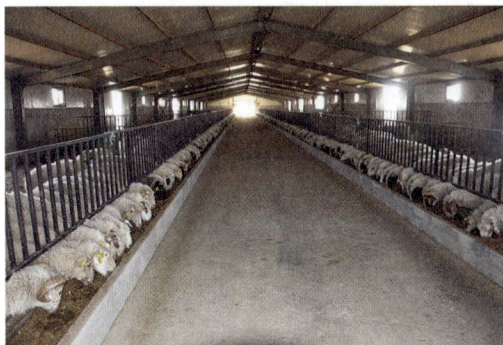

金融活水：破解融资"干渴"

产业兴、金融兴，反之亦然。

以金融力量"贷"动盐池滩羊产业发展。该县积极争取县委、县政府项目资金支持，通过金融信贷、贴息等政策，支持群众养殖滩羊所需资金短缺问题。

一系列金融"组合拳"发挥效力：通过现代农业生产发展项目，争取项目资金500万元作为盐池滩羊产业发展贷款担保基金；通过人保财险金融试点项目，争取资金4 000万元；通过项目整合资金8 000多万元；整合产业化资金500万元，联系黄河商业银行以1：10的倍数投放贷款，围绕重点村，放贷365户、2 381万元；累计整合资金近10亿元，对符合条件的养殖户，尤其是贫困户和规模养殖场、规模养殖大户、滩羊肉加工销售企业、商户发放贷款。

引导金融源水，精准流向最需要的人群。

为有效解决养殖户补栏资金缺乏，滩羊集团相关的牧草种植加工、滩羊养殖加工、销售的企业、专业合作组织及新型农业经营主体和农户融资难、利息高、程序多、额度小、审批时间长等问题，当地政府给予符合条件的建档立卡贫困户，享受基准利率或贴息，为滩羊养殖、加工、销售的企业、商户、新型经营主体及养殖户提供资金保障。

如今，全国知名的生鲜、零售连锁企业都为"盐池滩羊"留出一方天地。滩羊集团通过订单收购、优质优价稳定羊源，并抓住新零售渠道，如加强与盒马鲜生、本来生活、物美及其他新零售生鲜超市的合作机会，实现优质优价，极大地提高了销售收入，激发了养殖户养殖积极性。

在龙头企业的充分带动下，滩羊产业作为当地脱贫富民主导产业，持续发挥了特色农产品在促进农民增收、坚决打赢脱贫攻坚战的产业撬动作用。

一家"牛银行" 变现致富梦

——华润集团产业帮扶纪实

在宁夏回族自治区中卫市海原县,有一家特色的银行深入人心,在这家"银行",存储的是希望,收获的是好光景。这家"银行"就是入选"全国产业扶贫典型范例"的"华润基础母牛银行"。

立足当地禀赋,根植发展基因,激活发展动力。2019年,海原县建档立卡贫困户每年人均来自养牛的收入为1 100元,均来自"华润基础母牛银行",占当地"有土"产业收入的近50%。

这家"银行"的报表,也很有特色。近年来,华润集团肩负产业扶贫定点帮扶使命,创新实施"基础母牛银行"模式,累计向海原县117个村12 819户次赊销西门塔尔基础母牛3.2万头,其中建档立卡贫困户10 050户;建成存栏万头肉牛育肥场、2 000头基础母牛繁育场和年生产加工配送20万吨的饲草加工厂,带动发展养牛专业村57个。

龙头企业帮扶故事

"华润基础母牛银行"已成为牵拉贫困群众走上脱贫致富之路的主要引擎。

一家"牛银行"，养牛心愿不再遥远

2019 年，9 家中央单位精准帮扶宁夏 9 个重点贫困县（区），选派挂职干部、驻村工作队员 34 名，投入帮扶资金 1.6 亿元，并支持建设一批基础设施、特色产业和社会事业项目。

华润集团结对帮扶海原县以来，创新实施"基础母牛银行"模式，制订了"五年帮扶规划"，确定了产业扶贫、投资扶贫、公益扶贫、人才扶贫"四项"精准帮扶目标。

首先确定思路，即"龙头牵动、政府促动、政策撬动、科技推动、农户联动"。华润集团先后投入 2.4 亿元，设立肉牛产业发展基金，专项支持贫困户赊销基础母牛。

什么是"基础母牛银行"？即以海原华润农业公司为龙头，组织专业团队常年外调西门塔尔基础母牛，以赊销方式投放建档立卡贫困户养殖，每头牛由华润公司垫付赊销款 6 000 元，政府对建档立卡贫困户每头牛补贴 2 000 元，农户只需自筹 2 000 余元就可赊销 1 头基础母牛。

养殖 3 年后，农户无息偿还每头赊销牛款 6 000 元。基础母牛及所产牛犊均由农户自繁自育，公犊育肥 8 ~ 12 月龄后，华润公司以活畜称重高于市场价进行回购或抵顶农户赊销款。

这家"银行"的收益率如何？

经测算，养殖 1 头基础母牛年收益在 3 000 元以上，赊销 3 头的年收入在 1 万元以上，赊销 5 头的年收入达到 2 万元，收益比传统养殖每头牛高 2 000 元以上。

拓展"银行 1+N"，激发致富动能

这是一家思变的银行，随"业务"实际，灵活"运营"。

为了拓展资金变资产、资产变资本、资本变股金的产业扶贫新渠道，"华润基础母牛银行"在原有基础上，形成了"基础母牛银行 1+N"多种联农带农新模式。

以牛为介，"托管代养"助残扶弱。

创新建立助残扶弱托管代养产业脱贫模式，即按照企业、财政、农户 6∶2∶2 的比例，其中华润集团提供 3 年期无息借款 6 000 元，政府补贴 2 000 元，农户自筹 2 000 元，共筹集资金 450 万元，由华润集团养殖基地为特殊困难群众每户"托管代养"西门塔尔基础母牛 3 头，3 年纯收益 8 000 元。

以牛为根，村企合作做大"蛋糕"。

华润集团与海原县联合建立"村企合作 + 肉牛赊销 + 托管代养"机制，公司从肉牛产业基金中筹措 2 877 万元，为每村注入 21 万元资金。由华润集团托管代养西门塔尔、安格斯基础母牛，每村 35 头，每头牛由华润投入 6 000 元、村集体基金投资 1 万元，养殖收益按投资比例分成，村均每年分红 5.534 万元。这一运行模式有效破解了村集体"空壳"难题。

夯实"银行"模式，健全产业"肌体"

为了使产业扶贫稳定可持续，华润集团在实施"基础母牛银行"的过程中，更加注重草畜产业系统性谋划。即由当前的扶贫模式向商业化模式过渡，加快建立肉牛五大体系，延长产业链，推动一、二、三产业深度融合发展，助力乡村振兴。

这家"银行"的理想，还在继续。那就是打造成为西北地区高端基础母牛扩繁基地和高端肉牛养殖基地。在基础母牛扩繁体系上，以海原华润农业公司为龙头，辐射肉牛养殖合作社、养殖大户，扩大基础母牛群，助力海原县 2020 年高端肉牛饲养量达到 20 万头。

提高全产业链收益。在品种改良体系上，推广人工冷配繁殖技术，引进西门塔尔、安格斯等优良冻精，实行自繁自育、杂交改良。加大高效繁育、科学饲喂、清洁生产、精深加工和智能化管理等关键技术联合攻关，开展牛皮毛、血液、医药等产品研发。

解决饲草料配置短缺等问题。立足海原 70 万亩优质紫花苜蓿和 30 万亩玉米秸秆，建设 4 个饲草加工配送基地，开展机械化收割、打捆、加工、青贮，向深度贫困村和养殖农户统一配送。

打造养牛户技术服务"110"。联合宁夏西海固高端牛产业研究院，吸纳各类农科院所、专家团队研究推广品种改良、关键技术研发、发展模式探索，加大对本土科技人才、"土专家"的培养，实行保姆式、无差别跟踪服务。

投入 6.5 亿元，一个全牛产业链精深加工项目正在成形：即建设高端牛肉分割、休闲食品、熟食系列产品和皮革加工、牛骨、牛血等生物制药及医药中间体等，配套建设冷链物流、国家肉类储备库。

该项目全部建成后，年屠宰量将达 6 万头，带动海原县乃至"西海固"深度贫困地区高端肉牛产业健康稳定可持续发展。

投身畜牧助脱贫　湖羊托起致富梦

——新疆柯坪喜羊羊农牧科技有限公司帮扶纪实

贾镇于 2013 年 3 月投资 1 000 万元在新疆维吾尔自治区阿克苏地区柯坪县成立新疆柯坪喜羊羊农牧科技有限公司，现任该公司董事长。近年来，在他的辛苦经营下，公司已成为国家级标准化养殖示范场、自治区级扶贫龙头企业，在柯坪县脱贫攻坚事业中发挥了积极作用。

立足扶贫，把羊产业当事业

柯坪羊肉质细嫩、无膻味，素有"新疆最美味道"的美誉。这里的农牧民群众有世代养羊的传统。2012 年当贾镇第一次来到柯坪，就被柯坪县朴实的风土人情和美味的羊肉所吸引。但让他疑惑的是，这里家家户户都养羊，为什么还这么贫穷？经过调研，他发现柯坪县的农户养羊都是散养，规模小、效益低，关键是缺乏企业带动，难以形成规模。作为一名商人，他仿佛看到了商机，在了解到柯坪县近几年来在畜牧业方面的政策支持后，他决定在柯坪县投资建厂，并于 2013 年 4 月，投资 1 000 万元成立新疆柯坪喜羊羊农牧科技有限公司，从事规模化畜牧养殖。在贾镇看来，在柯坪县投资办厂从事养殖，一方面因为柯坪羊肉市场前景好，另一方面是为了通过建设一个标准化养殖企业，带动当地农牧民群众提高养殖水平，增加收入来源，助力脱贫攻坚。贾镇给自己的公司定好位，把从事的羊产业当成柯坪县脱贫事业的重要内容，用心经营。为把企业管理好，他几乎天天吃住在厂，每天都要亲自巡查一遍羊舍他才放心。为了扩大养殖规模，他先后共计投入 1 600 万元，建成 12 栋标准化羊舍，并配套有饲草料加工设备、全自动化饲喂机械等设备和设施，让公司管理逐步走向正轨。

结缘湖羊，一胎多羔育希望

柯坪羊肉市场供不应求，主要原因之一就是数量跟不上需求，本地母羊都是单胎单羔羊，一年只生一胎，一胎只生一只，难以形成规模效应，难以带动贫困户脱贫。贾镇通过分析发现，要想发展壮大羊产业，帮助深度贫困县的百姓脱贫致富，实现规模化养殖，就必须有好品种。恰逢湖州援疆指挥部提出"一县一品"战略，发展湖羊产业，湖羊多胎的优点正适合贾镇的发展需求，他积极与湖州援疆指挥部联系对接，提出养殖湖羊的意向。2014年通过湖州援柯指挥部的协调，分两批引进湖羊1 600只。为了把引进的湖羊养好，作出示范效应，贾镇认真学习湖羊的生活习性、饲料配选情况等技术。经检测，柯坪县引进的湖羊生长1年后，各项生理指标和繁殖性能均高于湖州产地的指标。这是贾镇辛勤付出的结果，也是他能够坚定信心推广湖羊助力脱贫攻坚的动力。

为了培育更好的湖羊品种，提高其产肉率，增加贫困户养殖收益，贾镇进行了一个大胆的尝试，开展杂交改良试验，通过引进不同类别的种公羊与湖羊进行杂交。经过多次筛选，他最终选择了湖羊与杜泊羊杂交的方案，这两种羊产生的下一代羊不仅耐粗饲性增强，而且生长速度还很快，一个半月羔羊就可达 19 千克重，两个月羔羊就能断奶，两个半月至三个月，羔羊体重就可达 30 千克。与本地羊羔相比，杂交后的羔羊生产速度快、产肉率高、抗病能力更强，大大节省了养殖成本，每只羊可多产肉 8 千克以上，仅此一项贫困户可增收 400 元以上。贾镇为了通过多胎羊的特性带动更多的贫困户发展，他主动降低销售价格，以每只低于市场价 150 元的价格销售给贫困户，组织贫困户进行湖羊繁育技术培训和湖羊养殖配方饲草料培训，免费为 114 户贫困户发放配方精饲料。截至 2020 年，经过不断扩群繁育，全县湖羊扩繁达到 1.3 万只，2014 年开始已累计培训贫困户 21 场次，2 000 余人次接受养殖技术培训，并得到了广大贫困户的认可。贾镇逐步形成了"公司繁殖 + 农户育肥 + 企业销售"的合作化发展模式，全县部分贫困户通过湖羊养殖，实现了增收脱贫。

"一等一的好羊，像兔子一样能生养。"盖孜力克镇贫困户吐尼沙克孜·沙吾提口中的好羊，就是贾镇通过湖州市援疆指挥部引入柯坪的多胎、多羔湖羊。有一次，贾镇在送饲料的路上，因为车辆坏在路上，不能按时将饲料送到贫困户手中。因为他曾与贫困户商定好当天一定送到，他表示，答应贫困户的事情一定要办到，不能言而无信。为此，他和工人走到 6 千米外的村里找来毛驴车，将 2 吨的饲料分 4 次运到了贫困户手中，送到最后一户已经是第二天凌晨两点多了。对此，贫困户感慨道："这才是为我们农户送技术的好巴郎（即阿里木·哈力克，中国民间慈善家）。"

托管养殖，开启养殖新模式

为了进一步提高贫困户羊养殖收益，降低人工成本，贾镇探索实行羊托管养殖，建立扶贫羊托管养殖基地，通过与贫困户签订养殖协议，把贫困户的羊集中起来进行托管养殖，托管后每年每只羊按 10% 比例给贫困户进行

分红，一方面实现了集中养殖产业化发展，另一方面把贫困户劳动力解放出来，通过就业实现增收，真正实现了企业与农户双赢的局面。在贾镇的推动下，目前，公司已为533户贫困户托管羊5100余只，每年平均给贫困户返利1000元以上。"我养了8只羊，家里的草料勉强够。现在其中7只羊都怀孕了，一旦小羊出生我根本没有能力饲养它们。托管养殖示范基地让我看到了希望，与家人商量后我将8只羊全部送到这里托管养殖，每年还可以分红，我们可以放心地去县上的织袜厂工作挣工资了。"盖孜力克镇苏贝希村农民热哈曼·艾买提乐呵呵地说。

紧跟市场，延伸养殖产业链

"养好羊只是第一步，卖好羊才是增收关键。"为了实现羊养殖效益最大化，进一步提高柯坪羊肉的品质优势、绿色品牌优势和市场优势，2018年贾镇计划再投资1000万元，在柯坪县建立一座羊肉屠宰深加工基地，通过与贫困户签订肉羊收购方案，优先收购贫困户的羊肉，对柯坪羊肉进行多元化加工、包装，推进柯坪羊肉产业向产业化、规模化、标准化方向发展。利用"柯坪羊肉"国家地理标志保护产品的优势，通过优质畜产品"十城百店"工程，打开柯坪羊肉销售渠道，力争实现精品畜产品外销羊肉突破年产 100 吨以上。

　　常怀感恩之心是推动事业发展的不竭动力。贾镇深知，没有贫困户的收益，没有农户的认可，就没有企业的发展和个人事业的成就。在企业取得良好经济效益的同时，他始终视投身扶贫事业尽社会责任为己任，常怀感恩之心，常行回报之举，竭尽所能帮助贫困人口就业，尽到了一位民营企业家应尽的责任。作为县政协委员，他将切实履行职责，积极建言献策，带领自己的团队在打赢脱贫攻坚战中，做出自己应有的贡献。

100个产业帮扶典型之

农民合作社帮扶故事

产业扶贫故事（下）

CHANYE FUPIN GUSHI（XIA）

产业扶贫故事（下）
CHANYE FUPIN GUSHI（XIA）

创新农业经营　助力脱贫攻坚

——河南省商水县天华种植专业合作社产业帮扶纪实

河南省商水县天华种植专业合作社自 2009 年成立以来，通过近 10 年的不断探索实践，创新生产经营模式，现在已发展为集种植、管理、收获、销售于一体的综合性农民专业合作社。目前，合作社成员由初期的 28 户发展到 400 多户，固定资产达 2 400 万元；土地流转面积已由初期的 233 亩发展到现在的 57 600 多亩；托管土地 34 400 多亩，辐射周边 4 个乡镇 25 个行政村 4 000 多农户。通过产业发展，带动周边农户年增收 800 万元，帮助 836 户贫困户实现顺利脱贫，实现贫困户年增收 430 万元以上。合作社先后被评为"全国农民专业合作社示范社""全国农机专业合作社示范社"。

发展优势产业，拓宽增收渠道

"全面建成小康社会，一个不能少；共同富裕路上，一个不能掉队。"商水县是国家级贫困县，脱贫攻坚任务艰巨，近年来，天华种植专业合作社在各级农业农村部门、扶贫部门的大力支持下，积极创建扶贫基地，2017年合作社与魏集镇的 221 个贫困户签订了长期扶贫协议，其中产业帮扶 60户，基地帮扶 161 户，2017 年被评为周口市精准扶贫基地。围绕产业扶贫带动贫困群众增收，2017—2019 年与贫困户签订扶贫到户增收合同，每年定期向贫困户支付 500 元。带动贫困户增收，每年定期向贫困户支付 1 000元，保障贫困户能够持续增收。产业发展是解决贫困问题的有效途径。按照贫困户的不同情况，合作社积极引导种植经济效益高的农作物，并全程技术指导。收获后统一加工、统一包装、统一出售，合作社按最终出售价为贫

合作社聘请农业专家给农户讲解如何技术脱贫

困户结账，规避了市场风险，提高了经济收入。合作社建有小杂粮精深加工组、面粉加工组、芝麻系列产品加工组等农产品加工企业，并建有肥料配送站、农资购销站，不同农时季节组织贫困劳动力在家门口就业，月工资3 000 元左右，并实行多劳多得，超额奖励，很受贫困群众欢迎。

创新服务模式，实现互惠共赢

2017 年，天华合作社尝试采用"村委＋农户＋合作社服务"模式，即以村委为主导，合作社提供服务的全新整村土地托管模式，取得了良好效果。2018 年开始依托合作社优势，加大宣传力度，鼓励村级组织成立农业经营合作社，整合行政村土地资源，充分利用闲散劳动力和贫困户，实施了整村推进土地托管，辐射 4 个乡镇，9 个行政村，22 702.5 亩耕地，其中贫困户 476 户。为了支持脱贫攻坚，合作社对贫困户不收取任何土地托管费用，拿出土地托管 30% 的纯利润作为村集体收入，拿出村集体收入 60% 和合作社收入来补助贫困户托管费用。2018 年，贫困户免费托管服务面积 1 983.2亩，合作社土地托管总盈利 272.43 万元，扣除免费托管费用（贫困户）金额130.89 万元，村集体总收入 32.69 万元，村集体平均收入 3.63 万元，合作社收入 108.85 万元。土地投入成本降了，农作物产量提升了，卖价提升了，合作社受益，村集体受益，农民也受益，真正意义上实现了一降两升三受益。

农民合作社帮扶故事

统一深耕整地

注重宣传引导，建立长效机制

贫困户文化水平低，市场经济意识淡薄，发展动力不足。为此，合作社定期聘请农技人员向贫困户讲解党和政府的扶贫政策，围绕如何脱贫致富、农业的发展形势、农作物种植技术等，使他们脱贫先脱愚，致富先解放思想。同时，围绕市场，整合资源，进一步扩大生产规模，提升服务水平，切实为贫困户提供更优质的产品、更贴心的服务、更合适的岗位。合作社为了建好精准扶贫基地，使贫困户"打工不出乡，收入有保障""有饭吃、有活干、有钱花"，计划再投资 200 万元，添置必要的生产设备，扩大深加工生产规模，使贫困人员达到 400 人次以上，人均日工资达到 100 元，工资总额达到 50 万元以上。

合作社创新帮扶方式
助推椒农脱贫增收

——重庆市石柱土家族自治县三红辣椒专业合作社产业帮扶纪实

重庆市石柱土家族自治县三红辣椒专业合作社成立于 2008 年 5 月，是全国农民专业合作社示范社、国家农民专业合作社示范社、重庆市模范专业合作社。该社主要从事辣椒种植、收购、加工，成立以来秉承"合作社＋农户＋收购＋加工＋销售"的发展模式，围绕"精准扶贫、精准脱贫"，立足"产业发展增效，椒农脱贫增收"目标，积极探索帮扶贫困户方式，不断完善产业帮扶机制，大力发展辣椒产业助推扶贫脱贫攻坚工程。

产品包销包技术服务，确保贫困户种椒无忧

合作社坚持"三个三"帮扶模式，带动贫困户脱贫增收致富。一是以"三个协议"帮助贫困户放心种椒。采取了与基地乡镇（街道）签订"基地建设协议"，与贫困户签订"种植收购协议"和"长效增收协议"，并严格按照县辣椒协会的要求全方位地开展全程服务，负责技术指导和保护价收购，

农民合作社帮扶故事

解除了贫困户担心种植辣椒无技术和销售难的后顾之忧。二是以"三个时段"帮扶贫困户安心种椒。为了让贫困户安心种植辣椒，合作社在辣椒生产的"产前、产中、产后"三个阶段全程服务贫困户。"产前宣传发动、开展技术培训"：针对贫困户缺乏技术的实际情况，免费培训整地、育苗、移栽、施肥、病虫防治、采摘等技术，2019年培训贫困户达800余人次、印发技术资料1 500多份。"产中配送农资、开展生产指导"：为了确保贫困户不误农时，合作社为贫困户垫资采购、配送肥料、农药。仅2019年就为贫困户垫资60余万元代购生产物资，配送肥料农药320吨，提供优质种苗200万株。"产后保价回收、开展表彰奖励"：该社按保护价收完贫困户种植的辣椒，每年还对种植面积多、单产高、品质优的贫困户进行表彰鼓励，提高了贫困户种椒积极性。三是以"三个统一"帮扶贫困户热心种椒。由于贫困户农时生产忙、信息不对称、自行购买农资不对路，影响辣椒的产量和品质。因此，合作社按辣椒的生长习性、季节、长势和病虫发生情况，采用"统一农资供应、统一技术指导、统一病虫防治"三统一模式，及时为贫困户供给生产物资，及时到田边地头指导技术，及时提醒贫困户加强田间管理。通过"三统一"模式，及时满足了贫困户种植辣椒的生产物资需要和技术需求。

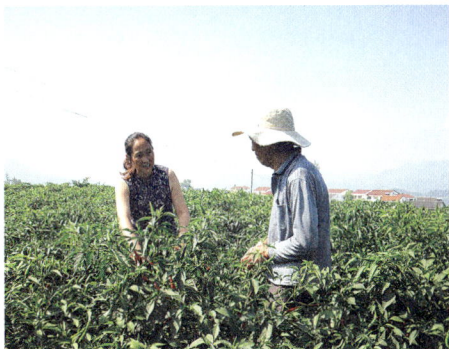

诚信回收，始终把贫困户增收放在第一位

辣椒采收前，由县有关部门、辣椒协会、椒农代表等对全国辣椒种植面积、主要辣椒市场的辣椒行情进行考察和预估，依据略高于传统农作物（玉米和稻谷）的亩收入来制订辣椒回收价格（保护价）方案，要求在保护价以上随行就市回收，并保证应收尽收。实行结果是当地连续十年全国最高价位收购辣椒，辣椒收入是传统农作物的3～4倍，亩收入达3 000～4 000元。

此举措破解了辣椒市场价格周期性变化难题，椒农利益得到了保障，形成了"种椒无忧、卖椒不愁"的良好局面。此外，合作社还优先收购贫困户种植的辣椒，不让贫困户的每一棵辣椒受到损失，保障了贫困户的利益。

创建辣椒风险基金，助力产业稳定发展

农产品常常受自然、市场乃至人为因素的影响，市场波动较大，辣椒也不例外。为了降低贫困户种椒风险，该合作社加入了县辣椒协会创建的辣椒风险基金，缴纳一定风险金，县财政按 1∶1 进行配套。若市场价格低于保护价时，亏损部分启动风险资金按 1∶1 进行补偿，降低了贫困户种椒风险，保证其收入。另外，为了破解鲜椒销售难题，采取"鲜销、干制、腌制、冷藏、深度加工"五种方式快速化解，延长了销售时间，扩大了销售半径，降低了产业风险，确保了椒农长期稳定发展。

合作社从成立之初的 180 户农户种植辣椒 540 亩，发展到 2019 年在县内 7 个乡镇（街道）建立了 24 个辣椒专业村，无公害辣椒种植基地 1.1 万亩，购销和加工鲜椒 9 300 吨，带动了 6 500 余户农户（其中贫困户 327 户）种植辣椒，户均增收 1.1 万元以上。充分利用股权化项目带动 120 户贫困户种植辣椒，每年每个贫困户至少可分红 960 元，5 年每个贫困户连本带利可以获得 12 800 元收入；加工辣椒带动贫困户就业 11 人，人均收入 3 万元以上；每年吸纳 150 余名贫困人口参加季节性务工，户均年增收 6 000 元左右。辣椒产业在土家山村形成了"春天一片白、夏天一片绿、秋天一片红、农民一片笑"的独特风景。

创新发展添动能　共同致富谱新篇

——云南省大理白族自治州宾川县宏源农副产品产销专业合作社产业帮扶纪实

宾川县宏源农副产品产销专业合作社成立于 2009 年，是宾川县葡萄产业发展的重点龙头农民专业合作社。先后被评定为州级、省级、国家级农民专业合作社示范社。经过 10 年的发展，合作社成员从成立之初的 1 个社员之家、15 户入社成员，发展到 58 个社员之家、1 026 户入社成员，20 个合作农场、1 个村集体企业，社员遍布全县 10 个乡镇。2018 年，宏源合作社以经营收入、农民（出资、入股）成员数、盈余返还额三项综合评分排名第 79 名入选 2019 农民合作社 500 强排行榜。合作社先后与县里的 100 户贫困户结成了帮扶对子，通过利益联结方式，每年给每户贫困户提供 3 200 元的资金扶持，为全县 46 户建档立卡贫困户提供了 80 个务工岗位，对社员中的 16 户建档立卡贫困户进行重点帮扶。

土地入股，创新利益联结模式

2016—2019 年，宏源合作社探索创建合作农场。蔡甸村的"合作社＋合作农场＋农户"基础发展模式；力角镇周能、鸡足山镇小河底、大营镇黑家邑、州城镇山岗村委会、平川古底回龙的"党支部＋合作社＋合作农场＋农户（社员）"创新发展模式。目前，合作农场面积近 3 000 亩。宏源合作社还利用村集体闲置的土地和沟、路、库潭、水池等公共设施作为集体股份入股合作农场，创新"集体经济＋合作社"的经营模式。村党支部和村集体经济组织负责指导村组制订产业发展规划、引导村民加入合作农场。合

作社社员和村民以土地、资金等入股，按股享有权利和承担义务，经合作社培训成为农场管理人员或产业工人后，在合作农场或其他地方实现就业。仅蔡甸村、小龙潭村、周能村 3 个村 6 个合作农场，就有 88 亩集体土地和 4 个水池、库塘入股，占股比例达 13%，年增加村集体经济收入达 88 万元以上。

生产托管，创新社会化服务模式

针对当前农村产业发展存在土地零散、生产成本高、零散销售缺乏市场等问题，宏源合作社坚持"民办、民管、民受益"原则，把生产托管作为优化产、供、销服务的着力点。建立家长包户联系制度，建立农用物资配送中心。对各村建立的社员之家，由社员选出家长，由家长负责社员的农资配送和田间技术指导。按社员种植面积，每亩收取 100 元的备货金，由合作社直接与厂家联系，每年按质按时按量为社员提供化肥、农药、节水灌溉设施等农用物资。合作社统购的农资实行现款提货，每年 10 月进行年终财务核算，当年经营收入扣减期间成本、费用，剩余利润进行分配，利润 10% 作为合作社提留公积金，60% 返给社员，30% 作为家长劳务报酬。降低了社员生产成本，防范了合作社的运行风险，真正实现了利益共享、风险共担。2019 年为社员降低采购成本 1 142 万元，年节约用肥量 45%。

科技服务，创新标准化生产模式

宏源合作社坚持科技是第一生产力，成功研发出葡萄单幅连棚降密提质促早熟栽培技术等"宏源合作社标准化生产模式"，该生产模式将农户种植管理葡萄面积由每户管理 3 ～ 5 亩扩大至每户管理 20 ～ 30 亩，种植户的年收入由原来的 6 万元左右增加到 20 万元左右；化肥农药成本由每亩 6 000

元降至 3 500 元，实现了宾川葡萄产业全面转型升级、提质增效，并辐射至整个云南葡萄主产区。目前，在宏源合作社的带动下，宾川县已推广葡萄单幅连棚降密提质促早熟技术 3 万亩，年新增产值 3 亿元。宏源合作社通过积极争取高标准农田建设、中央财政现代农业蔬菜项目、高效节水灌溉项目等，实现了水肥一体化、智能化灌溉，在节水、节肥、省工以及工程管护、结构调整、荒山绿化等方面收到了良好的社会效益、经济效益和生态效益。

打造品牌，创新品牌营销模式

宏源合作社 2011 年成功注册"楼铁源"优质葡萄商标，设立专门葡萄销售团队，以市场为导向，以品牌建设为抓手，实现葡萄产业由买方市场向卖方市场转变。采取统一生产技术标准、统一科技培训、统一配方施肥、统一采购农资的保障措施，为社员无偿提供技术服务，向社员推广葡萄标准化生产技术。立足绿色生态、优质安全的目标，以建立产品可追溯为着力点，为基地 2 000 多亩葡萄亮出身份证，让每一株从基地产出的葡萄都能溯源，成功打造了"楼铁源"葡萄名优品牌。2019 年，合作社在云南率先通过葡萄生产基地"全球良好农业操作认证（GLOBOL GAP）"。"楼铁源"名优品牌葡萄在北京、上海、广州等一线城市经常一货难求。

宏源合作社成立 10 年来，通过统一布局、统一技术、统一信贷和统一经营管理，让小田变大田、农民变股东、个体变集体，实现了规范化种植、标准化生产、集约化经营，为推动农业现代化建设奠定了基础，为消除农村贫困、实现共同富裕开辟了新路子，为当地实现乡村振兴提供了新样板。

脱贫不忘党恩 致富不忘乡亲

——记陕西省扶风县种植大户王喜玲

王喜玲，扶风县召公镇吴家村一名普通的农民，曾经因家境贫困在新疆采摘过棉花、摆过地摊、养过猪，面对突然查出的癌症、丈夫的离世等一次次灾难，她没有选择放弃，而是勇敢面对，利用国家扶持政策，通过发展苗木产业、成立合作社、当经纪人等，不仅还清了几十万元的欠债，摘掉了贫困户帽子，成为扶风县主动退贫第一人，更主动带领367户贫困户增收致富。她的个人事迹在人民日报、中央电视台、陕西日报、陕西电视台等媒体上宣传报道，2018年荣获全国脱贫攻坚奖奋进奖。

她曾经有一个幸福温暖的家，丈夫勤劳诚恳，女儿乖巧懂事，婆婆慈祥和善，日子虽然清贫但却安稳。为了过上好生活，2007年，看别人养猪挣钱，她和丈夫办起了养猪场。可正当养殖场初见成效的时候，她被确诊为子宫内膜癌。得知这一结果，她躺在病床上默默地流泪，觉得自己可能就这样完了，自暴自弃，拒绝治疗。丈夫鼓励她说："喜玲，有我在，不用担心，等你把病看好了，我们从头再来。"经过手术和放射化疗，她的病情趋于稳定，但为了支付医疗费，家里被迫把未出栏的200多头猪全卖了，还欠下11万元外债。还债的压力，促使她的丈夫没日没夜地跑起了货运，谁知祸不单行，2013年一场突如其来的车祸无情地夺去了丈夫的生命。乡亲们叹息："这个家完了！"亲戚朋友背后劝她："这个

农民合作社帮扶故事

家你扛不起，找个人嫁了吧！"但看到正在上学的女儿和卧床不起的婆婆，她无数次告诉自己必须挺住、绝不能就此倒下。

2014年初，县上组织贫困户外出考察时，看到一些群众通过发展苗木脱了贫，她再次萌生了创业的念头。她在第一时间将这个想法告诉了帮扶干部，在镇村干部和帮扶干部的共同帮助下，她申请了8万元贴息贷款，把自家5亩承包地全部栽上了白皮松和樱花树苗。然而栽下树苗的第一年，又逢多年不遇的干旱，她从早忙到晚，甚至凌晨1点还在浇灌树苗。可苗木是个长期投资。当看到附近栽植苗木的农户越来越多，她就想着当苗木"经纪人"也许是个不错的赚钱法子。可刚有想法，就有人说苗木"经纪人"风里来雨里去，还得有力气、善交际，都是清一色的男人家，你不行！

"男人能干，凭啥女人干不成？"她对自己说。就这样，她正式当起了"经纪人"。

万事开头难，由于刚开始一个客户也不认识，几个星期下来一笔生意也没做成。在多方打听后，得知一个需求核桃苗的信息，她就主动与客商联系。"2万棵，芽接口1.2厘米，一星期交货。"对她来说完成这样的任务比登天还难，她借来一辆摩托车，东奔西跑寻找货源。由于没有驾驶经验，多次摔倒在泥泞的小路上，门牙磕掉了两颗，为了不影响进程，她一整天戴着头盔和苗农谈价，深夜回家才发现，凝固的血水将头发和头盔粘在一起。功夫不负有心人，终于在第六天，2万棵核桃苗按要求运到交货地点，客商竖起了大拇指。这笔生意，让她赚了1万多元。

与她打过交道的人都说这个女人说话办事吃铜咬铁，把活儿交给她放心。一来二去，找她做生意的人越来越多。一分耕耘，一分收获，几年下来，她不仅还清了所有欠债，还盖起了新房，开上了小汽车。日子好起来了，这时她说作为一名共产党员，应该把党的好政策留给更需要帮助的人。2016年11月，她毅然递交了退贫申请，成为全县脱贫攻坚"主动退贫第一人"。

吃水不忘挖井人。"一人富不算富，乡亲富才算富"，她主动请缨与本村贫困户毕新军结成帮扶对子。毕新军和老母亲一起生活，本人腿有残疾，仅种了3亩粮食，日子过得很紧巴。她就动员其栽植苗木，可人家一百个不愿意，并且说："我有低保，粮食也够吃，日子还能凑合，种树苗万一赔了怎么办？"为了打消其顾虑，她多次上门做工作，并答应无偿提供技术服务和资金。就这样她帮助毕新军选购了好成活、市场前景好的元宝枫苗木 1 100 余株，手把手教他修剪、防虫、浇水、施肥，如今苗木长势喜人。她还给王建昌赊账提供 2 000 余株樱花苗木，指导邻村的陈红强种植核桃苗木 17 亩，帮助王芳侠、王耀刚栽植红叶李、樱花等苗木 20 余亩。一户户贫困户在她的帮助下摆脱了贫困，过上了好日子。

为了让更多贫困群众脱贫致富，她发起组建了扶风县喜林苗木果蔬专业合作社，吸纳 26 户贫困户入社，建成了 500 亩喜林苗木产业扶贫基地，成立了陕西喜林绿化工程建设有限公司和陕西喜玲生态农业发展有限公司，使 367 户贫困户通过入股分红、进园务工等方式实现增收。2019 年 3 月，她又注册了"喜玲"商标，通过淘宝、微店、抖音等电子商务平台，为当地农副产品"代言"，年销售额达 500 万元。2020 年疫情期间，扶风县农副产品普遍滞销，为此，她在调查摸底的基础上通过电商平台销售当地果蔬 7.9 万千克，销售额 130 万元，销售苗木 70 万株，销售额 178 万元。同时，她多次在省内外巡回宣讲自己的励志故事和创业经历及苗木专业知识，鼓励贫困群众依靠勤劳双手实现稳定脱贫。

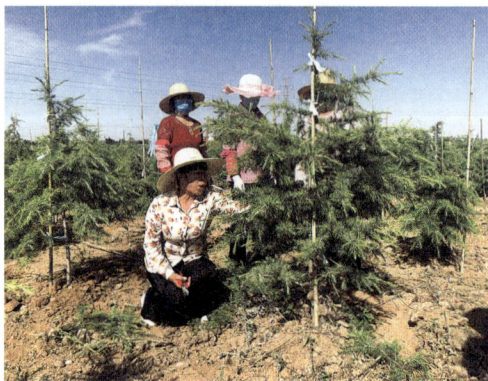

一路走来，一次次磨难、一回回经历都没有将她弱小的身躯压垮，而让她以更强的力度、更坚韧的毅力站得更直、走得更远。她用实际行动诠释了奋斗者的不屈姿态和坚强意志，发扬了创业者的大爱无疆和博爱情怀，更展现了一名农村妇女自强不息、追赶超越的拼搏精神。

积极探索行之有效的脱贫模式
争做精准脱贫的排头兵

——陕西省咸阳市武功县后稷新田园蔬菜专业合作社产业帮扶纪实

武功县后稷新田园蔬菜专业合作社位于武功县大庄镇大西村，成立于2013年4月，法人刘仙会，注册资金300万元，是以种植菜薹、芥蓝等蔬菜为主的专业合作经济组织，现有社员68户，其中贫困户12户。

7年来，该合作社由小到大，逐步发展成为集蔬菜种植、家禽养殖、农副产品批发、零售和配送为一体的专业合作社。2018年，合作社蔬菜种植面积达到500亩，蔬菜产量达到2 000吨，蔬菜产值达到800万元。累计投入资金26万元，帮助12户贫困户发展特色蔬菜28亩，吸纳贫困户就业25人，为贫困户增收120万元，受益贫困人口105人，实现脱贫10户、41人。合作社先后荣获"陕西省农民专业合作社示范社""咸阳市农业生产标兵""咸阳市'万企帮万村'精准扶贫行动先进单位"等荣誉称号。刘仙会个人先后也荣获"陕西省劳动模范""咸阳市助力脱贫攻坚竞赛先进个人"等多项殊荣。

善行义举，立志扶贫济困

刘仙会是大西村人，从小家境贫寒，小时候经常受到家乡父老的帮助和照顾，上学时就立下志向：长大一定好好作为，回报乡亲。高中毕业后，她跟随父亲在西安打拼，在父亲多年经商理念的影响和熏陶下，她致富后不忘家乡，2013 年，毅然放弃城里稳定的工作、优越的环境和舒适的生活，与几户村民一起成立了武功县后稷新田园蔬菜专业合作社，大胆探索种植南方的蔬菜新品种。为了解决蔬菜生产技术难题，合作社依托毗邻杨凌的科技优势和人才优势，与西北农林科技大学园艺学院建立了长期技术联盟，定期邀请他们进行蔬菜技术指导，采取"合作社＋基地＋农户（贫困户）"的运作模式，带领乡亲特别是贫困户一块脱贫致富。7 年来，她以"优质的服务、良好的质量、合理的价格、快速的供应"赢得了广大消费者的信赖，依靠先进的科技和良好的职业道德促进了蔬菜产业取得长足的发展。现已与西安喜来登大酒店、沣东新城管委会、杨凌国际会展中心、田园山庄、秦岭生态观光园等高端酒店及杨凌各大院校合作，长期为他们供应蔬菜、副食品和家禽等农副产品，在西安、杨凌占据了一定的市场份额，创造了良好的社会效益和经济效益。

2015 年 10 月，合作社积极响应全国"万企帮万村"精准扶贫行动号召，按照"主动对接、积极作为、精准规划、互惠双赢"的原则，牢固树立"扶贫要扶根"的坚定信念，主动投入到精准扶贫行动中去，探索行之有效的扶贫模式，带动广大群众致富，拉近了合作社与贫困户之间的距离，增进了彼此之间的感情，受到了当地群众的广泛赞誉。

农民合作社帮扶故事

发展产业，带动群众增收

授人以鱼，不如授人以渔。带动贫困户发展产业实现脱贫是一种"造血"式脱贫，也是实现贫困群众稳定增收的有效途径。为此，合作社把重点放在帮助贫困户发展特色致富产业上，积极动员和引领贫困群众发展特色蔬菜种植，帮助贫困户流转土地，向贫困户无偿供应种子、肥料等生产资料，按照统一生产方式，实现合作社与贫困群众生产、销售的"六统一"，即统一农资供应、统一机械播种、统一技术操作规程、统一技能培训、统一产品质量标准、统一收购价格。目前，合作社带动贫困户发展特色蔬菜种植 28 亩，带动贫困户增收 58 万元，带动贫困户脱贫 6 户，实现贫困户脱贫人数达到 23 人。

帮扶就业，拓宽致富门路

为了将"万企帮万村"行动落到实处，理事长刘仙会经常苦口婆心动员基地周边大西、大东、闫家、曹家、孟王、北韩等村贫困人员来基地就业。2018 年在基地就业的农村人员达到 96 人，其中就有贫困户 23 人。这些就业人员年务工总工资达到 135 万元，其中贫困户年务工工资达到 38 万元。通过就业使贫困户增加了收入，实现了脱贫。闫家村闫新昌家庭经济情况差，母亲 70 岁，在合作社成立前，他多次外出打工都由于年龄偏大一直找不到合适的工作，自合作社成立后，刘仙会得知情况后十分同情他，安排在合作社务工。几年来，他通过在合作社就业，使家庭贫困面貌发生了明显改变。他现在逢人便夸："刘老板真是个好人，要不是她，我不知道还要穷到啥时候！"

入股分红，实行保底帮扶

近年来，合作社大胆创新，积极探索行之有效的帮扶措施，带动更多的贫困户脱贫致富。2018 年，经过多方努力，合作社将周边大东、大西、孟王和曹家等村 72 户贫困户产业发展资金 56.76 万元在合作社入股，实行资金入股保底分红，实现入股年终保底分红资金 4.54 万元，每户贫困户分红增收 631 元。

定向培训，实施技能帮扶

为了提高贫困户生产技能，帮助贫困户早日脱贫，2017 年，合作社充分发挥在人才、资源、技术等方面的优势，在资金极端紧缺的情况下，积极与县农业、财政、科技等部门联系，建成了能容纳 50 人的"贫困人员技能培训教室"，为贫困户提供有针对性的蔬菜种植、蔬菜电子商务技能等专项培训。两年来，合作社共培训蔬菜、果树等方面技能人才 286 人，其中培训初级职业农民 100 人，农村剩余劳动力 186 人，其中贫困户 65 人，通过定向培训使他们掌握了蔬菜生产销售技能，为脱贫致富奠定基础。

奉献爱心，开展公益活动

为贫困大学新生捐款，圆贫困家庭学生上学梦。合作社成立以来，连年开展"金秋助学"活动，7 年来，共帮扶贫困大学新生 36 名，帮扶贫困大学新生助学资金达到 10 万元以上，多次被县委、县政府评为"武功县捐助贫困大学新生先进集体"。积极为公益事业捐款，回报社会献爱心。近年来，合作社先后为村上修路、修建学校、过古会唱戏等，捐款 30 余万元，深受群众称赞。逢年过节，合作社都要为周围贫困户送去慰问品和慰问金。

武功县后稷新田园蔬菜专业合作社以实际行动，践行扶贫诺言，成为武功县"万企帮万村"精准扶贫行动的排头兵。刘仙会说，她要在扶贫路上一直走下去，投入更多的人力、物力和财力，帮助更多的贫困户脱贫致富，为全面建成小康社会做出更大的贡献。

合作社多措并举　带领全村奔小康

——青海省格尔木市红柳村仁达枸杞种植专业合作社

郭勒木德镇红柳村位于格尔木市区以东，距离市中心 12 千米，于 2013 年批准成立行政村。现有总人口 455 户、2 110 人，建档立卡贫困人口 2 户、5 人。昔日的红柳村是一个行路难、用电难、上学难、吃水难等众多问题缠身的落后村，是一个人心涣散群众矛盾多的问题村。穷则思变，村党支部在李国善同志的带领下，因地制宜地确定了村里的经济发展思路：依托红柳村的自然资源优势，不断发展村集体经济；大力改善道路、广场等基础设施建设；力争一年有新变化，三年有新发展，五年有新突破。同时，抓好产业结构调整，促进农民增收强一方党建、活一方经济、富一方百姓。三年来，红柳村产业经济呈现迅猛发展态势，在党的富民政策带动和影响下，在市委、市政府、西城区工委和镇党委的大力支持下，村党支部充分发挥农村基层组织的带头作用，村集体经济不断发展壮大，每年村级集体经济资金收入达到20 万元。

红柳村仁达合作社理事长李国善，1975 年出生于青海乐都，1993 年来格尔木务工，2010 年被评为格尔木抗洪抢险先进个人。2015 年荣获格尔木市西城区民族团结先进区工作模范个人，2016 年被评为郭勒木德镇优秀村干部。任合作社理事长以来，每天都在为老百姓的增收致富谋出路、想点子。他满腔热情，一心为民，甘做公仆，脚踏实地，让红柳村发生了翻天覆地的变化。2017 年红柳村仁达合作社获得海西蒙古族藏族自治州优秀村社荣誉称号、获青海省省级示范社荣誉，2018 年荣获海西州脱贫攻坚优秀合作社称号，仁达合作社已成为带领全村脱贫致富奔小康的领头羊，成为格尔木市带领农民群众发展新农村经济、建设小康社会的一个知名品牌。

  2012 年 2 月，红柳村 40 户村民筹集资金 39 万元，通过入股共同组建成立了仁达合作社，以枸杞种植、温棚蔬菜、生猪养殖等农畜产品生产和加工为导向，准确定位，精心策划，经过几年的探索发展，目前，红柳村集体经济固定资产已达 2 000 多万元，注册商标"大头哥"，成为格尔木标准化农牧民专业合作组织的先行典范。合作社现有社员 80 人，耕地 3 000 亩，种植红枸杞 540 亩、黑枸杞 100 亩、饲草料 100 亩、苗木繁育 50 亩、食用玫瑰 100 亩，合作社固定资产达到 2 000 多万元，年生产枸杞干果 150 吨，销售收入达 500 多万元，年利润 200 万元，同时合作社每年可安排就业人员 200 人。积极推行"能人＋党员＋社员"模式，引领组织党员开展"一包一""一帮一""一联一"活动，挖掘和培养村中优秀青年、种植大户和优秀管理人员，引导他们积极向党组织靠拢。2013 年引进山东平阴重瓣玫瑰、丰花玫瑰、甘肃苦水玫瑰 200 亩，大力发展玫瑰酱、玫瑰鲜花茶、食用玫瑰原料等。并在规范化、精细化种植 1 000 亩枸杞基础上，延续种植格尔木当地紫皮大蒜、白皮莴苣、地膜洋芋等，发展绿色无公害蔬菜。大力发展八眉猪养殖，2019 年合作社与红柳村村委会达成产业发展合作协议，争取援青资金 100 万元，实施了红柳村生猪养殖扩建项目，对合作社原有的养猪场进行扩建，养猪场相关设施得到明显改善，养殖规模进一步扩大，红柳村产业发展初步形成。力争实现"三个百"目标，即全村农户 100% 加入合作社；合作社社员 100% 在合作社就业；社员医疗、养老保险金 100% 由合作社缴纳。

在李国善的带领下，仁达合作社全体成员积极参与到脱贫攻坚工作中，2016 年帮扶建档立卡贫困户 20 户，每户帮扶资金 1 800 元，吸纳贫困劳动力 5 人。2017 年合作社主动与 34 户建档立卡贫困户对接，给每户贫困户送去米、面、油、燃煤等生活必需品，每户帮扶 2 200 元；与郭勒木德镇 49 户 139 人建档立卡贫困户签订资产收益帮扶措施，共同发展生产和养殖产业，帮扶贫困户增收。2018 年与全镇 70 户 209 人建档立卡脱贫户签订资产收益帮扶措施，共同发展生产和养殖产业，帮扶脱贫户增收；带动郭勒木德镇红柳村等 10 个村共同发展致富。将乐苑村、红柳村两村村级产业发展资金吸纳到合作社，与村级达成分红和用工协议促进劳动力转移就业，增加群众收入，带动村级集体经济发展。截至 2020 年，合作社党员共结对帮扶贫困农户 100 余户实现了脱贫致富。

创业致富带头人培训让李国善领悟到了乡村振兴战略和美丽乡村建设是新时代"三农"发展的核心。他表示，将尽己努力，言传身教，感染自己身边有梦想的创业者，让贫困群众一个个都实现自己的梦想。

致富不忘老乡 共同奔向小康

——新疆维吾尔自治区阿合奇县猎鹰之乡农民养殖
专业合作社产业帮扶纪实

对先·巧开西于 2011 年 2 月投入资金 450 万元人民币注册了猎鹰之乡农民养殖专业合作社，是阿合奇县首个牲畜流转合作社。在各级党委政府的大力支持以及他个人的努力下，猎鹰之乡合作社不断发展壮大，现大小牲畜存栏量为 2 000 余只，资产规模达到了 1 000 万元，有力地带动了当地的经济发展。对先·巧开西在勤劳致富的同时，还不忘帮助身边的贫困乡亲，时常捐款捐物，除了帮助困难乡亲外，他还资助了 20 余名贫困学生上学。新冠肺炎疫情期间，他个人捐款 1 万元助力疫情防控。由于对先·巧开西的先进事迹以及他乐于助人的无私奉献精神，2018 年 10 月，他荣获全国脱贫攻坚奖奉献奖；2019 年 5 月，他又获得全国最美家庭的荣誉称号。

合作社运行模式

以"合作社 + 贫困户"的养殖模式发展。结合扶贫项目支撑，贫困户以实物或项目资金的方式入股合作社，合作社每年按照不低于 10% 的入股资金，分红返利给贫困户，既保障了贫困户的牲畜收入安全稳定，又有利于

农民合作社帮扶故事

合作社的经营管理形成规模效益。截至 2020 年，猎鹰之乡合作社总计为贫困户分红金额达到 85.5 万元。2018 年结合扶贫发展生产项目（新疆褐牛），40 户贫困户以 40 头褐牛入股合作社，每户每年以 1 500 元的分红标准签订了 3 年的协议。

合作社助力多样化经济收入来源。农户将自己的牲畜交由合作社养殖，合作社按照一定的分红标准进行利润分配。使农户既得到了收益又让他们解放了劳动力，可以进行劳务输出或从事其他行业，从而多渠道增加收入。截至 2020 年，猎鹰之乡合作社累计解放 100 余人次的劳动力进行劳务输出或参与特色种植产业发展项目，或在工地零散务工等，推动了农牧民收入向多样化方向发展，有助于逐步解决传统畜牧业受市场价格波动带来的影响。

吸纳贫困人口入社促进就业。合作社在不断发展的同时，还积极承担社会责任，招聘贫困人口在合作社就业。当前，长期在合作社务工的人员达 20 余人，既解决了合作社在牲畜日常管理、市场销售等方面的缺工问题，又促进了贫困户就业。目前，入股合作社的贫困户 220 户，每年有 750～1 500 元的固定分红，20 人实现就近就业；合作社形成规模化经营，每年盈利 20 万元，资产总值不断增长，可以扩大规模，更好地带动当地的经济发展；村委会每年有 10 000 元的村集体收入，更好地服务村民，达到三方共赢的喜人局面。

发挥示范引领作用，推动畜牧业结构调整。合作社充分发挥地缘优势，引领农牧民整合资源，聚合实力闯市场，追求效益最大化，服务农村，使贫困户脱贫增收，实现共赢。为转变传统养殖观念，调动农牧民积极性，合作社推出了"统一管理、统一经营、保底分红"的运行模式。合作社现有 220 户贫困户入股，贫困户不参与管理和经营，只在年终核算时参与合作社分红。为了让更多的贫困户加入合作社，合作社实行了动态管理，如有贫困户达到脱贫标准，则取消其入股资格，重新纳入其他贫困户。同时，在养殖农民专业合作社成立后，养殖户看到了养牛项目周期短、投资少、见效快，大家对发展养牛产业热情逐渐高涨。合作社间接带动了周边 400 余户农户发展减小畜增大畜的养殖模式，为当地农民脱贫致富、农村经济发展、创造和谐平安环境起到了良好的作用，也为全面建设小康社会做出了巨大贡献。

响应党的号召、助力脱贫事业。在各级党委政府的支持帮助下，自合作社成立以来始终不忘履行自身社会责任，不断探索和尝试，努力在精准扶贫中找准自己的位置，发挥合作社作为经济组织在精准扶贫中的内源作用，推动当地经济社会的发展，发挥"以点带面"的示范带动作用。合作社在每年春播前期，主动出资为有需求的入股农户垫付种子资金，帮助入股人员渡过难关，长期以来拉近了与入股人员的关系，并且在广大群众心中树立了良好的声誉，增强了养殖大户、合作社及市场之间的合作意识，不仅有效解决了畜产品"销售难"的问题，而且增强了市场竞争力，为合作社长期发展打下了良好的基础。2018 年，为积极响应乡党委政府大力推广土豆种植的号召，合作社出资 25 万元购买种薯，助推全乡脱贫攻坚。

助人为乐、无私奉献

在生活变好的同时，对先·巧开西没有忘记帮助身边的贫困乡亲。他自掏 2 000 元购买管材，修好了用水管道，保证了全小队的用水；他雪中送炭的 1 万元钱救了阿不都拉·艾米拉洪的妻子，使他的妻子能很快地进行手术并痊愈；每年，阿合塔拉村三小队的托合达洪·欧克来克、巴提开、托合托·加合甫、苏云木汗等几个特困家庭、残疾人、老年人、五保户都能及时收到对先·巧开西送来的煤、面粉、大米、油等生活物资。对先·巧开西还经常资助贫困学生，至今他已资助了 20 余名贫困学生上学。在 2020 年新冠肺炎疫情期间，他捐款 1 万元，助力疫情防控阻击战，很好地发挥了模范带头作用。

100个产业帮扶典型之

其他社会力量帮扶故事

产业扶贫故事（下）

CHANYE FUPIN GUSHI（XIA）

产业扶贫故事（下）
CHANYE FUPIN GUSHI（XIA）

结对帮扶助脱贫

——农业农村部帮扶环京津贫困地区纪实

为深入贯彻习近平总书记关于做好环京津扶贫工作的重要指示精神，农业农村部从 2017 年开始，积极主动作为，会同京津冀三省市启动实施《环京津农业扶贫共同行动（2017—2019 年）》，助力河北环京津 28 个贫困县开展农业扶贫工作。3 年来，部党组把环京津农业扶贫作为部系统扶贫工作重要任务，高度重视、周密部署，明确 28 个直属单位与 28 个贫困县开展结对帮扶，选派两批 40 名挂职干部深入贫困县开展技术援助、营销帮扶、企业引进和典型示范等工作。通过 3 年结对帮扶，28 个贫困县种植业调整优化、畜牧业提质增效等"六大任务"扎实推进，一村一品推进、农技人员进山上坝等"八大行动"深入实施，为环京津贫困县大力推进产业扶贫、提前一年脱贫摘帽做出了重大贡献。

坚持抓基础，强化产业技术援助服务

科技、人才不足是贫困地区产业发展的重要制约。围绕环京津贫困地区农业特色产业发展需求，依托国家和地方现代农业产业技术体系，农业农村部组织各方面专家组成产业专家组，深入贫困县开展生产指导、质量提升、风险防范等服务，扩大农业科技服务覆盖面，提升产业科技帮扶精准度。中国农业科学院林果专家刘济伟 5 年如一日帮扶阜平县发展林果产业，带领科研技术团队，走遍了阜平的山水沟壑，为阜平县制订了林果产业发展规划，推动建设西瓜示范园，生产出的富硒礼品瓜畅销北京、天津、山西等省市。在他的帮扶下，阜平县新发展绿色高效林果种植面积 5.6 万亩，覆盖贫困户3 600 户，户均年增收 2 000 元。中央农业广播电视学校围绕平泉食用菌产业发展，大力培育田间地头"土专家""棚把式""田秀才"，累计培育当地高素质农民 1 587 人，其中生产经营主体带头人 327 人、种养大户 960 人、专业技能型职业农民 300 人，15 人获得农业农村部、中国共产主义青年团中央委员会等省部级荣誉，5 人被推荐为全省农村实用拔尖人才。农业农村部科技发展中心为赤城县组建国家、省、市、县四级 95 名专家组成的产业扶贫专家服务团，在全县 18 个乡镇建立科技工作站，并在产业发展重点村和企业设立农业技术员，构建了县、乡（镇）、村（企业）完整的农科服务体系。2017 年至今，各对口帮扶单位已协助 28 个贫困县组建马铃薯、中药材、食用菌、肉牛、肉羊、渔业等特色产业专家组 184 个，先后组织 1 606 名专家为 28 个县开展各类技术培训 4.9 万人次，有效推广了先进品种和技术，提升了农户生产技能，为推动当地特色产业加快发展提供了有力支撑。

坚持抓市场，扎实推进产销衔接服务

针对环京津贫困县信息不通、交通不畅、品牌弱小等问题，各对口帮扶单位积极推动产销衔接服务，帮助当地找市场、打品牌、促营销，与经销商、批发市场、农业企业等建立长期稳定产销关系，努力实现好产品能卖上

其他社会力量帮扶故事

好价钱。中国农业电影电视中心组织 21 个架豆种植村 1 000 多农户（其中 500 多户贫困户）成立沽源县架豆协会及生产合作社，注册"滦河神韵"商标，实现全县架豆销售连续 3 年增长，全县豆农 3 年累计增收 1 亿元以上。全国农业展览馆协调涞源县优质农产品入驻新发地批发市场和物美超市，为涞源县农业企业提供农交会、全国优质农产品展销周、生态食品展的免费展位和免费广告宣传，组织电商帮助西泉头村等苹果大户通过微店销售苹果，把当地特色农产品卖到了大超市。中国绿色食品发展中心为张北县免费新认证 5 家企业的 6 个产品为有机农产品认证，在绿色食品博览会、有机食品博览会等大型展览展示平台开辟张北专区，并协调阿里巴巴、京东、7 鲜、永辉等知名电商平台和超市，加大对张北获证农产品采购力度。2017 年至今，各对口帮扶单位通过中国国际农产品交易会、扶贫展、京津冀蔬菜产销对接大会等各类产销对接活动，组织开展营销活动 364 次，共组织 640 个企业、515 个农民合作社参加活动，协助推广农产品品牌 552 个，媒体宣传特色农产品 423 次，让优质绿色农产品走进京津市场、走向全国。

坚持抓主体，不断增强主体带贫能力

面对环京津贫困地区带贫龙头企业缺乏、产业发展活力不足的情况，各帮扶单位积极牵线搭桥，引进各类农业企业和市场主体与结对贫困县贫困村合作，开展全产业链帮扶，积极为贫困户提供产前、产中、产后服务。中国农村杂志社积极推动益海嘉里集团与蔚县合作，利用"金龙鱼"品牌和销售渠道把蔚县小米推向全国市场，累计销售超过 750 万千克，辐射带动全县 185 个贫困村 5.2 万农户，并将销售利润返还到蔚县用于教育扶贫事业。农业农村部农村经济研究中心为怀安县引进北京平谷家育集团有限公司，通过"集团公司 + 规模养殖企业"合作扩繁产业化模式，将种猪规模养殖企业与当地农民结成利益共同体，年繁育种猪 7 000 头，带动周边 1 500 户养殖户繁育商品猪 11 万头，为当地农民增收近亿元。中国动物疫病预防控制中心引进北京旭积文化传播有限公司到丰宁县投资发展肉羊养殖产业，投资 100 万元与小坝子乡沙陀子村合作养羊；协助引进广州朴城乳业有限公司到丰宁

投资生产，目前已投入 2 300 万元。2017 年至今，对口帮扶单位共为 28 个县引进县外企业 167 家，落实合作协议近 200 项，完成投资 46.1 亿元，累计带动贫困户 5.8 万户；帮助培育本地农业企业 239 家，完成投资 19.4 亿元，累计带动贫困户近 10 万户。

坚持抓示范，发挥典型示范带动作用

各对口帮扶单位在环京津贫困地区积极开展"百村示范"扶贫行动，加大项目支持、技术指导、人员培训、品牌打造、市场营销等帮扶力度，发挥典型引路作用，增强辐射带动能力，积极带动当地产业发展和农民增收。农业农村部规划设计研究院通过开展技术培训、赠送先进适用厕具、选派技术人员现场指导等方式，破解兴隆县大洼村农村改厕技术难题，积极推进农村卫生厕所技术应用示范工作，为当地推进农村"厕所革命"，改善农村人居环境提供了示范样板。农业农村部农药检定所为解决唐县示范村辛庄村山坡地核桃、枣树灌溉用水问题，捐资帮扶村里修建 8 个容积 60 米^3 的水泥蓄水池，既解决 500 亩农业灌溉和 66 户贫困村民用水需求，也示范带动了周边节水灌溉设施技术的普及推广。全国畜牧总站安排经费，帮助隆化县南兆营村和苇塘沟村 6 户养牛大户提升养殖设施，示范指导当地推广饲草料科学饲喂技术，为当地打造可看可学的养牛科技示范村。2017 年至今，两批 40 名挂职干部在"百村示范"重点帮扶村累计走访贫困户超过 1.2 万户次，驻村工作 4 000 天以上，协助打造特色产业近 200 个，联系落实扶贫项目近 400 个，协调开展技术服务 1 800 余次，宣讲脱贫攻坚政策 2 万人次。通过授方法、树典型、抓示范，为当地发展产业和脱贫增收提供了强大内生动力。

坚持抓共建，熔铸党员干部责任担当

各对口帮扶单位党组织积极开展党组织联学共建活动，广泛动员组织党员干部向贫困群众伸援手献爱心。农业农村部直属机关党委持续推进部系统 32 个直属党组织与 44 个贫困村党组织结对帮扶。进一步加大使用党费支持脱贫攻坚工作力度，向 23 个未出列贫困村党支部拨付党费 230 万元，支持完善党组织活动场所、扶持农业产业化，加强党员队伍建设。农业农村部农村社会事业发展中心党支部与围场县 4 个贫困村党支部结成共建对子，明确每个班子成员对接一个重点联系村，多次深入村内开展产业发展调研，了解交流产业扶贫的进展、成效和帮扶需求，研究具体帮扶工作措施。中国水产科学研究院专门划拨党费支持易县上黄蒿村发展甘薯主导产业，支持当地流转土地开展苗种试种，推动种苗升级换代。2017 年至今，各对口帮扶单位共组织开展联学共建和调研对接活动 825 次，为对口帮扶县落实帮扶项目 221 个，为贫困户捐款捐物 2 505 万元。通过抓党建促扶贫，进一步强化了党员干部服务脱贫攻坚的责任担当，同时也提高了贫困村党组织的凝聚力和战斗力，增强了贫困群众脱贫致富的信心和决心。

初步统计，3 年来农业农村部累计安排 28 个贫困县各类农业资金 77.93 亿元，帮助新建技术专家组 184 个，选聘产业指导员 7 428 人，开展技术培训 1 956 场次、培训人员 4.9 万人次；帮助 400 多家企业和合作社开展营销活动 364 次，推广农产品品牌 552 个；帮助外引和内育龙头企业 406 家，完成投资 65.5 亿多元，带动贫困户 15.8 万余户；帮助建成扶贫产业园 244 个，28 个县实现省级以上现代农业园区全覆盖。农业农村部结对帮扶工作为当地脱贫攻坚注入了强大的动力，也为持续推进当地特色产业发展、巩固脱贫成果防止返贫、继续推进乡村振兴打下了坚实基础。

在湘西大山中吹响产业脱贫冲锋号

——记农业农村部国际交流服务中心党支部结对共建扶贫事迹

这里——湖南湘西土家族苗族自治州打溪村，山峦起伏，溪沟纵横，最高海拔超千米。乡亲们操着淳朴的湘音，日夜奔波在崎岖的山路上，追逐着属于自己的幸福感、获得感、安全感。

这里——既是土苗族人世代生息的故土，又属国家武陵山区集中连片特困地区、农业农村部定点扶贫县。山势险峻、耕地稀缺和基础设施落后，让各方帮扶难度陡然增加，发展产业更是难上加难。

如何打破山路险、耕地少，青壮劳力不足、产业基础薄弱的重重难关，成为开展结对帮扶必须直面的问题。自 2018 年 3 月起，农业农村部国际交流服务中心党支部主动入位，围绕"支部共建——助力产业脱贫"工作目标，通过基层调研、联学共建、无偿捐赠、产业扶贫等方式，探索特色产业帮扶的好路子、金点子，为当地经济社会发展出主意、想办法、办实事，在湘西大山中吹响了产业脱贫的"冲锋号"。

建机制：三方携手构筑产业扶贫"铁三角"

"致富不致富，关键看支部！"在农业农村部国际交流服务中心、中国农业科学院蜜蜂研究所、打溪村3家支部共建动员大会上，国际交流服务中心主任、党支部书记童玉娥如是说。

为形成长期共建帮扶机制，3家支部签订协议以产业帮扶为共同目标各展其能。国际交流服务中心党支部使用部直属机关党委拨付的10万元党费支持打溪村发展中蜂和山羊产业，联系浩宇蜂业等当地知名中蜂养殖合作联社为打溪村提供蜂群和长期技术支撑服务，使用本单位2万元党费支持村党支部建设，并设立8万元奖学金，目前已使用2.2万元资助该村10名高中生和3名大学新生。蜜蜂所科研三支部负责技术指导，他们同时捐赠了10个蜂箱。打溪村村"两委"主动承担蜂场选址和养护等工作，在村党支部划出专门区域养蜂，安排专人看护蜂箱，将售蜜收入优先补贴贫困户。

2020年，为了让打溪村走稳踏实脱贫之路，妥善应对新冠肺炎疫情和洪涝灾害，3家支部创新形式召开线上主题党日暨产业帮扶交流会，探讨支持打溪村发展中蜂产业可持续发展的后续举措，进一步坚定乡亲们产业脱贫的信心和决心。

探路子：因地制宜把蜂蜜育成"甜蜜"产业

打溪村山高林密，山林面积覆盖率在90%以上，蜜源丰富、水源充足、没有污染，是中蜂养殖的极佳地点。正是借助这一优势，2019年6月，利用农业农村部提供的10万元帮扶资金，村"两委"集中购买了50个蜂箱，在村党支部建立了中蜂养殖实习培训基地。

经过中国农业科学院和浩宇蜂业专家们的悉心指导和村民们的精心管理，该村中蜂养殖取得初步成效，存活46箱，分蜂10箱，平均成活率达到90%以上，取蜜60余千克，为村集体创收1万余元。中蜂养殖初显成效，给村民吃下"定心丸"，当地老百姓形象地称其是"甜蜜的事业"。2020年村"两委"继续探索转包管理制，培养技术骨干，实现以点扩面，已有多个农户和合作社表示愿意加入中蜂认养和分红计划中来。

"打溪村的蜂蜜买回来放心，吃起来暖心。"国际交流服务中心挂职干部感慨地说。中心支部积极支持消费扶贫，动员大家为村里首批"扶贫蜂蜜"宣传。"中心职工最了解也最认可打溪村的扶贫产品，我们都是义务推销员！"一场消费扶贫的"盛宴"在中心内外展开，中心组织职工购买龙山特色蜂蜜 28.5 千克、特色茶油 5 千克、百合干 13.2 千克，为当地直接创收 10 820 元；同时积极推介龙山地区特色农产品，带动社会各界购入当地特色蜂蜜 22 千克，创收 4 840 元。

引资金：山羊产业为村集体年均增收 2 万元

为帮助打溪村找准产业发展方向，走稳产业振兴之路，国际交流服务中心敢于"钻羊角尖"，不达目的不罢休。

围绕山羊产业，他们先后 7 次实地调研，走访村内外养羊大户、山羊养殖合作社等主体。曾经为了帮羊场选址，扶贫小组一天在大山深处走上十几里山路。同时，中心还积极寻求当地县委县政府和农业、畜牧等部门支持，开展现场办公，协调解决环评注册、检验检疫、病害防治、羊种引进、后期证照审批等问题。

其他社会力量帮扶故事

2019 年 7 月，打溪村的金马黑山羊养殖合作社羊场建设工程正式竣工，中心支部协调中国农业国际交流协会捐资 30 万元，为其购买 150 头山羊。目前羊场发展态势良好，羊种进行了二次改良和扩繁，新增务比亚黑山羊 56 头，总数达 260 余头，每年可为村集体上缴创收 2 万元。两年来，在国际交流服务中心带动下，充分激发了当地贫困户参与特色养殖的积极性，相关工作也得到农业农村部扶贫办、湖南省纪委督查组的高度肯定。

搭平台：培育扶贫带头人展现"国际范儿"

作为协调管理单位，国际交流服务中心还为打溪村积极争取"联合国可持续发展目标示范村"推广试点资格，借助广发证券股份有限公司向联合国粮食及农业组织捐赠的 100 万美元，列支专项资金支持标准化活框养蜂技术的推广和应用。

2019 年 11 月，首期农民田间学校辅导员培训活动和中蜂养殖带头人培育计划正式启动，依托浩宇蜂业农民专业合作联社和龙山县畜牧局，入村培训农户超过 100 余人次，重点关注返乡创业的新生力量，现场解决农户实际困难，为打溪村培养本土化中蜂养殖人才队伍奠定了基础。

"活动的成功举办，标志着由政府、国际组织、金融机构共同参与实施的特色扶贫项目由探索进入到实质性阶段。"联合国粮农组织官员在接受记者采访时表示。

两年来，"建机制、探路子、引资金、搭平台"的四位一体帮扶模式取得喜人成效，打溪村于 2019 年实现整村脱贫，目前人均纯年收入 9 000 元以上，2020 年村集体帮扶经济收入预计达到 10 万元，在武陵山腹地打通了村民的"脱贫、致富、振兴之路"。

"四新四好"深耕产业扶贫

——记农业农村部挂职干部张天佑

张天佑，农业经济学硕士，农业农村部中国农业电影电视中心办公室主任。2017年4月，张天佑主动报名来到国家扶贫开发重点县河北省沽源县挂职县委常委、副县长，协助分管产业扶贫等工作。3年多来，张天佑探索产业扶贫"四新四好"工作法，完成帮扶实事80多件，为沽源县以优秀成绩脱贫摘帽做出巨大贡献，荣获沽源县荣誉市民、张家口市脱贫攻坚先锋人物、张家口市"不忘初心、牢记使命"典型人物、张家口好人、河北好人、河北省脱贫攻坚奖贡献奖，被推荐为"共和国追梦人"，获嘉奖三次，荣立二等功一次。

创新技术服务，让贫困户产得好

面对贫困户科技素质偏低的痼疾。他请任县科技扶贫领导小组组长，请来西蓝花、架豆、马铃薯产业3位国家产业体系首席科学家，联合省、市、县各级农业专家，建立80多人的农业科技顾问团，实施了沽源历史上最大规模的科技扶贫培训，对全县233个村进行地毯式培训。3年共组织免费培训班800场次，参训5万人次。他打造"四零"模式"科技小院"，引进投资1 000万元的金丰公社，为贫困户提供全产业链技术服务，有效防治架豆

"火霜"，帮助贫困户减少损失 3 000 多万元，防治燕麦黑穗病，认证"三品一标"产品 12 万亩，助推全县农业科技贡献率提高 16 个百分点，创造了扶贫先扶智的"沽源样本"。

创新产品营销，让贫困户卖得好

扶贫期间，张天佑牵头组织 3 届蔬菜交易大会，参加 5 场产销对接，落实 1.76 亿元销售订单，打造"有机种植，会员销售"的新模式，使沽源有机蔬菜卖出 10 倍价格。为解决架豆种植分散，贫困户收益低的问题，张天佑带着驻村干部组建起沽源架豆协会，吸纳 1 000 多贫困户抱团发展，统一议价、商标、技术、营销，全县农民增收 1 亿多元，得到韩长赋部长的肯定。为解决蔬菜滞销，他两天打了 300 多个电话，请来北京等地 60 多家大型采购商，卖菜 3 000 多万千克，解决了农民们最揪心的事。为了擦亮叫响沽源名片，张天佑帮助沽源策划发布农产品区域公共品牌，在原 CCTV-7 农业节目播出免费广告 3 700 多条次，推介扶贫产品总长 1 600 多分钟；在北京天津建设沽源产品直销专区；协助县里打造的"农民直播加小微共享工厂"模式被国务院扶贫办评为 2019 年"全国电商精准扶贫范例 50 佳"。

创新主体培育，让贫困户带得好

为了弥补企业带贫能力弱的短板，张天佑向农业农村部和河北省农业农村厅申请项目资金 1 400 万元，打造循环农业扶贫模式，把贫困户的收益嵌入有机肥生产、奶牛托管养殖、保底分红、蔬菜大棚建设、高端会员销售的全链条中，年增收 2 万多元，该模式得到胡春华、韩长赋、王东峰等领导同志的肯定。他引进国内生猪养殖第一股——牧原股份建设环保节水型生猪产业扶贫项目，已完成投资 7 000 万元。张天佑立足资源禀赋、瞄准市场需求，在全县一批亿元级产业扶贫项目引入或落地中发挥重要作用。亲手打造全县第一个产业扶贫模式，第一批扶贫微工厂，引进全县第一家农业上市公司，培育万亩金莲花、万亩有机燕麦产业基地，协助培育架豆、马铃薯、燕麦等产业升级，带动农民增收 3 亿多元，助推全县农民收入首破万元大关。

创新精准"绣花"，让贫困户觉得好

针对贫困户满意度不高和脱贫内生动力不足的问题，他积极探索扶贫扶志新思路，亲自为大龄单身贫困户做媒，2018 年举办全县首届贫困户集体婚礼，2019 年策划举办张家口市百名新人脱贫脱单集体婚礼，通过组建完整家庭激发贫困户内生动力，被称为"贫困户的大媒人"。3 年来，他深深融入沽源百姓中，下乡入村 300 多次，结交"穷亲戚"30 多人，个人捐款 10 万元，募集款物 150 多万元，下足"绣花功夫"，给孤儿当代理爸爸，精准点穴式帮助残疾贫困户开打印店、种金莲花、做木雕、当农民"网红"。他发动全家上阵扶贫，妻子捐书 3 000 册，儿子结对帮扶孤儿，岳父母义诊讲座 1 200 人次。2020 年 2 月，沽源县以全省优秀的成绩正式宣布脱贫摘帽，这份来之不易的成绩单里也凝结了张天佑的一滴汗水。他用心用情用力，奋战坝上草原 1 100 多天，深深地感染感动了沽源干部群众，县委书记说："天佑同志完成了一名挂职干部不可能完成的任务，为沽源产业发展打开了一扇窗。"

带领群众脱贫致富的"女明星"

——记河北省承德市隆化县优秀致富带头人白颖

　　隆化县偏坡营乡靠山营村人白颖，毕业于北京工商管理大学，现任隆化县耀翔种养殖有限责任公司董事长、晨新蔬果合作社法人。多年来，她立足发展设施蔬菜产业，求真务实，积极进取，开拓创新，在引领产业发展、带动脱贫致富等方面做出了巨大贡献，2018 年被承德市企业家协会评为"全市十大脱贫攻坚致富女明星"。

白颖现场教学

返乡创业建堡垒

　　2013 年，白颖积极响应国家脱贫致富号召，辞去北京待遇优厚的工作，回乡发展设施农业。依托公司，创建耀翔生态蔬果种植园区，流转土地 140

亩，建设 40 栋高标准日光温室大棚，主要以生产销售番茄、黄瓜、豆角等，产品广销北京、承德及周边地区。在返乡创业发展自己企业的过程中，白颖同志也带领广大农民群众发展设施蔬菜，2016 年先后流转土地 200 余亩，组织农民群众成立晨新蔬果专业合作社、鑫翔种植专业合作社，建立 100 余

合作社给贫困户分红

栋高标准冷棚，进一步壮大产业规模，更加强力带动贫困群众脱贫致富。2017 年，晨新种植专业合作社先后被评为隆化县示范合作社、市级示范合作社、省级示范合作社。现在园区共有成员 109 人，其中贫困户 42 人，年生产绿色无公害蔬菜 800 余吨，年可安置 160 余人就业，其中安排贫困人口就业 50 余人，残疾人 30 余人，使贫困人口人均增收 4 000 余元。

现在，耀翔生态蔬果种植基地、晨新及鑫翔种植合作社已成为带动偏坡营乡、引领全县的产业脱贫攻坚示范堡垒，正在为加快贫困群众脱贫致富，推进全面迈入小康社会发挥着积极而重大的作用。

绿色攻坚创品牌

为了适应高质量的市场环境，白颖瞄准绿色生态产品定位，树立绿色有机无公害发展理念，着力发展绿色生态有机蔬菜。她认真研究和学习现代农业生产技术，在隆化县率先使用"日光温室物联网 + 质量可追溯系统"，实现蔬菜生产的精细化管理、精准化作业以及蔬菜生长情况远程监控。率先采取二维码追溯系统让消费者追溯出园区农产品种植各个环节的详细操作，包括投入品的使用过程、产品销售渠道跟踪等，让消费者买得更放心、吃得更安全。白颖为了使生产出的产品更能适应市场环境，有更多更广更有效的销售渠道，积极推进产品先后获得了无公害产品认证、绿色蔬菜认证、有机蔬

菜认证，打造出绿色有机番茄品牌——"彤丽园"。

2017 年"彤丽园"番茄代表隆化走上对外展台，成为隆化蔬菜骄傲，成为隆化扶贫脱贫有力攻坚品牌。

产业线上立红旗

2016 年，经耀翔公司、晨新合作社申请，上级组织批准，在蔬果种植一线成立党支部，支部现有党员 6 名。在脱贫攻坚党旗红活动中，党支部从实际出发，积极开展"党员贫困户结对帮扶"活动，带动山咀村、白银沟村、榆树底村、靠山营村、哈沁营村、颇赖村 6 个村的贫困人口及困难党员 50 余人就业，实现就业年收入不低于 4 000 元。白颖充分发挥党员先锋模范作用，带领贫困群众发展设施蔬菜产业，积极解决当地贫困户的就业问题，专门为本地残疾人解决就业问题，为了让残疾人也能拥有更好的生活和经济来源，耀翔生态种植基地对部分可进行基本种植作业的残疾人提供工作岗位，并每年定期为可进行工作的残疾人提供种植技术的培训和指导，目前耀翔生态种植基地每年可安排残疾人务工达到 30 人左右。同时，积极同县扶贫办、乡镇配合，践行社会参与扶贫职能，为贫困户、种植专业户传授种植技术、管理经验及营销渠道，充分践行一名党员在扶贫一线的攻坚力量。支部在脱贫攻坚主战场上，飘扬起鲜红的党旗。

"一个人富不是真的富，大家富才是真的富"这是一位作为返乡创业的大学生发自肺腑的语言，白颖在这几年发展创业的时间里，多次受到上级领导的一致表扬和赞同，这是对她"小能量，大作为"的一种认可，更是对她在脱贫攻坚一线引领广大贫困群众致富的高度赞扬。

做强牧羊产业　助推脱贫攻坚

——山西省忻州市岢岚县晋岚牧羊产业联合体带贫纪实

岢岚位于晋西北山区，地处北纬36°黄金养殖区域，宽广的牧坡、凉爽的气候、充足的水源、农作物秸秆剩余量多、水土光照资源丰富，是天然优质畜牧生产基地和山西省的农牧资源大县，也是山西省绒山羊优势产区。

岢岚山区漫山遍野生长着沙棘树、小地柏和古老的柏树林，山羊以柏籽、柏叶等中药材为食，人们把这种具有清香与药效，生活在古柏里的绒山羊称为"岢岚柏籽羊"。岢岚柏籽羊肉以其肉质细嫩、纹理清晰、味道鲜美，具有独特的柏籽香，受到广大消费者的青睐。2012年，"岢岚柏籽羊"获得国家地理标志认证，成为岢岚当地的特色型经济羊种。

公司成立引领产业发展

2017年初，原本从事建筑行业的太原民营企业家刘四明，经人推荐来到岢岚进行项目考察。当时对岢岚的第一印象是：地方虽然不大，但相当整洁，这里的人民特别纯朴，看到他们的贫困，刘四明觉得需要有企业来进行帮扶，作为企业家应该奉献自己的力量。岢岚的风土人情加上当地政府对企业的热情，让刘四明很快作出决定，从项目考察到落地，只用了短短两三个月的时间。

山西晋岚生物科技有限公司应运而生，公司成立于2017年，总占地面积108亩，总

投资 1.1 亿元，建设生产线两条，2018 年 8 月建成投产，年可屠宰肉羊 30 万只，可产出冷冻鲜羊肉两大类 78 个品种 4 500 吨，下货类产品两大类 18 个品种 1 800 吨。成为集"饲草料加工、良种羊肉繁育、规模化基地养殖、活畜交易中心、生产及精深加工、全国终端销售"于一体的现代化绿色生态全产业链运营公司。公司在强化硬件设施建设的同时，紧紧抓住"晋岚绒山羊""岢岚柏籽羊肉"两大国家级品牌，全力打造岢岚柏籽羊区域公共品牌。

牵头协会完善产业链条

为了进一步助力岢岚的脱贫保贫工作，让原先单打独斗的个体互联互通，实现资源共享，增强联合体成员抗风险能力，实现全产业链的共同发展，2019 年 7 月 18 日，由山西晋岚生物科技有限公司牵头挂牌成立了"羊产业联合体"，全称是"岢岚县晋岚牧羊产业化联合体协会"。协会以"精深加工打造区域公共品牌，绿色发展做强扶贫龙头产业"为宗旨，以科技为先导，以市场为导向，优化资源配置，完善产业链条，互联互通，增强抗风险能力，保障联合体在运营过程中良性发展增值增效，实现双赢的目标。

联合体成立以来，严格按照协会章程进行运营。组建了组织机构，成立了成员大会、理事会、监事会。制定了协会章程，明确了各成员单位的权利与职责，严格审核各成员单位入会资格。聘用了专职管理人员、财务人员，开设了专项账户，制定了加入、退出、除名、奖惩办法。各成员单位分工明确，责任到人。晋岚生物科技有限公司和各入会单位签订了"生产经营合作协议"。从饲草种植、肉羊育种、肉羊养殖、疫病防治、肉羊加工、销售饲料、电子商务、物流配送、技术培训、信息发布、精准扶贫、金融扶持等领域实现资源共享，优势互补，深度合作，实现全产业链共同发展。目前联合体共有专业合作社 11 个、大型养殖场 3 个、规模养殖户 32 户，辐射带动养殖户、农户 3 200 多户（其中贫困户 2 055 户）从事种养业。协会举办年会 2 次，养殖业务培训会 3 次，晋岚生物科技有限公司为各合作社、养殖场、养殖户技术指导 24 人次，2019 年收购各相关成员养殖场、养殖户肉羊 15 000 多只，联合体总销售收入达 10 928 万元。

带动 2 055 户贫困户增收

山西晋岚生物科技有限公司紧紧抓住"晋岚绒山羊""岢岚柏籽羊肉"两大国家级品牌，全力打造岢岚柏籽羊区域公共品牌。以"划区放牧、全程溯源、打造中国山羊第一品牌"为目的，进行品牌塑造，确保羊源质量。同时，组建了强大的营销团队，分布全国各地，拓展营销市场，并与岢岚电商服务中心实现了无缝对接，实行线上线下齐头并进的营销思路，共享电商三级物流体系。通过岢岚电商服务中心电商平台开设羊产品销售网点。目前签订销售意向合同 8 单，销售意向金额 850 万元，彻底破解了生产运营、产品营销过程中的上、下行瓶颈。

为增强联合体内各成员单位抗风险能力，增加各单位经济效益，促进当地羊产业发展，晋岚生物科技有限公司通过多种方式建立利益联合机制，努力实现企业增效、农民增收。一是订单收益。公司通过订单养殖、保底收购等方式，提高养殖专业合作社、贫困群众的养殖积极性和养殖效益；通过协议帮扶带动 2 055 户贫困户每户每年增收 665 元；3 年内联合贫困户养羊 9 万只，带动人均增收 2 500 元。联合体内各专业合作社、大型养殖场都承担着为贫困养殖户增收脱贫的任务。岢岚县鼎业养殖有限公司帮扶 135 户贫困户每年增收 4 000 元。岢岚县山神庙生态养殖场通过买驴、买牛代养帮扶贫困群众 270 户每年增收 400 元。其他专业合作社、家庭农场、养殖大户都承担着带动贫困群众脱贫增收任务。二是就业增收。企业投产后，每年实现利税 2 000 万元；直接安排就业 150 人，间接带动牧工、羊经纪人、物流快递等 500 人，人均年增收 2 万元。三是促进转型。项目建设补齐了羊产业链中羊屠宰和肉制品加工滞后的短板，通过协议带动规模化、精细化养殖，每年新增绒山羊 5 万只，通过精细分割和精深加工提高附加值 500 元 / 只，促进羊产业由粗放型向精细化转变，实现羊产业上下游各个产业链、各个环节带动贫困群众增收目标，真正使羊产业成为支撑全县产业扶贫的半壁江山。

"下一步公司将继续加大对合作社、养殖场、养殖户、贫困户的扶持力度，计划免费为入会的合作社、养殖场、养殖户以及全县的养殖贫困户屠宰肉羊、保底收购肉羊，从而刺激带动更多群众参与养羊产业，增加群众收益，促进全县脱贫增收。"刘四明信心满满地说。

用情用力谋幸福出路　尽职尽责做扶贫文章

——中宣部帮扶兴安盟科尔沁右翼中旗巴彦茫哈苏木哈吐布其嘎查纪实

科尔沁右翼中旗属于大兴安岭南麓集中连片特困地区，哈吐布其嘎查更是科右中旗 90 个深度贫困嘎查中脱贫难度最大的嘎查之一。全嘎查共有建档立卡贫困户 124 户、332 人，贫困发生率为 37.5%。2017 年 12 月开始，带着党中央的关怀关爱，带着对草原人民的深情厚谊，中国共产党中央委员会宣传部先后选派 2 名干部到哈吐布其嘎查任职第一书记，在产业发展、生态修复、文化扶贫等方面开展了一系列卓有成效的帮扶工作，为哈吐布其嘎查决战决胜全面小康注入了强大动力。

坚持抓智志双扶，群众生活展现新面貌

扶贫之道，智志为本，在推进哈吐布其嘎查脱贫攻坚进程中，中宣部坚持智志双扶，"两个文明"齐抓并进，深化农村牧区精神文明建设，努力完善基本公共服务，满足群众美好生活需要。

一是提素质、扬斗志。持续推进以"一学一带两转三改"为主要内容的农牧民素质提升工程，第一书记在全面推动嘎查农牧民转变思想观念、转变生产方式，改变居住环境、改变陈规陋习、改变饮食习惯等方面积极建言献策、推动落实。农牧民群众思想认识不断升华，脱贫内生动力有效激发，致富信心决心有力提振。二是创文明、树新风。大力创建"文明村镇"，充分发挥中宣部机关干部工作优势，积极营造宣传氛围，提高群众知晓度、参与度，文明创建有声有色。落实中宣部百县万村综合文化服务中心示范工程，

建成嘎查小戏台，组织开展文艺演出、集中观影、篮球友谊赛、读书交流会等文体活动，丰富精神文化供给。第一书记精心组织发动群众成立"一规四会"，建立"文明奖励超市"，评选"十佳文明户""道德模范""最美家庭""最美庭院户"等典型模范，提升了文明素质、推动了移风易俗。三是优环境、美村容。中宣部协调旗政府将2017年"脱贫致富激励基金"结余部分用于哈吐布其嘎查村部办公活动场所建设，建成了总面积700米²新村部和硬化面积4 500米²的文体广场。在中宣部协调下，科右中旗农村信用合作联社在巴彦茫哈苏木政府所在地设立了金融服务网点，结束了巴彦茫哈苏木没有金融服务机构的历史。在中宣部和自治区党委宣传部协调下，投入资金4 000多万元，全程35.5千米的巴彦茫哈至G111高力板镇好力宝召出入口公路完成改造升级并投入使用。新路建成后，解决了巴彦茫哈苏木道路交通等重大基础设施落后问题。下大气力整治环境卫生，中宣部帮助建立了"户分类、屯收集、村清运"垃圾处理机制，招募贫困户组建保洁员队伍，村容村貌全然改观，草布斯台屯成为易地扶贫搬迁示范新村。

坚持抓产业带动，乡村振兴开辟新出路

中宣部在谋划哈吐布其发展中把发展产业作为扶贫开发根本之策，培育壮大集体经济，推广庭院经济，发展刺绣产业，千方百计增加农牧民收入，巩固提升脱贫攻坚成效。

一是重集体、兴合作。中宣部提供党费帮扶资金40万元，嘎查投入白石宝养殖场，每年收取保证性红利。中宣部协调多方筹措资金300万元，成立以基础母牛繁育和优品牛育肥为主导方向的农牧业专业合作社，截至2020年，存栏基础母牛145头。第一书记协调上级部门投入50万元购置大型铲车、农用车各1台，通过经营农机具增加集体收入。3年来嘎查集体经济收入由0.2万元增加到10.6万元。二是小庭院、大文章。为了扶持嘎查农牧民发展庭院经济，中宣部提供党费帮扶资金1万元，建立了庭院经济激励机制，鼓励嘎查农牧民按照资源优势和产业发展基础，发展庭院"六小"产业，并为嘎查农牧民赠送鸡雏5 000只；为每户赠送果树5棵，成活率达

95%以上。鼓励发展"王府刺绣"产业，村部建起"刺绣车间"，90多名妇女从事刺绣，年收入最高者达5万元，嘎查成为有名的刺绣产业村。三是多措举、勇尝试。中宣部帮助编制嘎查规划，推进朝好日图湿地旅游度假村项目开发，发展乡村旅游业。第一书记利用个人关系对接北京、东莞等地超

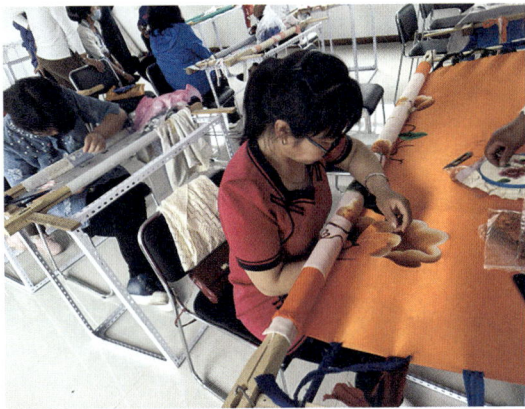

刺绣产业

市便利店和京东、拼多多等网店，扩大本地"二米四豆"（兴安盟大米、小米、黄豆、黑豆、绿豆、红豆）及新鲜牛羊肉销售渠道。

坚持抓生态修复，绿色发展蓄积新动力

哈吐布其嘎查土地盐碱化严重、生态环境脆弱，成为发展重大瓶颈。中宣部坚持生态优先、绿色发展，加强生态文明宣传、开展生态治理修复、转变生产生活方式、建立生态管理长效机制。

一是护生态、广植绿。中宣部干部职工在中共中央政治局委员、中宣部部长黄坤明的带领下捐款100万元，嘎查利用该项资金在面积最大的沙坨地种植沙棘经济示范林1 500亩，成活率达92%。协调旗政府投入重点区域绿化专项资金500万元，在草布斯台新村造景观林300亩、街心公园1处、街巷绿化带1 000米。会同旗林业部门出台补贴政策鼓励规模化造林，近两年嘎查个人造林近2 000亩。二是勤护绿、严管理。推进生态文明宣传教育，纳入农牧民素质提升和新时代文明实践的重要内容，组织嘎查农牧民开展集体植树护绿行动。同时，成立嘎查护林队，聘用贫困户为护林员，将生态保护和脱贫攻坚紧密结合起来，加强生态建设常态化管理。三是转方式、重修复。中宣部协助嘎查落实旗委、旗政府"减羊增牛"政策，推广母牛繁育和肉牛育肥，改良大畜品种，减轻草场压力，积极发展舍饲圈养，逐步转变传

统放牧模式，提高养殖产出效益，恢复草原生态自我修复功能。协助启动实施了"3 个 100 万计划"，2018 年嘎查共围封抚育、退耕还草、种植青贮玉米超过 1 万亩。

合作社牛产业

精准帮扶春风化雨，情系百姓润泽草原。在中宣部的大力支持和帮助下，在嘎查"两委"及全体农牧民的共同努力下，哈吐布其嘎查从一个深度贫困嘎查，一步步发展成为全旗示范嘎查，连续获评"十星级嘎查党组织""美丽庭院示范村""生态文明示范村""乡村振兴示范村"等。2020 年，嘎查将继续在中宣部的支持和帮助下，壮大脱贫产业，完善体制机制，进一步巩固脱贫成果，确保嘎查内 1 户、2 人未脱贫人口如期实现脱贫目标，确保与全国全区一道迈入小康社会。

扶贫协作谱新章　整族脱贫奔小康

——广西壮族自治区河池市环江毛南族自治县产业帮扶纪实

习近平总书记对毛南族实现整族脱贫作出重要指示：得知毛南族实现整族脱贫、乡亲们生活有了明显改善，我感到很高兴。全面建成小康社会，一个民族都不能少。希望乡亲们把脱贫作为奔向更加美好新生活的新起点，再接再厉，继续奋斗，让日子越过越红火。

2016 年以来，环江毛南族自治县认真学习贯彻习近平新时代中国特色社会主义思想、中共十九大精神、习近平总书记关于扶贫工作的重要论述和东西部扶贫协作重要讲话精神，围绕打赢脱贫攻坚伟大战役，实现粤桂扶贫协作——产业合作携手同心脱贫奔小康行动，合力推进光伏扶贫产业，助力村集体经济长期稳定增收。经共同努力，建成光伏扶贫电站 115 座总容量 3 342 千瓦，惠及贫困村 60 个、建档立卡贫困户 10 910 户 38 185 人，光伏产业成为贫困村稳定增收的"阳光"工程，实现贫困村村集体经济收入零的突破，为实现毛南族整族脱贫奠定了坚实基础。

环江光伏电站之一

扶贫协作　深入民心

环江，属滇黔桂石漠化片区，是国家确定扶贫开发重点县。为破解贫困村村集体经济收入难题，2016 年环江引进新型特色产业——光伏发

光伏电站知识现场培训

电项目，按照"政策扶持、政府引导、贫困村参与、市场运作"的发展思路，坚持"贫困村自愿、村集体发展、贫困户受益"的原则，先后投入光伏发电项目资金 3 036 万元，其中，东西部扶贫协作深圳对口帮扶资金 2 152 万元。几年来，光伏并网发电总收益达 410.99 万元，广东深圳市与环江东西部扶贫协作扶贫产业取得了较好的社会效益和经济效益。下南乡仪凤村第一书记说："过去我们村村集体经济为'零'，2017 年建设一个 105 千瓦光伏发电站，年年有收益，目前收入达 24.03 万元，成为我村脱贫摘帽中坚力量。""我们村从此有钱了，就能为民办更多的事了，可以开展公益岗位扶贫、小型公益事业和扶助困难户等。"仪凤村主任底气十足地说。

创新管理　精准帮扶

为了全面提高管理人员的管护能力，确保正常运维，先后开办了 12 期培训班，培训 300 多人次。为收益有保障，分配、扶持精准合理，先后出台了《环江毛南族自治县光伏扶贫电站收益分配及运维管理办法（试行）》《环江毛南族自治县村级集体经济收益分配使用管理办法（暂行）》等相关文件，各乡（镇）成立了光伏发电项目日常管理领导小组，负责组织村委对光伏发电项目进行安全巡检维护、定期报送数据等，建立了光伏扶贫项目管理制度和收益分配管理制度。村级光伏扶贫电站收益形成村集体经济，由贫困村通过设立公益岗位、开展小型公益事业、设立奖励补助等方式进行二次分配，重点向无劳动能力、因病因残丧失劳动能力的深度贫困户倾斜。仪凤村内卯屯谭某某（6 人户）说："我孙女 2019 年得了脑瘤花去 8 万多元，后续治疗每隔 20 天进行一次，每次花费 2 000 元左右，一个家庭一下子就要垮了，村委安排我一个公益性岗位，月收入 1 000 元，一年就有了 12 000 元收入，减轻了我家经济负担。""我父亲偏瘫了多年，丧失了劳动能力，这些年我为了照顾父亲，无法外出务工，单靠几亩薄田度日，生活深度困难；在我颓丧时，村委安排我一个公益性岗位，月收入1 000元，让我家看到了幸福生活的光芒。"仪凤村加母屯谭某某（2人户）说。目前，通过东西部协作深圳市对口帮扶环江建设光伏电站获得收益，全县安排公益性岗位有113人，扶贫成效显著。

光伏发电是脱贫攻坚中最持续、受益面最广的新兴产业项目。环江县委书记评价：通过光伏发电扶贫电站的建设，全县60个贫困村实现了村集体经济的历史性"破零"；加上特色产业开发，全县145个行政村（社区）村级集体产业项目100%覆盖，村集体经济收入100%达标，其中，19个村年收入达10万元以上（1个村20.8万元；1个村达61.7万元），彻底消除了村集体经济"空壳村"，为老百姓带来了实打实的好处。

强化组织　协同推进

为进一步做好东西部扶贫协作和对口支援工作，环江成立了"粤桂扶贫协作领导小组"，由县委书记和县长担任组长，领导小组办公室研究、制订推进环江县对口扶贫协作工作的总体发展战略、发展规划、年度计划和政策措施；积极与区外对口扶贫的沟通、交流与协作工作。几年来，环江县扶贫协作取得显著成效。一是实现党政领导互访，干部挂职交流常态化。二是帮扶资金逐年增加，帮扶项目不断增多。2016年以来，环江县共获得广东帮扶财政资金共1.82亿元，先后实施产业扶贫、致富带头培训等项目，直接带动了50个贫困村出列和2.8万人脱贫。三是强化市场对接，力促消费扶贫。通过参加了深圳市迎春"花市"活动、文博会、绿博会等大型展会。环江农产品进入"圳品"行列。四是整合力量结对子，携手共圆小康梦。几年以来，深圳市安排福田区、企业等结对帮扶环江县3个乡镇、41个贫困村，组织3所东部学校结对4所西部学校、4家东部医院和3家西部医院建立了结对帮扶关系，各结对单位都分别赴环江开展了多次支教支医、产业支持、消费扶贫、捐资助学助医等结对帮扶活动，圆了毛南族整族脱贫奔小康梦。

何当脱贫奔康时　青山绿水万寿村

——四川省农业农村厅结对帮扶万寿村纪实

万寿村位于恩阳区东南部，距离巴中城区 45 千米，面积 3.2 千米²，7 个村民小组，耕地 1 156 亩，林地 1 380 亩，全村人口 442 户、1 623 人，劳动力 982 人。万寿村系 2014 年建档立卡贫困村，有建档立卡贫困户 84 户、309 人，已于 2016 年退出贫困村序列，先后减贫 83 户、297 人；余 3 户、12 人于 2019 年 9 月全部脱贫。通过脱贫攻坚和新农村建设，该村陆续被评为"2019 年中国美丽乡村百佳范例""2020 年四川省乡村振兴示范村"，获得四川省级市级区级"四好村""文化扶贫示范村""水利景区""万寿养生谷国家 AAAA 级景区""文明村镇"等荣誉称号。

暮春时节，走进巴中市恩阳区万寿村，恍如进入武陵仙境。青山绿水，长廊石桥，荷花池一片碧绿，睡莲何田田；座座农家小院错落有致，古色古

万寿村新村风貌

其他社会力量帮扶故事

香；石板小径环湖蜿蜒，曲径通幽；桃树垂柳随风起舞，草长莺飞；通达四方的村道连接起农田、农家，与游人洋溢的笑脸，构成了一幅极美的社会主义新农村画卷。

其实，残破的土坯房，下雨一团糟的泥巴路，"找不到婆娘，留不住姑娘，宁可不结婚，不嫁万寿村""十冬腊月把门关，周身烤起火斑斑，围起吃的是红苕干"才是 2015 年前万寿村的真实写照。恩阳区的成立和四川省农业农村厅（四川省农工委）成为万寿村的定点帮扶单位，拉开了万寿村脱贫攻坚战役轰轰烈烈的帷幕。

"现在好了，路也通了，新房也有了，村民收入也有了保障。"万寿村第一书记说道。帮扶单位农业农村厅统筹资金 5 300 余万元，2015 年 8 月动工，筚路蓝缕，开山破石，10 月环村 10.4 千米公路全线竣工。2015—2017 年，共整合新农村建设资金 3 000 万元和巴中市建设资金 800 万元，建设以川东北民居为特色的核心聚居点 3 处，安置异地搬迁扶贫 44 户、178 人；3 年累计投入 590 万元，建成高标准农田 890 余亩，优质粮油 400 余亩；种植草莓、葡萄、爱媛橙 200 余亩；稻鱼（虾）基地 20 亩；生态水产养殖 600 余亩，肉牛养殖场 1 处，完成了《万寿村脱贫奔康 2015—2020 年发展规划》的大部分计划。

万寿村不仅农业搞得火热，旅游也见了苗头。2017 年，为万寿村争取了全省扶持集体经济发展项目试点资金 100 万元，提供产业扶贫资金 30 万元，打造"巴山民宿"4 家；2019 年"万寿养生谷"正式挂牌，农业农村厅向万寿村协调落实资金 312 万元，支持万寿村持续打造综合型乡村旅游度假观光体。协调帮扶单位中国测试技术研究院提供资金 50 余万元购置农机，成立万寿村农机专合社；协调中铁二院解决"因学致贫"，2015—2020 年累计投入 40 余万元用于资助万寿村学生。2018—2019 年，组织万寿村农产品参加"中西部五省农产品展销会""第七届四川农业博览会"。厅党办、后勤处等进行消费扶贫，购买万寿村的粮油、果蔬、豆腐干、牛肉等；厅党办牵头筹集捐款 2.1 万余元用于万寿村的脱贫攻坚。通过农业农村厅有力的帮扶和村自身努力发展，2019 年万寿村集体经济收益达到 31.7 万元，2020 年万寿村被评为"四川省乡村振兴示范村"。

万寿湖祈福桥

2019年9月，万寿村最后3户贫困户脱贫，稳步向小康村迈进。实现乡村振兴，以《万寿村实施乡村振兴战略总体规划》为核心，加强农村基础设施建设；切实注重民生改善，持续提升农村教育、医疗、社保等基本公共服务保障；坚持农旅融合发展，与四川文旅集团、恩阳区旅发局一起发展万寿养生谷景区；加快发展特色农业，实现农业产业化；深入推进农业供给侧改革，盘活农村资源，强化招商引资。我们只有坚持以习近平新时代中国特色社会主义思想为指引，找准群众对乡村振兴的关注点，找准脱贫攻坚与乡村振兴的结合点，找准当前抓乡村振兴的着力点，立足于发动和带领群众，着眼于抓重点、补短板、强弱项，万寿村的乡村振兴之路才会走得更稳、更好。

携手共种"小土豆" 催生扶贫大产业

——重庆市丰都县马铃薯"链条式"帮扶结硕果

近年来，鲁渝扶贫协作大力实施"链条式帮扶"，借助"滕州——中国马铃薯之乡"的产业优势，将"滕州马铃薯"产业引进到重庆市丰都县。2018年，在试种100亩滕州脱毒马铃薯喜获丰收的基础上，陆续在丰都武平等6个乡镇扩种3 000亩。2020年持续加大协作力度，在全县27个乡镇（街道）扩种1.8万亩，扩大产业扶贫覆盖面，"东产西移"再结新硕果。

深入调研，增强共识

选对一个品种，就能带动一个产业。丰都传统马铃薯种植多年，但块头小，外观和肉质较差，亩产仅有500千克左右，成为群众可有可无的"农副"产品；滕州是中国著名的马铃薯之乡，常年种植面积 65 万亩，亩产达到 3 500 千克以上，且块头光滑喜人，淀粉含量较高，肉质好。滕州马铃薯能否西移丰都"落户"？带着诸多疑问，两地技术人员深入实地调研。滕州市政府委派滕州市农村推广中心负责人带领研究员姚德常一行来到丰都，与当地技术人员一道，对当地气候、土壤、马铃薯种植现状开展调研，经过认真分析研讨，建议引进相对适宜种植的滕州脱毒马铃薯希森 3 号和 6 号品种，并推荐丰都引进马铃薯覆膜机械、马铃薯田园管理机械等，两地达成共识。

行政助力，高效推动

常言道，授人以鱼，不如授人以渔。2017 年滕州市委书记两次来丰都调研后，结合专家组建议，表示一定大力支持丰都产业发展，决定将马铃薯作为西移丰都的首选；2018 年以来，枣庄市委书记、市长来丰都县调研对接工作时，决定把马铃薯产业作为产业合作的重中之重，给予丰都县财力、物力、技术等方面的持续支持；丰都县委书记、县长先后率队多次到枣庄推介丰都农业，寻求枣庄发挥农业优势给予丰都支持，丰都、滕州两地政府及时签订马铃薯产业帮扶协议。为做好该项工作，丰都县高度重视，成立分管负责人任组长的滕州马铃薯示范推广领导小组，细化措施，落实责任，立下了"不达目的不罢休"的誓言。

送种送技，试种告捷

定了就干，试种再看。2017 年，滕州免费供应种薯，在武平等乡镇试种 100 亩。为确保试种有序开展，2018 年 1 月，滕州市农业局研究员姚德常、汪福友再次带队来到丰都，引导组织三建、武平、包鸾 3 个乡镇 15 名种植技术人员和大户进行培训，指导马铃薯药剂拌种、种薯选种和催芽，解决马铃薯播种后出苗不齐和种薯带菌问题。2018 年 5 月，滕州市农业局一行人来丰都，对滕州脱毒马铃薯示范种植情况进行检测，对部分种植户技术落地存在的问题进行了指导。2018 年 6 月，丰都县组织 13 个乡镇分管负责人、农服中心主任、种植大户共 39 人在武平镇进行马铃薯收挖现场观摩，希森 6 号脱毒马铃薯单薯最大 0.5 千克，亩产 3 000 千克左右，亩产量是原品种的 4 倍，试种工作大获成功。

引进龙头，示范带动

试种成功后，更增添了两地携手发展马铃薯产业的信心，枣庄市果断决定 2019 年由滕州市免费提供 3 000 亩种薯（价值 212 万元），支持丰都大力发展马铃薯产业。双方商定采取"企业拉动、技术带动、农户联动"的原则，在武平镇等 6 个乡镇示范种植。由滕州市农业局派出 3 名专家和丰都县农委 2 名专家组成专家组，开展种植技术的全程指导，并引进滕州市恒裕食品有限公司作为龙头企业进行示范，开展技术培训 3 期，受训 300 余人。同时，引进安装马铃薯晚疫病预警系统，开展无人机晚疫病防治等。通过链条式帮扶，马铃薯长势良好，全县 3 000 亩马铃薯平均亩产 3 000 千克以上，亩增收近 5 000 元，种植户的总收入达 1 500 万元以上，有效带动 800 余户群众实现增产增收，其中建卡贫困户 251 户、1 050 人。

产销并重，扩大战果

做大做强马铃薯产业，枣丰两地充满信心。丰都根据群众需求，及时制订马铃薯扩种计划，2020 年调进滕州脱毒马铃薯种薯 3 375.23 吨，扩种达 1.8 万亩，涉及 27 个镇乡街、267 个村、1 631 个社、57 836 户，其中 6 798 个贫困户种植 3 582 亩。2020 年，中低海拔区域已收挖 10 000 余亩，亩产近 3 000 千克，亩增收 5 000 多元。枣丰两地发改、农业、商务等部门未雨绸缪，超前探索。在销售体系上，在鼓励农民自销的同时，依托滕州在马铃薯销售环节的市场优势，探索订单销售模式，滕州恒裕食品有限公司组成 5 人采购团队，助力丰都打开销售大市场，截至 2020 年，采购团实现销售 861.6 吨，实现了"西品东售"的新突破。在物流保障上，制定东西部扶贫协作消费扶贫奖补政策，对销售到山东的经营主体和采购马铃薯进行深加工销往全国各地的山东企业按实际发生物流（快递）费用的 40% 给予补贴；在开发加工上，瞄准国内外食品消费结构的变化，不断开发马铃薯新产品，满足市场需求，让马铃薯产业真正成为名副其实的东西扶贫协作大产业。

山海携手解难题　东西扶贫结硕果

——大连市帮扶六盘水市大樱桃产业发展纪实

近两年来，通过东西部扶贫协作开发的桥梁，在大连、六盘水两地党委、政府的带领下，在大连、六盘水相关部门、农业产业化国家重点龙头企业、一线农业科技工作者的不懈努力下，在中国农业发展银行大连市分行扶贫贷款资金支持下，过去"樱桃不结果"的六枝特区依托大樱桃基地，正在朝着"10万亩大樱桃产业"的宏伟目标稳步迈进。

勇担责任：谁说"落别的大樱桃不结果"

六枝特区原有总面积1.8万亩的大樱桃基地，始建于2013年，覆盖大用、落别两个乡镇。建成以来，因品种不适、技术支撑不够，导致大樱桃花多果少、坐果率低、裂果率高、品相不好。生产效果不佳，一直没有产生效益。大樱桃产业发展面临严峻形势，因此还落下了"落别的大樱桃不结果"的印象。不仅影响了当地脱贫攻坚的进程，还挫伤了当地群众和企业参与产业结构调整的积极性。

"开始种的时候，供苗商说3年就能挂果。到了第3年，这树倒是第一次开了花，果却一个都没看着。到第4年，总算挂果了，可还没长大就掉了一地。好不容易保住的果，个头小不说，还不甜。技术人员想了好多办法，都没太奏效。产量就是上不来，开花多，结果少，95%的果都是裂的，根本卖不上价钱。"大用现代农业产业园区管委会主任回想起当时的情形，还显得有点着急。

大樱桃是大连农业特色产业，在全国享有盛誉。2018年，响应大连市委、市政府的号召，国家星火计划项目承担单位、农业产业化重点龙头企业、市大樱桃协会会长单位、大连佛伦德农业科技有限公司先后派出 3 批专家赴六盘水进行调研，最终决定将大连大樱桃的先进种植技术向六盘水市输出，在当地成立贵州佛伦德农业科技有限公司，投资建设大樱桃产业基地，对当地大樱桃产业进行引导和示范。在董事长宁航的努力沟通下，农发行大连市分行也践行政策性银行全力服务脱贫攻坚战略的支农职能，向贵州佛伦德农业科技有限公司投放东西部协作扶贫贷款 1 000 万元，保障企业及时用款，解决企业后顾之忧。

大连市樱桃专家夏国芳在六枝特区大樱桃基地开展现场培训

打破"魔咒"：科研攻关助推大樱桃喜获丰收

张桂荣和刘保东夫妇二人是大连佛伦德农业科技有限公司长期派驻六盘水大樱桃基地的专家。两年来，二人起早贪黑地忙碌在大樱桃基地，用辛勤的汗水和高超的种植技术，终于让大连大樱桃在六盘水生根发芽、开花结果。随着 2019 年 5 月张桂荣和刘保东管理的大樱桃喜获丰收，一棵树产量能达到当地"前所未见"的 10 多千克，夫妇二人也成为当地的

其他社会力量帮扶故事

"明星"。很多周边农户、政府工作人员、各级媒体纷纷前来参观、学习、报道。

"大家都知道大用樱桃园里有两个大连来的，种樱桃特别厉害。"老刘腼腆地笑着。"大家伙儿排队来看大樱桃，也捎带着瞅瞅我俩。老农热情啊，当场就拉着我，让我给他们讲怎么种樱桃。我这心里啊是真高兴。刚开始来的时候，当地安排了十来个老农给我帮忙，顺带学技术。听不懂他们讲话就已经够要命了，没想到还有更要命的。这些老农岁数都不小，还特别犟。我要给树剪枝，他们都不同意，说本来就不坐果，不是越剪越少了？这把我气得直乐。"老刘说。

现在，"徒弟"也能"带徒弟"了。经过这一年多的培养和锻炼，当初第一批跟着张桂兰、刘保东学习、实践剪枝、拉枝等技术的当地农民，现在和张桂兰一起到别的乡镇培训的时候，也能将学到的技术向其他农民传授了。

尽管在大连还有 3 000 亩大樱桃基地需要管理，但大连佛伦德农业科技有限公司总经理宁景华现在 50% 以上的精力都用在了六盘水大樱桃扶贫攻坚这个项目上。"每逢大樱桃生产关键期，我都亲自赶赴六盘水，一次行程下来飞机、火车、汽车长达 12 个小时，真是挺累的。2019 年我至少有 3 个月在六盘水搞大樱桃。2020 年前我刚从六盘水回来，3 月又去了一趟，送了 10 000 株早金酥梨苗和 10 000 株软枣猕猴桃苗，这批果苗将用于六枝特区 18 个乡（镇）的小康菜园建设。"为了这份责任，已经年过六旬的宁景华付出很多。为了管好六盘水的大樱桃示范基地，宁景华每天都通过手机实时观看园区视频，二十几个摄像头让宁景华感觉"距离不是问题，情况我可以实时掌握"。

凭着一股"要干就干到底、不出结果誓不罢休"的劲儿，宁景华带领大连大樱桃科技团队，从清理残次树、整地、栽树苗开始，用 2 年多时间，在当地建成了 100 亩大樱桃示范园区。通过选择早熟、需冷量低、抗裂果等特色品种的苗木，采用"自然开心形"树形、特殊的农资材料、改良的土壤、修建防雨设施等创新栽培技术，开拓了全新的大樱桃种植"六盘水模式"，很快使大樱桃适应了当地的自然条件。目前，六盘水市和大连市大樱桃协会协作，在六枝特区大用镇共同建设了大樱桃研发示范中心，开展大樱桃苗木繁育、栽培示范，栽植大樱桃成树和繁育苗木 5 万多株。

帮到"点"上：科技支撑大樱桃产业快速发展

两年来，大连佛伦德农业科技有限公司在大樱桃新品种引种、试验示范、繁育推广、技术管理等方面为六盘水市六枝特区提供了极大的帮助。成立由大连市农科院、贵州大学等资深专家组成的工作站，专家驻基地开展会诊、培训和实地指导，提升大樱桃栽培技术。大连市佛伦德农业科技有限公司技术驻园区专家张桂荣、刘宝东深入牛场乡开展栽培技术、田间管理、病虫害防治、整形修剪等生产管理技术培训，让当地农民掌握大樱桃种植技术和管理技术。针对六盘水市气候条件和资源特点，编制六盘水市大樱桃发展技术方案并付诸实施。为解决大樱桃结果少、裂果重问题，强化大樱桃水肥管理，引导当地生产企业和农户做好防雨设施建设，有效解决大樱桃产量低和质量不理想问题，越来越多的当地人学会果树种植管护知识和技能。同时，为提升大樱桃栽培技术，采取课堂教学和现场实践相结合，指导农民开展大樱桃修剪、授粉、施药和水肥一体化管理，先后有 100 名农民参加技术培训，基本掌握了大樱桃生产技术。该公司还印发《大樱桃科学栽培技术手册》，确保农民能够按照相关技术规程开展大樱桃技术管理，为提高六盘水市大樱桃栽培水平奠定坚实基础。

同时，大连市农业农村局和市现代农业生产发展服务中心也派出相关专家多次赴六盘水，或通过线上指导的方式，对当地大樱桃产业提供技术支持。2019 年，大连市和六盘水市农业农村局在大连举办为期一周的大樱桃培训班，先后聘请辽宁果树研究所、大连农科院等樱桃专家进行授课，并采取现场教学等方式，带领六盘水市、县农业农村部门技术人员和大樱桃产业经营主体技术人员先后考察大连市农业科学研究院、大连佛伦德农业科技有限公司、瓦房店市大樱桃产业基地等典型，帮助参训人员基本掌握品种选择、整形修剪、肥水管理、花果管理、病虫害防治、避雨栽培等技术。

看到实效：规划发展樱桃产业巩固脱贫增收

2019年5月，大连大樱桃在当地落地生根、开花结果，且表现非常好，一棵树能结果10多千克。由于当地土壤有机质和微量元素含量较高，大樱桃口感非常好，每千克最高卖到了160元。"反正我是从来没看到过一棵树上结啷个多（那么多）樱桃，帮（把）樱桃桠桠（枝子）都压弯了。棚棚头（大棚里）全部都是人，有我们村的，也有隔壁村的，排起百八十人的队，都想来看哈（下）结啷个多果子的樱桃树长哪个样子。"六盘水市六枝特区农民杨朝凤到现在还是一脸"不敢相信"。

落别乡牛角村村民郭太兰说："我是2019年栽树的时候就来跟着张老师，一天80元，学到了技术，收入也可以，满意的。"在大樱桃基地的带动下，附近村寨的14名村民（其中建档立卡贫困人口4名）成为基地的固定务工人员，这些村民不仅通过产业有了稳定的收入，更重要的是学到了技术，增强了发展大樱桃产业的信心。

大樱桃（车厘子）基地

"要示范、推广，就必须让当地看到成果！"从当初的首批5 000棵苗木到6年生大树，现在整个大樱桃示范基地大、中、小树都有，温室、露地都栽。截至2020年，大连援建六枝特区大樱桃研发示范中心总投资近2 000万元，已完成一期工程建设100亩，其中育苗基地20亩、新品种试验示范55亩、创意大樱桃展示25亩，充分发挥大樱桃产业中的品种资源、现代育苗技术及高科技团队优势，改良园区现有大樱桃品种，解决了多花少果、裂果严重的问题，提高了产品产量，带动整个园区大樱桃产业实现挂果6 000亩。

大樱桃基地的挂果情况，极大增强了周边种植户的信心。截至2019年底，贵州佛伦德农业科技有限公司在贵州省六盘水市六枝特区实施的"大樱桃产业扶贫"项目，已带动484户农户增收，其中含建档立卡贫困户400户、1 720人。

目前，六枝特区已经确定了10万亩樱桃种植规划，作为巩固脱贫增收的重要产业项目。下一步，六盘水市将加强大樱桃品牌战略落实情况的督促检查和评价考核，持续加强品牌战略的贯彻执行。未来六盘水市大樱桃产业发展，将呈现出推动农业增效、农民增收、农村繁荣的喜人局面。

后 记

　　2020 年是打赢脱贫攻坚战收官之年，中央提出要做好总结宣传，讲好脱贫攻坚故事，充分展示脱贫攻坚伟大成就。为贯彻落实中央部署要求，充分反映产业扶贫成效，进一步激发贫困村、贫困户内生动力，进一步激励各方面力量继续做好产业帮扶工作，农业农村部扶贫开发工作领导小组办公室在全国范围内遴选了 100 个产业脱贫典型和 100 个产业帮扶典型，旨在通过具体贫困村、贫困户的脱贫历程，以及科技人员、产品销售、驻村队伍、龙头企业、农民合作社、其他社会力量等各方面的帮扶事迹，生动反映全国产业扶贫成果，彰显我国脱贫攻坚伟大成就。

　　本书编写工作由农业农村部发展规划司（农业农村部扶贫开发工作领导小组办公室）牵头组织，魏百刚、严东权、苑荣同志负责编审。主要参编人员有：杨军、缪建明、宋杨、李辉、孔箐锌。在编写过程中，22 个扶贫任务重的省区市农业农村部门开展了大量组织协调工作，精心遴选推荐了一大批生动感人的产业扶贫故事。在此，谨向所有支持帮助本书编写的单位和个人致以衷心感谢。

　　由于时间和水平有限，书中难免有疏漏或不周之处，敬请读者批评指正。